KB214594

잊혀진 교회의 길

잊혀진 교회의 길

초판 1쇄 발행 | 2020년 4월 3일
초판 2쇄 발행 | 2023년 6월 26일

지은이 | 앨런 허쉬
펴낸이 | 이한민
펴낸곳 | 아르카

등록번호 | 제307-2017-18호
등록일자 | 2017년 3월 22일
주   소 | 서울 성북구 숭인로2길 61 길음동부센트레빌 106-1805
전   화 | 010-9510-7383
이메일 | arca_pub@naver.com

홈페이지 | www.arca.kr
블로그 | arca_pub.blog.me
페이스북 | fb.me/ARCApulishing

ⓒ 앨런 허쉬(Alan Hirsch), 이 책은 도서출판 아르카가 저자 앨런 허쉬와 맺은 계약에 의해
한국어로 번역 출판한 것입니다. 저자와의 협약으로 인지는 생략되었습니다.

The Forgotten Ways : reactivating apostolic movement (second edition)
ⓒ 2006, 2016 by Alan Hirsch
Orginally published in English by Brazos Press, a diviion of Baker Publishing Group,
P. O. Box 6287, Grand Rapids, MI 40516-6287

책   값 | 뒤표지에 있습니다
ISBN | 979-11-89393-13-7 03230

아르카ARCA는 기독출판사이며 방주ARK의 라틴어입니다(창 6:15).
네가 만들 방주는 이러하니 … 새가 그 종류대로, 가축이 그 종류대로,
땅에 기는 모든 것이 그 종류대로 각기 둘씩 네게로 나아오리니 그 생명을 보존하게 하라 _창 6:15,20

아르카는 (사)한국기독출판협회 회원 출판사입니다.

잊혀진 교회의 길

선교적
교회 운동의
근본 개념
교과서

앨런 허쉬 지음 · 오찬규 옮김

The Forgotten Ways

아르카 | 개척학교숲

추천사

시대가 변하더라도 변치 말아야 할 교회의 존재 이유는 물론이고, 오래전부터 꿈꾸어오던 건강한 교회의 분립과 개척의 원리들이 담겨 있어서 반갑고 감사한 마음이다. 하나님께서 이미 시작하신 선교에 동참하고 순종하며 따라갈 때, 그 과정에서 놀라운 성령의 인도하심과 지혜를 배우게 된다. 앨런 허쉬의 깊이 있는 제안과 관점은 지금 우리에게 꼭 필요한 조언들이기에 기쁘게 일독을 추천한다.

- 이찬수 목사, 분당우리교회

교회가 아직 크리스텐덤(Christendom)의 틀 안에 머물러 있다면 교회는 길을 잃고 있는 것이다. 크리스텐덤의 오래된 안경을 벗고 성경 속의 사도적 교회로 다시 거슬러 올라가야만 비로소 길이 보인다. 그 길을 발견하는 것은 어떤 개혁보다 더 절실하다. 전통적 교회가 선교적 교회로 방향을 바꾸는 길과 교회가 선교적 교회로서 걸어갈 수 있는 길을 찾아야 한다. 이 책은 그 길을 학문적 분석과 실천적 방안과 구체적 사례를 통해서 우리에게 잘 알려준다. 선교적 교회에 관한 매우 중요하고 실제적인 책이다.

- 정현구 목사, 서울영동교회

제목이 저술의 목적과 내용을 선언한다. 우린 길을 잃었고, 그 길은 애초에 있었던 길이다. 분주하게 달려온 30년째 어느 날, 가장 소중한 아내의 얼굴을 다시 발견한다. 그 아내로 인해 모든 게 가능했었다는 새삼스런 발견이 오늘의 행동을 위한 가장 강력한 동력으로 작동한다. 이와 유사하다고 할 수 있을까? 이 책은 교회의 첫 얼굴을 새삼스런 감격으로 만날 것을 초대한다. 다만 어느새 잊고 있었던 그 얼굴을 가장 현대적인 개념들을 통해 만나게 한다.

25년 전 로드니 스타크가 《기독교의 발흥》에서 교회의 폭발적인 성장의 이유를 사회학적으로 설명하고자 했다면, 앨런 허쉬는 같은 이유를 21세기 하나님의 선교와 하나님 백성의 선교, 그리고 선교적 교회를 관통하는 통찰과 언어들로 정리하고자 했다. 우리 시대의 교회가 까마득히 잊고 있었던 '세상으로 보냄받은 복음 운동과 그 중심에 있는 하나님의 백성과 그들의 공동체'를 저자의 명민한 필치로 들여다보자니, 내일을 향해 숨을 쉴 수 있게 되었다고 말할 수 있을 것 같다. 신학생과 목회자들뿐 아니라, 교회의 본질에 대한 지혜를 구하는 모든 성도들이 꼭 읽으면 좋을 책이다.

– **정갑신 목사,** 예수향남교회, CTCK와 TGC Korea 이사

이 책의 제목(The Forgotten Ways)은 중층적 의미를 내포하고 있다. 해체되고 분열된 세상에서 잊어버린 것들을 다시 발견하고, 그 길 위에서 만나는 초점 잃은 사람들과 더불어 형성하고 재형성해야 할 '제한기의 공동체'(comminitas of liminality)는 무엇일까? 이 책에서 앨런 허쉬는 교회가 망각해 온 것들이 무엇인가를 선교적 교회에 관한 신학적 탐구와 실천적 사례들을 통해 통렬하게 지적하며, 예수 그리스도의 교회가 제자 공동체로서 걸어가야 할 본질적인 길들(ways)을 명확하게 제시하고 있다. 한국교회와 그리스도인들이 하나님 나라를 향하는 선교적 공동체로 거듭나기 위해 반드시 탐독해야 할 필독서이다.

– **최형근 교수,** 서울신학대학교

선교적 교회의 세계적인 권위자인 앨런 허쉬는 이 책에서 교회의 본질에 대해서 근본으로부터 다시 생각하게 만든다. 단순히 교회를 세우거나 교회당에 모

이는 것을 넘어서, 교회가 무엇인지, 왜 교회에 모이는지에 대해 문제를 던지고 있다. 한국에서 개신교는 신자 수에서 1위 종교가 되었고, 전국에는 편의점이나 치킨 집보다 두세 배나 많은 교회가 있지만, 일반 성도뿐만 아니라 목회자마저도 교회의 본질적 사명이 무엇인지 알지 못하거나, 알고 있더라도 현실에서 어떻게 구현해야 하는지 몰라서 이름뿐인 교회로 남아 있거나, 명목상의 그리스도인으로 살아가는 경우가 적지 않다.

기득권과 시스템에 사로잡혀서 교회의 본질마저 훼손되고 있다는 서구 교회에 대한 그의 진단은 한국교회에 대해서도 매우 적실하다. 그는 강력하게 역동하는 선교적 운동의 패러다임으로 살아날 것인지, 아니면 우리가 물려받은 요지부동의 유물 패러다임이 계속 작동하도록 그냥 내버려둘지 선택하라고 강력하게 도전한다.

일찍이 패러다임이라는 말을 사회과학 용어로 원용하여 쓴 토마스 쿤은 "패러다임의 전환은 종교적 개종만큼이나 어렵다"고 말하였다. 한국의 기독교인들과 목회자들은 과연 패러다임의 전환을 이루어낼 수 있을까? 이 책을 읽으면서 과감히 결단할 수 있기를 기대한다.

- 정재영 교수, 실천신학대학원대학교

저명한 신학자 하비 콕스는 그의 책《종교의 미래》에서 선교적 교회 운동이 서구 기독교 세계에서는 변방에 속하는 오세아니아 지역의 저자들에 의해 부상하고 있음에 주목했다. 콕스는 서구 기독교 문명의 한계를 극복하는 새로운 교회 운동의 가능성이 주류 기독교와 거리를 둔 곳에서 나올 수밖에 없다고 예측했기 때문이다. 그 가능성을 보여준 '대표적 저자'가 바로 앨런 허쉬다. 그는 자칫 고담준론에 머무를 수 있는 선교적 교회론이 사역의 지면에 근접하게 착륙할 수 있도록 노력해왔다. 그는 전 세계적으로 일어나고 있는 선교적 교회 운동들을 견인해 온 산증인이라 할 수 있다. 체계적으로 시도되고 있는 선교적 교회 사역들과 관련 저서들에서 그의 이름이 인용되지 않은 곳은 없다. 이 책은 그러한 그가 현장에서 실천하고 경험하며 지도해 주면서 연마한 풍부한 모델들과 노련한 전략들을 정련해놓은, 선교적 교회 운동을 위한 보급창고와 같다. 갈수록 치열해지는 사역 현장에서 이보다 더 고마운 번역 출간이 어디에 있으랴?

– 김선일 교수, 웨스트민스터신학대학원대학교

"서울을 비롯한 도시마다 수 천 명이 출석하는 교회가 엄연히 존재함에도 불구하고 오늘 우리는 교회의 쇠퇴를 부정하기 어렵게 되었다. 다른 한편, 곳곳마다 새로운 형태의 교회가 출현하고 있다는 점도 부정할 수 없는 사실이다. 이를 생각하면 우리 시대 교회의 쇠퇴는 교회에 대한 전통적 이해의 쇠퇴라고 좀 더 명료하게 표현할 수 있겠다.

이 책은 교회에 대한 일부의 수정이 아니라 근본적인 패러다임의 변화를 촉구한다. 이 책과 요즘의 많은 주장들은 이 땅에서 예수 그리스도를 주로 고백하는 교회가 처음부터 '보내어진 교회', 즉 선교적 교회임을 강조한다. 이 책은 선교적 교회를 다루면서, 초대 교회와 중국 교회를 이끌었던 핵심으로 '사도적 특성'과 그를 구성하는 '운동 DNA'(mDNA)를 발견하며 주장한다. 언뜻 생소해 보이는 용어이지만, 차근차근 읽어보면 충분히 납득하게 된다.

이 책은 세부적인 각론을 말하고 싶은 책이 아니라 전체를 바라보고 관통하는 큰 그림을 제시하고 싶은 책이다. 그 점에서 이 책의 의미는 크다. 지금 우리에게 필요한 것은 '선교의 각론'이 아니라 '근본적인 원리'에 대한 재고이기 때문이다. 전통적이며 제도적인 교회에 대한 강력한 비판과 더불어, 이 책은 교회가 무엇인지 본질적 고민을 제기한다. 책의 내용을 따라가면서 읽다보면 우리가 이미 지닌 것을 모두 내려놓아도 괜찮겠다는 생각을 하게 한다. 그런 것들은 교회의 본질과는 무관했다. "그러면 우리에게 필요한 것은 무엇인가?"

– 김근주 교수, 기독연구원 느헤미야

교회의 내일을 위해서 암울한 진단과 분석보다, 지금 있는 교회에 운동의 가능성이 이미 존재하고 있다고 이 책이 말하고 있어서 고맙다. 앨런 허쉬는 능숙하게 과거의 지혜, 옛날에 위임받은 과업들, 신약의 교회론을 탐색하고 연구하여 독자로 이미지 스케치를 그리게 만들고, 그것을 현재의 언어로 개정하여 새로운 방법(길)을 찾도록 우리를 안내하고 있다. 그의 표현대로 "우리에게 필요한 것은 교회가 받은 본래의 사명을 신학적으로 다시 새롭게 하여, 당면한 여러 도전에 능히 동등한 위치에서 맞섰던 그 사도적 권능을 오늘에 되살리는 일이다."

– 지성근 목사, 일상생활사역연구소, 미션얼닷케이알 대표

이 책에서 앨런 허쉬는 선교적 상상력(Missional Imagination)을 통해 교회의 '오래된 미래의 길'을 제시한다. 저자가 재창조한 언어들인 '건강한 공동체', '선교적 커뮤니타스', '유기적 시스템', '사도적 특성', 그리고 다양한 직분을 존중하며 건강한 교회 공동체를 이루고자 하는 'AEPST 문화'는 새로운 용어들이 아니라 교회의 오래된 전통에서부터 시작된 것이며, 미래 목회를 위해서 한국 교회가 회복할 선교적 DNA이다. 이 책은 전통 교회가 기존에 경험해보지 못한 '탈교회' 그리고 '위험사회시대'를 사는 크리스천들의 선교적 상상력을 자극하여 '선교적 대안 의식'(missional alternative consciousness)을 창조하도록 하고, 진정한 선교적 교회의 길을 제시하는 아주 위대한 책이다.

– 주상락 목사, 명지대학교 객원교수

최고의 선교적 교회 전문서가 출간되었다. 《잊혀진 교회의 길》은 상당한 분량이지만, 다양한 도표와 설명을 통해 선교적 교회론을 명료하게 정립해주는, 이 분야 최고의 해설서이다. 특별히 허쉬의 《잊혀진 교회의 길》은 크리스텐덤 이후 시대에 적실한, 새로운 관점의 교회론을 근거로 하는 교회 개척 이론과 실제를 친절하게 그려주는 안내서이기도 하다. 기존 교회의 프레임(틀)을 탈피하여 새로운 방식의 교회 모델을 구상하는 그리스도인과 교회의 사역자들이라면 꼭 읽어볼만한 책이다.

– 김동춘 교수, 기독연구원 느헤미야

앨런 허쉬는 지금의 미국교회를 '현실 인식에 실패한 교회'로 규정한다. 초대교회가 세상을 정복한 그 길을 미국교회가 잃어버렸다고 주장한다. 그럼으로써 영적, 정서적, 그리고 실존적 위기를 자초했다고 판단한다. 따라서 그 잃어버린 길(사도적 특성)을 회복하자고 저자는 호소한다. 그것만이 교회가 살길이기 때문이다. 이 책은 정체를 넘어 이미 쇠퇴기 징후를 겪고 있는 한국교회를 위한 구체적 대안과 선지자적 메시지를 담고 있다.

– 양현표 교수, 총신대학교 신학대학원

한국에 선교적 교회론을 소개한《새로운 교회가 온다》의 공저자로 잘 알려진 세계적 선교사상가 앨런 허쉬의 주저(主著)《잊혀진 교회의 길》의 역간을 기쁘게 생각합니다. 한국 기독교는 한 해가 다르게 급속히 사회적 신뢰를 잃어가고 있습니다. 새로운 시대에 새로운 기독교의 모습을 정립하지 못하고 과거 유사(類似) 크리스텐덤 도금(鍍金) 시대로의 퇴행이 가장 큰 원인이라고 믿습니다. 어떻게 다시 진정한 교회의 영광을 회복할 수 있을까요? 성경이 가르치는 선교적 교회론, 우리가 잊어버렸던 과거의, 그러나 새로운 길을 본서가 소개하고 있습니다. 시종일관 구도자의 자세로 군더더기 없이 진지하게 저술하였기에 한 번 손에 잡으면 다 읽을 때까지 놓을 수가 없습니다.

– 장동민 교수, 백석대학교 신학대학원

앨런 허쉬는 교회의 선교는 물론, 교회로서 살아가는 것에 대한 나의 생각에 무엇보다 지대한 영향을 미쳤다.《잊혀진 교회의 길》은 당신의 삶과 리더십과 지역 교회의 상황을 위해 기억되어야 하며, 반드시 읽고 적용해야 하는 책이다.

– 그레그 네들(Greg Nettle), '스테이디아(Stadia) 처치 플랜팅' 대표

놀라운 분석과 종합과 적용이다. 허쉬가 적절한 때에 내놓은 이 좋은 책에는 공적인 기독교 신앙에 대하여 현재 무엇을 생각해야 하는지 두루 훑어볼 수 있는

통찰이 가득하다. 성령의 불이 임하여 많은 교회에 대변혁이 일어날 듯하다.
- 하워드 A. 스나이더(Howard A. Snyder), 《새 포도주는 새 부대에》의 저자

하나님이 자신의 선교를 주제로 모든 교회와 대화하시는 장을 마련한 책은 그리 많지 않다. 《잊혀진 교회의 길》은 그런 책들 중 하나인데, 이제 중요한 개정판이 나왔다. 허쉬는 교회 앞에 미래, 선교, 사람들, 그리고 하나님의 숨결이 살아있는 운동을 실천할 수 있도록 시대를 초월한 이야기를 풀어놓았다.
- 휴 홀터(Hugh Halter), 작가, 교회 개척자, 'Forge America' 책임자

《잊혀진 교회의 길》의 초판을 개정하여 새롭게 내놓은 허쉬는 빠르게 바뀌는 세상 문화 풍경에서 무엇이 하나님의 교회인지, 그 제대로 된 모습을 찾아보게 하는 도전과 감동을 주는 매력적인 사람이다. 허쉬가 주장하는 진리는 매우 확고하고 그 뜻이 깊다. 우리가 그 옛날 예수 그리스도께서 다니셨던 험하고 좁은 길을 헌신적으로 따라가기로 마음을 새롭게 다잡게끔, 우리를 단단히 붙잡아준다. 이런 책은 꼭 읽어줘야 한다.
- 조 색스톤(Jo Saxton), '3D movements' 회장, 교회 개척자, 작가, 설교자

《잊혀진 교회의 길》은 선교적 (교회) 운동의 길을 안내하는 지도(map) 역할을 해왔다. 그 지도가 이제 개정되었다. 가독성도 훨씬 높였고, 10년간 누적한 정보도 응축해 넣었다.
- 닐 콜(Neil Cole), 《Organic Church》, 《Church 3.0》, 《Primal Fire》의 저자

나는 이 책의 초판을 가리켜 '교회의 방향을 완전히 선교 중심으로 돌려놓기 위한 헌신적이고 포괄적인 주장'이라고 언급했는데, 이 개정판에서도 역시 그대로이다. 허쉬가 전 세계를 두루 돌면서 이 책의 개념을 가르치며 지내온 10년

의 세월이 이점으로 작용해, 새로운 세대의 독자들을 위한 그의 획기적인 작품이 새롭게 선보이게 되었다. 《잊혀진 교회의 길》은 의미 있는 책이고 그 힘은 날이 가도 쇠함이 없다.

– 마이클 프로스트(Michael Frost), 《Road to Missional》과
《세상을 놀라게 하라》(Surprise the World)의 저자

나는 진심으로 온 세상의 교회 개척자들과 사역 리더들에게 《잊혀진 교회의 길》를 추천한다. 역동적인 선교적 운동의 패러다임으로 교회를 새롭게 회복하자는 이 책의 의미심장한 요구는 나의 사상과 실천이 되었다.

– 마크 레이놀즈(Mark Reynolds), 'Redeemer City to City'의 부대표

《잊혀진 교회의 길》은 나 자신의 인생에서 하나님이 강권하신 촉진제였다. 교회와 선교에 관심 있는 이라면 누구나 필독해야 하는 책이다. 이 개정판에서 허쉬는 깊은 소망과 있는 그대로의 솔직함으로, 그리고 교회가 사역하기 가장 좋은 때가 우리 앞에 왔다는 확신과 함께 우리의 상상력에 불을 지핀다. 선지자, 제사장, 교사, 그리고 리더인 허쉬는 우리 시대에 절대적으로 필요한 목소리를 내는 사람이다.

– 다니엘 스트릭랜드(Danielle Strickland), 설교자, 작가, 구세군 사관

허쉬의 선지자적 목소리와 특유의 열정은 교회가 고대의 길을 되찾아 그 길을 따라가라고 손짓한다. 《잊혀진 교회의 길》은 복음을 위하여 평온한 해변의 안전함을 뒤로하고, 기꺼이 용기 있게 믿음과 격려와 희생의 여행을 하려는 목회자와 교회를 위한 항해용 해도이다.

– 마크 디이마즈(Mark DeYmaz), 중앙 알칸사스 모자익 교회의 리더,
《Building a Healthy Multi-Ethnic Church》의 저자

'반군'이라 불리는 우리 교회 개척 공동체에서,《잊혀진 교회의 길》은 꿈을 위해 모여든 우리를 활활 타오르는 큰불이 되게 할 연료이다. 이제 이 새롭고 중요한 연료로 교회를 근본적으로 다시 생각할 수 있고, 그 불이 모든 분야의 교회에 널리 번져 '사도적 운동'을 위한 새로운 희망을 확산시킬 것이다.

– 그레이엄 씽(Graham Singh), '처치 플랜팅 캐나다' 상임 대표, 성 야고보 몬트리올교회 담임

《잊혀진 교회의 길》의 초판이 나왔을 때, 그 책을 읽으면서 하나님의 선교와 교회의 본질, 그리고 그 둘에 참여하는 나를 이해하는 방식에 대변혁이 일어났다. 그것이 그렇게 가능할지 생각하지도 못했다. 이 개정판에서 허쉬는 훨씬 명료하고 도전적이다. 만일 당신이 교회의 미래에 대해 심각성을 느낀다면, 단 한 페이지도 빼놓지 말고 읽어보라. 당신 안에서, 그리고 교회 생활 전반에 동력이 활성화될 것이다.

– 브래드 브리스코(Brad Brisco),《Missional Essentials》과
   《Next Door as It Is in Heaven》의 공동 저자

허쉬는《잊혀진 교회의 길》을 콘크리트 벽을 헐어내는 착암기처럼 만들어 내놓았다. 이 책은 우리의 좁은 소견을 다 헐어내고, 예수께서 넓게 펼쳐놓으신 전경을 환하게 드러내준다. 이 책은 통념의 벽을 허물어, 현실의 문화를 끊임없이 조롱하기만 해왔던 기독교의 사역과 사상에 사도적 접근방식을 재장착시킨다.

– 랄프 무어(Ralph Moore),《Starting a New Church》와《Making Disciples》의 저자

허쉬의 탐구심이 이 최신 작품이 나오게 했다. 교회의 주님이 설정하신 정체성과 목적을 되찾기 위해 탐색하는 것보다 중요한 일은 없다. 그것이 참으로 진정한 여행이다. 정말 본질적이고 가치있는 일이다.

– 태미 두나휴(Tammy Dunahoo), 포스퀘어 교회(Foursquare Church)

많은 사람이 《잊혀진 교회의 길》의 도움을 받고 있다. 제도적 교회에 속한 우리도 이 책을 통해 활력을 얻고 도전도 받는다. 독자에 따라 더러 동의하지 못하는 부분도 물론 있다. 그러나 누구라도 배울 것이 더 넘친다. 허쉬의 책은 교회를 다시 생각하도록 요청한다. 이런 요청에 따라, 아주 오래된 교회들이 즐비한 북반구 지역에서 날이 갈수록 새로운 형태의 교회가 매우 많이 출현하고 있다. 교회라면, 심지어 새로운 유형의 교회라도 끊임없이 다시 새로워져야 할 필요가 있다. 이 과업의 완수를 위해 허쉬가 제공하는 지침은 포괄적이며 조명을 켠 듯 환하다.

– 마이클 모이나(Michael Moynagh), 《Church for Every Context》의 저자

이 개정판에서, 허쉬는 그가 평소 제일 잘하는 행동을 그대로 하고 있다. 그는 우리의 과거를 떠올리게 돕는다. 그래서 우리의 미래를 다시 상상할 수 있게 한다. 교회가 그런 운동을 다시 하기에 좋은 때이다. 이 책을 읽어라. 그래서 새로이 부상하는 미래의 한 부분이 되어라. 작은 것에 만족하기에는 성패가 달린 문제가 지금 너무나 많다.

– 데이브 로드스(Dave Rhodes), 그레이스 펠로우십교회의 제자훈련과 운동을 시작한 목사,

'100 movements'의 팀 리더

앨런은 신세대를 위하여 자신의 이념을 쏟아 부어 교회의 선교적 본질을 재발견하게 하고, '잊고 있던 그 길들'(The Forgotten Ways)을 다시 새롭게 걷게 만든다. 앨런의 글을 읽으니, 지금 하는 일을 당장이라도 내려놓고 하나님의 선교에만 주력하고 싶어진다. 이 책을 다 읽고 나면, 당신 또한 그렇게 되리라 상상해본다.

– 에드 스테처, 서문에서

나는 얼마나 감사한지 모른다. 앨런은 선지자적 자세로 우리를 돌이켜 하나님

의 백성 본연의 모습으로 돌아가게 하고, 제 모습을 되찾은 우리가 과연 어떤 삶을 살아야 하는지 촉구하여 바른 비전을 보도록 한다. 우리의 기억이 되살아나서 두근거리는 심장으로, 그동안 잊고 지내던 우리 구세주, 우리 주님, 우리 왕이신 예수 그리스도의 방법으로 살기 바란다!

- 제프 밴더스텔트, 후기에서

선교적 교회와 관련해 창의적 사고와 신학적 깊이가 있는 책을 읽는 것은 청량감을 준다. 허쉬가 개정하여 내놓은 이 책은 본질에서 기독론, 선교학, 교회론과 연결되어 있다. 《잊혀진 교회의 길》은 크리스텐덤의 지배력 아래에 있는 교회의 개념을 건져내는 데 도움이 된다. 그렇게 자유를 되찾은 개념이, 죽어가는 기관 같던 교회의 자리를 역동하는 운동의 장소로 개조한다.

- 에디 깁스(Eddie Gibbs), 《Emerging Churches : Creating Christian Community in Postmodern Cultures》의 공동 저자, 《Leadership Next》의 저자

역사상 두 개의 가장 위대한 사도적 운동에 대한 매력적이고 독특한 조사와 서구 교회에 끼칠 수 있는 것들의 잠재 가능성이 이 책에 담겼다. 허쉬는 사도적 운동의 원초적 에너지를 확인하고 설명하며, 자연스럽게 팽창할 수 있게 만드는 구성 요소들을 제시한다. 정말 잘 쓴 이 책은 선교적 교회로 가는 데 필요한 주요 참고서이다.

- 빌 이섬(Bill Easum), Easum, Bandy & Associates : www.easumbandy.com

이 책은 AD 30년으로 모든 것을 되돌린다. 많은 교회의 리더가 좀 더 나은 결과를 성취하게 되리라는 희망을 품고 필사적으로 제도적 기독교의 개량을 위해 노력한다. 그러나 허쉬는 우리에게 교회의 원형인 선교적 형태의 운동을 다시 시작해야 할 필요성을 이해시키려고 애쓴다. 이 책은 우리가 1세기 기독교 신앙을 경험하려면 방법론적 수선이 아니라 선교적 복귀를 해야 한다고 확인

시킨다.

— 레지 맥닐(Reggie McNeal), 《The Present Future: Six Tough Questions for the Church》의 저자

이 책은 앨런의 독보적이고 창의적인 사고를 여실히 보여준다. 선교 분야에서 표지(marker)로 내세울 책은 거의 없었는데, 이제 이 책이 바로 그 표지이다. 교회가 될 수 있는 것이 무엇이고 또한 무엇을 해야만 하는지, 이 중요한 사안을 붙잡고 씨름하고 싶은 사람들을 위해서는 이만한 필독서가 없다.

— 마틴 로빈슨(Martin Robinson), 《Planting Mission-Shaped Churches Today》의 저자

저자 앨런을 대신하여
한국의 독자에게

만남은 신비롭다. 인간은 생의 여정 속에서 누구를 만나느냐에 따라 삶의 결이 달라지고 방향이 달라진다. 나에게는 앨런 허쉬(Alan Hirsch)와의 만남이 그랬다. 유학길에 올라 박사과정의 막바지에 있을 무렵, 우연히 집어 든 한 권의 책이 나의 인생을 송두리째 바꿔 놓았다. 그것은 앨런 허쉬와 마이클 프로스트가 공저한 《The Shaping of Things to Come》(새로운 교회가 온다, IVP)였다. 흔들렸다. 그 책은 이제까지 아무 의심 없이 가져왔던 교회에 대한 고정 관념과 사역 방식에 거센 저항을 불러일으키며, 제도에 갇힌 교회가 아닌 운동으로서의 움직이는 교회에 대한 목마름을 갖게 했다. 그러면서 만나게 된 책이 앨런의 《잊혀진 교회의 길》이었다. 《새로운 교회가 온다》가 기존 교회론에 대한 틀과 생각을 깨뜨리는 역할을 했다면, 《잊혀진 교회의 길》은 진정한 교회의 사명과 목적을 이루기 위한 기초와 토대를 놓아주는 안내서와 같았다.

무엇보다 새로운 시대에 새로운 패러다임을 가진 교회가 필요하고, 이 시대에 그러한 교회가 부상하고 있다는 소식이 심장을 뛰게 만들었다. 하나님 나라를 위한 거룩한 부르심에 의해 형성된 교회, 앨런은 그들을 가리켜 유기적이며 자발적인 생명력을 가지고 모험과 도전을 두려워하지 않는 선교적 교회라고 지칭했다. 새롭지만 전혀 새롭지 않은 성경적 모델이 이 시대에도 존재하고 있다는 사실을 발견한 후, 내 안에는 교회의 변혁과 혁신에 대한 갈망이 솟아올랐다. 그것이 나로 하여금 미 전역을 돌며 성육신적 사역을 통해 지역과 세상을 변화시키는 젊은 교회들을 연구하는 계기가 됐다. 나의 책《리폼처치》와《리뉴처치》에서 다룬 선교적 모델들은 바로 이러한 과정을 통해 발견한 교회들이었다.

미래에 대한 암울한 전망이 주를 이룰 때, 수면 아래에서 발생하고 있는 역동적인 움직임을 상상해 보라. 그것은 기존의 틀로서는 담아낼 수 없는 새롭고 신선한 흐름이었다. 새로운 교회와 리더들이 등장하고, 그들이 함께 하나님 나라의 가치와 사명으로 연합하여 교회를 개척하고 지역을 변화시키는 운동이 활활 타오르고 있는 그곳, 그 현장을 보면서 나는 마치 미래를 여는 비밀 코드를 발견한 것과 같은 전율을 느끼곤 했다.

탐구의 과정이 지속되면서 나는 앨런과 그의 책《잊혀진 교회의 길》이 차지하고 있는 위치와 무게가 얼마나 큰지 알게 되었다. 새롭게 부상하고 있던 젊은 리더들 가운데 앨런의 멘토링과 코칭을 받으며 사역하고 있는 사람들이 많았다. 그 대표적인 그룹 중의 하나가 'Future Travelers'(미래 여행자)에 속한 교회와 리더들이었다. 그들은 젊고 창의적이며 모험을 두려워하지 않는 자들이었다. 그들이 함께 네트워크를 이루며 하나님 나라의 꿈과 비전을 이뤄가는 모습이 너무나 인상적이었다. 그런 기반 위에서 태동된 운동이 'Exponential Conference'이다. 선교적 교회 개척을 위해 미 동부와 서부에서 매년 한 차례씩 열리는 이 모임에는 무려 10,000명이 넘는 참가자들이 모인다. 그 외에도 그는 '국제 포지 선교 훈련 네트워크'(Forge Mission Training Network International)와 '100 Movements'를 설립하여 리더를 키우고 혁신적 교회를 형성하는 운동에 박차를 가하고 있다. 'GOCN'(Gospel and Our Culture Network)이 북미 지역의 선교적 교회 운동을 촉발시켰다면, 실제 그 운동을 이끌어 가는 한 축에 앨런 허쉬가 있음을 알 수 있다.

오늘날 선교적 교회 운동이 확산되는 데 앨런의 글과 사상이 윤활유와 같은 역할을 하고 있다. 그렇다면 과연 무엇이 그의 글과 사역을 이처럼 영향력 있게 만들었을까? 한 가지 분명한 사실은 그의 이론이 책상 위에서 논리적 조합에 의해 만들어진 산물이 아니라는 점이다. 그는 철저한 전략가이며 실천가이다. 그가 제시한 모든 이론은 현장 실험을 통해 검증의 과정을 거쳤다. 이 책에서 고백하듯이, 그는 다양한 성공과 실패를 경험했다. 그렇게 얻은 교훈이 성경과 성령의 조명 아래 담금질을 거쳤고, 여기에 시대적 적합성과 적응력이 더해지자 움직이는 이론이 됐다.

처음 앨런을 개인적으로 만나기 위해 그의 집에 갔을 때도 그랬다. 로스앤젤레스 실버 레이크(Silver Lake)에 위치한 작고 아름다운 집엔 공동체 생활을 하는 여러 사람으로 인해 북적였다. 온화한 성품과 겸손한 태도로 평생 나눔과 섬김을 실천해온 모습이 삶 구석 구석에 배어 있었다. 한참 이야기가 무르익을 무렵, 앨런은《잊혀진 교회의 길》에 대한 특별한 애정을 드러냈다. 이 책이 정말 중요한 것은 자기 이론의 뼈대와 골격이 전체적으로 제시되어 있기 때문이라고 말했다. 이후 쓰인 책들은 사실상《잊혀진 교회의 길》에서 다룬 내용을 구체화 하는 작업이라는 것이었다. 그러면서 선교적 교회의 기초가 되는 이 책이 한국의 독자들에게 읽히는 날이 빨리 오기를 간절히 소원했다.

그렇다.《잊혀진 교회의 길》은 거대한 문화 변혁의 소용돌이 속에서 길을 잃어가는 한국교회에 본질적 회복과 새로운 헌신을 요구하는 문제작이 될 것이다. 이제까지 교회를 이끌어온 성장 중심의 사고를 탈피하고, 성육신적이고 선교적인 패러다임을 통해 사도적인 특성을 가진 교회가 되는 길이 무엇인지를 이 책은 분명히 밝히고 있다. 책을 읽어가며 독자들은 알게 될 것이다. 교회 공동체 본연의 사명이 무엇이고, 그동안 우리가 잃어버린 것은 무엇이었는지. 우리는 다시 어떻게 부르심의 궤도에 진입하고 선교적 DNA를 회복하여 하나님나라를 위한 운동에 참여하게 될 것인지. 예수께서 보여주신 그 길, 많은 이에겐 오래되어 마치 잊혀진 길처럼 보이는 그 길이 오늘날 우리에게 얼마나 절실하고 파워풀한 능력이 되는지. 그러한 제자와 공동체를 만들기 위해 교회가 서야 할 자리와 문화는 어디이고 무엇인지, 유기적 시스템은 어떻게 만들어지고 리더는 무엇을 해야 하는지를 이 책은 섬세하게 다루고 있다.

어떤 이에겐 그토록 오래된 이 길이 매우 낯설고 어색하게 느껴질 수도 있을 것 같다. 이것이 비록 성경에 명백히 계시되어 있고 역사를 통해 반복되어온 하나님의 방법임에도 불구하고, 과거의 방식(크리스텐덤적 방식)에 익숙해져 버린 나머지 교회 자체에 심겨진 선교적 DNA조차 잃어버린 망각의 공동체가 얼마나 많은지 모른다.

이제 미래를 향한 새로운 항해를 준비하자. 평온하고 안전한 자리를 박차고 일어나 거칠고 모험적인 선교적 여정을 시작하자. 《잊혀진 교회의 길》은 그러한 목마름을 가진 자들을 위한 책이다. 이 책과 함께, 예수께서 디자인하시고 계획하셨던 원래의 자리, 선교적 교회의 원 뿌리로 돌아가 미래를 여는 예수 운동이 우리가 있는 그 자리에서 다시 시작되기를 간절히 소원해 본다.

이상훈 교수

America Evangelical University 총장 및 MiCA(Missional Church Alliance) 디렉터.
리폼처치(Re_Form Church), 리싱크 처치(Re_Think Church) 등의 저자.

*이 글은 동료이자 친구이며 멘토인 저자 앨런 허쉬의 부탁으로 한국 독자들을 위해 쓴 것입니다.

앨런 허쉬의《잊혀진 교회의 길》을
한국교회에 드리며

이 책이 번역되고 교정을 보는 과정 중에 중국 우한의 '코로나19' 소식을 듣게 되었다. 교정의 마지막 단계에 이르렀을 때 이 땅을 강타한 전염병은 한국교회가 예배당에서 주일예배를 드릴 수 없는 상황으로까지 내몰았고, 편집을 마감하는 2020년 3월 말에 이르러서도 몇 주간 동안 '흩어지는 예배'의 형태로 드리는 주일예배가 계속되고 있다. 독자들이 이 책을 손에 쥘 때쯤 상황이 어떻게 변화되어 있을지 아무도 상상할 수 없다.

그러나 한편, 앨런 허쉬의 이 책이 한국어판으로 제작되는 과정에서, 나는 오히려 이 책이 코로나19에 대처하는 한국교회에게 아주 중요한 대안적 모델을 이미 제시하고 있음을 발견했다. 지금 한국교회의 상황은 초대 교회의 상황과, 핍박과 종교의 자유를 빼앗긴 중국의 가정교회의 시절과 외견상으론 맞닿아 있다. 저자가 책에서 세밀하게 관찰하여 도출한 '사도적 특성'이 고스란히 드러난 초대 교회와 중국의 가정교회의 상황이 지금 한국교회가 헤쳐나가고 있는 현실과 너무나 유사하기 때문이다.

개척학교 '숲'(SOOP)은 지난 6년 동안 한국이라는 상황에서의 '선교적 교회' 혹은 '보냄받은 공동체'를 꿈꾸는 개척자들을 배출해 왔는데, 거기서 깨달았던 많은 점들은 사실 이 책이 무게 있게 주장하는 방법과 관점이었다. 하지만 머리로 이해하는 것과 몸이 실제로 움직이는 것은 많이 다르다. 더구나 교회로서 존재하는 방식과 하나님의 선교에 동참하는 실천은 많은 경우 전통적이며 심지어 습관적이다. 앨런의 말처럼, 이것은 경계성의 환경, 즉 모험을 감행해야하고, 위험하고 용기가 필요한 결단 없이는 나타날 수 없는 변화이다. 그러나 오늘 우리는 이 책을 통해 코로나19의 위기 속에서 한국교회가 모험을 감행할 용기를 낼 수 있는 지도를 한 장 얻게 되었다.

앨런은 소위 교회성장학의 관점으로 보면 성공한 목회자였다. 그러나 그는 자신의 교회가 성장하는 과정에서 오히려 심각한 문제를 보았다. 사람은 모이지만 교회가 갖고 있던 사도적 특성이 사라지고 성도들의 자리가 종교소비자로 채워지는 것을 보았다. 이것을 문제로 본 그의 생각이 그를 진정한 선교적 교회의 리더로 쓰임 받게 했고, 이 책은 그런 면에서 가치가 있다.

그의 여정은 이론이 아닌 현장에서 출발한 것이었다. 그러나 이 책은 넘칠 정도로 탄탄한 이론과 신학적 담론을 담고 있다. 뿐만 아니라, 교회 현장과 신학의 울타리를 넘어 사회과학과 자연과학의 렌즈로도 교회론을 탐구하고 있다.

이제 제대로 된, 선교적 교회의 담론을 정리할 수 있는 책을 보게 되었다. 저자 앨런이 제시하는 6가지의 mDNA 요소는 어떻게 보면 선교적 교회를 점검하는 중요한 진단 키트이다. 이제 막연한 구호나 이론적 허상에서 벗어나, 그가 제시하는 진단 키트로 우리들이 꿈꾸는 공동체를, 나의 목회의 구조를, 선교적 교회로서의 정체성을 분명하게 분석할 때가 되었다. 그런 점에서 이 책은 우리가 잊어버린 사도적 특성, 이른바 사도적 비범성(Apostolic Genius)을 확인할 수 있는 결정적인 안내서이다. 교회라는 몸의 밖에서 답을 찾을 것이 아니라, 몸이 갖고 있는 본래적인 유기적 능력과 비범함이 발견되어야 한다.

도서출판 아르카의 헌신은 이 책을 한국어로 번역하고 출판할 수 있는 데 결정적 기여를 했다. 안 팔릴(?) 책인 것이 뻔한데 한국교회에게 꼭 필요한 책이라는 말에 묵묵히 여기까지 밀고 와주었다. 개척학교 숲의 코치들과 학생들(특히 숲 5기), 그리고 월요일마다 모여 교회에 대한 끝없는 토론과 상상과 기도를 십여년째 이어온 NPS의 동역자들이 마지막까지 원고를 읽어주며 다듬어주고 마무리를 지어주었다.

이제 앨런이 풀어놓는 이야기 보따리 속으로 들어가서 흥분되며 기대되는 놀라운 그 길을 가 보자. 잊혀졌지만 꼭 가야만 하는 그 길, 원래부터 교회라는 몸에 새겨져 있어 꿈틀대는, 성령의 강력한 부르심에 순종하며 가야 할 그 길이 바야흐로 보인다. 길을 떠날 때, 새로운 세상은 비로소 우리 앞에 펼쳐진다.

김종일 목사
동네작은교회 담임, 개척학교 숲 대표코치

Acknowledgments

감사의 말

다음 분들에게 특별한 감사를 표한다.

사랑하는 나의 아내 데브라에게, 그녀보다 나에게 계속해서 하나님을 더 많이 가르쳐주는 이는 없다. 《잊혀진 교회의 길》(The Forgotten Ways)의 초판에 반향을 일으켜 주셨던 분들과, 그 낯설었던 실천 방안을 원칙으로 삼아 적용하신 모든 분에게, 베풀어주신 그 분들의 큰 은덕으로 이번에 개정판을 선뵐 수 있게 되었다. 하나님께서 나를 부르셔서 여러분을 섬길 수 있게 하셨다. 여러분은 모두 나의 영웅이다!

나의 소중한 'Forge'(대장간), 'Future Travelers'(미래 여행자들), '100 Movements' (100 교회 운동), 'Exponential'(엑스포넨셜)의 동지들에게, 여러분과 함께 일할 수 있다는 것은 나의 기쁨이며 특권이다. 이 이론들을 여러분이 진지하게 받아서 충분히 실행하였기에, 그 과정에서 'communitas'(커뮤니타스: 공동체성)를 얻을 수 있게 되어 감사하다.

브라조스에 있는 동료들에게, 초판이 출간되도록 기회를 주었고 이 개정판을 위해 온갖 노고를 마다하지 않았다.

은혜로 인생에 지식과 교훈을 주어 세상 이치를 알게 하시는 주님,
우리에게도 은혜로 주님의 지식과 총명과 분별을 주시나이다.
은혜로 지식을 허락하신 주님을 찬양하나이다.

앨런 허쉬

Contents

1부 : 선교사 만들어내기

2부 : '사도적 특성'의 중심부 여행하기

Foreword

서문

: 에드 스테처 Ed Stetzer

이 책은 교회가 성장을 위해 어떻게 해야 하는지를 다룬 또 하나의 책이 아니다. 목회 성장의 최신 기법을 상세히 제시하는 지침서이거나, 고전(苦戰) 중인 교회에 활기를 찾아주려고 고안한 프로그램도 아니다. 대신, 나의 벗 앨런 허쉬는 선교가 교회의 본질이라는 점을 다시 기억하도록 우리에게 촉구하려 한다. 그는 초대 교회가 했던 방식으로 우리가 하나님의 나라를 갈망하도록 만들려는 것이다.

이 책의 초판에서 앨런은 자기가 무엇을 하는 사람인지, 유명한《어린왕자》의 작가 앙투안 드 생텍쥐페리(Antoine Marie Roger De Saint Exupery)의 말을 빌려 이렇게 썼다.

"당신이 배를 건조하고 싶다면 사람들을 재촉하여 목재를 사고 공구를 챙기고, 일감을 맡기고 작업 일정을 짜게 하지 말라. 대신 그들에게 넓고 끝도 없는 바다에 대한 동경심을 품게 하라."

《잊혀진 교회의 길》(The Forgotten Ways)에서 앨런은 우리에게 교회를 세우라고 강요하지 않는다. 대신에 세상에서 하나님의 선교를 하고 싶도록 안달이 나게 한다. 그는 우리가 심각하게 생각해야 할 질문들을 던진다.

초대 교회는 주어진 사명이 무엇이라고 보았는가?

그들은 그리스도가 교회를 탄생시킨 목적이 무엇이라고 믿었는가?

그들은 요한복음 20장 21절에서 예수님이 자기 제자들에게 "아버지께서 나를 보내신 것 같이 나도 너희를 보내노라"고 하신 말씀을 어떤 식으로 이해했을까?

간단히 말해서, 예수의 사명을 수행하는 것이 초대 교회에게 무엇을 의미하였는가?

선교적 사명이 교회와 신자의 생활에서 가장 핵심이라는 생각은 신약의 생활상에서 역력히 드러나며, 또한 성경 전체의 맥락에서도 실로 그러하다. 그러나 앨런이 우리에게 자주 상기시켜 주는 바, 교회는 그 본연의 선교적 사명과 목적을 보는 안목을 잃어버린 채 분명한 목적의식도 없이 갈팡질팡하면서도 그저 안이한 태도를 취하고 있기만 하다. 선교는 교회의 존재 목적이 아닌, 그저 교회가 하는 많은 일 가운데 하나가 되고 말았다. 그러나 칼 바르트가 1932년 브란덴부르크 선교대회에서 했던 그 유명한 주장처럼, 선교는 교회나 그리스도인 개인의 속성이 아니다. 오히려 선교는 교회가 속해 있는 하나님의 속성이다. 다시 말하여, 하나님이 최초의 선교사이시다. 당시 이 사상은 널리 받아들여지지 않았지만, 훗날 이것은 주류 프로테스탄트뿐 아니라 복음주의 진영과 가톨릭에서도 동의하는 견해가 되었다.

바르트의 생각이 모든 면에서 옳은 것은 아니다. 앨런과 나 같은 복음주의자들은 바르트와 입장을 달리하는 것이 있다. 하지만 많은 방면에서 선교에 대한 바르트 식의 사상은 우리에게 교회의 정체성과 목적과 주안점을 상기시켜준다. 신약에서 기독교 신앙의 원형을 되찾아야 한다는 바르트의 주장은 새로운 시선으로 교회의 선교적 본질에 주목하게 하였다. 그의 사상은 과거 40년간 각종 선교적 대화에서 가장 큰 화두를 장식했다. 그러나 그것으로는 이미 교회에 뿌리내린 기존의 정체성을 하나님이 애초에 위임하신 선교적 정체성으로 되돌려 놓기에는 충분하지 않다. 또한 오늘날 교회 안에 소위 초대 교회의 선교적 영광을 회복할 필요가 있다고 아무리 외쳐 본댔자 소용이 없다. 그런 것들이 본질인 것은 분명하다. 하지만 하나님의 선교적 특성과 회복에 대한 열의를 교회의 정체성으로 이해하였다면, 이제는 그것을 실현해야 할 단계이다.

교회의 정체성과 목적을 회복하고 다시 살려냈다면, 이제 남은 것은 주어진 각 문화 형태의 눈높이에 맞는 교회의 접근법과 실천할 방법을 찾아내는 일이다. 이를 위해 이런 몇 가지 질문이 필요하다. 교회가 할 일은 무엇인가? 믿는 자들은 어떻게 살아야 하는가? 우리는 어떤 길을 택해야 하는가? 교회가 세워져 있는 도시와 지역의 현재 거주자들과 어떻게 신실하게 사귀면서 살아야 하는가? 가이사가 아니라 "예수님이 주님이시다"라는 고백은 오늘날의 교회에서 어떤 의미를 가지는가? 요약하자면, 성삼위 하나님과 그분의 선교라는 측면에서 교회의 정체성을 회복한다는 것은 교회가 잊고 있던 길, 곧 생활하고 소통하며 생명을 주는 사도적 운동을 재발견해야 한다는 의미이다.

《잊혀진 교회의 길》(The Forgotten Ways)은 교회의 선교적 본질을 탐구하기 위한 대단한 교과서이다. 선교가 무엇인지, 또한 교회가 잊고 있던 그 길들을 되찾아 다시 그리로 걸어가려면 어떻게 해야 하는지 이해가 될 때까지 끝장토론을 하게 만든다. 앨런이 나에게 이 개정판을 위해 서문을 써달라고 부탁했을 때 개인적으로 영광스러웠다. 그와 그의 작품은 여러 해 동안 나에게는 하나님이 주신 축복이었기 때문이다. 앨런이 새로운 세대를 위하여 자신의 생각을 쏟아 부어 교회의 선교적 본질을 다시 발견하게 하고 잊고 있던 그 길들을 다시 새롭게 걷게 만드는 이 책에 이렇게 작게나마 일부가 될 수 있다니, 내겐 이런 축복이 또 없다. 앨런의 글을 읽으니 지금 하는 일을 당장이라도 내려놓고 하나님의 선교에만 주력하고 싶어진다. 이 책을 다 읽고 나면 당신 또한 그렇게 되리라고 상상해본다.

에드 스테처 박사는 휘튼대학의 빌리 그래함 선교센터(Billy Graham Distinguished Endowed Chair for Church, Mission, and Evangelism, Billy Graham Center for Evangelism)의 사무총장이다. 그는 선교에 관련한 다수의 저서들의 저자이며 강사이다. 자세한 내용은 www.edstetzer.com 참조.

Preface

개정판의 서문
Preface to the Second Edition

사람은 스스로 자기 동굴에 갇혀 좁은 틈을 통해 모든 것을 보려 하지 말지니. 문 앞에 쌓인 것을 치우고 이해의 세계로 나오너라. 그러면 만물이 있는 그대로 끝도 없이 드러나 보이리.
– 윌리엄 블레이크(William Blake), 《천국과 지옥의 결혼》

책을 쓰는 그 오랜 기간, 저자는 벗어나기 위한 전투를 벌인다. 상투적인 사상과 표현에서 벗어나기 위한 그 투쟁 말이다. 상대를 향한 저자의 공격이 성공해야 상당수의 독자가 그것을 읽을 수 있다. 여기에 공들여 표현된 생각들은 극히 단순하고 분명해야 한다. 어려운 것은 새로운 사상이 아니라 생각의 모든 구석, 그 곳곳까지 뻗어 있는 옛 사상에서 벗어나는 것이다.
– 존 메이너드 케인스(John Maynard Keynes), 《고용, 이자, 화폐의 일반 이론》

사도적 운동의 역동성을 파악하기 위하여 수년간 노력한 끝에 마침내 번쩍하고 새로운 것을 알게 하는 통찰이 떠올라 모든 것이 '유레카!' 이 한 마디에 모였던 그 감격의 날이 아직도 기억에 생생하다. 내가 이런 말을 할 특별한 권위가 있는 사람은 아니지만, 나는 그것을 하나님께 받았다고 느꼈다. 답을 찾기 위한 나의 간절한 노력에 주께서 직접 응답하신 것으로 말이다. 그래서인지 이 책이 때로 괴짜 같고 '탁상공론' 같은 느낌이 들기도 했다. 어쨌든 그것은 정말이지 '실험실'에서 임상 연구를 하며 도서관을 뒤지다 발견한 것도 아니고 박사학위 과정에서 과학적 방법론을 거친 것도 아니다. 그저 생각 많은 한 선교사 지망생의 '사고 실험'(thought experiment)의 산물에 지나지 않는다.

이 책에서 이야기하는 선교적 교회 운동에 대해 논리적인 방법으로 이론을 찾기 위해 연구한 것은 아니다. 그 답은 그야말로 은혜로 '주신 것'이었기에 나는 겸손하게 그것의 관리인이라고 하겠다. 나는 확실히 젖 먹던 힘까지 다 써가며 '숙제'를 나 혼자의 방식으로 푼 셈이다. 그랬어도 내게는 내 임무가 운동의 코드(code)를 반드시 풀어내는 것이라는, 결코 거부할 수 없는 확고부동한 소명감이 있었다. 그래서 모든 기력을 총동원하여 임무 완수를 위한 추적을 멈추지 않았다. 그런 영적인 탐구는 어떻게 해서든 꼭 이루어야 하는 나의 인생 목표가 되었다. 여러 해가 지난 후 통찰을 얻었다. 오랫동안 무언가를 사랑하면 그것이 마침내 자신의 모습을 드러내는 것이다.

번쩍이는 통찰력과 종합력이 떠오르자마자, 나는 그 아이디어를 종이에 정신없이 옮겨 적었다. 그것을 마친 후에 나는 내가 받은 것이 세상을 바꿀 수 있는 어떤 방법이란 것을 깨달았다. 거듭 밝히지만, 이것을 오해하지 마시기 바란다. 나는 스스로 잘난척하는 사람이 절대 아니다(사실 하나님께 택함 받은 것만으로도 나는 감지덕지하다). 그리고 나는 '사도적 특성'(Apostolic Genius, 이 책에 나오는 개념을 설명하기 위해 내가 고안한 용어)조차 내 것이라고 주장하지 않는다. 결코 아니다! 나는 이것을 하나님에게 속한 모든 사람의 유산으로 본다. 나는 그저 이 세대와, 또한 21세기의 여명기에 있는 서구 기독교의 특별한 맥락에서 그 유산에 새로운 이름을 붙여놓은 것뿐이다. 개인적으로 영광스러울 뿐이다.

나는 사도적 특성이란 용어를 만들면서, 그것이 교회가 지닌 비밀의 특징을 가장 잘 나타내고 또한 변모시키는 힘을 아주 제대로 보여준다고 확신했다. 이 책에 대해 내가 가장 많이 받은 피드백은 "구성 요소를 기억하기 좋았다"라는 것이다. 또한 자신들이 평소에 생각하고 있는 것을 내가 책에서 정확하게 콕콕 짚어서 그대로 설명하고 있다는 것이다. 이는 나에게 놀라운 일이다. 해답이 하나님의 백성 안에 이미 내재하고 있다는 뜻이기 때문이다. 그래서 이제 성령께서 다시 한 번 교회 위에 운행하시면서 하나님의 백성인 우리 자신의 목적과 잠재적 능력을 일깨워주시기만 하면 된다. 하나님의 목적은 제자도와 교회의 본질 안에 이미 밝히 드러나 있다.

가장 위대한 진리들은 이미 우리 기억 속에 들어 있다. 그것은 교회가 고안할 것이 아니라 회복해야 하는 것들이다. 재생(再生)을 요청해야 할 잃어버린 상상력은 새것인 동시에, 너무 오래전 일이라 잊고 있던 교회의 본성이다. 특히 그 본성은 교회의 본질과 목적을 위시하여 믿음의 원초적 진리들을 하나도 빼놓지 않고 모조리 포함하고 있다.[1] 우리 시대의 위기에 대한 해답은 우리의 첫 교회, 즉 신약 교회의 명확한 이야기에서 발견할 수 있다고 나는 믿는다. 달리 말해서, 신약 교회의 이야기는 믿는 자인 당신과 당신의 교회 또는 조직, 그리고 (당신이) 어디에 있든 하나님에게 속한 모든 백성의 이야기가 되어야 한다는 뜻이다. 나는 관리인에 불과하다. 나는 충성된 종이 되어 그날에 칭찬받고 싶다(마 25:23). 내 입장은 분명하다. 나는 전달을 명받은 청지기로서 이 개정판을 내기 위해 최선을 다했다.

'사도적 특성'에 내가 얼마나 사로잡혀 있는지 당신에게 알려드려야 할 것 같다. 2006년에《잊혀진 교회의 길》(The Forgotten Ways)의 초판을 출간한 이래, 나는 mDNA(운동 유전자 movement DNA)의 구성 요소를 각각 훨씬 더 상세히 설명하기 위해 연이어서 책을 집필해나갔다.[2] 그것들은 모두 각 권으로 기획하여 저술됐지만, 그 모든 책은 이 책에서 제시하는 사도적 특성 모델을 뒷받침하고 실질적인 면에서 정교하게 구성되었다.[3] 더구나 사도적 특성은 마치 내가 직접 관여하는 주요 조직들의 유전 인자 같은 요소이다. '국제 포지 선교 훈련 네트워크'(Forge Mission Training Network International), '미래 여행자들'(Future Travelers), 그리고 '100 Movements'(100 교회 운동)은 모두 정확히《잊혀진 교회의 길》의 통찰 위에 설립되었다. 그 밖의 많은 조직과 교회도 그 운영 시스템으로 '사도적 특성' 모델을 채택하고 있다. 각자 나름의 방식대로 사역하는 이 모든 조직은 하나님의 백성이 그간 까맣게 잊고 지내던 '예수

---

[1] 내가 하려는 것은 월터 브루그만(walter brueggemann)이 그의 책《예언자적 상상력》(Prophetic Imagination)에서 아주 잘 표현한 것처럼, 이스라엘 백성에게 기억할 것을 촉구하는 임무를 맡은 선지자의 역할이다.

[2] 이 주제에 관련된 나의 다른 책들의 목록을 이 책 뒤에 붙여놓았다.

[3] 나의 주요 저작들의 집필 취지를 블로그에 올려놓았다. goo.gl/W2Aw8u

운동을 하는 교회의 길'을 '기억'하도록 돕는다.

한편, 나와 가장 가까운 동역자들과 함께하는 사역 외에도 운동의 정신을 일 깨울 수 있는 곳이라면, 나는 북미의 모든 주요 교단 소속 기구들을 위시해서 어디든 다니려고 노력하는 중이다. 나는 미국과 유럽을 중심으로 교회 개척 운 동을 펼치는 여러 기관을 다니며 훈련도 시킨다. 상당수의 주요 신학교와 대학 에서도 강의하고, 이른바 '주변부'에서 사역하는 다수의 선교적 교회들을 위해 코치도 한다. 현재의 추세라면 앞으로도 여기저기에서 예수님이 실제 의도하 신 것이 분명한 선교적 운동이 더 많이 벌어진다는 확신이 생겨 이 일에 더 정 진하고 있다. 사람들이 자기가 누구이며 무엇을 하는 사람인지 전보다 훨씬 더 깊이 인식하는 모습을 보고 있기 때문이다. 처음부터 우리가 이렇게 되기를 그 토록 바라던 일들이 벌어지고 있는 것이다. 예수님의 분명한 모범과 하나님 나 라에 대한 획기적인 가르침, 복음을 완성하신 그분의 사역, 그리고 그분이 시작 하신 일들을 후속적으로 이어가라는 위임은 어디서든, 그분의 백성들에게 맹 목적으로 전통을 보전하거나 안락한 현재 상황에서 벗어나지 못하게 하는 대 중 종교와 비교 안 되는, 훨씬 영구적인 혁명에 헌신시킨다.

대다수의 서구 교회가 의식하든 의식하지 못하든, 그들이 가지고 있는 보수 적인 신앙관은 우리를 다시 원점으로 되돌려놓으려는 경향이 있다. 그 원점이 란 역사상 선교적으로 파산한 유럽의 교회다. 우리가 앞으로 나아가기 위해서 는 교회에 대한 개념에서 명백히 우위를 점하고 있는 유럽식 방식(mode)을 제 거하고, 그보다 훨씬 근원적인 신약시대의 감각을 회복해야 한다. 나는 기독교 회 미래의 건강과 생존 능력(viability)은 에클레시아(교회)가 본래 지녔던 유동 성, 적응성, 그리고 역동적으로 운동하는 모습을 회복하는 것과 밀접하게 관련 돼 있다고 믿는다.

앞으로 나아가려면 거슬러 올라가야

적어도 내 생각에는, 지금이 이 운동을 펼치기에 정말 좋은 때라는 데 의심의 여지가 없다. 이건 아무리 떨쳐내려 해도 하게 되는 불가피한 생각이다. 전래된 패러다임과 사상에 기반해서는 도무지 앞으로 생존해나갈 방도가 없다. 앞으로 나아가려면 먼저 과거로 거슬러 올라가야 한다. 우리 교단(교파)들의 지난날의 역사들, 우리 교회가 지나온 역사의 나날들, 신약 성경에 낱낱이 기록된 원래의 모습과, 최초로 사도적 운동을 했고 교회의 기초를 놓은 자들의 삶에서 일어났던 일까지 샅샅이 훑어야 한다.[4] 개혁의 필요성보다 더 시급한 것은 다시 발견하는 일이다. 그래야 실제로 다양한 개혁이 가능해진다.

이 책에서 제시하는 기본 개념은 주로 mDNA(운동 DNA)의 개별 요소들(예수 중심의 문화, 제자도, 성육신적 선교, 혁신과 위협, 증식하는 유기적 조직, APEST 등)에 관한 것이다. 지금 몇몇 개신교 교단들과 선교단체와 기관들에서 그것을 채택하여 다양한 분야에서 활용하고 있다. 나는 이런 현상에 놀라움을 금치 못하고 있다.

선교적 교회에 대한 개념이 점점 확산되다 보니, 그것을 다루는 최고의 이론가들이 등장하기 시작했다. 우리 시대 최고의 석학들은 교회가 문화와 사회의 중심에 다시 자리잡으려면 이상화된 과거나 대중 종교 형태로 돌아가선 안 된다는 것을 잘 알고 있다. 지나간 날들은 영영 돌이킬 수 없다. 개인적으로는 잘된 일이라고 생각한다. 과거가 우리의 현재 관점과 행동을 결정하는 기준이 될 수 없다면, 이제 남은 것은 교회의 원래 설립자들과 개척자들의 생각과 행동을 표준으로 삼아 우리도 반드시 그들처럼 생각하고 행동해야 하기 때문이다. 매우 통찰력 있는 리더라면 서구에 교회를 위한 제2의 대안이 없다는 것을 인정하리라 믿는다. 선교적 르네상스냐, 아니면 끝없이 추락하는 쇠퇴와 마주하느냐, 양자택일 해야만 한다.

우리가 당면한 위기를 분석하는 것은 비록 가능하다 해도, 아직 대부분의 기독교계에서 박진감 있게 앞을 향해 전진할 수 있는 완전한 해결책을 찾지 못

---

4 철저한 전통주의를 본질에서 재건하는 것에 대한 나의 의견은 여기를 보라. Hirsch와 Catchim, 《Permanent Revolution》, 148-49; 그리고 Hirsch와 Frost, 《ReJesus》(세상을 바꾸는 작은 예수들), 77-83.

하고 있다는 데 문제의 심각성이 있다. 우리 앞에 복잡하게 얽혀 있는 위기를 제대로 알고, 교회가 앞을 향하여 나아갈 수 있도록 새로운 방식으로 생각하며 다시 설계하도록 실행 가능한 해결방안을 제공하는 이론적 발판은 턱없이 부족하다. 우리에게 필요한 것은 이 운동에 대한 포괄적인 심성 모형(mental model)이다. 신약의 교회론이 무엇인지 마음속에 그림처럼 잘 그리고 있을 때, 21세기의 기독교는 서구 사회에서 만든 봉쇄적 사고방식의 빗장을 풀 수 있다. 이 책에서 제안하는 것이 바로 그것이다! 예수님의 교회에 원래 내장된 코드들 (codes)과 앞으로 나아가게 만드는 실행 가능한 해결방안을 두루 갖춘 종합적이고 완전한 모델이다.

이 책에서 제안하는 사도적 선교 운동의 이론이 비록 완벽하진 않다 할지라도, 나는 아직 이 이상 가는 것을 접하지 못했다.[5] 이런 운동을 설명하는 몇 가지 책이 있긴 하지만 대개 범위가 한정돼 교회 개척이나 제자훈련 운동 정도에 그친다. 단조로운 설명과 특성들을 열거하고 즉시 적용할 수 있는 처방을 제시하는 수준이다. 이런 부류의 상당히 많은 도서는 근대 이전의 사회에서 일어났던 운동에서 통찰을 얻고 있다. 그러나 내가 보는 관점에서 그것들 대부분은 과거보다 지나치게 복잡한 21세기 서구 문화권의 중심에서 역동적인 운동을 펼치기에는 절대적으로 역부족이다. 실제로 그들은 이렇게 말한다. "인도의 달리트 (Dalit, 불가촉천민)와 중국 지하 교회의 놀라운 운동들을 보라! 이것이 바로 우리가 할 일이다(그들은 믿고, 말씀을 사랑하고, 성령님을 의지하고, 기도를 한다). 여러분이 해야 할 모든 일은 그들과 똑같이 하는 것이다. 그러면 다 괜찮을 것이다." 그러나 여기서 그들이 한 실수는 이 운동들이 주로 전근대적이거나 기독교를 경험해보지 못한 사회에서 일어났다는 사실을 잊은 것이다.

세상의 사정이 달라졌는데도 선교적 운동을 펼치려는 시도는 거의 혹은 아예 없다. 세상이 후기 근대주의(포스트 모던), 비기독교화(포스트 크리스천), 탈기독교 세계(포스트 크리스텐덤), 개인주의, 중산층, 시장 기반, 소비주의적 민

---

5 Neil Cole의《Church 3.0》은 운동들의 내면과 그것을 일으킨 요인을 개관한 책이다.

주주의로 탈바꿈했는데도 말이다. 이런 면에서 이 책에 차별성이 있다. 나는 서구 교회와 문화가 처한 현재의 복잡한 상황에서 적합한 운동이 무엇일지 정말 오랜 시간 연구했다. 그래서 얻은 결과는 단순한 목록이 아니라 상당히 뒤엉키고 복잡한 것일 수 있지만, 그러나 바라건대, 그 결과가 당신의 개인적 상황과 우리의 집단적 상황에 울림을 준다는 걸 알기 바란다.

기쁜 소식은 이 책의 초판이 발행된 이래 10년 동안 진행된 상황을 검토해 보면서 희망적인 요인을 많이 발견했다는 것이다. 성육신적 사역을 하는 교회들이 얼마나 많이 출현하고 있는지 모를 지경인 것이다. 현재 그렇게 개척되고 있는 교회만도 그 수가 엄청나다. 복음주의 진영 전역에 걸쳐 'APEST 사역'의 역동성을 수용하고 이해하는 사례가 늘고 있다. (APEST는 저자가 에베소서 4장 11절에 언급되는 5가지 교회의 직능 : Apostolic, Prophetic, Evangelistic, Shepherding, Teaching의 영어 단어 첫 철자를 조합한 용어다. 이 책에서는 '사도적, 선지자적, 복음전도적, 목자적, 교사적'으로 표기했다. 편집자 주.) 새로운 단체를 결성하여 우리 문화의 어둡고 컴컴한 곳에 들어가 모험적인 사역을 하는 이들이 계속 늘고 있는 것이다. 나는 이 책에 이런 생생한 발전상들을 골고루 배치하여 독자에게 보여줌으로써 지난 10년간 무슨 일이 일어났고 어떻게 지금까지 이어지고 있는지 알 수 있게 하였다. 나는 지금 매우 희망적이다.

감동을 주는 이런 선구자적인 활동 각각의 면모를 살펴보면, 대개 mDNA의 여섯 가지 구성요소들(이 책 2부의 4장에서 9장의 내용) 가운데에서 잘해야 불과 하나둘 많아야 셋 정도의 특징이 나타나는데, 그럼에도 불구하고 정말이지 대단하며 큰 본이 된다. 사도적 운동을 재현하기 위한 긴 여행길에 올라 끊임없이 배우면서, 이렇게 각자의 실행계획을 진행하는 모습에 찬사를 보낸다. 그들이 성숙의 절정에 달했을 때 어떤 모습이 될지 기대한다. 조짐이 좋다.

사도적 특성 시스템이 완전히 무르익은 현장을 볼 수 있게 된다면, 그래서 하나의 전체 시스템에 mDNA의 여섯 가지 요소가 전부 완전하게 작동하는 모습을 볼 수 있다면 더 바랄 것이 없다. 나는 서구에서 그런 모델이 나타나기를 고대했다. 그런데 그 희망의 크기가 극히 커졌다. 몇 군데에서 지금 그렇게 되어간다는 좋은 소식이 들린다. 그들은 계속 성숙하면서 탄력이 붙고 영향력도 커지고, 박진감 넘치는 사도적 운동에 힘도 실리고 있다. 그 방식을 다른 사람들이 따라도 되는지 입증하고 싶다면 단지 몇 가지만 보면 된다. 효력을 입증할 예를 들자면 구도자 중심 방식으로 서구 전체 복음주의 교회의 표준으로 자리한 두 교회(윌로우크릭과 새들백)가 지금 어떻게 하고 있는지 보는 것이다.

패러다임을 바꾸고 타당성을 입증하는 데는 많은 것이 필요하지 않다. 하나님의 뜻이 계시다면 훨씬 많은 실행 가능한 운동의 방식이 향후 10년 안에 사도적 특성의 패러다임 안에서 완전하게 전개될 것이다. 세계지도에는 이 운동을 하는 무리가 잇달아 표시될 것이다.

이 책은 방법을 논한 책이 분명히 아니다. 물론 책 속에는 독자가 알아볼 수 있는 실용적 요소도 많이 담겨 있다. 이 책은 상상력에 호소하여, 신약성경에 근거하고 역사상 다양한 변혁 운동을 통해 입증된 강력하고 역동적인 패러다임으로 교회를 안내하기 위해 집필되었다. 이러한 접근법을 사용한 것은 우리가 끊임없이 상기해야 하는 역사적 교훈이 있기 때문이다. 만일 우리가 시스템과 사랑에 빠지면, 그것이 무엇이든 그 시스템을 바꿀 능력을 잃는 것이다. 옛 패러다임의 수호자들이 교회와 그 안에서 그들이 맡은 역할을 평가할 필연적인 객관성을 상실했다는 뜻이다. 그들은 시스템의 내부자들이므로 시스템 외부에서 제대로 된 시점을 가지고 볼 수 없기에 그 상태를 비판할 자격이 없다. 업튼 싱클레어(Upton Sinclair)가 했던 말이 생각난다. "뭘 몰라도 월급이 제때 잘 나오는데 누가 굳이 알려고 하겠는가."[6] 이처럼 기득권은 우리를 가로막아 굳이 뭘 분명히 보고 알게 하지 않는다.

지난 15년 동안 얻은 것도 많았지만 패러다임 전쟁은 여전히 계속되고 있다. 사실상 이제 시작일지도 모른다. 두 가지 선택이 계속 남아 있다. 강력하게 역동하는 선교적 운동의 패러다임으로 살아날 것인지, 아니면 우리가 물려받은 요지부동의 유물 패러다임이 계속 작동하도록 그냥 내버려둘지. 아이러니한 것

---

6 Sinclair, I, 《Candidate for Governor》, 109.

은 신성한 사회에서 문화적 위세를 발휘한 크리스텐덤(Christendom)이 지나간 역사의 한 장면이 되었음에도 불구하고, 교회와 그 사명에 대한 인식 방법을 포함한 우리의 사고방식이 이제는 더 쓸모없는 크리스텐덤의 통념에 여전히 휘둘리고 있다는 사실이다. 스티븐 니일(Stephen Neil) 감독은 1959에 일찍이 이것을 인정했다. 그의 말이다. "우리의 모든 교회론은 불충분하고 구식이다. 그것들은 우리가 교회에 대해 이미 가지고 있고 거의 굳어진 고정 관념을 계속 구축할 뿐이다. 내가 아는 한, 기존의 한 가지 용어만 가지고서 교회와 관련된 신학을 하려는 이는 아무도 없다."[7]

수가타 미트라(Sugata Mitra)는 강연에서 광대한 제국을 관리해야 했던 대영제국의 관료주의적 처리방식에 대하여 "저들은 체제를 매우 강경한 쪽으로 몰고 갔다. 그것이 오늘날까지도 여전하여, 더는 존재하지도 않는 기계로 동일한 사람을 계속 찍어내고 있다"라고 말했다.[8] 그와 똑같은 일이 여전히 크리스텐덤 사고에서 벗어나지 못하고 있는 교회의 집단적 허구의 상상 속에서 벌어지고 있다. 우리가 물려받은 교회에 대한 이해와 우리가 처한 현실의 실제 상황은 서로 일치하지 않는다. 우리가 물려받은 지도(map)는 우리와 거의 완전히 동떨어진 문화권에 맞춰 제작된 것이라 현실에 부적합하다. 마치 런던에서 뉴욕 지도를 들고 길을 찾아다니는 꼴이다.

상황이 이처럼 분명하니 더는 분석이 필요치 않다. 우리에게 필요한 것은 정반합 중에서 합(synthesis)이다. 우리는 누구이며, 우리가 무엇을 할 수 있는지 큰 시선으로 보아야 하는 것이다. 서구 교회의 체제를 꼭 필요한 넓이만큼 넓게 변화시킬 수 있는 비책은 거룩한 상상력의 출입문을 열고서 그리로 들어가는 것이다. 앨빈 토플러(Alvin Toffler)는 이런 방식으로 그것을 이야기한다.

"오늘날 우리가 세상에 있는 힘들의 충돌을 이해할 수 있는 체계적인 틀이 부족하다면, 그것은 마치 폭풍 속에서 나침반이나 해도(海圖)도 없이 위험한

7   Neill, 《Creative Tension》, 81.

8   인용 출처. Aaron Dignan, 'The Operating Model That Is Eating the World', goo.gl/P1FP0C.

암초 사이를 항해하려는 선원과 같은 것이다. 전문성끼리 전쟁을 벌이는 문화 속에서 파묻힐 정도로 넘쳐나는, 흩어진 데이터의 파편과 촘촘한 빗과 같은 분석을 합치는(synthesis) 일은 단지 유용한 정도가 아니라 매우 중요하다."[9]

일을 마치기까지 그 일에 집중하는 것이 필요하다. 그러나 옳은 일을 마치려면 거기에는 반드시 큰 그림(big picture)도 있어야만 한다. 단지 우리의 습관적인 활동과 생각을 우리가 목표를 유지할 수 있게 하는 그 큰 그림의 맥락 속에 넣기만 하면 된다. 토플러의 말이다. "작은 일을 할 때는 큰일을 염두에 둬야 한다. 그래야 그 작은 일들이 전부 올바른 방향으로 향한다."[10]

새로운 마음의 지도에 우리가 가야 할 길을 표시하는 것은 매우 중요하다. 그래서 이런 것이 바로 리더의 상상 속에 들어 있어야 한다. 맥스 드 프리(Max De Pree)가 옳게 지적했듯이, 리더는 그(그녀)가 이끌어야 하는 자들을 위해 현실의 범위를 정해 주어야 한다.[11] 리더는 잘났든 못났든 조직의 테두리, 곧 그 패러다임의 수호자이다. 그(그녀)는 조직의 미래를 여닫는 열쇠다. 이런 정황에서 리더들은 기본적으로 두 가지 역할을 한다. 문을 여는 것도 리더이고 문을 단단히 걸어 잠그는 것도 리더이다. 그들은 병마개이거나 아니면 병따개이다. 그들은 최고의 가이드일 수 있고 최악의 가이드일 수도 있다. 그러므로 교회에 내장된 부호들을 보존하는 관리인의 임무는 결코 가볍지 않다. 리더들에게는 에클레시아(교회, 교회론) 및 신학의 이상을 목숨 걸고 지켜야 하는 파수꾼으로서 막중한 책임이 있기 때문이다.

이것은 리더십의 짐이기도 하지만 또한 놀라운 특권이기도 하다. 특히 역사의 흐름을 바꾸는 결정을 해야 하는(혹은 하지 말아야 하는) 중차대한 시기에 이러한 책임감이 느껴지지 않는다면 정말 큰일이다.

실행 가능한 패러다임을 놓고 옥신각신하는 것은 새삼스럽지 않다. 하나님

9　Toffler, 《제3의 물결》(Third Wave), 4.

10　인용 출처, Maxwell, 《Thinking for a Change》, 67. 사실상, Maxwell은 '큰 사고'(big thinking)라는 제하에 한 장 전체를 할애하고 있다.

11　De Pree, 《Leadership Is an Art》, 11.

의 백성은 그 마음과 삶에서 항상 신앙적 이상을 놓고 전쟁을 치르게 마련이다. 우리 믿음의 주께서도 항상 그런 일을 겪으셨다. 누가복음 11장 52절에서 예수님은 이스라엘의 암호, 곧 열쇠를 보관하고 있는 자들을 꾸짖었다. "화 있을진저 너희 율법교사여 너희가 지식의 열쇠를 가져가서 너희도 들어가지 않고 또 들어가고자 하는 자도 막았느니라."

이 말씀을 마태복음 23장 13절에서 보면, 예수께서 꾸짖으신 것은 신앙에 대한 닫힌 사고와 리더들의 어리석은 패러다임이다. 그분의 판결은 그 리더들에게서 열쇠를 빼앗아 그 나라의 목적과 사명에 충성을 다하는 다른 인정된 자들에게 맡기라는 것이다. 이것이 예수님 당시에 하나님의 백성을 맡은 지도자들에게 실제로 일어난 일이었다. 우리 시대라고 해서 하나님의 백성을 위하는 일에 별다른 것이 있겠는가? 이것은 회개가 왜 하나님의 백성에게, 특별히 사역의 열쇠를 쥐고 있는 리더들에게 중요한지 그 이유가 되기도 한다. 신약에서 '회개'(메타노이아)라는 용어는 패러다임(생각의 변화, 문자적으로는 마음의 자리와 이성적 활동)의 변경과 방향의 전환을 요구할 때 쓰인다. 다시 말해 회개는 무엇을 하지 말라는 금기에 쓰이는 단어가 아니다. 그것은 하나님으로부터 버림받지 않도록 회복시켜주시는, 그분의 백성에게 전달되는 아주 큰 선물이다. 또한 그 안에는 깊고 경건한 변화의 가능성이 내포되어 있다.

우리가 회개함으로써 방향을 바꾸어 하나님을 향해 발걸음을 떼기 시작하였다면, 그것은 하나님이 우리에게 주신 천재일우의 기회를 얻었다는 의미이다. 따라서 우리는 자신을 스스로 낮추어 현재의 패러다임이 충분한지 반드시 점검해야만 한다. 부족한 점이 있다면 돌이켜 회개하고 패러다임을 변경해야 한다. 무슨 교부의 가르침이라거나 중세 신학자들의 사상이라면서, 그것에 터를 잡아 현재 상황을 옹호해서는 안 된다. 권능을 주시는 성령님의 임재가 현재에도 이렇게 확실한데, 우리는 얼마든지 바뀔 수 있고 또한 실제로 그렇게 된다. 그것은 내가 믿는 바이고 직접 체험한 사실이기도 하다. 나의 삶에서 지금도 역력하게 그런 변화가 계속 진행 중이다.

일반적인 교회의 형태가 이미 그 수명을 다했다는 것을 아는, 열린 마음을 가진 리더들이 많다 못해 넘쳐난다. 그들이 모두 공감하듯이, 21세기에 우리 앞에 놓인 거대한 도전은 예수 중심의 기독교 신앙으로 돌아가기에는 너무 넓게 벌어진 문화의 격차를 가로지르기 위한 거점을 확보하는 것이다.

나는 많은 사람이 느끼는 깊은 자각, 즉 우리가 한 길의 끝과 다른 길의 시작 지점에 있다는 것을 지금 온 세상에 널리 공유해놓은 분이 다름 아닌 우리의 가장 뛰어나고 총명하신 '그분'이라고 생각한다. 그러하신 성령님이 우리의 부족한 심령에 바른 영감을 주셔서 교회에 대한 미래를 꿈꾸게 하신다. 나는 우리 자신과 이 세상을 위한 변화의 문을 여는 희망 가득한 열쇠를 제공해 주는 것이 바로 예수 운동의 패러다임이라고 믿는다.

개정판에서 변화된 용어와 구조

패러다임과 역사의 흐름을 바꾸는 사안은 다루기가 만만치 않다. 개정판을 내면서 몇 가지 중요한 용어를 바꿀 필요가 있었는데, 그 이유를 진술하려 한다. 나는 큰맘 먹고 mDNA에서 (초판에 쓴) 이름 두 개를 바꿔야 했다. 물론 초판에서 사용했던 용어가 지금 책의 전체 개념과도 잘 맞아떨어져서 굳이 바꾸지 않아도 되었기에 너무도 어려웠다. 나는 이것을 매우 신중하게 처리했다. 내가 바꾼 것에서 하나는 딱 봐도 알 수 있어서 더는 설명이 필요 없다.

mDNA의 용어에서 가장 중대한 변화는 운동의 사역, 기능, 리더십의 정신을 훨씬 더 적절하게 표현하려고 원래의 '사도적 환경'(Apostolic Environment)이라는 용어를 'APEST 문화'로 변경한 것이다. 이렇게 변경한 이유는 '사도적 환경'이란 표현이 모호하여 설명이 필요했고, 그것은 또한 사도적 사역 하나만 두드러지게 만들었다. 그에 비해 'APEST 문화'는 설명이 필요 없고 범위가 훨씬 더 포괄적이다.

'문화'라는 용어를 선택할 때는 매우 신중했다. 문화는 다중의 상징, 형태, 사상, 언어, 행동, 그리고 종교 의례로 구성된 복합체이다. 또한 그것은 주어진 사회의 고유한 부분 또는 좀 더 작은 규모의 개별 조직으로 간주한다. 이러한 것을 염두에 두고 'APEST 문화'라는 용어를 신중히 정했던 것이다. 이 문구를 사용하면서 그 의미 안에 개인의 임무와 소명의 본질적인 사안뿐 아니라 APEST의 각 양상에 부합하는 다양한 사회적 기능 그리고 교회의 사역과 선교를 이루는 데 필요하고 의미있는 소통용 언어와 상징들까지 전부 담았다. 달리 말해, APEST 문화는 교회의 성경적 사역을 진단하고 이해하고 육성하고 평가할 수 있는 적절하고 포괄적인 범주이다(이에 대하여 8장을 참조하라).[12]

나는 또한 그것을 변경할 때 사도적 인물의 사역으로 조성되는 문화적 영향만 특별히 강조되는 것 같아서, 하나도 빠지면 안 되는 APEST의 각 사역의 문화를 축약한 명칭에서 보는 것처럼 한데 담고 싶었다. 처음부터 사도적 역할에 비중을 높이 둔다고 해서 APEST라는 유형 분류 체계에 들어 있는 다른 요소의 중요성을 감쇄하려는 의도는 전혀 없다. 나는 그 모든 것이 주님의 몸 안에 있어야 하고 그것을 중용하여 예수님의 사역이 진행되어야 한다고 여긴다.

어떤 분은 실제로 내가 사도적 사역을 가장 중요시하는 것으로 여긴다. 나는 그렇게 여기지 않으며 그럴 의도 또한 전혀 없다. 하지만 사도적 사역은 촉매 역할을 하는 것으로, 우리 시대에 사도적 운동을 다시 활성하고 유지하려면 다른 것으로 대체할 수 없다고 나는 믿는다. 이렇게 활력있는 기능(사역)이 더는 없기 때문이다. 그렇다 해도 진정한 사도적 운동에는 그리스도의 몸이 그리스도를 중심으로 조화를 이루는 가운데 그 안에서 다섯 가지 APEST의 모든 기능과 사역이 한데 어울려 활약해야 한다. 그야말로 5중 사역이다. 어째서 사도적 사역이 촉진제 역할을 하는 것인지 그 이유를 계속 상기하면서, 모든 APEST(5중 사역)의 양상 하나하나에 동일한 무게를 싣고 싶어 용어를 변경했던 것이다.

모든 리더십은 예수님의 방법대로 하는 것이 제일 중요하기 때문에, 해당 장

---

12 《잊혀진 교회의 길》(The Forgotten Ways)의 개정판 출시와 때를 맞추어 교회나 조직의 APEST 기능성을 측정할 수 있는 검사 도구도 내놓으려 한다. 5중 기능의 활성화 정도에 따라 시스템의 기능과 기능 장애를 평가해볼 수 있다. 검사 도구의 이름은 아직 정하지 않았지만, 교회의 5중적인 표지와 기능에 기반한 무게감 있는 책도 함께 낼 것이다. 두 가지 다 자세한 정보는 홈페이지를 참조하라. www.alanhirsch.org

에서 그리스도를 닮아가는 리더십에 대한 이야기를 상당히 많이 했다. 그러나 APEST의 사역을 활력 넘치게 하려면 특히 리더십에 대하여 바르게 이해하여야 한다. 방 안이 점점 비좁아지기 시작하면 갈등이 생길 가능성도 그만큼 커지기 때문이다.[13] 몹시 권위주의적인 '신사도적 개혁'(NAR, '신사도운동')이 일어나 큰 물의를 빚고 있는 실정이라서, 지배적/권세적/권위적 망상에 사로잡힌 다수의 신사도운동 지지자들의 패러다임과 판이하게 다른 APEST의 선교적 이해를 돈독히 할 필요가 있다.[14] 그러므로 신약 성경이 말하는 권위의 본질과 합당한 리더십을 이해하는 것이 갑절이나 중요하다.

mDNA의 용어 체계 가운데 또 하나 바꾼 것은 '커뮤니타스'(공동체성, communitas)이다. 단순히 원래의 '공동체'(community)를 '경계성(liminality)-커뮤니타스(communitas)'로 대체한 것이 아닌 그냥 '커뮤니타스'이다. 이유는 딱 봐도 알 것이다. 커뮤니타스 자체가 경계인 또는 경계성(liminality), 즉 한쪽에 속하지 않고 어떠한 기준의 경계에 놓여 있는 상태일 때 생기는 직접적인 결과인 탓이다. 이 둘은 불가분의 관계이다. 경계인(위험 또는 위기에 처한, 소외되고 방향을 상실한 사람들)이 커뮤니타스의 발생을 재촉하는 전제조건이라서 반드시 포함해야 했다. (이 책에서는 주로 '경계성'으로 표기한다. 편집자 주.)

끝으로, 전체의 좀 더 자연스러운 흐름을 위하여 mDNA를 설명하는 각 장의 원래 순서를 변경했다. 예를 들어, 제자도는 분명히 예수님의 우월성과 탁월성과 밀접하게 관련되어 있다. 사실상 제자도는 "예수님은 나의 주님이며 구세주라는 사실에 대한 유일하고 바른 반응"이며, 반드시 받아야 하는 훈련이다. 그런데 제자도에는 예수님이 세상을 구속하기 위하여 우리를 하나님의 선교로 인도하신 방법(성육신적 선교)을 그대로 따라서 실천하는 것까지 포함된다. 더욱이, 그러려면 위험과 모험이 따른다. 그래서 나온 것이 경계성-커뮤니타스이

---

13 기독교 리더십 가운데 그리스도를 닮지 않은 다수의 모델에 대해, 나의 동역자이며 친구인 랜스 포드(Lance Ford)의 탁월한 비평을 보라. 《Unleader》.

14 이 운동에 대한 개관해놓은 위키피디아 기사를 참조하라. goo.gl/zvygSA. 오순절―은사주의 진영 내에서 자체적으로 한 비판적 평가를 보라. Gievett and Pivec, 《New Apostolic Reformation?》 그것에 대하여 내가 아는 것을 솔직하게 말한다면, 좀 우려된다.

다. 따라서 하나의 mDNA가 나타나면, 다른 모든 것이 동등하게 따라서 등장한다. 그리고 mDNA의 모든 요소는 서로 연결되어 있기는 하지만, 요소들 사이의 관계는 정도에 따라 차이가 난다.

이 책의 문체와 취지에 대하여

앞에서 언급했듯이, 이 책은 실용서가 아니다. 첫판도 그랬다. 이 책은 패러다임의 변화를 다루고 있다. 우리의 모든 활동과 이해를 뒷받침하는 것인데도 불구하고 대부분 모른 채 무심코 지나치는 교회의 운영체제를 점차 의식하게 하는 책이다. 이것은 대체로 다루기 어려운 작업이다. 상당히 오랜 기간 우위를 점하고 있어서 마치 그것이 원형인 줄 착각하게 만드는 교회의 패러다임이기 때문이다. 나는 이 책에 수록한 이론들을 적용하기 위한 책을 여러 권 썼다. 예를 들어《잊혀진 길 핸드북》(The Forgotten Ways Handbook)은 이 책의 이론과 관념을 실천에 옮기기 위한 실용서이다.《가장자리에서》(On the Verge)는 우리 운동의 리더인 데이브 퍼거슨(Dave Ferguson)과 내가 공을 들여 운동하는 '선교적 교회로 변모하는 과정'을 설계한 책이다. 이 책에 펼쳐놓은 모든 개념이 상당히 정밀하기 때문에, 그 외에도 여러 실제적인 방법이 담긴 보충 서적들을 독자들께 내놓을 예정이다.

이 책은 두말할 것도 없이, 애초부터 아예 독자의 창의력을 직접 건드리기 위해 기획된 것이다. 대체 패러다임을 보여주고 통합에 이르는 틀을 제안하며, 그에 터 잡아 교회 본연의 모습과 원래의 목적들을 명료히 확인할 수 있게 했다. 나는 그 본래의 모습을 일컬어 선교적 운동(혹은 사도적 운동, 예수 운동, 변모시키는 사역)이라고 말한다. 이 책은 교회의 시스템 전체를 통틀어 보면서 그것의 전략적 강점과 결함을 알아채고, 그 체제를 재설계할 수 있는 포인트를 잡게 한다. 나는 이 책이 계속해서 여러 새로운 방식으로 생각하도록 자극을 주어 혁신적인 이행 방안을 떠올리게 할 줄 믿는다.

우리 시대에는 교회에 대한 종합적이고 포괄적인 선교적 비전이 절실하게 필요하다고 내가 누누이 이야기하고 있는데, 그러려면 우선 문제가 뭔지 제대로 파악부터 해야 한다. 그런 점에서 이 책은 내놓을 만한 가치가 있다.

우리가 모르는 부분이 무엇인지 알려면 먼저 문제부터 들여다보아야 한다. 따라서 초판과 마찬가지로 1부에서는 선교적 분석을 했고 2부에서는 그 통합을 제시했다. 새로운 독자들께서는 좀 참으시고 2부의 답부터 읽지 마시길 당부드린다. 초판을 읽은 분들은 1부가 많이 새로울 성싶다. 자료를 많이 보강했으니 읽는 재미가 있을 것이다.

너무 생소한 사상이다 보니 초판에서 이것저것 너무 많이 집어넣어 내용이 빡빡하고 장황했던 점을 시인한다. 책을 집필하면 할수록, 작가로서 나는 복잡하고 전형적인 개념을 다루는 실력이 부족하다는 것을 더욱 많이 실감한다. 초판의 맛을 해치지 않는 선에서, 상당히 많은 부분에서 장문을 삼가고 군더더기를 빼냈으니 속이 좀 뚫리는 느낌으로 책을 읽어 내려갈 수 있을 듯하다. 나의 작품에 익숙한 독자들께서는 나만의 시답지 않은 허쉬식 용어(신조어), 난해한 신학 용어의 사용, 엿가락처럼 늘어지는 각 장에 대하여 잘 아실 것이다. 이번 판에서 나는 용어를 참신하게 설명하려고 진짜 많이 노력했다. (오죽하면 책 뒤에 도움 삼아 용어 해설을 두었겠는가?) 널리 소문이 나 있듯, 나는 예나 지금이나 문장과 각 장을 짤막하게 만드는 데 성공했던 적이 없다.

변명은 아니지만, 어쨌든 책의 내용이 좀 넉넉하다는 것은 오히려 장점이 아닌가 싶다. 새로운 패러다임들, 신학, 그리고 격언들의 참다운 보물창고라는 뜻이기 때문이다. 나는 정이 듬뿍 들어 아주 친하게 지내는 교회들에 어울리는 모든 것들을 지나치다 싶을 정도로 죄다 들쑤셔놓아야 했다. 너무 오랜 시간 동안 우리 자신들의 내면에 달라붙어서 진짜 정체성과 관습인 양 행세하던, 쓸모없어진 이념들을 모조리 솎아내기 위해서는 어쩔 수 없었다. 어쩌면 그래서 초판이 교회는 물론이거니와 학계에서도 여태껏 제법 오랫동안 영향을 끼쳤던 것일 수 있다. 어떤 경우이든지 당신에게 어울리는 것을 아는 데 필요한 지혜와 통찰력을 주실 분은 다름 아닌 하나님의 영이시란 것을 나는 확실히 믿는다. 또한 이 책을 여러 번 읽을 것을 강력하게 권한다. 한 번만 읽어서는 충분히 이해할 수 없을 것이기 때문이다. 나 역시 이따금 속명으로 '운동의 이치'라고 부르기도 하는 그 사도적 특성에 대하여 제대로 정립하는 데만도 여러 해나 걸렸다. 물려받은 패러다임을 변경하고 그에 맞는 새로운 합리성을 다시 정리하기 위해서는 훈련과 노력이 따라야 한다. 교회의 생존 가능성의 성패가 달린 이 시기에 리더들은 반드시 이러한 것들을 깊이 있게 그리고 신중하게 숙고해야 한다.

각주가 너무 많아 책이 마치 학위 논문 같아 보인다는 점은 인정한다. 처음 의도는 그렇지 않았다. 본질에 해당하는 내용을 전달하려다 보니 그렇게 되었다. 애당초 학술서적을 쓰려는 마음은 없었다. 오히려 내 의도는 나의 영웅들인 최전방과 선교적 참호에서 전투 중인 개척자들, 리더들, 전문 사역자들의 손에 힘을 보태려는 것이었다. 내가 각주를 사용한 것은 단순히 읽을거리를 더 제공하거나 주장을 뒷받침하거나, 또는 중요한 내용이지만 그것을 본문에 넣어서 글의 흐름을 방해할 수 있는 개념들은 독자가 직접 탐구해볼 수 있게 하려 함이다. 많은 독자께서 본문에 달린 각주에서 많은 것을 얻었다고 말한다. 이런 모든 요소를 마음에 두고 개정판을 집필하면서 상당수 자료를 본문에서 빼냈지만, 그래도 해당 부분과 관련하여 의문이 없게 하는 데 필요한 내용은 각주로 처리했다. 이런 이유로 책 끝에 다섯 개 부록을 새로 첨부하였다. 그것들은 본질적인 것은 아니지만 나름 중요하다고 생각해서다. 그것을 읽으면 얻는 것이 상당히 많을 것이다.

믿기 어렵겠지만, 이미 세계 곳곳에서 그토록 반향을 일으켰던 초판의 느낌을 굳이 달리할 필요가 없었기에, 이 개정판에는 내가 할 이야기를 다 담지 못했다. 게다가 내가 이미 인정한 대로, 지금 이 상태로도 본문에 핵심 이념과 사상이 빼곡하게 들어차 있다. 이 책의 핵심 요소들을 추가로 탐구하려면 나의 후작(後作) 도서들을 읽으면 된다.

앞으로, 위로, 더 멀리

길고긴 세월 동안 하나님의 백성 안에서 웅크리고 있던 거대한 잠재력(사도적 특성에 담긴 그것)을 풀어놓으려 한다면 우위에 있는 제도적 패러다임을 이 책이 말하는 운동의 패러다임으로 대치하여 우리가 교회라고 부르는 현상을 감지하는 주요 렌즈로 삼아야 한다. 주요 패러다임이 매우 필요한 이유는 그것을 통하여 우리가 세상을 이해하고 우리의 행동 양식을 정하기 때문이다. 또한 한층 더 중요한 것은, 다시 한 번 우리가 열매를 맺고 중요한 역할을 하도록 설정해 주는 것이 바로 선교적 패러다임이기 때문이다(9장 '유기적 시스템'을 보라). 그것은 우리에게 성취의 가능성이 여전히 활짝 열려 있다는 것을 보여줌으로써 세상에서 잘 통하는 새롭고 좀 더 나은 방법을 찾게 하는 가장 중요한 동기를 제공한다.

설사 인식하지는 못한다 해도, 예수님의 사람들은 예수님의 임재와 성령의 역사하심에 의해 주어진 여러 가지 가능성을 항상 몸에 지니고 다니는 존재이다. 하나님에 대한 지식과 사랑과 간절함을 끊임없이 키움으로써 그 나라의 잠재력을 훨씬 더 많이 깨달을 수 있고, 또한 그래야만 한다. 이것이 《잊혀진 교회의 길》(The Forgotten Ways)을 쓴 목적이다. 올라타서 즐겨라.

Introduction

서론

기독교계에서 일어난 거대한 혁명은 역사 이래 알려지지 않은 것을 통해 일어난 적이 없다. 한결같이 현존하는 기본에 충실할 때 일어났다.

– H. 리차드 니버

시대가 부패하면 도리어 전환점이 생긴다. 한쪽으로 내밀렸던 것이 강력한 빛을 발산하며 돌아온다. 그 파동이 억지로 생기지 않고 자연스럽게 자발적으로 일어난다. 옛것은 사라지고 신선한 것이 등장한다. 이 둘 사이에 시차는 존재하지 않는다. 그러기에 서로 해할 것이 없다.

– 고대 중국 격언

시대가 격변하는 사이에 미래를 어떻게 물려받아야 할지 배우는 자들이 있다. 그렇게 익힌 경험으로 그들은 단 한 번도 존재한 적이 없던 그 세상에서 살 수 있는 장비를 장착하게 되도록 준비되기 마련이다.

–에릭 호퍼, Reflections in the Human Condition

하나님의 백성 그 중심부에 은밀히 잠재해 있는 힘을 떠올려 보라. 되새겨 보건대, 교회 안에 애초부터 성령께서 조성해놓으신 '줄기세포' 같은 이런 능력이 웬일인지 사장된 채 잃어버린 상태에서, 여러 세기 동안 찾는 이 없어 사용조차 된 적이 없다. 만일 다시 발견한다면, 이 잠재된 힘이 비상한 위력을 발휘하며 기독교회가 제대로 흥왕하는 일이 22세기가 되기 전에 벌어질 것으로 보인다. 그야말로 선교적 분야에서 가히 핵폭탄이 터진 것에 견줄 만하다. 하나님을 사랑하는 그분의 백성, 곧 그분에게 속한 조직이 다시 발견해야 할 중차대한 일에 이것 말고 다른 무엇이 있겠는가? 여태껏 드러나지 않아서 몰랐지만, 우리 안에 선교적 역량이 내장되어 있다고 여겼던 생각이 이제 더는 몽상이 아니라고 확신한다. 사실상 나는 모든 예수 공동체와 참된 신앙인들 개개인 속에는 다량의 원초적 능력이 내재한다는 것을 전폭적으로 믿는다. 이는 이론적으로만 그럴싸한 현상이 아니라 역사적으로 실재했고, 괄목할만한 여러 예수 운동에서 이미 입증된 사실이기도 하다. 오늘날 우리가 직접 접하고 있는 삶의 현장이야말로 필시 그러한 힘을 가장 여실히 목격할 수 있는 곳임에 틀림없다.

당신이 이 책을 읽기 시작했다는 사실은 당신이 관심을 가지고 에클레시아(신약에서 교회를 뜻하는 단어)라는 표현이 뜻하는 순수한 의미가 무엇인지 탐구하려는 의지가 있다는 뜻이기도 하겠지만, 지난 50여 년의 세월이 지나는 동안 일반 문화(general culture)에서 꾸준히 일고 있는 세계관의 지각변동을 어느 정도 감지했다는 것을 증명한다. 뭐라고 갖다 붙이든, 근대에서 포스트모던으로, 혹은 고체 현대성(solid modernity)에서 액체 현대성(liquid modernity)으로 바뀌는 이런 변화를 교회가 제대로 받아들이지 못하는 것이 작금의 현실이다.

그동안 잘 사용하던 문화와 신학의 지도가 이제 무용지물이 되어 지구촌이라는 복잡한 정글 속에서 길을 잃고 헤매고 마는 우리 자신을 발견한다. 정신을 바짝 차리고 우리 자신이 실제 처한 현실을 바라보면, 교회가 맡은 사명을 이루기 위해 그간 우리에게 익숙했던 여러 방식들이 이제는 낯설고, 예기치 못한 세상에서는 더 이상 통하지 않는다는 것을 실감한다. 교회에 몰아닥친 이런 엄청난 일련의 미래 충격 앞에서 우리는 넋 놓고 아무것도 못 한 채 방황하는 모양새다. 이런 새로운 현실을 상대로 고군분투하는 가운데 각 교단과 교회 지도자들이 우리가 유산으로 물려받은 신학과, 언어, 그리고 모든 사고방식을 다 모아봐도 우리 안팎에서 현재 진행형으로 벌어지는 일들을 속 시원하게 풀어서 설명할 수 없다는 사실이 가슴 아프다. 이런 상황에서 발생하는 문제들은 단순히 지적(知的)인 면뿐 아니라 복합적인 면에서 극도의 영적, 정서적, 실존적 위기를 초래한다.

우리가 직면한 21세기는 어디를 둘러봐도 테러 행위, 붕괴를 초래하는 기술 혁신, 환경 위기, 고삐 풀린 과소비, 불규칙한 변화, 위험성이 많은 이데올로기가 한없이 뒤얽히는 현상이 또렷하다. 이런 대변동이 현실인 상황에서 신실한 사람들조차 흉금을 터놓고 이야기한다면 교회가 그런 일련의 매우 중대한 도전에 어떻게든 적응해야 한다는 점을 인정할 것이다. 오늘날 교회 지도자 중 대다수에게는 각각의 신앙 공동체에서 복합적인 일들이 계속 일어나는 추세라서 그것을 처리하는 것이 점점 힘들어지고 있다. 결과만 보면 이미 서구 교회는 심각한 수준의 장기 감소 추세에 접어들었다. 이 상황에서 우리 스스로 이런 질문을 던져본다. "기존의 것에서 좀 더 효과적인 것은 없을까?" "이런 상황을 다룰 수 있는, 물려받은 전통적 자원은 무엇일까?" "크리스텐덤 시대에 이미 검증돼 우리가 선호하는 교회론에서 체계를 약간 손본다면 지속적으로 쓸 수 있는 공식이 나오지 않을까?"[15]

나는 그런 방식이 더는 통하지 않는다고 믿는 사람이다. 그것은 나만의 생각이 아니다. 오늘날 많은 사람들이 대안을 열심히 찾아다닌다. 그러나 서구에서 기독교 미래에 대한 새로운 사고는 대부분 우리가 진퇴양난에 봉착했다는 점만 부각할 뿐 과거에 썼던 접근 방식과 기법을 수정하여 내놓은 평범한 해결책에 불과하다. 기독교 주류에서 신학적으로 일탈했다는 이머징 교회(emerging church)를 깊이 들여다보면, 그들은 교회와 선교에 대한 기존의 일반적인 개념은 그대로 두고 순전히 포스트모던 사회에 산재한 신학과 영적 경향에 대한 문제에만 집중하고 있다. 이는 교회라는 '운영체제'와 '하드웨어'는 손대지 않은 채 단지 신학이라는 '소프트웨어'만 다시 작업한 셈이다. 사건이지만, 이런 것으로는 당면한 문제를 온전히 해결할 수 없다. 미래를 염려하면서 과거로 돌아가 우리의 역사와 전통을 깊이 탐구하여 참된 그리스도인의 연장통에서 선교적 도구들을 찾아 꺼내도, 우리 중 다수는 이것이 제대로 작동이나 하겠느냐며 불안해 할 것이다. 과거 서구 역사에서나 통하던 케케묵은 도구와 기법을 가져다 사용한들 제대로 작동할지 모르겠다는 것이다. 지금 우리에게 필요한 것

---

15 크리스텐덤(Christendom)의 정의는 '용어 해설'을 보라. 크리스텐덤의 특성, 역사, 구조는 2장에서 좀 더 자세히 다룬다. (발음 기호상으로는 '크리스덤'이 맞다. 이는 크리스마스(Christmas)를 크리스트마스라 발음하지 않는 것과 같은 이치다. 하지만 이 책에서는 통상 발음을 따라 크리스텐덤으로 쓴다. 역자 주 추가.)

은 새로운 도구들을 한데 모으는 것이고, 이 새로운 '패러다임'은 현실에 대한 새로운 시각을 말한다. 특히 교회와 선교를 들여다볼 때, 우리는 여기에 관련한 사상, 인식, 가치관을 그 뿌리부터 달리해야 한다.

과거로 돌아가 보는 게 무슨 해결책일까 싶을 것이다. 아니다. 그럴 수 있다. 요점은 간단하다. 우리는 일반적으로 과거로 간다고 말하지만 충분히 가지는 못한다. 혹은 그렇게 했더라도 해답을 얻기 위해 아주 깊게 파고들지는 않는다. 계속되는 일이지만, 어떤 해답을 어렴풋이 알았다 하더라도 그 해결책이 지니는 급진성과 충격적인 특성 때문에 우리는 안전하게 뒤로 물러나 익숙하고 통제 가능한 일만 하려고 한다. 만일 우리가 용기를 내어 열심히 연구한 후 과거로부터 진정한 해답 몇 가지를 얻어 삶에 적용하려 든다면, 평소 우리가 흔히 생각하던 것과 달리 너무 급진적이어서, 심지어 내가 지금 어디에 자리잡고 세상을 살아야 할지 헷갈리게 된다. 일반적으로 서구 교회는 계승된 현재 상태 (status quo)를 그대로 유지하고 싶어서, 견고하게 터 잡은 교회 패러다임에서 벗어나는 모험을 거의 하지 않는다. 그러나 지금 우리 시대는 예수님의 사람이 무엇을 해야 하는지, 그 질문의 근원까지 내려가야 답이 보이는 시대이다.

우리와 마주한 21세기의 여러 조건은 우리의 존재를 위협하고 있다. 그러나 한편 그 조건들은 도리어 우리 자신을 발견할 엄청난 기회로 활용되고, 교회의 중심부에 누워 자고 있던 그 옛날의 에너지 – 이 책에서 내가 '사도적 특성' (Apostolic Genius)이라고 호칭하는 것 – 를 깨우는 방법이 되어 복잡한 도전에 맞설 수 있게 한다.

지금 당신이 손에 잡은 이 책은 굳이 분류하자면 선교적 교회론(missional ecclesiology), 혹은 특별한 '운동으로서의 교회론'에 해당되는 책이기에 다소 딱딱하고 전문적이다. 이 책은 역동하는 선교적 운동(missional movements)이 무엇인지 정의 내리고, 그것이 어떤 형태인지, 그리고 얼마나 활성화되고 있는지 소개한다. 모든 내용은 예수님이 세우시고 사명을 부여하신 교회 되기에 관한 것이다. 용어란 원래 단조롭고 재미없으니 신경 쓰지 말도록 하자. 무엇이 되었든 운동으로서의 선교적 교회론은 역동적이다. 왜냐하면 교회가 본래의 부르심에 충실하고 하나님의 현존을 경험하게 된다면 현 인류가 한 번도 경험하지 못한 엄청난 변화를 일으킬 굉장한 잠재력을 가지게 되는 탓이다. 본래 있던 과거의 그 힘(사도적 특성)이 이제 나타나고, 또한 반복하여 미래로 이어져야 한다. 이 책은 서구 교회가 성령의 능력으로 말미암아 그리스도인 안에 누워 있는 그 놀라운 힘을 다시 일깨워 활성화하기를 바라며 쓴 것이다.

탐구를 시작하게 만드는 질문

초판을 출간하기 약 4년 전쯤 선교적 교회에 관한 한 세미나에 참석했을 때, 나는 발표자가 물었던 질문에서 확실한 답을 얻었다.

"AD 100년경 크리스천의 숫자는 얼마나 된다고 보는가?"

그는 이어서 물었다.

"콘스탄티누스 대제가 기독교를 공인하기 직전인 AD 310년경에는 크리스천 숫자가 얼마나 되었는가?"[16]

여기 다소 놀라운 답변이 있다.

AD 100년, 겨우 25,000명가량의 크리스천.
AD 310년, 거의 20,000,000명에 육박하는 크리스천.

그가 했던 그다음 질문은 지금까지도 나의 뇌리에서 떠나지 않고 맴돈다.

"그들에게 대체 무슨 일이 있던 것인가? 어떻게 했기에 한 작은 미동에 지나지 않던 것이 고작 2세기 만에 로마 제국 내에서 가장 강력한 종교 세력으로 자

---

16 로드니 스타크(Rodney Stark)는 이런 사안들에 대하여 권위를 인정받은 자이다. 그의 책 《기독교의 발흥》(The Rise of Christianity)에서, 그는 보수적인 견해부터 광범위한 추정치에 이르기까지, 그 가능성을 넓혀서 답을 얻어야 한다고 제안한다. 나는 이들 추정치의 평균을 내서(스타크의 경우 10년 단위로 40에서 50% 정도 기하급수적으로 늘어난 것으로 본다) 그것을 다른 자료들과 비교했다. 이 수치는 내가 발견한 것이다. 스타크의 책 《Rise of Christianity》 6-13쪽(원서)을 참조하라.

랐을까?"

이제부터 이 질문을 기점으로 여행을 시작하자! 나는 그 순간에, 그 답을 발견하는 데 나의 삶을 헌신하라는 하나님의 부르심을 느꼈다. 마치 성배(聖杯)를 찾아 떠나듯 선교학에 관한 나의 탐구가 시작되었고, 역경에도 불구하고 놀라운 성장과 영향력을 산출할 수 있는 그 비결을 알아냈는데, 이제 최선을 다해 그것이 무엇인지 풀어서 설명하려 한다. 나는 또한 선교학적으로 어설픈 상태에서 21세기라고 하는 소용돌이 속으로 무작정 뛰어드는 우리 자신에 대해서는 물론이거니와, 교회를 위해서라면 시간과 장소를 가리지 않고 내가 발견한 것들을 낱낱이 해석해야 한다는 깊고 깊은 책임감을 진작부터 느꼈다. 나는 이 과업에 나 자신을 온전히 헌신했다. 이 탐구로 마침내 나는 '사도적 특성'(다양한 명칭이 붙은 모든 참된 예수 운동을 뒷받침하는 생성 시스템)이라는 공식과 '운동(movement) DNA', 혹은 줄여서 'mDNA'라고 표현하는, 사도적 특성을 형성하는 여러 부수적 현상이나 요소를 알아냈다. 그 안에는 예수 그리스도께서 세우신 교회가 보유한 엄청난 비밀이 담겨 있기에 가장 신뢰할 만하며, 또한 각종 형태로 변형하여 얼마든지 활용할 수 있다고 확신한다.

이제 당신에게도 똑같은 질문을 던진다. 초대 교회 그리스도인들에게 대체 무슨 일이 있었던 것인가? 답을 하기 전에 당신이 반드시 고려해야 하는 몇 가지 단서가 있다.

- 그들은 이 기간에 내내 불법 종교인 취급을 당했다. 그들을 묵인이나 하면 다행이었다. 최악의 상황에서 그들은 매우 극한 박해를 겪어야 했다.
- 그들에겐 우리가 아는 흔한 예배당 건물조차 없었다. 비록 고고학자들이 연대가 이 시기까지 거슬러 올라가는 '예배처들'을 발견하기도 하지만 극히 예외적인 것들이며, 집을 개조한 아주 작은 규모일 뿐이다.
- 그들은 우리가 현재 사용하는 성경책조차 없었다. 그들은 이 기간에 정경화(正經化) 작업 중이었다.
- 그들은 어떤 공식 기관이나 거기에 속하여 전문적으로 사역하는, 그 흔한

리더도 없었다. 비교적 잔잔한 시대여서 그런지 기관이라고 보기에는 너무 원형적 요소들만 있어서, 우리의 기준으로는 기관 형성의 전 단계에 해당한다.

- 그들에게는 구도자 중심의 예배, 각종 청소년 단체, 워십 밴드, 신학교, 주석, 기타 등등이 없었다. 우리는 그 모든 것을 건강한 교회를 이루는 데 꼭 필요한 것으로 여기는데 말이다.
- 그들은 교회에 일원이 되는 것을 실제로 매우 엄격하게 규제하였다. 2세기 후반까지 개종을 열망하는 자들에게는 유의미한 입교 기간을 거치도록 하여, 그들이 그 수세자(水洗者)의 공동체에 연합할만한 가치가 있는지 입증부터 했다.

사실상 이들 그리스도인이 우리가 통상적으로 교회의 문제들을 해결하기 위해 채택하는 것 중 아무것도 가지지 않았지만, 불과 이백 년 만에 25,000명 정도에서 근 2천만 명에 달하는 숫자로 증가하다니! 도대체 초대 교회는 어떻게 그렇게 했는가? 이 질문에 답하는 동안, 분명 당신도 우리 시대와 상황 속에서 교회와 선교가 안고 있는 문제에 대한 해답을 발견할 것이다.

초기 기독교 운동의 사례를 마치 역사에 돌출한 돌연변이 정도로 취급하지 못하게 하는, 우리가 사는 시대에 출현한 극히 놀라운 사도적 특성에 관한 예가 또 하나 있다. 이름 하여 '중국 지하 교회'에서 있었던 일이다. 그야말로 진기한 이야기이다. 당시 정권을 거머쥔 마오쩌둥(毛澤東)은 중국 사회에서 체계적으로 종교를 숙청하기 시작하였다. 식민지화로 인하여 주로 형태상 서양식으로 자리를 확실히 잡은 중국 교회에는 어림수로 잡아도 약 200만 명의 교인이 있었다. 그 체계적인 박해를 목적으로 마오쩌둥은 모든 외국인 선교사와 목사를 추방했고 전체 교회의 재산을 국유화했으며, 주류 교회의 지도자 대부분을 처형했고 이등과 삼등 지도자를 살해하거나 투옥했으며, 사형 또는 고문의 위협으로 기독교인의 집회를 모조리 금하는 등 역사상 가장 잔혹한 기독교 박해로 기록되는 온갖 만행을 계속 저질렀다.

문화혁명의 궁극 목표는 중국에서 기독교(그리고 모든 종교)를 제거하는 데 있었다. 1970년대 말엽 마오쩌둥 정권이 끝나고 1980년대 초에 이른바 죽의 장막이 걷히면서, 외국인 선교사들과 교회의 공식 기관들이 엄격한 감독 하에 그 나라로 돌아올 수 있었다. 교회는 모조리 사라지고 신자들은 핍박에 못 이겨 무기력한 상태일 것으로 여겼다. 하지만 그와 반대였다. 교회는 상상했던 것과 전혀 다르게 부흥이 된 상태였다. 그 당시 추정치로 중국의 크리스천은 근 6천 만 명에 달했으니, 이 얼마나 엄청난 숫자인가! 이후로도 그 괄목할 만한 수적 성장이 계속 이어진다.

〈타임〉(Time) 지의 전직 베이징 지국장인 데이비드 에이크만은 그의 저서 《Jesus in Beijing》(2006)에서 기독교인의 숫자가 무려 8천만 명에 이른다고 제시한다.[17] 내가 이 개정판 원고를 집필하면서 본 최근 연구에서는 그 수가 1억 2천만 명에 육박한다고 추산한다.[18] 오히려 중국 현장에서 교회 역사상 가장 중요한 변화를 가져온 기독교 운동을 목격하게 될지도 모른다. 돌아보면 초대 교회와 다를 바 없다. 이들도 성경을 가진 자가 매우 드물고 전문 성직자도 없고 공적인 지도 시스템도 없으며 중앙 조직도 없고 대형집회도 없는데, 그런데도 거의 미친 듯이 숫자가 증가한다. 어떻게 이런 일이 가능한가? 그들은 그것을 어떻게 이루었는가? 그것에서 우리가 배울 점은 무엇인가?[19]

역사 속에 일어난 여타의 운동 속에서도 본보기가 되는 비슷한 여러 성장 사례를 볼 수 있다. 예를 들어 선교역사학자인 스티브 애디슨의 기록에 따르면, 요한 웨슬리의 생애 말기에 영국인 남녀 가운데 삼십 명 중 한 사람 꼴로 감리교인이 되었다고 한다.[20] 1776년에 미국인 가운데 감리교인은 2% 미만이었다. 1850년에 이르러 이 운동의 결과 감리교인은 전체 인구의 34%에 달했다. 어

---

17 안시의 책 《Discreet and Dynamic》, 72쪽에서 인용함

18 선교학자 폴 하타웨이가 기고한 글 '얼마나 많은 크리스천이 중국에 있는가?'에서 요약해놓은 다양한 추정치를 보라.

19 또 다른 주목할 만한 운동은 유럽과 그 일대의 운명을 바꿔놓은 켈트족의 운동이다. 아일랜드 켈트족이 서구에 미친 영향의 특성을 탐구하는 것은 이 책의 범위를 넘어선 것이지만, 그것은 초대 교회 및 중국 교회와 비슷한 점이 많다.

20 Addison, 《Movement Dynamics》, 5

떻게 초기 감리교인들은 그것을 이루었을까? 20세기에 들어 발흥한 오순절주의는 교회사에서 가장 급속한 성장을 이룬 선교 운동이었다. 이 운동은 1900년대 초에 아주사(Azusa, California) 거리에서 일어난 소박한 부흥에서 시작하여 100주년이 되는 2006년에는 약 5억 명에 달하는 규모로 성장했다. 오순절주의를 지지하는 자들은 2050년까지 전 세계에 10억 명에 달할 것으로 예상된다.[21] 오순절파는 그것을 어떻게 이루었을까? 이렇듯 엄청난 변화를 일으킨 선교적 운동의 이야기는 우리 자신을 스스로 비춰볼 수 있는 거울이 된다. 유구한 역사의 흐름 속에 축적한 풍부한 자원들이 있음에도 불구하고, 우리는 도리어 교회에 대해 더 심하게 이해력이 감소되고 더 빈약한 표현을 하고 있다. 따라서 역사 가운데 일어났던 본보기가 되는 이러한 운동들을 직접 목격함으로써, 예수님이 애초에 우리가 감당하기를 의도하셨던 바로 그 변화를 가져오는 운동을 좀 더 완벽하게 발현(發顯)해야 한다는 소명을 느끼게 될 것이다.

이 책의 중심 과업은 각 운동의 내부 깊숙이 들어가서 그 요소들을 요모조모 빈틈없이 감정하듯 살펴보는 일이다. 그래서 한데 어우러져서 세상을 변화시키는 운동들을 일으키고 유지하게 했던, 그 모체가 되는 신학과 사상과 사역을 밝히려 한다. 이미 언급한 대로 그 운동들을 출범시키고 인도하는 현상을 가리켜 나는 사도적 특성이라고 칭하며 그것을 구성하는 요소들을 mDNA라고 부른다. 이것들은 뒤에 가서 좀 더 충분히 규정할 것이다.

본서의 목적은 사도적 특성을 탐구하며 서구 사회에 거하는 우리 자신의 선교적 맥락과 상황에 맞게 그것을 해석하는 데 있다. 이 두 가지 핵심 사례(초대교회와 중국 교회)를 선택한 이유는 그것이 모범적인 예수 운동이기도 하며, 시간상 하나는 고대이고 다른 하나는 현대이기 때문이다. 따라서 명백하게 다른 두 시대와 문화의 맥락 안에서 사도적 특성을 관찰할 수 있다. 내가 또한 이 운동들을 선택한 이유는 둘 다 생존에 치명적인 위협을 받는 상황에 부딪쳤기 때

---

21 McClung, 《Pentecostals》; 또한 Karkkainen의 《Pentecostal Missionology in Ecumenical Perspective》, 207의 인용문을 참조하라

문이다. 두 경우 모두 국가 체제 자체가 박해를 가하는 풍토였다. 이것이 중요한 이유는, 후에 설명하겠지만, 지금 서구 교회는 우리의 존속을 위협하면서 복잡하게 돌아가는 21세기에 적응하기 위해 적당히 타협하여야 할지, 아니면 예수님과 그분의 뜻에 순종함으로써 그런 세상에 영향력을 발휘해야 할지, 정말이지 큰 도전에 직면해 있기 때문이다.

초기 기독교 운동이나 중국 교회에 가해진 박해는 이른바 '보내심을 받은 사도 같은 사람들'(apostolic people)의 가장 진실된 본성을 드러내게 했다. 박해로 말미암아 무슨 중앙 집권 체제를 갖춘 종교 단체를 구성할 생각은 꿈에도 하지 못했고 원초적인 메시지, 말 그대로 복음 하나만 꼭 부여잡고서 한결같이 그것에 일치하는 삶을 살았다. 예수님을 따르는 자로서 기꺼이 순교의 제물이 되었다면, 그런 분이야말로 참된 신앙인이 아니면 무엇이란 말인가? 이런 박해도 하나님의 주권 아래 있는 것이기에, 그 운동이 도리어 사람들의 신앙이 진실해지고 하나님을 더욱 간절히 의지하도록 하는 도구로 작용했다. 교회의 비본질적인 지저분한 부산물 더미에서 그리스도인들을 꺼내 정결하게 만들었다.

복음 앞에 진실하게 선다는 것은 사도적 특성의 능력을 풀어내는 것이다. 이는 우리에게도 매우 커다란 교훈이다. 우리도 각자 도전에 직면했을 때 자신이 가진 신앙의 본질을 확실히 해둘 필요가 있다. 누구든지 믿는 대로 되기 때문이다. 우리는 지금 회전축에 해당하는 시대를 살기에, 현재의 결정이 21세기 교회의 진행 경로나 궤도를 정할 것이다. 나는 독자에게 이런 점들을 길게, 냉정하게, 깊게, 곰곰이 생각해보기를 권한다. 왜냐하면, 서구에서 예수 운동의 생사존망이 사실 앞날을 알 수 없는 상태에 있기 때문이다. 이것은 선택의 문제이다. 아무것도 하지 않는다면 손 놓고 있기로 선택한 것이기 때문이다. 따라서 이와 관련하여 분명히 해 두자.

이 경이로운 예수 운동들이 어떻게 실현될 수 있었는지 그 물음에 대한 해답을 추적하면서, 나는 이런 본보기가 되는 운동들에 등장하는 그 위험천만한 일화들 자체에서 뿜어져 나오는 힘이 우리에게서도 얼마든지 나올 수 있다는 확신을 하게 되었다. 그렇게 휴면 중인 잠재력이 잠에서 깨어나는 시점은 성령의 역사, 성도 개개인의 하나님에 대한 강렬한 사랑과 기도, 그리고 구체화한 실천이 절묘하게 조합을 이루는 때였다. 이런 조합에 최적화한 직임들(엡 4:11, APEST), 철두철미한 제자도의 회복, 원활하게 돌아가는 조직과 구조, 그리고 이러한 것들을 촉진하기에 적합한 환경이 더해졌다. 이런 요소들이 융합했을 때 매우 놀라운 일이 일어날 수 있는 상황이 조성되었다.

잊고 지냈던 해법(The Forgotten Ways)

책 제목이 암시하듯, 나는 위기에 대한 해답의 길은 이미 확보한 상태라고 본다. 문제는 우리가 그것을 책 제목처럼 까맣게 잊고 있거나, 둔 곳을 알지 못하거나, 도리어 배척하고 있다는 데 있다. 이 운동들을 관찰한 결과, 우리가 가진 자원의 부족은 크게 문제 되지 않는다. 단순명료하게 결론부터 내리자면, 예수님은 이미 자기 교회(또는 교회 운동)에 사역을 완수하는 데 필요한 모든 것을 하사하셨다. 주님은 그분의 에클레시아에 소속한 자들이 예수님의 이름으로 세상을 변화시킬 수 있도록 설계하셨다.

신약성경을 대충 읽어보기만 해도 하나님의 영원한 목적은 주로 그분의 백성으로 구성한 단체를 통해 실현된다는 것을 쉽게 알아차릴 수 있다. 새롭게 탄생한 중국 교회의 내면을 추적해보면 현재라는 모태 속에 미래라는 씨앗이 확실하게 심겨 있었다. 결국 예수님의 이름을 높이는 모든 교회에는 신약의 에클레시아인 초대 교회와 중국 지하 교회, 그리고 그 두 시대 사이에 일어났던 다른 모든 운동에서 분명히 드러났던, 그와 전적으로 똑같은 잠재력이 그 안에서 잠자고 있다. 우리가 온전히 힘써야 할 일은 그 씨앗을 되찾아서 그것이 튼실하게 성장하도록 여건을 조성하고, 모든 방해 요소를 매우 신중히 제거해야 함은 물론이고, 성령께 청하여 우리가 메시야이신 예수께 다시 붙잡혀, 그가 하시는 구원 사역에 동참할 수 있도록 권능을 달라고 간구하는 것이다.

이 잠자고 있는(혹은 숨어 있는), 이른바 '잠재력'이라는, 꽤 규정하기 어려운 '사도적 특성'의 개념을 제대로 이해하는 데는 아마도 동화《오즈의 마법사》가

도움이 될 듯하다. 많은 이의 사랑을 받는 이 동화의 주인공은 도로시이다. 그녀는 큰 토네이도에 휩쓸려 캔자스에서 마법의 땅 오즈에 떨어진다. 집으로 돌아가기 원했던 그녀는 북쪽의 착한 마녀 글린다의 안내를 받는다. 마녀는 그녀에게 에메랄드 시티로 걸어가서 마법사를 만나 보라고 조언한다. 노란 벽돌길에서 그녀는 세 동료를 얻는다. 허수아비는 마법사가 자기에게 뇌를 만들어줄 것을 기대했다. 양철 나무꾼은 마법사가 자기에게 마음을 만들어줄 것을 바랐다. 겁쟁이 사자는 용기를 얻고자 했다. 사악한 서쪽 마녀와 여러 끔찍한 괴물들을 맞닥뜨려 위험을 당하지만, 거기서 살아남은 후 도로시와 세 동료는 마침내 마법사를 만난다.

나중에 밝혀지지만, 마법사는 거짓말쟁이다. 그들은 희망을 잃은 채 에메랄드 도시를 떠난다. 그러나 도로시가 신은 루비색 구두가 마법 신발인 것을 알아챈 사악한 마녀는 그들을 내버려두지 않는다. 그 사악한 마녀와 그녀의 부하들과 마지막으로 부딪힌 후, 도로시와 친구들은 악의 무리를 물리치고 오즈를 구한다. 그런데 그들이 온갖 시련을 겪고 최후 승리를 얻고 나니, 그들은 자기들이 바라던 것을 이미 가지고 있었음을 발견한다.

사실상 그들은 본래부터 그 모든 것을 가지고 있었다. 허수아비는 그 누구보다 매우 똑똑했고, 양철 나무꾼은 원래 마음이 따뜻했고, 겁쟁이 사자는 결국에 가서 그 무적의 용감무쌍함을 드러냈다. 그들에게 마법사는 전혀 필요하지 않았다. 그들에게 정작 있어야 했던 것은 이미 그들 안에 내재한 것을 발견(또는 활성화)하도록 촉발하는 환경이었다. 그들은 모두 자신이 바라던 것을 가지고 있었지만 그것을 깨닫지 못했을 뿐이다.

결말 부분에서 도로시는 그토록 원하던 집으로 돌아갈 방법을 알아냈다. 그녀가 신었던 루비색 구두였다. 그 굽을 세 번 맞부딪치자 그녀는 캔자스에 있는 자기 집으로 되돌아갔다. 해답은 항상 그곳에 있다. 우리는 뻔한 답변 그 너머를 볼 수 있어야 한다. 익숙함이라는 베일에 가린 부분을 보아야 하는 것이다. 그런 다음 뭔가를 하기로 해야 한다.

이렇게 동화 이야기를 꺼낸 이유는 이 책에 담긴 핵심 명제를 강조하기 위함이다. 이른바 하나님의 사람은 누구나 그 내면에 초기 기독교 운동을 활활 타오르게 하고 현재 중국의 지하 교회에서 분명히 나타나고 있는 그것과 똑같은 잠재력을 지니고 다닌다. 그 사도적 특성은 아무 때든 예수님을 진심으로 따르고자 하는 당신과 나와 모든 지역 교회 안에 누워 잠들어 있다. 그저 우리는 그것에 접근하여 그 도화선에 불을 댕기는 법을 까맣게 잊었을 뿐이다. 나는 그것의 구성 요소들을 특정하고 그것을 활성화하여, 다시 또 한 번 서구 사회에 진정한 변화를 가져오는 예수 운동이 일어나도록 돕기 위해 이 책을 썼다.

깜짝 공개

독자의 편의를 위해 권말에 용어 해설을 수록하여 본서에 나오는 새로운 용어와 그 뜻을 알 수 있게 하였다. 책을 읽으면서 손쉬운 참고를 위해 책갈피를 꽂아놓으면 편할 것이다. 또한 뒤편에 다섯 개의 부록도 있다. 거기에 본서에서 상당히 많이 다루는 리더십, 변화, 그리고 조직과 관련한 중요한 자료를 담았다. 이른바 '생명 시스템 이론'(living-systems)을 탐구하면서, 우리는 삶, 적응, 그리고 조직에 관하여 상당한 분량의 지식을 습득하게 된다. 그러므로 독자들께 그것에 맞서 드잡이할 것을 강력하게 제언한다. 헬멧도 꼭 쓰시라. 여하튼 충돌할 것이 참 많다.

이 책 전체를 완성하기까지, 나는 여러 문화가 혼재한 세계 선교 속에서 찾은 최고로 좋은 실천 방안을 서구 교회에 전달하려는 일념으로 온갖 노력을 다했다. 이것을 부유한 선진국인 제1세계를 위한 선교 방법이라고 불러도 무방하다. 나는 이것이 정말로 필요하다고 굳게 믿는다.

본서에서 주로 다루는 내용은 하나님의 모든 백성이 참여하는 선교에 관한 것이다. 선교는 비단 지역 교회나 교단에 속한 선교단체에 국한하지 않는다. 선교는 삶의 모든 방면에서 골고루 이루어져야 한다. 그리스도인이 있는 곳이라면 어디서든 행해야 한다. 참다운 선교적 교회가 되기 위해서는 선교의 두 가지 형태인 공동체가 집합적으로 하는 선교와 하나님의 백성이 개인적으로 수행하는 선교를 활성화해야만 한다.

　나는 오랜 세월 동안 사회와 종교에서 행하는 운동들의 특성을 연구해오고 있다. 정확히 무엇이 운동을 촉발하는지, 그리고 (자기 폐쇄적인 단체의 접근하기 쉽지 않은 메시지와 반대로) 어떤 것이 그들의 메시지를 효과적으로 널리 퍼지게 하는지 배우려고 노력한다. 나는 역사 가운데 일어났던 중요한 예수 운동들에 나타난 다이너미즘(dynamism, 활력)을 회복하는 길은 운동을 일으킨 진짜 에토스(ethos, 특징짓는 정신, 특질, 실천하는 추진력)를 되찾는 데 있다고 전심을 다해 믿는다. 독자는 이 책을 읽는 내내 그 운동들의 참모습에 매료될 것이다. 이 책에서 가장 중요한 패러다임은 이것이다. 우리가 하려는 일의 주된 목표는 서구 교회를 재해석하여 운동의 역군으로 삼는 것이다.

　이 연구의 또 다른 특징은 종교적 제도주의를 일관성 있게 비평하는 일이다. 일부 불안해하는 독자를 위해서라도, 이후에 불필요한 오해가 없도록 분명히 하고 넘어가야겠다. 내가 제도주의를 비판하는 것은 제도 자체가 나쁜 개념이라서가 아니다. 오랜 연구 끝에 상당히 우려스러운 결론에 도달했기 때문이다. 하나님의 백성들은 조직이 유연하면 할수록 훨씬 더 강해지지만, 엄격히 통제되는 종교 기관 체제에서는 훨씬 더 적게 활동하는 것으로 드러났다. 중국의 운동에서 배운 매우 중요한 점이 있다. 중국 교회는 강제로 '조직 해체'를 겪고 난 후 그 체제 안에 잠재해 있던 선교적 역량이 되살아났던 것이다. 그러므로 명확히 하려면 필수적으로 조직해야 하는 구조와 제도주의 사이를 분명히 구분해야 한다. 앞으로 보게 되겠지만, 구조는 인간의 협동과 사회적 결속을 유지하는 데 절대적으로 필요하다. 그러나 시간이 지나면서 점차 인간미가 사라지고, 원칙적으로 하나님의 백성이 소유해야 할 역할, 책임, 권한을 중앙 기관이 당연시하면서 모조리 가져간다.[22] 여기부터 일이 빗나가기 시작한다.[23]

22　이에 대하여 뛰어난 분석을 해놓은 가톨릭의 종교 사회학자 Thomas F. O'Dea의 《Five Dilemmas》를 참조하라.

23　역사를 들여다보면, 권력의 합병과 집중화로 말미암아 교회 기관들은 원래 있지도 않고 신학적으로 옳지도 않은 권위를 주장하기 시작했다. 이쯤 되자 구조화한 교회는 어느 정도 정치적 성격을 띠게 되더니, 결국 내부에서 현재 상황을 위협하는 모종의 행동들을 억압하였다. 이런 것이 바로 제도주의이다. 역사적으로 그것은 거의 항상 훨씬 더 창의적이거나 남달라 보이는 요소들을 실질적으로 배척하는 것을 의미한다(예를 들어 부스나 웨슬리). 그렇다고 교회에 그

본서는 크게 두 부분으로 구성되어 있다.

1부, 선교사 만들어내기

1부는 독자에게 유익한 나 자신의 간증을 통해 내 생각을 주도하여 상상력에 불을 지핀 중대한 몇 가지 사상과 경험을 추적해 나가는 무대로 꾸몄다. 개인 간증에서 내가 이야기하는 몇 가지 중심 주제를 보고 독자들이 서구 교회의 상황을 선교적으로 해석할 수 있기를 바란다. 처음 두 장에서 다루는 내용은 이렇다. 1장에서는 우리 주위에 일어나는 거대한 변화를 감수하며 복잡한 도심 지역에 교회를 개척하는 운동을 주관하는 지역 실무자의 관점에서 현안을 살핀다. 2장에서는 매우 전략적이며 지역을 초월하는 수준의 관점으로 우리가 처한 선교적 상황을 탐구한다. 협의적이고 광의적인 이 두 가지 관점은 선교적 교회의 개념을 정립하는 데 필수적이다.

2부, '사도적 특성'의 중심부로 여행하기

2부는 차 시동이 걸렸으니 이제 본격적으로 도로 위를 달려야 하는 시점에 해당한다. 본서의 심장부인 2부에는 체제 안에 숨어 있는 사도적 특성을 활성화하는 데 꼭 필요한 mDNA의 구성요소와 그에 대한 설명이 담겼다.[24] 참을 수 없거나, 시간에 쫓기거나, 애써 현재의 맥락에서 교회의 상황을 선교적으로 해석하는 수고를 할 필요가 없다고 느낀다면, (1부의 1장과 2장을 읽지 말고) 이 부분으로 바로 건너뛰어도 된다. 본서의 알맹이는 여기에 담겨 있기 때문이다. 하

어떤 종교적 체제(구조)도 있어선 안 된다는 말이 아니다. 교회에 존재하는 체제는 거의 항상 부르심에 대한 공동체의 공동 선언, 개교회의 성격, 카리스마 있는 권한 그리고 영적 권위를 통해 정식으로 정당화해야 한다는 말이다. 그것은 항상 개별적이어야 하며, 결코 송두리째 기관에 넘겨서는 안 된다. 우리를 설립하신 분 외에 우리의 역할 모델이 될 자는 없다. 결국 그 어떤 남용도 없이 막강한 교회의 권력을 행사할 수 있는 분은 오직 그분뿐이다.

24 우리 각자의 교회에 이미 잠재하여 있는 사도적 특성의 가치를 알았다면, 이제 그다음으로는 선교적 적합성이나 선교적 민첩성을 완벽하게 이해해야 한다. 나는 교회들이 저마다 처한 상황을 파악하는 데 도움이 되는 온라인 도구인 mPULSE를 개발했다. 상세한 내용은 웹사이트 www.theforgottenways.org를 참조하라.

지만 독자께서 1장과 2장을 읽는다면 그만큼 충분한 보상을 받을 것이기에, 꼭 읽어보시기를 강력히 권한다.

3장은 '여행을 위해 준비할 것들'로서 4장부터 9장까지 이어서 설명할 내용의 서론격이다. 알베르트 아인슈타인(Albert Einstein)은 하나님이 말씀하시는 해결책은 단순하고 명료하다고 말했다. 이 명언에 따라, 나는 이 장에서 최선의 노력을 기울여 사도적 특성을 생성하는 본질적 성분들의 조합을 명료하게 밝히고, 그것들을 압축하여 더는 줄일 수 없는 구성 요소로 단순화하였다. 그것들은 기하급수적인 성장을 이루었으며 사회를 발칵 뒤집어놓는 영향을 끼친 모든 예수 운동에 공통으로 들어 있는 요소들이다. 내 말의 요지는, 이런 형태의 성장과 영향력을 수반하는 예수 운동들을 살펴보면 으레 여섯 가지 요소가 역력히 나타나는 것을 관찰할 수 있다는 것이다.

성령님의 임재와 역사하심이 선행한다는 가정 아래, 우리가 관찰할 수 있는 것은 단순하지만 서로 밀접한 연관을 맺는 여섯 가지 성분을 합성한 살아있는 구조체인 mDNA다. 교회와 선교에 대한 현재 우리의 이해와 경험을 가늠해볼 수 있도록, 이것들을 효과적인 패러다임 도표(grid)로 표시했다. 그 여섯 가지는 다음(4장-9장)과 같다.

- 첫째(4장), 예수는 주님이시다(Jesus Is Lord) : 모든 중요한 예수 운동의 중심과 둘레에는 매우 짧은 고백이 존재한다. 비록 짧지만 그것은 지축을 완전히 뒤흔드는 성경에 바탕을 둔 신앙의 원초적 힘으로, 이른바 한 분 하나님께서 모든 삶의 전체 영역에 요구하시는 바이며 그 요구에 대한 그분의 백성의 응답이다(신 6:4-6). 신약 시대를 위시하여 그 이후에 일어난 여러 운동에서 줄기차게 했던 그 단순한 고백은 '예수는 주님이시다!'이다. 이 짧은 고백을 가지고 그들은 세상을 바꿨다.
- 둘째(5장), 제자 만들기(Disciple Making) : 본질에서 이것은 그 무엇으로도 대체할 수 없는 일생의 과업으로 주님의 말씀에 순종함으로 예수님을 닮아가는 것을 말한다. 이는 아마도 우리가 큰 노력을 기울임에도 불구하

고 실패하는 지점이다. 제자 만들기는 교회가 완수해야 하는 대체 불가의 핵심 과업이며 모든 교회의 기본 사역 정책에 꼭 들어 있어야 한다.

- 셋째(6장), 선교적–성육신적 추진력(Missional-Incarnational Impulse) : 6장에서는 한 쌍의 주목할 만한 선교적 운동들의 추진력(자극)을 탐구한다. 이른바 밖으로 가게 하는 역동적 '추진력'과 관계를 심화하는 '자극'이다. 이 둘이 함께 다른 문화권과 인간 집단에 복음을 뿌리고 이식하도록 자극한다.

- 넷째(7장), 경계성과 커뮤니타스(Liminality and Communitas) : 공동체가 가장 활력을 띄는 순간은 함께 하면서 고통을 분담하는 상황에 부딪혀 있거나, 아니면 스스로 감당하기에는 너무도 벅찬 임무를 맡았지만 여럿이 무리 지어 아슬아슬한 모험을 시작할 때이다. 무사안일주의에 빠져 안락함과 편리함만 추구하면 우리의 참된 소명과 목적을 상실한 채 무기력하게 된다. 우리는 모두 모험을 좋아한다. 그렇지 않은가? 7장의 목표는 모험심을 가지고 모험에 진력하게 하는 데 있다.

- 다섯째(8장), APEST 문화(APEST Culture) : 8장에서는 진정한 mDNA의 또 다른 하나의 성분을 살핀다. 에베소서 4장에 표현된 사도적, 선지자적, 복음전도자적, 목양적, 교사적(APEST) 기능을 수행하는 사역들과 사도행전 전체를 가지고 그것을 입증해놓았다. 특별히 선교적 운동에서 촉매 작용을 하는 자는 사도적 기능을 수행하는 사람이다. 이것은 mDNA 가운데에서 지속해서 기하급수적인 성장과 탈바꿈을 꾀하는 데 필요한 사역과 리더십의 유형을 이르는 용어이다.

- 여섯째(9장), 유기적 시스템(Organic Systems) : 9장에서는 mDNA에 속한, 그다음 요소인 성장과 운동에 알맞은 조직을 구성하기 위한 아이디어를 탐구한다. 100M(100운동)에서 우리는 이것을 '복제 가능한 조직'이라 칭한다. 세상을 뒤바꾼 예수 운동들은 엄밀히 말하면 통제를 최소화하고 책임을 최대치로 높인 상태에서 성장했다. 그들에게는 엘리트 계층이 통제하여 성장을 방해할 가능성이 있는 중앙 집권적인 기관이 없었다. 이 대

목에서 모범적인 예수 운동들은 감각적으로 움직이는 네트워크 조직이 있어서 바이러스처럼 퍼지는 경향이 있다는 것을 깨달을 수 있다.

그리하여 '사도적 특성의 구조'는 다음과 같게 된다.

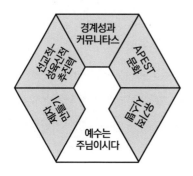

미쳐야 성공한다

위에서 지적했듯이, 이 책의 과업은 사도적 특성을 구성하는, 더는 축소할 수 없는 요소들을 확인하는 일이다.[25] 이를 위하여 나는 초대 교회와 20세기 중국 교회를 주요 실험 대상으로 삼았다.[26] 나는 그 드러난 차별성을 낱낱이 밝히면서, 교회 역사에서 일어났던 다른 중요한 운동들도 보면서 나의 관찰이 타당한지 살피고 검사했다. 나 자신의 전문 지식이 허용하는 범위 내에서 그것들을 일사불란하게 들여다보았다. 내가 말할 수 있는 건, 역사상 변화를 일으킨 모든 선교적 운동은 총 여섯 가지 요소로 구성된 mDNA를 가지고 있었다는 명백한 사실이다. 이것이 바로 이 책에서 앞으로 계속해서 집중적으로 다룰 중심 논제이다.

---

25 전공자들은 사도적 특성을 '선교적 운동의 현상학'이라고 칭하기도 한다.

26 나는 이를 다양하게 '선교적 운동', '사도적 운동', '모범적인 운동', '예수 운동'이라고 언급한다.

더구나 이 책은 학자의 관점에서가 아니라 선교사와 전략가의 관점에서 집필하였기에, 우리가 받은 소명대로 믿음에 서서, 21세기 세상이 가하는 중대한 도전을 능히 감당하는 선교적 패러다임을 세우는 데 유익하다. 그래서 자잘한 것까지 다루기보다 개략적인 내용을 담았다. 이는 쟁점을 대하는 나의 성격과 접근 방식과도 맞는다. 하지만 개념을 파악하는 것을 싫어하거나 꽂으면 바로 실행되는 완제품을 선호하는 분에게는 신경이 거슬릴 수도 있다. 나의 목표는 합리성이라는 핑계로 우리 속에 박혀 있던 기존의 패러다임과 우리 눈을 가려 운동에 참여할 수 있는 타고난 잠재성을 보지 못하게 한 사상과 생각을 아주 멀리 보내 버리는 데 있다.

아인슈타인은 세상의 문제를 해결할 수 있는 사고방식은 원래 그 문제를 만들어낸 사고방식과 반드시 다른 종류의 것이어야 한다고 지적했다. 이러한 논리에 따라, 현 패러다임의 상자 밖에서 생각해야 그 패러다임의 문제를 능히 해결할 수 있다. 일단 어떤 체제에 깊이 빠져 있으면 다른 것은 보이지 않기 때문에 그러기가 쉽지 않다.

우리는 기독교 세계(크리스텐덤)적인 교회론으로 말미암아 상당히 많이 축소된 신학 속에 갇혀 있다. 그래서 우리의 사고를 재구성하기 위하여 그 체계를 다시 들여다보아야 한다. 이는 현재 우리가 가진 지식 속에 들어 있는 그릇된 사고와 가정들을 분석해야만 한다는 의미이다.

세부적인 사항까지 파고 싶은 분들은 이번에도 좀 허망해할 것이다. 내 연구 방식은 그 체계를 전체적으로 '훑어볼' 뿐 몇몇 부분에만 집중하지 않는다. 나는 그 전체 체계를 정제하고 정수를 추출하여 뽑아낸 자칭 메타-아이디어(meta-ideas, 다른 것을 통제하고 잠금을 해제하는 핵심 아이디어)에 집중할 따름이다. 할 말을 다 하지는 못하겠지만, 우리가 큰 그림을 가지게 되었다는 점은 보장할 수 있다.

내용을 정제하여 더는 축소할 수 없는 필수 요소들을 얻는 순간, 나는 몇 가지 보석만 챙겨 들고서 북적거리고 풍요로웠던 땅을 떠나는 그 유명한 '바이킹 라이더'(Viking Raider)가 된 기분이었다. 나는 사물을 대할 때 최대한 간추려서 명쾌하게 만들어야 직성이 풀리는 편이다. 기본적으로 우리에게는 새로운 패러다임이 필요하다. 옛것을 그저 재탕한 것은 의미가 없다. 그러므로 자잘한 것에 매이기보다 통으로 살펴야 한다. 따라서 이 책에서는 단순한 설명보다는 처방을 훨씬 더 많이 내린다.

나는 선교적인 지도자와 사역자들을 폭넓게 염두에 두고서 집필했다. 이 책은 미래를 지향하는 기성 교회의 지도자들에게도 흥미를 줄 것이다. 교회를 개척하거나 21세기에 걸맞은 새로운 형태의 기독교 공동체(내가 칭하는 이머징, 선교적, 혹은 사도적 운동)를 시작하는 분들과, 각종 운동이나 파라처치(선교단체), 그리고 교단을 이끌기 위해 전략적 차원에서 사역하는 이들에게도 매력이 있을 것이다.

나는 아이디어들을 탐구하는 동안 그 저변에 깊게 깔린 것들을 자세히 들여다보면서, 독자들이 만일 그것들을 되찾아서 적용한다면 서구 기독교의 미래에 상당히 많은 파급 효과를 줄 수 있는 것들을 발굴해내려고 노력했다. 나는 이 모든 것이 마치 내 것인 양 주장하지 않는다. 어느 쪽이냐 하면, 나도 하나님이 주시는 은혜를 받은 일개인(一個人)에 불과하다. 그래서 나는 말씀의 겸손한 수령자로서, 발굴한 일차 자료를 관찰하며 설명할 수 있는 특권을 부여받은 자에 지나지 않는다고 느낀다. 아인슈타인은 원자의 신비를 들여다보노라면 하나님의 어깨 위에 올라 비범하고 아주 멋진 것들을 보는 느낌이 든다고 말했다. 나도 그와 똑같은 경외감을 선교 운동의 전체 내용을 자세히 들여다볼 때 느낀다.

The Forgotten Ways

PART

1

—

선교사 만들어내기

THE FORGOTTEN WAYS

1

가장자리에서 보기

: 한풀 꺾인 선교사의 독백

당신이 배를 건조하고 싶다면 사람들을 재촉하여 목재를 사고 공구를 챙기고, 일감을 맡기고 작업 일정을 짜게 하지 말라. 대신 그들에게 넓고 끝도 없는 바다에 대한 동경심을 품게 하라.
– 앙투안 드 생텍쥐페리

극한의 실패는 과감하게 새로운 것을 시도한 탓이 아니라 과도하게 조심한 결과이다. 하나님 나라의 선봉에 선 자들은 조금의 주저함도 없이 진격하는 남녀이다.
– J. 오스왈드 샌더스

우리가 사역하는 곳은 대중들이 거짓 신념에 휘둘리며 생활하는 이교도 사회이다. 기독교 친화적인 이교도가 아니라 기독교를 거부하는 풍토에서 태어난 이교도라서, 복음에 대하여 심히 강퍅하고 호되게 저항한다. 지난 200년 동안 외국인 선교사와 접촉하며 지내던 기독교 친화적인 이교도와 다르다. 이곳은 의문의 여지없이 우리 시대에 선교적 대격전을 치르는 최전선이다.
– 레슬리 뉴비긴

성경에서 전형적으로 쓰이는 방식은 이야기(narrative)를 통하여 어떤 것에 담긴 본질을 확실하게 드러내는 것이다. 거칠게 출렁거리는 실제 인간 역사에서 하나님이 인간들과 함께 지내며 겪으신 이야기(story)가 그러하다. 우리 자신의 이야기도 그에 해당한다. 이 책의 독창적인 여러 개념을 얻기까지 나 자신의 개인적 삶의 정황을 조사 대상으로 삼아야 했다. 이유인즉슨 리더십과 선교에 있어서 나만큼 개인적으로 고군분투한 사람이 없기 때문이다. 나는 실무적인 측면에서 교회가 제대로 선교할 수 있도록 애써 왔다. 그러면서 얻은 결론을 이 책에 담았다.

독자 여러분께 먼저 양해를 구한다. 이제부터 내 이야기를 좀 해야 한다. 구원받은 간증이기도 하다. 목회하면서 접한 많은 사람과 여러 공동체와 숱한 기관에서 겪은 그 기막혔던 혼란을 통해 하나님이 나를 어떻게 다듬으셨는지 말하려는 것이다. 서구 세계의 모든 교회가 직면하고 있는 공통의 딜레마를 생생하게 그려내기 위해 나의 일화를 다양한 각도에서 선교적으로 분석하고자 한다.

'남쪽'에서 경험한 일 때문에

의심할 여지없이, 오늘의 나를 있게 한 가장 중요한 목회 경험은 호주 도심의 사우스 멜번 회복 공동체(South Melbourne Restoration Community : SMRC)라는 놀라운 교회에 부임하여 약 15년간 담임할 때 한 것이다. 140년도 더 된 이 교회에 기껏해야 1989년에 뒤늦게 합류한 내가 무엇을 알까 싶기도 하다. 하지만 이 책을 쓴 취지에 부합하는 이만한 교회가 또 없다. 이 교회의 원래 이름은 교단 이름을 붙인 '사우스 멜번 그리스도 교회'였다. 현재 흔하게 쓰는 구분법대로, 이 교회는 개척기(19세기 말), 성장기(20세기 초), 그리고 세계대전 이후 대다수의 서구 교회에 몰아닥친 급격한 감퇴기까지 모든 과정을 전부 겪었다. 아내 데브라(Debra)와 나는 1989년에 그곳에 청빙된 후, 비록 목회 초년생이었지만 전환점을 이루기 위해 사력을 다했다. 만약에 우리가 성공하지 못한다면 교회 운영위원회가 나서서 사역을 그만두게 해달라고 요청했을 것이다. 나름 그만큼 상황이 절박했기에 교회를 기꺼이 완전히 새로운 공동체 체제로 탈바꿈시키기로 했다. 나는 흉금을 털어놓고 이에 관한 이야기를 하려 한다.

교회의 회복은 부리부리한 눈을 가진 다소 익살스럽게 생긴 그리스 사람 조지에게서 비롯하였다. 조지는 마약 판매상이었고, 무엇보다 '로디'(roadie, 대중음악 밴드의 음향 기술자)로 주로 활동했다. 그는 미납한 주차 위반 과태료 고지서를 다발로 쌓아두고 사는 사람이었다. 당시 주의 법은 과태료를 내기 싫으면 징역형을 살 수 있었다. 그래서 조지는 마약을 팔아 어렵게 벌어들인 돈을 축내고 싶지 않은 마음에 징역을 살기로 했다. 그가 살아야 할 형량은 10일이었다. 그 무렵 조지는 자기가 무슨 구도자라도 된 듯 (돌팔이에 불과했지만) 철학을 한답시고 사물의 본질을 따져댔다. 이 시기가 그에게는 자기 인생에서 제법 광범위하게 다양한 종교적 이데올로기를 파헤치는 시점이었다. 상당히 여러 종교를 섭렵하던 그가 이제 감옥 생활을 해야 하는 시기에 성경을 붙들고 씨름해야 할 순서와 맞닥쳤다. 그래서 그는 자기 어머니가 보던 크고 두툼한 그리스어판 가족용 성경을 감옥에 가지고 들어갔다. 크고 놀라운 일이 일어났다. 그는 성경을 읽는 동안 하나님을 만났다(아니, 하나님이 그를 만나주셨다). 다른 곳도 아닌 바로 그곳, 유치장에서 예수 안에 있는 새 생명을 얻었다.

출소 후, 그는 불같은 성격까지 자기를 빼다 박은 듯 닮은 동생 존과 함께 지냈다. 존 역시 자기 인생을 그리스도께 드렸으며 주를 따르는 자가 된다. 두 형제는 성격에 걸맞게 열정적으로, 마약상을 할 때 만났던 모든 친구와 거래처와 지인들 명단을 뽑아 들고 큼지막한 대형 킹제임스 성경과 '위대한 고(古) 지구 행성'이란 비디오(이걸 성경보다 훨씬 더 효과적으로 사용했던 사람이 그들만큼 또 있을까!)로 중무장하고서[27] 명단에 있는 모든 사람을 찾아다녔다. 6개월 동안 자그마치 50여 명이 자기 삶을 주님께 드리는 역사가 일어났다! 그들 중 한 사람이 훗날 나의 소중한 아내가 된 데브라이다. 처제인 샤론도 그때 믿었다. 이들은 그 비디오를 보고 마약류 환각제인 엘에스디(LSD) 중독에서 벗어났고 예수님을 믿기 시작했다. 당신이라도 빠져들 정도로 그 영화의 중독성은 대단했다! 그저 놀라울 따름이다.

---

27 종말을 대비하자는 뜻에서 제작한 이 영화는 20세기 후반에 활동하던 할 린제이가 환상으로 보았다는 계시에 기반한다. 마지막 때에 관한 유별난 환상에 기초한 영상으로, 사람들에게 전반적으로 겁을 주어 예수를 구주와 주님으로 영접하도록 종용하는 내용이다.

여기서 내가 이런 말을 하는 이유는 사회의 가장자리(변두리, 경계선, 경계성)에서 하나님이 어떻게 일하시는지 알리고 싶은 마음이 너무나도 간절해서다. 조지와 존은 다소 괴짜 같은 면이 있는 그리스인 형제이지만, 그 저돌적인 순종을 하나님이 사용하셨다. 조지와 존을 통하여 마치 하나님께서 몸소 멜번의 지하세계로부터 한 사람씩 건져 올리시는 것 같았다. 그 무리는 게이, 레즈비언, 고스(goth, 종말과 죽음과 악을 노래한 1980년대 록 음악) 애호가, 마약 중독자, 매춘부, 그리고 물론 겉보기엔 정상인 같지만 실상은 광적인 파티족도 있었다. 길들지 않은 야생마 같은 이들은 그들 속에 잠재한 영적인 본능이 시키는 대로 즉시 여러 곳의 집과 건물에 옹기종기 모여 공동생활을 시작했다.

조지의 급작스러운 회심 이후 약 6개월이 된 즈음에 나는 그들 속으로 들어갔다. 나 또한 유사한 배경을 가진 사람이지만, 당시 신학교 1학년생이었던 내가 보기에 난리도 그런 난리가 없었다. 깜짝 놀랄 일이 한둘이 아니었다. 우여곡절 끝에 나는 이 정신 나간 사람들을 이끄는 목회자가 되어 있었다. 이제 와 돌아보니, 이분들과의 만남은 내 인생에 한 획을 긋는 계기가 되었다. 내가 선교적 사역을 하는 리더로서 삶의 여정을 걷게 한 것이다.

그 공동체는 좌충우돌이었다. 달랑 침대 하나에 한 사람 살면 딱 맞는 집인 데다 어쩌면 전에 매춘하던 곳이었을지도 모르는 곳에 공동체 본부를 차렸으니 온통 낯선 사람들로 북새통을 이뤘다. 가끔 마약을 거래했던 여러 칸의 밀실과 거실에는 성경 공부를 하는 사람들로 가득해서 발 디딜 틈도 없었다. 존과 조지는 뒤뜰에서 악령에 잡힌 자들을 고치느라 큰 소리로 축귀하는 통에 이웃의 신고로 여러 번 체포되기도 했다. 혼란스럽기도 하고 모호하기도 한, 이 모든 충격적인 상황에 대하여 내가 낼 수 있는 분명한 소리는 그 사람들 속에서 초대 교회의 사도들에게 나타났던 어떤 굉장하고 놀라운 일들이 일어났다는 것이다. 그곳을 알고서 찾아든 모든 사람에게 그 무리는 어마어마한 영향을 끼쳤다. 초초분분마다 성령께서 그 현장에서 직접 사람들을 만져주시는 듯했다. 마치 성령께서 원하셔서 이런 혼란 (chaos)을 일으키신 듯한 느낌이 들 정도였다. 또한 그런 경험 덕분에 우리 모두는 탁월한 팻 카바나프(Pat Kavanagh) 목사님의 기본에 충실한 목회 방식이 통한다는 것도 알게 되었다. 팻 목사님은 전혀 다른 나라에서 오신 연세가 높은 분이다. 그는 도떼기시장같이 정신없던 그곳에서 구속의 사랑을 보여주신 모델이셨다. 그의 대단한 역할로 공동체는 존속했고 변모했다.

결론적으로 말하면, 이 무리에 속한 대부분의 사람은 데브라와 내가 신학교 과정을 마치자 우리를 목사로 청한 사우스 멜번 그리스도 교회에 합류했다. 그곳은 교회의 이미지를 놓고 두 가지 이야기가 다양한 형태로 교차하는 접촉의 장이었다. 하나는 전통과 쇠퇴, 다른 하나는 풀뿌리와 재기발랄함이었다. 따라서 드디어 영광스럽게도, 이제 내가 직접 참가했던 놀라운 이야기가 시작된다. 꽤 주목할 만한 점은, 이 야수 같고 난잡하고 교회라면 진저리치던 무리 속에 우리가 개념화하여 정리해놓기 훨씬 오래전에 빠르게 자라나는 선교적 운동의 씨앗이 잠재해 있었다는 것이다. 우리는 거기에 이르기까지 여러 세월에 걸쳐 사역하면서 숱한 시행착오를 겪는 가운데 많은 생각을 했다. 내가 지금도 확신 있게 말할 수 있는 것은 '사우스'(지금은 '레드교회'로 부르는 교회)가 호주 멜번 시에서 여전히 비범한 선교적 운동을 해내고 있다는 사실이다.

이 책이 선교적 역동성에 대해 다루는 책이므로, 이 지점에서 예수 운동의 한 가지 중요한 특성을 이야기하는 것이 적절할 듯하다. 선교의 역사를 공부하다 보면 틀에 박힌 주장들이 있다. 위대한 선교 운동들은 항상 교회의 가장자리에서 가난한 자, 소외된 자, 그리고 중앙에 있는 극소수의 사람 가운데서 일어난다는 것이다. 그러나 선교 그 자체보다 훨씬 더 중요한 것이 있었다. 곧 탁월했던 선교 운동들은 교회 생활이 다시 새롭게 되는 것에 대한 중요성을 인식하고 그와 관련한 운동을 펼쳤다는 점이다. 이런 이유에서 그 교회는 생기를 얻었고, 안전지대에서 뛰쳐나와 실제 선교가 이뤄지는 길가(경계선, 가장자리)로 나아갔다. 교회가 경계에서 사역할 때 항상 중앙까지 살렸다는 것을 볼 수 있다. 이것은 하나님과 복음이 전부여야 하고, 그리고 교회는 그것에 마음을 두고 생각할 때 사역을 잘 감당할 수 있다는 이야기이다(이에 대한 더 많은 내용은 7장 '경계성과 커뮤니타스'에서 다룬다).

이제 바야흐로 이번 장의 나머지 부분에서는 이렇게 좌충우돌하며 풋내 나던 상황이 비범한 선교적 운동이 되기까지, 그 현장에서 벌어졌던 일들을 자세히 설명하려 한다. 독자가 '사우스 교회'의 이야기를 읽으면서 운동이 발전하는 추이를 간파하는 데 도움이 되도록 내용 속에 단계별로 그것을 뒷받침하는 근거를 제시했다. 나의 이야기가 독자에게는 개인 간증이 되고 속한 교회에서 겪는 경험이 되면 좋겠다. 이 공동체의 삶은 세 가지 뚜렷한 단계로 구분할 수 있다.

1단계 : 사망에서 혼란까지

기성교회에 새롭고 훨씬 더 많은 선교적 사역의 씨를 다시 뿌리는 단계이다. 단언컨대, 내가 신학교에서 받은 훈련은 현장 목회에서 무용지물이었다. 내가 이수한 신학 교육의 모든 과정은 이미 세워져 있고 제도적 형태를 갖춘 교회를 유지하기 위한 것이었다. 필수과목 대부분은 신학에 관한 것이었고 현장 목회자가 아닌 신학자가 가르쳤다. 말하자면 우리는 실무와 현장에서 필요한 것을 따로 배워나가야 했던 것이다. 돌이켜 보면 그 당시 하나님께서 나를 억지로라도 선교사로 만드시려는 듯 현장에서 굴리신 데는 확실한 이유가 있었다. 사람이 무엇을 배우는 데는 현장에서 직접 겪는 것보다 더 좋은 것은 없기 때문이다.

당시 처한 현실은 이랬다. 사우스 멜번은 멜번의 중심 상업 지구에 근접해 있다. 여느 대다수 서방 세계와 마찬가지로, 그곳에는 젊고 돈 많고 세련된 여피족, 나이든 노동자층 거주민, 하위문화 집단, 흔하디 흔한 게이들, 갑질하는 상류층이 혼재한다. 과장하지 않고 말해서 그곳은 황금어장이었다. 문제는 내가 무엇을 해야 할지 전혀 모르는 백지상태였다는 것이다. 이러한 맥락에서는 어떻게 전도해야 하는지, 교단적 차원에서 가지고 있는 실용적인 전략도 무슨 성공적인 모델도 찾지 못했다. 그래서 숙고한 끝에 우리는 다 같이 할 수 있는 일을 하기로 했다. 여하튼 우리에게 온 모든 사람이 예수님의(동시에 우리의) 사랑, 수용, 그리고 용서를 경험할 수 있는 참된 예수 공동체를 세우기로 한 것이다. 어쨌든 우리는 조금씩 은혜를 경험하면서, 공통적으로 다른 그 무엇보다 스스로에 대해 대견해 했다. 이렇게 했을 뿐인데, 처음 약속이 현실화하여 공동체는 은혜로 충만해지는 경험을 계속 했고 교회는 성장했다. 우리는 주변의 괴짜란 괴짜는 다 끌어들였고, 이내 사람들이 공동 주택들에 옹기종기 모여들기 시작했다. 우리에게는 딱히 전도 프로그램이라 부를 수 있는 것이 없었다. 그저 '공동체를 만들었고', 깨진 자들에게 은혜를 베풀자는 본래 취지대로 행동했을 따름이다.

교회가 성장하고 발전하게 되자, 그곳에서 생사고락을 함께해 온 기존의 교인들이 공동체 내부에서 일어나는 모든 혼란과 새로운 바람에 허덕이기 시작했다. 그러나 그들은 신실한 믿음으로, 하나님이 교회의 미래를 위해서 새로운 형태의 에클레시아를 그들 가운데 출산하신 것이라고 인식했다. 그들은 비슷한 상황에서 너무도 자주 일어나는 새것을 거부하고 옛것을 고집하는 부류처럼 저항하지 않았다. 그 결과 교회는 새롭게 맞이한 국면을 잘 발전시켜 나가면서 다음 단계로 넘어갔다.

2단계 : 교회를 개척하는 교회 되기

일찍이 하나님은 우리에게 교회 바깥의 사람들에 대한 책임감을 느끼게 하셨다. 우리가 어디에서 왔고 또한 하나님이 우리 안에서 무엇을 행하셨는지 조금이라도 안다면 그럴 수밖에 없다. 그것은 선교해야 한다는 일종의 본능적 의무감이기도 하다. 당시에 우리는 이런 의무를 특정할 용어가 없었다. 그렇지만 우리는 어느 정도 직관적으로, 다른 교회들과 더불어 우리 도시에 거주하는 미전도 집단에 다가가야 할 의무를 '우리 안에 잉태하고 있다'는 것을 알았다. 우리에게는 지역 사회에서 하위 문화층에 속하는 사람들의 집단, 곧 가난하고 소외된 이들을 위한 소명 의식이 있었다. 그 집단에 속한 사람들이 주로 우리 교회에 출석했고, 드물지만 그 흔한 기성교회의 문턱조차 밟아보지 못한 사람들도 있었다. 거듭 말하지만, 이 일을 할 때 우리는 단지 복음 그 자체에 잠재해 있다고 믿는 바로 그 '사도적 특성'을 따랐을 뿐이다. 이 경우에 그 본능이 그들에게 스스로 나타나서, 하위문화 계층과 밀접한 관련이 있으면서도 오직 옛 복음에 충실한 새로운 공동체를 조성하여 신앙을 전달하려는 욕구를 가지게 했다.

우리는 이런 욕구로 인하여 여러 교회를 개척하였다. 이 시기에 우리는 서구 문화 속에 근본적인 변화가 진행되고 있다는 것을 깨닫기 시작했다. 그때가 1990년대 초반이었고, 포스트모던 철학이 점차 대중문화로 자리매김을 하는 것이 당시 문화 풍토였다. 포스트모던의 가장 주된 효과는 문화적 차원의 분열이다. 응집력 있던 상위문화가 매우 다양한 하위문화나 특정 문화 군(群)으로 쪼개지거나 작은 문화로 단순화되었다.[28]

거대한 문화적 현상의 담론은 너무 많이 했으니 이쯤에서 접기로 하고, 멜번 도심 바닥에서 우리는 몇몇 새로운 부족주의가 등장하기 시작했다는 것을 직감했다. 거대한 전통적 집단으로서 사회 주류를 자처하며 큰 목소리를 내던 자들, 예를 들어 노동조합운동, 정치 이데올로기, 국수주의, 종교

---

28 좀 더 전문적으로, 문화 학자들은 이런 현상을 극소-이질화(micro-heterogenization)라고 하며, 현재 그것을 대부분 인구 통계학의 범주에 넣어서 다룬다. 넓은 의미에서 인종, 국가, 정치를 논했던 것에서, 지금의 인구 통계학은 나이, 신분 계급, 이익 단체, 성적 취향, 반체제 이데올로기 등 하위문화 범주를 연구한다. 뒷장에서 살펴보겠지만, 이러한 발전은 서구에서 성육신적 선교를 하는 데 있어서 크나큰 영향을 준다. 이러한 현상에 대하여 이미 많은 연구 결과물이 나와 있다. 독자는 이 주제와 관련하여 쓴 다른 여러 책을 통해 그 개요를 잘 알 수 있다. 예를 들어 Grenz, 《Primer on Postmodernism》을 참고하라.

단체들이 문화적 흥미에서 성적 취향에 이르기까지, 무수히 많은 아주 작고 새로 생긴 하위문화 집단으로 세분화돼 옮겨가고 있었다. 우리 주위를 둘러보니, 우리는 마치 900개 어군(語群)의 부족(혹은 민족) 집단이 혼재하는 파푸아뉴기니에 있는 듯했다. 이에 우리는 재빨리 기존의 선교에 대하여 전통적으로 가지고 있던 인식과 우리가 처한 맥락에 맞는 최적의 선교 방법이 무엇인지 따져 물었다. 그래서 우리가 선교사가 되고, 교회는 그 맥락에 맞는 선교 정책을 수립해야 할 필요가 있다는 것을 깨달았다. 그것은 또한 시대를 타지 않고 교회에 두루 적용할 수 있는 방책이어야 했다. 그리하여 이제 우리의 선교 방식은 각종 새 부족이 출몰하는 도시 환경에서 그 어떤 특별한 집단을 대상으로 적용해도 잘 먹히게 되었다. 대다수 교회는 이런 적응력을 가지고 있지 않다. 그들은 아직도 교회와 문화의 관계에서 근대주의와 크리스텐덤 사고를 채택하고 있다.

이 단계가 약 5년간 지속되면서, 어느 지점에 이르자 우리에게 활기를 북돋아준 생각과 스스로 깨닫게 된 어떤 '모범'을 구체적 개념으로 분명하게 표현하기 시작했다. 우리는 지역적으로 조직된 교회를 개척해 주는 교회가 되어야 한다고 여겼다. 우리가 지역 전체를 아우르는 선교를 하기 위해서는 또 다시 새로운 형태의 조직이 필요하다는 것을 직감했던 것이다. 나는 이런 국면에서 여러 운동에 나타난 특성과 그 조직 방법을 연구하기 시작했다. 그리하여 '회복 공동체 네트워크'(Restoration Community Network)라고 불렀던 초기의 운동이 사우스 맬버른 그리스도의 교회에서 시작되었던 것이다. 이 네트워크를 통해 결국 7년에 걸쳐 6개 교회가 개척되었다. 그중 몇은 지금도 선교적 교회의 놀라운 일을 경험하고 있고, 몇은 장엄하게 전사했다. 실패로 엄청난 분투와 고통을 겪었고, 성공으로 큰 기쁨을 느꼈다. 그러나 그 모든 일을 통해, 우리가 '미션얼'(missional)을 이루려면 반드시 큼지막한 위험 요소를 떠안아야 한다는 것을 배웠다.

첫 번째 교회는 멜번의 홍등가인 세인트 킬다에 개척했고, '매튜스(마태)

파티'(Matthew's Party)라고 불렀다. 마약 중독자와 매춘부 전도에 초점을 맞춘 '거리 교회'였다. 그러나 차후에 사우스 멜번 회복 공동체(SMRC)에서 거리 문화 사역자들을 그곳으로 파송함에 따라 변화를 겪었다. 그래서 'X세대 교회'(Gen-X church)라 불릴 만큼 연령층이 25세에서 30세 사이에 해당하는, 다소 유동적이기는 하지만 대부분 독신인, 약 400명에 달하는 젊은이가 주기적으로 모였다. SMRC는 아마 전 세계를 통틀어 봐도 정말로 유일무이한 교회였을 것이다. 교회 공동체의 40%가량이 LGBT(성 소수자)나 하위문화권 출신이었으니까.[29]

우리의 두 번째 교회 개척 계획은 유대인에게 복음을 전하기 위한 것이었다. 나도 유대인이다. 내 동생은 내가 회심한 후 오래지 않아 메시야를 따르는 자가 되었다. 복음은 먼저 유대인을 위한 것(롬 1:16; 2:9-10)이라는 우리 나름의 확신에 따라 '셀러브레이트 메시야 오스트레일리아'(Celebrate Messiah Australia)를 시작했다. 수백 명의 유대인이 그들의 메시야를 알기 위해 몰려들었으니, 이는 그 자체만으로도 놀라운 이야기이다. 최소한 호주 교회사에서 전례가 없던 일이다. 이러한 수고로 독립된 단체가 섰고, 현재 자체적으로 번창하고 있다.

다음 시도는 '댄스 교실'이었다. 그렇게 흔들어 대고 들뜬 분위기에서는 공동체를 계속 유지하기가 힘들다는 것을 알았다. 그러나 다중 문화 선교를 실험해보는 좋은 기회였다. 우리는 재미를 주기 위해 온갖 애를 다 써본 것이다. 그다음으로, 노동자 계층이 많은 멜번 서부 교외에서 여러 개의 가정 교회도 해보았다. 그러나 여러 가지 이유로, 애석하게도 중도에 포기해야 했다. 이것에 관해서는 mDNA(선교 운동 유전자)를 공유(embedding)시키는 일에 대해 다룰 때 좀 더 이야기하려 한다. 실패는 성공의 어머니이다.

---

29 유일무이하다는 것은 동성애자에 대한 정치적 정당성을 인정했다는 것이 아니라, 신학적으로 말해서, 은혜 가운데 모든 인간을 불러 일평생 예수님을 따르도록 했다는 뜻이다. 그들 중 일부는 평생 독신으로 살기도 했고, 다른 이들은 이성애자가 되기를 갈망하거나 그렇게 되기 위해 강하게 밀고 나갔다.

이 단계의 마지막 선교적 시도는 나로서는 결정적인 일이었다(교회 또한 그랬다고 믿는다). 이 지점에 도달하기까지 두 가지 상황이 발생했다. 첫째는 이른바 모선(母船)인 SMRC가 그 거칠고 혼란스러운 격동기를 지나 안정세에 접어들었다는 것이다. 둘째로 우리가 '쿨한 교회'라는 입소문을 타기 시작했고, 그 결과 여러 타당한 이유로 각종 제도권 교회를 떠났던 상당히 많은 중산층 그리스도인들이 우리 신앙 공동체로 발길을 돌려 정착하는 일이 벌어졌다. 매력 넘치고 약간 색다른 분위기가 지속되는 동안 사우스 교회는 은연중에 안락함에 취했고, 스스로 최첨단을 걷고 있다는 착각에 빠졌다. 그 결과 가장자리(경계선)부터 무너지기 시작했다. 아무도 눈치채지 못하는 사이에 우리는 처음의 부르심과 선교적 마음을 잃었다.

그와 동시에, 지역을 넘나드는 사역을 하는 '포지'(Forge, 대장간이라는 뜻으로, 내가 설립한 초교파적인 선교적 교회 훈련 기관)와 내가 속한 교단의 일에 참여하면서, 나 자신의 정체성을 서구를 대상으로 사역하는 선교사로 정하기로 마음먹었다. 나는 교회가 크리스텐덤 형태에 머물러 있는 것을 진지하게 비판하고, 교회 안으로 들어올 사람을 끌어 모으는 식이 아니라, 이후에 내가 선교적이고 성육신적(밖으로 향하고 깊이 파고드는)이라고 부르게 될 교회를 구상하기 시작했다.[30] 선교적-성육신적 추진력은 mDNA라는 여섯 가지로 요소로 이루어져 있다. 이 책 뒷부분(2부)에 각 요소를 자세히 풀이해 놓았다.

어쨌든 그 무렵, 나는 기존 교회가 가진 선교에 대한 전통적인 이해는 교회가 선교 운동을 멈춘 시대에 생겼고, 그 때문에 개념화하는 과정에서 다소나마 왜곡된 부분이 있었다는 것을 확실히 알았다. 내가 뒷부분에서 '복음 선포(전도) 중심적이고 끌어 모으는 식'(evangelistic-attractional)이라고

---

30 이 개념을 좀 더 체계적인 방법으로 구체화한 마이클 프로스트와 공저한 나의 책 《새로운 교회가 온다》(Shaping of Thinkg to Come, IVP 역간)를 보라. 이 책 뒷부분(2부)에 선교적-성육신적 추진력에 대해 설명해놓았다.

묘사할, 주류에 자리한 크리스텐덤 방식으로는 당시 우리가 처한 삶의 맥락에 부합하는 선교를 하기에 턱없이 부족했다. 그 맥락에 절실히 필요했던 것은 우리가 해오던 '밖에 나가서 끌어오는' 방식보다 훨씬 더 앞서 나간 다문화 선교 방식이었다.

선교적 이해(a missional reading)

여기서 하던 이야기를 잠깐 멈추고, 이제까지 했던 이야기를 선교적으로 분석해보고자 한다. 다음 페이지의 원형(파이 모양) 그래프는 일반 대중에 대비한 현대의 '설교 중심 - 은사 중심' 교회의 비율을 보여준다. 서구의 기독교 사회 이후 현대인들을 대상으로 한 중요한 조사에서 밝혀진 바에 따르면, 설문 조사에 참여한 비그리스도인들은 평균적으로 하나님, 영적인 일, 예수, 그리고 기도에 높은 관심이 있다. 이 모든 것은 우리 시대에도 사람들이 여전히 진지하게 모색하고 있는 유의미한 주제라는 것을 알 수 있다. 그러나 같은 설문 조사에서 응답자에게 교회에 대한 개인의 생각을 묻자 비그리스도인은 평균적으로 고도의 소외감을 표시했다. 그래서 요즘 대부분 사람이 "하나님이요? 예스(yes)죠! 교회요? 노(no)예요!"라는 식으로 대꾸하는 것이다. 이는 대다수 독자에게 새삼스러운 일이 아닐 것이다. 눈치 빠른 기독교인은 이런 반응이 제도권 교회에 대한 것이라고 알아차렸을 것이다. 문제는 거의 모든 사람이 우리 안에 이미 들어와 자리잡은 교회와 선교의 모범적 방식이 무엇인지 아직 전혀 모르고 지낸다는 사실이다.

내가 멜번에서 경험한 일은 서구 세계 전체에 걸쳐 진행되어온 일을 그대로 거울로 들여다 본 셈이다. 과거 수백 년에 걸쳐 서구 문명이 지나온 두드러진 궤적은 프랑스 혁명 때문에 도입된 사회 내부의 세속화의 증가, 또는 최소한의 탈교회화(de-churching)의 증대이다. 이러한 추세는 서유럽 국가에서 특히 두드러진다. 미국인의 문화는 그 특성상 유럽에서 나타난 수준의 문화적 세속화는 거부하는 양상이지만, 그래도 그것과 아예 똑같은 세속주의(탈교회화의 문화)의 논리가 미국의 인구 밀집 지역(예를 들어 뉴욕, 워싱턴 DC, 시애틀, 샌프란시스코, 보스턴, 포틀랜드) 안에서 분명히 나타난다. 누가 무엇을 상상하든, 그토록 활력 넘친 종교였던 기독교가 모든 서구 상황에서 약해지고 있다는 것은 의심할 여지가 없다. 많은 사람이 미국에서 이러한 것을 많이 느끼고 있긴 하지만, 감사하게도 아직 기독교에 반응하는 다수가 있다.[31]

호주에서 설문과 탐문 조사를 병행한 결과, 인구의 약 10-15%는 우리가 이른바 '현대 교회 성장 모델'이라고 부르는 것에 호감을 가진 것으로 밝혀졌다. 다시 말해, 이 모델은 호주 주민의 약 12%에게 상당한 '시장 매력도'를 가진다. 미국에서도 한 전문가의 비슷한 의견이 있는데, 현대 교회의 문화적 매력도가 40%에 달한다고 한다. 이는 전체 인구 통계의 중간값에 해당하는 수치이다.[32] 그러나 이것이 실제 교회 출석으로 확실히 이어지지는 않는다. 교회에 출석하는 이런 사람들의 숫자는 통계에 훨씬 못 미친다는 것을 우리는 안다. 이것이 의미하는 바는 현재 주류를 이루고 있는 설교 중심의 교회들이 기껏해야 전체 인구의 40%, 아마 잘해야 50%가 그들이 찍을 수 있는 최고 정점이라는 것이다.[33]

이런 모델 가운데 가장 성공적인 형태가 있다면 그것은 - 이 책의 모든 독자가 잘 알고 있다시피 - 훨씬 폭넓고, 문화적으로 좀 더 세련되고, 어느 정도 예측 가능하며, 중산층을 압도하면서, 사람(교인)들이 '친 구도자 성

---

31 Hirsch와 Ferguson, 《On the Verge》, 26-27 참조.

32 Ibid., 27-31. 데이브와 존 퍼거슨, 토드 윌슨, 그레그 슈라트, 마크 데이마스, 스티브 앤드류 외 여러 명의 메가처치 이론가와 최고 전문가가 발기인으로 모여 구성한 '미래 여행자'(Future Travelers) 그룹이 내린 결론에 따르면, 현대 교회의 성장을 위한 가장 탁월한 방법은 미국 전체 인구의 약 40%에게 먹힐 수 있는 문화적 매력도, 즉 시장성을 극대화하는 것이다. 이것이 엄격한 통계학적인 조사 결과는 아니더라도, 미국 전역에 분포한 여러 초대형 교회를 이끄는 잘 알려진 목사들의 의견이라 고려할 만하다. 무작위의 여론조사에서도 대다수 교회 지도자들 역시 40%까지는 아니더라도 그에 못지않은 수가 그렇게 생각한다.

33 Ibid., 28.

향'(seeker-friendly)으로 최신 유행어와 대중음악을 사용한다고 자부할 수 있어야 한다. 사람들은 저마다 '가정 사역'이란 것을 선호하는 경향이 있으므로 세대 간의 벽을 허무는 사역도 해야 한다. 인구 통계학적으로 말해 사람들은 일명 '핵가족 중심의 가정관'에 깊이 길들여 있다. 그래서 행복하고 알차고 교육 수준이 높은 시민이 되어 자녀들을 학대하지 않고 세금을 잘 내며 한적한 교외에서 쾌적한 생활을 하고 싶어 한다. 이런 필요에 걸맞는 교회에는 비단 '기성 교인'이나 '교회에 호감을 느낀 사람들'만 주로 출석하지 않는다. 조사 결과에서 보듯이, 그런 교회들은 동질 문화권에 있는 사람들을 대상으로 한 인구 통계학적 결과치의 어림수에 해당하는, 그와 똑같은 비율의 비그리스도인(non-Christian)에게 매우 효과적으로 접근할 수 있다. 즉, 교회는 처해 있는 문화적 맥락에서 복음을 유의미하게 전달하기 위해 어떤 심각한 문화적 장벽을 뛰어 넘으려 할 필요가 없다는 것이다.[34] 미국의 상황은 이렇다.

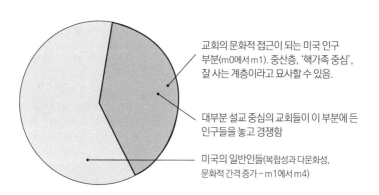

교회의 문화적 접근이 되는 미국 인구 부분(m0에서 m1). 중산층, '핵가족 중심', 잘 사는 계층이라고 묘사할 수 있음.

대부분 설교 중심의 교회들이 이 부분에 든 인구들을 놓고 경쟁함

미국의 일반인들(복합성과 다문화성, 문화적 간격 증가 - m1에서 m4)

---

34 '문화적 간격'(cultural distance)의 정의를 위해 용어해설을 보라. 우리는 또한 다음 장에서 그것을 더 자세히 살펴보게 된다.

이 표본은 미국인이 얼마만큼이나 교회를 선호하는지, 그리고 교회 조직이 눈에 띄게 감소한다는 사실을 또한 보여준다.[35] 예를 들어 선교학자 앨런 록스버러의 설명을 빌리자면, 당신이 1925년과 1945년 사이에 태어났다면, 당신이 오늘날 교회에 다닐 가능성은 60%이다. 만일 당신이 1946에서 1964년 사이에 났다면, 현재 교회에 출석할 가능성은 40%이다. 1965년에서 1983년 사이에 출생했다면, 지금 교인일 가능성은 20%이다. 1984년 이후에 태어난 사람들이 교회에 나올 확률은 10% 미만이다.[36] 에드 스테처는 이렇게 자기가 간파한 것을 전한다. "내가 사는 나라에서는 인구의 70%가 아예 교회 근처에도 가지 않는다. 이는 기독교와 관계를 끊었다든가 흥미를 잃었다는 정도가 아니라 아예 안 간다는 이야기다. 인구 대부분은 그 뻔한 '와서 보라'는 식의 접근법에 이미 신물이 나 있는 상태다." 스테처는 이어서 이런 접근법을 사용하는 교회들은 "내가 사는 조지아의 경우만 보더라도 이웃 주민의 단지 30%에게만 효과적으로 다가갈 뿐이다"라고 말한다.[37]

이와 비슷하게, 조지 바나와 데이브 킨나민도 2014년의 통계를 인용해 미국에서 전혀 교회에 나가지 않는 성인의 수가 1억 1,400만 명에 육박한다고 밝혔다. 어림잡아도 4,200만 명의 어린이와 십대 청소년이 출석하고 있는 교회가 없으니, 이를 다 더하면 기독교 교회에 다니지 않는 거주민 수가 1억 5,600만 명이나 된다. 그런 맥락에서, 만약 교회를 출석하지 않는 자들을 하나님의 독립된 나라로 친다면, 순서대로 중국, 인도, 인도네시아, 브라질, 파키스탄, 방글라데시, 그리고 교회에 다니는 미국인(1억 5,900

---

35 조지 바나는 "2025년까지 지역 교회는(지금 우리가 아는) 그것의 현재 '시장 점유율'의 절반가량을 잃을 것이며 … 대체 가능한 신앙 체험과 고백을 찾느라 골머리를 앓을 것이다"라고 예견한다(George Barna and Associates에서 바나의 신간 《Revelation》을 출간했다. 인터넷 사이트 www.barna.org

36 록스버러의 책 《Joining God》에서 따옴

37 스태저, 《Planting Missional Churches》, 166.

만 명)에 이어 여덟 번째로 많은 인구를 가진 큰 나라가 된다.[38] 이것은 미국 내 기독교에 대한 퓨 리서치 센터(Pew research center)의 상세한 최신 설문 조사 결과와 일치한다. 그에 따르면 미국의 기독교인 숫자는 인구 대비로 급격히 감소하고 있으며, 이에 비해 무(無)종교인과 다른 종교인의 숫자는 꾸준히 증가하는 추세이다.[39] 유럽 기독교 신앙에서 성경적 신앙을 사수하며 최후의 보루로 중요한 역할을 하던 영국의 상황은 훨씬 심각하다. 현재의 감소세에 따라 미래를 전망해 본다면, 2067년에 영국에서 기독교 신앙은 완전히 사라진다.[40]

나는 이같은 분석에 애를 태우며, 지금은 그 문제들을 소위 전략적이고 선교적인 면을 고려하면서 체계적으로 다시 생각해봐야 할 때라는 점을 제안하고 싶다.

전략상의 문제점

첫째, 전략상의 문제이다. 건강한 복음주의 교회의 대다수(호주에서는 아마도 최대 95%)는 비록 그 모델을 적용하여 성공한 사례가 상대적으로 드물지만, 최신 교회 성장 방법을 도입하여 교세 증대를 꾀한다. 이유가 다양하지만, 어쨌든 교회들 가운데 거의 대부분이 대형교회를 이루는 데 성공하지 못한다.[41]

---

38 Barna와 Kinnaman, 《Churchless》와 Dickerson, 《The Great Evangelical Recession》을 보라.

39 Pew Report research의 보고서 'America's Changing Religious Landscape : Christians Decline Sharply as Share of Population; Unaffiliated and Other Faiths Continue to Grow'를 보라. pewrsr.ch/1Hi6Haq

40 Spectator, 《2067년 : 영국 기독교의 종식 : 미래에 대하여 한 추정은 예언이 아니다》(2067 : The End of British Christianity; Projections Aren't Predictions). 그 부제는 '문화와 사회는 직선을 따라 전진하거나 퇴보하는 식으로 이동하지 않는다. 그런데도 전반적인 추세는 좋지 않다'이다. 이는 그런 맥락에 있는 교회 지도자들에게 경종을 울리는 요인임이 틀림없다.

41 미국에 있는 350,000개 정도의 교회 가운데 극히 소수만 구도자에게 민감한 교회가 되는 데 성공하고, 또한 그럴지라도 대부분 교인수가 채 80명도 되지 못한다. 사실상 Scott Thumma와 Dave Travis(Beyond Megachurch Myths)에 따르면 미국에 대형교회는 1,250개에 불과하고 그 교회들의 매주 출석수는 평균 2,000명을 약간 웃도는 수준이다. 그뿐 아니라, 과거보다 미국에 훨씬 더 많은 대형교회가 있지만, 미국 내 그리스도인 숫자는 예전과는 비교가 안 될 정도로

미국(그리고 다른 서구 국가들)에 산재한 복음주의 교회들 가운데 거의 90% 이상이 성공한 대형교회의 사례를 본으로 삼아 똑같이 따라 하려는 작금의 상황이 전략상의 문제를 일으킨다. 압도적으로 대부분의 교회들에서는 그것이 실현 불가능하다는 것이 불을 보듯 뻔하지 않은가! 사실상 잘된다 싶은 모델이 하나 등장하면 그리로 쏠리는 (현대) 교회의 추이가 대다수 교회 리더에게 심한 좌절과 자책을 하게 하는 근원이다. 왜 그런가 하면, 어떤 모델이 되었든 그것을 성공적으로 적용하려면 자기 안에 내재한 여러 요소를 조합해야 하는데 대부분 교회가 그러지 못하기 때문이다.

그 외에도 깊이 숙고해봐야 할 문제가 있다. 전체 인구에서 소위 쉽게 달성할 수 있는 목표에 해당하는 쪽에만 초점을 집중하다 보면, 결국 교회는 가뜩이나 감소하여 40%밖에 남지 않은 인구 집단을 놓고 다른 교회와 경쟁하는 구도에 처하게 된다는 점이다.

이것은 우리의 상황 인식뿐 아니라, 그 문제를 다루기 위해 동원하는 방법과 모델에 치명적인 결함이 있다는 것을 드러낸다. 즉, 이제는 낡아진 현대 교회 성장 이론을 다양하게 다시 잘 조합하면 기독교의 감소세를 저지할 수 있다는 식의 집착 말이다. 만일 당신이 쓸 수 있는 공구가 오직 망치뿐이라면 모든 것이 못으로 보이기 시작한다는 것을 기억하라. 교회 성장 이론의 무슨 표준 또는 표준화한 도구가 우리의 상상력을 먹통으로 만들어 놓거나, 그 때문에 선교하는 일에서 우리의 운신의 폭을 제한하게 내버려 둬서는 안 된다.

전략적 직관이 있는 리더라면 이런 상황에 놀랄 수밖에 없다. 모든 전략적 달걀을 바구니 하나에 다 담으려 한다니 말이다. 쉽게 달성할 수 있는 목표에만 거의 혼신을 기울여 집중하는 대다수의 설교 중심 교회는 미국인들

아주 형편없다. 대다수 교회에서 쓰고 있는 교회 성장 기법은 교인 감소를 막는 데 뭔가 중요하지도 않고 또한 지속적인 효과도 없다. 외관상 성공한 것으로 보이는 비교적 예외적인 몇몇 사례가 있지만, 그것이 미국을 위시한 서구 세계에서 일고 있는 교회의 쇠퇴를 막기에는 역부족이다.

가운데 증가하고 있지만, 기타 별별 이유로 우리의 예배에 마음이 끌리지 않고 참석하고 싶지도 않으며, 무슨 매력을 발산해도 전혀 상관하지 않는 상당수는 교회를 철저히 외면하고 있다. 만일 이런 도전에 대처하려 한다면 현재 우리가 사용하는 것들보다 훨씬 많은 혁신적 아이디어, 모델, 방법, 도구가 필요하다.

선교적인 문제점

따라서 미국의 경우 인구의 불과 40%를 대상으로 건강한 현대 교회의 90%가 서로 경쟁하는 불행한 상황이 벌어지고 있다. 이런 문제는 아마도 서구 상황에서 기독교의 장기적인 생존 가능성과 관련해 우리가 직면한 가장 심각한 도전이라 할 것이다. 예수님의 파송을 받은 우리는 스스로에게 물어야 한다. 우리가 그토록 강력하게 의지한 현대 교회의 성장 모델들이 완전히 놓쳐버린 60%의 그 많은 사람은 어떻게 할 것인가? 이 사람들을 위해 교회는 무엇을 해야 하는가? 무엇으로 그들에게 기쁜 소식을 전해야 하는가? 어떤 유의미한 문화적 방식을 써야 그들이 삶에 변화를 주는 예수님의 복음을 받아들이겠는가?

이런 질문을 통해 선교적 문제가 매우 심각하다는 것도 알 수 있다. "교회라는 기존 방식에서 벗어난 것으로 보고된, 인구의 상당수를 차지하는 그 사람들(호주는 85%, 미국은 약 60%)은 어떻게 해야 하는가?"[42] "교회의 기존 방식을 거부하는 사람들에게 어떻게 복음을 전해야 하는가?" "무엇으로 갖가지 다른 환경에 처한 사람들이 교회를 좋아하게 만들까?"

점점 더 명백해지는 사실은 인구 중 다수를 차지하는 사람들에게 효과적

---

[42] 호주에서 한 광범위한 연구에서, 현대 교회 성장 정책에 대한 사람들의 생각을 묻는 설문 조사에서 85%가 심드렁한 반응('사람들에게는 좋겠지만, 나는 아니다')에서 혐오 반응('내가 교회에 나갈 일은 없다')의 범주에 해당하는 것으로 여실히 드러났다. 기껏해야 우리가 진입할 수 있는 대상은 심드렁한 반응을 하는 이들이다. 기존 방식으로는 인구 통계의 나머지 부분에 해당하는 자들에게 접근조차 할 수 없다는 이야기이다. 그들은 그 방식에서 제외된 자들이고, 무슨 이유로든 그 방식을 좋아하지 않는다.

인 방법으로 전도하려면 단순히 기존 방식을 가지고 더 열심히 하는 것으로는 안 된다는 것이다. 우리는 교세(敎勢) 감소라는 문제에 직면했을 때 자동으로 그 문제를 해결하기 위해 더욱더 최신의 교회 성장 꾸러미를 챙기려는 경향이 있다. 더는 갈 곳이 없어 보일 때 특히 그런다. 단순히 여러 프로그램을 도입하고 음악과 시청각 효과를 개선하거나, 아니면 교역자들을 들들 볶는다고 해서 선교적 위기가 해결될 리 없다. 훨씬 더 근본적인 것이 필요하다.

레드 오션이냐, 블루 오션이냐

이것의 의미를 명확히 하기 위해, 일찍이 인디애나 주 사우스 벤드(South Bend)에 소재한 '그레인저 공동체 교회'(Granger Community Church, GCC)의 핵심 리더가 된 나의 친구이며 동역자인 롭 웨그너(Rob Wegner)는, GCC가 초창기(1980년대 후에서 90년대 중반)에는 말 그대로 현대인의 눈높이에 맞춰 공동체 사역을 하는 유일한 교회였다고 말한다. 교회는 독특했고 모든 면에서 파격적이었다. GCC는 활기가 넘쳤고 그런 풍조가 계속되는 가운데 정말 미친 듯이 성장했다. 롭에 따르면, 가까운 벗끼리 서로 "이 교회 좀 봐! 여태껏 봤던 교회와 달라도 너무 달라"라고 말하는 것이 일상이었다. 그는 계속하여 이르기를, 이제는 이 지역에 현대적인 교회들이 많아졌고, 그들은 탁월하게 사역하고 있다고 한다. GCC는 더 이상 독특하지 않다. 그는 "이전에는 우리 교회가 40%에 해당하는 사람들에게 전도하는 유일한 교회였다. 이제는 우리 지역에 속한 모든 교회가 그 40%를 대상으로 전도하기에 힘쓴다"라고 말한다. "그것은 내게 아주 신바람 나는 사역이다. 우리가 존재함으로써 우리 지역에 현대적인 교회의 성장이 촉진된다면 더 바랄 것이 없다. 하지만 그것은 분명히 레드 오션 시나리오이다."[43]

---

43 Hirsch와 Ferguson 공저, 《On the Verge》, 30.

목회 현장에서 사도적 운동 방식을 쓰는 교회들을 돕기 위해 집필한《가장자리에서》(On the Verge)라는 책에서, 나는 '블루 오션'과 '레드 오션'이라는 은유를 제시했다. 비즈니스 전략가인 김위찬(Chan Kim) 교수와 그의 동료 르네 마보안(Renee Mauborgne) 교수가 개발한 '레드 오션'(Red Ocean)이란 개념은 어떤 특정 산업에 전문지식과 기술이 이미 탄탄히 다져져 있고 경쟁 법칙도 모두 잘 알고 있는 상황을 의미한다. 그런데 익숙하고 안정적인 상황이기에 레드오션 가운데 있는 회사들은 생산이나 서비스 수요에서 훨씬 더 많은 몫을 차지하려고 경쟁사들보다 월등해지기 위해 애쓰게 된다. 시장 공간은 비좁아지고 수익과 성장 가능성은 감소한다. 제품 가격은 원가에도 못 미치게 되고 치열한 경쟁으로 바다는 핏빛으로 물든다. 그래서 '레드 오션'이라는 것이다. 상어들이 살려고 서로 물고 뜯고 하여 바다가 벌겋게 된 것처럼 말이다.[44]

반대로, 블루 오션은 그 산업이 현재는 존재하지 않는 것을 뜻한다. 즉, 매매 공간도 아직 알려진 바 없고 경쟁도 없는 청정 바다이다. 블루 오션 안에서 필요한 것은 전투력이 아니라 창의성이다. 거기에는 수익과 속도를 높일 충분한 기회가 있다. 블루오션에서는 게임의 규칙이 정해지기 전이라 아직 경쟁은 신경 쓰지 않아도 된다. 미친 듯이 먹이 활동을 하지 않아도 되니 경쟁이 아예 없는 셈이다. 블루 오션이란 아직 탐사되지 않은 곳으로서 훨씬 넓으며, 깊숙한 곳에 잠재한 영적인 아이디어 공간을 의미한다.

김 교수와 마보안 교수는 블루 오션 전략의 주춧돌이 가치 혁신(value innovation)이라고 제시한다. 즉, 새로운 요구의 빗장을 풀어 새로운 시장을 창출하는 혁신을 가리킨다. 그 공저자에 따르면, 조직이 반드시 배워야 할 것은 시장의 경계를 재구성하여 큰 그림에 초점을 맞추고, 현존하는 요구를 훨씬 뛰어넘으며 그에 맞는 문화와 전략을 확보함으로써 경쟁이 없는

---

44 Kim과 Mauborgne,《Blue Ocean Strategy》를《On the Verge》, 29에 인용함.

매매공간을 조성하는 방법이다.

똑같은 것으로 더 열심히?

다시 한 번 이야기하지만, 알베르트 아인슈타인은 우리가 직면한 문제는 처음 그 문제가 생겼을 때 가졌던 것과 똑같은 사고방식으로는 해결할 수 없다고 주장했다. 그 말이 맞다. 명언이 될 만하다! 이 격언을 대중화시킨 것이 그 유명한 '조직화된 미친 짓의 정의'(the definition of organizational insanity)이다. 굉장히 색다른 결과가 생기길 바라면서, 똑같은 일을 아주 완벽히 잘될 때까지 반복하는 것을 의미한다. 같은 일을 잘될 때까지 반복하다 보면 그것이 개선되어 일반적으로 무엇인가 얻을 수 있기는 하다. 그러나 근본적으로 새로운 것이 나오지는 않는다. 달리 말해서, 우리가 '여기' 있는 것은 얻지만 '거기' 있는 것은 얻지 못한다. 서구에서 '거기'에 해당하는 것이 바로 선교적 운동이다. 이 말을 훨씬 더 시각적인 방법으로 표현하자면, '여기'에 있는 구멍 파기에만 몰두하다 보면 시간이 모자라 저 너머 '거기'에 있는 구멍은 팔 겨를이 없다.

전략적 문제와 선교적 문제를 조합해보면 너무 많은 변칙이 발생하여 우리가 갖고 있거나 교회에 적용하고 있는 주요 패러다임의 전환을 촉진하지 않을 수 없다. 하지만 또한 또 다른 이유로 교회는 반드시 선교적 형태를 취하는 쪽으로 이동해야 한다.[45] 그것이 바로 사도적 운동이다.

사실, 이런 분석으로 인해 나의 이야기는 이제 새로운 국면으로 접어들었다. 지난 6년여 년 이상 내가 이끌고 있는 가장 중요한 목회 사역의 이름은 '미래 여행자'(Future Travelers)이다.[46] 미래 여행자는 내가 현재 미국에

---

45 Hirsh와 Ferguson, 《On the Verge》, 30–31.

46 Future Travelers는 Cornerstone Knowledge Network의 Exponential(서구에서 최고임이 틀림없는 교회 개척 학회)와 내가 동역하던 사역 기관이었다. 이 책을 새로 집필할 무렵부터, Future Travelers는 이제 Forge America가 운영한다.

있는 초대형 교회, 다중 사이트(multisite), 교회 개척 운동 등에 몸담아온 자타공인 최고 이론가와 목회자들이 함께 모인 자리에서 시작했다. 이름만 대면 독자들께서 다들 잘 아실만한 사람들이다. 나는 위의 분석을 제시하며 논제를 정했다.

"여러분은 향후 교회에 나올 것으로 예상하는 미국 인구의 40%에 해당하는 자들에게 가장 성공적으로 다가가는 교회들을 대표하여 이 자리에 모였는데, 증가 추세에 있는 비교회화/탈교회화(unchurched/de-churched)에 해당하는 60%의 국민에게 접근하기 위하여 과연 무엇을 해야 하는가?"

이 논의를 계기로 위원회 하나가 발족했다. 쉽게 딸 수 있는 열매(40%)와 나무 위에 아주 높이 달린 열매(60%) 양쪽 모두에게 능히 접근할 수 있는 패러다임, 곧 접근 방식과 전략을 세워 그에 맞춰 그들의 다양한 교회를 재보정하기 위해서였다. 이 책(영문 개정판)의 인쇄 시점을 기준으로, 250개 이상의 교회(상당히 많은 수는 아니지만 그래도 큰 숫자이다)와 약 30만 명의 회원이 미래 여행자의 행보에 함께 했다. 미국에서 그 과정을 진행하고 있는 많은 교회는 오늘날 그 운동을 하는 것이 무엇을 뜻하는지 보여주면서 주도적 역할을 하고 있다. 열거하자면, '소마 커뮤니티'(Soma Community), '뉴 씽 네트워크'(NewThing Network), '커뮤니티 크리스천 처치'(Community Christian Church), '스태디아 처치 플랜팅'(Stadia Church Planting), '리버트리 크리스천 커뮤니티'(Rivertree Christian Community) 등이다.

3단계 : 교회로부터 유기적 운동으로

다시 호주 이야기로 돌아가 보자. SMRC에서 처음 몇 년간은 대단히 혼란스러웠다. 그러나 그 모든 일이 지나고 나니 교회는 영적으로 역동했다. 그런데 실제로 모든 일이 안정되기 시작하면서, 우리는 영성 쪽에 흥미를 느끼고 독창적인 예배에 집중하면서 은연중에 자기도취에 빠져들어 제멋대로 구는 교회가 되어갔다. 차차 사람을 끌어들이는 교회가 되면서 청년층 위주로 흘러갔고 성도들은 평범한 교회들이 보통 영적인 일에 쓰는 액수를 웃도는 재정을 요청했다. 이 기간에 우리는 대형 카페 겸 나이트클럽을 사들여 '엘리베이션'(Elevation, 들어올림)이라는 이름의 '근접 공간'(proximity space)을 꾸몄다. 그곳은 우리 도시에서 서비스 산업이 번창한 지역이었다. 불행하게도, 다른 이유도 많지만, 특히 911사태로 빚어진 경기 침체로 그곳의 문을 닫아야만 했다.[47]

여러 가지 이유로, 이것은 우리의 영성과 접근 방식을 심각하게 검토해 봐야 하는 쓰라린 경험이었다. 우리는 그 실패가 단지 재정적인 면에서뿐 아니라 우리의 제자도와 선교에 대한 헌신에서 갖추지 못한 점들을 그대로 노출한 것이라고 결론지었다. 상황이 어려워지자, 예수님과 그분이 주신 사명인 선교에 대해 지속적인 의무감을 유지할 수 있는 제자도의 심오한 자원이 우리에게 부족했다는 것을 깨달았다. 사실 부끄럽게도, 그 시점까지 우리는 그 직전의 2년에 걸쳐 어떤 회심자도 본 적이 없었다! 그것은 아마도 우리가 그 도시에서 최대한 은혜롭고 사람들을 반갑게 맞이하는 인근 교회들 중 하나가 된 것이었다. [당신들의 교회에 교인의 40%가 게이와 레즈비언이진 않을 것인데, 그들 다수는 아직 그리스도인이라고 고백하지 않았고, 다가가기 어렵고 열린 마음도 없었다.]

무엇이 잘못된 것일까? 그 경계성에 대한 우리의 평가는 이렇다. 우리는 제자를 만들라는 핵심 과업에 실패했다. 그것 때문에 복음을 전해야 하는 우리의 사명 성취나 열매 맺는 일에 충실하지 않았다. 제자도와 선교라는

---

47 이 책 초판에 있던 엘리베이션에 관한 전체 이야기는 생략했다. 주로 어떻게 일을 추진해 나갔는지에 관한 내용이었다. 또한 유사한 '제3의 장소에서의 선교'를 시작한 다른 분들을 진심으로 격려하고 싶은 마음이 굴뚝같았다. 지난 10년 동안 이런 유형의 선교와 관련한 몇 가지 놀라운 사례가 있었는데, 그것들을 선교적-성육신적 추진력을 살펴보는 6장에 수록하였다.

두 가지 본질적인 요소를 등한시하여, 최신 유행을 따르면서 교회의 문화와 폭을 달리하는 청년들을 위한답시고 예배를 무슨 클럽식으로 진행했다. 우리는 넋 놓고 있다가 교회에 굴러들어온 소비지상주의의 희생물이 된 것이다. 우리는 선교를 오락으로 대체했다. '크리스텐덤 모드'(Christendom mode)에 있는 대부분 교회와 마찬가지로 우리는 사람 끌어 모으기에 과도하게 의존했고, 그로 인해 교회를 소비지상주의 모드 위에 세웠으니, 결과적으로 톡톡한 대가를 치른 것이다.

이런 말이 있다. "당신의 수단(with)에 사람이 넘어 갔다는 것은 그 사람에게 목적(to)이 있어서 넘어갔다는 뜻이다." 마케팅하려고 사람들을 끌어들이기 위해 오락거리로 유혹하려는 원칙을 정했다면 그 오락거리를 보고 사람들이 구매 결정을 하게 되는 것이므로, 당신은 계속해서 그 같은 원칙을 유지해야만 한다. 그것은 암묵적인 사회 계약이다. 사람들이 오락거리에 넘어간 것이기에 그들을 즐겁게 해 주는 오락거리를 계속 대줘야 하는 것이다. 무슨 이유를 대든 이런 식의 투입은 해가 거듭될수록 더욱더 힘들어지게 마련이다. 결국 제살깎아먹기 식이 되고 만다.[48]

가혹하게 들리는가? 1980년대에 교회 성장 지지자들이 톡 까놓고 교회를 쇼핑몰에 비유하여 가르치지 않았던가? 사람들은 이를 진지하게 받아들이기만 했지, 이런 접근법의 파문을 아직도 간파하지 못하고 있다. 결국 매체는 항상 메시지가 되기 때문이기도 하다.[49] 사람들은 그 방식 자체에 잠복한 바이러스를 눈치채지 못했다. 특권 의식을 가진 중산층의 소비지상주의와 자유분방한 삶 말이다. 더 무서운 것은 '소비자 권익 보호를 우선시하는 중산층'이 가진 감성이다. 그것은 편안함과 편리함(소비자 권익 보호), 그리고 안전성과 보안성(중산층의 기호)이라는 이념에 기초한 감성이다. 우리는

---

48   Galli 저, 《Do I Have a Witness?》 참조

49   Ibid., 9장, 특히. 149–150 참조

이것을 제자도를 다루는 5장에서 상세하게 들여다볼 것이다.

나는 여기서 우리 대부분이 전수하여 신봉하는, '와서 보라'는 천편일률적인 교회 운영(선교 또는 전도) 방식 속에 깊이 뿌리박혀 있는 문제점을 지적하고 싶다. 우리의 선택 여부를 떠나 거의 모든 서구 교회가 안고 있는 취약점을 열거하자면 제자도의 부재, 직업화한 목회, 영적인 수동성, 그리고 소비문화 등이 있다. 교회라는 시스템 속에 깊이 뿌리박힌 이런 문제가 선교를 할 생각 자체를 갖지 못하게 한다.

윈스턴 처칠은 "우리가 건물의 모양을 만들고 나면, 그다음에는 그 건물이 우리의 모양을 만든다"는 명언을 남겼다. 정말 그렇다. 우리가 교회를 건축했을 때, 그 건축 양식과 모양에서 모든 것을 알 수 있다.

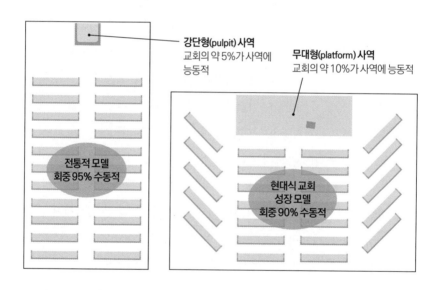

교회 성장 모델 가운데 전통적인 것이나 현대적인 것이나, 둘 다 대다수 교인이 똑같이 수동적이다. 그들은 주로 수용적 모드이며 기본적으로 교회가 제공하는 예배순서를 받아들이는 처지이다. 달리 말해, 그들은 일종의 소비형(consumptive)에 해당한다. 그런데 이것이 과연 예수께서 의도하신 에클레시아를 제대로 반영한 이미지인가? 그렇지 않으면 성공 가도에 올라 꾸준히 달리고 싶어 하는 능력과 교양을 갖춘 중산층에게 교회가 겨우 '먹 을거리 담긴 여물통' 정도란 말인가? 그리고 솔직히 말해서 꿩 잡는 게 매 라는 생각이나 하는 교역자에게 이런 여물통 채우기는 일도 아니다. 잠깐 이라도 멈춰 서서 문화가 지배하는 세상 상황 속에 놓인 기존의 교회 시스 템과 '문화화하라'는 압박에 대하여 생각해보는 사람도 거의 없다. 그리고 소비문화의 첨병이라도 된 듯, 교회는 단순히 서비스의 제공자이자 스스로 소모품의 일부를 자처하며 종교적 상품과 서비스를 판매한다. 그러나 이런 '서비스 제공'의 접근 방식은 예수께서 하셨던 일과 아무런 상관이 없다. 그 분은 청중 안에 들어 있는 영적인 갈망을 일깨우기 위해 난해한 수수께끼 (비유)로 말씀하셨다. 그 어디에도 그분이 철저히 준비하여 삼대지 설교를 하신 흔적이 없다. 그분의 청중은 비유의 빈칸을 채우느라 골머리를 앓아 야 했다. 달리 말해, 사람들은 결코 수동적이지 않았고 본인의 영혼을 활성 화하여 억지로라도 뭔가에 반응하고 선택해야 했다.

확실히 하기 위해, SMRC에서 우리는 독백형 설교와 작별하고, 대화하고 토론하는 식의 설교로 이동했다. 우리는 미친 듯이 여러 색다른 형태의 예 배와 하나님과의 관계 맺기를 시도했다. 우리는 라운지 같은 느낌이 나도 록 반원 모양으로 장의자를 재배열했고 벽마다 팝 아트로 꾸몄다. 우리는 의사소통을 위해 다감각 응용법 등 여러 가지를 시도해봤다. 우리가 그렇 게 멈추지 않고 노력했음에도 불구하고 공동체의 20%만 사역에 능동적이 었고 나머지 80%는 여전히 수동적이며 소비형이었다.

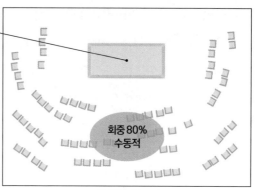

고도의 참여형, 대안예배
공동체의 약 20%가
사역에서 능동적

회중 80%
수동적

대안적 교회 모델

사실상 우리가 제공한 서비스는 모두 예배 참가자들 속에 잠재한 소비 욕구를 도리어 강화하고 세련되게 한, 그야말로 최악의 사태를 초래하는 행동이었다. 교회가 그들의 '취향'에 맞춰 온 것이다. 우리가 발견한 바로는, 여러 가지 이유로 일단 어떤 교인이 SMRC를 떠나면 그 사람은 '집밥' 스타일의 교회로 되돌아가는 것을 무척이나 힘들어한다. '햄버거, 피자' 입맛에 이미 길들어 있기 때문이다. 그렇게 공동체를 떠나서 방황하며 어디에도 재등록하지 않는 이들이 상당하다는 것을 알았다. 이것은 대단히 우려할만한 일이었기에, 우리는 진지하게 물었다. 대안적 예배를 한 결과가 이것이란 말인가? 그것이 정말로 상황을 악화한 것인가? 상황을 악화시킨 것이 무엇인지, 그 우려에 대해 내가 생각하는 답을 간추려 보았다. 내 의견은 이렇다.

하나님의 은혜로운 간섭하심을 배제해두고, 만일 당신이 괜찮은 교회 성장 원리를 따라 현대적인 교회 성장을 꾀하려 한다면, 어떻게든 개선하면서 꼭 하게 되는 일이 몇 가지 있다.

• 현대적 교회 성장 모델의 도식에서 지시하는 순서에 따라 예배당을 성장 가능성이 크게끔 재설계하여 확장한다.

- 청중의 삶과 관련 있는 주제를 가지고, 현대적인 스타일로 각색한 최고의 설교를 제공한다.
- 최고 수준의 밴드와 긍정적인 예배 인도자를 세워 영감 있는 예배(여기서 예배란 교회에서의 '찬양과 경배'를 의미한다)를 체험하게 한다.
- 교회에 차를 몰고 오는 자들의 불편을 최소화하기 위해 최고 시설의 주차장과 주차 요원들을 제대로 확보한다.
- 최적의 장소에서 최고의 프로그램으로 아동과 청소년 사역을 한다. 그렇게 해야 사람들이 혼잡함을 느끼지 않는다. 이 일을 망치면 그 교회는 실패할 수 있다.
- 기독교 교육 방식에 따라 목양하고 공동체 의식을 갖도록 양질의 셀(cell) 모임(소그룹 또는 구역모임) 프로그램을 개발한다.
- 다음 주가 전주보다 더 나을 거라는 확신을 주어 사람들이 계속하여 출석하게 한다.

이것은 교회 성장 전문가들이 '목회 혼합'(ministry mix)라고 부르는 것이다. 한 분야에서 향상하면 전체가 이롭고, 모든 요소를 지속해서 잘 융합하면 성장이 보증되고 영향력이 극대화한다는 것이다. 이 방식의 문제는 그것이 소비문화를 직접 반영하고 있다는 점이다. 그래서 경향상 최고의 프로그램과 '극도의 도발적인' 매력을 확보한 교회라야 훨씬 더 많은 소비자를 얻을 수 있다.

이를 시험해보라! 그 섞여 있는 요소들이 악화하고 있고, 또는 그보다 훨씬 더 좋은 프로그램으로 중무장한 새로운 교회가 당신의 지역에 생기면 어떤 일이 일어나리라고 생각하는가? 서구 전역에 걸친 통계에 따르면, 이런 방식이 지배하는 지역에서는 교회 성장의 대부분이 보유한 프로그램의 수준과 효과에 근거하여 사람들이 이 교회에서 저 교회로 '수평 이동'하는 현상이 생기는 것으로 파악되었다. 이 문제를 실제로 바르게 들여다보는 자들은 없다. 왜냐하면 '좋은 게 좋은 거'고 '나만 좋으면 그만'이라고 여기기 때문이다.

사실상 서구에서 교회는 감소 추세이며, 최소한 40년 동안 우리는 교회 성장 원리와 실제에 집착해 있었다.[50] 소비문화에 입각한 접근 방식으로는 믿음에 이르게 하는 제자를 만들기가 불가능하다. 솔직히 제자도는 구매 충동을 일으키는 식으로 이룰 수 있는 일이 아니다. 우리가 모두 훨씬 더 적극적으로 하나가 되어 일평생 예수님을 따르는 자가 되어야만 가능하다. 소비문화는 도리어 제자도에 해롭다.[51]

이 모든 것을 마음에 새기며, 나는 교회의 성경적 핵심 기능들(예수, 언약 공동체, 예배, 제자도, 선교)에 맞춰 그 밑바닥부터 위까지 교회를 재건해야만 한다고 느꼈다. 지도자들 전부가 이렇게 하든지, 그렇게 못하면 모두 사임하게 했다. 우리가 교회를 재건하는 과정에서 마음의 지표로 삼은 몇 가지 내용을 추려보았다.[52]

1. 우리는 고정적이고 지역에 매인 교회에서, 도시를 가로지르며 역동적으로 움직이는 교회로 변모하고 싶다.
2. 교회가 받은 '제자 만들라'라는 분부를 확실하게 완수하기 위하여, 우리는 능동과 수동의 비율을 (20:80에서 80:20으로) 뒤집기로 한다. 이를 위해 종교적 상품과 서비스를 판매하지 않는다. 우리는 공동체에 참가

---

50 내가 마이클 프로스트와 풀러 신학교 산하 세계선교학교의 여러 교수와 나눈 대화에서, 교회 성장 이론은 대체로 미국 교회의 감소세를 뒤집는 데 실패했다는 것을 인정하는 분위기였으며, 그 실패한 시도에 대하여 심각하게 다루었다. 40년 이상 자리한 교회 성장 원리와 실제가 남긴 것은, 그것으로는 서구 맥락에서 교회의 감소를 막지 못한다는 사실이다.

51 이는 mDNA를 구성하는 핵심 요소인데, 제자도를 다루는 장에서 좀 더 자세히 탐구할 것이다.

52 이 새롭고 훨씬 더 분명한 선교적 기초는 이 책의 제2부에서 아이디어의 통합을 다룰 때 설명할 것이다. 이것은 실무에 대해 반성하면서 제공했던 적용이다. 이는 쉽게 퍼다 쓸 수 있는 모델은 아니다. SMRC가 이름만 있는 교회에서 움직이는 교회로 바뀌었으면 하는 바람에서 제안했다. mDNA의 개념을 어떻게 한 교회에서 적용했는지, 그것만 보면 된다.

하는 다수의 무리가 제자도의 여정에 능동적으로 그리고 적극적으로 참여하여 예수님을 더욱 닮아가길 바란다.

3. 우리는 단순하고, 쉽게 도입하고, 전달할 수 있는 아이디어(내재한 DNA)에 터 잡은 완전히 복제 가능한 시스템을 수립하여, 그것을 분명히 설명하고 발전시킨다.

4. 그 운동은 중앙집중식 조직이 아니라 그물망처럼 작동하여 유기체처럼 번식하는 원리에 기초하기로 한다.

5. 끝으로, 선교(사역이 아니라)는 원리에 따라 움직이는 유기체임이 틀림없다.

이것은 모두 서둘러 할 것도 아니고 또한 쉽게 되지도 않는다. '받아먹는 것'에 익숙해진 사람들은 일반적으로 수동형에서 능동형으로 이동하기를 꺼린다. 그러나 우리는 2년여에 걸쳐 건강한 변화의 모델을 사용하여 모든 교인이 피드백을 하게 하고 참여를 유도하여 교회의 국면을 전환했다. 지금은 훌륭한 마크 세이어즈(Mark Sayers)가 담임하고 있는 사우스 멜번 회복 공동체('레드 네트워크', '레드교회' 또는 줄여서 'Red'로 개명)는 새로운 토양 위에 서서 새로운 미래를 마주하고 있다.[53]

물론 이야기는 그 이후부터 발전한다. 2007년에 데브라와 나는 미국으로 이주하여 북아메리카의 리더들을 도와 교회에 필요한 명확한 선교적 접근방식을 개발해야 한다는 심오한 소명감을 느꼈다. 이를테면, 나는 '미래 여행자'(Future Travelers, 기성교회들이 사도적 운동의 패러다임을 학술적으로 탐구하며 체험하도록 돕는 기구)를 설립하고 지도했다. 그리고 미국, 캐나다, 영국, 독일, 그리고 러시아에서 '포지 선교 훈련 네트워크'(Forge Mission Training Network, 선교적 리더십 훈련을 위한 네트워크)를 시작하도록 도왔다.

53 www.redchurch.org.au

1부 | 선교사 만들어내기

이러한 것들에 덧붙여, 최근에 나는 '100운동'(100 Movement)이라 부르는 조직을 발전시키는 데 역점을 두고 있다. 100운동은 이미 이 운동의 방식으로 교회를 운영할 준비가 되어 있는 100개의 혁신적인(일명 '닌자' ninja) 교회를 감별하고 훈련하고 코칭하는 데 초점을 둘 것이다. 그 목표는 이 교회들이 발전하는 것을 도와 십 년의 기간 안에 필요한 자격을 다 갖춰서 역동적으로 운동에 참여하면서 증식할 수 있도록 하는 데 있다. 이러한 '닌자' 운동이 계속 진행되어 얼리 어답터(early adopter) 교회가 발견한 내용을 이 책의 속편으로 언젠가 집필하게 될 줄로 믿는다. 100운동이 이 책에 자세히 수록한 mDNA의 여섯 가지 구성 요소 위에 제대로 세워지고 있다는 사실을 알림과 더불어, 이 책의 초판 출판 10주년 기념일을 맞이하여 이렇게 개정판을 내 놓는다.

2

위에서 보기

: 교단적이고 초지역적인 전망

진리를 탐구하는 권리는 반드시 의무도 수반한다. 하나의 진리로 인정받기 위해서는 터럭 하나도 감추는 것이 없어야 한다. – 알베르트 아인슈타인

사고방식의 기본 구조가 크게 달라지지 않는 한, 다수의 인류에게 위대한 진보는 불가능하다.
– 존 스튜어트 밀

매정한 소리 같지만, 누군가 말은 참 잘했다. 교회는 항상 위기에 처해 있는데, 그것을 제대로 눈치채지 못하고 있으니 참으로 딱하다고 말이다. 이런 경우는 교회의 본질적인 성격과 현실의 여건 사이에 팽팽한 긴장 상태가 지속되고 있는 탓이다. 수 세기 동안 위기가 없었는데, 그로 인해 교회는 기형으로 변했다. 그리고 만일 서구의 많은 부분에서 위기가 없다는 분위기가 아직도 남아 있다고 여긴다면, 이는 단순히 위험한 착각의 결과이다. 우리는 위기와 마주친 것이 진실한 교회가 될 가능성과 만난 것임을 또한 알아야 한다. – 데이비드 보쉬, 《변화하는 선교》(Transforming Mission)

헬리콥터에서 보기

호주 SMRC에서의 경험, 그리고 다양한 하위문화와 주류에서 떨어져 있는 외곽의 거주자들을 위한 운동은 내 눈이 지역 교회 관점을 넘어 멀리 선교적 교회까지 내다보게 했다. 물론, 지역 교회는 사역이 최초로 시작하는 곳이고, 예수님의 복음이 실제 삶의 현장에서 사람들에게 실제로 적용되는 현장이며, 교회의 새로운 사역 방식을 조율해볼 수 있는 장소이다. 이는 하나님 나라의 주요한 최전선이다. 하지만 그 바깥에는 거대한 문화와 사회 상황이 도사리고 있다. 그런 연유로 우리 시대 선교의 의미에 대하여 기독

교 교구(교파, 교단)의 관점을 벗어나지 못하는 다소 편협한 생각을 하게 만든다. 나에게는 선교를 거시적으로 볼 줄 아는 대단히 중요한 전망이 부족했다. 서구 세계의 교회와 관련한 여러 전략적인 사안을 들여다보려면 전 세계를 아울러 보는 훨씬 큰 안목이 있어야 했다.

다년간 교단 차원에서 여러 일에 참여하다 보니, 교단 안의 선교와 교육과 개발 부서(DMED : Department of Mission, Education, and Development)의 부장 직을 맡게 되었다. DMED는 '기관실'(리더십 개발과 교회 성장을 위해 작동을 멈추지 않는)이며 교단의 전략기획 부서였다. 그와 동시에 나는 새로 생긴 교회 운동에서 팀 리더 역할을 지속했다. 두 가지 막중한 임무를 수행하느라 죽을 지경이었다. 그러나 돌아보면 그것은 내가 할 수 있었던 최고로 좋은 일이었다. 동시에 두 개의 대단히 중요한 장소(지역과 권역)에 있으면서 나는 서구 상황에서 교회의 선교에 대한 전략적 전망을 갖게 되었다. 지구촌에서 새롭게 떠오르는 신생 문화들 속에서 교회가 직면한 딜레마를 훤히 볼 수 있었다. 각종 잡무까지 처리하며 무척 바빴던 교단의 일이 도리어 서구 교회가 변화해야만 하고, 그것의 문화 상황과 관계하기 위해, 또는 점점 줄어들어 결국 멸절할지도 모를 상황에 맞서려면 반드시 선교사로서의 자세를 가져야 한다는 나의 확신을 더욱 크게 키웠다. 없던 고민거리도 매우 많아졌고, 이런 불안감 속에서 그저 지역 교회 목사로만 지낼 줄 알았던 나 자신의 자화상을 바꾸어, 서구를 위해 사도적 성격의 사역을 하는 선교사가 되기로 했다.

'기독교 세계' 집어치우기(Christendom–Schmissendom)

신학자는 아니지만, 창의적 학습 과정 분야를 선도하는 대단한 전문가인 에드워드 드 보노(Edward De Bono)는 어떤 질병에 대하여 잘 알려진 성공적 치료법이 있으면, 환자들은 일반적으로 훨씬 더 나은 치료법을 발견하고자 애쓰는 전문의보다 알려진 그 치료법을 사용하는 의사를 선호한다고 촌평한다. 하지만 최선의 치료법 개발은 꼭 필요하다. 응급 상황에서 항상 기존의 치료법만 쓰려 한다면 보다 나은 치료법 개발은 어떻게 하느냐며 타당한 질문을 던진다.[54] 이것은 문제 해결을 위해 우리가 흔히 쓰는 방법에 대하여 생각해보게 한다. 우리도 신학과 영성과 교회에 껄끄러운 문제가 생기면 거두절미하고 기존의 방식과 방법부터 찾는 것이 기본 아닌가? 동명이인인 보노가 보컬로 활동하는 록 밴드 U2에서 부른 노랫말을 인용하자면, 만일 우리가 "늪에 빠져서 허우적대다가는 거기에서 빠져나올 수 없다."[55] 교회를 크리스텐덤(기독교 세계) 모드에 놓고 그 잘나가던 과거에 집착하고 있으니 미래에 대한 실제 해결방안이 없는 것은 전혀 이상하지 않다. 우리는 거의 언제나 미리 답부터 정해놓고 움직이는 것에 익숙하다. 비범한 학습과 발전은 대체로 모험이라는 과정을 거친다. 그러나 과정도 모험도 없다면, 진보는 아예 존재하지 않는다.

오늘날 교회의 문화적 상황을 간파한 사람이라면, 그 누구도 지난 100년 어간에 벌어진 일들을 보면 사회적으로 그 근본이 바뀐 것이 아무것도 없고 바꿀 필요도 없다고 말하지 못한다. 우리가 다루는 현실은 복음이 시작되고 약 이천 년이 지난 바로 이 시점이다. 서구의 모든 문화적 맥락 안에서 기독교는 쇠퇴하는 중이다. 인구 비율에서 볼 수 있듯이, 사실상 3세기 말엽과 비교가 안 될 정도로 과업을 완수하기가 하늘의 별 따기 만큼 어려워진 상황이다! 미국조차 그 찬란하고 활기찼던 기독교 세계식 문화의 수호자에서 물러났고, 사회는 교회의 영향권에서 점점 더 이탈하는 중이고, 차라리 신생 이교도(neo-pagan)라고 불러도 좋을 만큼 변하고 있다. 그 정황을 분석하여 써내려면 잉크가 모자랄 정도이다.

---

54   De Bono, 《New Thinking for the New Millennium》, ix 참조.

55   U2, 'Stuck in a Moment', All That You Can't Leave Behind, 2000.

이러한 여러 가지 평가가 즐비하지만, 그러나 우리는 교회가 실제로 쓰고 있는 방식을 철두철미하게 다시 생각해야 한다는 소리에 좀처럼 귀를 열고 있지 않다. 교회의 핵심 과업들을 인식하고 그것을 구현하려는 방법을 재고해야만 한다. 크리스텐덤 자체 속에 깊이 스며 있는 여러 추정(推定)에 대한 심각한 비평을 별로 들으려 하지 않는다.[56] 선지자적인 비평이 있든 없든, 그것과는 별도로 우리도 모르는 사이에 고도로 제도화한 기독교의 고정틀(template)이 우리의 덩어리진 정신 속에 박혀 있는 것처럼 보인다. 오늘에 이르기까지 크리스텐덤 모드의 교회를 신성시하게 된 데는 수 세기에 걸친 신학화 작업이 있었다. 그것은 하나님의 나라와 교회를 실제로 혼동한 까닭이며, 특히 가톨릭 사상이 오랜 세월에 걸쳐 전염시킨 오류이다.[57]

교회를 변화시키려는 숱한 노력을 기울이면서도, 정작 그 생각은 기독교 세계를 세우고 그것을 유지하려고 하는 것이니 실패는 당연하다. 오늘날 우리에게는 교회와 교회의 사명에 관련하여 근본에 이르기까지 철저한 생각의 변화가 필요하다. 즉, 문제의 뿌리까지 가야만 한다. 이를 알아내기 위한 좋은 방법이 컴퓨터와 소프트웨어가 서로 밀접하게 연관되는 방식에 그대로 드러나 있다. 다음 내용은 애플 컴퓨터의 개발자들이 쓰고 있는 접근 방식이다. 성능 좋은 컴퓨터 제품을 지속해서 만들기 위해, 3단계에 걸쳐 체계적인 개발을 한다. 이른바, 기계 언어/하드웨어, 운영시스템, 일반 사용자용 프로그램이다.

---

56 Stuart Murray의 탁월한 책 《Post-Christendom》, 그리고 교회의 크리스텐덤 모드에 대한 빈틈없는 평가를 위하여 Douglas John Hall의 'End of Christendom'를 보라.

57 신학적으로, 교회는 그 나라(왕국)가 아니다. 교회는 하나님의 나라 표지, 상징, 그리고 맛보기이다. 그리고 그 나라는 권능이 역사하는 가운데 교회 안에서, 그리고 교회를 통해서 드러나지, 결코 단독으로 표출하지 않는다. 교회는 그 나라의 일부이다. 이에 비해, 그 나라는 하나님의 통치가 곳곳에 미치게 한다.

프로그램 :	
실제 사용자와 연계함	

운영시스템 :	
프로그램과 기계를 중재함	

기계 언어 / 하드웨어 :	
하드웨어의 기본 부호	

이것은 내 친구 마이크 브린(Mike Breen)에게 배운 것인데, 이런 컴퓨터와 컴퓨터 프로그래밍의 비유를 통해 명확하게 강조하려는 것은 이것이다. 제아무리 대단한 소프트웨어라도 운영체제와 기계 언어나 하드웨어가 그것을 받쳐주거나 처리해 주지 않으면 무용지물이다. 잘 만든 사용자용 프로그램도 작동에 한계가 있어서 어디까지나 그 시스템의 가용 부분까지만 자원을 쓰게 된다. 그런 시스템상의 문제는 항상 기본적으로 깔려 있다. 세계 최고의 성공적인 제품을 만들기 위하여 이와 같은 3단계의 모든 과정에 유의하여 개발해야 한다. 따라서 일반적인 PC 업체들이 이 단계들을 각각 붙들고 씨름하는 동안, 그 전체를 하나로 통합한 애플사는 앞서가고 있다.

이는 우리의 접근 방식을 분석하여 변화와 변모를 모색하는 데 유용한 은유이다. 교회가 부흥을 위하여 온갖 수고를 다 하고 있는데, 그 방향은 단순히 교회의 신학과 교리적 기반에 무엇을 더하거나 새로운 프로그램을 개발하거나 세련되게 다듬는 쪽으로 향한다. 하지만 이 모든 것이 터 잡고 있는 '하드웨어' 또는 '기계 언어'는 거의 다루지 않는다. 이 경우 크리스텐덤 모드 또는 교회에 대한 이해라는 기본 시스템 때문에 임무(mission)를 망친 교회를 근본적으로 새로운 방향으로 돌아서게 하는 데, 단순히 '소프트웨어'만 갖춘다고 되겠냐는 뜻이다. 목회자와 교회 지도자, 이른바 '중직자'라면 에클레시아에 대한 개념을 훨씬 선교적인 내용으로 진술하고 설정할 수 있도록 더욱 심혈을 기울여 개발하려는 자세를 갖춰야 한다.

프로그램과 사역

신학 사상

에클레시아 모드 / 체제(시스템)

로버트 피어시그(Robert Pirsig)는 일단 일을 하는 방식이 확실해지고 그
것이 영속되면 그런 시스템에서는 일반적으로 사람들의 눈이 가려진다는
사실을 강조한다. 그는 이렇게 지적한다.

정부 또는 설립된 기관을 '체제'(system)라고 말하는데, 정확히 표현하면 이
는 마치 오토바이처럼 이들 여러 조직이 같은 구조 안에 세워져서 이념적으
로 서로 관계한다는 것이다. 그것들은 다른 모든 의미와 목적을 잃었을 때도
구조적으로 얽히고설킨 관계로 인해 유지된다. 사람들은 공장에 와서 전혀
무의미한 과업을 5개든 8개든 묻지도 않고 수행한다. 그 구조가 그런 방식으
로 일하도록 요구하기 때문이다. 악당도 없고 밥맛 떨어지는 '더러운 놈'도
없지만, 체제 곧 시스템이 그것을 요구하니 어쩔 수 없다. 또한 어느 누구도
위험을 감수하면서 그런 구조를 바꾸려고 선뜻 나서지 않는다. 해봤자 소용
없기 때문이다.
공장을 부수거나, 정부에 맞서 혁명을 일으키거나, 혹 오토바이 수리를 거부
하면, 그것이 시스템이기 때문에 원인을 아예 없애려고 공격을 개시한다. 공
격은 효과가 나타날 때까지 계속된다. 그러니 변화가 일어날 리 없다. 참된
시스템, 진짜 체제는 우리가 체계적이라고 생각하는 현재의 구조 그 자체, 즉
합리성 자체이다. 만일 공장이 부서졌어도 물건을 생산할 합리성이 여전히
남아 있으면 그 합리성 때문에 그냥 또 다른 공장을 세운다. 만일 혁명으로
정부 조직이 무너지더라도 뇌리에 그 조직의 형태가 원형 그대로 남아 있다

면, 그와 다를 바 없는 형태의 정부를 자발적으로 반복해서 세우게 된다. 체제에 대하여 말들을 상당히 많이 한다. 그렇지만 그것을 이해하는 자는 희박하다.[58]

그의 이 말은 분명히 옳다. 독재를 합리화했던 지배 세력을 타도하기 위해 민주 시민들이 분연히 일어나 봉기했지만, 슬프게도 무능력만 보여주었던 소위 2011년 아랍의 봄이 그것을 증언한다. 만일 우리가 교회의 기본 패러다임을 바꾸는 데 실패한다면 변화는 어림도 없다! 마치 운영체제를 사용하기 위해 환경 설정부터 하는 것처럼, 우리는 에클레시아의 모드에 어떤 문제가 있는지 반드시 점검해야 한다. 그러기 위해서 우리는 교회가 세상에 존재하는 목적이 무엇이며, 우리는 어떤 경험을 교회를 통해 해야 하는지, 그 (무형의) 가정(加定)들을 자각할 수 있는 질문을 해야 한다.

저명한 경제학자 존 메이너드 케인스(John Maynard Keynes)는 자신의 가장 유명한 작품을 이런 말로 시작한다.

이 책을 집필하면서 필자는 벗어나려고 오랫동안 몸부림쳤다. 따라서 독자들께서 그 내용을 읽게 되는 것이다. 만일 필자가 독자들께 가한 공격이 성공을 거둔다면, 습관화된 사고와 표현 방식에서 벗어나기 위해 독자들도 몸부림치게 될 것이다. 온갖 공을 들여 단순화한 생각들을 여기에 적어 두었으니 이해하기 쉬울 것이다. 새로운 것을 생각해내는 것은 어렵지 않다. 그러나 우리의 생각 구석구석까지 가지를 뻗친 그 낡은 생각에서 벗어나는 것이 힘들다.[59]

---

58 Pirsig, 《Zen》, 87-88.

59 Keynes, 《The General Theory of Employment, Interest and Money》, xii.

깊이 배어들어 머릿속에 습관이 되어버린 것을 떨쳐버리려면 몸부림을 쳐야 한다니, 이로 보건대 잊고 있던 사도적 운동을 다시 받아들이는 것이 얼마나 힘들지 쉽게 짐작이 간다. 사도적 특성을 이해하는 일은 쉽지 않다. 그것에 얽힌 주요 사상이 받아들이기 힘들어서가 아니라, 개인과 조직 속에 깊이 배어 있어 이미 습성으로 자리잡은 '낡은 생각들'을 뒤흔들어야 하기 때문이다. 이곳 서구 세계가 그런 상황이다. 교회의 미래를 위해, 패러다임과 그것에 내재한 합리성의 수준에 맞서 전략적이고 과단성 있는 전투를 치러야만 한다.

이야기 바꾸기

기성교회를 살리는 성공적인 방법이 있다는 소리를 듣기는 하지만, 불행히도 그 전체 실적은 매우 형편없다. 목회자들은 저마다 교회를 살리기 위해 다양한 시도를 주도해 봤지만 뜻했던 결과를 거의 얻지 못했다고 호소한다. 엄청난 에너지(그리고 재정)를 쏟아 부어 프로그램을 바꾸고 온 힘을 다해 일상에서 소통하기를 힘썼고, 상담에 수련회에 안 해본 것이 없다고 한다. 처음에는 변화가 나타나는 듯 보인다. 그러다가 일단 변화에 대한 압력이 완화되면, 그 체제는 이내 이전의 기본 설정 값과 고정틀로 재빨리 되돌아가게 마련이다. 따라서 이런 경우 리더들은 결국 새로운 조직을 운영하기는커녕 변화를 꾀하다 파생한 원치 않는 부작용들을 관리하느라 진땀을 빼야 한다. 이렇게 되는 이유는 눈치채기 힘들어서 그렇지, 실제로는 꽤 단순하다. 문화의 심장부에서 그것을 유지하는 패러다임과 체제가 바뀌지 않는 한 변화가 계속 유지되지 못한다는 것이다.[60]

---

60   패러다임은 중요하고 지속적인 변화를 위해 대체 불가의 핵심 주제라는 확신을 다른 그 무엇보다 더욱 공고히 다지고 있는 나이기에, 교회의 역동적인 변화에 대하여 데이브 퍼거슨과 공저한 나의 책에서 2개의 장을 할당하여 상상력의 재설정과 패러다임의 변화를 상세히 기술하였다. 교회에 대한 기존 개념을 가지고 사역하는 리더들은 각자의 조직을 효과적으로 인도하여 이러한 혁명의 강물을 통과하려면 어떻게 패러다임을 바꿔야 하는지 반드시 배워야 한다. 《On the Verge》, 2~3장을 보라.

어느 날 이반 일리치(Ivan Illich)는 사회를 변화시키는 가장 완전한 방법에 대한 그의 생각을 묻는 질문을 받았다. "그것은 폭력 혁명을 통해서인가 아니면 점진적인 개혁을 통해서인가?" 그의 답변은 신중했다. "둘 다 아니다." 대신에 그는 만일 누군가 사회의 변화를 원한다면, 대안이 되는 이야기(alternative story)를 해야만 한다고 제시했다. "그래야 그 말이 설득력이 있어 낡은 신화를 쓸어버리고 누구나 좋아하는 이야기가 된다. 그 말이 포괄성이 있어서, 우리의 과거와 현재의 일면들이 모두 모여 서로 끈적하게 달라붙은 한 덩어리가 된다. 그 말이 심지어 미래를 비추는 빛이 되어 우리로 하여금 다음 단계로 발걸음을 내딛게 한다."[61] 일리치의 말은 옳다. 현재 우리의 교회와 리더십에서 버젓이 왕 노릇을 하는 그 제도화한 패러다임의 지배에서 완벽하게 벗어나려 한다면 우리는 대안이 되는 이야기, 곧 보는 눈을 달리하여 우리의 인식의 틀을 다시 구성해야 한다.

패러다임(paradigm), 혹은 체제 이야기(system story)는 다양한 얘깃거리의 골자에 해당하며, 그것은 문화의 통일성을 관리한다. 아래 도표에서 '꽃잎들'은 '패러다임의 영향으로 말미암아 발현한 문화'이다.[62]

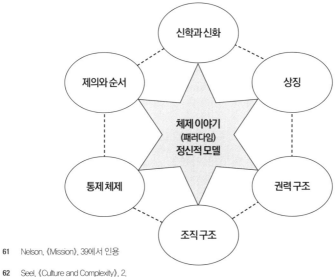

61   Nelson, 《Mission》, 39에서 인용

62   Seel, 《Culture and Complexity》, 2.

변화를 위한 프로그램은 대부분 꽃잎들에 집중한다. 즉, 그것들은 구조, 체제, 그리고 과정을 검토하여 변화를 가져오려 한다. 경험상 이러한 계획은 성공을 해도 대개 제한적이다. 교회 컨설턴트 빌 이섬(Bill Easum)의 다음 말이 맞다. "예수님을 따라 선교 현장으로 들어가는 것은 불가능하거나 극도로 어려운 일이다. 서구 세계의 대다수 교회에 있는 한 가지 이유 때문이다. 그들이 가진 체제 이야기는 그 사회 제도를 떠나 선교 현장으로 단 한 걸음도 내딛지 못하게 한다. 비록 선교 현장이 회중들의 집 바로 문 밖에 있더라도 말이다."[63]

그는 모든 조직은 '근원적인 체제 이야기'에 기반한다는 점에 주목하면서 말을 이어나간다. 그는 다음과 같이 지적한다.

이것은 믿음의 체제가 아니다. 그것은 어떻게 조직이 느끼고, 생각하고, 그래서 행동할지를 결정하는, 계속 반복하는 삶의 줄거리이다. 이런 체제의 이야기는 조직의 순위 도표가 어떻게 그려져 있든 상관없이 조직의 행동 방법을 결정한다. 그것은 다른 모든 것의 모양을 찍어내는 기초 고정틀이다. 조직을 다시 구성했어도 체제 이야기가 제자리를 지키고 있는 한, 조직 내에 변화는 없다. 가장 먼저 체제를 바꾸지 않는 한, 교회든 교단이든 그것을 살리려는 노력은 헛수고이다.[64]

이섬(Easum)이 변화와 지속적인 혁신의 열쇠로 제시한 이러한 체제 이야기(패러다임, 혹은 교회의 모드) 속으로 더 들어가 보자.

이섬은 교회 생활에 관한 대부분 이론은 제도화하고 습관화한 세계관[65]

---

63 Easum, 《Unfreezing Moves》, 31.

64 Ibid.

65 Ibid., 17.

에 혹은 그가 지칭하는 '명령과 통제, 곧 숨이 막히는 줄거리'에 기초하고 있기에 그 출발부터 결함이 있다고 지적한다. 특히 이러한 관점에서 현재 우위를 점하고 있는 교회의 형태를 점검해보면, 그것이 사도적 모드와 얼마나 다른지 인정하지 않을 수 없다. 예수님이 시작하신 운동은 유기적인 사람들의 운동이었다. 그것은 결코 종교 기관이 되려는 것이 아니었다. 이 새롭지만 원조(new-yet-ancient)인 체제 이야기가 우리의 상상력 속으로 스며들어야 하고, 우리가 하는 모든 행동에 다시 익숙한 습관이 되어야 한다. 우리의 조직들은 다시 복음으로 돌아가야 한다. 이 과정은 부록 1 '혼란이 일어나는 과정'에서 좀 더 심화하여 탐구하겠지만, 그래도 우선 독자께서 기존 체제 안에 적용된 선교적 패러다임이 어떻게 생겼는지 좀 더 유의미한 측면에서 상세하게 살펴보기를 특히 권한다.

자, 그렇다면 성경은 무엇을 말하는가?

교회에 대한 가정들을 이런 식으로 엄밀히 조사한다는 것이 불안감을 점점 더 증가시킨다. 왜냐하면, 이렇게 하려면 우리가 이미 물려받아 대다수에게 익숙하고 정통적이라 여기는 교회의 제도화한 설정구조를 샅샅이 뒤져서 그야말로 낱낱이 까발려야 하기 때문이다. 이렇게 하는 것이 혹 우리의 믿음을 저버리는 행동은 아닐까? 교회를 비판하자는 것인데, 하나님께서 진노하지 않으실까? 침범할 수 없는 거룩한 영역에 손을 대는 것은 아닐까?

그렇지 않다. 우리는 성경에서 종교적 제도들을 성경적으로 비판하고 있는 아주 실제적이면서 훌륭한 신학적 근거들을 발견하게 된다. 여호와께서는 내키지 않으셨지만, 다른 나라들처럼 '왕이 있는 나라'를 요구할 때 이에 대하여 그 잘못을 경고하며 허용하신 일(삼상 8:20-22)에서부터, 예수님의 '반종교주의'까지 말이다(자크 엘륄). 예수께서는 그 시대의 정치와 종교 제도, 그 둘에 맞서 끊임없이 싸우셨고, 그 직접적인 응대로 십자가에 못 박혀 죽으셨다. 또한 바울은 통찰력 있게 각 제도와 인간의 사상 속에 숨어 있는 학문과 권력들과 인간미 없는 악의 본질을 캐내어 밝혔고(근거 구절, 갈 4:3-11 / 골 2:8, 20-23), 사도 요한은 요한계시록 전체에서 체제(종교, 문화, 정치)에 대하여 종말론적인 비판을 가했다. 또한 우리는 종교가 권력이 되어 중앙의 소수 사람에게 그 힘이 집중되는 것과 경직되고 인간미 없는 기관들이 그 세력을 행사하는 것에 맞서, 성경이 철저하고도 지속적으로 그에 대하여 경고한다는 것을 깨닫는다.

선지자적인 영성은 하나님과 그분의 백성 사이에 맺은 끈끈한 언약의 특성을 이스라엘의 개개인이 자주 생각해야 한다는 것을 명분삼아, 하나님과 그분의 백성의 관계를 제의화(ritualization)하는 것에 대하여 지속해서 경고한다. 마르틴 부버(Martin Buber)는 선지자적인 신앙과 신앙 운동에 대하여 깊이 있는 논평을 하면서, 우리에게 신앙을 제도화하는 것의 위험성을 경고한다. 그는 "종교의 이익을 위해 수행하는 권력의 집중화와 법제화는 신앙의 중심을 지키지 못하도록 해를 끼친다"라고 지적한다. 신앙에 있어서, 역동하는 영적인 생활이 공동체 전체에 구현되어 계속하여 새롭게 되는 일이 강력하게 나타나지 않는다면, 불가피하게 생기는 결과적 현상은 종교의 법제화이다.[66] C. S. 루이스(Lewis)는 역시 그답게 그 점을 알아차렸다. "어떤 교회든지 머잖아 그것의 설립 목적에 상반하는 일이 생기게 마련이다. 그러므로 우리는 그리스도께서 원래 주셨던 그 사명에 초점을 맞추는 교회가 반드시 되기 위해 하나님의 은혜에 의지하여 사력을 다해 고군분투해야 한다."[67] 기독교 신앙에서 선지자적 일관성을 갖는다는 것은 늘 하나님의 목적에 초점을 두고, 그 어떤 것도 그분의 백성인 우리 안에서 우리를 통하여 일하시는 하나님을 훼방하지 못하도록 맞서는 것을 의미한다.

이것은 반제도주의라고 딱 잘라 말하는 것이라기보다 제도에 대한 부정

---

66   Martin Buber가 인용함. Friedman, 《Martin Buber》, 82.

67   Vaus, 《Mere Theology》, 167에서 C. S. Lewis를 인용함.

적인 심정인 것이다. 제도주의에 대한 비판은 성경과 교회사에서 모형화한 기독교의 제도에 대하여 사도, 선지자, 전도자로서 사랑의 마음으로 하는 '거룩한 반란/이의제기'라고 이해하면 좋겠다.[68] 우리의 '거룩한 저항군'들은 바로 다수의 혁신가와 개혁자들인데, 그들은 전해야 할 복음의 메시지를 제한하고 있는 이데올로기, 구조, 관례, 전통을 떨쳐버리고 하나님의 백성들이 누릴 자유를 제한하지 못하게 하는 자들이다. 그러나 이것은 거룩한 반란이기 때문에, 현재의 우리보다 더 놀라운 하나님을 경험하도록 우리를 이끈다. 앞으로 보게 되겠지만, 상위를 점하고 있는 제도가 거부권을 행사하는 상황에서는 언제나 활기찬 운동이 일어난다(예를 들어 감리교의 웨슬리와 구세군의 부스). 도전컨대, 기성교회와 그곳의 리더들은 거룩한 반란을 일으킨 자들의 입을 통해 교회에 전달된, 우리 시대를 위한 하나님의 뜻을 분별해야 한다.

그런 선지자적인 도전을 제대로 인식하는 것은 우리 시대에 매우 중요하다. 사도적 특성이 발현하지 못하도록 하는 가장 큰 저해 요소는 교회에 대한 케케묵은 이해에 집착하는 것이다. 피터 드러커(Peter Drucker)는 "어느 조직이든 그에 소속한 사람들은 항상 구태에 매달린다. 그래서 해야 할 일인데도 하지 않는다. 일단 성과를 냈으면 그것으로 끝이다"라고 촌평한 적이 있다.[69] 만일 이것이 모든 인간 조직에 해당하는 사실이라면, 특히 교회

68　마르틴 루터 킹 목사는 "우리가 무엇을 바꾸려 할 때, 먼저 사랑부터 해야 한다"고 말했다.

69　리더들에게 강화해야 할 일과 포기해야 할 일을 평가하도록 장려하는 것에 대하여 드러커가 하는 말이다.
　　비영리단체의 리더십을 위한 가장 중요한 질문은, 충분한 성과를 올리기 위해 이 분야에 우리의 자원을 쏟아붓는 것이 정당할까? 한 번의 성과만으로는 부족하고 계속되어야 옳다. 전통으로 할 수 있는 일이 아니다. 주어진 임무와 집중력과 결과가 일치해야 한다. 신약 성경에 나오는 달란트의 비유와 같이, 당신이 할 일은 당신의 자원을 배가하여 되돌아오는 곳에, 당신이 성공할 수 있는 데에 투자하는 것이다.
　　어떤 것을 포기하려 할 때, 항상 심한 저항이 있게 마련이다. 어느 조직이든 그 구성원은 늘 구태에 집착한다. 해야 할 일인데 하지 않고, 일단 성과를 냈으면 그것으로 끝이다. 그것은 오래전에 쓴 책(Managing for Results, 1964)에서 내가 '경영자 선호품'(investments in managerial ego)이라고 칭했던 대목에 해당한다. 어쨌든 포기가 선행되어야 한다. 그것이 이뤄질 때까지, 되는 일이 별로 없다. 어떤 것을 포기하는 것은 그래서 어렵다. 그러나 여우볕같이 잠깐 그러다 만다(Five Most Important Questions, 51).

가 그러하다. 교회는 전통과 제도를 신성시하는 경향이 있으므로 정말이지 변화하는 것이 너무도 힘들다. 단지 우리는 밀어붙일 수 있는 적절한 역사적 답변들을 찾아내어, 하나님의 백성이라 스스로 자부하는 그들에게 교회에 대하여 전혀 성경적이지 않은 개념에 볼모 잡혀 있다고 알려줄 뿐이다.

모순처럼 생각될지도 모르지만, 거룩한 반란이야말로 교회를 제대로 된 형태로 세우기 위한 진정한(그리고 각성한 자의) 도전이다. 그것은 또한 교회의 갱신을 위한 열쇠이다. 새로워지기 위해 이의를 제기하는 이런 운동들은 필연적으로 교회가 계속 그 엄청난 생명력을 발휘할 수 있는 근원을 형성한다. 왜냐하면, 그 원천에서 샘솟는 새로운 방법으로 하나님을 체험하며 그분의 선교에 참여할 수 있기 때문이다. 그런 운동들은 항상 훨씬 더 나은 날을 꿈꾸기 때문에 사람들의 마음에 날로 새로워지는 기독교 신앙의 씨앗이 심겨진다. 그 나라에 대하여 다시 새롭게 보게 된 비전은 하나님의 백성이 전진하여 위대한 증인이 되게 하고 견고히 서서 복음을 전하게 한다. 새 운동들은 사람들을 일깨워 복음의 핵심적인 의미를 자각하게 하고, 필요 이상으로 신성된, 유산으로 내려온 전통과 제의에서 자유롭게 한다. 새롭고 건전한 선교 운동은 거의 늘 잃었던 영적 권능을 일깨우기 때문에, 결국 주류 교회 안에 회복의 역사가 일어난다(예를 들어 오순절운동처럼).

이러한 취지를 염두에 두고 이 책을 읽기 바란다. 그리고 때로는 당신에게 방어적인 반응을 일으키기도 하겠지만, 독자 제위께 그 내용 속에 미량이나마 진리가 담겼다는 점을 양해하여 주시길 간청한다.

어느 선교사가 얻은 것

우리의 상황을 읽어내는 가장 유용한 방법은 선구자적인 선교학자 랄프

윈터(Ralph Winter)가 개발한 개념 형성 도구이다.[70] 일명 '문화적 간격' (cultural distance)이라는 이 도구는 선교사들이 한 인구 집단이 복음을 유의미하게 받아들이는 데에서 얼마나 멀리 떨어져 있는지 평가하는 데 도움을 주기 위해 개발되었다. 이것을 파악하기 위하여, 우리는 눈금자에 표시한 지점을 확인하면 된다.

접두사 m에 붙은 각 숫자는 복음과 유의미한 소통을 하는 데 생기는 현저한 문화적 장벽을 가리킨다. 그러한 장벽의 예로 언어 장벽을 꼽을 수 있다. 넘어서야 할 언어 장벽이 있다면, 그것이 문제가 된다. 그 밖에 다른 예로는 인종, 역사, 종교/세계관, 문화, 기타 등등이 있다. 예를 들어 이슬람의 상황에 복음이 그 안으로 진입하려면 온갖 고생을 다 해야 한다. 종교, 인종, 역사가 복음의 유의미한 수용을 실로 매우 어렵게 만들기 때문이다. 십자군 운동으로 말미암아, 크리스텐덤 교회는 모슬렘 사람들이 그리스도의 의미와 중요성을 진정으로 이해할 가능성을 심각하게 손상했다. 따라서 우리는 이슬람 사람을 위한 선교를 m3과 m4 상황에 두면 될 듯하다(종교, 역사, 언어, 인종, 그리고 문화). 서구의 유대인도 똑같은 상황이다. 두 인구 집단에서는 어떤 방식으로든 복음으로 소통하는 것이 당장은 매우 어렵다. 분명히, 이는 우리가 일상에서 흔히 볼 수 없는 매우 극단적인 사례들이긴 하지만, 우리 주위에 둘러서 있는 모든 사람이 이 눈금자의 어디쯤 속하는지 가늠해보는 것은 그리 어렵지 않다. 그것으로 정곡을 찔러볼 수 있다. 우리는 주변 사람들을 대부분 이 용어로 평가할 수 있다. 만일 당신이 자신이나

70 Winter, 《Highest Priority》. 또한 Winter와 Koch, 《Finishing the Task》도 보라.

당신의 교회가 m0 위에 있는 것으로 보인다면, 어떻게 우리의 상황을 해석해야 하는지 이것을 참조하면 된다.

m0-m1	기독교 신앙이 있으며, 같은 언어를 사용하고, 관심사가 비슷하고, 대개 국적이 같으며, 당신이나 당신의 교회에서 비슷한 계층 군에 속한 사람들이다. 당신 친구는 대부분 필시 이 부류에 해당할 것이다.
m1-m2	이는 우리의 상황 안에 있는 보통의 포스트 크리스천이다. 기독교에 대해 정확히는 모르며, 관심이 있고, 교회를 (나쁜 이야기를 들어서 그런지) 그리 탐탁하게 여기지 않는다. 이 부류의 사람들은 정치적으로 공정(correct)하고, 사회에 대한 이해가 있고, 영적인 일에 개방되어 있다. 또한 전에 겪은 교회나 기독교인과의 악연으로 감정이 상한 자도 이 범주에 속한다. 동네 술집 또는 나이트클럽에 가면 흔히 만날 수 있다.
m2-m3	이 집단에 속한 사람들은 기독교에 대하여 전혀 모른다. 그들은 다른 종교적 충동을 가진 인종 집단이거나 혹은 어떤 차별을 받는 하위문화 소속이다. 이 범주에는 와스피(WASPy, 백인 앵글로 색슨계)의 기독교가 하찮게 여기는 사람들도 해당한다. 예를 들어 LGBT(성 소수자) 집단이 그러하다. 그 외에, 이런 집단에는 기독교에 대한 본인의 이해력 부족과 경험 때문에 기독교에 적극적으로 적개심을 품은 사람들도 있다.
m3-m4	이 집단은 모슬렘이나 유대인 같이 민족적으로, 종교적으로 무리 지어 거주하는 사람들이다. 그들이 서구에 있다는 사실은 그 간격을 어느 정도 개선할 수 있겠지만, 그 외 거의 모든 것은 유의미한 대화에 방해가 된다. 그들은 복음에 대하여 강하게 저항한다.

감동적인 영화 〈미션〉(The Mission)을 본 사람은 제러미 아이언스가 기독교 선교의 임무를 띠고 남미의 열대 우림으로 들어가는 예수회의 사제, 가브리엘 신부로 출현한 장면을 기억할 것이다. 그가 이루어야 할 과업은 이전에 다수의 선교사 지망자를 살해한 원시 아마존 인디언의 작은 부족을 개종시키는 일이다. 그들과 첫 대면을 했을 때, 각각 문화적으로 매우 동떨어져 있고 다른 한쪽을 경계한다(즉, 그들 사이에 '문화적 간격'이 존재한다). 그들은 많은 장애물로 인해 분리된 상태였다. 그 장애물은 두려움, 언어, 문화, 종교, 역사, 기타 등등이다. 인디언들은 가브리엘 신부가 피리를 꺼내서 아름다운 곡을 연주할 때 그를 죽일 준비를 한다. 음악에 대한 보편적인 사랑을 통해 그는 문화의 틈을 가로질러 극히 일시적이나마 소통의 다리를 놓는다. 이로써 미약하나마 관계가 진보하기 시작했고, 시간이 지남에 따라 가브리엘 신부와 그의 작은 예수회 그룹이 원주민과 사귀는 데 성공한다.

그들의 문화, 언어 그리고 풍습을 익히면서 마침내 그들 속에서 효과적인 선교가 이루어지기 시작한다. 그 상황에서 주효했던 애정 어린 배려와 타인에 대한 경청은 문화적 장벽을 뛰어넘어 이루어지는 모든 효과적인 선교에 다 적용된다. 이제는 바야흐로 서구에서 복음을 소통하기 위한 모든 시도들을 배워야 할 때가 되었는데, 그것이 바로 '타문화'라는 개념이다. [타문화, cross-cultural을 '문화간' '비교문화' 등으로 번역할 수 있으나, 여기서는 이 용어를 '타문화'로 표기하였다. 편집자 주.] 우리의 상황이 가브리엘 신부가 처했던 현실과 별반 다르지 않다.

문화적 간격이라는 개념은 크리스텐덤이나 현재 우리 상황과 어떤 식으로 연관되는가? 황제로 등극한 콘스탄틴이 기독교로의 개종을 주장하며 기독교를 공식적인 국가의 종교로 공인한 밀라노 칙령(AD 313)과 더불어, 교회는 가장자리의 보잘것없던 운동에서 중앙을 차지하는 기관으로 변모하기 시작했다. 그로 인하여 결국 다른 모든 것은 적법한 지위에서 물러나기 시작했다.[71] 그런데 콘스탄틴은 기독교를 공식적인 최고의 종교로 선포한 것으로 끝내지 않았다. 정치적 권력을 강화하기 위해 그는 교회와 국가를 신성시하여 서로 결속시키고자 했다. 그리하여 그는 모든 기독교 신학자들을 한데 모아, 제국 내 기독교도를 하나로 통합하여 교회와 국가 사이를 안전하게 융화할 수 있는 보편적인 교리 체계를 내놓도록 요구했다. 콘스탄틴이 시작한 것을 완성한 테오도시우스 황제(AD 347-395)는 교회들을 '통치'하고 국가에 직속한 한 개의 기관 아래 전체 지역에 있는 모든 기독교도

---

71 그 칙령으로 로마제국 안에서 기독교에 대한 신앙적 자유가 영구화되었다. 그것은 밀라노에서 313년 2월에 로마의 황제들인 콘스탄틴 1세와 리키니우스가 체결한 정치적 합의의 결과였다. 313년 6월에 리키니우스가 제국의 동방을 위해서 반포한 선언문에서 모든 자에게 자기가 좋아하는 신을 숭배할 자유를 부여했으며, 기독교도의 법적인 권리를 (교회를 조직할 수 있는 권리도) 보장했다. 그리고 기독교도에게 몰수한 재산도 즉각 돌려주게 했다. 기독교 신앙을 용인하는 이전의 칙령들은 그 정권의 존속기간에 한해서 허용 여부가 달라졌지만, 이 시대에는 그 칙령이 효력을 발휘해 신앙의 자유가 확실히 보장되었다. 그러나 그것의 최종적인 결과로 기독교라는 종교가 사회정치적인 측면에서 헤게모니(주도권)를 쥐었다. 기독교만이 제국의 유일한 합법적인 종교가 되었고, 이후로는, 누군가 어떤 형태의 정치 권력이든 그것을 얻고자 하면 반드시 세례교인부터 되어야 했다.

를 통합하기 위하여, 로마에 본부를 둔 중앙 집권화한 교회 조직을 정식으로 제정했다. 모든 것이 변했고, 소위 '크리스텐덤'(Christendom)이라는 것이 교회에 시작되었다.

크리스텐덤 체제의 기반은 사회의 두 개의 주요 기둥으로 치부하는 교회와 국가 사이의 밀접한, 그래서 가끔 난처해지기도 하지만, '제휴'이다. 여러 세기를 거치는 동안, 교황과 황제 간의 권력 다툼으로 잠시 한 쪽이 다른 쪽을 지배하기도 했다. 하지만 크리스텐덤 체제는 그리스도인에게 교회는 현실에 안주하며 기득권을 유지해야 한다는 인식을 하게 했다. 교회는 국가의 활동에 신앙적 정당성을 부여했고, 국가는 교회의 결정을 뒷받침할 세속의 권력을 제공했다.[72]

분명한 것은 제국과 교회의 공식적인 제휴로 말미암아 다수의 매우 중대한 변화가 일어났다는 점이다. 우리 자신이 경험하는 크리스텐덤에 대하여 훨씬 더 분명하게 들여다보기 위해서, 그것이 도입된 이후에 일어난 주요 변화의 개요를 설명할 필요가 있다. 스튜어트 머레이(Stuart Murray)에 따르면,[73] 크리스텐덤이 가져온 변화는 이렇다.

- 기독교를 도시, 국가, 혹은 제국의 공식 시민 종교로 채택함.
- 교회가 사회의 변두리에서 중앙으로 이동함.
- 기독교 문화 또는 기독교 문명의 발생과 점진적인 발전.
- 모든 시민(유대인 제외)은 나면서부터 기독교인이라고 가정함.
- 종교를 선택할 자유가 없고, 정치권력은 하나님이 인증한 것으로 여기

---

72   2005년에 Stuart Murray 박사가 호의로 제공한 연구 노트.

73   Murray, 《Post-Christendom》, 76-78.

는 기독교 왕국(corpus Christianum)이 발달함.

- 이런 기독교 사회에 일원이 되는 상징으로서 유아 세례를 의무화함.
- 일요일을 공휴일과 교회에 의무적으로 출석하는 날로 정하고, 위반시 처벌함.
- 제국이 지지하는 권력을 가진 교회 지도자들에 의해 결정된 '정교적 신앙'(orthodoxy)을 일반적인 믿음으로 정의함.
- 사회 전체에 기독교적인 도덕성을 요구함(대부분 구약의 율법적 도덕 표준이 적용됨).
- 국가의 계급 조직과 국가의 지원이 뒷받침되는 것을 본 삼아 교구와 지역 교회를 배치하고, 성직자 위계제의 교회 체제를 갖춤.
- 거대하고 화려하게 장식한 교회 건물을 건축하고 엄청나게 많은 회중이 모이는 걸 중시함.
- 성직자와 평신도의 구분, 평신도는 시키는 일을 하는 대상으로 낮추어 봄.
- 교회의 부의 증대와 체제 유지용 재정 마련을 위해 십일조를 의무적으로 부과함.
- 이단, 부도덕, 분파의 억제를 위한 사법 조치로서 기독교를 보호함.
- 세상을 '크리스텐덤'(기독교국가)과 '히든덤'(heathendom, 이교도국가)으로 크게 나누고, 그리스도와 교회의 이름으로 전쟁을 벌임.
- 기독교 신앙을 강요하기 위해 정치력과 군사적 무력을 사용함.
- 이러한 변화를 지지하고 정당화하기 위해 신약보다 구약을 사용함.

크리스텐덤으로의 이러한 변화는 온통 껍데기만 그럴듯하게 바뀐 셈이다. 그리고 그 내면은 로마 세계를 밑바닥부터 완전히 바꿔놓은 예수 운동에 비하면 죄다 처참하기 이를 데 없다. 세계적으로 널리 알려진 사회학자 로드니 스타크(Rodney Stark)는 이 시기의 교회에 대한 전문 의견을 이런 극적인 문장으로 요약해놓았다.

> 지나치게 긴 세월 동안, 역사가들은 콘스탄틴 대제의 회심(대략 285-337년)
> 으로 인해 기독교가 승리했다는 주장을 받아들이고 있다. 그와는 반대로, 그
> 는 기독교의 가장 매력적이고 역동적인 면모들을 파괴했고, 강도 높은 대중
> 운동에서 야비함과 태만함을 동시에 갖춘 일인의 엘리트가 조정하는 오만
> 한 단일 제도로 바뀌게 했다.[74]

이것을 크리스텐덤 시대라고 부르며, 그것은 국가와 사회 위에 간헐적으
로는 완벽하게 군림하던 교회를 의미한다. 그 위세는 르네상스와 종교개혁
으로 약화됐고(14-16세기), 그 후에 쇠퇴하다가 결국 후기 계몽주의 시대
또는 근대에 이르는 동안 막바지에 이르렀다(19-20세기).

계몽주의는 철학과 과학으로 계시를 누르고 그 위에 이성을 세우려 애쓰
더니, 결국에 가서 국가 권력으로부터 교회의 권력을 무력으로 떼어냈다(프
랑스 혁명). 그 때문에 국가, 그리고 이에 속한 공공의 영역에서 패권을 행사
하던 종교의 영향력은 제거되었다. 진리의 중재는 과학이 맡고, 의미의 중
재는 시장 경제가 맡는 세속 국가가 탄생했다. 계몽주의 시대의 결과로는,
다른 많은 것 가운데에서, 사회의 세속화와 그 뒤를 이어서 하찮은 존재가
된 교회와 그 메시지를 꼽을 수 있다. 20세기를 거쳐 21세기를 현주소로 삼
는 우리는 이 모든 것을 직접 경험하여 너무 잘 알고 있다. 우리가 마주한
문제는 이미 사회정치적이며 문화적인 세력으로 자리했던 크리스텐덤이
죽어서 지금 우리는 후기 크리스텐덤, 일명 탈기독교 세계 시대를 사는 셈
인데, 교회는 아직도 여전히 크리스텐덤 모드로 작동하고 있다는 것이다.
그런 패러다임이 견고하게 제자리를 차지하고 있다. 교회에 대한 우리의

---

74 Stark, 《For the Glory of God》, 33.

이해와 '행동'이라는 측면에서, 17세기 동안 바뀐 것이 거의 없다.

근대가 지나고 그 이후 포스트모던 시대가 되면서 세상은 급격히 변화하기 시작했다. 하나는 패권을 장악했던 이데올로기가 그 힘을 잃었고, 그와 더불어 국가 권력(예를 들어 소비에트 연합)과 커다란 비전(grand vision)으로 사회나 집단을 규합하는 또 다른 형태의 '거대 담론'(grand stories)이 쇠퇴하게 되었다. 이런 발전으로 인한 결과로는 하위문화의 꾸준한 번창과 사회학자들이 칭하는 서구 문화에서의 이질화(heterogenization), 또는 간단히 말해 부족화(tribalization)이다. SMRC도 지역 차원에서 쉽게 직감할 수 있는 포스트모던 시대에 탄생한 신부족주의였다.

사람들은 이제 더 이상 자신을 원대한 이데올로기, 민족적 정체성, 또는 정치적 성향에 맞추려 하지 않는다. 또 다른 거대한 담론에 동일시하려 든다. 그런 것으로는 이익 단체, 신흥 종교 운동(뉴에이지), 성적 정체성(게이, 레즈비언, 성전환자 등), 스포츠 활동, 경쟁형 이데올로기(신마르크스주의, 신국수주의자, 환경운동가 등), 계층, 별난 소비(메트로 섹슈얼, 어반 그런지 urban grunge 패션 등), 직업 유형(컴퓨터광, 해커, 디자이너 등), 그리고 기타 등등이다. 이것들 앞에 등장한 세대 차이(밀레니얼 세대, X세대, 베이비붐 세대 등)를 대입하면 훨씬 더 복잡해진다. 한 번은 청소년 사역 전문가 몇 분과 한 시간 동안 토론하면서, 쉽게 식별 가능한 청소년의 하위문화만 50개를 확인했다. [컴퓨터만 아는 괴짜, 스케이트 타는 사람, 함께 뭉쳐 다니는 친구, 인터넷 서핑을 하는 사람, 펑크록 애호가 등.] 그들 각자는 그런 하위문화와 자신을 매우 진지하게 동일시하고 있다. 따라서 그들을 위한 선교적 대응도 역시 있어야만 한다.

서구에서 일고 있는 근본적인 변화에는 철학적 세계관, 국제화, 기후 변화, 기술적 발견, 국제적 테러, 지정학적 변화, 경제 위기, 정보의 디지털화, 사회 관계망, 신흥 종교 운동의 발흥 등인데, 우리의 사고방식과 방법론을 이 모든 것에 대처할 수 있도록 조정해야만 한다. 우리가 알고 있듯이 이런 모든 요소는 서로 공모하여 교회를 하찮은 존재로 만드는 일에 훨씬 더 속도를 높인다. 주변 문화가 이렇듯 수없이 다양한데, 예전처럼 무슨 특권을 가진 위치에서 그것과 관계할 수는 없다는 점을 깊이 재고해야 한다.

여기서 요점은 크리스텐덤 교회의 상황과 우리 자신의 상황을 비교했을 때, 근접한 문화적 변호(m0-m1)를 넘는 것과 현저한 문화적 장벽(m1-m4)을 넘는 것이 완전히 다른 시도라는 것을 깨닫는 것이다. 문제는 크리스텐덤 모드에 있는 보통의 교회가 오직 그 자신의 문화적 근접 변호(m0-m1) 안에서만 상당히 효과적으로 일을 하려는 경향이 있다는 것이다. 크리스텐덤 교회가 세워진 목적은 밖으로 나가서 안으로 끌고 들어오기(outreach and in-drag) 위해서이다(비웃는 말이 아니다. 우리는 일반적으로 그렇게 한다). 구도자에 대한 감성적인 접근법은 바로 이런 기본을 한층 더 발전시킨 방식이다.

다음 도표는 내가 지난 이천여 년에 걸쳐 서구 맥락에 있는 교회가 가졌던 문화적 간격을 분석하여 그리드(grid)로 설명해놓은 자료이다.

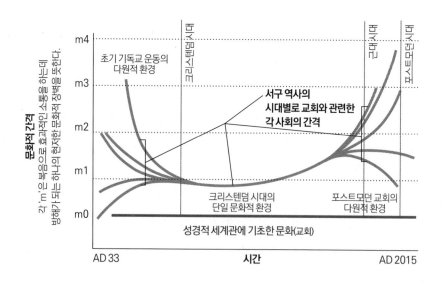

이런 도표에 실제 역사적 상황을 단순화하여 표시한다는 것은 불가능하다는 점을 충분히 인식하지만, 그럴지라도 문화적 간격의 측면에서 교회의 변화하는 상황을 그 핵심만 간추려 보여주고 싶어서 이 도표를 그렸다. 시대별로 문화적 간격이 차이난다는 점에 주목하라. 우리 상황과 초대 교회의 상황이 매우 비슷하다는 것에 유의하라. 많은 문화적 집단이 있고, 일부는 우리 쪽으로 움직이지만, 대다수는 점점 더 먼 쪽으로 이동한다. 양쪽 상황에 선교사의 접근이 (과거에) 필요했고 (지금도) 필요하다. 그러나 이것이 크리스텐덤 시대 동안에는 경우가 달랐다. 크리스텐덤의 동질화된 문화 때문이다. 그래서 이 범주에서 태어난 모든 사람은 나면서부터 그리스도인으로 간주하였다. 그리하여 가톨릭 교리가 보편적인 성격을 띠는 것이다. 단언컨대, 이 기간에 교회는 그 본래의 선교사적인 부르심과 감각과 그 운동의 정신(ethos)을 잃었고, 그렇게 지내는 동안 자기도 모르는 사이에 물려받은 사도적 특성을 억눌러 버렸다.

포스트모던 시대인 지금은 모든 것이 바뀐다. 우리는 이제 진실로 선교적 현장으로 복귀했다. 현 상황에서 우리 주위를 두른 상당수의 사람이 교회가 일반적으로 위치한 곳에서부터 m1과 m3의 범위 사이에 속한다(호주, 영국, 유럽은 확실하고, 미국은 점점 증가하는 추세다). 상황이 이러한데, 일반교회의 '끌어 모으'는 식의 전도법으로는 더는 그 추세를 꺾지 못한다. 알파 코스(ALPHA Course), 구령을 위한 봉사, 그리고 관계 중심의 전도활동은 우리 자신의 문화적 체제(m0-m1) 안에서는 통할 수 있지만, 그러나 설사 그렇다 해도 기대 이상의 효과가 거의 나타나지 않는다. 가브리엘 신부를 기억하라. 현저한 문화적 장벽을 뛰어넘으려면, 반드시 선교사의 자세로 그 문화와 만나 교제해야 한다. 그리고 이를 위해서는 끌어들이는 방식 못지 않게 보내는 방식을 받아들여야 한다.[75] 보내는 교회는 현재의 기반을 회

---

[75] 이는 선교적-성육신적 추진력이라고 부르는 mDNA의 요소를 살펴보는 장에서 중점적으로 다룬다.

중이라는 개념 너머의 선교적 공동체라는 씨앗을 조성하는 플랫폼으로 사용해야 한다. 그다음 차례는 타문화 선교를 실천하는 데 최적화한 방법론을 채택하여 훨씬 더 폭을 넓힌 선교 운동을 매우 잘 이해해야 한다. 우리에게는 이미 보유한 자원이 있다. 그것이 무엇이든, 현재 일반적으로 사용하는 것보다 훨씬 더 세련된 접근 방식이 필요할 것이며, 이런 도전에 맞설 수 있도록 교회의 패러다임을 조정해야 한다. 선교적 교회를 다시 살려야 할 때이며, 그 잠자는 거인을 깨워야 할 시간이다.

알파 코스에 관하여 말하자면, 이 놀라운 복음전도의 도구는 많은 사람에게 믿음을 주는 데 사용되고 있다. 내가 이 책의 초판을 집필할 무렵 영국에서만 300만 명 이상이 알파 코스에 참여했다. 교회들은 대개 그것을 교회의 수적 성장을 가져오는 복음전도의 도구로 알고 사용한다. 흥미롭게도 영국의 경우, 알파가 어느 교회에도 나가지 않는 사람보다는 소위 '이탈 교인'(de-churched)에게 대단히 성공적으로 먹히는 프로그램이란 사실이다. 달리 말해서 m0-m1의 틀에 속하는 사람들에게 그렇다. 복음전도 쪽으로 끌어당기는 매력이 있음에도 불구하고, 그러나, 그것은 전반적으로 교회 성장에 충분한 보탬이 되지 못했다. 알파의 결과로 영국에 300만 명의 신입 교인이 생긴 것이 아니란 이야기다. 사실 우리가 이미 살펴본 바와 같이, 교회는 여전히 심각한 조직의 쇠퇴를 겪고 있다. 알파는 보통 말하는 그런 효과적인 선교의 도구가 될 수 없고, 실제로는 아주 멀리까지 가기는커녕 우리 자신을 전혀 넘어서지 못하면 어떻게 되는지 보여주는 좋은 사례일 뿐이다.

어떻게 이럴 수 있는가? 문제의 주요 부분은 비록 상당수의 이탈 교인이 알파를 통해 예수님을 믿는 신앙으로 돌아왔다 할지라도 그들이 '교회 출석'은 여전히 원하지 않는 것으로 보인다는 것이다. 그저 "예수님? 그래요, 아주 좋아요. 교회? 사양할래요"라는 현상이 반복될 뿐이다. 사람들은 지인들이 모이는 작고 친숙한 공동체에 와서 믿음을 가질 가능성은 있지만, 무슨 거래를 할 것도 아닌 한 조직을 갖춘 기성교회는 일반적으로 원하지 않는다. 이렇게 의제가 서로 뒤바뀌는 경우를 가리켜 '업계'에서는 통상 비윤리적인 것으로 인식하는 '유인 상술'(bait and switch)이라 여길 수 있다. 어처구니없는 일이지만, 오늘날 서구에서 기독교 확산의 최대 걸림돌은 널리 퍼진 교회에 대한 인식, 즉 크리스텐덤이다.

선교적 운동의 패러다임이라는 안경을 쓰고 쳐다보니 스스로 이런 질문이 떠오른다. "알파가 군이 끌어 모으는 식의 교회 성장 도구가 되는 것 대신에 일종의 교회 양산 운동이 되었으면 어땠을까? 원조 알파 그룹에서 어떤 새로운 교회(알파가 아닌 베타?)가 나오고, 그런 다음 그 새로 나온 교회 자체에서 다른 교회가 나오고, 뭐 그러지 않았을까?" 교회론에서는 신약 성경에 나오는 모든 교회는 사람들이 있는 곳이면 쉽게 '교회가 섰다'(혹은 되었다)라고 확증하는데, 우리는 왜 사람들이 '교회로 올 것'만을 기대해야 하는가? 패러다임을 바꾸면 실제로 상황이 달라질 것이라 믿는다.[76] 사실상 훨씬 더 견실한 선교적 아이디어에서 영감을 얻은 알 고든(Al Gordon), 그레이엄 싱(Graham Singh) 그리고 그 외 알파의 리더들은 이제 알파의 이미지 전환을 꾀하여, 그것을 복음전도의 도구일 뿐 아니라 명료한 선교적 도구로 바꾸고 있다.

"우리가 늘 해오던 방식인데요. 어… 그렇지 않나요?"

당신이 여전히 마음이 편치 않더라도, 나는 크리스텐덤이 초대 교회가 가졌던 원래의 성경적 모드가 아니란 사실은 분명히 해두고 싶다. 그러니 너무 과민하게 반응할 필요가 없다. 괜찮다. 신실하며 선교적으로 효과가 있

---

76 알파는 사도적 특성에 해당하는 많은 요소를 그 구조 안에 보유하고 있음에도, 교회에 대해 제도화된 이해에 치중하고 있어서 그것을 발휘하지 못하는 상황이다. 여기서 우리는 패러다임들이 서로 극명한 형태로 충돌하는 것을 본다.

는 훨씬 더 좋은 방법을 찾고자 하는 한 하나님께서 우리를 치시는 일은 없다. 프로테스탄트(개혁교회)의 기치인 '교회는 항상 개혁해야 한다'(Ecclesia semper reformanda)라는 경구는 항상 하나님의 말씀에 따라서 개혁해야 마땅한 것이기에 옳은 주장이다. 이런 설득력 있는 구호를 실현하려면 성경의 무오성을 믿는 신앙이 내면에 확고하게 있어야 하며 그와 동시에 계속 진보하는 문화를 성경의 증언에서 영감을 받아 새로운 형태로 혁신해야 한다. 우리는 결코 어떤 특정한 문화의 순간에 매이고 싶어하지 않는다. 문화에만 진보에 대한 열망이 있는 것이 아니다. 신학도 그것을 바라기는 마찬가지이다.[77]

무엇이 틀린 걸까? 다음으로 교회의 중요한 모드를 세 가지 시대 또는 시기에서 분석해놓은 것을 살펴보자. 내가 그린 사회학적인 별개의 도표는 우리가 처한 상황을 객관적으로 바라볼 수 있도록 사회와 조직적 측면에서 정형화한 사안들을 열거해놓은 것이다. 모든 비교표와 마찬가지로, 이 도표에는 실제 상황의 단편만 담겨 있지만(현실 생활을 범주로 나누기란 쉽지 않다), 그래도 그것은 각 시대에서 추출한 정수임은 틀림없다.

---

[77] 선교학자 에드 스테처는 계속적인 복음의 상황화가 절박하다는 것을 비꼬는 말투로 꼬집어 말한다. "1950년대로 돌아가서 교회들이 대비한 것이 무엇인지 보라(혹 1600년대, 혹 80년대 베이비붐 시대)." 그의 말이 이어진다. "50년대는 잘못한 게 없다. 다만 다시는 우리에게 돌아오지 못할 뿐이다. 우리는 지난 일을 동경하지 말고 지금 이 순간 여기에 사는 사람들을 사랑해야 한다. 50년대의 문화 감각은 미국이 대부분 지역에서 지나간 옛 추억일 뿐이다. 현재 맥락에서의 가치와 규범은 현저하게 달라졌고 계속 바뀌고 있다. 상황화라는 과제는 교회의 선교에 있어서 가장 중요한 일이다. 우리는 주위의 일들을 이해하여 유의미한 방식으로 설교하기 위해 부름을 받았기 때문이다. 만일 당신의 교회가 현재 선교보다 과거를 더 많이 선호한다면, 그것은 틀린 것을 좋아하는 것이다."
www.christianitytoday.com/edstetzer/2013/may/missing-mission-looking-for-right-results-while-loving.html

	사도적 그리고 후 사도적 모드 (AD 32에서 313)	크리스텐덤 모드 (313에서 현재)	선교적 모드* (35년 동안)
모이는 곳	봉헌한 신성한 건물 없음. 종종 지하에서 박해받음. 주로 가정을 이용함.	건물이 교회라는 개념과 활동의 중심이 됨. 건물을 결국 교회라고 부름.	봉헌한 '교회' 건물에 관한 관심과 필요를 거부함. 제2, 제3의 장소를 통합함.
리더십 정신	에베소서 4장과 사도행전에서 최소 5중의 사역을 위한 직임으로 리더십이 운영됨(사도, 선지자, 전도자, 목사, 교사).	리더십을 안수받은 성직자만 가지며, 주로 목양과 교사 모드로 제한한 전문인 총회 출현.	5중 사역형 리더십 정신으로 무장한 개척-혁신 모드의 리더십. 안수는 원하면 받지만 필수는 아님.
조직적 구조(들)	민중, 지방분권, 관계망 사역, 성기게 짠 조직, 운동적.	제도화한 형태, 리더십의 계급(하향식) 개념, 중앙 집권식 구조.	훨씬 더 민중, 지방분권, 운동적 형태로 되돌아감, 혼성체.

	사도적 그리고 후 사도적 모드 (AD 32에서 313)	크리스텐덤 모드 (313에서 현재)	선교적 모드* (35년 동안)
성례전 모드 (은혜의 방편)	가정에서 공동 식사 형태로 성찬 집례. 일반 신자에 의한 세례식	은혜의 방편인 성례전을 오직 '교회 안에서' 사제만 집례하도록 점점 더 제도화함(예배당이 곧 교회).	구속적, 그리고 혁신적인 새로움의 상징, 의전, 그리고 행사. 성례전의 민주화. 식사/환대의 회복.
사회적 지위	교회는 사회의 소외계층, 불법, 주로 지하운동.	교회는 사회의 중심이며, 문화를 주도하며, 유일한 합법 종교임.	교회는 또 다시 사회와 문화에서 소외되고, 점점 더 하찮게 여기며, 합법성이 덜함.
선교적 모드	선교사, 성육적, 변화를 꾀함, 보내는 교회.	끌어 모으는 식('출교자'는 선교적 환경에 해당하는 m1 밖으로 몰아냄). 종교적 질서 유지. 방어적.	선교적. 성육신적-파송. 교회가 선교적 자세로 다시 문화와 관계를 맺음.

이 도표는 프로스트와 허쉬, 《*새로운 교회가 온다*》(The Shaping of Things to Come : Innovation and Mission for the 21st-Century church, 9, IVP 역간)*에 있는 내용을 각색한 것이다.*

*'선교적 모드'라는 세로 단에 기재한 내용은 내가 직접 온 세계를 다니며 다양한 맥락을 개인적으로 진지하게 살피며 얻은 연구의 산물이다. 그것은 또한 내가 마이클 프로스트와 공동으로 집필한 책, 《새로운 교회가 온다》를 기초로 하여 만들었다. 그래서 여러 이야기와 좀 더 자세한 내용은 그 책을 참조하기 바란다.

이 도표의 첫 번째 시대는 로마 제국을 가로질러 확산하다가 마침내 제국을 뒤집어놓은 흥미롭고 결정적인 예수 운동을 가리킨다. 분석해봤을 때, 온갖 박해와 불법이라는 오명을 쓴 채 제대로 운신조차 할 수 없는 상황에서, 그 흔하디 흔한 무슨 변변한 제도를 갖춘 것도 아니면서, 그야말로 풀뿌리같이 끈질긴 생명력으로 민중이 주도한 운동이었음이 분명하다. 본부도 없었고, 그저 사회적 흐름과 그 시대의 구조에 몸을 맡긴 채 번져나갔다. 이 운동은 콘스탄틴 때까지 다양한 형태로 저변에서 계속 힘있게 요동쳤다. 콘스탄틴의 등장으로 모든 것이 변했다. 모조리 바뀌었다.

도표의 중앙 세로 단(크리스텐덤 모드)을 따라 읽어 내려가다 보면, 우리가 일반적으로 이해하는 '교회'의 모든 요소를 어느 정도 쉽게 파악할 수 있다. 대개 교회라고 하면 특유의 건축 양식으로 지은 건물을 떠올리지 않을 사람이 과연 몇이나 될까? 우리는 심지어 예배당을 '교회'라고 부르며, 또한 '교회에 간다'라는 표현을 쓴다. 대부분 교회의 지도자는 중앙 집권형 기관인 교단에서 목사 자격을 취득한다. 그런 체제에서 안수받은 대다수 사람은 목자와 교사의 자리에 필요한 은사를 받은 자로서 공인된 학위와 목사 안수 과정을 이수했다. 에베소서 4장에 나오는 다른 세 가지 유형(APE : 사도 apostle, 선지자 prophet, 복음전도자 evangelist)은 현재 사라졌다. 이는 모든 사람을 태어나면서부터 그리스도인으로 추정하는 문화에서 비롯한 것이다. 교회에 필요한 것은 오직 그들을 돌보며 신앙을 가르치는 일이었기 때문이다. 대부분 주요 교단에서는 오직 안수받은 목사에게만 성례전을 집례할 수 있는 권한을 부여한다. 예를 들어 성찬식은 더는 일상의 식사가 아니다. 이는 떡과 포도주를 나누며 그것에 담긴 신앙적 상징과 교훈을 얻는 의식으로서 교회와 그 공식적인 사역의 범위 안에서만 시행한다. 더욱이 고교회파(high-church) 유형의 교회에서는 은혜를 마치 실제 물체인 듯 여기고, 그것이 성례전을 통하여 그리고 오직 사제에 의해 주입하는 것으로 인식한다. 사실상 은혜가 제도화한 교회의 '전유물'이 되었고, 교회의 직접적인 통제나 영향권을 벗어난 '외부'에서는 쉽게 경험할 수 없는 것으로 치부했다.

구조는 또 어떠한가? 크리스텐덤의 조직화한 구조는 초대 교회의 그것과는 달리 현실 세상에 대한 감각에서 비롯했다. 이는 국제연합(UN)과 이슬람 원리주의자(Al Qaeda)가 다른 것만큼 아주 큰 차이다. [알 카에다는 중앙 집권적 구조와 정치, 그리고 정책을 갖춘 철두철미한 종교 기구이며, 유엔은 뚜렷한 이유를 가진 단순 구조로서 그물망 같은 네트워크로 작동하는 단체이다.] 크리스텐덤 시대에 교회는 그 자체를 사회의 중심부로 인식했고, 그로 인하여 끌어 모으는 식 모드로 거의 모든 것을 독점하려 했다. 상황이 이렇다 보니, 사람들은 복음을 듣거나 신앙을 배우거나 성례전에 참여하려면 교회에 가야 했다.[78]

여기를 주목하기 바란다. 나는 교회의 이런 모드는 하나님이 쓰지 않고 또한 쓴 적도 없다고 말하려는 것이 아니다. 그런 구조에 속한 사람들은 신실한 진짜 그리스도인이 아니라고 이야기하는 것도 아니다. 우리는 대부분 이런 모드에서 하나님을 알았다. 그분은 분명히 그것을 사용했고, 오늘날에도 여전히 그 안에서 자신을 알리신다. 내가 말하려는 것은, 급격히 변한 조건들로 인하여 이런 교회의 상황(설정)으로는 말 그대로 시대에 뒤진다는 것이다. 단지 21세기의 여러 도전에 맞서기에는 충분하지 못하다는 뜻이다. 모든 서구 문화의 맥락에서 나오는 통계와 동향이 이를 뒷받침한다. 패러다임의 뿌리까지 바꾸지 않는 한, 똑같은 방식의 양상만 달리한다 해서 될 일이 아니다. 크리스텐덤을 버리자는 것이 아니다. 그 안에 하나님의 백성들이 있다. 필요한 것은 그 근본의 변화이다. 흔히 잘 쓰는 말로 회심이

---

78 뒤에 가서, 나는 선교적 설정에서 이 '끌어 모으는 식'(attractional) 접근방법이 실제로는 밖으로 내쫓기(extractional)가 된다는 점을 다룰 것이다. 왜냐하면, 그것은 유기적 결속을 절단하기 때문이다. 회심자라도 그 또는 그녀가 가진 주류 문화가 있게 마련인데, 그런 맥락으로부터 문화적으로 멀리 떨어져서 마치 기독교 수도사처럼 만들려 한다. 이런 점은 선교적 교회의 전략과 특성에 관한 사안이기 때문에 이를 거론하는 것은 중요하다.

다. 그래서 만일 예수께서 우리에게 처음에 바라셨던 그 비범한 선교적 운동이 일어나기만 한다면 여한이 없겠다. 이런 변화는 가능하다. 그러나 현재의 사고방식과 자원의 재편성 없이는 안 된다. 그리고 크리스텐덤은 너무도 깊게 우리의 상상력과 실천 속에 뿌리박혀 있기에, 이러한 변화는 그런 교회 정치의 형태를 크게 바꾸려는 의지 없이는 절대로 일어나지 않는다. 현 체제 안에서 상당한 기득권을 가진 자들의 저항에 부딪힐 것이다.

"무척 길었던 콘스탄틴의 시대는 이제 다 지나갔다. 그리스도인으로서 지금 처한 현실에서 우리 모습을 살펴보니 크리스텐덤보다는 신약의 그리스도인들과 우리의 처지가 너무도 비슷하다. 오래된 향수를 느낄 정도이다."[79] 미국 성공회 신학자 로버트 웨버(Robert Webber)는 복음전도자들에게 콘스탄틴 시대 훨씬 그 이전에 있던 교회의 사상과 경험으로 돌아가라고 촉구한다.[80] 콘스탄틴을 권좌에서 내려오게 할 아주 좋은 때이다. 교회가 하는 일에서는, 그가 여전히 우리 통념 속의 황제이다. 우리 자신을 다시 새롭게 하려면 뿌리 속 가장 깊은 데까지 손봐야 한다. 사도적 특성의 권능을 발견하여 되찾기까지, 우리는 기꺼이 탐사 여행을 떠나야 한다. 자원하여 안일한 생각을 던져 버리고 위험을 감수해야 한다.

될 수 있으면 후련한 마음으로 바른 생각을 가지라. 크리스텐덤은 교회의 원래 모드가 아니었다. 그래서 최종적으로 바라야 할 목표가 될 수 없다. 교회는 이제 좀 힘들기는 해도 크리스텐덤에 익숙해진 낡은 관념을 훌훌 털어내고 새로운 선교의 패러다임을 발견해야 한다. 그렇지 않으면 통찰력 있는 로렌 미드(Loren Mead)의 말처럼 된다. "우리는 크리스텐덤 패러다임 이라는 폐허 더미 속에 들어와 있다. 뭐든지 작동을 멈추게 하는 패러다임이다. (이들) 잔존물은 우리를 볼모로 끌어다 과거에 붙잡아 놓고, 크리스텐

---

79   《Younger Evangelicals》, 113-140에서 웨버가 Rodney Clapp의 글을 인용함

80   Webber, 《Younger Evangelicals》

덤 패러다임이 과거 시대에 줄곧 그래 왔던 것처럼 다음 세대에도 주목을 받을 수 있다면서, 새로운 패러다임 창출을 어렵게 한다."[81]

"그게 교회였단 말이지? 그런데 우리가 아는 것과 다른 걸!"

교회와 그 사명에 대한 새로운 담론을 (재)발견할 시간이다. 선교적 운동이라 부르는 그 속으로 아주 폭넓게 들어가자.[82]

초판을 집필하던 시절, 선교적 교회와 선교적 신학에 대한 풍성한 생각들은 학문의 영역이나 교수들의 연구 교제에서 크게 제한되었다. 실천적 측면에서, 선교적 발상들은 일반 대중과 교회의 일반 성도들 가운데 매우 잘 먹히는 사상이란 것을 그때서야 막 알기 시작했다. 나는 이러한 점을 꼬치꼬치 캘 필요가 없었다. 하나님의 선교(missio Dei)에 대한 다양한 신학적 탐구를 통해서 사람들의 생각 속 깊숙한 곳에 하나님에 관한 가장 기초적인 이해가 자리하고 있고, 큰 틀에서 선교적 운동을 위한 온전한 신학적 근거가 탄탄하다는 것을 이미 잘 알고 있었기 때문이다.

이 책 초판에서 새로운 형태의 교회를 서구에서 시도한 몇몇 좋은 사례를 지목할 수 있었는데, 그 후 몇 년이 지나고 나니, 그 사이에 다양한 지속

---

81 Mead, 《Once and Future Church》, 18. "이 변천하는 시기에 교회의 딜레마는 껍질만 남은 오래된 구조가 심지어 대부분 더는 효력도 없으면서 여전히 우리 주변을 맴돈다는 데 있다"(43). 그는 이 껍질의 일부는 기관이고, 일부는 역할이며, 그리고 일부는 고정된 사고방식과 기대라고 적는다. 무엇이 되었든 이런 것들을 인지하고 분석하며 여력이 다 할 때까지 다루어야 한다. 또한 선교적 분석을 위해 중요한 추가 자료를 보라. David Fitch와 Geoff Holsclaw, 《Prodigal Christianity : 10 Signposts into the Missional Frontier》; Michael Frost, 《The Road to Missional》; Reggie McNeal, Missional Renaissance》; 그리고 Alan Roxburgh, 《Introducing the Missional Church》.

82 나는 개인적으로 라틴어에서 유래한 '선교적'(missional)이란 표현보다 성경 헬라어에서 따온 '사도적'(apostolic)이란 용어를 좋아한다. 둘다 '보냈다'(sent)는 뜻이다. 내가 선호하는 이유는, '사도적'이란 단어라야 성경적 의미를 분명하게 이해할 수 있기 때문이다. 이는 보내기(라틴어로는 mission)를 의미하는 성경에만 나오는 용어이다. 이것에 담긴 그 어마어마한 의미를 비성경적 언어인 라틴어로는 다 담을 수 없다. 이런 한 가지 선량한 뜻에서 그 단어를 실제로 사용하고 있다. 하지만 그것은 논란이 되는 용어이기에 더욱 더 일반적으로 쓸 수 있는 '선교적'(missional)이란 단어를 사용할 수밖에 없다. 그래야 교회 전체가 보편적으로 쓸 수 있기 때문이다. 그래서 선교적 교회 운동(Missional Church Movement)이라고 칭한 것이다.

적 방법으로 혁신적인 (새로운) 형태의 교회를 계속 유지하는 사례가 엄청 나게 많아졌다. 예를 들어, 기성 교단들을 위한 일종의 내부 훈련 시스템과 운동인 '교회의 새로운 표현'(Fresh Expression, FX)은 이제 영국, 유럽, 호주, 캐나다, 그리고 미국에 자리를 잡았다. 사실상 그레이트 브리튼에서 행한 최근 연구에 따르면, FX가 급증하고 있고 그 맥락 안에서 새로운 변화를 일으키는 주역이 되었다.[83] 호주에서 내가 설립을 도왔던 선교적 훈련 시스템인 '포지 선교훈련 네트워크'는 이제 미국, 캐나다, 스코틀랜드, 독일, 러시아, 벨기에를 가로지르는 훈련의 허브로 정착했고 서구에서 수천 명의 풀뿌리 선교사를 훈련하고 있다. 버지니아 침례교 연합은 JR 우드워드(Woodward)와 댄 화이트 2세(Dan White Jr.)가 주도한 성육신적 교회 운동인 'V3'를 시작해서 지금은 미국 전역에 교회를 개척하고 있다. 미국의 '에클레시아 네트워크'(Ecclesia Network)는 새롭게 상황화한 교회를 엄청나게 양산하고 있다. 미국의 태평양 연안 북서부에서 시작한 '소마'(Soma)는 현재 호주와 일본을 위시하여 세계 각지에 선교적 공동체를 확보하고 있다. 빼어난 기업가 정신을 가진 데이브 기븐스(Dave Gibbons)가 인도하는 '뉴송'(New Song)과 '젤로츠'(Xealots)는 성장하고 있고 상당한 영향을 끼치고 있다.[84]

새로운 모험 정신으로 신선하며, 대단한 지속력을 가지고, 선교적 운동을 하므로 크게 마음 설레게 하는 몇몇 운동이 있다. 열거하자면, 역동성을 지닌 선교적 리더인 제프(Jeff)와 제인 밴더스텔트(Jayne Vanderstelt)가

---

83 'Anglican Research on Fresh Expressions' 참조.

84 이러한 모든 혁신적인 교회는 영성, 생명, 예수님, 하나님, 믿음, 제자도, 그리고 선교를 놓고 풍성한 대화를 주고받는다. 신앙 밖에 있는 자들도 대화에 참여하도록 온갖 수고를 마다하지 않는다. 그들에게서 표출하는 리더십에는 창조성과 개척자 정신이 깃들어 있다. 그리고 대다수가 안수받은 자들이 아니다. 이는 순수한 풀뿌리 같은 민중 운동이다. 크리스텐덤 모드에 터 잡아 현학적으로 정형화한 교리와 신념 대신에, 기독론의 재발견과 예수님의 인격이 신앙의 중심부에 자리한다. 전반적으로, 이런 신선한 신앙과 교회의 모습을 아직도 여전히 변두리 운동으로 여길 수 있다. 일상에서 지나치게 튀는 신앙 같아 보일 수도 있다. 그 모든 교회와 운동은 선교적 심장을 가지고 예수님의 구원 메시지를 들고 모든 사람에게 나아가려는 열심을 불타오르게 하니, 정말이지 가슴 설레는 일이다.

설립한(후에 캐이서 칼리노브스키와 아베 베이젠버그가 합류함), '교회들의 소마 패밀리'(Soma Family of Churches), 마찬가지로 역동성을 지닌 브라이언 샌더스(Brian Sanders)가 이끄는 '언더그라운드 네트워크'(Underground Network), 그리고 마이크 브린(Mike Breen)이 사도적 리더십을 발휘하는 '3DM'이다. 훌륭한 젊은 리더인 존 타이슨(Jon Tyson)이 뉴욕시에서 시작한 '트리니티 그레이스'(Trinity Grace)는 또 다른 하나의 역동적이고 대단한 영향을 끼치는 운동이다. 이런 운동들은 선교적 운동의 원리 위에 견고하게 터 잡고 이제 막 번성하기 시작했다.

또한 지난 십 년의 기간에 기존 초대형 교회들과 그 외 다른 형태의 기성 교회들도 선교적 사상과 방식을 채택하는 모습을 계속 보여주고 있다. 나는 이미 선교적 패러다임으로 약 250개 가량의 주요 대형 교회를 훈련한 '미래 여행자'(Future Travelers)를 언급한 바 있다. 결국 '뉴싱 네트워트'(NewThing Network)를 탄생시킨 '커뮤니티 크리스천 처치'(Community Christian Church)는 성공적으로 그 교회에 선교적 모드를 도입하여 훨씬 더 현대적인 방식으로 교회 성장을 이루고 있다. 널리 존경받는 저명인사인 팀 켈러(Tim Keller)가 담임하는 '리디머 장로교회'는 지금 자체의 '씨티 투 씨티'(City to City) 관계망을 통해 국제적으로 영향을 끼치고 있다.

게다가 이른바 교회 개척 운동도 지난 십 년 동안 급성장하고 있다. 이 운동의 지도자 데이브(Dave)와 존 퍼거슨(Jon Ferguson)이 주도하는 '뉴싱 네트워크'(NewThing Network) 덕분에 놀랍게도 현재 미국에서 열흘에 하나 꼴로 교회가 개척된다! 2005년에 그것이 시작한 이래 매년 계속해서 갑절로 불어나고 있다. 캐나다의 우산 식 교회 개척 조직인 'C2C'는 그 나라 전체에 걸쳐 새로운 공동체의 개척과 육성을 관리 감독한다. '액츠 29 네트워크'(Acts 29 Network)는 창립자에 얽힌 논쟁은 차치하더라도, 서구 세계를 가로질러 새로운 교회를 설립하는 데 중추적 역할을 하고 있다. '호프 채플'(Hope Chapel)의 설립자 랄프 무어(Ralph Moore)는 현재 2천 개 이상의 교회를 관계망으로 연결해놓았다. '처치 멀티플리케이션 네트워크'(Church Multiplication Network)도 마찬가지로, 수천 개까지는 아니더라도 미국 내에 수백 개의 교회를 개척하고 섬기는 일에 보탬이 되고 있다. 그리고 이것은 단지 표면에 긁힌 자국에 불과하다. 교회 개척 기관들은 너무 많아 여기에 다 열거할 수 없다. 교회 개척을 장려하는 이런 교단적인 노력에 편승하여 일어나는 여러 종류의 교회 개척 운동은 광범위하게 선교하며 활기차게 맥동하는 기독교의 면모가 아닐 수 없다.

앞선 선교적 운동의 또 다른 새로운 특성은 선교적 협의회와 관계망의 확산이다. 이름이 암시하듯, '미시오 얼라이언스'(Missio Alliance)는 기독교의 선교적 차원을 구심점으로 하여 하나가 된 광범위한 교회 연합체이다. 텍사스 주 오스틴의 선교적 초대형 교회인 '오스틴 스톤'(Austin Stone)에서 나온 매우 영향력 있는 협의회인 '버지'(Verge)는 신세대 목회자와 리더들의 사상에 엄청난 영향을 끼치고 있다. '포지'(Forge)와 협력하는 협의회인 '센트럴라이즈드'(Sentralized)와 마찬가지로 연례 지역 컨퍼런스를 통해 선교적 운동에 대한 메시지를 성공적으로 전달하고 있다. '엑스포넨셜'(Exponential)은 현대 교회들이 꾸준히 사용하는 선교적 접근 방식을 통합하기 위한 광범위한 학회가 되고 있다.

컨퍼런스와 연계하여 선교적 교회와 교회 개척에 특화한 각 단계의 학위 과정이 생기고 있다. 대다수의 복음주의 신학원에서 오늘날 선교적 교회의 다양한 측면에 대한 특별 학위 과정을 마련해놓았다. 미국에는 애즈버리(Asbury), 휘튼(Weaton), 고든 콘웰(Gordon-Conwell), 풀러(Fuller), 바케 인스티튜트(Bakke Institute), 비블리컬 세미너리(Biblical Seminary)가 있다. 영국에는 포미션/스프링데일(For Mission/Springdale), 레드클리프 칼리지(Redcliffe College) 등이 있다. 캐나다에는 틴데일(Tyndale)과 리젠트(Regent)가 있다. 호주에는 몰링(Morling)이 있다. 남프리카에는 프레토리아(Pretoria)와 스텔렌보스(Stellenbosch)가 있다.

그리고 다음으로 유기적 교회, 가정 교회, 또는 단순한 교회(simple church) 운동 등 다양한 호칭이 있다. 유기적 교회 운동은 특히 닐 콜(Neil Cole)과 '교회 배가 협회'(Church Multiplication Associates)가 대표하며 막대한 영향을 끼치고 있다. 이 운동은 풀뿌리처럼 넓게 퍼져 있는 특성 때문에 추적하기가 어려운 점은 있지만, 그것의 '그린하우스'(Greenhouse) 프로그램으로 전 세계에 흩어져 있는 5만 명을 훈련했고, 줄잡아 만 개 이상의 교회가 도입하여 시작한 것으로 추정되며, 많은 2대, 3대 교회가 줄지어 따라가고 있다.[85] 흔히 "교회에 간다"라고 말했을 때, 대부분 지역 사회에 있는 많은 예배당 가운데 한 곳을 정해놓고 거기에 가서 예배드리는 것으로 여길 테지만, 바나 그룹(Barna Group)의 연구에 따르면 수백만 명의 성인은 한데 모여서 하는 그런 전통적인 양식들 대부분은 버렸으면 하고, 새로운 형태의 영적인 공동체와 예배에 참여하려 한다고 한다.

새로운 연구를 위해 무작위로 선택한 오천 명 이상의 성인을 대면 조사해본 결과 성인의 9%가 일주일에 한 번 꼴로 가정 교회에 출석한다. 가정 교회는 지난 십 년 간 불과 1%에서 거의 두 자릿수에 육박하는 참여율을 기록할 정도로 괄목할만한 성장을 이루었다. 통틀어서 성인 5명 중 1명은 최소한 한 달에 한 번씩 가정 교회에 출석한다. 이 수치를 전국 인구에 대입해보면 7천만 명 이상의 성인이 최소한 가정 교회 참여를 시도했던 것으로 추산한다. 일주일에 어림잡아 2천만 명의 성인이 가정 교회 모임에 출석한다. 한 달 동안이면 그 숫자는 약 4천3백만 명의 성인으로 갑절이 된다.[86]

진기한 일이다. 그리고 모든 가정 교회가 훨씬 더 큰 선교적 교회 운동 현

85 Cole, 《Are There Church Planting Movements?》 참조.

86 www.barna.com/research/house-church-involvement-is-growing/#.%20V13MA5D3arU

상은 아니지만(일부는 꽤 반동적이고, 내향적이고, 보수적이며, 전혀 혁신적이지 않다), 그런데도 그들은 생활 리듬에 훨씬 더 자세히 대응하는 새롭고 매우 단순한 교회의 형태를 적극적으로 모색한다. 총체적인 현상으로서, 나는 이러한 다양한 선교적 운동의 현장 속에 미국과 그 외의 지역에 뿌려야 할 미래 교회의 씨앗이 담겨 있다고 믿는다. 다음은 선교적 교회의 중요한 문화 해석자이며 현장 사역자인 제라드 켈리(Gerard Kelly)가 하는 말이다.

포스트모던의 맥락에서 기독교 신앙을 전파하기 위해 애쓰는 단체들은 대개 베이비붐 시대에 태어난 회중들의 자원이나 약력 또는 성공 기록에 별로 관심이 없어 보인다. 정의상 그들은 낯설어하고 경험이 없고, 비교적 체계적이지 못하고 자기 홍보를 두려워한다. 그들은 베이비붐 이전 세대의 잘 뭉치는 모드를 거부하기에 기존의 패러다임대로 하는 것을 신통치 않게 여긴다. 그러나 속으면 안 된다. 이 다양한 집단 내면 어딘가에 잠재한 창조성과 천재성에 서구 기독교의 미래가 달려 있다. 그들을 외면하는 것은 우리의 생존 씨앗을 내다 버리는 것이다.[87]

변화의 규모는 어마어마하다. 그런데도 주류 기독교계는 시대에 뒤진 양식들을 여전히 고수한다. 이는 현재 무슨 일이 벌어지고 있는지 몰라서 그렇다. 물려받은 방식이 전부인 줄 알고 있으니 교회가 그것 밖으로 나갈 수 있으리라 상상조차 못 한다. 이 경우에 다른 무엇보다도 문제가 되는 상상력부터 키워야 한다. 그들은 여전히 친숙하고 깊게 뿌리 내린 크리스텐덤의 렌즈를 통해 보고 있다. 따라서 나는 선교적 운동의 이런 개관을 세계 크리스천 백과사전(World Christian Encyclopedia)을 공동으로 편찬한 데이비드 B. 바렛(David B. Barrett), 조지 T. 쿠리안(George T. Kurian), 토드 M. 존

---

87   G. Kelly, 《RetroFuture》, 12.

슨(Todd M. Johnson)의 연구물인 세계 동향에 대한 표준 통계 작업을 언급하는 것으로 마치려 한다. 그들은 기독교 선교에 대한 자신들의 연례 보고서를 2001년까지 훑어 내려가면서 발견한 놀라운 통계를 발표했다. 그들에 따르면, 지역 교회에 안 나가는 기독교인이 111,000,000명이나 된다.[88] 이것은 대단히 중요한 수치이다. 이 사람들은 우리에게서 빠져나간 자들이다. 그들은 여전히 예수님을 잊지 않고 있다. 다만 현재의 교회 현장에 없는 사람들인 것이다. 다니는 교회가 없는, 그리고 다소간 만족하지 못하는 이 형제 자매들을 상대로 사역한다는 것은 그것 자체만으로도 대단한 일이다.[89] 그러나 훨씬 더한 선교적 잠재력은 바렛, 쿠리안 및 존슨이 '독립적'(independents)이라 했고 후에 '사도적'(apostolics)이라고 불렀던, 그 분연히 일어난 무리 속에 다발로 들어 있다. 그들에 따르면, 2만 개가 넘는 운동과 망조직 숫자를 계수해보니 전 세계에 퍼져 있는 교인 수가 총 3억 9천4백만 명이라고 한다. 광범위하게 정의해볼 때 그 운동의 현상은 이러하다.

- 역사적 교단주의와 그 외 다른 제한적이고 중앙 집권화된 형태의 권위와 조직을 거부한다.
- 다양한 크기의 공동체로 모인다.

---

88 www.jesus.org.uk/dawn/2001/dawn07.html 여러 가지 새로운 형태의 교회에 참석하는 사람들의 특징은 그 다수가 기존 교회의 구조가 싫어서 나왔다는 것이다. 물건 세듯 교인 숫자나 따지는 예배에 더는 참석하지 않는다. 예배 참여를 숫자로 계산하는 것은 크리스텐덤과 교회 성장 모드의 교회가 하는 방식이다. 그러니 교회를 떠났다 해서 그리스도인이 아니라고 단정할 수 없는 노릇이다. 많은 이가 진정으로 신앙을 갖고 싶어 하지만 겉으로 드러난 교회 문화와는 다투려 한다. 업무상 청장년층을 많이 접하면서 알게 된 사실인데, 이는 꺼내기가 껄끄럽기는 하지만, 요사이 교회 안이 아니라 교회라는 제도권 밖에서 자기가 예수의 제자라고 주장하는 20세에서 35세에 해당하는 자들이 매우 많다.

89 조지 바나(George Barna)의 최신 연구에서 교회에 매인 정통 기독교는 (믿기 힘들겠지만) 부흥에 보탬이 되기보다 오히려 방해하는 것으로 밝혀졌다. 2005년도 '교회 현황'(The State of the Church, 2005)이란 제목의 바나 리서치 그룹(Barna Research Group)의 연구 보고서에 따르면, 더는 교회에 출석하지 않는 미국 장년의 숫자가 1991년 이래 3,900만 명에서 7,500만 명으로 거의 두 배가 되었다. 장년 인구는 같은 기간에 15% 증가했다. 바나의 말이다. "교회를 이탈한 사람들의 55%는 남성이다. 미국에서 교회를 이탈한 사람 절반 가량은 예수 그리스도를 주님과 구세주로 영접했다고 주장한다." 이는 더는 교회에 출석하지 않는 자들 가운데 약 16% 정도로서 1,250만 명이나 된다는 말이다. 출처 : Barna Research Group(www.barna.org)과 Andrew Strom's 전자책, 《The Out-of-Church Christians》. 또한 Jameson, 《Churchless Faith》도 참조.

- 예수님에게 초점을 둔 삶을 추구한다(그들은 자신이 그리스도인임을 자부한다).
- 보다 더 효과적인 선교사적 생활방식을 추구하며 이 운동으로 교회가 세계에서 가장 빠르게 성장하는 편에 속한다.
- 바렛의 추산에 따르면, 그들은 2025년이면 5억 8천 백만 명의 숫자에 이른다. 그것은 모든 프로테스탄트 교단의 교인을 합친 숫자보다 1억 2천만 명이 더 많은 수이다.[90]

이제 어떤 기독교 지도자라도 멈춰 서서 이것을 주목해야 한다. 이 통계에 반영된 세계의 상황 속에 중국과 인도의 현황까지 들어 있기는 하지만, 위에 열거한 특징 중에 서구와 관련한 사항이 단 10%만 된다고 해도(나의 추측이다), 정말이지 이를 심각하고 범상치 않은 일로 다뤄야 한다. 바렛, 쿠리안, 그리고 존슨이 독립적 운동이라고 칭했던 것을 서구 맥락에서의 선교적 교회 운동이라고 나는 부르고 싶다. 그러나 우리가 쓰는 용어가 무엇이 되었든, 매우 중요한 사실은 조직이 분명하지 않은 이러한 예수 운동이 여기저기에서 널리 퍼지고 있다는 것이다. 진정한 교회 성장을 보고 싶다면 이것이 바로 그것이다. 그러나 슬프게도, 만일 계속해서 우리가 점점 더 퇴색해가는 크리스텐덤식 패러다임의 렌즈를 통해 교회 성장을 보려 한다면, 앞이 침침하여 잘 보이지 않을 것이다.

서두에 지적했듯이, 이러한 모든 것이 내가 선교사의 정체성과 실천을 하게 했다. 위의 분석으로 나의 인생은 '전환점'을 맞았고, 이렇듯 당신에게도 검토해보라고 설명하고 있다. 나는 목숨 걸고 선교적 운동이 바로 서서 꾸준히 번창하는 날까지 인생 여정을 멈추지 않으려 한다.

90 www.jesus.org.uk/dawn/2001/dawn07.html 그들의 좀더 충분한 정보를 보려면, www.worldchristiandatabase.org/wcd/esweb.asp?WCI=Results&Query=289&PageSize=25&Page=1.72 통계는 연간 바렛의 'Status of Global Mission'에서 업데이트 됨. www.globalchristianity.org/resources.htm (2005년 판을 보라).

최근 몇 년간 나 자신의 발전을 위하여 '디자인 씽킹'(design thinking)이라는 조직과 리더십 이론을 학습하고 있다. 그것은 사도적 측면에서 교회에 대하여 생각하고 또한 앞으로 나아갈 길을 준비하는 방법을 알려주기 때문에 참 좋다. 실제로 우리의 미래를 예견하거나 또한 반드시 그렇게 하여 그 여러 가능성을 한데 묶어 디자인할 수 있다. 로저 마틴(Roger Martin)의 이런 아이디어 덕분에 나는 '미셔널 운동'(missional movement, 선교적 교회 운동)이 앞으로 계속 나아가기 위해 무엇을 해야 할는지 훨씬 더 선명한 그림을 그릴 수 있었다.[91]

디자인 씽킹(사고)은 조직이 창조성과 혁신성에 초점을 맞추게 한다. 먼저 미래에 생길 결과를 바라보고 그에 필요한 과정들을 디자인한 후 그것을 되짚어 봄으로써 그 결과를 얻기에 적합한 조직이 되게 한다. 디자인 씽킹이란 지식을 앞쪽으로 이동하게 해 주는 생각하는 방법이다. 그래서 그것에 숙달한 회사들은 거의 무궁무진하고 장기적인 사업 이익을 얻을 수 있다. 그것은 맥도널드, 블랙베리, 그리고 우버가 혁신적인 비즈니스를 일궈낸 숨은 비결이다.

마틴은 디자인 씽킹이란 이러한 과정을 거쳐야 한다고 제언한다.

1. 의문점(Mystery)으로 시작하라(미스터리 탐색) : 지식 생산 필터(깔대기)의 첫 번째 단계는 무한대로 널리 다양한 방법을 동원하여 큰 의문점 해결하기이다. 어떤 연구원은 자폐증과 같은 증후군의 의문점을 해결하려 한다. 아니면 야심찬 기업가는 우버 같은 회사가 자기 차 한 대 없이 어떻게 택시요금을 나눠 먹을 수 있는지 그 미스터리(의문점)를 해결하려 한다. 내 경우에는 어떻게 초대 교회가 2만 5천 명 이하에서

91 Martin, 《Design of Business》.

불과 2백 년 만에 2천만 명으로 성장했는지 모든 가능성을 열어놓고 따져 보기 시작했다. 어떤 요인(조직, 영성, 리더십 등)이 작용하여 그런 일이 벌어졌을까?

2. 경험규칙(Heuristic)을 개발하라 : 다음 단계는 대충 어림짐작하는 것으로, 탐구할 영역을 좁히고 미스터리를 다룰 수 있을 만한 크기로 줄이는 데 도움을 주는 경험규칙이다. 경험규칙은 자폐증의 유전적 결함을 찾거나 우버용 스마트폰 같은 플랫폼을 발견하는 것일 수 있다. 어떤 경우든지, 그것은 미스터리의 풀리지 않는 복잡성을 푸는 열쇠이며 다음 단계로 나아갈 수 있는 실행 가능한 이론을 제공한다. 하지만 이 단계는 전문가의 영역이고 일반인은 거의 이해할 수 없다. 내 경우, 이 단계에서 mDNA의 6가지 요소가 서로 맞물려 있는 사도적 특성 모델을 만들어냈다. 물론 이 모델이 여전히 복잡하지만, 그래도 미스터리는 풀어냈다.

3. 알고리즘(Algorithm)을 고안하고 다듬어라 : 만일 조직이 생존하고 번성하려면, 반드시 그 분야의 전문가에게서 나온 이론을 거머쥐고 지식을 필터의 훨씬 더 아래쪽까지 내려 보내야 한다. 조직이 뭔가를 스스로 발견하기 위해 움직이고, 그것을 더 많이 연구하고, 그것에 관하여 열심히 생각한다면, 그 조직은 더는 주먹구구식이 아닌 누구나 알고 따를 수 있는 일정한 공식을 얻게 된다. 이러한 공식을 마틴은 알고리즘이라고 부른다. 서구에서 미셔널 운동은 아직 걸음마 수준이지만 사도적 운동을 스스로 경험할 수 있는 새로운 방법을 찾아내기 시작했고, 그 실천 방안을 하나님의 모든 백성의 삶에 하나씩 적용하려

한다.[92] 그런 조직은 대부분 내부
적으로 여러 형태의 개인별 제자
훈련과 제자 만들기를 시행한다.
[향후 10년간, 나는 이번 단계와
다음 단계에 역점을 두고 사력을
다해 사역할 예정이다.]

4. 조직에 코드(Code)를 입력하라 :
나는 마틴의 것에 한 단계를 더 추
가하였다. 알고리즘이 있더라도
그것이 조직 내부의 활동에 이용
하기 쉽지 않거나 꼭 필요하다는
생각이 들지 않는다면 별로 소용
이 없다. 달리 말해서, 우리는 알
고리즘을 코드화해야 한다. 교회

지식 생산 필터(깔대기)

미스터리 탐색 (Mystery)

경험 규칙 (Heuristic)

알고리즘 (Algorithm)

코드 (Code)

011001
11100
0101

식으로 표현하자면, 조직 자체를 효과적으로 사역하는 제자로 만든다
는 의미이다. 즉, 조직이 운동이 되도록 코딩(coding)하는 것이다. 이것
은 3번 단계에서 알고리즘과 실천사항을 확보하고 4번 단계에서 그것
들을 사람들과 조직의 습관으로 만들어, 그 습관을 통해 그 아이디어
들을 내재화하는 방식이다.

이 유용한 과정 덕분에 나는 우리가 앞으로 나아갈 방향은 사도적 운동
방식을 오늘에 되살려 재활성화하는 것이라는 믿음을 더욱더 확고히 다질

---

92 예를 들어 Woodward와 White, 《The Church as Movement》를 보라; Absalom와 Harrington, 《Discipleship That Fits》;
3DM의 많은 도구; Soma Family of Churches; 기타 등등.

수 있었다. 한 걸음 더 나아가 그 과정을 사용하여 의문점을 해소했고, 운동들을 우리의 상황에서 활성화하도록 하는 경험에 바탕을 둔 박진감 있는 규칙을 발견하여 그것으로 사도적 특성이라는 모델을 만들었고, 그것이 옳다고 확신하였기에 이렇게 책으로 내는 데까지 이르렀다. 그러나 나는 대부분 사람이 실제로는 '완벽한 이해'에 이르지 못한다는 것을 매우 잘 안다. 이는 어느 정도는 우리가 단편적으로(그리고 체계적이지 않게) 생각하는 경향이 있기 때문이고, 그리고 어느 정도는, 그것을 제대로 생각하기에는 그 방법이 낯설고 패러다임이 다르기 때문이다. 그것의 가치를 확인하기 위해 혹시나 하는 마음을 가지고 나는 초고를 아마 육백 번 이상 검토하며 읽은 것 같다. 이 책의 중심 사상을 얻어 내기까지 온갖 심혈을 다 기울여야 했다. 패러다임을 다루는 작업이었기 때문이다. 체제에 속한 사람들의 패러다임을 바꾸려면 그 보이지 않는 개념들을 죄다 뒤흔들어야만 한다. 그런데 스스로 경험을 통해 발견하는 이런 과정만으로 끝이 아니다. 계속해서 지식을 필터의 아래 단계까지 더 내려가고 내려가게 해야 한다. 그래서 더는 손댈 필요가 없는 규칙에까지 도달해야 한다.

여러 선교적 훈련 기관은 마지막 그 두 개의 단계에 집중하여 온갖 수고를 다 한다. 이는 실용적인 면에서 교회들로 하여금 기필코 교회 성장을 이루게 하겠다는 충정 어린 마음의 발로이다. 그러나 그들은 여러 알고리즘(algorithm)과 규칙(code)을 설명할 수 있어야 하고, 그러려면 위에서 말한 의문점(mystery) 해결과 스스로 발견하기 위해 경험(heuristic)하는 두 가지 기능을 통해서, 좀 더 폭넓은 담론과 패러다임을 확보해놓은 다음 그 안에서 그것들을 끄집어내야 하는데, 그러지 못하고 있다. 낡은 패러다임(체제 이야기, system story)을 그대로 강하게 고수하며 그것으로 생각의 주요 본보기로 삼고 있는 한, 이는 장기적인 안목에서 처참한 일이다. 따라서 선교적 훈련을 진행하는 자로서 실용적인 측면에서 성과를 내게 하려는 마음이 더욱 간절하다면, 훈련 과정에 선교적 알고리즘 발전시키기와 규칙 심어주기에 더하여 의문점 해결하기와 자기훈련으로 밝혀내기 단계까지 넣어야 한다. 만일 우리가 이 부분에 실패하면 그 어떤 새로운 알고리즘과 규칙이 있다 해도 그것은 단지 기존의 패러다임을 위한 플러그-앤드-플레이(plug-and-play, 꽂으면 바로 사용할 수 있는) 프로그램이 될 뿐이다. 그래서 변화는 고사하고 합선만 일어나게 된다. '의문점'과 '자기의 경험'을 깊이 파고든 사람들은 이제 다음 단계로 들어가 '규칙'을 발견할 때까지 밀어붙여야 한다.

이미 언급했듯이, 나는 현재 100운동(100M)을 디자인하는 데 힘을 보태고 있다. 이는 '닌자 교회'(윌슨과 퍼거슨과 나는 이를 레벨4와 레벨5 교회라고 부른다[93])를 모집하고, 훈련하고, 코치하는 기관으로서 이 책에 약술해놓은 mDNA의 여섯 구성 요소를 그 교회들이 완전히 몸에 익히고 재현하여, 예전과는 달리 다각도에서 영적으로 활기차게 운동을 전개할 수 있도록 돕는다.[94] 우리가 100M의 과정을 설명하기 위해 사용하는 이 시각 자료에는 서론에 해당하는 이 두 개의 장뿐만 아니라 이 책 전체에서 다루고 있는 내용이 반영되어 있다.

1. 사도적 운동의 재건을 위한 과정은 이런 비평의 시간을 가지게 된 계

---

93 내려받기 사이트 exponential.org/resource-ebooks/becomingfive에서 Todd Wilson, Dave Ferguson, 그리고 Alan Hirsch, 《Becoming a Level Five Multiplying Church》, 무료 테스트 사이트 church-multiplication.com

94 100movements.com.

기가 우리의 사상을 장악하고 있는 크리스텐덤식 관념 때문이라는 것을 이해하는 데에서 출발한다. 크리스텐덤식 사고가 우위를 점유하던 역사를 가진 유럽인들의 일상 속에는 아직도 그 풍조가 널리 퍼져 있다. 이런 패러다임 속에서(그야말로 그 하나뿐인 패러다임), 콘스탄틴은 여전히 권력을 행사하는 우리 상상 속의 황제이다. 그는 우리가 교회를 어떻게 생각해야 하는지 계속해서 말한다. 얼굴 표정은 여기서 불행해 보인다. 왜냐하면, 그 순간에 막상 그 앞에서 들을 수 있는 말은 근엄하게 21세기 교회를 이끌고 싶으나 이에 필요한 마땅한 수단이 없다는 외마디일 뿐이기 때문이다. 콘스탄틴식 교회로 가는 길은 이제 끊겼다. 이미 그 방식이 황폐하여 문제투성이가 되었다는 것을 보았으니(1장과 2장에서) 새로운 쪽으로 배움의 여행을 시작하자.

2. 두 번째 단계는 '콘스탄틴 폐위시키기'를 완료하고 선교적 운동(미션얼 운동)을 하는 교회로 재구상하기를 시작하는 것이다. 이는 오랜 기간 우리가 틀로 사용하거나 개념으로 가지고 있어 이미 익숙해진 기본 패러다임을 바꾸는 단계이다. 이는 교회의 미래가 어떻게든 그 본래의 운동 정신을 되찾고 그것대로 사는 데 달렸다고 확신하는 것을 의미한다. 이것이 묘책은 아니다. 대신에 그것은 우리에게 묘안은 된다. 이제 그 (새로운) 묘안으로 모든 일을 개시해야 한다(1장과 2장).

3. 그다음으로 운동에 담긴 모든 잠재력이 실제로 교회 안에 있다는 사실을 인식해야 한다. 달리 말해, 현재 모태가 미래에 태어날 아기를 이미 임신한 상태이다. 또 달리 말해서, 소우주 안에 이미 대우주가 들어 있다. 성체가 될 잠재력이 이미 미립자 상태로 들어 있다. 해답을 찾는 수고를 할 필요가 없다. 단지 예수께서 일을 성사하는 데 필요한 모든 것을 이미 우리에게 주셨다는 것을 깨닫기만 하면 된다. 그렇지만 우리

는 또한 크리스텐덤식 사고방식 속에 기생하기 위해 우리의 신학과 사상과 행동 전체에 끈적끈적하게 들러붙어서 양분을 쪽쪽 빨아먹고 기력을 쇠하게 하는 그 숱한 '운동 기생충'을 완전히 박멸하는 수고를 해야만 한다. 결단과 비전이 요청된다. 나는 그 가능성을 확신하지만, 체제를 운동에 최적화하여 새롭게 설계하지 않는 한 불가능하다.

4. 네 번째 그림에 담긴 요소는 완전체로 태어난 사도적 운동이다. 그 그림은 모든 종류의 혁신적이고, 성육신적으로 상황화한 교회의 형태에서 양산되고 유지되면서 믿을 수 없을 정도로 번식하는 문화들을 표현한 것이다. 운동들은 다양한 양식으로 펼쳐지며, 선천적으로 어디서든 재현할 수 있고 광범위하게 그 영향을 미친다. 그러므로 현재 존재하는 교회의 형태 또한 그 운동의 상당 부분을 차지하는 것은 지당하겠지만, 이제 그런 기존의 것이 더는 유일한 형태가 아니다. 그것이 독주하던 시대는 끝났다.[95]

역사의 궤도 수정하기

어떤 수를 써서라도, 유전되어온 크리스텐덤 모드로부터 선교적 모드로 교회를 변경한다는 것은 종교 개혁 이래 교회가 직면한 가장 큰 도전이 아닐

---

95 Gerard Kelly와 더불어 나도 서구 기독교의 실제 미래는 이들 미숙한 그룹들과 운동들에 달려 있다고 진정으로 믿는다. 그러니 그들의 발전을 도모한다는 것은 가치 있는 일이다. 불과 수년 전만 해도 우리의 상황에 대해 낙관할 수 있는 요인은 거의 없었다. 그러나 오늘날은 연쇄 반응을 할 수 있는 최소한의 조건을 이미 갖춰진 상태이다. 선한 것을 바랄 수 있는 시점이다. 그럴지라도 우리는 자원들을 기꺼운 마음으로 진지하게 재편성하여 미래를 내다보며 투지하는 심정으로, 여러 과정을 여러모로 미친 듯이 시도해봐야 한다. 부록 1, '혼돈이 일어나는 과정'에서 이런 변화의 여건을 왜 조성해야 하며, 그에 따른 리더십의 역할에 대하여 강조해놓았다. 사도적 특성에 대한 이런 연구가 대세는 아니지만 내가 독자에게 이 아이디어를 꼭 붙잡으라고 제안하는 이유는 혼란, 복잡성, 발생에 관련한 제반 이론들 속에 인간, 조직, 리더십에 대한 새로운 은유와 신사고방식이 넘칠 정도로 많이 등장하기 때문이다. 만일 사도적 특성에 대한 개념을 실제로 자기 것으로 삼는 사람이 있다면 엄청난 유익을 얻게 될 것이다. 나는 그것이 얼마나 완벽하고 깊이가 있고 풍성한지 발견했다.

수 없다. 우리는 호불호를 떠나서 '포스트 크리스텐덤', '포스트 크리스천', '포스트모던 세계' 등 뭐라 불러도 맞는 그런 시대를 살고 있다. 생각해보라. 오늘날과는 판이한 역사적 맥락과 조건에서 공식화한 사상이, 어디든 가릴 것 없이 그 복잡함 속에 날이 갈수록 불안정해져 가는 이 세상에 맞을 리 없다. 특히 우리는 이런 데서 예수님을 전하는 증인이 되어야만 한다. 우리가 꼭 받아들여야 할 것은 오늘 여기 있게 한 그것이 우리를 내일 거기 있게 하지 못한다는 사실이다.

이런 상황은 다른 그 무엇보다 먼저 신학의 근간부터 재보정할 것을 요구한다. 그래서 우리가 하나님의 택함을 받은 백성이라는 자기 이해와 그분이 지은 세상에서 우리만이 가져야 하는 유일한 목적의식을 회복하고, 우리에게 주어진 각 상황에서 제대로 대처할 수 있도록 패러다임 자체를 변경해야 한다. 달리 말해, 우리가 해야 할 도전은 다름 아니라 바로 하나씩 하나씩 신학적으로, 숫자상으로, 그리고 영적으로 점차 감소해가는 현재의 궤적을 그냥 두지 말고, 궤도를 수정하여 역사의 흐름 바꾸는 일이다. 얄궂게도, 21세기라는 이 힘든 세월을 성공적으로 넘어 앞으로 나아갈 수 있는 자원을 찾아내려면, 내가 확신하는 유일한 방법으로는 우리의 가장 밑바닥에 깔린 최초의 이야기로 되돌아가는 것뿐이다. 우리는 어떻게든 잊어버렸던 방법들을 되찾아야 하는 것이다. 즉, 기본적으로 예수 운동을 해야만 한다는 자기 이해, 영적으로 활력 넘치는 제자 만들기 문화, 초대 교회의 동력원이었던 사도적 사역이 그것이다.

신약의 교회론의 핵심은 움직임, 곧 운동이다. 또한 목적의식이 투철했고, 파송하는 것이 본능이었고, 사도적 권능이 또렷하게 나타났다. 이런 속성들을 우리 시대와 현장에서 예수님의 역군들이 그 무엇보다 가장 먼저 회복해야 한다고 확신한다.

성령님은 서구 세계를 종횡무진 누비면서 놀라운 방법으로 역사하고 계신다. 운동의 불꽃이 여기저기에서 튀고 있다. 기성교회는 스스로 잠에서 깨어나 그 선교적 부르심에 반응하기 시작했다. 그러나 오판은 금물이다. 우위를 점하고 있는 크리스텐덤의 방식을 떨쳐내는 것이 그리 쉬울 리 없다. 우리의 사고와 행동 속에 너무도 깊이 인 박혀 있다. 종교 기관으로서의 교회에는 한때 굉장했으나 이제 더는 아닌, 한물간 잡다한 사상과 행위가 덕지덕지 달라붙어 있다. 이것 말고도 크리스텐덤의 기저에는 고압적인 고도의 순종이 관습으로 깔려 있어 그것으로 유지되었다. 그래서 선지자적인 반대자는 박해하고 고정된 가톨릭의 심기를 건드리는 사상은 억압했다. 그래서 우리가 현재 하고 있는 생각과 행동 중에 상당히 많은 부분에서 그 옛날 지금과는 명백하게 다른 시대에 형성된 형식들이 전통이라는 핑계로 여전히 들러붙어 있는 것이다. 그러니 크리스텐덤 모드에서 비범한 선교적 모드로 전환한다는 것이 대다수 교회와 교회 지도자에게 절대 쉽지 않다. 이 처음 두 장에서 선교사적인 관점으로 분석한 어려움의 양상들이 더 많아지는 것을 피할 길은 없기에, 우리가 기존에 알고 있는 것을 따라 해본댔자 별 소용이 없다. 우리에게 필요한 것은 교회가 받은 본래의 사명을 신학적으로 다시 새롭게 하여 당면한 여러 도전에 능히 동등한 위치에서 맞섰던 그 사도적 권능을 오늘에 되살리는 일이다. 이를 위해서 우리가 이제 나섰다.

'사도적 특성'의
중심부 여행하기

3

여행을 위해 준비할 것들

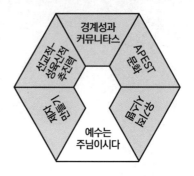

내 생각에, 그 모든 것의 밑바닥에 있어야 할 것은, 물론 일차 방정식은 절대로 아니고, 무지무지 간단한 아이디어이다. 그리고 내 경험상 그 아이디어는 어쩜 그렇게도 저항하기 어렵고 불가피하며 아름답던 지, 결국에는 다들 알 테지만, 그때 우리가 서로에게 '그것 없었으면 어쩔 뻔했어?'라고 말할 것이다.
– 존 휠러(John Wheeler), 오스틴 텍사스 대학교 물리학과 교수

선대부터 늘 해오던 것이라 너무 편안하고 익숙하여 지루해진 그 일에서 벗어날 수 있는 제일 나은 방법 은 그것을 시작했던 맨 처음 순간으로 어떻게 해서든 될 수 있는 대로 되돌아가는 것이다. 세상살이에서 겪는 일을 일상에서 벗어나 달리 해석하고 싶다면, 선입관과 편견을 다 떨쳐내고 겪었던 일 그 자체로 돌아가서 다시 살펴봐야 하기 때문이다.
– 데이비드 벤틀리 하트(David Bentley Hart)

정신만 제대로 다시 차린다면, 진정 우리가 바라던 것을 얻을 수 있다.
– 시몬 베유(Simone Weil)

여기부터가 이 책의 진짜 중심부이다. 이곳의 자료는 우리는 물론이고 우리가 섬기는 신앙 공동체와 직접 관계된 것으로서, 하나님의 백성들이 역사 속에서 가장 강력한 변화를 일으키도록 힘있게 작용했던, 새롭지만 이미 고대에 쓰던 그 낯선 방법을 발견하기 위한 것이다. 이 자료를 어떻게 적용할지는 각자가 처한 상황을 봐야 한다. 기성교회 또는 교회 지도자가 교회를 선교적인 형태로 차츰 발전시키려 할 경우 이 자료를 가지고 건강한 변화의 과정을 개발하면 교회를 사도적 형태로 새롭게 적응시키는 데 무척

도움이 된다.[96] 이는 우리가 마주한 선교적 상황을 놓치지 않게 잘 잡아야 하며(1,2장에서처럼), 동시에 혼란의 맥락에서 통하는 적극적인 학습 과정을 계발하여 가지고 있어야 한다는(부록 1 참조) 의미이다. 처음 조건이 어떠냐에 따라 예상 가능한 결과치의 범위가 정해지므로, 교회 개척자/선교사는 프로젝트를 최초로 시행하기 전에 반드시 처음 시작하는 공동체 안에(그리고 특히 통솔자의 뇌리에) '운동 DNA'(mDNA)를 심어놓아야 한다. 그렇게 돼야 mDNA를 교회 개척 팀원들이 잊지 않고 늘 의식할 수 있다. 오로지 선교적 사역에 전념하고 싶은 분들에게, 이 2부의 내용은 활기찬 그 꿈들이 외형을 갖추는 데 도움이 될 것이다.

어떤 상황이건 간에, 그 위에 mDNA의 각 요소를 구축하고 발전시키면 엄청난 진보가 따르게 된다고 나는 강력히 주장한다. 예를 들어 어느 교회가 선교적-성육신적 추진력을 채택하면 진정한 예수 운동을 하는 쪽으로 바짝 다가가게 된다. 비단 제자 만들기 하나에만 주력하는 교회라도 당연히 훨씬 더 참된 교회의 모습 등등을 갖추는 방향으로 흘러가게 될 것이다. 그러나 이 책의 취지는 성령께서 권능을 주심으로 모든 여섯 가지 요소가 정착되어 각 요소가 서로 유익하게 작용하면 근본부터 완전히 달라지는 일이 벌어진다는 것이다. 즉, 사도적 운동이 발현한다. 사도적 특성과 더불어 전개하는 운동은 나의 이론에서 아주 크게 두드러지는 내용으로서, 그 이전에 있던 다른 그 어떤 것보다 훨씬 더 정확한 에클레시아의 형태이다.

제2부에 딸린 각 장에서 mDNA의 여섯 가지 매우 중요한 요소를 조목조목 살펴보기 전에, 여기에서 mDNA, 사도적 특성, 그리고 선교적 교회가 무슨 뜻인지 간략하게 그 핵심을 정의해보겠다.

---

96 Altclass와 Hirsch가 공저한 이 책의 과정 안내서인 《Forgotten Ways Handbook》에서 '리더들을 위한 노트'(A Note to Leaders)라는 제목의 장을 참조하라. 핸드북 자체는 이 책에 있는 아이디어를 매우 잘 도입하여 적용할 수 있도록 개발하는 자원이다.

DNA에 대한 브리태니커 백과사전의 정의이다. "이는 모든 유기체의 살아 있는 세포 및 다수의 바이러스 안에 들어 있는 복합의 분자 구조로 된 유기 화학물질이다. DNA에는 전달할 선천적 특성이 담긴 유전 정보가 집대성되어 있다."[97] 그러므로 '유전하는 특징'이 있는 선교적 운동을 쉽게 설명하기 위해 DNA에 대한 아래와 같은 개념을 은유화하면 그보다 좋은 것이 없다.

- DNA는 모든 살아있는 세포에서 발견된다(초간단 바이러스들은 제외).
- DNA는 원본 유기체로부터 후대에 전달할 선천적 특성이 담긴 유전 정보를 집대성하고 있다.
- DNA는 자기 복제를 한다.
- DNA는 건강한 번식을 위한 생명 정보를 운반한다.
- DNA는 돌연변이를 하면 전체 체제의 무결성(無缺性)에 영향을 미친다.

그러면 mDNA는 무엇인가? 생물학적 용어와 구별하기 위해서 운동 (movement)을 뜻하는 m이라는 글자를 집어넣은 것뿐이다. 단순히 운동 DNA란 의미이다. 생물학적인 체제에서 DNA가 하는 작용으로, 에클레시아 운동에 작용하는 mDNA를 쉽게 설명하기 위해 교회론적인 측면에서 은유화한 것이다. 이런 mDNA라는 은유법을 동원하여 내가 쉽게 설명하고자 하는 것은, 단순하고 태생적이며 복제 가능하고 중심으로 계속 이끌어가는 메커니즘이 진정한 선교적 운동의 재생산성과 지속성을 유지하는 데 왜 꼭 필요한지에 대한 이유이다. 유기체를 구성하는 세포마다 DNA가 명령하는 자기 고유의 기능을 알고 있듯이, 교회는 그 안에 세워놓은 mDNA에 담긴

---

[97] Encyclopedia Britannica, standard ed., CD-ROM, 검색어, 'DNA'

중요 참고 사항을 숙지해야 한다. mDNA의 여섯 가지 요소는 모두 역사상 변화를 일으켰던 신약 교회, 속사도 시대 교회, 켈트족의 운동, 모라비안 운동, 초기 감리교, 중국 교회, 그리고 인디언 하우스 처치 운동 등 그 모든 선교 운동에서 뽑은 것으로서 쉽게 알아차릴 수 있다.

모든 생물체 안에 들어 있는 세포마다 그 유기체의 모든 정보가 DNA에 집대성하여 있다니 놀라운 일이다. 그리고 어떤 유기체 속에 있는 한 개의 특별한 유형의 세포라도, 예컨대 근육 세포나 뇌세포의 경우 대개 전체 구조에서 그 작은 부분에 해당하는 유전 부호만 가졌을 것 같지만, 그 안에는 정보 일체가 내장되어 있다. 소우주가 그 속에 대우주를 품고 있는 셈이다. 씨앗 속에 나무가 들어 있듯이, 한 개의 점에 불과한 그 원점에서 온전한 유기체가 생성되어 나오는 것이다. 이런 내재한 잠재력에 대한 아이디어는 이 책에서 제시하는 진정한 결과를 얻고자 할 때 결코 놓쳐서는 안 되는 매우 중요한 사상이다. mDNA가 잠복하고 있는 곳은 하나님의 백성이 거주하는 실제 삶의 현장이기 때문에, 미래의 씨앗을 파종할 모판은 바로 현재라고 말할 수 있다. 운동의 가능성은 지금 있는 그 교회 속에 이미 깊게 뿌리박혀 있다.

이것이 낯선 소리로 들릴 수 있다. 나도 처음부터 이런 생각을 한 것이 아니었다. 중국의 지하 교회가 운영되는 방식을 보자니 어쩜 그렇게도 초대 교회의 현상을 완벽하게 빼다 박았던지! 그 이유와 방법을 알고 나니 그런 결론에 도달할 수밖에 없었다. 모든 외부 지원 체계와 단체가 사라졌을 때 그들은 어떻게 행동해야 할지 직감했다. 모든 예배당은 국가에 귀속되었다. 그들의 정신적 지주들은 죄다 옥에 갇혔다. 현직 목사들은 사형에 처하거나 추방되거나 투옥되었다. 그리고 정부는 사형과 고문으로 일절 집회를 금지했다. 이것을 어찌 다 상세히 말할 수 있겠는가? 이런 조건에서 그들은 어떻게 초대 교회의 본모습과 대부분 일치하는 방식을, 그것도 자발적으로 따를 수 있었단 말인가? 그들에게는 이 책처럼 그들을 인도해줄 자료도 없었고, 심지어 성경책도 모자랐다.

요약하자면, mDNA의 각 요소는 내가 사도적 특성이라고 부르는 운동의 유전 부호를 구성하고 있는 최소한의 필수 인자들이다. 게다가 각 mDNA 마다 주요 핵심 분야가 응축되어 있는데, 신학, 실천, 소질, 습관, 문화, 그리고 헌신이라는 요소를 합성해놓았다. 생물체에 들어 있는 DNA와 마찬가지로, mDNA도 하나님 백성의 생활과 구조 안에 운동을 부호화해놓았다. 이것에 관하여 생각할 수 있는 또 하나의 방법은 각 mDNA를 모든 것 가운데 가장 중요한 아이디어, 곧 '메타-아이디어'(meta-idea)로 보는 것이다. 메타-아이디어란 다른 아이디어를 생산하고 조직하고 전달하는 원조 아이디어이다.[98]

또 다른 은유 : mDNA의 각 요소를 6각형 모양의 원형(元型)이나 운동의 6원칙이라고 생각하라.[99] 운동의 원형에서, 그것들은 모든 운동에서 행동양식을 유도할 때 어떻게든 타고난 본능대로 기능한다.[100] 6각형 모양의 원형 안에서 모든 운동이 일어나는 것이다.

---

98 멋진 용어 '메타-아이디어'는 Paul M. Romer가 그의 논문 '경제 성장'(Economic Growth)에서 누르고 가공한 것이다.

99 아키타이프(원형)란 체제 안에 본래 갖추어져 있는 것을 뜻한다. 생명 유기체 안에서 마치 내장된 본능과 같이, 아키타이프의 기능은 외부로 그 자국을 드러냄으로 개개의 표현이 가능하다. 동물의 경우 그 본능대로 행동하는데, 그 안에 그것들이 부호화 되어 있기 때문이다. 따라서 새들은 비행 노선을 익히지 않아도 한 지점에서 다른 지점으로 날아갈 수 있다. mDNA도 이런 식으로 작동한다.

100 아마도 또 다른 은유는 mDNA를 신학적 또는 신앙적 밈(meme)에 빗대어 생각하는 것이다. 문화에서 얻은 요소로서 사람들에게 유행시키고자 하는 아이디어를 뜻하는 밈(meme)은 농축된 사상으로서, 그 사상은 복제를 통해 전염(생각 바이러스)되며, 그 행동 및 유행/패션이 개인 대 개인, 집단 대 집단 단위로 문화 전반에 걸쳐 폭넓게 퍼진다. 그러므로 그것들은 문화적 아이디어, 상징, 혹 관습 등과 같은 하나의 구성단위로 묶여서 명료하게 표현되고, 복제가 가능한 행동, 글쓰기, 말하기, 몸짓 손짓, 종교 행위, 또는 여타의 현상으로 이 마음에서 저 마음으로 전달된다. 이제 각 mDNA를 일종의 밈으로 생각하라. 은유에 대하여 조금 더 이야기할 것이 있다. 각 mDNA가 하나의 밈이라면 사도적 특성은 밈 복합체(memeplex)라고 이해할 수 있다. 상호 작용하는 밈이 송이처럼 주렁주렁 달린 복합체의 형태로 마치 모든 유전적 시스템에서 인자가 복잡하게 움직이는 것과 마찬가지로 작동한다. 사회의 범주 속에서 탄력 있는 밈과 밈 복합체의 예로는, 훨씬 더 넓은 의미에서 몇 가지만 거론하자면, 민족주의, 소셜 미디어, 대중 종교, 가짜/진짜 뉴스, 스포츠, 좋은 생각, 종교 운동, 그리고 음악 스타일이 있다. 어떤 밈 복합체는 오래 시간 동안 유지되고, 어떤 것은 나타났다가 금방 사라진다. 만일 당신이 비디오를 보고 그것을 '널리 퍼지게' 하려 한다거나, 어떤 운동이 일어나는 원인자가 되려 한다면(미국에서 경찰이 흑인 남성을 살해한 일로 촉발한 흑인 인권[Black Lives Matter] 운동의 초기에서처럼) 그때 당신이 하게 되는 일이 바로 밈이다.

마음이 아직 뒤숭숭한가? 염려하지 말라. 일단 우리가 mDNA의 각 요소를 탐구하기 시작하면 당신은 각각 그것들이 그 속에서 마치 타고난 본능처럼 어떻게 선교적 운동이라는 그 유전 부호를 전달하는지 보게 될 것이다. 기억할 것은 마치 유전자처럼 그것들이 거기에 항상 있었다는 사실이다. 그것들은 교회의 본바탕에 마치 타고난 본능처럼 부호화하여 깔린 양상들이다. 그런데도 대부분의 경우 그것들은 피동적 측면에서 쓰임새가 없거나, 아니면 적극적 측면에서 요구 사항도 덜고 교회가 가시권에서 쉽게 통제 가능한 것을 선호하여 아예 절제시킨다. 그러나 좋은 소식은 항상 있게 마련이다. 그것들은 잠자고 있으므로, 깨우기만 하면 다시 재가동한다. 이것이야말로 우리 시대에 내가 교회에 바라는 바이다.

사도적 특성 : 운동 시스템

이 책을 이해하는 데 필요한 또 다른 중심 사상의 용어는 '사도적 특성'(Apostolic Genius)이다. 나는 이 용어를 누르고 가공하여, 식별하기 매우 어려운 중요한 것을 정확히 설명하고 싶었다. 역동적으로 돌아가는 모든 교회에서 언제나 작용하고 있던 것인데도, 사람들이 잘 알아차리지 못하고 있던 바로 그것을 말이다. 신약의 교회와 여타의 사도적 교회 현장에 촉촉이 배어 있는 이 '정신'을 딱히 규정할 낱말이나 문구가 없다.

확실한 답을 얻기까지 나는 수도 없이 질문하고 또 질문했다. "어떻게 초대 교회와 중국 교회는 그렇게 했을까? 어떤 식으로 운영했기에 10년 단위로 평균 40%의 성장이 가능했을까?" 이런 질문 다발을 이 책에도 담았다. 내가 실제로 봤던 것에 마땅한 이름을 붙이기가 쉽지 않았다. 과학자나 철학자도 실물을 정의할 때 나와 비슷한 고충을 겪었을 것이란 생각이 들었다. 누구나 한 번쯤은 실물을 놓고 이것을 뭐라 정의해야 할지 애써본 적

이 있지 않던가?[101] 전류를 뭐라고 풀어서 말해줘야 하지? 자아개념을 뭐라
쉽게 설명해야 하지? 또 에고는?[102] 이들(인생, 에고, 자아) 현상은 그냥 아주
기본적인 삶 그 자체라서 누구나 금방 재치있게 정의할 수 있다고 생각할
수 있다. 그러나 짐작건대 독자께서 이 현상 중 어느 것 하나도 당장에 마땅
한 정의를 내리기 쉽지 않을 것이다. 비슷하다. 사도적 특성은 교회의 본바
탕에 아예 기본으로 깔린 것이기에 누구나 다 빤히 '보고 있는 것'인데도 그
것을 뭐라 표현해야 할지 모른다는 것이 내가 말하려는 골자이다.

누르고 가공하여 이런 새로운 용어로 만들면서 그 이름 속에 그토록 작
은 믿음 공동체 전체를 펄떡이게 했던 운동 에너지, 그 활기찼던 영적인 본
능, 그래서 그들의 세상을 발칵 뒤집어 놓았던 그런 창발적(創發的) 현상을
담고 싶었다.[103] 사도적 특성은 창발적 현상을 엮어 놓은 일종의 조직이다.
mDNA를 구성하는 여러 핵심 요소가 하나도 빠짐없이 상호 간에 역동적
으로 작용하는 그런 시스템이다. 실제로 이것은 모든 복잡한 생명 시스템
(living systems)이 형성되고 발전하는 방식을 그대로 적용한 것이다. 과학
자이며 컨설턴트이고 생활 시스템 사고의 리더인 마가렛 휘틀리(Margaret
Wheatley)가 하는 말이다.

관계망이 커지고 현실 소통의 주역으로 자리하면서 우리는 실생활의 면모
가 전체적으로 새롭게 달라진 것을 발견한다. 서로 떨어진 지역이라도 관계

---

101 맞는 말이니 한번 살펴보라 : 생명이란 어떤 물질이 복합체로 또는 단일체로 주어진 특정 기능을 제대로 수행하고 있
는 상태를 말한다. 살아있는 것은 신진대사하고 성장하고 번식하며 여러 형태로 적응하고 대응한다. 한 걸음 더 나
아가서, 생명이 있다면 유기체를 구성하는 분자들이 복잡하게 변화하는 현상이 일어나고, 그런 분자들이 더 큰 단위
의 조직 속으로 연속적으로 들어가 원형질, 세포, 기관, 유기적 조직체를 구성한다.' (Encyclopedia Britannica, 표준판
[2001], CD-ROM, 검색어 'life') 그리고 그것은 시작에 불과하다!

102 해보라. 쉽지 않다. 그렇지 않은가? 우리는 매일 전기를 사용하지만, 막상 그것이 뭔지 이야기해보라면 기껏해야 몇
마디 기본적인 말로 얼버무리게 된다.

103 생명 시스템(living systems) 이론에서 발현한 조직이란 이미 존재하는 어떤 것을 구성하거나 복제하는 것이 아니라 복
잡한 역동적 환경이나 시장 안에서 자발적으로 출현하여 존재하는 것을 말한다.

망으로 상호 간에 연결이 됨으로써 공동체의 활동이 강화된다. 그로 인해 규모 면에서도 상당한 수준의 새로운 체제가 깜짝 놀랄 정도로 급작스럽게 창발한다. 이런 체제가 가지는 영향력은 질적으로나 세력 면에서 개인 단위로서는 상상도 못 했던 것이다. 그것은 숨었던 것들이 아니다. 시스템이 창발하기 전까지는 아예 없던 것들이다. 그것들은 시스템의 고유성이지 별도로 존재하는 낱개가 아니다. 그러나 일단 창발하면 그 요소 하나하나가 그것들을 모두 소유한다. 그리고 창발한 시스템은 항상 애초 계획했던 점진적인 변화의 가능성보다 훨씬 더 큰 세력과 영향력을 발휘한다. 창발로 인해 삶에 매우 급격한 변화가 일어나고 일에 규모가 생긴다.[104]

이런 사도적 특성이라는 다소 규정하기 힘든 개념을 달리 표현하자면 mDNA를 구성하는 그 모든 여섯 가지 요소를 골고루 섞어서 진행하는 운동을 위한 새로운 생태계라고 할 것이다. 이 집적한 요소로 말미암아 시작, 발달, 그리고 번성하는 운동의 발판(플랫폼)이 마련된다. 이를 스마트폰에 빗대어 생각해보라. 당신이 사용하는 모든 앱은 스마트폰이라는 그 신형 플랫폼에서 작동한다. 닐 콜(Nel Cole)은 그것을 '처치(Church) 3.0'이라고 부른다. 그것은 이전 조직의 패러다임의 수준을 업그레이드한 것이다. 그것은 하나님의 백성이란 사실은 같지만, 조직과 행동에 있어서 그 플랫폼(시스템)을 완전히 달리한 것이다.

작은 원인은 작은 결과를 가져오고 큰 원인은 큰 결과를 가져온다는 선형 시스템(linear system)의 관점에서 봤을 때, 사도적 특성은 독립적이며 전략의 중앙을 차지하는 여섯 가지 기본 행동을 시작하기 좋도록 단순히 한데 모아 놓은 것이라고 여기면 된다. 그 각각은 교회를 건강하고 활력 있게 하는 매우 중요한 열쇠이다. 예를 들어 그것 중에서 한 가지만 잘해도 엄

---

104 Wheatley와 Frieze, 《Taking Social Innovation to Scale》.

청난 유익을 얻는다(기독론, 제자 만들기, APEST 등). mDNA의 각 요소는 실제로 진단, 의사 결정, 그리고 개발을 하려 할 때 꼭 들여다봐야 할 중점 사항이기도 하다.

그러나 작은 원인이 큰 결과를 가져올 수 있다는 비선형 시스템 (nonlinear system)의 관점에서 사도적 특성을 봤을 때, 그것의 빗장이 풀렸을 경우 작동하게 될 세상을 변화시키는 힘을 생각하지 않을 수 없다. 시스템 안에서는 모든 것이 연결되어 있고 서로 관계를 맺게 마련이다. 예를 들어 제자도는 어떤 교회든지 매우 중요시하는 중점 사안이다. 그러나 제자도 자체만으로는 운동이 일어날 수 없다. 다른 요소들이 함께 작용해야 운동이 일어난다. 예를 들어 위험을 감수하고 성육신적 임무 수행을 결심하고 운동을 조직하며, APEST 사역을 균등하게 시행해야 운동이 일어난다. 제자도는 운동을 위해서는 필수 요소이다. 그러나 그것만으로는 운동을 일으키기에 충분하지 못하다. 이런 점을 이해하지 못하여 실수를 많이 한다. 그런데 mDNA도 모든 것이 똑같다. 또 하나의 시나리오를 생각해보자. APEST가 필요해서 사역할 모든 인원을 준비했다손 치자. 그러나 진정한 제자도와 사명 의식과 제대로 구성한 조직 없이 APEST만 있다면 다툼에 휘말릴 수도 있다. 리더들은 한 가지 영역을 개발할 때, 그것이 전체에 끼치는 영향을 염두에 두어야 한다.

다시 말하지만, mDNA의 각 요소는 복합 시스템 안에서 각각 재량권을 가진 하부 단위로서, 시스템을 구성하고 있는 다른 모든 요소와 완벽하게 연결되어 있다는 것을 이해하는 것이 중요하다. 어떤 생물체든 그 생명과 기능을 유지하려면 온몸을 구성하는 기관 하나하나가 제 역할을 해야 한다. 사도적 특성도 똑같은 사례이다. 여섯 개의 모든 mDNA가 연결하여 서로에게 영향을 끼칠 때 사도적 특성이 작동하면서 선교적 운동을 촉진한다. 사실상 mDNA는 서로 끊임없이 혜택을 주고받는 관계이기에 하나를 손대면 전체 시스템에 영향이 간다. 사도적 운동의 성패 여부는 활발하게

돌아가는 이런 시스템이 과연 있는지(아니면 없는지)에 달렸다.[105]

처음에는 이런 소리가 좀 별나고 영적이고 너무 추상적인 것 같겠지만 크게 신경 쓰지 말라. 앞으로 가다 보면 점점 더 분명해질 것이다. 그렇게 되지 않는다면 나의 소통법에 문제가 있는 것이다. 사도적 특성인 mDNA 를 구성하는 여러 요소를 도해(圖解)로 표현하면 다음과 같다.

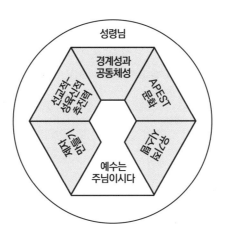

이 도해는 mDNA, 곧 사도적 특성에 관한 모든 것을 설명하는 2부 내용 전체의 개요이기도 하다.

더 나아가기 전에 한 가지 지적해둘 사항이 있다. 이 책의 초판을 이미 읽은 독자는 도해에 초판에서 생략한 한 가지 요소가 들어 있는 것을 금방 알아챘을 것이다. 진정한 사도적 운동의 맥락에 성령님의 역사하심을 표시한 것이다. 실제로 내가 처음에 사도적 특성을 각 부분으로 나눌 때 이것을 원요소에 넣었다. 내가 그것을 다시 포함하게 된 것은 요소 가운데 하나로서가 아니라, 없어서는 안 될 아주 중요한 기초이기 때문이다. 성령님의 역사

---

105 독자께서는 내가 이 아이디어를 책 전체에 걸쳐 반복어로 계속 되풀이하는 것을 알아차릴 것이다. 내가 그렇게 하는 까닭은 이런 사도적 특성이란 체제는 잊어버리기 쉽다는 특성이 있어서, 그것을 제대로 이해시키려면 별수 없기 때문이다.

2부 | '사도적 특성'의 중심부 여행하기

하심은 사도적 운동의 근간으로서, 운동을 시작하고 권능을 받으며 유지하고, 결국에는 효과적으로 운동의 메시지를 전달하게 한다.[106] 이로 보건대, 사도적 특성은 본질에서 하나님의 영께서 행하시는 일로서 교회를 개척하고 이뤄가며 이끄신다! 성령께서는 우리를 하나님과 연결하시며 또한 사람들을 서로 관계 맺게 하신다. 그분은 우리를 예수님께 인도하며, 우리 안에서 일하시고, 제자도의 과정을 통하여 우리로 그리스도를 더욱더 많이 닮게 하고, 우리를 거룩하게 하며, 임무를 부여하고, 우리에게 권능을 주고, 우리보다 앞서 행하며, 교회를 그분이 정하신 미래로 이끌어 가신다.[107] 성령님이 앞장서서 일하지 않으시면 모든 가능성이 다 열려 있더라도 역동적인 선교적 운동은커녕 하나님께 나아갈 수 있는 길조차 없다. 성령님의 역사하심이야말로 그 구성 요소와 전체의 기초이며 원조이고 근본이기에, 성령님을 mDNA 요소 중에 '하나'라고는 감히 말할 수도 생각할 수도 없다.[108] 사실상 나는 사도적 특성은 실제로 성령님이 교회에서 친히 만드신 작품이라고 생각한다.

이런 전제에 뒤를 이어, 이 책 나머지 부분에서는 어떻게 서구 교회를 위시하여 모든 지역의 교회들이 mDNA의 각 양상과 이미 잊었거나 도리어 힘껏 억압했던 그것을 다시 되살릴 수 있는지 설명하려 한다. 사도적 특성이라는 이런 규정하기 어려운 개념을 제대로 식별할 수 있도록 해야 하는

---

106 전체 그림을 구성하고 그것을 실행할 요소들의 이름을 정하려 할 때, 나는 마치 뒤엉켜 살던 소중한 환경을 뒤로하고 떠나면서 손에 원석을 거머쥐고 있었던 바이킹 라이더가 생각난다고 이미 말했던 적이 있다. 해답은 체제 안에 들어 있고, 각 부분에 그저 담겨 있다. 전체 과정을 진행하면서 나는 걸러내고, 핵심을 뽑고, 내가 칭하는 메타-아이디어(중요한 아이디어로서 다른 것들을 결정하고 빗장을 푸는 아이디어)에 집중했다. 기회가 있다 해서 모든 것을 다 말할 수는 없겠지만, 한 가지 분명히 해 두고 싶은 것은 우리가 가장 기본이 되는 형태로 그 현상에 이름을 붙였다는 사실이다. 자잘한 것까지는 다 기억 못 해도 그 이름만큼은 꼭 염두에 두기 바란다.

107 나의 아내 Debra와 내가 쓴 책 《Untamed》에서 성령과 선교에 관한 3장을 참조하라. 또한 Tyra의 중요 저서, 《Missional Orthodoxy》의 2장도 보라. Chan, 《Grassroots Asian Theology》, 129-42.

108 Tyra, 《Holy Spirit in Mission》. 이것도 보라. Yong, 《On Divine Presence and Divine Agency》; Yong, Discerning the Spirit(s); Yong, Beyond the Impasse.

주요 과제가 남아 있다. 이는 하나님의 백성이라면 누구든지 그 안에 그런 잠재력이 잠자고 있는데, 그것을 발견하고 다시 활성화한다면 서구 교회가 영적으로 신학적으로 선교적으로 회복할 가능성이 있기 때문이다.

현대 서구에서 이런 대단히 모호한 무형의 사상을 도입한 사례가 있다. 그래서 나는 책 전반에 걸쳐 'Church Multiplication Associates'(CMA, 교회배가협회)의 이야기를 언급하려 한다. CMA는 미국에서 시작한 운동으로서 현재 전 세계 16개국에서 교회들이 참여하고 있다. 이런 다소 기능 위주의 이름으로 10년 만에 1만 개 이상의 교회로 성장한 이 운동에서 발견되는 매우 값진 보물이 가리지 않기를 바란다. 딱히 이렇다 할 조직이 없는 이 운동의 창설자이며 효과적인 리더인 닐 콜(Neil Cole)은, CMA의 이야기는 그가 잘 나가는 중형급 현대 교회에서 목사로 있던 때의 이야기와 더불어 시작한다고 말한다.

이 상냥한 설교자는 복음을 듣지 못한 자들에게 진정 마음이 끌렸다. 그는 변덕이 죽 끓듯 하는 자들에게 찾아가서 그들과 자주 마주쳤다. 이런 경험에서 그는 점점 더 깊이 교회가 행하는 순전한 선교적 방법에 대하여 생각하고 또 생각했다.[109] 사도적 기량과 혁신가의 호방(豪放)함과 일을 체계적으로 보는 예리한 능력을 겸비한 그는 캘리포니아주 롱 비치에서 선교적 운동을 하는 교회를 개척했다. 그의 말이다.

한 교회를 개척한 것으로 끝이 아니었다. 우리는 다름 아니라 교회 배가 운동에 매진해야 했고, 나머지는 모두 포기했다. 심지어 이 목표에서 우리를 뒤로 물러나게 하는 것은 비록 성공적이라 해도 그랬다. 효과적인 사역 방법이라도 배가를 방해하는 것들이 매우 많다는 것을 알았다. 타고난 대로 제자,

---

109 Cole, 《Organic Church》; 그리고 CMA 운동과 역동성을 위해 그의 이전 도서 《Cultivating a Life for God》를 보라. Cole 이 연작한 운동에 관한 탁월한 책 《Church 3.0》도 참조하라.

리더, 교회, 그리고 운동은 배가해야 하는데 그러지 못하게 하는 것은 죄다 기꺼이 포기했다.[110]

이런 투지에 불타는 말과 더불어, CMA는 롱비치 도심에서 태어났다. 그리고 이 문장들 속에서 예수 그리스도의 복음 그 자체 안에 본래 갖추어져 있는, 고대부터 있었던 추진력의 자취를 식별할 수 있다.

- 이 운동의 처음부터 끝까지, 한 사람이 예수님의 주 되심(lordship)에 대하여 소박하지만 깊은 확신과 체험을 할 수 있다.
- 주님과 구세주이신 예수님의 명령에 순종하기 위하여, 이 운동은 그들이 하는 모든 행동의 기초를 세우기 위하여 제자도와 제자 만들기를 강조한다. 이를 수행하기 위한 기본 도구는 이 운동 전체의 기본 구조를 형성해 주는, 이른바 변화된 생활 모임(Life Transformation Groups)이다.
- 이미 언급했듯이, 그들은 성경 그 자체에서 발견한 다양한 유기적인 은유로 전체 운동을 설계하는 데 능숙하다. 이것을 염두에 두고 닐 (Neil)은 주로 운동의 범위를 확실하게 다루어놓은, 영향력이 큰 책 《Organic Church》(유기적인 교회)와 《Church 3.0》을 저술하였다.
- CMA 안에는 명확하게 선교적-성육신적 추진력이 존재한다. 그들은 주차장에서 카페까지, 대중음식점에서 집집마다 방문까지 가능한 한 모든 사회적 맥락에서 '행동하는 교회'이다. 그리고 중앙 집권화한 통제 조직이 없다. 그들은 '단순히 가자', '예수님이 인도하신다', '각 그룹은 관계망으로 연결하여 힘을 북돋아주는 코칭 관계를 맺자'는 식이다. 우리는 이 접근 방식을 6장에서 배울 것이다.

---

110 Cole, 《Organic Church》, 27.

- 그들은 사역과 리더십을 위해 APEST 방식을 정확히 준수한다. 그들의 리더십 팀은 mDNA의 이 중요한 양상에 따라 운영된 지 오래되었다. 콜(Cole) 개인의 영향력을 단적으로 표현하자면 사도적이라고 할 수 있다. 이것은 8장에서 좀 더 상세히 논의할 것이다.
- 당신은 유동적이고, 적응력이 있고, 모험을 기반으로 하며, 외부의 일반적인 상황도 고려하여 형성된 선교 지향적인 공동체를 발견할 것이다. 외부의 상황은 7장의 경계성과 커뮤니타스에서 설명할 것이다.

사도적 특성은 진정 생명력이 있어 잘 작동한다. 그리고 기쁜 소식은 CMA가 그것의 대단한 모본이기는 하지만, 그것이 유일하지 않다는 것이다. 필자가 속사도 시대와 중국인의 운동에서 발견한 사도적 특성을 서구 맥락에 옮겨 놓기 위해 애쓰면서 저술한 책을 통해서, 내내 유사한 교회들과 운동들을 보게 될 터이다.

나는 이런 현상을 연구하면서, 어떤 단계에 이르자 나를 향한 하나님의 놀라운 섭리를 영감으로 알아차릴 수 있었다. 그래서 모든 진실한 그리스도인 안에는 실제로 사도적 특성이 내장되어 있다는 것을 깨달았다. 그리고 그것을 우리 안에 내주하시는 성령께서 주관한다는 것도 확신할 수 있었다. 참으로 신기하게도, 우리가 하나님의 가족으로 입양되는 순간 하나님의 백성이 가지는 그 충만한 잠재력이 '씨앗'이 되어 우리 속에 생긴다. 만약에 당신이나 내가 씨앗이 되어 어떤 낯선 밭에 떨어지면 하나님은 우리 각자에게서 예수의 공동체를 창조하신다. 이는 믿음의 사람이 운동에 참여할 때 나타나는 놀라운 일이다. 그렇게 씨앗이 뿌려지고 자라나기 시작하면 세상이 달라진다.

'미션얼'(missional)과 '선교적 교회'(missional church)라는 용어는 'Gospel and Our Culture Network'(GOCN)라고 불리는, 북미 목회자, 선교사, 신학자가 함께 모인 자리에서 유래했다. 그 모임에서 저명한 선교 사이며 사상가인 레슬리 뉴비긴(Lesslie Newbigin)이 이룬 사역의 결과에 대한 논의가 있었다. 뉴비긴은 일평생 선교사로 사역하던 인도에서 돌아온 이후 이교도로 변한 서구 문명의 실상을 목격했다. 그는 서구 세계를 선교 현장으로 인식할 필요성이 있다는 견해를 분명히 밝히기 시작했다. 하나님 의 백성으로서 우리는 이런 맥락에서 우리 문화와 관련해 예를 들면, 마치 인도에 파송을 받은 것처럼 선교사적 자세를 취해야 한다고 했다.[111] 그의 활약으로 교회가 위기에 처했다는 것과 감소하고 있다는 인식을 하게 되었 고, 바로 뒤이어서 세상 풍조에 관한 생각들을 구체화하였다.

그런데 '미션얼(선교적)'이라는 낱말은 해를 거듭할수록 그 뜻이 일정하 지 않고 자꾸 변하는 경향이 있다. 그리고 사람들이 무슨 일을 벌이면서 그 것이 선교적이든 아니든 뭔가 새롭고 시대에 앞선다는 것을 표하려 할 때 면 그 단어를 재빨리 가져다 아무 데나 붙인다. 그것은 종종 '구도자 중심', '셀 그룹 교회', 혹은 여타의 교회 성장을 개념화할 때 대용품으로 사용된 다. 그러다 보니 그 원래의 의미를 이해하기 힘들다. 그렇다면 그 말을 버리 고 다른 용어를 찾아내는 것은 어떻겠는가? 나는 그것을 지켜야 하고, 대신 에 의미를 심화하여 회복해야 한다고 생각한다. 오늘날 우리가 재발견해야 만 하는 그 낱말의 의미에는 예수 운동에 대한 근본적인 강조점이 정확하 게 집약하여 담겨야 한다.

우리가 더 진행하기 전에 용어에 관해서 한 마디만 더해야겠다. 이 개정

---

111 The Gospel and Our Culture Network(GOCN)은 Newbigin이 통찰을 이루자는 강한 책임감으로 세운 단체이다. 사례로, Guder, 《Missional Church》를 보라. 또한 최신판 GOCN의 도서도 보라. Hunsberger, 《Story That Chooses Us》와 Van Gelder, Zscheile 공저, 《Missional Church in Perspective》.

판에서 독자는 내가 '사도적'과 '선교적'이란 용어를 얼마간 호환성 있게 사용하는 경향을 볼 것이다. 나는 일부러 그것들을 호환성 있게 사용하는 것이다. 왜냐하면 라틴어의 미시오(missio)는 실제로 헬라어의 아포스텔로(apostello)를 번역한 것이기 때문이다. 둘 다 '보냄받다' 또는 '목표로 한다'라는 뜻이다. 나는 이 의미를 되찾아 이 용어를 사용하는 것뿐이다. 신약 성경 자체의 용어가 훗날의 신학적 논조보다 더 좋기 때문이기도 하고, 나의 미천한 의견이지만, 역사에서 다루는 '선교적'(missional)에 관련한 사상은 웬일인지 성경이 의미하는 '사도'(apostle)와, 그리고 더 나아가 형용사인 '사도적'(apostolic)에 훨씬 못 미쳐 보이기 때문이다. 그런데 무슨 이유에서인지, 대다수 신학자는(그리고 이상하게도 심지어 선교학자들도) '선교적'이라는 성경에서 직접 따온 용어의 사용조차 피한다. 어쩌면 많은 경우에 적극적으로 맹렬히 비난할는지도 모른다! 이러다 결과적으로 어떤 식으로든 선교학이 약화될까 봐 우려하는 마음이 크다.

나는 여기에 뭔가 심각한 잘못이 있다고 본다. 단순히 역사를 들먹이며 '금지'로 몰아가는 것에 순응하는 대신, 우리는 경보를 울려야 한다. 프로테스탄트로서, 우리는 성경에 나오는 용어라면 그것이 중요 단어가 되었든(예를 들어 '믿는 자', '화목', '거룩') 아니면 신약에서 사용 빈도가 낮은 낱말이 되었든, 그것이 그냥 외면되도록 두어서는 안 된다. 왜 그래야 하는가? 실제로 아주 중요한 것인데 성경 자체의 언어를 동원하여 전통적으로 금지해서 포기하게 된 것들이 있다. 나는 이런 금지가 크리스텐덤 체제의 고정틀 속 그 깊은 데서 비롯되었다고 믿는다. 우리는 판에 박힌 크리스텐덤의 교회론과 아울러 그것의 선교학적인 사각지대의 경계를 넘어서야 할 필요가 있다. 나는 성경의 권위를 믿는 모든 사람과 함께 성경 그 자체가 우리에게 계시하는 진리를 회복하기 위하여, 성경의 하나님께서 자기 자신을 우리에게 계시하실 때 선택하신 바로 그 언어를 반드시 붙잡아야 한다고 확신한다. 왜 우리가 성경적 사상을 표시하고 분명히 한다면서 성경적 용어 사용을 금해야 하는가? 어째서 '사도'와 '사도적'이라는 언어를 사용한다 해서 우리가 그토록 규탄받아야 하는가? 우리는 궁극적으로 성경이 규정하는 사람이 되고자 하는 것 아닌가? 그리고 언제부터 프로테스탄트가 헬라어(사도적)보다 라틴어(선교적)를 더 좋아해야 했던가?

선교적-성육신적 패러다임을 교회의 역할과 목적에 적용하게 되면, 우리는 선교적 교회야말로 하나님의 백성이라는 정의 그 자체에 걸맞은 공동체이며, 삶에 변화를 가져오는 조직이고, 세상을 위해 하나님이 주신 선교적 사명을 수행하는 것이 실제 목표인 기관이라고 말하게 된다. 달리 말해, 교회의 참되고 진정한 조직의 원리는 예수님 안에 계시된 하나님의 선교이다. 교회가 선교할 때, 그것이 참된 교회이다. 교회 자체는 그 선교의 산물이며, 또한 모든 수단을 다 동원하여 선교를 확장할 의무와 사명이 있다. 하나님의 선교는 모든 믿는 자와 예수께 속한 일체의 신앙 공동체를 통하여 직접 흐른다. 이를 가로막는 것은 하나님께서 당신의 백성 안에서 그들을 통해 이루시려는 목적을 방해하는 행위이다.

우리 자신에 대하여 하나님의 백성이라는 정체성을 가지고 그 내면에 이러한 의미를 깊이 새겨 넣는다면 유연하게 적응할 수 있는 조직을 갖추게 된다. 그래야 무수히 많은 방법으로 선교가 현장에서 이뤄지며, 그곳에 매우 다채롭고 항상 구원이 나타나는 하나님의 나라가 있는 그대로 드러난다.

4

모든 것의 중심:
"예수는 주님이시다"

그러나 우리에게는 한 하나님 곧 아버지가 계시니 만물이 그에게서 났고 우리도 그를 위하여 있고 또한 한 주 예수 그리스도께서 계시니 만물이 그로 말미암고 우리도 그로 말미암아 있느니라.
─고린도전서 8장 6절

본래의 요소로 환원한 교회가 자연스럽게 확장하는 것은 매우 이해하기 쉬운 일이다. 복잡한 조직도, 막대한 재정도, 엄청난 수의 유급 선교사도 필요치 않다. 맨 처음에 그것을 한 사람이 시작했는데, 그는 이 세상 일을 배운 적도 없고, 세상 재물이 많은 부자도 아니었다. … 필요한 것은 믿음이다. 필요한 것은 그리스도와 연합한 자만이 갖는 그런 부류의 믿음으로 자신을 불태우는 일이다.
─롤랜드 알렌(Roland Allen), 《The Compulsion of the Spirit》(성령님의 강권하심).

개인의 사적인 기도, 높은 수준의 도덕성 유지, 그리고 행위의 강조로는 바벨탑을 다시 쌓으려는 것에 지나지 않는다. 전혀 다른 측면에서 우리 세대의 본질과 구조를 들여다보려면 오직 예수님이 성취하신 일에 비추어 그것들을 따져 물어야 한다.
_ N. T. 라이트(N. T. Wright)

바울은 세상에 배어 있는 하나님의 비밀을 완전히 맛보아 안 후에 아주 아름다운 송영을 올려 드린다. 현실 속 정수까지 우리를 이끄는 본질이 무엇인지 알려주는 찬송이다. "깊도다 하나님의 지혜와 지식의 풍성함이여, 그의 판단은 헤아리지 못할 것이며 그의 길은 찾지 못할 것이로다 누가 주의 마음을 알았느냐 누가 그의 모사가 되었느냐 누가 주께 먼저 드려서 갚으심을 받겠느냐 이는 만물이 주에게서 나오고 주로 말미암고 주에게로 돌아감이라 그에게 영광이 세세에 있을지어다 아멘"(롬 11:33-36). 이는 심오한 성령의 영감이 바울에게 임하는 순간, 그가 아주 단순한 말로 진리를 명확하게 표현해놓은 말씀이다. 이 영원한 말씀에서 그는 우리에게 하나님에 대한 히브리적 사상의 가장 핵심이 되는 부분을 짚어 준다. "이는 만물이 주에게서 나오고 주로 말미암고 주에게로 돌아감이라." 이것이 바로 성경 전체에 배어 있는 하나님에 대한 성경적 인식의 중심점이다. 만일 우리 시대의 교회를 다시 새롭게 하고자 한다면, 우리가 반드시 되찾아야 하는 탁월한 영적-신학적 핵심이다. 이번 장에서는 인생에 대한 히브리적 사고방식에 비추어 우리가 예수님을 신앙하고 따르는 일을 재해석하려 한다. 그리고 그 모든 것을 신명기 6장 4절에 기초한 이스라엘의 기본 고백인 '쉐마 이스라엘'(들으라, 이스라엘)을 가지고 시작한다.[112]

사도적 특성은 그 특성상 단 하나의 '요소'에도 여러 성분이 들어가야 하는데, 그렇게 하기가 쉽지 않다. 모든 진정한 기독교 운동에는 그들의 영적인 중심 지점에 유일하신 참된 하나님과 동행하는 삶, 곧 "만물이 그로 말미암고 우리도 그로 말미암아 있느니라"(고전 8:6)라는 요소가 들어 있다. 그 하나님은 우리 구주 예수님을 통하여 우리를 그분의 소유로 인정하며 날마다 구원하신다. 예수 운동의 영적인 중심부와 주변에 그런 일이 일어나야 한다는 것을 깨닫지 못한다면, 삶과 공동체에 능력이 임해야 운동이 가능해진다는 것이 이해도 안 될 것이고, 능력을 달라고 구하지도 않을 것이다. 기독교 운동에 대하여 포괄적으로 연구한 스티븐 애디슨(Steven Addison)은 이런 합당한 결론에 도달했다. 즉, 운동들은 예수님의 임재와 소중함을 재발견하면서 생긴, 이른바 '백지 상태의 뜨거운 믿음'(white hot faith)으로

---

112 선교적 교회와 연계하여 히브리식 사상과 영성에 대해 훨씬 더 많은 탐구를 하고자 한다면 이 책을 보라. Frost와 Hirsh, 《새로운 교회가 온다》(the Shaping of Things to Come), 7장과 8장.

말미암아 처음부터 끝까지 유지되었다는 것이다.[113] 어떤 뜻으론 이것도 사도적 특성의 한 '요소'이기는 하지만, 그보다 훨씬 더 많은 양의 다른 것이 들어 있다. 바로 예수님의 주 되심이다. (내게는) 운동하는 내내 그리스도께서 맨 중앙에 계셔서 통치하신다는 인식이 총총히 박혀 있다. 사도적 특성이라는 DNA를 구성하는 여러 요소를 하나씩 풀어놓기 시작했는데, 우리가 반드시 기억해야 할 것이 있다. 결국, 이 모든 것은 그리스도 안에서 하나님이 하시는 일이다.

<hr />

메시지 정제하기

어떻게 초기 기독교(그리고 중국 지하 교회들) 운동이 그토록 놀랍게 성장했는지를 질문하면, 대부분의 사람들은 주로 "진실로 믿는 자였기 때문"이라고 답한다. 즉, 그들의 신앙은 가식이 없고 순수한 진짜 믿음이라서 성령의 능력이 임했고 그로 말미암아 성장할 수 있었다는 답변이다. 추측하건대, 기꺼이 순교할 정도의 믿음이 있는 자라면 그저 믿는 척하는 자와는 달리 실재하는 진짜 믿음을 가진 것이 틀림없다. 물론 하나님도 그를 사랑해서 그리스도 안에서 얼마든지 그에게 자신을 보여주신다. 그런 분들의 삶은 어떤 면에서 연구하든지 감동 그 자체이다. 박해는 더군다나 핍박받는 자들이 자기가 받은 메시지대로 삶을 살도록 한다. 그들은 예수님의 복음만 붙들게 되고 그것의 자유롭게 하는 능력을 경험한다.

그러나 그런 것보다 훨씬 더한 것이 있다. 핍박당하는 자가 아니면 받을 수 없는 박해가 주는 일종의 '선물'이 있다. 그것은 바로 메시지에서 정수를 뽑아내어 전혀 새로운 방식으로 그것에 접근할 수 있는 능력이다. 중국인의 예수 운동이 그 좋은 예이다. 겉으로 드러난 기구와 기준점이 일절 제거

<hr />

113 Addison, 《Movement Dynamics》, 2장.

되었고, 그들의 지도자와 신학자 대부분은 피살되거나 투옥되었고, 해외의 후원 단체와 연락이 완전히 끊겼다. 그때 그들은 어떻게든 다 잃고 텅 빈 그 환경을 겪어내야만 했다. 남은 것이라고는 하나님의 백성으로서 항상 들었던 메시지뿐이었다. 그래서 그 메시지만 강하게 부여잡고 몸부림쳐야 했다. 그 결과 역사 속에서 그것과 견줄 수 없는 예수 운동이 일어났다. 모든 예상을 뒤엎고 70년의 세월 속에 약 2백만 명에서 자그마치 근 1억 2천만 명으로 불어났다! 이에 무슨 일이 있었던 것이며, 서구에 있는 우리는 여기에서 무엇을 배워야 하는가?

박해 속에서 예수 운동은 지하로 들어갔고, 어쩔 수 없이 훨씬 더 세포 같은 조직을 가져야 했고, 서로서로 상대방이 그리스도인 공동체 소속이라는 것을 알아볼 수 있도록 신뢰를 바탕으로 한 관계망을 하나씩 배우면서 넓혀 갔다. 그런데 박해의 상황에서 생존하기 위하여 그들은 또한 불필요한 장애물은 모두 폐기해야 했다. 거기에는 에클레시아에 관한 거추장스러운 모든 개념과 전통도 포함된다. 어쩌면 무엇보다 중요한 일로서, 그들이 알고 있는 메시지 중에서 핵심만 추려내고 잘 다듬어서 믿음과 소망으로 그것을 지켰다. 그들은 호사를 누릴 시간도, 오직 전문적인 성직자나 이해하고 해석할 수 있는 무거운 조직 신학이나 교회론적인 교리도 없었다. 최대한 '가볍게 여행'해야 했다. 그러므로 일절 불필요한 복잡성은 제거했고, 그러는 과정에서 기적이 일어났다. 사람들이 그 핵심 메시지의 능력을 재발견했고, 그러자 운동이 시작되었다. 믿음의 주요 또 온전케 하시는 이인 예수님 한 분만 철저히 의지하는 그런 처음 신앙으로 다시 돌아갔다. 모든 위대한 운동의 중심부에는 순수 그리스도론(예수님은 누구시며 무엇을 하셨는지에 대한 본질적인 개념들)의 재발견이 있다. 즉, 신약 성경의 예수님을 고스란히 반영하는 것이다. 그 운동은 말 그대로 바로 '그 예수'의 운동이다.

이렇게 간소화하면 어떤 일이 벌어지는지 다른 측면에서 이야기해보자. 이른바, 연결된 선을 타고 메시지가 매우 빠른 속도로 전달되는 특성이 있다. 철학적인 색채가 짙은 학술적인 언어에서 벗어나고 전문적인 성직자에게 의존하지 않아도 되는 복음은 이제 마치 '재채기'하기 직전의 상황이 되었다. 재채기라는 표현이 뜬금없는 말이 아니다. 그에 관한 연구에 따르면, 재채기는 바이러스성 전염병과 매우 흡사한 유형으로 확산된다고 한다. 또한 '전염병'의 확산 경로를 보면, 한 사람이 다른 사람에게 그 병을 옮기는 방식이다. 전염된다는 것은 우선 누군가 그 병에 걸렸다는 것이고, 그 사람이 그저 다른 사람과 접촉했다는 것이다. 그래서인지 많은 사례에서 문맹자 집단의 감염률이 높다.[114] 이런 의미에서, 복음은 다시 한 번 사람들의 소유가 되어야 한다. 그것은 설명도 잘 안 해 주면서 묻지도 따지지도 못하게 하는 어떤 종교 기관의 전유물이 아니다(마 23). 사회나 종교가 서로 돕는 분위기이고 건강한 인간관계가 이루어지는 곳에는 사상의 전달이 쉬우므로 사회에(그리고 경제 상태나 시장에도) 변화를 주는 강력한 운동이 일어날 수 있다. 초대 교회에서나 또한 중국 혁명 기간에 복음과 관련한 상황이 바로 그러했다. 사람이 절망에 처하면 예수님께 매달려 기도하지 않을 수 없게 된다. 주의 성령께 의지하고, 복음의 메시지에 다른 것을 붙이지 않고 액면 그대로 받아들인다. 주님이며 구세주인 예수님의 말씀을 혼잡스럽게 만들지 않는다. 그래서 하나님의 백성 안에 본래 갖추어져 있는 선교적 권세가 겉으로 드러난다.

말씀의 메시지를 자기 것으로 삼아 그것을 집약하고 그대로 사는(심지어 순교하는) 이러한 운동의 현상은 사도적 특성의 본질이 뭔지를 보여주는 진정한 표지이다. 서구에서 어떻게 해서든 그것을 회복시켜야 한다. 우리의 맥락에서 메시지를 정제하기 위해서는, 다시 이야기하지만, 핵심이 무엇인

---

114 이는 어떻게 바울이 일주일 만에 교회를 개척할 수 있었고, 더는 그들을 가르치지 않아도 되었는지 잘 설명한다. 그들은 복음을 온전한 채로 받았기 때문이다(예를 들어 행 16:11-40; 17:1-9; 살전, 살후). 복음은 그리 복잡하지 않았기에 사람들은 사도를 일주일 이상 붙잡지 않아도 되었다. 성경 속 복음은 우리가 이렇게 만들어 놓아서 그렇지 복잡해 보이지 않는다.

지 이해해야 한다. 이른바, 성경의 으뜸가는 신학적 주제를 인식해야 한다. 즉, 우리의 삶에 대한 주권자 하나님의 구속적 요구(왕국과 언약)이다.

들으라 이스라엘

우리가 봤듯이, 박해가 하나님의 백성에게 준 '선물'은 교회의 중심 메시지에 대한 정화이다. 그럼 이제 이런 질문을 해본다. 그 메시지가 무엇인가? 완전히 간단하게 축약한 그것은 어떻게 생겼으며 어떤 느낌인가?[115] 역사적으로 괄목할만한 여러 예수 운동을 연구한 끝에 내가 내린 결론은, 각 운동의 비결이 그 바탕에 깔린 진정한 성경적 유일신 사상이란 것이다. 우리를 구원하여 자기 백성으로 삼으신 그 유일하신 하나님을 삶의 현장에서 만나야 한다는 그런 정신 말이다. 어떤 사람들에게는 이 소리가 너무나도 익숙해서 별로 놀랍지도 않고 사소하게 보일지 모르지만, 하나님은 유일하시다는 바로 이 믿음이 성경적 신앙과 그리고 역사 속에서 대단히 놀라웠던 여러 예수 운동의 중심부에 자리한다. 더는 작게 압축할 수 없는 이 확신이야말로 사도적 특성의 가장 중앙에 있는 진짜 모습이다.

이번 장에서는 우리의 신앙과 예수님을 따른다는 것의 의미를 히브리적 생활관에 비추어 재해석하려 한다. 그리고 그것은 신명기 6장 4,5절에 기초한, '쉐마 이스라엘'(들으라 이스라엘)이라 부르는 이스라엘의 기본 고백과 완전히 밀착한 불가분의 관계이다.[116]

신약에서 하나님의 백성이 '예수님은 주와 구세주이다'라고 고백하는 것은 단순히 예수께서 우리의 상전이고 우리는 그분의 하인이란 단언이 아니다. 그것이 틀리다는 것이 아니다. 그런 고백을 히브리적 맥락에서 보면, 그

---

115 나는 Michael Frost와 공저한 나의 책《ReJesus》에서 mDNA에 속한 이 요소에 담긴 의미를 그려 놓았다.

116 Deb와 나의 책, 《Untamed》에서 쉐마에 기초한 영성의 모델을 제시해놓았다.

것은 우선 예수님이 이스라엘에 메시야를 보내겠다는 언약의 성취란 의미이다. 그 고백은 그 옛날 '야웨는 주이시다'라며 우렁차게 울려 퍼졌던 이스라엘의 원초적인 고백으로 거슬러 올라간다. 엄밀히 말해서, 이 고백은 성경 계시에서 매우 중요한 주제들이 거론될 때마다 안 나오는 적이 없다. 하나님의 본성을 직접 다루는 주제는 물론이고, 왕이신 그분이 다스리는 세계에서 그분과의 관계를 이야기할 때, 그리고 사적으로든 집단으로든 우리 삶의 모든 영역에 영향을 끼치는 그분의 언약을 거론할 때 그러하다. 그것은 또한 구속사적 사건이 펼쳐지는 현장에서 하나님과 그분의 백성 사이에 언약 관계를 체결할 때, 그 계약 조문에 꼭 들어간다.

이러한 선언의 효력과 중요성을 바르게 이해하려면, 그것이 생긴 최초의 종교적 맥락에 그것을 놓고 봐야 한다. 그 당시는 종교 다원주의, 곧 다신교의 세상이었다. 고대 근동 지방에 살던 사람들은 바탕 자체가 매우 영적인 자들이었다. 그래서 삶을 신성하고 신비하며 마술이 가득한 것으로 인식했다. 다수의 신, 귀신, 천사가 있어 그것이 삶의 각 영역을 지배한다고 여겼다.[117] 영적인 것과 떨어진 삶은 존재하지 않았고, 대부분 성격도 매우 나쁜 무수한 잡신들이 인생사를 쥐락펴락하는 줄로 아는 그런 세상이었다.

그래서 예를 들면, 만일 당신이 그 시대 그곳에 사는 다신교도였는데 강가에 가서 물을 길어 와야 한다고 가정하면, 강물까지 가기 위해 주거지를 떠나 숲을 지나야 할 것이다. 겉보기에 그렇게 단순한 행위라도 당신은 신앙적 딜레마에 봉착해야 한다. 삶의 한 장면마다 그것을 주관하는 신들이

---

117 Encyclopedia Britannica, standard ed., CD-ROM은 다신론을 이렇게 정의한다.
다신론은 일반적으로 한 하나님을 신앙하는 유일신론의 전통을 공유하는 유대주의, 기독교, 그리고 이슬람 외에 사실상 다른 모든 종교의 특징이다. 때때로 다신론적 종교는 힌두교에 특별한 계급이 있는 것처럼 많은 신 위에 군림하며 헌신을 요구하는 최고의 창조자를 두기도 한다(또한 다수의 신을 최고 존재의 많은 양상과 동일시하기도 한다). 때로 신들은 불교의 경우 훨씬 더 높은 목표, 국가, 또는 구도의 길보다 상당히 덜 중요한 것으로 간주한다. 때로 한 신이 그리스 종교의 제우스처럼 전반적인 패권을 얻은 것도 아닌데 다른 신보다 훨씬 뛰어난 지배권을 행사하기도 한다. 전형적으로, 다신교 문화는 신들에 더하여 많은 악귀와 유령의 힘도 믿는다. 그리고 몇몇 초자연적인 존재가 해악을 끼치기도 한다. 심지어 유일신교에서도 신약 기독교 같은 경우 많은 귀신이 있다고 믿는다.

다 따로따로 있기 때문이다. 그래서 이런 별것도 아닌 행보조차 쉽지 않다. 영적인 위험투성이다. 물을 긷기 위해 당신이 늘 밟고 다니는 그 땅을 지나면서 바알의 심기를 건드리지 않으려면 반드시 희생물을 가져다 그곳 신당에서 제사해야 한다. 그런 다음 세월이 흘러 울창해진 그 으스스한 나무 숲을 지나야 한다. 우람한 나무들에는 드리아드(dryad, 나무의 님프)라고 불리는 고약한 요정들이 혹시 있을지도 모르니, 당신은 드리아드를 자극하지 않기 위하여 또 다시 규정된 예식에 따라 그 유별난 드리아드의 구미를 맞추어 줘야 한다. 당신의 신앙 속에는 강의 여신이 노하면 강물이 마르거나 홍수가 나는 등 재앙과 고통이 따른다는 생각이 꽉 들어차 있다. 그래서 일단 강에 도착하면 강물의 여신, 도통 그 속을 알아차릴 수 없는 신을 달래기 위해 희생 제물을 바쳐야 한다. 이렇듯 강가로 가는 단순한 행위 하나에도 정말이지 복잡한 종교적 절차가 따랐다.

다신교적 세계관의 영역에서 강물이나 땅의 예는 시작점에 불과하다. 삶의 모든 영역을 장악하여 대장 노릇 하려는 잡신들이 널려 있었다. 경제, 국가(정치), 가족, 전쟁, 풍요 등등. 다신교도로 사는 삶은 복잡할 뿐 아니라(잡신마다 취향이 달라 만나는 예법이 다 다름), 속속들이 미신적이었고(소소한 행동 하나가 엄청난 영적 결과를 초래한다는 식), 위험천만했다(선한 신 따위는 하나도 없고, 사실 어떤 것은 노골적으로 악을 분출함). 이는 이스라엘의 신앙적 맥락이 얼마나 압도적이었는지 보게 한다.

이런 맥락에서 쉐마가 나왔다.

"이스라엘아 들으라 우리 하나님 여호와는 오직 유일한 여호와이시니 너는 마음을 다하고 뜻을 다하고 힘을 다하여 네 하나님 여호와를 사랑하라 오늘 내가 네게 명하는 이 말씀을 너는 마음에 새기고 네 자녀에게 부지런히 가르치며 집에 앉았을 때에든지 길을 갈 때에든지 누워 있을 때에든지 일어날 때에든지 이 말씀을 강론할 것이며 너는 또 그것을 네 손목에 매어 기호를 삼으며 네 미간에 붙여 표로 삼고 또 네 집 문설주와 바깥 문에 기록할지니라"
(신 6:4-9).

이교도적인 종교 맥락 안에서 이런 선언에 담긴 함축적인 의미는 당대는 물론이거니와 그 이후에까지 영향을 미친다. 이것에 동의하는 개인(집단)은 더는 자기 자신의 삶의 영역에서 어떤 부분이 되었든 각종 잡신의 존재를 인정하지 않는다는 의미이다. 신전에 무슨 신, 정치에 관여하는 또 다른 어떤 신, 그 외 땅을 풍요롭게 만드는 신, 그리고 강의 신 등, 이런 것 자체를 두지 않는다. 대신에, 야웨 그 한 분(유일하신)만이 신, 곧 하나님이시다. 그 분만이 삶과 세상의 모든 영역을 통치할 권한을 가지신다. 야웨는 집, 토지, 정치, 노동, 그리고 기타 등등의 주님이시다. 신앙인으로서 할 마땅한 과업은 이 유일하신 하나님을 삶의 모든 영역 안에서 그리고 전 생애를 통해서 영화롭게 해드리는 것이다. 이런 이유에서이다. "이는 만물이 주에게서 나오고 주로 말미암고 주에게로 돌아감이라"(롬 11:36).

이것은 예배의 기본 바탕일 뿐만 아니라, 이후에도 계속 살피겠지만, 신앙적 과업이란 측면에서 제자도의 핵을 이루는 중심 의제이기도 하다. 그것은 이스라엘이 다수 잡신의 독재 아래가 아니라, 주 되신 유일한 하나님의 구원하심 아래 그 또는 그녀가 삶을 살도록 부르는 소명이다. 따라서 이스라엘과 야웨 사이에 언약이 체결되었고, 그 후로 이스라엘은 그 모든 삶을 걸고 야웨만을 인정하며 우상과 거짓 신들은 완전히 금해야 했다(출 20:2-5).

하나님의 나라는 광범위한 분야에서 충성심을 요구한다.

인간의 의식에 하나님이 들어오시면, '평안과 안전'을 추구하던 의지가 그의 삶 구석구석에서 모두 자취를 감춘다. 삶이 온통 연약한 것 투성이가 된다. 칸막이벽에 싸여 나 혼자만의 공간이 되었던 방의 벽이 폭발로 날아가 버린다. 하나님의 택함을 받은 사람에게 그분은 완전무결한 요구에 절대복종해야 하는 막중한 의무를 부여한다.[118]

야웨의 주 되심이 성립하는 즉시 은혜로 되는 구원이 임하고, 그뿐 아니라 그분의 빈틈없이 완벽한 요구에 응해야 한다. 성경적 신앙에는 구원과 주 되심이 불가분한 관계이다. 따라서 히브리적 관점에서 유일신 사상은 헬레니즘의 신학자들처럼 본질에 있어서 하나로 존재하는 영원하신 하나님이라는 식으로 풀어서 설명하지 않고, 대신에 그분의 존재에 대해 선언한다. 즉, 존재하는 신은 오직 하나님 한 분뿐이며, 그분만이 삶의 모든 영역의 주님이다. 유일하신 언약의 왕이다.

반복되지만, 히브리적 사상의 가장 앞부분을 차지하는 특성은 지극히 현실적이며 실제적이라는 것이다. 다신교 사상은 삶을 여러 구역으로 분류하고 그 각각에 엄청난 힘을 할당해놓는다. 그러나 유대인 철학자 모리스 프리드만(Maurice Friedman)이 한 말처럼 "이스라엘 세계에서 신앙(인)은 … 단지 그 신성의 '영적'인 관점만으로는 '이방인'과 별반 다르지 않다. 그러나 (대신에) 신과 개인적으로 돈독한 관계를 맺을 수 있다는 점과 그 신에게 모든 것을 아뢸 수 있다는 점에서 크게 다르다."[119] 유일신 사상을 가진 자들은(진정한 성경적 신자들) 인생의 목적과 자기 존재 이유에서 오직 하나의 기준만을 가진다. 이름하여, 하나님이다. 쉐마는 이런 완전하고 우리 삶 전체에 영향을 주는 선언의 출발점이며 원초적 사례이다. 그래서 쉐마를 신학적 존재론(사람의 본분)을 담은 내용이라고 하기보다는 언약적 충성 맹세라고 부르는 것이 낫다.[120] 그것은 신학만이 아니라 한 걸음 더 나아가 세계관,

---

118 Minear, 《Eyes of Faith》, 115.

119 Friedman, 《Martin Buber》, 242.

120 존재론(ontology)은 '존재'(ontos)의 특성을 철학적으로 살피는 것이다. 헬레니즘/플라톤적 사고의 영향을 받은 크리스텐덤 교회의 손 안에서, 신학은 물리적 성질보다는 형이상학(존재, 지식, 구성요소, 원인, 정체성, 시간, 그리고 공간

곧 믿는 자가 삶을 어떤 방향으로 살아야 하는지에까지 영향을 미친다. 이는 우리가 반드시 어떤 마음과 자세로 생활하며 믿어야 하는지 알려 준다.

신학자 폴 미니어(Paul Minear)의 말에 귀 기울여 보자.

하나님의 독보적인 주권은 그분의 뜻을 거스르는 모든 세력을 포함하여 여타 잡신들을 다 털어버릴 때 비로소 실감한다. 말하자면, 성경 기자들이 유일신 사상을 갖게 된 계기는 극히 추상적인 사색을 단계적으로 하다가 그렇게 된 것도 아니고, 다신론 사상에서 벗어나기 위해 나름 발버둥치다 최종 순간에 얻은 것도 아니며, 모든 잡신을 하나로 규합하여 짜 맞춰놓다 보니 그런 것도 아니다(힌두교처럼). 그 유일하신 하나님을 어떤 특정 인물이 결정적으로 현실에서 직접 만났고, 그로 인해 자기가 신으로 여겼던 모든 잡신을 권좌에서 퇴출한 것뿐이다.

이것은 왜 초기 그리스도인들이 지존하신 하나님의 최종적인 현현인 예수께 그토록 전적으로 순종했는지 설명하는 데 도움이 된다. … 그분과 함께라면 세상에서 죽음도 불사하는 그 원인과 비결이 무엇이냐 하면, 그들이 직접 경험한 하나님에 대한 참된 지식과 하나님으로부터 임하는 진정한 권능이었다. 그리고 하나님이 유일하시다는 바로 이 메시지가 그들이 거짓 잡신들을 가차 없이 퇴출하게 했다. 그들에게 있어서 이방 잡신들과 싸움 따위는 있을 필요도 없는 일이었다.

그리스도인의 신앙은 단순히 '하나님은 유일하시다'라고 말하는 것에 그치지 않는다. 마귀는 그것을 안다. 그리스도인이라면 누구나 하나님의 행하심을 믿고, 그분의 권세를 의지하며, 그분의 약속을 소망하고, 그분의 뜻을 행

과 같은 추상적 개념을 포함하여 사물의 제1 원리를 다루는 철학의 한 분야)에 더 많은 관심을 두면서 상당히 사변적인 학문이 되었다. 그러므로 존재론적 신학은 우리의 인생에 존재하는 하나님의 요구에 초점을 맞추는 대신 그분의 영원성(그분의 내적 본질)에 집중한다. 성경 전체에서 그런 종류의 본질을 찾는 것이 거의 불가능한데도, 서구의 전통에서는 신학자들의 주요 관심사가 거기에 여전히 머물러 있었고, 또한 현재에도 그러하다.

2부 | '사도적 특성'의 중심부 여행하기

하기 위해 기꺼이 자기 자신을 버린다. 주님은 오직 한 분뿐이신 살아계신 하나님이라는 이런 지식이 있는 맥락 속에는 여지없이 그런 뜨거운 소명감이 차고 넘친다. 그리고 이런 지식은 마귀와 그 활동을 대적하는 일에 앞서 훨씬 더 시급히 필요하다. 다함없는 사랑, 그치지 않는 자기 부인, 한없는 열정으로 박차를 가해 무조건 순종하는 그러한 '유일신 사상'의 온전한 본은 인간으로 오셔서 자기를 나타낸 그 한 분, 예수님이다.[121]

'질투'하시는 하나님의 개념도 반드시 이런 견지에서 이해해야 한다(출 20:5; 34:14; 신 4:24; 기타 등등). 질투란 하나님 외에 다른 그 어떤 것도 그분의 백성을 통치할 수 없다는 그분의 거부권 행사이다. 그것은 하나님 안에 그런 부정적인 반응에 해당하는 감정이 있다는 뜻이 아니다. 우상을 강하게 거절하시는 하나님의 요구를 그렇게 겉으로 드러낸 것뿐이다.[122] 하나님은 추호도 우리를 거짓 잡신들과 연계하지 않으신다. 단지 우상숭배가 우리에게 해를 가하고 파멸을 초래하기 때문에 그러시는 것이지, 하나님이 '질투심'을 느껴서 그런 것이 아니다.

하나님께 달린 인간 만사

오직 하나님 한 분뿐이다. 그래서 우리의 평생 과업은 인간 만사를 공적이든 사적이든 이 유일하신 야웨 하나님 아래 내려놓는 일이다. 이런 '실천적인 유일신 신앙'이 이스라엘 자손의 삶 중앙을 차지한다. 그러니 성경에 담긴 신앙관 역시 그와 같을 수밖에 없다. 이런 고백을 바탕으로 모든 일이 돌

---

121 Minear, 《Eyes of Faith》, 2526.

122 나의 애완견 루비는 질투심이 많다. 내가 다른 개들 귀여워하면, 나와 그것들 틈을 비집고 들어와서 못 만지게 한다. 이런 행동에서 배타적인 요구의 특성에 대한 통찰을 얻는다.

아간다. 심지어 토라('교훈'이란 뜻)의 내용도 모조리 그쪽을 향한다. 오경을 읽는 사람마다 유일신 사상과 연관한 너무도 철두철미한 비선형적 논리를 접하고 깜짝 놀라지 않을 수 없다. 이 주제를 보아도 있고, 한참을 건너뛰고 다른 주제를 보아도 있으며, 진지한 신학적 문제를 다루는 구절에도 있고, 바로 이어지는 시시하게 보이는 구절에도 있다.

어떤 한 구절은 성소에 계신 하나님께 이스라엘 자손이 나아가는 일을 다룬다. 바로 다음 구절은 어떤 사람의 나귀가 구덩이에 빠졌을 때 해야 할 일을 이야기한다. 그다음은 부엌에 핀 곰팡이 처리법을 다루며, 이어서 여성의 월경 주기에 대하여 말한다. 앞뒤가 전혀 맞지도 않고 본문의 흐름상 무슨 논리적인 연속성도 없어 보인다. 이것이 대체 뭔가? 무슨 뜻으로 이런 말씀을 하는 것인가?[123]

토라에 이같은 비선형적인 '논리'가 존재하는 데는 실제적인 측면에서 매우 심오한 뜻이 있다. 바로 우리가 삶의 모든 양상을 하나님과 연결할 수 있도록 훈련하려는 취지이다. 토라를 신실하게 따른다면 그것이 곰팡이가 되었든 성소 예배가 되었든, 모든 부분에서 인간 만사를 야웨와 직접 연결하게 된다. 그러므로 개인의 노동, 가정생활, 건강, 예배 등 모든 일은 하나님을 위하여 다 중요하다. 그분은 소위 영적인 차원만이 아니라, 믿는 자가 사는 삶의 모든 양상에 관심이 있다.

서구의 오랜 신앙 전통에서는 '신앙심'을 따로 분류하여(수녀와 수사를 특별한 자로 구분하여 '수도자'라고 하듯) 삶의 한 특정 부분으로 여기는 경향이 있는 반면에, 히브리적 사고에서는 '신앙심'을 별도로 떼어서 구분하지 않고

---

123 Frost와 Hirsch, 《새로운 교회가 온다》(the Shaping of Things to Come), 126.

인생만사와 연결하여 생각한다. … 인간 만사는 살아계신 하나님과 잠시 잠깐도 뗄 수 없는 관계이기에 신성하다.[124]

히브리적 관점은 삶의 양상에 있어서 그것이 일부이든 전부이든 하나님의 영원한 목적과 직접 연결되어 있어 양자 간에 서로 관계한다고 본다. 이것이 바로 토라 고유의 논리이다. 그것은 유일신 사상에서 자연스럽게 확장하여 나온 것이다. 이른바, 야웨는 인간 만사의 주인이다. '종교 구역'이 따로 있는 것이 아니다! 사실상 토라는 오리엔테이션의 한 훈련 과정일 뿐이다. 바울은 토라를 가리켜 '초등교사' 또는 '후견인'이라 칭했다(갈 3:19-4:5). 그것은 토라(대부분의 성경 번역본에서 보통 '율법'이라고 번역함)가 우리에게 경건을 훈련하여 하나님 쪽으로 향하도록 한다는 의미이다. 그래서 토라는 우리를 예수께로 인도한다. 이것이 바로 토라가 가진, 그리고 가졌던 본래 기능이다.

이것을 좀 더 명쾌하게 이야기하자면, 성경적 세계관에서는 달리 신성한 것도 그렇다고 세속적인 것도 없다는 것이다. 세상 그 어느 것도 주 되신 야웨의 통치권 아래 들지 않는 것은 없다는 뜻이다. 인간 만사는 하나님에게 달렸고, 참된 거룩함은 우리 삶의 모든 영역을 하나님 아래 가져다 놓는 것을 의미한다. 이런 것이 성경이 말하는 예배의 참모습이다. 그것이 바로 우리의 마음과 정성과 힘을 다하여 하나님을 사랑한다는 의미이다. 앞으로 그것이 끼치는 영향에 대하여 몇 가지 다룰 것이지만, 우선 지금 우리는 어떻게 예수님이 상황을 달라지게 하시는지 생각해봐야 한다.

124 Ibid.

성육신은 하나님의 본성이나 성경의 근본적인 실천적 유일신 사상을 달라지게 하지 않는다. 도리어 유일신 사상이 신약의 주인공이신 예수 그리스도 주변으로 편성되도록 재구성한다. 이제는 우리의 계시자이며 구원자로 오신 주 예수 그리스도 안에서만 밝히 드러나고, 예수님을 통해야만 나아갈 수 있는 그 하나님에게 우리의 충성을 바쳐야 한다. 그분은 우리가 하나님과 관계를 맺는 데 있어서 집중해서 응시해야 할 중심축이다. 우리는 그분과 밀착되어 있다. 그분은 단순히 새 언약을 시작하신 분이 아니다. 그분 자신이 바로 새 언약이다. 이에 우리에게는 강조점에 따라 차원이 달라지는 두 개의 절로 된 문구가 있다.

초대 교회가 '예수는 주님이시다'라고 선포했을 때, 그것은 이스라엘이 쉐마에서 하나님의 주 되심을 선언한 것과 확실히 일치하는 방식, 그리고 정확히 같은 의미로 그렇게 한 것이다. 종교적 환경은 기본 틀에서 달라진 것이 그리 많지 않았다(아예 같았다). 다신교는 초대 교회 시대에도 만연했다. 그것은 지금 우리 시대에도 마찬가지이다. 가나안에서 쓰던 잡신들 명칭(바알, 아세라 등)이 그리스 로마식(비너스, 다이아나, 아폴로 등)으로 바뀌었다. 한편 거기에서 오늘날의 로맨틱한 사랑, 소비주의, 이데올로기, 자기계발(self-help) 종교가 나왔다. 본질에서 그 고백은 선언 내용도 그렇고 그 영향도 같다. 예수님의 통치에 대한 이런 충성은 초기 그리스도인들이 어째서 그토록 가혹하게 로마에 의해 핍박을 받아야 했는지 그 실제적인 이유가 된다. 로마인의 신 의식에서, 황제는 신의 현신이라서 온전한 충성을 바쳐야 한다고 여겼다. 게다가 정치적으로 탁월했던 로마는 식민지로 삼은 국가의 모든 잡신을 한데 모아 황제권 아래 복속시켜 놓고, 그것을 신앙화하여 한층 심화한 종교 통합을 이뤄 다양한 정체 체제를 가진 제국이 유지될 수 있게 했다. 식민지 국민마다 토속신앙을 그대로 가질 수 있었는데, 그러려면 황제가 자기들의 주(主)라는 것을 자발적으로 인정하면 되었다. 피

정복지 백성들이 로마의 신을 최고신으로 고백하기만 하면 되므로, 사람들은 대수롭지 않게 그것을 받아들였다(유대인과 그리스도인들은 제외). 그 영향으로 제국의 종교들이 통합되었을 것이고, 사람들은 국가에 예속했을 것이다.[125] 과연 다 그랬을까?

초대 교회는 황제의 지배권을 인정하는 고백을 거부했다. 초기 그리스도인들은 예수님을 로마의 신화에나 나오는 잡신 가운데 하나처럼 여기는 것을 거절했다. 그들 입술에 담은 '예수는 주님이시다'라는 고백은 당시 맥락에서 가이사의 통치와 다른 모든 정치적 지위가 가지는 절대적 권한을 사실상 약화시키는 심히 파괴적인 것이었다. 그리스도인들은 모든 삶을 예수님의 주 되심 아래 두고 싶어 했다. 이는 가이사의 주인 됨을 타도한다는 의미였다. 황제들 모두 이를 너무도 분명히 알았기에 가혹한 박해를 가했다. 실로 우리의 영적 선조들이 유일신 사상에 담긴 내적인 의미를 현실 속에서 참으로 잘 이해했다는 점이 중요하다. 그들은 예수께서 주님이시란 것과 이런 주 되심에 철저히 충성하기 위해 다른 모든 것은 실제로 배제해야 한다는 것을 알았다. 그들은 이것이 신앙의 핵심이며, 그래서 그것을 포기할 수도 없고, 해서도 안 된다는 것을 인식했다.

이런 상황은 현대에 들어서 중국의 지하 교회 그리스도인들에게도 아주 똑같았다는 것이 드러났다. 그들은 공산주의 국가가 시키는 대로 살겠다는 맹세를 하지 않았다. 그 맹세를 따르려면 지존하신 그리스도의 주 되심을 완전히 버려야 하기 때문이다.[126] 신앙적인 이유로 최고 권력 기관인 정부와의 충돌도 마다하지 않는 이런 모습에 끌렸기 때문에, 나는 사도적 특성의

---

125 이것은 콘스탄틴이 기독교를 공식적인 국가 종교로 삼았을 때 하려 했던 바로 그 일이었다. 교회와 국가를 통합하여 황제의 통치 아래 두려 했던 것이다. 사실상 그는 폰티펙스 막시무스(Pontifex Maximus)라는 칭호를 유지했다. 이는 로마 종교 체제에서 최고 사제를 가리키는 명칭이다. 로마 제국의 몰락 이후 교황에게 실제로 이 칭호를 갖다 붙인 것은 우연이 아니다.

126 중국의 로드십 신학(lordship theology)과 상태를 설명한 Lambert, 《China's Christian Missions》, 193을 참조하라.

특성을 소개하기 위한 사례로 이 두 가지를 선정한 것이다. 두 사례 모두, 그리스도인들이 자기가 가진 기본적인 신앙을 부인하는 대신에 기꺼이 죽었다. 그 안에는 그리스도인으로서 했던 그 핵심 고백이 담겨 있다.

예수와 유일신 사상

그렇다면 신약 계시는 유일신 사상에 대하여 어떻게 성경적으로 설명하는가? 하나님은 본질에 있어서 삼위일체로 존재하신다는 것을 확증하면서, 신약은 성삼위의 각 위격이 인간 구원을 위해 각기 특별한 역할을 하신다고 계시한다. 신적 본질 안에 각 역할을 하는 삼위께서 하나로 존재하신다는 것을 분명히 밝히면서도 성경은 전체에 걸쳐서 하나님의 유일성을 강조한다. 신약의 그리스도인들은 쉐마와 유일신 사상에 대한 그들의 처음 신앙에서 단 한 올도 빼낸 것이 없다. 정확히 그 이유는, 내가 또박또박 틀리지 않게 말해서, 이 유일신 사상을 하나님의 백성이 신앙의 중심을 지키도록 이끄는 지배 이념으로 여겼기 때문이다.[127] 이것이 가장 선명하게 드러나 있는 것은 예수께서 광범위하게 사용하셨던 '하나님의 나라/천국'이란 표현이다. 하나님의 나라는 하나님의 주 되심 아래 사는 것을 지칭한다(나라=하나님의 통치). 그래서 예수님이 마태복음 6장 33절에서 이렇게 말씀하신다. "그런즉 너희는 먼저 그의 나라와 그의 의를 구하라 그리하면 이 모든 것을 너희에게 더하시리라." 그분이 하신 이 말씀은 쉐마의 기본 역학과 완전히 일치한다. 하나님은 우리에게 그 나라를 요구하신다. 즉, '일의 맨 끝'(business end)은 모든 삶을 굴복하여 예수님의 통치를 받는 것이다.

신약 계시가 밝히고 있는 것은 성삼위 가운데 두 번째 위격께서 그분이 맡은 구속하는 역할을 이행하여 죽음과 부활로 세상을 구원한 것과, 또한

---

127 나는 최근에 빼어난 신약 학자인 N. T. Wright의 글에서 일신론과 기독교에 대하여 자세히 연구한 내용을 우연히 접했다. 신약의 유일신론에 대하여 자세히 알려드리려고, 그의 책, 《Paul》, 83–107에 있는 '하나님 재고하기'(Rethinking God)의 내용을 적어 놓았다.

아버지 우편에서 주님으로서 실제로 통치하신다는 내용이다(참조 구절 마 26:64; 막 12:35-36, 14:62, 16:19; 행 2:32-33; 롬 8:34). 그 당시 왕의 우편에 앉았다는 표현은 특권을 갖고서 집행권을 행사하는 지위에 있다는 뜻이다.

그러나 예수께서 집행권을 행사하는 주님이시란 교훈은 단순히 어떤 특권을 가진 위치에 계신다는 것보다 더 심오한 뜻이 있다. 바울은 실제 통치를 하는 현실적인 기능 수행은 평소 성부께서 하셨던 일인데, 이제 그것이 예수님에게 이양되었다고 밝힌다.

"그의 능력이 그리스도 안에서 역사하사 죽은 자들 가운데서 다시 살리시고 하늘에서 자기의 오른편에 앉히사 모든 통치와 권세와 능력과 주권과 이 세상뿐 아니라 오는 세상에 일컫는 모든 이름 위에 뛰어나게 하시고 또 만물을 그의 발 아래에 복종하게 하시고 그를 만물 위에 교회의 머리로 삼으셨느니라 교회는 그의 몸이니 만물 안에서 만물을 충만하게 하시는 이의 충만함이니라"(엡 1:20-23).

고린도전서 15장 25-28절에서 바울은 이르기를, "그(예수)가 모든 원수를 그 발 아래에 둘 때까지 반드시 왕 노릇 하시리니 … 만물을 그에게 복종하게 하실 때에는 아들 자신도 그때에 만물을 자기에게 복종하게 하신 이에게 복종하게 되리니 이는 하나님이 만유의 주로서 만유 안에 계시려 하심이라"라고 한다.

이렇게 예수님의 역할을 중심으로 성경적 유일신 사상을 재정의하는 것을 가리켜 그리스도 중심(Christocentric)의 유일신론이라고 한다. 하나님에 대한 우리의 충성을 이제 예수 그리스도의 인격(신성)과 사역 중심으로 재편성한 것이기 때문이다. 따라서 예수님은 우리와 하나님과의 관계에 있어서 구심점이다. 그분께 우리의 헌신과 충성을 다 바쳐야 한다. 예수는 주님이시다! 그리고 이런 주 되심은 구약에서 그랬던 것과 똑같은 방식으로 표현된다. 하나님이 그 언약에서 요구하셨던 것처럼 주 되심이 우리 삶 전체를 뒤덮어야 한다. 그것은 기독교 신조와 신앙고백의 흔들리지 않는 심지이다. 그리고 그것은 하나님의 어떠하심(the nature of God himself)에만 국한되지 않는다. 우리의 삶에 실제적인 영향을 끼친다.

우리 주님이 친히 하신 말씀에 귀 기울여 들어보면 쉐마가 지금도 여전히 유효하다는 것을 확실히 알 수 있다.

"서기관 중 한 사람이 그들이 변론하는 것을 듣고 예수께서 잘 대답하신 줄을 알고 나아와 묻되 모든 계명 중에 첫째가 무엇이니이까 예수께서 대답하시되 첫째는 이것이니 이스라엘아 들으라 주 곧 우리 하나님은 유일한 주시라 네 마음을 다하고 목숨을 다하고 뜻을 다하고 힘을 다하여 주 너의 하나님을 사랑하라 하신 것이요 둘째는 이것이니 네 이웃을 네 자신과 같이 사랑하라 하신 것이라 이보다 더 큰 계명이 없느니라"(막 12:28-31).

쉐마라 하는 이 분명한 교훈은 신약 전체에 걸쳐 면면히 흐르고 있다. 그것을 지금 그리스도이신 주께서 재차 확인해 주신 것이다. 성경에 터 잡은 모든 진실한 신앙 속에는 쉐마를 통해 주려 하는 유일신 사상이 배어 있게 마련이다.

메시야 / 메시야적

명백한 사실이지만 종종 간과하게 되는 것을 여기에서 간략하게 재차 거론하고 싶다. 진정한 선교적 기독교가 되도록, 완전무결하게 그것의 본질적인 의미를 규정하는 역할을 하는 이는 인성을 지닌 예수님 안에 계시된 하나님이다.[128] 이제는 우리가 하나님에 대하여 무엇을 알고 싶어 하든지 간에 인류 역사 속에 오셔서 실제로 죽었다가 다시 사신 예수님 안에서 하나님이 그것을 우리에게 밝히 드러내 알게 한다. 달리 말해서, 하나님께 나아가는 길은 예수님 외에는 없다. 운동하는 우리의 정체성, 또한 그분의 백성으로서 우리의 미래는 성삼위의 제2위이신 예수님과 밀접하게 연결되어 있다. 사실상 우리와 하나님과의 관계는 오직 중보자를 통해서만 가능하다. 예수님이 '그 길'이다. 그분으로 말미암지 않고는 아무도 아버지께로 올 자가 없다(요 14:6). 그 길만이 우리를 확실한 그리스도의 사람이 되게 한다. 이를 가리켜 나는 '메시야/메시아적'이라고 칭한다. 즉, 예수님의 모든 것이, 곧 그분이, 그분의 인격이, 그분의 사역이 다 메시야적이라는 사상이다. 조금도 감하지 않고, 그분의 이름을 주장하는 운동의 가장 바탕이 되는 고정틀이 바로 메시야이다. 믿음의 주를 따르는 우리는 개인으로나 집단으로 항상 그분과 하나 되기만을 고대해야 한다. 만일 그 운동이 믿음의 주와 같은 모양, 같은 행동, 같은 목소리가 아니라면, 뭔가 크게 잘못된 것이다.[129]

핵심을 짚어 보자면, 여하튼 기독교는 믿음의 주이신 그분의 삶, 영성, 가르침, 그리고 사명을 확실하게 시종일관하여 구현하려는 메시야적 운동이다. 우리는 그것과는 다른 너무도 많은 일을 벌이고 있지만, 메시야 운동은 실로 매우 간단하다. 제자도란 우리의 주님이며 믿음의 주이신 예수님과 같아지는 것이다. 그분의 삶이 마치 나/우리의 삶인 것처럼 똑같이 경험하는 것이다. 그래서 그것을 교회가 중점적으로 해야 할 과업으로 삼는 것이다. 그것은 우리의 모든 말과 행동의 경계가 그리스도여야 한다는 뜻이다. 또한 진정한 기독교 정신을 회복하기 위해서는 우리의 관심을 되돌려 그

---

128 Frost와 Hirsch, 《새로운 교회가 온다》(the Shaping of Things to Come), 105–114를 참조하라.

129 예수님의 중요성을 그분 백성의 특징과 사명에서 살펴보려면, 그것을 다룬 Mike Frost와 공저한 나의 책, 《ReJesus》를 독자 제위께 권한다.

모든 것의 뿌리인 분께 집중해야 하며, 주 예수님의 인격과 사역을 기준점으로 삼아 우리 자신과 조직을 재보정해야 한다. 그것은 복음을 마치 우리가 반드시 익혀야 하는 교과서처럼 진지하게 받아들여야 한다는 의미이다. 신앙 밖에 있는 사람들과 관련하여서는 예수님 같이 행동해야 한다는 뜻이다. 마치 '예수 그리스도 – 왕따들의 친구'라고 써 붙이고 세계 일주를 하며 불법을 일삼는 폭주족들을 위해 의미심장한 선교적 운동을 하는 '하나님의 소대원들'(God's Squad)처럼 말이다.

성과 속을 초월하는 기독교

그러므로 진정한 메시야적 유일신 사상은 '성스러운 것'(sacred)과 '세속적인 것'(secular) 사이를 구분하는 그 어떤 거짓된 개념도 용납하지 않는다. 아브라함 카이퍼(Abraham Kuyper)는 이러한 이해를 피력한 바 있다. "우리 인간 존재의 모든 영역 안에 '내니 두려워 말라!' 하시며 모든 것을 주관하는 주권자 예수를 벗어난 부분은 단 1제곱 인치도 없다."[130] 세상과 그 안에 있는 만물은 하나님께 속했고 예수님 안에서 그리고 그분으로 말미암아 저가 친히 그것들을 자기 아래 두어 주재하신다면, 본질에서 하나님의 통치가 미치지 않는 삶의 범주는 아예 존재할 수조차 없다. 우리 삶과 우리 문화 속에 하나님 안 계신 구역이 있을 수 없다.

만일 그렇다면, 교회가 크든 작든 신식이든 구식이든, 그곳을 특별히 '성별한 공간'으로 설정하려 든다면 인간 소통에 있어서 성과 속을 가려야 하는 심각한 난국에 처하게 될 것이다. 어느 장소를 소위 '거룩한 곳'으로 신성시해놓으면 그 나머지 생활공간은 무엇이라 말해야 하는가? 그곳에는 거룩함이 없는가? 공간을 분배하여 한쪽을 거룩하다고 칭하고 나면, 그것에 함축된 의미로 보면 그 외 다른 모든 공간은 '거룩하지 않은 곳'이 된다. 삶

---

130 Kuyper, 《Sphere Sovereignty》, 488.

에서도 마찬가지로, 그런 식이라면 인생 대부분 분야가 하나님 없는 또는 세속적인 영역이 되고 만다. 별도의 신성한 공간을 따로 만들려는 수고 대신에, 성경의 유일신 사상에서 얻은 추진력으로 우리 삶의 모든 양상과 차원을 거룩하게 해야 한다. 가족, 일, 놀이, 경쟁 등등을 말이다. 으스스한 종교 구역을 만들어 거기로 하나님의 임재를 제한하지 말아야 한다.[131]

나는 이런 예를 통해서라도 성속을 구분하는 사상인 이원론이 얼마나 깊게 우리의 이해 속에 파고 들어왔는지, 그래서 인생의 모든 관점을 제대로 가지는 데 성경의 유일신 사상이 얼마나 유익한지 분명히 밝히려 할 따름이다. 이원론은 하나님, 그분의 백성, 그리고 그분의 세상에 대한 우리의 경험을 일그러뜨린다.

이원론적인 영적 패러다임을 가진 사람들은 하나님이란 존재를 교회에 기반을 둔 신으로, 그리고 지극히 사적인 종교의 대상으로 여긴다. 교회를 거룩한 공간으로 인식한다. 아주 우아한 건축물, 조명, 음악, 성례전, 종교적 언어 및 문화를 한데 묶어, 이것을 가지고 아예 거룩한 이벤트를 만들어 바깥 인생사에서는 그와 똑같은 경험을 할 수 없도록 한다. 달리 말해, 우리는 하나님을 경험하려면 교회에 가야 하고, 그곳에 하나님이 계시다고 믿는다. (그러나 그분은 어디든 계시며, 자기 백성과 함께 거하는 것을 특히 좋아하신다). 이러한 방식은 매우 바로잡기 힘든 그릇된 개념을 형성하는 경향이 있다. 즉, 하나님은 그러한 장소에 가야만 만날 수 있고, 또한 그런 만남을 가지려면 중재를 위해 공교하게 제작한 사제(목회자)용 성물이 필요하다(요 4:20-24).

이런 이원론적인 영성에는 주르륵 달린 것이 많다. 아마 제일 앞에 달린 것을 꼽으라면 주일과 월요일을 서로 끊어진 날로 여기는 생각일 것이다.

---

131 이는 예배나 혹은 교회에 대한 우리의 이해와 경험에서 미학(aesthetics)이 하는 역할이 필요없다는 말이 아니다. 오히려 유일신 사상을 추진하고 선교적 과업을 한다면서 미학과 결별하면 성과 속을 훨씬 더 많이 구분하게 되며, 우리의 경우에는 영성을 매우 개인적이고 신앙적인 영역에 할당하게 된다. 크리스텐덤에서 다들 그렇게 한다. 그래서 어디든 계시는 하나님이심에도 불구하고 우리의 이해에 많은 왜곡이 있다.

우리는 주일에는 어떤 형태로든 하나님을 경험한다. 그러나 월요일은 완전 별개의 문제이다. "이것이 '실제 세상'이고 여기서는 완전히 다른 일들이 벌어진다." 전임 목회자로서 우리는 그와 엇비슷한 말을 정말 자주 듣지 않는가? "이해 못 할 거예요. 내가 얼마나 힘든지 말로 해서는 모르니까요. 당신은 교회에서 믿는 자들과만 상대하잖아요" 등등. 두 개의 '삶의 영역', 성스러운 곳과 세속적인 곳, 이렇게 나눠 놓으면 양쪽은 완전 다른 것이고, 방향도 정반대라고 인식할 수밖에 없다. 이원론에 빠지면 믿는 자는 거룩한 영역 그 한쪽에서도 살아야 하고, 그리고 다른 쪽인 세속 속에서도 살아야 한다. 교회에서 우리는 이런 이원론적인 무언의 메시지로 서로 소통하는 것이 현실이다. 결국, 메시지보다 더 중요한 것은 매체이다. 그래서 이원론(매체)은 사람들이 본질적으로 뒤틀어진 방향에서 만사(메시지)를 보게 한다. 하나님을 종교 영역에 갇혀 계시는 분으로 보게 만드는 것이다. 이원론이 만든 공허에 채워지는 것이라고는 우상과 속임과 불완전으로 가득한 허울 좋은 예배뿐이다.

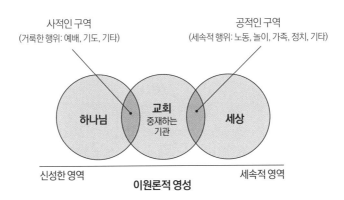

이제, 같은 요소를 이용하여 하나님, 교회, 그리고 세상을 비이원론적인 이해로 재편성하면, 다음과 같은 도식으로 바뀐다.

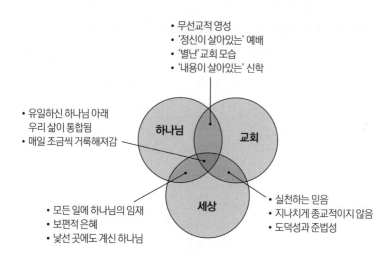

- 무선교적 영성
- '정신이 살아있는' 예배
- '별난' 교회 모습
- '내용이 살아있는' 신학

- 유일하신 하나님 아래
  우리 삶이 통합됨
- 매일 조금씩 거룩해져감

하나님

교회

- 모든 일에 하나님의 임재
- 보편적 은혜
- 낯선 곳에도 계신 하나님

세상

- 실천하는 믿음
- 지나치게 종교적이지 않음
- 도덕성과 준법성

예수는 모든 것의 주님이시다
(비이원론적 영성)

이 방식은 믿음의 시각을 가지고 삶의 모든 면을 전망해 본 것이다. 성(聖)과 속(俗)으로 구별하는 그 거짓된 이원론을 거부하고 우리 삶을 모두 예수께 드려야 진짜 거룩한 삶을 살 수 있다. 우리 인생에서 하나님의 이런 통치 아래로 가져가지 못할 일도, 그리고 그렇게 해서는 안 될 일도 없다. 우리의 평생 과업은 우리 삶과 공동체를 구성하고 있는 다양한 요소를 잘 통합하여 그것을 예수 그리스도 안에서 우리에게 나타나신 유일한 하나님 아래 가져다 놓는 것이다.

이렇게 하는 것을 실패할 경우, 비록 우리가 유일신 신앙을 고백하는 자라 할지라도, 다신론 숭배자와 그 생활에 있어서는 다를 바 없다. 이원론에 잡힌 신앙인의 행동은 항상 실천하는 면에서 다신론자와 같은 결론에 도달한다. 우리 삶의 영역마다 각각 그것을 장악하는 각기 다른 신들이 있을 것이고, 이런 견지에서 교회의 하나님은 개인적인 신앙 영역 밖에서는 맥 없는 종이호랑이일 뿐이다. 그리스도 중심(Christocentric)의 유일신 사상은 잡신들이 판치는 곳에서 온전한 충성을 요구한다. 우리의 영적 선조들이 그랬던 것처럼 우리도 그러해야 한다. 정말이지 워낙에 거짓 잡신들의 주장에 둘러싸여 있다 보니, 그것이 우리의 갈 길인 줄 착각할 때가 있다. 숱한 잡신들이 위세가 등등하여 우리의 충성과 생명까지 집어삼킬 태세이다. 그중 가장 작은 것이 부의 숭배이며 소비주의라는 탈을 쓴 잡것들이다. 한편 이것은 또한 남아프리카에서 아파르트헤이트(apartheid, 인종차별정책)가 어떻게 생겼고 확대되었는지 보여준다. 남아프리카의 백인 기독교도는 예수님의 주 되심 아래 그들 국가의 상황을 의탁하지 않고, 그 대신에 거짓 신이 백인으로 하여금 정치권력을 독점하도록 내버려 뒀다. 그 결과 그 땅에 있는 유색 인종을 죄 많고 사악한 자들이라며 타도의 대상으로 삼았다. 하나님의 백성이 세상에서 할 일은 사회의 중요한 분야에 예수님의 통치 방식이 통하게 하는 것이다. 그렇게 못하면 거짓 잡신들이 나서서 제멋대로 판치며, 그 사회를 오염시켜 온통 죄로 물들게 한다.

이런 식으로, 유일신 신앙을 고백하는 많은 그리스도인이 결국은 다신교도와 다를 바 없는 삶을 산다. 대다수 교인은 주일에는 교회에 가서 하나님의 통치를 받고 월요일부터는 잡신들의 통치를 받는다고 하니, 이런 웃지 못할 구분은 도대체 뭐란 말인가? 우리는 얼마나 자주 삶의 모든 영역에서 마치 다른 신이 진짜 있기라도 하는 것처럼 사는가? 노동의 신, 가족의 신, 극장에 가면 또 다른 신, 혹은 정치의 신 따위가! 이런 것도 그저 평범하게 교회만 다녀서는 전혀 느낄 수 없다. 이는 유일하신 하나님에 대한 참된 믿음을 가지지 못하기 때문에 생기는 결과이다.[132] 이런 실패를 만회할 수 있는 유일한 방법은 제자도이다. 제자도란 우리 삶의 다양한 요소를 사회의 여러 영역까지 포함하여, 모두 하나님께 되돌려 드리게 만드는 것이다. 그러면 우리의 삶 전체가 그분의 주 되심 아래 놓이게 된다.

---

132 현대 문화의 맥락에서 유일신론에 대한 도전을 포괄적인 면에서 신학적으로 풀어놓은 것을 보려면, Niebuhr, 《Radical Monotheism and Western Culture》을 참조하라.

이제 이 영적인 mDNA가 중심 세력으로, 어떻게 실제로 우리의 선교적 자세와 활동에 작용하는지 살펴보는 것으로 이번 장을 마무리할 수 있겠다. 일종의 성육신적 선교사로서 나는 자주 이런 질문을 받는다. "어느 정도까지 성육신적으로 해야 하나요? 아주 많이 그래야 하나요?" 좋은 질문이다. 복음의 성육신을 시도할 때 혼합주의(여러 종교를 뒤섞는 것)가 안 되려면 대체 어떻게 해야 하는가?[133] 이 질문에 대해서라면 그리스도 중심(Christocentric)의 유일신 사상이 우리의 지침이 되어야 한다고 믿는다. 주변 문화가 예수님의 주 되심과 우리 삶의 모든 양상을 그분이 홀로 주장하시는 것을 침해할 경우, 유일신 사상은 혼합주의와 참된 성육신적 교회의 모습을 변별케 하는 척도이다.

실제로 혼합주의는 성경에 기록한 하나님 명령의 강도를 약화하고, 예수님의 주재하심이 필요 없는 이상한 신앙을 갖게 하고, 주요 문화 저변에 종교에 대한 혐오감을 깔아 놓는다. 물론 다른 맥락도 사용할 수 있겠지만, 위에서 언급했던 아파르트헤이트의 예를 좀 더 분석해보자.[134] 남아프리카 백인 유럽계 기독교는 아파르트헤이트라는 것을 통해 상당 부분 인종적 편견을 인가하고, '기독교 온정주의'라는 교리를 앞세워 남아프리카 백인들에게 탄압권을 법으로 제정하여 부여했다. 신학의 작은 쪼가리를 사회와 정치에 짜 맞춰, 결과적으로 내놓은 것이 바로 우리가 알고 있는 아파르트헤이트라는 정책이다.

이는 정치적 편의주의라기보다는 혼합주의에 가깝다. 대부분의 남아프리카 백인은 종교 생활을 하는 자들이기 때문이다. 그들은 칼빈주의 규준

---

133 혼합주의는 각종 종교와 세계관들을 섞어 놓은 것으로, 그런 방식에서는 둘 다 영향력이 희박해지며, 사실상 신흥 종교가 되는 셈이다.

134 나는 남아프리카에서 태어나고 자라서(22살까지) 아파르트헤이트를 직접 경험했기에 그 체제의 죄 된 특성을 깊이 체감하고 있다.

을 따르는 신앙심이 매우 깊은 자들이다(주일이면 교회에 가느라 교통체증이 일어난다). 아파르트헤이트를 합법화하고 정당성을 부여한 이들은 다름 아닌 신학자들이었다. 혼합주의의 영향을 받아 아파르트헤이트를 주창한 신학자들로 인해 하나님은 '열등한' 흑인들에 대한 압제를 당연시하며 인종을 차별하는 신이 되었다. 그런데 아파르트헤이트를 좀 더 자세히 분석해 보면, 그 내용 안에 유일하신 참 하나님을 예배하려면 꼭 있어야 하는 사랑과 정의를 실천하는 삶을 강력하게 거부한다. 어떻게 정의롭게 행동하지 못하면서 의로운 하나님을 예배할 수 있는가? 성경은 그럴 수 없다고 확실하게 답한다. 이 사례에서, 흑인을 향한 사랑과 정의의 실천은 보어인(Afrikaner, 남아프리카에 사는 백인)의 지속적인 정체성과 생활능력에 해가 된다고 인식했고, 제 종족의 생존과 지배 권력을 빌미로 주님이신 예수님의 통치 방식에서 인종과 정치 부분을 축출한 꼴이 됐다. 또한 어떤 면에서는 혼합주의 방식을 따라서 그들의 인종차별을 위한 의제에 하나님을 끌어들였다. 억지처럼 들릴 수도 있겠지만, 문화의 나머지 부분에서는 독실한 그리스도인의 하나님이 주관하도록 하고, 정치와 사회생활에서는 교회에 있는 하나님이 아닌 전혀 다른 신에게 맡기려 했는지도 모른다.

어쩌면 아프리카에서 나온 또 다른 사례가 이를 덮고도 남을 성싶다. 르완다의 집단 학살 사건이 그러하다. 그 광란의 살육 현장에서 학살 주도자 가운데는 왕성하게 활동하던 소위 무늬만 기독교도인 자들 다수와 교회들도 포함되어 있다. 리 캠프(Lee Camp)는 이 사건에 대해 세평(世評)하면서, 그 가짜 기독교도는 그리스도의 주 되심 아래 살지 않던 자들이었다고 말한다.

사실상 르완다 집단 학살은 역사 속에서 기독교가 반복하여 버리고 있는 실패를 고스란히 보여준 사건이다. '복음'을 선포한다면서 정작 예수님의 가르침에 담긴 기본적인 요소를 강조하는 데는 실패한다. 참된 정통 기독교 교리란 '예수는 주님이시다'라는 기본적인 시인이 있어야 하고, 누구든 거기에 충성이든, 최고 권위이든, 인간 삶의 궁극의 규범과 기준이든, 그러한 현안들이 최종적으로 뿌리내리도록 해야 한다. 그러는 대신에, 기독교는 자주 자발적으로 다른 권력에 충성하면서 안일함을 위해 동맹을 맺으려 했다. 그래서 정치, 경제, 문화, 또는 민족에 유착했다. 그러면서도 '예수는 주님이시다'라고 하니, 이것이야말로 그리스도인이 하는 가장 널리 퍼진 거짓말이 아닌가? 그리스도인들이 예수님의 주 되심을 주장하고는 있지만, 기독교의 시스템들은 오히려 주님께 순종하라는 이 부르심을 옆으로 밀어내고 있지 않은가? 르완다만 하더라도, '후투족 기독교인'이 '투치족 기독교인'을 학살했다(그 반대로도 마찬가지였다). 외관상 '기독교인'이 마치 무슨 브랜드 이름처럼 '영성'이니 '신앙'이니 찾아대며 사람을 살해했다. 주님에 대한 정상적인 헌신이 아니다.[135]

하나님을 믿는 공동체의 삶에서 사도적 특성을 회복하려는 자들에게 이 모든 것은 실제로 무슨 의미인가? 하나를 꼽으라면, 그것은 '예수는 주님이시다'라는 핵심 고백에 정확하게 (다시) 사로잡혀야 하고 이런 삶을 살라는 요구를 중심으로 교회를 재교육해야 한다는 의미이다. 그것은 또한 우리의 핵심 메시지를 단순화해야 한다는 의미이다. 즉, 과도하게 복잡한 신학들을 잘 정리하고, 우리 행동에 깊이 배인 신앙의 틀로서 우리의 인식을 주도하는 전통들을 철저히 평가해야 한다. 모든 시대 그리고 모든 시간에 교회를 다시 새롭게 하는 중심은 그리스도론, 특별히 신약 교회의 그 처음이며 때 묻지 않은 기독론이라고 나는 절대적으로 확신한다.

슬프게도 역사는 하나님의 백성이라는 우리가 어떻게 그토록 자주 교회 생활의 중심에 계신 예수님을 모른 척하며 지내는지 여실히 보여준다. 우

---

135 Camp, 《Mere Discipleship》, 16.

리 '신앙'이 너무도 많이 어질러져 있다. 너무도 많은 모순된 주장들이 있다. 그래서 믿음의 중심부에 자리한 이런 핵심만 모아 놓은 요구를 쉽게 잃어버렸던 것이다. 예수님이 자기 백성에게서 어쩜 그렇게도 쉽게 내어 쫓김을 당할 수 있었는지 경악을 금치 못하겠다. 요한계시록 3장 20절에서 왜 예수님이 자신의 교회 외부에 서서 문을 두드리며 안으로 들어가게 해 달라고 요청하셔야 했는지 이상하다고 여긴 적이 없는가? 우리도 스스로 질문해야 한다. "애초에 어떻게 그분은 자기 백성에게서 쫓겨난 것일까?" 솔직하게 물어보자. "나의 공동체에 실제로 주님이신 진짜 예수님이 계시는가?" 이 질문에 좌불안석할 수도 있다, 진짜로.

사도적 특성을 다시 회복하기 위하여 우리는 예수님을 다시 배워야 한다. 그래야 교회의 '원 모습'으로 다시 돌아갈 방법이 생긴다. 우리는 끊임없이 믿음의 주께로 돌아가서 그분을 기준으로 하여 우리 개개인과 공동체의 삶을 재보정해야 한다. 기독교는 본질에서 하나의 '예수 운동'이지 그것을 빙자한 종교가 아니다. "예수는 주님이시다"라는 고백은 한 몸인 기독교, 즉 모든 지역 교회가 완전무결하고 지속해서 예수님을 그 중심에 진정으로 모셔야 한다는 도전이다. 우리가 보았듯이, 초기 기독교 운동과 중국 지하 교회는 이것을 발견했기에 그 중심점을 부여잡고, 너무도 많은 것을 감내해야 하는 도전 속에서도 버텼고 헤쳐 나갈 수 있었다. 21세기의 도전에 제대로 맞서기 위해 우리에게 이 외에 더는 필요한 것이 없다.

그러므로 사도적 특성을 다시 회복하는 첫 번째 단계는 아주 단순히 말해서 예수님의 주 되심을 다시 회복하는 것이다.[136] 또한 교회는 스스로 다시 새롭게 하려고 끊임없이 그 자리로 되돌아가야만 한다. 그분은 우리의 기준이며, 본질적 의미를 규정하는 중심이며, 믿음의 주인이다. 그러므로 그분

---

136 호주 애들레이드에 있는 스페어 체어(Spare Chair)라는 신앙공동체가 정한 오직 한 가지 신조와 정당한 유일한 행동 철학은 '성령님의 권능으로 예수님의 주 되심 아래 산다'이다.

2부 | '사도적 특성'의 중심부 여행하기

백성의 삶에서 신학이든 실존의 문제이든 최종 결정권은 그분에게 있다.

유일하신 하나님을 온전히 예배하는 것은 벅찬 일이다. 우리 삶의 모든 측면을 그분께 굴복시켜야 하기 때문이다. 그러나 그것은 이 세상에서 제자의 삶과 목적의 중심점이며 그것을 피할 수 없다. 그리고 우리는 예수님의 요구를 외면하면 어떻게 되는지 알아보기 위해 아파르헤이트나 르완다 대학살 같은 엄청난 사건의 내막을 분석할 필요가 없다. 우리에게 필요한 것은 단지 우리 자신의 삶을 살펴보는 것이다. 고의로 죄를 지을 때, 아니면 삶의 다각적인 모든 차원에서 배어 나오도록 이에 순종하라는 주님의 요구를 거절할 때, 우리는 예수님의 주 되심과 그분이 주재하시는 절대적인 통치를 사실상 제한하게 된다(예를 들어 눅 6:46).[137]

성육신을 실천하는 선교적 운동을 할 때, 우리는 항상 예수님의 주 되심과 그분의 본성과 일치하는 그 독보적인 요구 사항에 우리 눈높이를 맞추면 된다. 이 규준에서 너무도 멀리 떨어져 있는가? 그렇다면 그런 문화와 삶의 양상은 예수님의 주 되심 아래 가져다 놓을 것이 아니라 거부하면 된다. 간단하다.

이번 장에서 영적 mDNA의 중심점과 사도적 특성의 중요한 요소 한 가지를 확인했고 분명히 표현하려고 애썼다. mDNA의 다른 요소들은 이 중심 요소 주위에 자리하며 그것의 인도를 받는다. 교회의 소명과 사명의 중심에는 우리 자신 전체와 우리가 가진 모든 것으로 하나님께 반응하라는 도전이 놓여 있다. 그 도전에 응해야 우리 삶의 의미가 완성된다.

---

137 '너희는 나를 불러 주여 주여 하면서도 어찌하여 내가 말하는 것을 행하지 아니하느냐.'

5

제자 만들기

변해야만 산다. 그렇지 않으면 인류에게 길은 없다. 우리에게 속한 모든 사람과 모든 단체는 우리가 만들기 바라는 것의 본보기가 되어야 한다.

– 이반 일리치(Ivan Illich)

남들에게 기독교를 증언하는 가장 위대한 방법은 자기가 믿는 이유를 얼마나 논리적으로 잘 입증하느냐가 아니라, 자기의 믿는 바를 얼마나 잘 실천하며 인생을 사느냐에 달렸다.

– T. S. 엘리엇(Thomas Stearns Eliot)

"너희가 내 말에 거하면 참으로 내 제자가 되고 진리를 알지니 진리가 너희를 자유롭게 하리라"

– 요한복음 8장 31–32절에서 예수님

이미 여러 차례 지적했듯이, 진정한 사도적 특성을 위해서는 mDNA의 여섯 요소가 모두 있어야 한다. 그래야 기독교 공동체 생활과 운동이 활성화되고 진행된다. 각 요소는 그 자체로도 중요한 부분이기에 그 하나만으로도 틀림없이 공동체 안에서 선교적으로 적합한 역할을 해낸다. 그래서 그 하나로도 모든 요소가 증강하고 연합하여 서로를 채우면서, 사도적 특성이 강력한 힘을 발휘할 때 비로소 찾아오는 그 절정의 순간에 공동체가 더 가까이 다가갈 수 있도록 한다. mDNA의 모든 요소는 원래 세트로 되어 있는 것이라서, 사도적 특성이 나타나려면 한꺼번에 같이 있게 하는 것이 가장 좋은 방법이다. 그러나 나의 개인적인 경험과 관찰에 따라 이야기하자면, mDNA의 중심점인 (앞에서 설명한) '예수는 주님이시다' 외에, mDNA의 혼합 요소 가운데 그다음으로 대단히 중요한 인자는 이른바 '제자도'(discipleship)와 '제자 만들기'(disciple making)이다. 그 이유는 제자도의 근본적인 과제가 믿음의 주이신 예수님의 메시지와 선교적 사명을 구현하는 것이기 때문이다. 달리 말해, 이것은 전략적 요소이기에 시작점으로 삼기 좋다는 뜻이다.[138]

루이스(Lewis)는 '교회의 목적은 사람들을 그리스도께로 인도하여 그들로 그리스도를 닮게 하는 것'으로 바르게 이해했다. 교회는 그 외 다른 목적으로는 존재하지 않는다고 그는 주장한다. "만일 교회가 이것을 행하지 않는다면 모든 예배당, 교역자, 사명, 설교, 심지어 성경조차도 시간 낭비이다."[139] 제자도와 아울러, 진실로 예수님을 따르는 자들을 육성하기 위한 관련 기능을 다룸에 있어서, 우리는 전체의 질을 궁극적으로 결정하는 단 한 가지, 가장 중요한 요소를 살피지 않을 수 없다. 만일 이 부분에서 실패하면 다른 모든 것도 망친다. 사실 이것을 놓치면 mDNA의 다른 요소 가운데 어느 것을 해도 의미 면에서나 지속성에서 성공 가능성이 희박하다.

그런데 무엇보다 중요한 사실은, 제자도가 예수께서 심혈을 기울여 가장 많은 시간과 에너지를 투자하신 바로 그 과업이란 점이다. 그분은 자기를 따르는 무리 가운데 여러 부류의 연약하고 겁 많은 자들을 매우 신중하게 선택하여, 장차 그분의 죽음과 부활로 말미암아 완성할 구원을 온 족속에게 전하는 운동에 능히 전념할 수 있도록 잘 길러내셨다. 역사상 가장 중요한 종교 운동인 모든 기독교 운동의 처음 시작은 예수께서 신명을 다해 자기를 따르는 자들에게 자신의 가르침을 전수하여 진정한 제자로 길러내신

---

138 Hirsch와 아내 Hirsch, 《Untamed》에서 내가 공들여 만든 제자도의 mDNA를 보라.

139 Vaus, 《Mere Theology》, 167.

그 단순한 행동에서 비롯했다. 이렇게 출범한 운동은 여러 시대에 걸쳐 확장해오다 21세기에 이르렀다.

결국, 예수님이 믿어 의심치 않으셨던 동기는 그분을 따르는 자들이 신실하게 시험에 합격하고, 어떻게 해서든 세상에 주님의 메시지를 충분히 구현함은 물론 전할 수 있게 하려는 것이었다. 그리고 정말로 의아한 것은 하나님께서 이런 약간 얼뜨기 같은 친구들에게, 아직 변변하게 갖춘 것도 없고 불안정한 예수 운동을, 그 큰 위험을 감수하면서까지 양도하려 했다는 점이다. 그런데 그것이 성공했다. 이러한 사실에서 예수님과 동고동락함을 통하여 이런 다소 미덥지 않은 인간 집단이 어떻게 해서든 참 제자가 된다는 진리가 성립한다. 예수님은 그들과 함께 살면서 하나님의 길을 보여주셨다. 그로 인하여 결국, 사람들이 그분의 생명과 복음을 마음에 새겼다. 만약에 예수님이 그분과 함께 많은 시간을 보낸 사람들을 제자로 삼는 이런 중차대한 과업을 이루지 못했다면, 오늘 당신이 이 책을 읽는 수고도, 나의 책 집필도 없었을 것이다. 그만큼 제자도는 매우 중요한 전략이라는 증거이다.

선교적 운동을 관찰자 관점에서 바라봤을 때, 뭔가 복잡하게 살필 것도 없이 유독 제자 만들기가 눈에 띈다는 점이 이채롭다. 그런데 중요한 것은 그 제자 만들기를 결코 주요 행동에서 빼낸 적이 없다. 이것은 제자도란 바로 시작할 수 있는 출발점이며, 변치 않는 전략적 행동이고, 안팎으로 지속해서 선교적 운동을 펼쳐나가게 하는 비결이란 것을 보여주는 사례이다. 웨슬리안, 프란체스코회, 혹은 중국의 현상 중 어느 것 하나만 봐도 그들은 기본적으로 그 구성과 운영이 제자 중심이며, 제자 만드는 일을 아예 절대화해놓았다.

예를 들어 18세기에 영국에서 존 웨슬리(John Wesley)가 시작한 감리교 운동의 경우를 보자. 하나님을 만나 인생이 달라진 웨슬리는 국가의 변화와 복음전도, 그리고 타락한 교회의 회복을 꿈꾸며 '그레이트 브리튼' 전역을 순회하였다. 그는 '초대 기독교의 진리와 삶과 능력을 되찾고, 그런 기독교를 확장하는 것 외에 다른 것은 추가하지 않았다.'[140] 한 세대 동안 영국인 30인 가운데 한 명이 감리교인이 되었고, 그 운동이 국제적인 현상으로 확산했다. 인생의 많은 날을 바쳐 전문적으로 기독교 운동 연구에 매진하고 있는 선교사 스티븐 애디슨(Stephen Addison)의 견해에 따르면, 감리교파의 성공 비결은 높은 수준의 헌신이 필요한 감리교 신앙에 기대를 건 참가자들이 몰려들었기 때문이다.[141] 이런 취지에서 시작한 운동이 복음을 전하며 제자를 만든다는 처음의 선교적 정신을 저버리고, 제도와 규칙서들과 고도로 전문화한 성직자에 의해 유지되는 단지 종교적 율법주의로 퇴색하는 지경에 이르렀다. 사실상 미국 내에서 감리교가 비록 기하급수적인 엄청난 숫자로 증가하기는 했지만(약 40년 만에 전체 인구의 35%), 두 명의 치명적인 '운동 저격수'가 미국 감리교단에 등장하면서 실제로 운동을 약화시켰다. 1850년에 성공회와 장로회에 신물이 난 감리교단의 지도자들은 그들을 '무례하고 못 배운' 목사들이라고 조롱하면서, 순회전도자들과 지역교역자들은 자격 취득을 위해 반드시 4년에 걸친 안수 과정을 이수해야 한다고 결정했다. 성장은 즉시 멈췄다! 10년 뒤에(1860) 그들은 반회(band)도 속회(class)도 더는 요구하지 않았고 제자훈련은 선택 사항이 되었다. 그 후로 감리교회는 인구 비율과 관련하여 계속 감소세(減少勢)이다.[142]

예수님을 따르는 자라면 반드시 제자도를 무슨 훌륭한 신앙 경력을 쌓기 위한 첫 번째 단계로 여기지 말아야 한다. 본래 그것은 마치 운명처럼 그와 그녀가 꼭 이뤄야 한다. 제자가 되는 것 외에 우리에게 다른 방도는 없다. 그런데도 여전히 보통의 크리스텐덤 교회들에서는 대개 제자훈련을 철

---

140 G. Hunter, 《To Spread the Power》, 40.

141 Addison, 《Movement Dynamics》, 44. 또한 Snyder, 《Radical Wesley》, 그리고 G. Hunter, 《To Spread the Power》를 보라. 초기 웨슬리안주의의 역동성을 잘 다뤄 놓았다.

142 Stark와 Finke, 《Churching of America》, 1776–2005.

두철미하게 하지 않는다. 기껏해야 우리는 그것을 젊은 회심자들을 위한 것으로 생각하는 경향이 있고, 그것도 겨우 선택사항으로 두고 있다. 오늘날 우리가 직면한 딜레마는 제자도라는 이 역사적인 용어가 그대로 존재하지만, 실제 현장에 있는 것은 원래의 것이 아니란 점이다. 나는 서구 교회가 제자 만드는 요령을 총체적으로 잃어버렸다는 말에 동의한다. 그렇게 된 데는 명확한 정의나 과정이 없기 때문이기도 하고, 제자도를 교리적 사상들에 대한 지적 동화 정도로 축소하였기 때문이기도 하다. 또한 우리 시대에 만연한 소비주의 체계가 참 마음으로 예수님 따르는 것을 거부하도록 작용하기 때문이기도 하다.

이런 여러 이유로 내가 보기에 우리는 그리스도인 공동체에 참가하는 것을 상식선에도 훨씬 못 미치게 아주 낮은 순위에 두는 것 같다. 하지만 우리가 선교적 운동의 중요성을 고려한다면, 사람들의 생각과 실제로 하는 행동이 얼마나 어처구니없는지 깨달아야 한다. 사실상 단정하건대, 그렇다면 그것은 우리가 도모하는 교회 성장을 위한 행동과는 정면으로 배치하는 모순이다.

예를 들어 소위 '구도자에게 친밀한' 것과는 전혀 맞지 않는 지하 기독교 운동에서는 AD 170년에 이름하여 몇 가지 카테키즘(catechism, 신앙문답)을 개발했다. 단순히 이것들은 이후에 나온 교리 문답이 아니었다. 거기에는 입교하려는 그 또는 그녀가 세례를 받을 자격과 공동체에 들어오기 위한 신앙고백이 있는지 확인하는 엄격한 개인별 검증 항목이 들어 있다.[143] 회심자들에게 시절이 험하여 박해로 인해 목숨을 잃을 수도 있다고 했고, 또한 그리스도인 공동체의 일원이 되려면 우선 믿음이 확실한지 입증하라고도 했다! 적합하지 않다는 이유로 많은 사람을 되돌려 보냈다. 이것은 우리 시대

---

143 초기 기독교 운동에서 회심 과정과 문답서에 대한 통찰력 있는 연구를 위하여 Kreider, 《Change of Conversion》를 보라. 또한 Webber, 《Journey to Jesus》와 나의 책, 《Disciplism》을 보라

에 널리 유행하는 '구도자에게 친밀한' 행동과는 정반대이다. 이런 철두철미한 제자도의 요소가 초기 기독교 운동의 특성이다. 그렇게 입교 자격을 까다롭게 하고 문화를 '기독교화'했던 보(洑)를 낮추자, 세속의 물결이 범람하여 후기 콘스탄틴 교회를 잠식시켜 완전히 엉망진창으로 만들었다.

교회들이 유기적으로 증식하며 배가하기 위한 매우 간단한 전략을 가진 CMA(Church Multiplication Associates)의 닐 콜(Neil Cole)은 그들이 그토록 짧은 기간에 5백 개의 교회로 눈부시게 성장하게 된 비결은 근본적으로 제자도를 1순위로 삼아 헌신한 데 있다고 제시한다. 그는 초창기에 대하여 이렇게 말한다. "우리는 이런 뜻깊은 목표를 세워 놓고 CMA에 적용하기 시작했다. 교회 사역의 문턱은 최대한 낮추고 제자 되는 문턱은 높이자." 그들의 논리적 근거는 만일 교회에서 할 일을 단순화하여 누구나 그것을 할 수 있게 하고 교회의 구성원이 어떤 대가를 치르더라도 자기 십자가를 지고 예수님을 따른다면, 그 결과 보통의 그리스도인이 힘을 얻어 하나님의 비범한 일들을 능히 감당하는 운동이 일어난다는 것이었다. "교회는 건강하고, 윤택하며, 번성할 것이다."[144] 이것이 맞는다면, 우리가 현재 하고 있는 일들 가운데 상당 부분은 길을 잃고 헤매는 셈이다. 우리는 교회를 복잡하게 만들고 제자도를 너무 쉽게 여기는 것 같다.

제자도라는 핵심 과업을 염두에 두고, CMA는 LTGs(Life Transformation Groups)의 개념을 개발했다. 이는 매우 단순하고 복제 가능한 제자 만들기 시스템으로서 마침내 국제화되었다. 그것의 단순성과 재생산성으로 말미암아 많은 사람이 예수께로 훨씬 더 가까이 나아갔고, CMA의 운동에 성장을 가져왔다. LTG는 단순히 성경 읽기, 간증하기, 개인적 의무 이행하기, 그리고 기도를 한 묶음으로 한다. CMA 운동에서는 본인이 그리스도인이라고 여기는 자들은 그리스도인 삶의 초보 단계를 벗어 버리고 반드시 LTG를

144 Cole, 《Organic Church》, 50.

이루어야 한다. CMA의 다양한 현장에 참여하는 자들은 누구나 수준에 맞게 헌신적으로 리더십을 발휘해야 한다. 달리 말해, CMA는 기본적으로 제자 만들기 운동이다.[145] 닐(Neil)은 그것이 본질적으로 조직을 유기체로 여기는 사상과 모든 족속을 제자로 삼는 일을 병합하고, 이에 총력을 기울여 헌신하였기에 CMA의 괄목할 만한 성장이 가능했다고 주장한다.

마찬가지로 '소마 커뮤니티스'(Soma Communities)와 '뉴싱 네트워크'(NewThing Network) 같은 새로 발흥한 운동들도 그들 시스템 전체에서 높은 수준의 제자도를 요구한다. 소마의 경우, 모든 사람은 다양한 선교적 공동체를 하나로 묶어주는 공통 사역에 헌신한다. 그렇게 결국 하나하나가 마치 벽돌처럼 쌓여 전체 운동을 세우는 형태이다. 개인이나 단체별로 제자도에 헌신하기 위해서는 주일 예배 출석만으로는 부족하다. 한편, 뉴싱의 경우 그 시스템(리더십 파이프라인)의 불가피한 양상으로서 새로운 리더를 발굴하고 키우는 일에 엄청난 공을 들인다. 한 사람이 수습을 거쳐 그 운동의 리더가 되면 그 답례로 다른 사람들을 제자로 키우는 그런 방식이다. 뉴싱은 내가 이 책(개정판)을 집필하는 시간에도 기하급수적으로 계속 성장했다. 내가 여기에 소개한 사례들은 모두 서구에서 제자도를 진지하게 받아들여 급속도로 성장하는 운동이다. 소마, 뉴싱 등의 사례는 운동의 원동력이 무엇인지 깊이 생각해볼 수 있는 아주 탁월한 이야기이다. 스티브 애디슨(Steve Addison)은 선교적 운동을 통해 사상 전달의 다섯 단계를 알아내기도 했다.[146]

내가 이것들에 주목한 이유는 왜 제자도가 선교적 운동을 일으키는 데 그토록 중요한지 강조하고 싶었기 때문이다. 제자도는 단계별로 차원이 달라진다. 예수님과 만남, 헌신, 전염되는 관계, 동원(mobilization), 아마도 그

---

145 참조. Cole, 《Cultivating a Life for God》.

146 Addison, 《Movements That Change the World'》.

외에 여러 역동적인 방식이 있다. 사실 유의미한 제자도 없이는 참된 운동
이 일어날 수 없다. 그렇게 되면 복음이 그 상당한 영향력을 끼칠 수 없다.
그렇기 때문에 제자도가 매우 중요하다.

디즈니랜드의 '작은 예수'

변형시키는 힘이 있는 사도적 운동들에 내재한 제자도라는 그 mDNA를
계속 더 탐구하기에 앞서, 우리가 몸담고 있는 문화적 상황을 검토할 필요
가 있다. 현 사회의 문화 환경에 대한 이해 없이는 이러한 측면에서도 사도
적 특성이 중요하다는 사실을 알 수 없기 때문이다.[147] 제자도란 그리스도께
온전히 충성하는 것이다. 그러므로 우리의 충성과 헌신을 저해하는 일체의
궤변에 맞서 그것을 분명히 특정하여 밝히고 거부해야 한다. 초대 교회에
서 그리스도께 충성을 다 바쳤던 저들은 당시 거짓 종교 체제의 궤변과 가
이사에 대하여 정치적으로 절대 충성해야 한다는 요구에 맞섰다. "가이사
를 주인으로 삼으라"라는 요구에 순복하지 않고 이를 거부한 그리스도인들
은 아예 처음부터 화를 자초했다. 중국인 그리스도인들의 경우, 예수님에
대한 그들의 충성은 전체주의 공산당 국가의 무조건적 요구에 저항해야만
가능했다. 당국은 이것을 정권에 대한 종교적 반란으로 규정했다.

이 책 1부에 기술해놓은 지역 교회 사역에서 얻은 내 경험 덕분에, 나는
서구 세계에서 생활하는 그리스도인들에게 기독교 신앙의 존폐를 위협하
는 주요 도전은 서양인의 마음에 철학적으로 상당히 호소하는 힘이 있는
불교도 아니고, 서구 문화의 모든 영역에 도전할 태세를 보이는 이슬람도
아니라는 결론에 도달할 수 있었다. 신흥 종교 운동도 물론 아니다. 사실상

---

147 나의 책(Deb Hirsch와 함께 쓴) 《Untames》는 선교적 형태의 제자도를 명확하게 연구해놓은 도서이다. 제자도를 정의
하면서 예수님의 역할, 하나님의 백성을 형성하고 권능을 주시는 성령님의 역할, 하나님의 사랑과 영성 및 실천에 역
점을 둔 쉐마, 그리고 거짓 종교로서의 소비주의 등을 강조했다.

검색해보면 순수하게 대중을 대상으로 펼치는 여러 운동이 있다. 찾아보면 그리스도인들이 신앙을 공유하기 위해 자발적으로 나서서 펼치는 유익한 운동도 있다. 데브라와 나는 정기적으로 '버닝맨'(Burning Man) 행사에 참여하는데, 그곳에서 영적으로 나름 상당히 조예가 깊은 사람을 우연히 만나기도 한다. 이러한 대체 영성들은 주류 기독교 신앙에 분명 위협이 된다. 그러나 내가 확신하는 바, 우리 신앙의 존폐를 가장 크게 위협하는 존재는 바로 소비주의이다. 그것은 다른 무엇보다 훨씬 심각하고 교활하게 복음에 도전한다. 얼마나 많은 방법으로 우리 각자와 모두를 감염시키는지 모른다.

나는 그리스도인이 되기 전에 마케팅과 광고 기획 연수를 받았기 때문에 인생살이에서 소비주의와 시장의 힘이 어떤 것인지 잘 안다. 그래서 이제 소비주의를 빼놓고는 이 중요한 신앙 현상을 제대로 다룰 수 없다는 것을 믿어 의심치 않는다. 만일 종교의 역할이 정체성, 목적, 의미, 그리고 공동체에 대한 의식을 제공하는 것이라면, 소비주의 역시 그러한 기준을 충족시킨다고 말할 수 있다. 시장의 경쟁적 특성 때문에 광고주는 상품 판매를 이유로 간교하게 되어 이제는 신학적 사상과 종교적 상징까지 고의로 끌어들인다. 마케팅 담당자는 모든 것을 흡수한 신흥 종교의 공식적인 사제 역할을 한다. 그저 호소력 있게 광고할 목적으로 각종 종교 상징과 의식을 동화하여 마치 삶에 무슨 영적 차원이 있는 것처럼 밑밥을 깐다.[148] 최근에 한 광고회사의 간부가 나에게 고백했다. 서구 문화에서 기독교가 제거되고 남은 빈자리에 현재 광고주들이 의도적으로 발을 내디디고 있다고.

통찰력이 날카로운 문화평론가 더글라스 러쉬코프(Douglas Rushkoff)는 소비주의를 다룬 그의 PBS 다큐멘터리 '설득자들'(Persuaders)에서 요즘의 광고주와 마케팅 담당자는 제품 판매를 위해 종교를 연구하고 있다고 지

---

148 그 예로 Miller, 《Consuming Religion》을 참조하라. 종교에 끼치는 소비주의의 영향력에 대하여 탁월하게 깊이 있는 분석을 해놓았다.

적한다. 현재 마케팅 경영자는 상품 판매를 목적으로 모든 주요 종교의 용어와 상징을 끌어들인다. 그들은 종교가 인간이 궁극적으로 욕망하는 것이 어떤 대상인지 알려주고, 사람들이 그것을 얻으려고 무슨 행동을 하는지 보여준다는 것을 알기 때문이다. 만일 광고를 통하여 마케팅 담당자가 자기 제품을 '공허'(空虛)라는 채워지지 않는 거대한 공간과 연결한다면 기필코 매출을 높일 수 있다.

광고는 이제 정체성, 의미, 목적, 그리고 공동체에 대하여 숨김없이 털어놓는다. 대다수의 광고는 현재 하나 또는 그 이상의 종교 사상을 가져다 인생을 이야기하며 사람들의 마음을 사로잡는다. 예를 들면 국내의 어떤 신차 광고에서는 아주 멋진 사람들이 차 안에서 노래를 부르며 남이 보기에 정말 즐겁게 지내는 다소 현실과 동떨어진 공동체를 소개한다. 광고하는 내내 차의 제원이나 기술적 성능, 유용성, 가격에 대해서는 단 한 마디도 없다. 대신에 그 광고는 근사한 사람대접을 받으려면 이것이 필요하지 않겠느냐는 식으로 솔직히 까놓고 유혹한다. 광고의 판매 전략에 동원된 개체는 공동체, 신분, 그리고 전혀 상관도 없는 다른 사람들의 지지도이다. 거기에 담긴 메시지는 만일 소비자가 이 차량을 사는 즉시 그 또는 그녀가 이런 목표를 성취한다는 유혹이다. 종교적 견지에서 분석해보면 어떤 광고이든 그 안에 담긴 이런 의도를 쉽게 알아차릴 수 있다. 이것을 사면 당신이 달라진다. (심지어 리바이스 청바지는 거듭남의 신앙을 자사 제품 판촉에 이용했다).[149]

일단 '광고'라는 이름이 붙으면 대부분은 해당 제품 고유의 특성과는 아무런 관계가 없다. 그 대신 광고는 사람들이 제품의 가치와 중요성에 혹해, 그것만 있으면 자기들도 그렇게 되는 줄 알게 만들려고 갖은 수를 다 쓴다. 요즘 세상 문화에서는 물건을 사고 나면 무슨 대단한 영적 신물이라도 얻

---

149 2003년에 청바지 리바이스 501 판매를 위해 리바이 스트라우스(Levi Strauss)가 텔레비전 광고를 내보냈는데, 한 여성이 침례를 받고 물 속에서 올라오는 순간 속에 받쳐 입었던 청바지에서 물이 뚝뚝 떨어지는 장면이었다. 뉴질랜드에서 종교적 표현을 부적절하게 사용했다는 이유로 방영을 금지했다.

은 듯 '득템'했다고 말한다. 상품의 토템신앙(totemized the product)이다.[150] 달리 말해 우리에게 신앙적으로 굉장히 중요한 의미가 있기에, 내가 소비주의를 다루면서 이것을 아주 세련된 미디어 장치를 통해 증식하는 극강의 힘을 가진 종교로 보는 것이다.

좋든 싫든, 이것이 우리의 선교적 맥락이며 우리의 상황이다. 소비주의는 우리 각자에게 직격탄을 날린다. 21세기에서 예수님의 방법을 따라 효과적인 증인이 되려 한다면 우리는 반드시 이 소비주의를 제대로 다루는 방법을 찾아내야 한다.

소비주의 종교

상황이 이러하므로 교회는 사람들의 충성을 확보하기 위해 각 종교와 상품에 담긴 여타의 모든 이데올로기와 주의들(isms)에 맞서 억지로라도 경쟁해야 하는 문제를 안고 있다. 또한 교회는 사람들이 매일매일 수많은 선택을 하면서 산다는 점을 분명히 인식하고, 숨 막히게 돌아가는 시장 상황을 늘 고려하여 그 문제에 맞서야 한다. 현대의 포스트모던 상황에서 교회는 고작 신앙을 상품화하여 서비스까지 보태서 판매하는 판매책으로 그 역할이 전락할 수도 있다. 교회가 제공하는 서비스의 최종 소비자(이른바, 우리)는 최신의 최고 판매상이 제공하는 종교 상품과 서비스만을 골라서 남김없이 흡입하는 깐깐하고 개성이 강한 소비자가 되기 십상이다. 예배가 미학을 동원하여 회중을 영적으로 정신적으로 기쁘게 해주던 차원을 넘어서, 이제는 올더스 헉슬리(Aldous Huxley)의 '멋진 신세계'(Brave New World)에 나오는, 사람들이 영화관에 오기만 하면 흥분의 도가니에 빠지게

---

150 토템신앙(totemization)은 인간들이 뭔가에 종교적 의미를 부여하거나, 신비주의를 갖다 붙여놓고 그 대상체를 힘의 상징이나 심볼로 여기며 인간이 그것에게 비는 행위이다. 그것은 모든 종교적 우상에 담겨 있다. 이것의 일면을 바울은 고린도전서 8장 3~8절; 10장 18~22절에서 다룬다. 우상 그 자체는 신앙이 아니다. 그것을 '신'(god)으로 삼는 것이 문제이다. 이러한 물건들 뒤에서 사람의 충성을 요구하며 허세를 부리는 것이 바로 마귀이다. 유일신 신앙은 그런 거짓 충성에서 우리를 떼어 놓고 유일하신 하나님에게 불변의 충성을 다하도록 한다.

된다는 '촉감 영화'(feelies) 같이, 참석자들의 감정을 최고조로 끌어올리는 것을 목표로 하는 단순 예능이 되었다.

교회 성장학 주창자들은 우리에게 고객의 구미에 맞춰 상품을 판매하는 방법을 적나라하게 가르쳐주었다. 그들은 우리에게 쇼핑몰을 모방하여 그 것을 교회에 적용하고, 한꺼번에 우리의 모든 필요를 충족시키는 일종의 원스톱(one-stop) 신앙 쇼핑이 가능하도록 하라고 말했다. 이런 조언을 할 때 그들은 진지했고 의도도 훌륭했다. 그러나 그들은 그런 조언이 가져올 악영향을 전혀 예견하지 못했다. 매체가 결국 메시지를 아주 쉽게 장악해 버리게 마련인데 말이다.[151] 전문가 집단의 주도로 '와보라', 즉 끌어당기기 식 모드로 운영되는 크리스텐덤이 소비주의에 물든 지는 이미 오래다. 그 런 데다 현대의 교회 성장학의 영향 아래에서 소비주의는 실질적인 면에서 교회의 사역을 견인하는 이데올로기가 되었다.

예배당의 자리 배치에 서로 간격을 두게 한다(1장의 예배당 도식에 적어놓 았다). 예배에 출석한 90%의 사람이 수동적이고 따라서 소비성 모드이다. 다른 말로, 그들은 소비자 입장이다. 그들은 훌륭한 볼거리와 예배를 통해 전문가 집단이 배달하는 종교 상품과 서비스를 수동적으로 받는 자들이다. 일명 '상자 교회'(box church:상자 모양의 예배당)에서 거의 표준화된 예배를 드리려 할 때 우리가 하는 일은 거의 전부 참석자들을 끌어 모으기 위한 것 들이고, 또한 교회에서 좀 더 안락하고 편안하게 지낼 수 있는 분위기를 만 드는 것이다. 그런 것이 바로 궁극의 교회 맞춤형 원스톱 쇼핑이다. 귀찮지 않게 말이다. 그러나 아아, 우리가 기를 쓰고 이렇게 다 해놓으면 뭐 하는 가? 만족할 줄 모르는 소비자 지상주의의 불꽃에 계속 연료를 주입해야 하 는 것을! 나는 섣불리 제자도에 뛰어들 수는 없다는 극도로 걱정되는 결론 에 도달했다. 내가 보기에 소비주의와 제자도는 서로 조화하지 못한다. 둘

---

151 Frost와 Hirsch, 《새로운 교회가 온다》(the Shaping of Things to Come), 9장, 특히 149~152.

다 우리 삶을 지배하려 한다. 이런 것에 대한 마케팅 용어가 있다. 바로 브랜드 충성도(brand loyalty) 및 (또는) 브랜드 커뮤니티(brand community)이다.

불안전한 환경에 처한 인간에 대하여 예수께서 이렇게 말씀하셨다. "그러므로 염려하여 이르기를 무엇을 먹을까 무엇을 마실까 무엇을 입을까 하지 말라 이는 다 이방인들이 구하는 것이라 너희 하늘 아버지께서 이 모든 것이 너희에게 있어야 할 줄을 아시느니라 그런즉 너희는 먼저 그의 나라와 그의 의를 구하라 그리하면 이 모든 것을 너희에게 더하시리라"(마 6:31-33). 소비주의는 속속들이 이교도이다. 이교도들은 이런 것들을 쫓아다닌다(헬라어, 에피제테오, '구하다, 욕망하다, 원하다, 추구하다, 바라보다'). 이러한 관점에서 볼 때, '퀴어 아이'(Queer Eye for the Straight Guy), '익스트림 메이크오버'(Extreme Makeover), '빅 브라더'(Big Brother) 그리고 그 외 유사한 생활 방식에 관련된 쇼들은 자체가 상당히 이교적이며, 또한 이교도를 만드는 텔레비전 프로그램이다. 심지어 다년간 미친듯이 집수리에 빠져 사는 것도 우리를 이교도가 되게 한다. 왜냐하면, 거기에 몰입하다 보면 그것에 노예가 되기 때문이다. 이 쇼들에서 소비주의가 얼마나 비속하던지 그 정도가 절정에 달한다. 팔아먹기 위해, 그것으로 주방이 새로워지거나 집을 넓힐 수 있다고 그럴싸한 거짓말을 하지만, 정작 증가하는 것은 주택 담보 대출금이고 가족들이 받은 심한 스트레스이다.[152] 이 쇼들은 심지어 노골적인 지적 무신론보다 훨씬 더 성공적으로 불신앙을 조장한다. 우리가 믿고 충성해야 하는 신앙 영역을 깡그리 갈퀴질하기 때문이다. 대다수 사람은 돈과 물질에서 탐심이라는 우상 숭배에 깊이 빠져 있다. 주님이 하신 두 주인을 섬기는 것에 관한 말씀과 이방인들이 구하는 것이 물질이라는 교훈

---

152 경제학자 Hamilton과 Denniss가 공저한 획기적인 책, 《Affluenza》(부자병)에 어떻게 우리가 과거보다 훨씬 더 불행해졌는지 상세하게 다루어 놓았다.

을 기억하는 것이 좋다(마 6:24-33).

나의 귀염둥이 동역자 마크 세이어스(Mark Sayers)는 소비주의의 가장 큰 유혹은 유대교와 기독교의 공통된 신앙 유산인 "바라는 대로 이루어진다"는 믿음을 부추겨서 천국 같은 삶을 금세라도 살 것 같게 하는 신종 긴급성(new immediacy)이라고 특기(特記)했다. 이전 시대에서는 왕이 되어야만 접하거나 받을 수 있는 것들이 지금은 우리 손끝에 닿아 있다. 그토록 궁극적으로 추구하며 찾았던 천국은 포기하고, 즉시 구매 가능하고 서비스까지 되는 제품, 아니 그럴싸한 신앙 체험인 '지금 천국'(heaven now)을 사버린다. 소비주의는 전반적으로 이교도의 뚜렷한 특성을 다 가지고 있다. 우리는 그것의 실체를 분명히 알아야 한다.

그러나 이 정도로는 객관적이고 냉철한 분석이 못 된다. 나는 이런 비판을 나 자신과 내가 하는 사역에 받아들여 끊임없이 회개한다. 1부에 나오는 일화 가운데, 중요한 선교 프로젝트의 목적으로 내가 시작했던 '엘리베이션'(Elevation)이라는 카페를 기억할 것이다. 자금난에 시달릴 때 교인들의 물질적 헌신이 있었으면 했는데 그러지 못했다. 카페 문을 닫게 된 이유는 사실 리더십 때문이었다는 것을 깨달았다. 제자로 키우는 일에 실패했던 탓이다. 제자 만드는 일에 초점을 두고 애쓰지 않다 보니, 진작에 우리 속에 깔려 있던 (종교적) 소비주의가 부지중에 크게 자라났다. 나는 우리가 사람들을 제자로 길러내지 않으면 문화에 그 자리를 내줘야 한다는 법칙을 어렵사리 발견했다. 이는 운동의 리더인 나에게 진리를 깨우치는 순간이었다. 그래서 나는 그때부터 내 행동을 달리하기로 맹세했다. 어떻게 해서든 제자 만드는 일을 장차 내가 맡게 될 모든 그리스도인 공동체의 중심 과제로 삼아 실천하기로 했다.

이를 위하여 두 가지 기본 선택 사항이 있다. (1) 소비주의의 리듬과 구조를, 피트 워드(Pete Ward)가 그의 훌륭한 저서 선교적 교회론(missional ecclesiology)에서 피력한 대로, 우리에게 유리한 쪽으로 돌려야 한다. 그는 소비주의를 거부하거나 비난하기보다는 차라리 교회가 지닌 고유의 선교적 특성과 구속적 성격을 재발견하는 기회로 삼아야 한다고 권한다. 그는 소비자들이 해대는, 어마어마한 검색이 줄을 잇고 있는 상황 속에서 교회가 유의미한 소통을 하지 못하면 안 된다고 주장한다. 그는 제안하기를, 그러므로 교회는 소비주의를 대하는 원칙을 재정리하여 선교적 우위를 유지해야 한다고 한다.[153] 양자택일로, 우리 삶을 점거하여 지배하고 있는 소비주의에 철두철미하게 맞서는 선지자적 도전을 시작해야만 한다. 선교적 도전 과제로 제시한 이 두 가지 대안 중 하나를 실제 삶에서 선택해야 한다. 지금 우리는 이미 뿌리를 깊게 내린 대체 종교 체제를 다루면서 예수님의 제자로서 현실에서 어떤 대안을 모델로 삼아야 할지 궁리하는 중이기에, "악마와 식사를 할 때는 반드시 긴 숟가락을 준비하라"는 경고성 속담을 떠올리지 않을 수 없다.

예수님을 따르는 자들이 제자도를 수행하는 과정에서 훨씬 더 효과적으로 세속 문화에 대항하려는 방법은 선교적 운동의 실천 방침에 수도원에서 쓰던 규율들을 새로운 시각에서 살펴서 접목하는 것이다. 예를 들면 진젠도르프(Zenzendorf) 백작의 사상에 기초하여 세운, 일종의 선교적 교회 개척 네트워크라고 할 수 있는 '머스타드 씨드 오더'(Mustard Seed Order)가 있다. 그들은 기도에 대한 열정적인 헌신과(그들이 24시에서 7시까지 기도하는 운동을 시작했다) 지역에 대한 성육신적인 실천을 결합한다.[154] 또 다른 새로운 규율들이 '루트바 하우스'(Rutba House) 같은 데에서 새로운 수도원 운동을 하며 세속에 빠진 교회에 맞서려고 개발한 실천 지침이나 표시

---

153 Ward, 《Liquid Church》. Pete의 저서에서 그가 다른 분야는 그렇다 쳐도, 기독교의 토대를 허무는 소비주의의 힘을 저평가하는 점은 문제라고 생각한다. 나는 우리가 이미 소비주의에 잠식되어 있다고 생각한다. 예수님을 따르는 자는 자아를 죽여야 하는데 그러기가 쉽지 않다.

154 www.24-7prayer.com/the-mustard-seed-order

(marks)의 형태로 등장한다. 이러한 내용들이다.[155]

1. 도시의 버려진 지역으로 이주하기.
2. 동료 공동체 회원들 및 궁핍한 자들과 경제적 자원 공유하기.
3. 나그네 대접하기.
4. 교회와 사회 속 인종차별 퇴치와 함께 평등한 화해를 적극적으로 추진
   하기.
5. 그리스도의 몸 된 교회에 겸손하게 순복하기.
6. 그리스도의 방법과 공동체 규율에 맞게 의사결정 하기.
7. 일부일처 부부와 그 자녀들과 더불어 독신자를 지원하기.
8. 공동체 구성원들끼리 공동생활 규율대로 살 수 있도록 지리적으로 가
   깝게 있기.
9. 하나님이 지으신 자연의 보호와 지역 경제 살리기.
10. 폭력이 한창일 때 평화를 도모하기.

독자들도 이러한 것들이 우리 삶에 끼치는 소비주의의 영향을 막아내
는 데 도움이 되는 아주 중요한 사항이란 점에 동의하리라 믿는다. 서구
상황에서 이와 같은 흐름을 유지하는 많은 모임이 있다. 셰인 클레어본
(Shane Claiborne)과 조나단 윌슨 하트그로브(Jonathan Wilson-Hartgrove)
는 2천 년대에 광범위한 영향을 끼치고 있다. 이어서 몇 가지 예만 추려
서 열거하자면, '에덴 프로젝트'(Eden Project, 그레이트 브리튼), '이너체인
지'(InnerChange, 미국, 동남아시아, 남아프리카), '어반 네이버스 오브 호프'
(Urban Neighbors of Hope, 호주와 태국), 그리고 인케도 뉴질랜드(Incedo-
New Zealand)와 같은 모임이 있다.

---

155 Rutba House, 《Schools for Conversion》.

다시 묻자. 대체 제자도가 무엇이기에 사도적 특성에 든 mDNA 요소 가운데 그토록 중요하다고, 아니 심지어 핵심이라고까지 말하는 것인가? 데이비드 보쉬(David Bosch)의 말이 맞다. "제자도는 그저 인간미 없이 명령에 복종이나 하면 되는 것이 아니라 그리스도 그분 자신과 관계를 맺는 데서 비롯한다. 상황이 이러하기에 제자도는 (보통 '수업'이 진행되는) 교실도 아니고 심지어 교회도 아닌, 바로 세상에서 이루어진다."[156] 사실상 이런 개념을 들여와서 우리가 비유 삼아 예수님 자신이 곧 교사이며 교육과정이고 교실이라고 말하는 것이다. 복음전도에 있어서 항상 유념해야 할 점이 있다. 즉, 우리는 예수님과 사귀는 것을 으뜸으로 강조하고 단지 머릿속으로만 그분을 떠올릴 것이 아니라, 삶의 모든 장면마다 그러해야 한다. 하지만 이는 어디까지나 우리 삶에서 습관의 문제이다. 계속 이에 대하여 고민하며 주장만 한다면 남는 것은 실망뿐이다.

사도적 운동이 이 제자도를 핵심 과제로 삼는다. 깊이 궁리해보면 제자도 만큼 교회의 모든 활동에서 탁월한 전략이 없다. 예수께서 자기 백성들에게 지상 대명령을 내리실 때 무슨 의도이셨을까? 왜 '모든 민족을 제자로 삼아'라고 말씀하며 이것을 중점 위임 사안으로 콕 짚어 주신 것일까(마 28:18-29)?[157]

이 질문은 제자들의 실질적인 중요성과 의미를 되돌아보게 한다. 만약에 제자도의 핵심이 예수님 닮기라면, 선교적 관점에서 이 본문을 해석했을 때 예수님의 전략은 그분의 백성 된 자격으로 전 세계 모든 지역에 포진하여 사회의 구석지고 갈라진 틈까지 하나도 빼놓지 않고 침투해서 예수님을

---

156 Bosch, 《Transforming Mission》, 67.

157 나의 전자책 《Disciplism : Reimaging Evangelism through the Lens of Discipleship》, 무료로 내려받기할 수 있다. www.alanhirsch.org/ebooks

재현할 수 있는, 다수의 작은 예수꾼을 확보하는 데 있다. 그러나 이 사안은 운동에 필요한 사상을 전달하기만 하면 되는 사회 문화론적인 양식들과는 그 깊이가 다르다. 그리스도께서 우리에게 사명을 부여하신 목적의 중심부까지 깊이 파고 들어가야 한다. 예수님은 우리 인간의 자리에 오신 성육신한 하나님일 뿐 아니라, 또한 완전한 인간의 본보기가 되는 분이다. 바울은 우리가 영원히 닮기 원해야 하는 것이 바로 이런 그리스도의 형상이라고 말한다(롬 8:29; 고후 3:18). 그런데 예수님과 그분의 백성 사이의 관계는 날이 갈수록 점점 더 깊어진다는 특성이 있다. 그리스도와 우리의 신비한 연합과 그분의 내주하심은 그리스도인으로서 하나님을 체험하는 데 있어서 제일 중요한 부분이다. 이것은 우리가 '그리스도 안'에 있고 그분은 우리 안에 있다는 바울의 가르침 전부와 '그리스도 안에 거한다'라는 요한의 신학 속에 드러나 있다. 모든 영적인 제자도가 지향하는 목적은 한 가지이다. '그리스도 닮기'(Christlikeness)이다. 테레사 수녀가 한 말이 귀에 들어온다. "우리가 거룩해져야 하는 이유는 거룩함을 느끼고 싶어서가 아니라 우리 안에 그리스도께서 온전히 사셔야 하기 때문이다." 제자도의 왕도는 달리 없고, 그저 예수님이 가진 똑같은 동기로, 그분과 똑같은 행동을 하면 된다.

그와 같이 '하나님-인간'이신 예수님은 기독교 영성과 신학의 변함없고 영원한 중심점이다. 우리는 끊임없이 예수님을 닮아가야 한다는 것을 상기해야 한다. 그리스도를 본받아야 한다는 이런 개념은 예수님과 사도들의 가르침에서 이론의 여지가 없는 핵심 신조이다. 그것이 제자도에 함축돼 있고, 그것이 빠지면 제자도는 아무것도 아니다. 그리스도를 따르는 자가 되라는 것은 모창하듯 그분과 비슷한 척 흉내를 내라는 뜻이 아니라, 우리 자신의 삶을 매개체로 하여 그분을 표현하라는 의미이다. "그리스도인은 그리스도의 억지스러운 모조품이 아니다. … 그리스도인의 과업은 자신이 살아가는 매 순간 그리스도와 주도권을 바꿔치기하는 것이다."[158] 내가 보기에 그분의 목표는 자기를 따르는 자들의 그 남다른 삶을 통해 그분의 메시지를 전달하려는 데 있다. 그리고 이 메시지는 그들 삶의 온갖 측면에서 밖으로 나타난다. 요컨대, 그분의 목표는 세상을, 모든 이웃과 삶의 전체 영역 안에서 그리스도를 닮아 활발하게 (구원하는 일로) 활약하는 수많은 '작은 예수들'로 가득 채우는 것이다. 이것이 바로 작은 예수 비밀작전이다.

처음에 탄력을 받아 시작한 운동이 끝까지 이어지려면, 믿음의 주께서 액면 그대로 자기 백성 안에서 어떻게든 사셔야 한다. 그리고 이어서 활력을 주는 메시지를 통해, 앞으로 자기 백성들이 주님의 그 메시지를 흔쾌히 능력을 발휘하여 성실하게 구현하게 해야 한다. 믿음의 주께서 고난을 받으셨던 일화와 기억들은 사람들 안에 생생히 살아있어 거룩하고 온전한 삶을 촉진한다. 매우 참되고 균형 잡힌 방식으로, 우리는 우리를 둘러싼 사람들에게 실제적인 복음이 되어야만 한다. 즉, 우리가 사는 삶의 수준만큼 참된 예수가 겉으로 드러난다. 그러려면 우리는 진리대로 살아야 한다. 또한 바울이 말한 대로, 우리 자신은 다른 사람들이 날마다 읽어야 할 메시지가 적힌 살아있는 편지이다(고후 3:1-3). 끝으로 분석하자면, 매체가 곧 메시지이다. 따라서 하나님이 행하셨던 괄목할만한 운동들은 그 구성원들의 개인적인 삶과 그들이 함께한 공동생활이라는 매체를 통해서 메시지가 확실하게 전달될 수 있었다.[159] 이래야 믿기도 하고, 전하기도 한다.

---

158 Guardini, 《Lord》, 452.

159 '매체가 메시지이다'라는 개념에 대하여 좀 더 꼼꼼하게 알아보려면, 내가 쓴 책(마이클 프로스트 공저), 《새로운 교회가 온다》(Shaping of Things to Come, IVP 역간)를 보라.

그리스도를 본받는다는 사상과 밀접하게 관련된 개념이 있는데, 그것은 누군가 살았던 인생을 모방하여 그대로 본뜬다는 구현(embodiment) 이론이다. 역사상 돋보이는 여러 운동을 검토해보면서, 저들은 복음의 웅장한 주제들(하나님 나라, 구속, 속죄, 용서, 사랑 등등)을, 대단히 익숙하고 매력적인 방식으로 예수님을 구현함으로 말미암아 실제적인 삶으로 전환하는 방법을 알고 있었다는 것을 깨달았다.[160] 그 방법을 통해 예수님의 행적이 그 사람들의 운동이 되었던 것이지, 가끔 종교사에 등장하는 것처럼 특정 종교 권력 집단이 점유한 무슨 폐쇄된 종교 철학에 의한 것이 아니었다.

구현은 말 그대로 개념과 경험에 살을 붙여 생동하게 함으로써 구체적인 사실로 나타나게 한다는 의미이다. 믿음과 가치관의 개념과 경험이 구체적인 사실로 나타나면, 그것들은 필시 실행되게 마련이다. 구현은 모든 인간 조직의 건강한 리더십에 중요한 요소이다. 아울러 기독교 운동의 실행 가능성과 입증, 게다가 제자도와 선교적 리더십에도 절대적으로 중요하다.[161] 그리고 이것은 단순히 글과 책을 통해서는 넘겨줄 수 없다. 그것은 항상 삶 그 자체를 통해 공동체의 리더에 의해, 교사에서 제자에게로, 믿는 자에게서 믿는 자에게로 전달된다.

우리가 메시지를 구현해야 하는 이유는 우리가 전해야 하는 진리를 극명하게 드러내고 그것을 확증하기 위함이다. 바로 이런 것을 이루기 위해서 기독교의 제자도가 필요하다. 짐 월리스(Jim Wallis)는 "메시지를 전파하

---

160 구현된 제자도에 대한 도서는 지난 10년간 숱하게 출간되었다. 최고의 책을 꼽으라면 2권을 권한다. J. Smith의 《하나님 나라를 욕망하라》(Desiring the Kingdom, IVP 역간)과 Frost의 《성육신적 교회》(Incarnate, 새물결플러스 역간).

161 믿는 자들에게 몇 가지 중요한 방법에서, 우리의 신앙과 메시지를 구현하기 위해서는 반드시 우리가 성육신을 통해 하나님이 문자 그대로 구현되셨다는 것을 떠올려야 한다. 예수님 안에서 매체가 메시지가 되었다. 그분은 사랑이시다. 그분의 생애는 그분의 메시지를 충분히 그리고 완전히 담아냈다. 그분은 복음을 선포하셨을 뿐만 아니라, 실제적인 복음이셨다. 이것은 어째서 그분이 그 당시 세상과 여전히 오늘날 우리에게, 그리고 역사 전체에 걸쳐서 그토록 의미심장한 영향을 끼치셨는지에 대한 그 이유이다.

는 유일한 방법은 그것대로 사는 것이다"라고 말했다.[162] 이런 구현 이론을 선교적 전략 차원에서 잘 사용하면 복음으로 사람을 감화할 방법이 된다. 즉, 우리 자신이 실질적인 대표가 되어 그리스도 밖에 있는 숱한 사람을 대해야 한다. 그런 용도에 쓸 것이 아니면 구현 이론은 모호한 이론에 지나지 않는다. 그러므로 이 개념이 실제 삶에 있나 없나, 그것이 중요하지는 않다. 그렇다 해도 그것이 절대적으로 필요한 이유는 자신의 한계를 뛰어넘어서 복음을 전하기 위해, 또한 선교적 운동을 시작하고 계속 살리기 위해서이다. 교회의 선교에서, 그것은 진정성과 활력을 위해 대단히 중요하다. 서구 교회사에서 이에 관한 놀라운 사례들이 있다. 대표적인 예로 성 프란시스(St. Francis)를 꼽을 수 있다. 그는 자신의 가르침을 구현한 공동체에서 자기가 전한 메시지대로 삶을 살았다. 그와 비슷한 본보기로 예를 더 들면 진 젠도르프 백작과 모라비안 교도이다.

머릿속에 이러한 것들을 반영하여, 바울에게 귀 기울여 보라. 구현의 의미를 분명히 이해하도록 노력하고, 그것이 주변 사회 체제에서 다른 사람들에게 끼치는 영향을 생각해보라.

"또 너희는 많은 환난 가운데서 성령의 기쁨으로 말씀을 받아 우리와 주를 본받은 자가 되었으니 그러므로 너희가 마게도냐와 아가야에 있는 모든 믿는 자의 본이 되었느니라 주의 말씀이 너희에게로부터 마게도냐와 아가야에만 들릴 뿐 아니라 하나님을 향하는 너희 믿음의 소문이 각처에 퍼졌으므로 우리는 아무 말도 할 것이 없노라 그들이 우리에 대하여 스스로 말하기를 우리가 어떻게 너희 가운데에 들어갔는지와 너희가 어떻게 우상을 버리고 하나님께로 돌아와서 살아 계시고 참되신 하나님을 섬기는지와"(살전 1:6-9).

---

162 J. Wallis, 《회심》(Call to Conversion, IVP 역간) 가운데 Hjalmarson, 《Toward a Theology of Public Presence》에서 인용함.

2부 | '사도적 특성'의 중심부 여행하기

"형제들아 너희는 함께 나를 본받으라 그리고 너희가 우리를 본받은 것처럼 그와 같이 행하는 자들을 눈여겨 보라"(빌 3:17).

"우리에게 권리가 없는 것이 아니요 오직 스스로 너희에게 본을 보여 우리를 본받게 하려 함이니라"(살후 3:9).

"범사에 네 자신이 선한 일의 본을 보이며 교훈에 부패하지 아니함과 단정함과 책망할 것이 없는 바른 말을 하게 하라 이는 대적하는 자로 하여금 부끄러워 우리를 악하다 할 것이 없게 하려 함이라"(딛 2:7-8).

"내가 그리스도를 본받는 자가 된 것 같이 너희는 나를 본받는 자가 되라"(고전 11:1).

사도들은 본질에서 하나님 백성 DNA를 가진 자들이기 때문에, 영원한 효력을 가진 메시지인 복음을 구현함으로써 그것이 그들의 삶에 활기차게 생동하는 양상으로 나타났다. 메시지와 메신저 사이의 이런 일치성은 듣는 이들에게 사도적 메시지의 진정성을 보여주었고, 그것에 몰입하여 받아들이게 했다. 바울과 관련한 교회들은 신앙의 살아있는 모본인 바울을 관찰했기 때문에 차례차례 신실한 자들이 될 수 있었다. 그 결과로써 바울로 인하여 회심한 자들 역시 그 믿음을 본받아 구현하였고, 그것을 다른 사람들이 보았으며, 이런 영향이 계속 이어졌다. 가르친 내용은 따르는 자들의 삶 속에 아주 깊이 박혀야 한다. 그런데 이것은 오직 제자 만드는 관계를 통해서만 이뤄진다.

효과를 내기 위해서는 운동과 그에 관련한 중심 정신(central ideas)이 따르는 자들의 삶에 반드시 뿌리를 내려야 한다. 그렇지 않으면 운동은 조금도 점화되지 않는다. 그리고 다시 말하지만, 그것은 전혀 개인적인 성실성의 문제가 아니다. 그것은 본보기에 관한 문제이다. 운동의 본은 보통 그것의 창설자가 규정한 관념에 따라 세우게 마련이다.[163] 그러므로 운동의 역동성과 기독교 교회 선교의 측면에서, 메시지를 본보기로 삼아야 한다는 이런 개념은 믿음의 주에게서 나온 원조 메시지를 다음 세대들에게 전달하기위해 절대적으로 중요하다

최근 몇 년 사이에 선교적 운동 안에서 발생한 가장 큰 일은 제자도와 제자 만들기에 대한 재헌신이다. 교회마다 이것을 진지하게 실천하기 시작했고 그것을 제1순위 전략에 다시 올려놓았다. 이 매우 중요한 mDNA에 대한 글, 연구, 컨퍼런스 및 훈련 또한 현저히 증가하는 추세이다.

제자도를 체계적으로 실시하는 교회들이 대부분 채택하고 있는 주요 방법은 새로운 제자도 실천 방안 개발, 새로운 습관 양성, 새로운 사회적 도구 고안, 그리고 문화적 예배 방법 창안이다. 이것들을 지역 교회의 핵심 가치 속에 집어넣어 교회의 구성원 삶 속에 그리고 그들을 통해 세상에 구체화하려 한다.

현재 벌어지고 있는 모든 일을 지면상 이 책에서 다 다룰 수는 없겠지만, [164]간단하게나마 서구 상황에서 각기 나름의 제자 만들기 전략의 전면부와 중심에 제자가 '되자'(practices)라는 구령 소리에 맞춰 새롭게 시작한 최신의 운동들을 알려주고 싶다. 사례들로는 마이클 프로스트(Michael Frost)가 제안한 제자도, 사역, 그리고 선교를 기치로 구성한 공동체로서 박진감 있는 인생살이를 지향하는 모임들이 있다. 프로스트가 창안한 획기적인 실천 방안인 '벨스'(BELLS)[165]를 '뉴싱 네트워크'(NewThing Network)가 좀 더

---

163 Hirsch와 Frost, 《ReJesus》, 75-83.

164 Hirsch와 Ferguson, 《On the Verge》, 6장을 보라. 지역 교회나 조직에서 채택하여 실행할 수 있는 핵심 실천 사항과 과정에 대하여 그 개념을 깊이 있게 논의해놓았다. 또한 사도적 특성에 기반을 둔 실천사항과 습관에 대하여 내가 작업해놓은 것을 독자를 위하여 매우 실용적인 《Forgotten Ways Handbook》에 언급해놓았다.

165 Frost, 《Five Habits of Highly Missional People》, BELLS 모델은 Frost의 책 《세상을 놀라게 하라》(Surprise the World, 넥서스크로스 역간)에 아주 잘 정리되어 있다.

강화하여 자체적으로 '블레스'(BLESS)라는 선교적 실천방안을 개발했고, 그것을 조직 전체에 적용하고 있다. 이미 탁월한 제자도 중심의 운동으로서 잘 성장 중인 '소마 네트워크'(Soma Network) 역시 여섯 가지 핵심 실천방안을 개발하여, 그것을 온전히 운동의 정신으로 삼아 유지하고 있다. 여섯 가지 실천 방안은 먹기(Eat), 경청하기(Listen), 말하기(Story), 축복하기(Bless), 기념하기(Celebrate), 회복하기(ReCreate)이다.[166] 잉글랜드 스코필드에서 마이크 브린(Mike Breen)이 앞장서서 일구어 세운 '라이프쉐이프스'(LifeShapes)의 3DM은 미국, 유럽, 호주에 두루 걸쳐 활약하는 주요 제자도 개발 기구가 되었다. 100M은 선교적 도구 및 실천방안 개발에 중점을 두고 있다. 몇 가지 예로 든 이름이 이 정도이다. 제자도의 부재가 서구 교회가 안고 있는 가장 큰 결점이기는 하지만, 이런 점에서 놓고 볼 때, 나는 최소한 선교적 운동이 바른 방향으로 나아가고 있다고 확신한다.

먼저 봐야 변한다 : 영감 넘치는 리더십

모한다스 간디(Mohandas Gandhi)의 삶을 그려 아카데미 상을 받은 영화는 인도를 크게 변모시킨 대단한 인물의 국장(國葬) 장면으로 막이 열린다. 한 미국 라디오 평론가는 그의 삶의 의미를 온 세상을 향해 읽어 내려간다. 그가 청취자에게 읽어주는 내용 중에 간디를 가리켜 결코 '공식적'인 지도자가 아니었고, 정치적 직책을 맡은 적도, 그 어떤 정부 기관도 지휘했던 적도 없었으며, 단 한 번도 공식 직함을 얻은 적도 없고, 자신을 옷이나 짜는 천한 직공으로 여겼지만, 그러나 매우 많은 방면에서 자기 백성의 역사를 바꿨고 근대 세계에서 나라의 운명을 결정지은 사람이라고 밝힌다. 그가 자

---

166 wearesoma.com/resources/our-distinctives 또한 Brisco와 Ford, Missional Quest See의 머리글자 LIGHT와 Ferguson과 Ferguson의 Discover Your Mission Now에서 Community Christian의 'BLESS' 모델을 보라.

기 세계를 고친 것은 정치적 임기응변의 술책이나 제도적 권력에 의해서가 아니라 전적으로 종교, 도덕, 사회적 덕목을 바탕에 깐, 평등을 실천하는 삶에서 나오는 영감 넘치는 힘을 통해서였다. 그리고 그러한 그의 빼어난 리더십의 본 때문에 오늘날에도 그의 영향력이 전 세계에 여전히 미치고 있다. 마틴 루터 킹 주니어(Martin Luther King Jr.)가 그에게서 본을 받고 영감을 얻어 미국 시민 권리 운동의 표준으로 삼았다는 것은 잘 알려진 사실이다.

간디는 리더십과 사회 운동과 관련하여 대단한 위인이며 연구해볼 만한 가치가 있는 훌륭한 분이다. 그런데 특히 빼어난 부분은 일절 모든 형태의 제도적 권세와 권력을 배제하고 비폭력 투쟁으로 인도 독립의 꿈을 이루려 했다는 점이다. 그의 메시지는 오로지 일명 '도덕적 권위'(moral authority)라는 데에 기초했다. 우리도 역시 그러한 것을 '영적 권위'(spiritual authority) 또는 '영감 있는 리더십'(inspirational leadership)이라고 부른다. 영감 있는 리더십은 사회 권력의 하나로 봐도 될 만큼 특별하다. 그것은 정부, 기업체, 또는 종교 기관과 같이 권위를 가진 기구가 행사하는 권력은 쳐다보지도 않고, 오직 위대한 사상을 인격적으로 통합하고 구현하는 데서 나온다. 예를 들자면, 대통령의 권력은 본질에서 그 또는 그녀가 장악한 공식 기관에서 나온다. 장관도, CEO도, 혹은 교단 총회장 등등도 모두 마찬가지이다. 제도 속에 권력이라는 것을 넣어 두고, 그 권력을 행사하여 개인이 어떤 과업을 이행하도록 강제하기 위해 세운 것이 바로 인간의 기관이다. 그러므로 역할을 하게 만드는 것은 원칙적으로 외부에서 주어지는 권력이다. 이와는 반대로, 영감 있는 리더십에서는 리더와 추종자 사이에 맺는 관계가 중요하다. 그래서 각각 서로에게 영향을 주면서 공동의 목표를 추구한다. 리더에게 있는 권한이라고는 추종자들의 변모를 그 목표로 설정하는 것뿐이다. 이를 위해 물리적인 유인책 없이 오직 가치관과 소명감에만 호소한다. 그것은 보편적으로 도덕적 권력에 바탕을 두고 있으며, 그러기에 주로 내면에서 우러난다.

간디는 흥미롭게도, 누군가 그의 철학의 사상적 뿌리에 관해 질문하자 자기 사상에는 독창적인 것이 하나도 없다고 답한다. 자기는 톨스토이를 거쳐 부차적으로 예수님에게 모든 것을 배웠다고 말한다. 우리도 마찬가지이다. 관심의 방향을 이제 믿음의 주께로 되돌려야 한다. 그분을 응시하자.

예수님의 생애와 행적을 조사해보면, 그분에게도 역시 공식 직책이나 기관이 없었다. 정규 교육을 받은 적도 없고, 사병을 거느린 것도 아니고, 폭력 사용은 반대했고, 도리어 사랑과 용서라는 변화를 일으키는 영적인 능력을 가르치신 것뿐인데, 세상을 영원히 발칵 뒤집어 놓았다. 세계 역사상 가장 위대한 영적 영향을 끼친 행동으로써, 그분은 세상을 구속하기 위하여 자기 자신을 희생 제물로 내어 주셨다. 본래 그런 지고한 희생적 행위에 담겨 있는 위력의 종류는 그 어떠한 살신성인적 행동에서와 마찬가지로 그 자체의 순수한 영적 에너지를 통해 사람들에게 영향을 끼치는 비 강압적인 권세(noncoercive power)이다. 그것은 사람들을 그 영향력 안으로 이끌며 그 범주 안에 들어온 사람 내면에 도덕과 영적인 반응을 불러일으켜 그들을 변화시킨다. 예수님은 그 권세의 실체에 대하여 요한복음 12장 32절에서 온전히 알려 주셨다. "내가 땅에서 들리면 모든 사람을 내게로 이끌겠노라 하시니." 세상을 바꾼 것은 바로 그분의 가르침과 순수한 삶에 배어 있던 권세이다. 그분은 공권력도, 정치력도, 혹은 군사력도 가지지 않았지만, 세상을 영원히 바꿔 놓았다. 이것이 바로 진정한 영적 리더십이다. 참된 기독교 리더십이라면 거기에는 반드시 이런 부류의 영적 권위와 권세가 반영되어 있다.

만일 다른 사례들을 성경에서 찾아본다면, 제일 먼저 떠오르는 인물은 단연 바울이다. 그는 '거짓 사도들'에 맞서 자신의 사도성을 방어했는데(예를 들어 고린도후서), 거기서 그는 당시 있지도 않았던 무슨 교단에서 '안수'를 받았다는 식으로 이야기하지 않았다. 대신에 그는 수신자들에게 자기가 고난을 받게 된 이유와 그것을 대하는 성실한 태도, 예수님이 직접 자신을 사도로 부르신 사실, 자기의 영적 체험, 그리고 인간적인 면에서 그의 비천함과 무능력을 열거했다(고후 1:1와 갈 1:1 참조). 하향식 카리스마적인 권력형 CEO 같은 설명이 전혀 아니었다. 여기서 우리는 또 다시 위대한 리더십 이면에 숨어 있는 참된 영적 능력의 원천을 만난다. 그것은 형식주의 안에서가 아니라 도리어 부르심, 은사, 그리고 개인의 성실함이 한데 어우러져 있는 데서 발견된다.

영향력을 측정하기란 힘들지만, 당신이 그것을 접하는 순간 그것을 안다. 권위에 해당하는 신약의 용어는 엑수시아(exousia)인데, 흥미롭고 심오한 뜻이 담겨 있다. 그것은 문자적으로 '사람의 내면에서 밖으로 나온 것'(그 사람의 본바탕에서 외부로 나온 것)이란 의미이다. 성경에서 영적 권위의 특성을 자세히 조사해보면 권위는 본래 자기 자신에게서 먼저 나오는 것이고, 외부적 원인에서 비롯되는 것은 그저 부차적일 뿐이다. 또한 좀 더 정확히 말하자면, 도덕적 권위는 개인의 성실성, 하나님과의 개인적인 관계, 그리고 주변의 다른 사람들과 넉넉한 사귐이 골고루 섞인 데서 우러나온다. 이러한 자질들이 바로 예수 그리스도에게서 영감을 받은 리더십의 특성이다.[167] 세계에 산재한 그 많고 많은 문제는 권력과 권위의 잘못된 사용과 관련이 있다. 크리스텐덤의 역사에서 교회가 너무나도 자주 그런 전철을 밟고 있으니 우리의 커다란 수치가 아닐 수 없다. 십자군 전쟁, 종교 재판, 비국교도 그리스도인들에 대한 박해, 그리고 유대인 학살만 놓고 봐도 얼마나 자주 우리가 진정한 도덕적 리더십과 관련한 과녁에서 빗나갔는지 알 수 있다.

최근 들어 나는 "나쁜 것에 대한 최상의 비판은 그보다 더 나은 실천을

---

167 나의 Forge 동역자인 Steve McKinnon이 특별히 했던 말이다. "조지 부시는 권력이 있었고, 마더 테레사는 권위가 있었어!"

하는 것"이란 격언이 자꾸 떠오른다. 그렇다면 이 경우에 더 나은 실천은 무엇인가? 이 '더 나은 것'을 발견하기 위해, 우리는 리더십이 실제로 나타난 곳에서 그것을 찾아봐야 한다. 역사상 본이 되었던 예수 운동들에서 말이다. 놀랍게도 이러한 선교 운동을 하는 대다수 리더가 서구 교회를 이끄는 데에 필요한 자질이 부족하지만, 분산된 관계망을 가로지르며 종횡무진 발휘되는 그들의 영향력은 그들과 견줄만한 서구의 중앙 집권화된 기관들에 비하여 거의 기하급수적으로 훨씬 더 커지고 있다. 이것을 어떻게 풀이해야 하는가?

최근에 중국의 지하 교회에서 우연히 주목할 만한 사도적 리더인 'L 아저씨'를 만났다. 그는 3백만 그리스도인들의 지하 가정 교회 운동을 주도했던 자이다. 이분은 영적 권위의 본이었다. 그는 공교육을 받은 적이 없다. 사무실도 없고, 관련된 무슨 직함도 없고, 가정 교회에 속한 수천수만의 교인을 행정적으로 지원하거나 다스리는 실제 중앙 기관도 없었지만, 그의 영향력과 가르침을 그가 운동을 주도하는 내내 모두 느꼈다. 어떻게 그가 이렇게 할 수 있었을까? 그럴 수 있었던 것은 오직 그가 지닌 리더십의 비범한 영적 권위가 발휘되었기 때문이다.

제자도 먼저, 리더십 나중

아직도 좀 불분명하다면 명쾌해질 때까지 내 말을 조금 더 들어보라. 교회에서 리더십의 수준은 제자도의 수준과 정비례한다. 제자 만드는 사역에 실패했다는 것은 곧 리더십 양성을 못 했다는 이야기이다. 21세기의 도전에 대응하기 위하여 교회가 선교적 리더십을 양성하려고 애쓰는 가운데 터지는 숱한 문제는 리더십 개발 그 자체에 앞서 훨씬 더 중요한 것, 이른바 제자도를 먼저 중점적으로 해결하면 얼마든지 풀린다고 나는 생각한다. 제자도가 제1순위이고 리더십은 항상 그다음이다. 진실한 그리스도인에게 있는 리더십에는 항상 그리스도를 닮은 모습이 반영되어 있어야 하므로 당연히 제자도가 1순위여야 한다.

운동이 힘차게 역동하려면, 어떤 운동이든 그 바탕에 깔린 리더십이 얼마나 폭넓게 포진하여 있느냐에 정비례한다. 그리고 이어서 리더십은 제자훈련의 수준에 직결된다. 예수님이 위임하신 사명을 완수하려 한다면 우선 먼저 스스로 솔선할 줄 알고(self-initiating), 그분을 닮으려 하고(reproducing), 온전히 헌신하는(fully devoted) 제자부터 길러내야 한다.[168] 제자 만드는 이 막중한 과업을 이루지 않고는 변화를 불러일으키는 진정한 운동으로 발전시킬 다른 방도가 없다. 닐 콜(Neil Cole)은 살짝 틀어서 이렇게 말한다. "제자가 나오지 않는데 리더가 나올 리 없다. 리더가 없는데 교회가 부흥할 턱이 없다. 교회가 성장하지 않는데 운동이 잘될 리 없다."[169]

순수한 선교적 리더십을 개발하고 육성하려면, 제자양육을 처음 시작하는 가장 첫 단계에 기필코 세상 속에 하나님의 선교를 이루어야 한다는 책임감의 씨앗부터 심어야 한다. 이 씨앗이 훗날 완전히 발달한 선교적 리더십으로 배양된다. 이것은 강제성을 띠거나 인위적인 것이 아니다. 그저 자기 자신을 미시오 데이(missio Dei, 하나님의 선교)에 적극적으로 참여하는 제자로 인정하면 된다. 애당초 제자도라는 씨앗 속에 선교적 리더십이라는 DNA가 들어 있지 않은 상태라면, 제아무리 애를 써본댔자 선교적 리더십이 생산될 수 없다. 예수님이 제자를 길러내실 때 이와 똑같은 방식으로 하셨다. 예수님은 하나님 나라의 선교적 사명을 맡을 수 있는 리더십을 길러내셔야 했다. 그래서 그분은 제자들을 부르자마자, 그들을 데리고 선교, 사역, 그리고 배움을 위한 모험의 길을 나섰다. 그들은 바로 하나님 나라를 선포하기 시작했고, 가난한 자를 돕고, 병을 고치며, 더러운 영을 쫓아냈다. 그

---

168 참고. onmovements.com/?p=101

169 Melbourne, May 2006에 기고했다가, 나중에 잘 다듬어서 Cole의 책 《Church 3.0》에 실었다.

2부 | '사도적 특성'의 중심부 여행하기

것은 선교라는 상황에서 봤을 때, 그야말로 능동적이고 직접적인 제자 만들기였다. 위대한 업적을 남긴 모든 운동마다 다 똑같다. 심지어 이제 갓 회심한 사람도 시작부터 선교에 참여한다. 그 또는 그녀도 얼마든지 영적인 영웅이 될 수 있다. 예수께서 죄인을 거룩하게 하는 이 사역을 교회의 기본 틀로 정하신 것을 안다면 우리의 핵심 과업은 제자도라고 확언할 수 있어야 한다. 그런데 만일 제자 만들기가 우리가 맡은 핵심 과업이라면, 선교를 중심으로 모든 일을 체계화해야 한다. 선교는 제자도를 촉진하는 원동력이기 때문이다. 그러한 것들은 예수님 안에서 단단히 엮여 있다.

어느새 이번 장도 막바지에 다다랐다. 제자 만들기의 성경적 틀을 훨씬 더 일관되게 따를 방법을 살펴보도록 하자.

예수님과 함께 길 걸어가기

우리는 복음서를 통해 예수께서 일단의 제자를 선택해서, 함께 살고, 함께 사역하며 그들을 지도해 주셨다는 내용을 잘 알고 있다. 추종자들을 이런 식으로 양육하는 방법은 예수님 당시에 이스라엘에서 아주 평범한 일이었다. 대다수 랍비도 그와 비슷한 방식으로 제자들을 학당에 모집하여 길러냈던 것으로 보인다. 역사상 실재했던 각 상황에서 정보와 사상의 수월한 전달에 꼭 등장하는 장면이 바로 이렇게 사제 간에 살을 비비며 함께 사는 생활이다. 이것을 이미 언급한 바 있기에, 여기서 반복해서 다룰 필요는 없을 것이다. 다만 예수께서 제자들을 이런 방식으로 다듬어갔다는 것이다. 진정한 제자를 얻기 위해 이것 말고 다른 방법을 군이 생각할 필요가 없다.

오늘날 서구에서 교회마다 리더십의 위기에 봉착하고 있다는 것을 부인할 사람은 거의 없다. 그래서 복잡다단한 21세기를 지나는 동안 우리를 제대로 인도해줄 특정한 유형의 리더십을 반드시 마련해야 한다. 이 책과 그리고 여타의 서적들에서, 그런 유형의 리더십에는 '선교적'이라는 딱지가 붙어 있다. 그런데 실수하지 말아야 한다. 우리에게 필요한 것은 그 선교적이란 것을 이룰 수 있는 바로 그 리더십이다. 문제가 있는데, 그것은 바로 대다수 훈련 기관이 기존의 리더를 유지하는 쪽에 훨씬 더 많은 비중을 두고 있다는 점이다. 그래서 발표자가 어떤 주제를 놓고 개관하고 나면 그들을 가르치는 사람이 요점을 짚어주는 식이다. 만일 우리가 예수 운동들의 그 당찬 사례들에서 배우고자 하고 사도적 특성에 자신을 맞추고자 한다면, 필히 리더들을 만드는 '그 최고의 방법'을 알아차려야 한다.

나는 리더십, 또는 부족한 리더십은 교회의 쇄신이나 감퇴의 중요한 열쇠라고 오랫동안 믿어왔다. 리더십에 우리의 성패가 달려 있을 정도로 그것이 중요한 것이라면, 그 전략 또한 매우 신중히 세워야 한다. 따라서 의문을 가지고 리더십의 현황을 잘 파악하여 상황에 꼭 맞는 개선방안을 찾아봐야 한다. 그리고 이것을 좀 더 멀리까지 추적하다 보면, 결국은 지난 두세기 동안 기독교의 엄청난 쇠퇴를 바라만 보던 리더십의 훈련과 지원을 책임지고 있는 관계 기관과 관련자에게 눈길이 쏠리지 않을 수 없다. 리더를 훈련하고 육성하는 방법에 관하여 꼭 해야만 하는 몇 가지 곤란한 질문이 있다.

우리 시대에서 리더십에 딸린 문제들 가운데 가장 중요한 요인 하나를 꼽자면 틀림없이 리더를 키우는 방식과 상황이라고 할 것이다. 대부분은 리더가 될 사람이 공부를 이유로 일상적인 생활과 사역을 하던 자리를 등지고 일정 기간 속세를 떠난 환경으로 들어간다. 어떤 경우에는 7년을 넘기기도 한다. 그 기간에, 그 또는 그녀는 헤아릴 수 없이 많은 양의 복잡한 정보 더미 속에 파묻혀 지내야 한다. 이에 관련한 과목으로는 성경적 제자훈련, 신학, 윤리학, 교회사, 목회학, 기타 등등이다. 이런 지식은 대부분 유익하고 잘못을 교정해 주지만, 학생으로서 과목을 하나씩 이수해가는 동안 사회화하는 과정을 겪으면서 슬그머니 제자도가 사라질 상황에 부닥친다. 결국, 그 또는 그녀는 이제 오히려 평범한 생활이 익숙하지 않고, 쓰는 언어와 사고방식이 달라지고, 신학원에 있어서 외부 세계에 대한 이해도가 떨어지고 교류가 뜸해진다. 그것은 마치 목회와 신학을 배우기 위해 살던 지역을 떠나 비현실의 놀라운 세계로 가는 비행기에 올라 장시간 그곳 창공을 날다 보니, 왜 다시 어렵게 착륙해야 하는지 의아해하는 것과 같다.

(상황과 관련 없는) 학교 기반의 훈련

선교적 / 리더십 / 사역 맥락

오해 없기 바란다. 물론 지금은 지적 능력을 갖춘 명석한 두뇌가 필요한 시대이다. 진정 우려되는 부분은 주입식 교육이 이뤄지는 교실에서 모든 것을 다 배울 수 없다는 점이다. 몸과 마음을 다해 하나님을 온전히 사랑하게 만드는 리더십은 일평생 사랑하는 법을 배운 제자에게서 개발되어 나온다. 이렇게 하려면 학교보다는 제자훈련의 방식이 더 적합하다.

사실 학교는 예수께서 우리에게 알려주신 제자를 길러내는 방법이 아니다. 보낼만한 학교가 없어서 예수님이 직접 가르치려 한 것도 아니다. 그리스도께서 오시기 수백 년 전에 이미 그리스에서 학교를 개발했다. 그리고 그것은 그리스 로마 세계에서 확고한 틀로 자리를 잡았다. 히브리적 세계관은 삶을 중시하는 대신에 자기들이 가진 개념이나 사상에는 별로 관심을 두지 않는다. 한편, 내 눈에는 학교란 거의 전적으로 개념과 사상의 전달을 목적하는 것으로 보인다. 따라서 비슷한 학문적 모델로 설립한 신학교나 학원은 대체로 제자와 선교적 리더를 길러낼 수 없다. 그들이 그것을 바라지 않는 것은 아니다. 신학원이라서 어쩔 수 없이 갖게 되는 문제점은 쟁반 위에 지식만 수북이 아주 높게 쌓인다는 것이다. 쟁반 밖의 행동과 순종이 놓일 자리는 텅텅 빈 상태이다. 혹은 달라스 윌라드(Dallas Willard)의 명언처럼, 우리는 순종의 능력 빼놓고는 다 배운다. 학교는 학생들에게 수동성을 요구하지만, 제자훈련에는 능동성이 필요하다. 제자도의 주된 목표는 예수님을 닮는 것이다. 이는 실생활의 맥락과 동떨어진 정보의 전달만으로는 성취할 수 없다. 좀 있으면 보게 될 테지만, 새로운 방식으로 행동해야 하는데, 계속 생각만 하고 있으면 안 된다. 대신에 새로운 사고방식으로 우리가 해야 할 행동을 해야 한다.[170]

우리 주님이 우리에게 전달해 주신 제자도의 정신에서 우리는 얼마나 멀리 떨어져 있는가? 그리고 어떻게 우리는 그것을 다시 회복해야 하는가?

첫 번째 질문에 대한 답은 서구의 크리스텐덤이 지식의 개념에 있어서 그리스 혹은 헬레니즘의 영향을 깊이 받았다는 것이다. AD 4세기까지 플라톤식 세계관은 거의 완전히 교회가 가진 히브리적 세계관을 장악해버렸다. 후에 아리스토텔레스는 교회에서 우월적 지위에 있는 철학자로 대접을 받았고, 그의 사고의 틀 역시 헬레니즘 아래 있었다. 한편에서는 기본적으로, 지식에 대한 헬레니즘적 관점이 개념, 사상, 사물의 본질, 유형, 형태에 관여한다. 다른 한편에서는 히브리적 관점이 주로 현실에 존재하는 사건, 순종, 생활형 지혜, 그리고 하나님의 주관하심 아래 있는 만물과의 상호 관계에 관여한다. 유대인과 마찬가지로, 예수님과 초대 교회는 헬레니즘보다는 주로 히브리적 사고를 가지고 행동했다.

(234페이지에 나오는) '행동-배움(제자도) 대(vs) 학교'는 이런 구분의 실례를 보여주기 위해 그린 도식이다. 시작점은 개인이거나 교회의 옛 생각과 옛 행동이고 우리의 과제는 그런 상황을 변화시키는 것인데, 헬라식 방법은 각종 도서와 교실들을 통해 정보를 제공하여 개인/교회를 새로운 사

---

170 나는 이 매우 유용한 문장을 Pascale, 《Millemann》, Gioja가 공저한 《Surfing the Edge of Chaos》, 14에서 빌려 왔다.

고방식으로 데려가려고 한다. 다행인 것은 거기에서 새로운 행동 방식을 추구한다는 점이다. 문제는 단지 인간의 지적인 양상들만 다루기에 행동을 바꾸는 데는 실패한다는 것이다.

헬라식 사고의 추론으로는, 만일 사람이 바른 사상을 가지면 쉽게 행동이 변할 수 있다는 것이다. 그러므로 헬라식 접근방법은 새로운 행동방식을 생각해내려고 노력하는 것이 그 특징이다. 경험으로나 역사적으로나 그런 생각은 궤변이란 것을 알 수 있다. 그리고 그렇게 하면 절대로 제자를 만들지 못한다. 이런 접근방법으로 우리가 할 수 있는 일은 사람의 사고방식을 바꾸는 것 뿐이다. 그 또는 그녀의 행동은 별로 영향을 받지 않은 채 그대로이다. 생각을 바꾸어 일단 새로운 패러다임을 가지게 되면, 그 또는 그녀에게 뜻하지 않은 상황이 발생했을 경우 그에 제대로 대처하는 것이 매우 어려우므로 크게 좌절할 수 있다.

많은 교회의 리더들이 이런 상황을 상시로 겪는다. 지역 교회 안에 있는 여러 종류의 문제를 인식하고 그것을 토로하기 위해 함께 모이기 시작한다. 지식에 대한 헬라식 관점에 영향을 받은 체제 아래에서 애쓰며 사역하다가, 컨퍼런스나 신학교에 가서 교회 갱신, 리더십, 그리고 선교에 관한 상당히 많은 새로운 사상을 접한다. 문제는 그들이 받아들인 것이 모조리 새로운 생각뿐이라는 데 있다. 그들은 여전히 변하지 않은 회중을 마주해야만 한다. 그리고 심사숙고해보면, 자기들 자신의 행동도 여전히 변하지 않은 채 그대로라는 것을 금세 알아차린다. 단순히 새로운 생각을 한다고 해서 사람의 행동이 그리 쉽게 바뀌지 않는다. 행동이란 우리의 타고난 습성과 배운 학식과 문화적 규범과 왜곡된 생각 등을 거쳐 우리 안에 아주 깊이 뿌리박혀 있는 것이라서 그렇다. 비록 지식을 얻는 것이 변모하기 위해서는 꼭 필요한 것이라 해도, 정작 우리가 바뀌려면 새로운 생각보다 훨씬 더한 것이, 그것도 아주 많이 필요하다는 것을 발견한다. 중독으로 고생해본 사람은 이것을 잘 안다.

이런 유형의 접근방식이 서구식 기독교에 깊이 뿌리 박혀 있기에 더 좋은 방법을 찾기에 앞서 그것이 무엇인지 살펴볼 필요가 있어서, 나는 그 점을 놓고 이처럼 장황하게 논했다. 좀 더 좋은 방법은 무엇인가? 놀랍게도 고대 사회에서 통용되던 제자 만드는 기술에 그 비법이 담겨 있다. 제자 만들기는 머릿속에 지식에 대한 히브리적 개념을 담아두면 아주 잘할 수 있다. 달리 말해, 사람을 변모시키려 할 때 상대를 전인(whole person)으로 대해야 한다. 또한 이러한 전인적인 사람들을 삶의(of life) 그리고 삶을 위한(for life) 맥락에서 교육해야 한다는 것을 이해해야 한다. 우리는 이것을 예수님이 행하셨던 방법대로 행하여야 하는데, 그것은 바로 새로운 사고방식으로 행동하는 것이다. 이것이 바로 예수께서 자기 제자들을 길러내신 분명한 방법이다. 그들은 매일 매일 살아가는 삶의 맥락에서 모두 그분과 함께 생활했고 주어진 모든 환경에서 그분을 관찰했을 뿐만 아니라, 그분과 함께 사역도 했고, 잘못도 저질렀고, 그분께 혼나기도 했다. 그리고 다시 한 번, 이런 생활 모습은 하나님의 운동이 펼쳐지는 모든 현장에서 볼 수 있는 장면이다.

따라서 옛 생각과 옛 행동으로든, 혹은 새 생각과 옛 행동으로든 우리 자신을 발견할 수 있다면, 앞으로 나아가는 방법은 행동을 고려의 대상으로 삼는 것이다. 이것은 처음 듣는 소리라 그렇지 낯선 말이 아니다. 인간은 자신의 삶과 세계를 이해하려는 깊은 욕망과 함께 감각을 가진 생각하는 피조물이다. 이런 존재이기에 우리는 일을 진행하려는 경향이 있다. 사상과 정보가 중요하긴 하지만, 그러나 사람에게는 일반적으로 행동 지침(guide action)이 필요하다. 그것이 있어야 그것을 적용하는 맥락에서 가장 잘 자기 것으로 받아들이고 이해하게 된다. 추정컨대, 이런 모든 역동적으로 생각하는 과정이 우리에게 있어야 그것이 행동으로 이어진다. 단지 내용만이 아니라 맥락이 제일 중요하다. 헬라적 방식처럼 하지 말고, 행동할 때에는 생각을 뒤로 미뤄야 한다. 행동하는 동안에는 생각하고, 생각하는 동안에는 행동해야 한다. 사실상 이것은 우리가 모두 애초에 걷기, 말하기, 사회화하기, 그리고 합리적으로 설명하기를 배우면서 거쳤던 방법이다. 왜 우리가 성장하면서 익혔던 나름의 학습 방식을 굳이 바꿔야 한다고 여기는가?[171] 그래서 나는 이와 같은 것을 검토해보라고 제안한다.

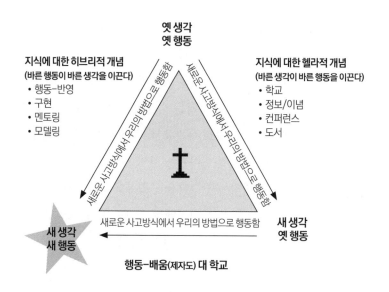

옛 생각
옛 행동

지식에 대한 히브리적 개념
(바른 행동이 바른 생각을 이끈다)
• 행동-반영
• 구현
• 멘토링
• 모델링

지식에 대한 헬라적 개념
(바른 생각이 바른 행동을 이끈다)
• 학교
• 정보/이념
• 컨퍼런스
• 도서

새로운 사고방식에서 우리의 방법으로 행동함

새 생각
새 행동

새 생각
옛 행동

행동-배움(제자도) 대 학교

이 장을 떠나기 전에, 독자께 선교적 리더들을 길러내는 과정에서 제자 만들기 정신을 자체적으로 재교육하기 위해 마련한 몇 가지 훈련 시스템을 어떤 식으로 시작했는지, 그 생생한 예를 제공해드리고 싶다. '포지 선교훈련 네트워크'(Forge Mission Training Network)에서 우리는 이 행동-배움 제자도의 개념을 중심으로 하여 전체 시스템을 세웠다. 우리의 두 가지 목표는 서구를 위한 선교사들을 양성하는 것과 명확한 리더십의 개척적/선교적 모드를 개발하는 것이다. 이것을 행하기 위하여, 우리는 실습훈련기간(internship)을 두어 교육실습생(intern)을 그 또는 그녀가 약간 위험을 느낄

---

171 이 도식은 Dave Ridgway와 James Jesudason이 학습 과정에 대해 설명하기 위해 작업한 것에서 영감을 받은 것이다.

수 있는, 그 또는 그녀의 안전지대 밖의 환경에 배치한다. 우리가 이것을 하는 이유는, 사람이란 자기의 현재 기술과 재능의 범주에서 벗어나는 낯모를 환경에 놓이면 훨씬 더 개방된 자세로 진정한 배움을 얻게 되기 때문이다. 그야말로 어려움에 자진해서 뛰어드는 것이다. 인턴들이 배우는 것은 대다수가 '한번 해보자'(having a go)라며 시도하기와 실제 하는 일에서 비롯한다. 그들은 최소한 일주일 단위로 코치와 만나서 보고하고, 문제를 확인하고, 행동을 제시받고, 도서와 컨퍼런스를 포함하여 지원을 받는다. 우리는 영감 있는 단기 집중 학습 과정을 설치하여 상당히 많은 정보를 전한다. 하지만 이 정보는 오직 자기가 가르친 대로 실제로 행동함으로써 자기 자신의 능력을 실례를 들어 가르치는 자들에 의해 전달된다. 우리는 오직 활동적으로 선교적 실천을 하는 자들에게만 가르치는 것을 허락한다. 이런 방식으로 훈련에 임하면서, 실습생은 문제를 파악하고 해결하여 일을 완료할 수 있는 능력을 키운다. 선교는 좋은 신학의 어머니이며, 또한 항상 그랬다.

우리는 많은 이론이 없어도 직관적으로 옳다는 것을 알 수 있는, 그 놀라운 예수 운동들에서 진정한 영감을 얻지 않을 수 없다. 이런 사건은 필경 성령님의 비밀스러운 사역이다. 그러나 또한 그것은 사도적 특성을 구성하는 mDNA와 뗄 수 없는 부분이다. 그런데 그것은 교회에 내재하여 있어 필요한 상황이 되면 꼭 발현한다. 마치 잊혔던 기억이 그것이 필요한 여건이 되면 불현듯 떠오르는 것처럼 말이다. 그리고 여기에 어떻게 믿음이 세대를 따라 내려가면서 사람에게서 사람에게로 전해지는지 그 비법이 있다. '작은 예수'라는 현재 진행형의 역동적인 초특급 비밀 작전이 바로 그것이다.

6

선교적-
성육신적 추진력

"아버지께서 나를 보내신 것 같이 나도 너희를 보내노라"
–요한복음 20장 21절에서 예수님

복음은 세대가 바뀔 때마다 새로운 방식으로 새로이 선포되어야 한다. 세대별로 각기 고유한 질문들이
있기 때문이다. 복음은 끊임없이 매번 새로 바뀐 주소를 확인해야 한다. 수신자들이 거듭거듭 주소지를
변경하기 때문이다.
– 헬무트 틸리케(Helmut Thielicke)

(시대가 달라질 때마다) 기독교 신앙을 새롭고 다른 방식으로 인식했고 경험했다는 사실에 괘념치 말
라. 기독교 신앙은 본질에서 성육신적이다. 그러므로 기독교가 외계에서 온 존재로 남지 않으려면, 항
상 현장으로 완전히 들어가서 내가 여기 있소 하며 자신을 드러내야 한다.
– 데이비드 보쉬(David Bosh),《변화하는 선교》(Transforming Mission)

최근에 제프 샤퍼(Jeff Shaffer)가 설립하고 산타바바라에서 성육신적 선교
에 주력하는 기관인 우피치 선교회(Uffizi Order)의 10주년 기념식에 참석
했다. 제프는 설교에서 이렇게 자신의 경험을 전했다.

나는 항상 가능성을 보고 이 조직을 운영한다. 교회는 사회가 안고 있는 모
든 문제에 답을 제공해야 한다고 늘 느낀다. 변화시키는 일을 해야지 현실에
안주해서는 안 된다. 예수님의 말씀을 가지고 산타바바라의 모든 구석과 틈

사이로 들어가야 한다고 늘 느낀다. 교회의 손길이 닿지 않던, 무관심 속에 버려뒀던 그런 곳으로 말이다. 사도적이며 선지자적인 기구인 우피치 선교회는 산타바바라를 천국의 작은 전초 기지로 변모시키기 위해 존재한다. 노숙자를 없애고, 마약 밀매를 근절하고, 교회를 개척하고, 전도대상자를 만나고, 소외되고 억압받는 자들에게 실제적인 정의가 구현되도록 여러모로 애쓴다. 우리에게는 책임이 있다. 우리는 갈 것이고, 우리는 필요한 일은 뭐든 할 것이다.

제프를 대할 때마다 느끼는 것이지만, 어쩜 그렇게 모든 때와 장소에서 한결같게 선교적 운동에 전력투구하는지 감동이 절로 나온다.

이 장에서 우리가 살펴볼 내용은 장소와 시간을 초월하는 선교적 운동의 원동력과 유형화이다. 나는 이것을 가리켜 선교적-성육신적 추진력(missional-incarnational impulse)이라고 부른다. 이 용어 선택에 매우 신중을 기했다. 별개의 두 가지 신학적 동인(動因)을 (각각의 추진력을 하나로 병합하는 방법론에 따라) 연결해야 했기 때문이다. 그렇게 합쳐 놓아야 주류 문화에 복음의 영향력을 확대하고 예수님의 말씀이 깊이 뿌리내리게 할 수 있다. 그것은 예수님 자신이 우리에게 이런 위임하는 말씀으로 맡기신 책임이다. "아버지께서 나를 보내신 것 같이 나도 너희를 보내노라."[172] 우리는 여기로 보내심을 받은 존재임이 분명하다. 그런데 우리는 또한 어떻게 우리가 보냄을 받았는지 전해야 할 존재이기도 하다. 그 아들이 보냄을 받으신 방식 그대로 우리도 보냄을 받는다. 즉, 말씀이 육신이 되신 것처럼, 성육신적으로 말이다. 다시 한 번 더, 그리스도의 사람인 우리가 믿음의 주와

---

172 카쏘스(kathos)라는 부사의 문법적인 의미는 상대방의 행동, 인격, 혹 모범을 반사하거나 모방하라는 명령이다. Thayer의 'Greek Lexicon'은 '그 안에 있는 방식에 따라서, 그것의 수준에 맞춰서, 그것처럼, 그같이'라고 풀이한다(예를 들어 마 28:6; 막 11:6; 16:7; 요 15:10,12;17:22; 히 5:4) (biblehub.com/greek/2531.htm). 그러므로 '그 같이'는 우리에게 이렇게 묻는 것이다 : "아버지가 어떤 식으로 아들을 보냈는가?" 대답 : "성육신의 방법, 구현의 방법으로."

그분의 정신에서 나온 보내심의 방식에 매여야 마땅하다.

운동의 영향력을 확대하는 데 있어서 선교적-성육신적 추진력이 가지는 역할을 고려할 때, 우리가 이같은 역동성을 포용하지 않는다면 결국 변혁적 영향력과 증식의 씨앗을 심을 수 있는 우리의 능력을 스스로 막는 일이 될 것이란 생각이 들었다.

이 점이 중요한 것은 운동들과 관련한 실제적인 이유도 있지만, 상당히 많은 신학교에서 선교와 성육신에 관하여 그것이 가지는 자극에 초점을 맞추고 집중해서 다루기 때문이기도 하다. 선교적-성육신적 추진력이란 사실상 예수님 안에 성육신하신 하나님에 대한 신약의 가르침과 더불어 '하나님의 선교'(missio Dei)를 실생활에서 실천하는 것이다. 따라서 그것은 하나님이 세상을 구속하신 방식과 하나님이 우리에게 자기 자신을 계시하신 방법에 뿌리박고 있다.

이것은 mDNA 가운데 결정적인 요소이지만, 전도중심적이고 끌어 모으는 추진력이라는, 다른 방식으로 형성되고 다른 상상력에 사로잡힌 매우 순수한 생각에 가려서 가장 쉽게 간과되는 요소이다. 교회 성장을 목표로 하는 아웃리치(outreach, 현장 방문)와 복음전도에 순수한 마음으로 전념하는 것을 탓하려는 것이 아니다. 여러 가지 면에서 그것은 옳다. 그렇게 바를 수가 또 없다. 시간과 조건만 잘 맞추면 그것만큼 효과적인 것도 없다. 그러나 나는 현재 우리가 주로 사용하는 복음전도 방식은 제자 삼는 운동이 되게 하는 우리의 능력을 저해한다고 믿게 되었다. 이제 좀 더 확실한 성경적 근거에 비추어 우리가 실천하는 일들을 다시 구성해볼 때가 왔다.

주된 신학이 주된 방법론을 형성한다

우리가 물려받아 깊이 배어든 실천방식에 어긋나기 때문에, 역동성이 있는 선교적-성육신적 추진력과 방법들에 대하여 신학적으로 살피는 것은 중요하다. 본질에서 기독교 신학과 밀접하게 관련된 이 두 가지 기초에서 우리의 실천 사항과 행동이 나온다. 신학적 의미가 있는 실천 사항에 주입한 두 가지 심오한 교리가 있다. 미시오 데이(missio Dei)와 성육신이다.

선교 / 선교적

지난 50여 년 동안, 선교를 보는 시각에 엄청난 변화가 있었다. 데럴 구더(Darrell Guder)가 말한 것처럼, 일부에서는 이런 변화를 교회 중심적 선교에서 하나님 중심적 선교로 바뀐 것으로 딱 부러지게 말한다.

> 선교는 단순히 교회만 하는 것이 아니란 것을 알았다. 대신에 선교는 하나님이 그 결과를 주관하며, 피조물을 회복하고 치료하려는 하나님의 목적에 뿌리를 둔다. 선교는 '보낸다'라는 의미이다. 그것은 인간의 역사 속에서 행동하시는 하나님의 목적을 묘사하는 성경의 중심 주제이다. 하나님의 선교는 모든 민족에게 복을 주려고 하나님이 먼저 이스라엘을 불러 복을 주신 그 소명에서 시작한다. 하나님의 선교는 성경에 기록한 대로 하나님 백성의 역사 속에서 여러 세기에 걸쳐 하나씩 밝혀졌다. 그리고 그것이 하나님의 구원 역사를 위한 예수님의 성육신 사건에서 그 계시의 절정에 달한다. 예수님의 행하심과 십자가에 달려 죽으심과 부활하심으로 … 그것이 교회들이 모든 문화 속에 예수 그리스도의 복음을 증언하면서 오늘날도 전 세계적으로 계속되고 있다.[173]

구더의 결론이다. "우리는 하나님을 가리켜 '선교하시는 하나님'이라고 배웠다. 그래서 우리는 교회를 '보내심을 받은 자'로 안다. 아버지께서 나를 보내신 것 같이 나도 너희를 보내노라(요 20:21; 참고 5:36-37; 6:44; 8:16-

---

173 참조. Guder, Missional Church, 4.

18; 17:18)."[174] 하나님이 아들을 세상에 보내신 것처럼, 우리의 핵심도 보냄받은 사람이 되거나, 그냥 선교하는 사람이 되는 것이다.

이런 '보내심'을 나는 여기에서 '선교적 추진력'이라고 부르는 것에 실제로 담아서 실천하고 있다. 그것은 특성상 외향성이라 공동체나 개인을 바깥으로 나가게 한다. 그것은 하나님의 선교에 뿌리내린 신앙을 가진 교회가 잃어버린 자들이 있는 세상으로 나아가지 않을 수 없게 한다. 그러므로 순수한 선교적 추진력은 사람을 안으로 끌어들이기보다는 밖으로 내보낸다. 신약의 선교 유형은 구심성이 아니라 원심성이다. 그렇다 해서 이것만 아주 크게 강조할 일도 아니다. 예수께서 하나님의 나라를 씨 뿌리는 비유로 말씀하셨을 때, 그분은 농담하신 것이 아니다. 그 비유를 우리의 선교적 현장에 적용하면 이렇게 그릴 수 있다.

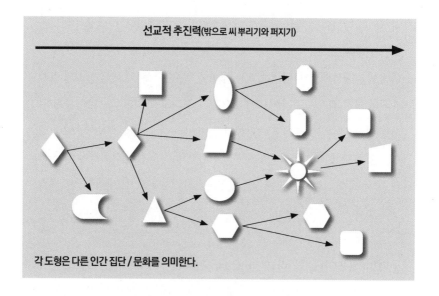

선교적 추진력(밖으로 씨 뿌리기와 퍼지기)

각 도형은 다른 인간 집단 / 문화를 의미한다.

모든 진정한 선교는 이런 '그들에게 가라'(즉, 보냄 받음)는 방식에서 영감

174 Ibid., 4.

을 얻은 것이기에, 우리에게 별로 낯설지 않다. 다른 각도에서 보면 마치 교회의 계보도 같다. 계보라는 것은 어떻게 우리가 여기까지 왔고 어떻게 우리 자신의 이야기와 DNA가 우리 자손들에게 가는지 보여준다. 다른 은유로는 요즘 흔한 소셜 미디어를 예로 들 수 있다. 쉽게 볼 수 있는, 바이러스같이 퍼지는 '좋아요 누르기'와 연관하여 선교적 추진력을 생각하면 된다.

한편 앞의 도식에서 우리가 이런 밖으로 흘러가는 운동을 억누르면 얼마나 하나님의 운동에 잘못을 하게 되는지 정확하게 볼 수 있다. 크리스텐덤의 기본 틀은 거의 전적으로 '와서 그것을 얻으라'는 식의 끌어 모으는 접근 방식에 의존함으로써 선교적(보냄받음과 보내심) 추진력을 집어삼키는 경향이 있다. 우리가 2장에서 살펴본 바와 같이, 교회와 문화의 연관성에 대한 크리스텐덤식 이해에 있어서 본질적으로 바탕에 깔린 현장에 나가서 안으로 끌어오는 방식은 m0-m1 맥락에서는 효과적이지만, 그 범주에서 벗어나면 문화적 복잡성의 증가 폭에 비례하여 효과가 감쇠한다. 크리스텐덤식 교회는 문화적 차이가 크지 않는 상황에서는 실제로 효과만점이다. 그러나 맥락과 상관없이 단지 복음만 전하는 방식으로는 낯선 상황에 접근하여 들어가기 위한 실질적인 비전도, 이해도, 방법도 갖추지 못한다. 그래서 나오는 전략이란 것이 좀 더 나은 프로그램을 통해 숫자적 성장을 자극하고, 시설과 자원을 개선하고, 효과적인 마케팅 기법을 도입하는 것이다. 복음전도를 위한 현장 방문(outreach)을 성육신적 선교로 바꿔 놓아도 차이가 별로 없어 보인다. 그러나 겉보기에만 서로 흡사해 보이는 것이지 실제로는 그 방식이 완전히 다르다. 우리의 일반적인 방식에서는 가는 것에 대한 강조는 실제로 없고 오는 것에 대해서 많이 강조한다. 오직 끌어 모으는 방식의 복음전도만 하게 되면 나타나는 순수 효과는 은연중에 복음의 메시지 그 자체 속에 들어 있는 외향적 운동성에 대한 방해이다. 서둘러 씨를 뿌려도 시원치 않은 판국에, 씨앗들을 교회라는 저장소에 가만히 놓아두고 그 씨를 만든 목적은 무시한 채 아주 효과적으로 세월만 까먹고 있는 형세이다.[175] 혹은 재채기 은유로 되돌아가서, 처음에 에취 하고 재채기가 나오려고 할 때 입을 틀어막고 '재채기'를 못하게 하는 꼴이다. 이런 이유로, 끌어 모으는 방식으로는 점점 더 폭이 넓어지고 있는 문화에 결단코 그 어떤 영향을 끼칠 수 없다. 그러나 예수 운동이라면 가능하다.

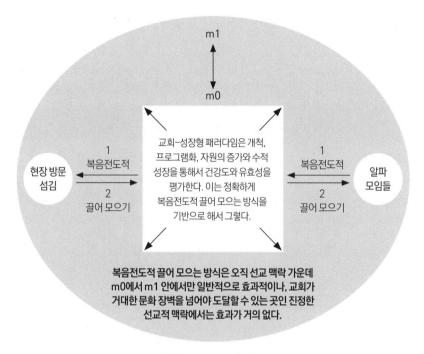

복음전도적 끌어 모으는 추진력

성육신 / 성육신적

요한복음 1장 1-18절은 하나님께서 인류 역사 속으로 오신 놀라운 소식을 우리에게 알려주며 그 본질적인 의미를 규정해놓은 주요 성경 본문이

---

175 이 문제는 쉽게 정정된다. mDNA를 심고, 나가서, 끌어 모으는 식 교회를 강조하는 것을 관두면 된다. 우리는 하나님의 나라가 씨 뿌리고 물을 주면 그 씨가 자란다는 믿음을 배워야 한다(고전 3:6-7). 그러나 간단히 말해서, 자기 뜻대로 하려는 사람은 배우기 힘들다.

다. 이 본문으로 이런 신비한 일 하나만 살피기에는 내용이 너무 방대하다. 예수 그리스도 안에는 하나님으로 충만하다는 것을 그리스도인이라면 누구나 다 안다. 그분은 자기를 낮추면서까지 사랑으로 우리 모두에게 오셨다. 그러나 세상은 그분을 알아보지 못했다.

> 대문자 'I'로 시작하는 성육신(Incarnation)에 관해 이야기할 때, 이것은 구속이 이루어지고, 그 결과 하나님과 인간 사이의 연합이 이루어지도록 하나님이 우리 세상과 삶과 현실의 깊은 속까지 들어오시기 위해 스스로 취하신 숭고한 사랑과 겸손의 행위를 말한다. 하나님의 이런 '육신이 되심'은 매우 근본적이고 총체적이라서, 그 뒤에 세상에서 일어난 하나님의 모든 활동이 시작하는 근거이다.[176]

하나님이 예수님 안에서 또한 그분을 통하여 우리 세상에 오셨다는 것은, 그 영원한 분이 옆으로 이사 와서 우리와 어울려 함께 거주한다는 뜻이다(요 1:14). 이 신비로운 성육신 신앙의 핵심을 파고 들어가 보면 우리 중에 한 사람같이 되셨다는 의미이다. 즉, 하나님이 인류를 위하여 죗값을 완불할 수 있는 몸으로 오셨다는 의미이다. 그런데 성육신과 그것에서 흘러나오는 그리스도의 행동은 우리의 구원 외에도 엄청나게 많은 것을 성취했다. 그분은 완전한 인성을 가진 분으로서, 깊은 친화력으로 행동하면서 자기가 누구인지 그 신원을 있는 그대로 숨김없이 다 보여 줬다. 즉, 어떤 사람의 신원을 파악하는 데 필요한, 그 속에 잠재한 모든 것까지 죄다 탈탈 털어서 행동으로 보였다. 신원 확인을 넘어서 그것은 계시였다. 예수께서 자기가 지닌 인간의 모든 양상을 드러낸 것은 바로 우리를 위함이었다. 그분

---

176 Frost와 Hirsch, 《새로운 교회가 온다》(the Shaping of Things to Come), 35. 성육신적이란 말에 담긴 함의에 대하여 좀 더 상세한 설명은 35–40을 보라

                                      2부 | '사도적 특성'의 중심부 여행하기

은 자신이 조금도 과장 없이 인성을 가진 하나님이심을 나타냈다. 만일 우리가 하나님이 어떤 분이신지 알기 원하면, 그저 예수님 한 분만 살펴보면 된다. 우리가 능히 그분을 이해할 수 있는 것은 그분이 우리 가운데 한 사람이기 때문이다. 그분은 우리를 알고 있고 우리에게 자신의 어떠함을 얼마든지 보여준다.[177]

아래에 열거하는 사항은 하나님께서 메시야이신 예수님 안에 성육신한 것을 최소 여섯 가지 차원에서 밝혀 놓은 것으로 우리의 신앙 사상의 틀로 삼기 바란다.[178] 그것은 이러하다.

- 임재(Presence) : 영원하신 하나님이 예수님 안에서 우리에게 온전히 임재한다. 예수님은 하나님이 보낸 한낱 대리인이거나 선지자가 아니다. 그분은 육체로 오신 하나님이다(요 1:1-15; 골 2:9).
- 근접(Proximity) : 그리스도 안에서 하나님은 우리가 이해할 수 있는 방식으로 뿐만 아니라, 또한 우리가 접근할 수 있는 방식으로도 우리에게 다가오셨다. 그분은 사람을 향해 회개하고 직접 오신 하나님의 임재를 선포하라고 그들을 불렀을 뿐 아니라(막 1:15), 또한 친히 버림받은 사람을 친구로 사귀고 상한 자와 '잃어버린 자'와 근접(隣接)하여 (가깝게) 생활했다(눅 19:10).
- 선행(先行, Prevenience) : 사람의 마음을 이해하는 하나님은 그들을 구원하는 데 필요한 것을 그들 눈높이에 맞춰서 (앞서서 미리) 준비하셨다. 예수님은 자기 때를 거듭 말씀하며 아버지가 행한 것을 본대로만 행동했고 사람의 마음과 문화와 사회 속에서 하나님의 일을 1순위

---

177 성육신적인 증언과 선교에 대한 좀더 중요한 사상은 Frost, 《Incarnate》(성육신적 교회); Halter, 《Flesh》(믿음을 살다); 그리고 Hammond와 Cronshaw, 《Sentness》를 보라.

178 나는 이것을 내 동역자 Michael Frost의 교육 자료에서 가져다 좀 더 다듬었다. 《Untamed》의 제4부 야성의 선교를 보라.

에 두고 살았다(요 5:9-20; 6:38; 9:4; 12:49-50 기타 등등).

- 무력(無力, Powerlessness) : '우리 중 하나'가 되심으로써 하나님은 종의 모습을 가졌고, 우리 위에 군림하여 세도를 부리는 분이 아니었다(빌 2:6-11; 눅 22:25-27). 그분은 환호성과 레이저 쇼로 우리를 놀라게 하지 않았다. 대신에 그분은 자신의 본분인 메시야 사역을 하기 전에 갈릴리 촌락에서 비천한 목수로 30년 동안 지냈다. 그런 행동에서 그분은 큰 권력을 쥔 자에 대한 상식을 깼고, 우리에게 사랑과 겸손(무력)이 얼마나 진실하신 하나님의 본성을 반영한 것이며 인간 사회를 변모시키는 열쇠가 되는지 실례를 들어 가르쳤다.

- 연민(Passion) : 연민은 사물을 깊게 느낄 수 있는 능력이다. 우리는 예수님이 사람들을 매우 불쌍히 여겼다는 것을 안다(마 6:34). 이것은 놀랄 일이 아니다. 연민은 아픔과 역경의 의미를 알고 있기에 괴로워하는 사람들을 보면 나타나는 공감 능력인데, 고난 받는 종으로서 그분에게 나타난 역할이 그러하다(사 52:13-53). 예수님은 모든 아픔과 고통을 자기 자신이 지고 인간의 안과 밖을 죄다 속량했다(히 2:5-18). 그분이 상함으로 우리가 나음을 받았다(사 53:5).

- 선포(Proclamation) : 하나님의 임재는 곧바로 모든 인간에게 경외심을 갖게 할뿐 아니라 또한 하나님의 통치를 예고하며 사람들에게 회개와 믿음으로 응답할 것을 요청한다. 이 일을 예수께서 시작하면서 복음을 전파했다. 복음 전파는 오늘날도 진행 중이다.

우리는 이 차원들을 대체로 다음과 같은 방식으로 도해할 수 있다.

선행(Prevenience)

예수님

근접(Proximity)

선포(Proclamation)

무력(Powerlessness)

연민(Passion)

"말씀이 육신이 되어
우리 가운데 거하시매
우리가 그의 영광을 보니"
(요 1:14)

임재(Presence)

성육신

성육신은 단지 세상에서 하나님만 하셨던 행위가 아니라 우리 또한 해야만 한다. 만약에 자기가 지으신 세상에 하나님이 찾아오시는 주요한 방법이 예수님 안에서 자기 자신을 성육신하는 것이었다면, 우리가 세상에 찾아가는 방식도 마찬가지로 성육신적이어야 한다. 한편 데이비드 보쉬(David Bosch)는 이런 말을 했다. "성육신을 진지하게 묵상해보면, 그 말씀이 일체의 새로운 맥락 안으로 들어가서 육신이 되어야 한다."[179] 그러므로 성육신적으로 행동한다는 것은 신앙 밖에 있는 자들에게 들어가서 그들의 일부가 되어 우리의 선교적 사명을 다하는 것을 의미한다. 그러려면 찾아가서 만나는 사람들과 탁 터놓고 진심 어린 마음으로 친밀하게 잘 지내야 한다. 적어도 그것은 십중팔구 이웃할 수 있는 지역/공간으로 이사하여 실제로 터 잡고 그곳 사람들 속에서 살 비비며 산다는 의미일 수 있다. 한편, 성육신적 사역의 기본적인 동기는 있는 그대로 보여 주려 함이다. 그래서 예수님을 본 사람들이 하나님을 알았다.

성육신이 개인의 삶과 공동체 생활의 모든 영역에 영향을 미쳐야 한다고

---

179 Bosch, 《Transforming Mission》, 21.

말하는 것은 대단히 절제된 표현이다. 우리 중에 하나같이 되신 하나님은 참 인간의 모범을 몸소 보였고, 그런 사람들이 어울려 사는 진정한 공동체의 모습과 행실은 어떠해야 하는지 넌지시 알리셨다. 이것은 우리의 삶뿐 아니라 선교에 큰 영향을 미친다. 위와 똑같은 틀을 가지고, 하나님 백성의 선교적 사명에 이런 적용을 해보자.

- 임재(Presence) : 하나님께서 나사렛 동네에 근 30년 동안 계셨는데 아무도 알아본 자가 없었다는 사실은 우리가 일반적으로 쓰는 선교 방법과는 너무도 달라 당황하게 된다. 그것은 인간으로서 평범하게 사는 것이 무엇인지 알려 줄 뿐더러, 성육신적 방식으로 선교적 사명을 감당하려 할 때 알맞은 시기가 있다는 것과 상대적으로 익명성을 갖는다는 것을 말해준다. 선교적 사명 감당을 위해 '노골적으로' 드러내 놓고 접근해야 할 시기도 있지만, 단순히 공동체의 일원이 되어 모르는 척하고 그렁저렁 함께 지내야 할 때도 있다. 뿐만 아니라, 임재하기가 중요한 이유는 그렇게 해야 선교적 사명을 이룰 수 있는 인간관계가 형성되기 때문이다. 관계 맺기가 복음 전달에 중요한 수단이기에 우리는 누군가의 이웃이 되어 직접 상대해야 한다. 우리가 하는 생활이 우리의 메시지이다. 그래서 선교가 이루어지는 바로 그 현장에 우리가 살지 않으면 안 된다. 예수님을 대리하여 우리가 어딘가에 임재해야 한다는 개념 속에 깊이 배어 있는 의미는 우리가 어울려 다니는 그 사람들 속에 우리 예수님도 즐거이 함께한다는 것이다. 그런 식으로 사람들은 하나님이 실제로 그들을 좋아하신다는 숨겨진 메시지를 접한다.
- 근접(Proximity) : 예수님은 사회적 계층에 상관없이 모든 자와 어울렸다. 바리새인, 세리, 매춘부, 가리지 않고 함께 식사했다. 그분의 발자취를 따른다면, 우리가 다가가기 원하는 사람들의 삶에 직접 그리고 적극적으로 들어가 동고동락해야 한다. 이것은 임재하는 것뿐만 아니

라 거짓 없이 살갑게 마주 대하는 것이다. 그렇게 살다 보면 자연스레 계속 마주치고 우정이 꽃피면서 진정한 이웃이 된다.

- 선행(Prevenience) : 하나님은 세례 받은 자에게만 임재하는 분이 아니다. 그분은 수그러들 줄 모르는 전도자이다. 그분은 자기가 지은 세상에서 – 많고 많은 일 중에 꼭 할 일 – 우리 자신을 포함하여 죄를 범한 인생들의 생명을 구하느라 항상 일한다. 존 웨슬리(John Wesley)는 이러한 사실을 '선재적 은총'(prevenient grace)이라 불렀고, 그 위에 그의 전체 사역을 세웠다! 그는 하나님께서 복음 전파를 위하여 항상 길을 미리 준비하신다고 확신했다. 즉, 주께서 모든 사람 속에 역사하여 사람들이 어떻게 해서든 예수님 안에서 그리고 그분을 통해서 관계를 맺도록 애쓴다고 믿었다. 우리는 어떤 상황 안으로 '하나님을 모셔오는 것'이 아니다. 그분은 당신이나 내가 그 장면에 등장하기 오래전부터 그곳에 계신다. 성육신적 선교를 하는 자들은 하나님께서 어떤 사람 안에서 그리고 어떤 문화 안에서 무슨 일을 하고 계시는지 알려고 해야 한다. 알아차렸으면, 이제 그분에게 합류해야 한다.

- 무력(Powerlessness) : 그리스도를 닮아가는 행동은 평소 힘써 복음을 전하는 것과는 다르다. 아주 진지하게 예수님의 본을 따라야 한다(마 20:25-28; 빌 2:5-11).[180] 이는 다른 사람이나 세상과의 관계에서 우애하고 종의 자세로 섬기며, 겸손하게 자신을 낮추는 행동이다. 애석하게도 교회의 그 긴 역사 속에서 교회, 리더십, 선교 분야에 이렇게 성육신하는 방식으로 그리스도를 닮아가는 본보기가 될만한 사례를 찾아보려 했지만 거의 없었다.

---

180 예수님은 이것을 자세히 말씀하셨다. "예수께서 제자들을 불러다가 이르시되 이방인의 집권자들이 그들을 임의로 주관하고 그 고관들이 그들에게 권세를 부리는 줄 너희가 알거니와 너희 중에는 그렇지 않아야 하나니 너희 중에 누구든지 크고자 하는 자는 너희를 섬기는 자가 되고 너희 중에 누구든지 으뜸이 되고자 하는 자는 너희의 종이 되어야 하리라 인자가 온 것은 섬김을 받으려 함이 아니라 도리어 섬기려 하고 자기 목숨을 많은 사람의 대속물로 주려 함이니라"(마 20:25-28).

- 연민(Passion) : 이런 성육신적 실천을 우리 가정에서는 아내 데브라가 '마음의 성육신'이라고 부른다. 인간에 대한 열정을 품은 제자는 개인이나 집단이 겪는 고통스러운 상황을 접하면 그 즉시 마음이 동하여 어떻게 복음으로 그 문제를 다루어야 할지 궁리한다.[181] 우리가 다루는 것은 사람이지 사건이 아니다. 사람은 누구나 사연과 아픔과 기쁨이 있다. 우리는 인간이 겪는 공통의 경험을 함께 나눈다. 많은 이가 인생에서 커다란 어려움으로 아파한다. 우리가 받은 소명은 예수님이 가졌던 그 불쌍히 여기는 마음을 우리도 똑같이 가지는 것이다.(막 6:34).

- 선포(Proclamation) : 예수께서 복음 전파를 필두로 공생애를 시작한 것은 오늘날도 여전히 따라야 할 유효한 행위이다. 진정한 성육신적 접근방식은 우리 세계 안에 있는 자들과 항상 기꺼운 마음으로 복음을 나눌 것을 요구한다. 선교의 전체 목표에서 이 부분을 빼놓고는 세상을 위해 우리를 부르신 소명을 충실히 이행할 수 없다. 우리는 본래 '메시지의 부족민'(message tribe)이다. 이는 우리가 선포를 통해 전하는 메시지를 반드시 충실하게 전달해야만 한다는 의미이다.

성육신적 선교

---

181 Hirsch와 Hirsch, 《Untamed》.

영향력이 컸던 생물학자이며 인공두뇌연구(시스템 이론)의 원조였던 그 레고리 베이트슨(Gregory Bateson)은 "모든 생물체는 관계라는 광대한 거 미줄 안에 존재한다"고 주장했다. 우리는 일반적으로 세계, 문화, 사물과 아 주 폭넓게 연결된 생태계의 일부이다.[182] 이는 교회의 선교에서도 대부분 마 찬가지이다. 우리는 하나님과 그리고 다른 사람과 서로 연결되어 있다. 그 뿐만 아니라 우리가 거하는 세상과 관계하며 인생살이도 한다. 우리는 이 미 거대한 시스템 안에 몸담고서 관계를 맺고 지내며 나름 주어진 책임을 다하며 산다.

성육신적으로 생활한다는 것은 성육신으로 참 인간이 되신 그런 본을 따 를 뿐만 아니라, 유기적인 관계가 이루어지는 선교적 공간도 조성하는 것 이다. 그래야 선교가 삶, 친한 관계, 그리고 공동체의 평상시 흐름에 끊김 이 없도록 '최적화'(fits)되며, 완벽한 '상황화'(contextualized)가 이루어진 다. 이런 것이 '실현'(practices)될 때 비로소 진정한 성육신적 선교를 위한 행동의 기초가 마련되며, 그뿐 아니라 예수님과 그분의 선교적 사명을 확 실히 경험할 수 있는 진입점이 생긴다. 호주의 빈민을 위한 선교사 린디 크라우처(Lindy Croucher)는 성육신적으로 사는 것을 메리 포핀스(Mary Poppins)라는 영화에서 메리가 아이들 손을 잡고 그림 속으로 놀러 들어가 는 장면에 비유한다. 그녀는 이르기를, 그녀에게 성육신적인 선교는 '복음 속으로 걸어 들어가는 것'과 같았다고 한다. 그녀는 난생처음 '복음 안에서 살고 있다'라는 것을 느꼈다고 한다.[183]

그러므로 우리를 둘러싼 그 복잡다단한 다문화 세계에서 채택할 수 있는 방책이 바로 성육신이다. 샌프란시스코, 로스앤젤레스, 남아프리카, 캄보 디아의 '이너체인지'(InnerChange : 가난한 자들의 선교적 모임)의 회원들은

---

182 Charlton, 《Understanding Gregory Bateson》, 120.

183 저자와의 개인적인 대화에서

이 방식을 매우 진지하게 따른다. 그들은 빈민과 함께 일하면서 자신들도 가난하다는 것을 떳떳하게 밝히기 때문에 기본적으로 사람들과 유의미한 대화를 주고받을 수 있고, 그뿐 아니라 철저하게 성경적으로 행동할 수 있다. 그것은 우리에게 찾아오신 하나님 자신의 방식을 그대로 반사한 것이다. 똑같이 가난한 사람으로 남기 위해, 모든 이너체인지 사역자는 자원하여 평균의 빈곤 수준보다 아래에서 생활하며, 자기들 시간의 80%를 이웃과 함께 보내며, 자비량으로 사역하면서 사람들이 '우리 돈으로 먹고 산다'는 이야기를 아예 할 수 없게 한다. 그들은 또한 본토박이로 구성한 신앙 공동체를 개척하여 그것이 그들이 다가가려고 힘쓰는 그 다양한 인구 집단의 모체가 되게 한다.

성육신적 사역은 근본적으로 사람을 교회로 데려오는 것이 아니라 교회를 사람에게로 가져가는 것이다. 샌프란시스코에서, 마크 스캔드레트(Mark Scandrette)라는 특출한 도시 선교사는 이웃에게 성육신적인 행동을 실천할 수 있는 '6 Ps'를 구현했다. 지역 내 수많은 예술가, 지역 사회 운동가 협회와 사업체를 상대로 적극적으로 활동하면서, 다니던 교회를 완전히 이탈한 자들의 삶 가운데 살아계신 예수님을 전하고 있다. 그의 사역을 표준 계측기에 놓고 정확하게 계량할 수는 없지만, 이 헤아릴 수 없을 만큼 귀중한 사역으로 수많은 이탈 교인 앞에 하나님의 나라가 좀 더 가깝게 다가왔다는 것은 자명하다.

오늘날 주변에서 두드러지게 이러한 성육신적인 실천으로 복음을 전하는 자들이 있어 알리려 한다. '하나님의 소대원들'(God's Squad)인데, 무법 오토바이 갱단 속에서 선교하는 선교적 모임이다. 이들이 그런 접근방식으로 사역한다. 수년 동안 그 회원들은 실제로 하위문화권에 들어가 그 일원이 되어 사람들이 하나님과 예수님 이야기를 꺼내며 제멋대로 해석을 내놓을 때 그 자리에 함께 머문다. 그들은 자신들이 한몫을 하고 있는 바로 그 지하세계 오토바이 문화의 통념 속으로 예수님을 모시고 들어간 것이다.

이런 실천은 하위문화권, 빈민, 그리고 인종 단체에만 국한하지 않는다. 일상에서 우리 주변에 존재하는 많은 사람을 대할 때 우리가 반드시 실천해야 할 부분이다. 이 책 초판이 나왔을 때, 호주에만 60군데가 넘는 펍[pub, 흔히 아는 선술집이 아니라, 누구나 와서 가볍게 음료와 다과를 먹고 게임도 하면서 즐겁게 시간을 보낼 수 있는 공공의 하우스, 역자 주] 교회가 있었고, 영국과 미국에는 말할 것도 없이 상당히 많았다.

그리고 그다음으로 우리가 '제3의 장소' 개념을 적용한 선교가 대중 사회에 확산되고 있다. 레이 올덴부르크(Ray Oldenburg)의 주장에서 따온 문구인데,[184] '제3의 장소'란 우리가 좋아서 스스럼없이 가는 사회적 환경을 말한다. 그 장소는 우리가 많은 시간을 즐기면서 보내는 곳이다. 예를 들어 커피숍, 스포츠클럽, 간단한 야외 파티, 펍 겸 카페, 동호회, 미술 교실, 연극, 요가 및 운동모임, 그리고 나이트클럽 등이다.

미국에서 선두에 서서 성육신적 사역을 하는 선교사는 '포지 아메리카' (Forge USA)의 리더 휴 할터(Hugh Halter)이다. 하나님의 백성은 누구나 하나님의 선교에서 일부를 감당해야 한다는 비전을 품고 그는 위험스러워 보이는 이야기들을 만들어내는 일상의 영웅을 응원하는 '비보'(BiVo) 운동을 시작했다.[185]

지난 몇 년 사이에 내가 본 최고의 사례는 '라이프 인 딥 엘럼'(Life in Deep Ellum)이다. 덴마크의 '코펜하겐 기독교문화센터'(Copenhagen Christian Cultural Center)에서 영감을 얻어 달라스 예술 지구 중심부에 근거를 둔 이 사역은 파티를 주최하고, 지역 예술가의 전시회를 열고, 끝내주는 커피숍, 소극장, 댄스 교실을 운영하며, 그들 교회를 딥 엘럼의 생활 속

---

184 Oldenburg, Great Good Place. Oldenburg의 장소에 대한 유형(typology)에서, 제1의 장소는 개인의 가정, 제2의 장소는 개인의 일터, 그리고 제3의 장소는 사회에서 단골로 가는 곳이다.

185 참고 Halter, BiVo.

에 자연스럽게 통합하여 지역사회의 발전을 도모한다.[186] 포트워스 도로를 따라 내려가다 보면 내 친구 조이 터너(Joey Turner)가 운영하는 굉장히 멋지고 지역 주민들이 자주 찾는 카페 겸 커피숍이 있다. 지역사회에 미치는 영향이 대단하다. 선교적 교회를 개척한 클린트 가맨(Clint Garman)은 벤투라 도심에 펍(pub)을 창업했는데, 현재 주민들에게 큰 영향을 끼치고 있다. 펍 사역의 탁월한 사례는 포틀랜드 포 스퀘어의 목사 라이언 샤리(Ryan Saari)이다. '오레곤 퍼블릭 하우스'(Oregon Public House)라고 부르는 이곳은 지역 사회에 깊이 연관하여 비영리로 운영된다. 교회 공동체로 모이기도 하고, 자선기금도 모금하고, 지역 예술가들도 찾아오고, 빈곤층도 돌본다.[187]

멜번의 한 유명 오순절 교회는 지역 쇼핑몰에 출자하여, 그곳을 중심으로 외곽 거주자들의 사회에 직접 적극적으로 참여하려고 상당한 소유물과 건물을 매각하였다. 그 쇼핑몰에서 그들은 사회를 촘촘한 조직으로 구성하여, 넋을 놓고 살아가는 현대인의 생활 속에 영성을 집어넣는 책임을 온전히 감당할 것이다. 그들은 이익이 되는 프로젝트에 자본을 낸 물주일 뿐 아니라, 주민들이 매일 드나드는 장소에 천국을 가깝게 두어야 한다는 현실 감각이 있는 자들이다. 그리스도인의 예배와 모임이 공공장소 안으로 들어온 것이다.[188]

시애틀/타코마 지역의 '소마 커뮤니티스'(Soma Communities)는 이전의 사역에 대하여 '탈-교회화'를 채택하고 건물들을 임대하거나 사들여, 그것들을 나이트클럽, 커피숍, 지역 내 많은 음악가의 녹음을 도맡을 녹음 스튜디오로 변경했다. 일찍이 그들은 끌어 모으는 식 목회의 한계를 정확히 예

---

www.lifeindeepellum.com

187 oregonpublichouse.com

188 www.urbanlife.org.au

2부 | '사도적 특성'의 중심부 여행하기

단하고, 교우들이 '예배'에 소비자 입장에서 출석하는 것을 방지하기 위하여 그들을 모두 지역의 선교 현장에 참여하도록 했다. 이어서 그들은 교회를 아예 지역별로 구분하여 놓고, 서로 선교적 공동체라는 관계망으로 연결했다. 그리고 하위문화, 목적 단체, 학교 공동체, 그리고 그와 유사한 데에서 각각 하나씩 선정하여 봉사하기로 맹세하게 했다. 그들은 이제 완전히 자립한 상태에서 3개 대륙에 있는 교회들과 연합하여 운동을 펼치고 있다. 마찬가지로, 뉴욕시의 '트리니티 그레이스'(Trinity Grace)도 거의 같은 방식으로 사역하고 있다. 결과적으로, 그들도 뉴욕의 여러 개의 독립 구에서 매우 다양한 집단에 속한 자들에게 효과적으로 다가가고 있다. 각 공동체는 진정으로 상황화하였고, 각각 섬기는 공동체의 범위가 계속 넓어지고 있다.

여느 파라 처치 사역과 마찬가지로, 미국의 네비게이토는 선교적 접근방식을 중심으로 주요 사역을 재고하는 중이다. 그들이 하는 'Better Together'(B2G)라는 사역의 예를 들어보겠다. 통찰력 있는 게리 브래들리(Gary Bradley)가 주도하는 친한 사람들로 구성된 여러 그룹은 예수님과 그분 나라의 복음을 들고 매일 그들의 삶의 현장으로 들어가서 은혜와 축복의 통로 역할을 감당하고 있다. 곳곳마다 하나님이 역사하는 현장이란 점에 유의하면서, 그들의 목표를 주님과 연합하여 선교적 맥락에서 제자훈련을 하는 것으로 잡고 있다. 그들의 신조(credo)란 "당신이 있는 바로 그곳에서, 하나님은 사람들이 그리스도를 깊이와 위험과 실재의 영역에서 알아가게 하려고 이끌고 연결하고 계신다"이다. 그들은 또한 분야를 가리지 않고 사람이 있는 곳이라면 어디든 들어가 일체가 되어 그곳 공동체의 변모를 꾀한다. 게리의 목표는 "예수님의 말씀을 새로운 방법으로 다음 세대에 심는다"이다.[189] 마찬가지로, 미국 전역의 수백 개 대학 캠퍼스에 지역별로 상

---

[189] home.navigators.org/us/b2g/index.cfm

황화한 예배 공동체를 개척하는 IVF(InterVarsity)의 '챕터 플랜팅'(chapter planting) 프로그램 역시 매우 성공적인 사역이다.[190]

이는 개인별, 교회별, 그리고 선교 기관별로 교회라는 '안전지대'에서 멀리 떨어져 나와서 선교적이고 성육신적인 노력을 기울이고 있는 일부 사례에 지나지 않는다. 이런 다양한 성육신적 선교 사역의 순수 효과는 해당 지역이나 인구 집단에 복음의 씨앗이 뿌려지고 그것이 구성된 문화 본바닥의 일부가 되는 것이다. 게다가, 성실하게 성육신적인 사역이 진행되는 현장에서는 사람들이 인격적으로 선교에 대해 감동함은 물론 신뢰성이 확보되어 선포와 응답이 수월하게 이뤄진다. 이미 조직이 갖춰진 상태에서 선교적 사역을 시작하려면 교회가 근본적으로 다르고 끊임없이 변화하는 문화 상황 가운데 예수님의 메시지를 전달해야 할 책임이 있다는 것을 인식해야 한다. 이것은 운동과 끊임없는 상황 적응을 필요로 한다. 우리는 어떤 인구 집단에 복음을 전하는 데 있어서 성육신적인 실천이 가지는 힘을 결코 과소평가해서는 안 된다.

반면, 성육신적인 선교의 논리는 서구 선교사들이 개발도상국에 이미 형성한 서구의 교단적 고정틀을 단순히 그대로 이식하려 한 데서 왜곡되었다. 이는 그 지역 문화의 정당성을 손상했을 뿐더러 현지 문화를 서구의 문화 양식으로 뒤바꿔 놓아 그 지역 그리스도인들을 자신의 문화적 환경에서 동떨어지게 했다. 그 여파로, 예를 들면 아프리카 밀림 한가운데 사는 가난한 흑인 남성이 중세 예복을 입고 고딕 양식의 예배당 밖에 서서 국적 불명의 이상야릇한 행동으로 어서 들어오라고 사람들을 재촉하는 장면을 연출한다. 이것은 복음이든 교회이든 상황화(토착화)를 꾀하지 않은 결과이다. 주변에서 왜들 가만히 있는지 이상할 정도이다. 아프리카라서 그런 오류가 더 잘 눈에 띄었을 뿐이다. 지금 전역에 걸쳐 부족화가 급속히 진행되고 있

---

190 bit.ly/1fyTQn0

는 서구 사회도 그와 다를 바 없다.

성육신적인 실천을 계속해 나가다 보면 생기는 경향(pattern)을 살펴보면, 성육신적인 실천이 실제로 복음의 메시지를 모든 인구 집단 안에 아주 깊이 뿌리내리게 하여 사람들이 자기 문화에 알맞은 방식으로 예수님을 예배한다는 것을 발견한다. 성육신적인 추진력을 도식으로 표시하면 이렇다:

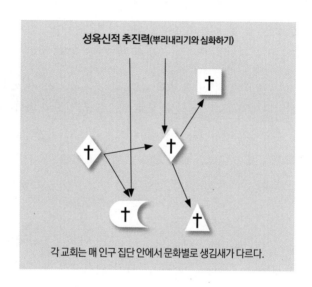

성육신적 추진력(뿌리내리기와 심화하기)

각 교회는 매 인구 집단 안에서 문화별로 생김새가 다르다.

성육신적인 사역을 하게 되면, 선교사들은 자기가 맡은 부족민들이 복음을 그들 삶에 받아들여 그것을 자기 종족에게 소중하고 유의미한 문화로 삼는 모습을 확실히 보게 된다. 그래서 그 문화 전체에 예수님이 온전하게 자리하여 구원을 이룬다. 말하자면, 복음은 그 부족의 내면을 싹 다 바꾼다. 요한계시록 21-22장에 기록한 모든 민족과 언어 집단과 나라에서 나온 문화적으로 온전히 구속함을 받은 무리가 그들을 위해 큰 구원을 이루신 하나님을 찬양하는 장면이 떠오른다. 장차 예배하게 될 열방은 바로 각자 자신만의 문화권에서 나오는 자들이다.

따라서 선교적 추진력은 하나님의 선교에서 영감을 받고 내용을 정리했으며, 성육신적 추진력은 그것의 주요 은유로 주님의 성육신에서 철저히 따왔다. 둘 다 사실상 진정한 성경적인 선교적 사명을 형성하는 데 필요하다. 두드러진 예수 운동들의 실상을 살펴보니, 이 두 가지 추진력이 하나가 되어야 효과가 있다는 것을 알았다. 그래서 선교적-성육신적 추진력이라고 하나의 접근 방식으로 만들었다. 이 둘을 하나로 합한 행동은 효과적인 절단 도구인 가위의 양날같이 작용한다. 선교적 추진력으로 메시지가 밖으로 나가고, 성육신적인 추진력으로 메시지가 깊숙이 파고든다. 이런 조합이 선교적 운동을 매우 활기차게 만들기에, 나는 더욱더 확실한 믿음을 가지고 이것을 선교적 비범성의 요소로 특정한 것이고, 또한 교회에 본래 기본적으로 내재하여 있어 사도적 형태의 사역을 할 수 있게 한다고 확신한다. 그래서 선교적이고 성육신적인 추진력이 융합하면 이런 모습이 된다.

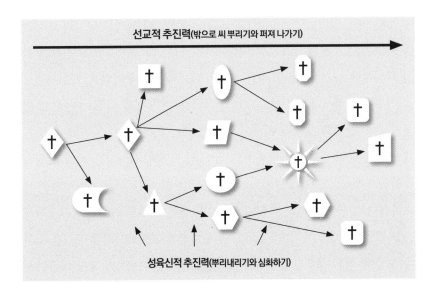

선교적-성육신적 접근 방식이 의미하는 바를 알아보자.

재생산의 즐거움

첫째, 교회의 번식 능력이 이런 추진력과 직접 연관된 것이 쉽게 눈에 띈다. (마치 족보를 보는 것 같지 않은가?) 유기적 시스템에 들어 있는 mDNA를 살필 때 이것을 좀 더 자세히 탐구할 테지만, 지금 여기에서 주목해야 할 중요한 부분은 모든 문화와 인구 집단 안에 하나님의 백성이라는 씨앗을 심고 번식하게 하는 추진력이다. 여기서 보이는 각 교회 단위는 씨앗이 꽉 찬 한 개의 꼬투리로 생각하면 된다. 교회마다 각각 다른 여러 교회와 함께 '임신 중'이다. 이 추진력에 의해서 사도적 교회가 자체적으로 팽창한다.

새로운 선교적 운동이 시작되어 심화하며 증가하는 순환이 계속되다가, 슬프게도 어쩌다 보니 그것이 중간에 멈추기도 한다. 리더들이 과하게 통제하려는 일이 발생하기도 한다. 성과를 내려다 부지중에 내재한 증식 능력에 제동을 걸기도 한다. 일단 이런 일이 발발하면 그다음은 운동의 속도가 점점 탄력을 잃다가 결국 감산(減産)으로 막을 내린다. 미국에서 불과 40년 만에 전체 인구의 3분의 1 이상으로 불어났던 웨슬리의 대개혁 운동에 무슨 일이 일어났던 것일까? 감리교는 초창기에 엄청난 영향력을 끼쳤다. 애초부터 분권형 구조로 시작하여 파급력이 대단했고, 조직 전체에 걸친 제자훈련으로 사람들을 바르게 세워 배가하는 운동이었고, 개척정신으로 선교에 앞장서서 헌신했고, 개인과 사회의 거룩성을 외쳤으며, 관계 중심의 복음 전파와 노예와 여성의 역할과 지위를 향상시켰고, 당연히 수천 개의 공동체를 개척하여 예배처로 삼았다. 그런데 성직자를 세워 사역을 총괄하게 하고 고교회(high-church)의 교회론에 따른 성례전의 시행을 채택하면서, 그들은 의도하지 않았지만 역동하던 운동을 억제하였고 조직을 중앙 집권화하였으며, 그런 조치로 인하여 세상을 변화시키던 동력을 거의 다 잃었다. 참된 성육신적 선교란 신약 그 자체에서 보듯이 항상 에클레시아가 그 고유한 방식으로 사회 맥락의 눈높이에 맞춰 사역을 확대해 가는 것을 뜻한다. mDNA가 억제되는 그 손실의 원인은 우리에게 있다.

생명체와 마찬가지로, 운동은 처음부터 기하급수적으로 성장한다. 교회가 성장을 멈춘 상태라면 그것은 예수께서 시작하신 운동에 내장된 번식력이 억제되어 있다는 뜻이다. 닐 콜(Neil Cole)은 미국 남침례교회의 오직 4%만 분립 교회를 개척할 예정이라고 보고한다. 전체 교단을 통틀어 추산해보면 미국 내 기성교회의 96%는 결코 교회 개척을 못한다.[191] 콜의 말을 잇는다.

> 흔히 이것이 옳다고 여긴다. 사람들이 하는 말은 이렇다. "교회가 참 많다. 교회마다 빈자리 투성이인데, 왜 또 개척하려 드는가? 더 많은 교회가 아니라 더 좋은 교회가 필요하다." 인간에 대해 똑같이 말해보면 어떻겠는가? "사람이 참 많다. 더 많은 사람이 아니라 더 좋은 사람이 필요하다. 왜 애를 더 낳는가?" 이는 짧은 생각이다. 아무리 세계 인구를 부풀려 생각할지라도, 불과 한 세대만 아기를 갖지 않아도 인류는 소멸한다. … 미국 여성의 96%가 더는 출산할 수 없게 되어 아기를 갖지 못한다고 머리기사에 떴다고 상상해보라. 우리는 즉시 이 두 가지를 떠 올릴 것이다. 이는 정상이 아니고 여성들의 건강에 무슨 문제가 생긴 것이다. 그리고 또 하나, 우리들의 미래는 지금 심각한 위험에 처해 있다.[192]

선교적-성육신적 추진력은 교회의 건강 수준을 가리키는 근본적인 지표이다.

새로운 리듬 속으로 들어가기

둘째, 서구에서 선교사로 일하는 우리에게 선교적-성육신적 추진력이

---

191 www.onmission.com/site/c.cnKHIPNuEoG/b.830269/k.AE98/Assisting_in_Church_planting.htm

192 Cole, 《Organic Church》, 119.

필요한 이유는 교회가 그러한 방식으로 사역해야 지역 사회를 구성하는 실제적인 유기적 요소가 되어 복음을 심고 또한 확장할 수 있기 때문이다. 여기에서 선교적 추진력이란 인구 집단별로 각각 독특한 문화 체제를 가지고 있다는 점에 유의하여 사람들에게 항상 진지하게 다가가는 것을 뜻하고, 성육신적 추진력이란 어느 집단에 속한 사람들이 가진 그 특별한 문화를 신중하게 받아들이는 것을 의미한다. 그래서 복음에 올바르며 그 문화에도 어울리는 신앙 공동체를 아주 잘 개발하여 복음화할 수 있어야 한다. 이것은 복음과 교회를 그 맥락의 눈높이에 맞게 상황화하는 것을 의미한다. 교회의 문화 사역 방안의 맨 앞에 선교를 놓는 것은 당연한 일이지만, 그렇게 하면 필연적으로 교회가 대상 지역 사회에 대한 개념을 미리 짜놓고 그것을 단순히 달성하려 든다. 그 후에 교회는 그 광범위한 지역 사회 내에서 여전히 낯선 이방인으로 남게 될 수 있다. 훨씬 더 강력한 접근 방식은 사람들 한가운데 진정한 예수 공동체를 여러 군데 양성하는 것이다. 공동체들이 힘쓸 것은 그 인구 집단에 존재하는 문화와 생활의 일부가 되어 실제로 기능을 수행하는 일이다.

그러므로 교회가 시작 단계에서 꼭 실천해야 할 진정한 성육신적 행동은 바로 우리가 선교사들에게 요구하는 행동인 경청하기이다. 우리는 먼저 그 내부에 들어가 그 인구 집단이 마주하고 있는 사안들부터 이해하려 해야 한다. 그들의 흥밋거리가 무엇인지, 무엇을 회피하는지, 하나님이 그들에게는 어떤 의미인지, 그리고 어느 지점에서 구원이 필요하다고 여기는지 알아내야 한다. 이런 행동을 제대로 하려면 그 사회의 리듬을 관찰하고 이해해야 하고, 또한 인구 집단이 자주 사용하는 관계망에 끼어들 수 있어야 한다. 우리는 사람들을 만나려면 그 장소와 방법이 중요하다는 것을 인정해야 한다. 그렇게 모이면 무엇을 보고 어떤 것을 느끼는지 알 수 있다. 그런 다음 복음을 알아듣기 쉽게 잘 설명하며 이들로 신앙 공동체를 이룰 수 있도록 애써야 한다. 그 신앙 공동체가 부자연스럽거나 이질적인 것이 아니라 그들 문화의 진정한 일부가 되게 하는 것이 중요하다. 선교적-성육신적 접근방식은 지역 주민 집단과 문화적인 정서의 진면모를 제대로 간파하고 거기에서 선교적 사명을 신실하게 완수하기 위해 용감한 혁신을 일으키는 행동이다. (뛰어난 성육신적 교회인 서드 플레이스 커뮤니티스 Third Place Communities에 대하여 상세히 설명한 부록 3을 보라.)

위에서 설명한 성육신적 사역을 위한 여섯 가지 실천 사항인 여섯 개의 P 와는 다른, 리차드(Richard)와 도리 고먼(Dory Gorman)이 개발한 상황화를 위한 다섯 가지 질문인 five P's가 있다. (이들은 시카고 도심에 기반을 둔 뉴싱 네트워크 교회의 개척자들이며 내 친구들이다). 그들은 지역의 맥락을 이해하기 위해서, 이웃을 방문하여 이런 질문을 하라고 제안한다.

힘(Power) : 누가 힘이 있는가? 누가 힘이 없는가, 그 이유는? 복음은 그것에 대하여 뭐라고 말하는가?

돈(Pennies, 경제) : 누가 부자인가? 누가 가난한가? 복음은 그것에 대하여 뭐라고 말하는가?

고통(Pain) : 어디에 고통받는 이웃이 있는가? 복음은 그것에 대하여 뭐라고 말하는가?

파티(Parties) : 어디에서 축하 파티를 하는가? 어떻게 해야 가서 참석할 수 있는가?

평화의 사람들(Persons of Peace) : 지역 사회를 지키는 분들은 누구이며 어떻게 내가 그들을 섬기면 되는가?[193]

인구 집단의 문화와 본래의 상태를 존중하기 때문에, 선교적-성육신적 사역을 하면 해당 주류 문화와 매우 긴밀하고 강한 관계를 맺게 된다. 이것

---

[193] Gorman, Just Step In.

2부 | '사도적 특성'의 중심부 여행하기

이 중요한 이유는 복음과 그 회심의 과정이 항상 주어진 문화와 긴밀한 관계를 맺으면서 진행되기 때문이다. 관계를 잘 맺은 후에라야 그것이 요인이 되어 운동이 기하급수적으로 성장한다 : "새로운 신앙 운동은 관계망이 닫혀 있거나, 아니면 반쯤 닫혀 있을 때 실패한다. 기하급수적인 성장을 지속하려면, 운동은 반드시 외부인들과 열린 관계를 유지해야 한다. 그들은 소셜 네트워크를 통해 새로운 '절친'을 자꾸 만들어야 한다."[194] 로드니 스타크(Rodney Stark)는 운동들의 성장을 논하여 이르기를 '사회적 외형'(social surface)이 기하급수적으로 확장한 것이라고 했다. 신입 회원이라도 각자 마음을 터놓고 그 운동과 잠재적 회원들 사이를 네트워크를 통해 새롭게 연결한다. 이렇게 시스템이 계속 열려 있으면 운동이 꾸준히 진행될 수밖에 없다. 소셜 네트워크는 그 특성상 각기 다른 문화를 전달하지만 "그러나 그 구조 자체가 사람들을 서로 아주 가깝게 붙여놓기 때문에, 그렇게 직통으로 연결되는 구조로 인하여 회심의 과정도 아주 쉽게 일어날 수 있다."[195]

서구 전역에 걸쳐 이러한 접근 방식으로 사역하는 놀라운 시도들이 그야말로 엄청나다. 그리스도를 닮기로 작정하고 지역 사회에 봉사하며, 사람들이 될 수 있으면 비교적 작은 단위로 함께 모여서 이웃에게 대단한 영향을 끼치고 있다. 상당수 기성교회도 교회 건물과 자원을 완전히 재정비하여 새로운 여건을 조성해서 전보다 훨씬 더 진정성 있게 사회에 참여하므로 자기 주변으로 점점 더 광범위하게 공동체를 늘려가고 있다. 예를 들어 체육시설, 평생 학습 센터, 카페, 병원 같은 것들이다. 내가 다녀 본 안정된 여러 교회 중에 몇 군데는 교회 재산을 처분하여 쇼핑센터나 주변 상가들을 매입하기도 했다.

'패리쉬 콜렉티브'(Parish Collective), 'FX운동'(Fresh Expressions:

194 Addison, 《Movement Dynamics》, 52.

195 Stark, 《Rise of Christianity》, 22.

FX), '미시오'(Missio), '브이 쓰리'(V3), '에클레시아 네트워크'(Ecclesia Network), '소마'(Soma), 그리고 '가스펠 커뮤니티스 온 미션'(Gospel Communities on Mission) 같은 다른 기관과 마찬가지로, '포지'(Forge)도 그들의 리더들을 훈련할 때 아예 시작부터 선교적-성육신적 접근방식을 강조한다. '포지 아메리카'의 리더인 휴 할터(Hugh Halter)는 이런 식으로 그것을 설명한다.[196]

- 우리는 '끌어 모으는 방식'에서 '성육신적 공동체' 방식으로 옮겨간다.
- 우리는 수평 이동의 성장을 제한하고 영적으로 호기심이 많은 문화에서 성장동력(momentum)을 갖는다.
- 우리는 성도들과 체류자들이 실감할 수 있는 방식으로 복음이 '육신이 되는' 방법을 익힌다.
- 우리는 무가치한 문화에 큰 가치를 둔다 : '구도자 중심 예배'는 불필요하다.
- 우리는 살면서 리더, 재정, 사람을 체계적으로 구성하여 선교적 활동을 추진한다.

이러한 정신은 대부분 지역 교회가 각자의 맥락에서 채택하여 사용하기가 그리 만만치 않은 요소이다. 그 교회들은 레드-오션 전략과 교단적 방식 쪽으로 기울어져 있고 표준화한 교회 형태를 갖출수록 좀 더 재정적으로 안정되기 때문에, 훨씬 더 광범위한 문화(들)에 영향력과 충격을 줄 수 있는 잠재력이 있음에도 불구하고 그것을 심각한 수준까지 축소한다. 끌어 모으고-뽑아 내오기 식 교회는 그 속에 있는 예수 운동의 바깥으로 나가게 하는

---

196 Missio's ZerOrientation 훈련용 광고에서 얻은 자료. Hugh Halter의 허락을 받아 사용함. 또한 www.missio.us/train.html 참조.

추진력을 소용없게 할 뿐더러, 새로운 선교 환경을 조성하기 위해서 복음을 상황화해야 할 필요성마저 무효로 만드는 경향이 있다. 끌어 모으는 식이 전부인 교회는 "사람들이 복음을 들으려면 그들이 우리에게로 와서 우리 마당을 발로 딛고 우리의 문화 범주 안으로 들어와야 한다"고 말한다. 무슨 말이냐 하면, 사람들이 그리스도를 따르고자 한다면 우리(기존 교인)가운데 하나가 되어야만 한다는 이야기이다. 굳이 따로 강조하지 않더라도 일반적으로 예수님을 탐구하는 것은 좋아해도 그 과정에서 특히 '교인 되는 것'은 원치 않는 대다수 비신자가 이것을 무척 멀게 여긴다. 그러나 성경적 방식은 사람을 교회로 데려오기보다 예수님이 (그리고 교회가) 사람들에게로 간다.

선교적 교회론, 가장 중요한 것 먼저 하기

mDNA의 이런 양상 저변에는 근본적으로 그에 관련한 선교적 교회에 대한 신학적이고 방법론적인 흐름이 깔려 있다. 내가 사역하는 선교적 리더십 훈련 시스템인 포지 선교훈련 네트워크에서, 우리는 후기 기독교 문화에서 선교하기 위한 다음과 같은 '공식'(formula)을 정착시키기 위해 열심히 일한다 : 기독론(christology)이 선교학(missiology)을 결정하고, 그런 다음 선교학이 교회론(ecclesiology)을 결정한다. 그렇다. 선교적 운동을 제대로 잘하려면 일단은 기독교 신앙을 처음 시작하신 믿음의 주께로 되돌아가는 것이 가장 현명한 처사이다. 그래 놓고 나서, 거기에서부터 우리의 접근 방식을 재보정해야 한다. 기독교 선교는 항상 예수님과 함께 시작하고 그분이 윤곽을 뚜렷이 보여주셔야 한다. 우리는 끊임없이 예수님을 참고해야 한다. 우리에게는 항상 시작도 그분과 함께이고 끝도 그분과 함께이다. 세상에서 교회의 선교를 제정한 분은 바로 예수님이다. 그러므로 우리의 목적의식과

사명감은 세상으로 우리를 보낸 바로 그분에게서 비롯해야 한다.[197]

자신을 돌아보아 자의식을 조정하고, 사고방식과 방법론을 정밀하게 검토하기 위해서 교회(교회론)는 항상 예수께로 돌아가는 것이 중요하다. 예수께로 돌아가서 그분에게 선교적 임무를 들어야 완전히 새로운 진행 방안을 깨닫는다. 비종교인에게는 잘 먹히지만, 종교인에게는 거북한 구석이 있는 이상야릇한 거룩함도 재발견한다. 나는 멜번에서 홍등가와 마약상이 있는 구역에서 살았던 적이 있다. 살면서 체감했지만, 그곳 사람들은 대부분 그리스도인을 싫어했다. 그런데 복음서를 수박 겉핥기식으로만 읽어봐도, 예수님은 공생애 기간에 주변에 있는 '바로 그런' 사람들을 사랑하며 동고동락했다. 얼마나 많이 그렇게 하셨던지 실제로 그분에게는 이런 자랑스러운 호칭이 붙어 다녔다. "죄인과 버림받은 자의 친구로다"(눅 7:31-34; 참조 마 11:16-19). 이것이 우리에게 주는 의미가 정말 크다. 우리의 교회론과 제자도에 영향을 미친다.

당연한 이야기겠지만, 예수님은 그 하셨던 사역도 성육신적으로 선교하는 일품 선교사 같았다(요 1:1-16; 20:21). 훨씬 더 우리 주님을 닮아간다면 곁길로 새는 일은 안 생긴다. 우리는 반드시 주님에게서 그 원조 선교적 방법과 세련미를 다시 배워야 한다. 우리는 예수님에게서 갓 나온 온전히 '탈교회화한' 방식으로 사람 사귀는 법을 익혀야 한다. '죄인의 친구'로서, 그분은 단골로 다니던 그 당시의 '바'나 '펍'에서 교회에 속하지 않은 사람들과 많은 시간을 보냈다(마 11:19). 그분은 숨김없이 잔치에도 갔고 금식도 했고 축하도 했으며, 선지자 노릇도 했고 상가에 조문하러도 갔다. 그런 방식으로 하나님의 나라가 보통 사람에게 임했고 사로잡았다. 우리가 할 일은 그 예수께로 돌아가는 것이다.

---

197 이 서술의 그리스도론적 차원을 좀 더 상세하게 다룬 책. Frost and Hirsch, 《새로운 교회가 온다》(the Shaping of Things to Come), 112-135.

예수님의 인격과 행적에서 우리의 목적과 방법론은 뚜렷이 떠오른다. 이 것들이 선교학의 아젠다를 정한다. 그런 다음에 우리의 선교학(인생의 목적) 이 교회의 본질과 기능, 그리고 형태를 계속해서 알려주어야만 한다. 내 의 견이지만, 이 순서를 바꾸지 않는 것이 절대적으로 중요하다. 그리스도께서 세상에서의 우리의 삶의 목적과 선교적 사명을 결정하시면, 그 선교적 사 명이 세상에 존재하는 방식을 찾게 만든다. 그것을 도식으로 표시하면 이 렇다:

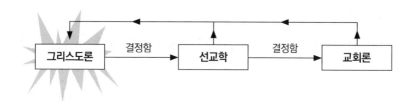

진리로 실험하기 : 선교적 사명에서 나온 교회

성경을 연구해 본 결과, (특히 교회의 문화적 형태에 관련한) 교회론은 핵심 교 리 가운데 가장 유동적이다. 역사적 존재물로서의 교회는 유한하다. 문화 적 존재물로서의 교회는 특정 인구 집단 안에 존재한다. 교회의 문화적 형 태에 대해서라면 거기에 신성함은 없다. 어떤 형태의 교회이든 반드시 설 립자이며 주인이신 예수님이 용납해야 하며, 그분과 완전히 일치해야 한다. 또는 당신도 그렇게 여기듯이, 교회는 반드시 복음 그 자체에서 조금도 벗 어나선 안 된다. 복음에 타협이란 없기 때문이다. 교회의 문화적 형태는 그 리스도라는 보화가 담긴 질그릇과 같다. 우리는 성경을 믿는 자이지, 문화 와 상황이 완전히 다른 데서 나온 무슨 형식을 믿거나 따르는 자가 아니다. 우리가 사는 문화에서 순수하게 통하는 유의미한 방식으로 우리는 맘껏 예 수님을 따른다. 그러면서도 쉬지 않고 변하는 주변 환경에 우리는 잘 적응할 수 있어야 한다. 문화 자체를 신성불가침한 것으로 만들 수 없다. 그랬다 간 결국 위험천만한 우상숭배가 된다. 교회 그 자체가 애정의 대상이 되어 서는 안 된다. 교회는 어떤 주어진 장소에서 하나님의 백성들이 역동적으로 활동하는 문화적 터전이 되어야 한다. 예배 방법, 사회적 역동성, 예전적 표현은 그 주어진 문화 속에 복음을 상황화하는 과정에서 나온 결과물이어야 한다. 교회는 반드시 선교적 사명을 뒤따라야 한다.[198]

로완 윌리암스(Rowan Williams, 전직 캔터베리 대주교)가 교회의 양식과 표현에 있어서 '혼합 경제'라고 부른 것을 지지한 데서 착안하여, 훈련 기 관인 'FX운동'에서는 교회 개척자들에게 선교가 묻고 교회가 답해야 하며 그 순서를 바꿔서는 안 된다는 것을 명심하라고 권한다. "기존 교회와의 관 계에 대한 질문에서 시작하면 이미 그것만큼 흔하고 치명적인 실수는 없 다. 교회에서부터의 선교는 틀림없이 모습을 감춘다. 선교에서 시작하면 교 회가 드러날 공산이 크다."[199] 우리가 채택해야 할 순서는 제일 먼저가 성육 신적인 선교이고 그 바로 뒤를 교회가, 이를테면 빠짝 뒤좇아야 한다. 그런 데 만일 일관성 있게 성육신적인 사역을 실천하다 보면 교회는 다가가려 던 문화 집단의 모양새를 닮아간다. 성육신적 방식의 선교는 인구 집단의 문화적 형태와 리듬에 매우 영향을 받기 쉽다. 이래야 그것이 수단이 되어 유의미한 관계 형성과 영향을 미칠 수 있기 때문이다. 이렇듯 성육신적인 선교는 사람들을 얻기 위하여 그들의 문화 현장에 들어가서 사역하는 것 이다. 일단 이런 기본적인 선교적 경청(listening), 관찰(observation), 연결 (connecting), 그리고 네트워킹(networking) 과정을 진행하다 보면 그 와중 에 예수 공동체가 점차 형태를 갖추어 나간다. 이는 기독교 공동체가 진실

---

198 나는 이 문구를 Forge의 동역자며 벗인 Milton Oliver에게 빌려 왔다

199 Cray, 《Mission-Shaped Church》, 116. Roberts와 Smith는 이렇게 특기한다. "초기 그리스도인들은 교회에 초점을 맞 추지 않았고, 대신에 예수님을 따르며 그분의 선교를 행하는데 주력했으며, 교회는 그런 사역에서 나왔다"(《Invading Secular Space》, 40).

로 성육신하여 완전한 상황화를 이룰 수 있는 유일한 방법이다.

교회는 선교를 뒤따른다는 사상에서 나온 또 다른 매우 중요한 부산물은 성육신적인 선교가 특히 새로운 문화적 맥락에서 혁신적이고 새로운 문화적 형태를 갖춘 에클레시아를 위한 기관실 역할을 한다는 사실이다. 아래 도식에 그린 프로세스는 복음의 성육신 과정이 어떻게 아이데오(IDEO, 미국의 디자인 이노베이션 기업, 역자 주)의 이노베이션 전문가에게서 얻은 혁신의 모범 사례와 연관되는지 보여준다.[200] 만일 이 상황에서 선교가 빠지면 우리의 혁신할 수 있는 능력에 치명타를 입는다. 따라서 크리스텐덤 교회의 그 낡은 형태에서 필사적으로 벗어나야 한다.

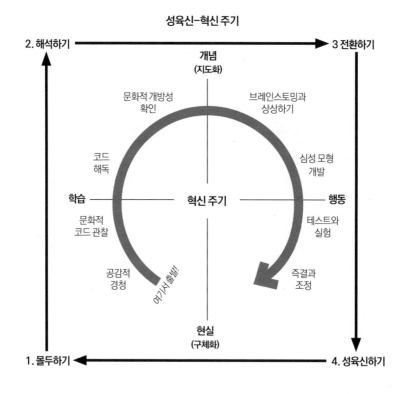

200 이 요점에 대한 상세 설명. Hirsch와 Catchim, 《Permanent Revolution》, 196-201.

오직 이 방법으로, 교회는 실제로 문화적 구성 조직과 주류 지역 사회의 리듬에 일부가 된다. 일단 이것이 이루어지면, 이제 공동체 맥락의 눈높이에 맞춘 상황화로 말미암아 내부에서부터 그 공동체에 영향을 줄 수 있다. 집단의 종류는 중요하지 않다. 우리의 이웃에는 문자 그대로 그런 방식으로 다가가서 유의미하게 만날 수 있는 각종 '부족'이 수백 개에 달한다. 사도적 사역자 피터 파머(Peter Farmer)가 영국과 유럽에서 주도하는 급진 선교적 운동인 '뉴 폼스'(New Forms)는 특히 상황에 기초한 혁신적인 교회 형태인 'FX운동'에서 얻은 것을 가지고 교회에서 많은 시도를 하면서 큰일을 수행하고 있다. 선교적-성육신적 접근방식을 통해 좋은 인상을 주면서, 지역 주민들과 만나 서로 대화로 의견을 나누면서 예수님을 소개한다.

이번 장의 결론이다. 선교적-성육신적 추진력은 사도적 특성에서 피할 수 없는 양상이란 점을 되새겨야 한다. '사도적'이라는 단어 속에 부호화하여 담겨 있는 이 요소를 실천하다 보면 자연스럽게 mDNA의 다른 요소들도 많이 보게 된다. 성육신적인 선교는 사도적, 선지자적, 그리고 복음전도자적 사역을 불러일으키며 요구한다. 그것은 제자도를 활성화하고 새로운 형식의 공동체성을 발현시켜 자연스럽게 경계성(liminality)의 상태를 창출한다. 건강한 사도적 운동으로 적절한 형태의 조직이 생기면, 서로 관계를 맺으며 책임감도 느끼면서 예수님의 말씀을 통해 그분을 진지하게 받아들이는 가운데, 강제하지 않아도 자연스레 성장으로 이어진다. 그리고 결정적인 것은 그것 없이는 우리가 아무 데도 가지 못하고 그저 교회에 만연한 크리스텐덤 방식에 갇혀 있어야 할 것이기 때문이다.

우리 자신이 21세기의 도전에 대응하려면 점점 더 폭이 넓어져 가는 문화(들)에 대한 인식의 수준을 근본적으로 바꿔야 한다. 사람들에게 예수님의 메시지를 효과적으로 전해야 하는 우리의 책임을 다시 새롭게 해야 한다. 전도중심적이고 끌어 모으는 방식에서 선교적-성육신적으로 갈아타야 한다. 이런 전환으로 처음에는 선교를 교회의 활동인 줄 알았으나 본래 하나님의 일이란 것을 제대로 깨닫는다. 다른 너저분한 변두리 일이 아닌 바로 하나님의 목적에 동참할 수 있는 특권을 얻는다. 만일 이것을 인정한다면, 그것에 뒤따르는 것은 하나님이 하신 약속을 세상에 그대로 반사하는 일이다. 이를 위해 역사상 돋보이는 여러 예수 운동에 분명히 나타났던 선교적-성육신적 추진력에 우리 자신을 있는 그대로 내어 맡기면 된다.

그것의 가장 단순한 형식은, 선교적-성육신적 추진력에 몸을 싣는 것이다. 즉, 예수께서 우리를 삶터(일터), 제3의 장소, 그리고 우리가 사는 곳에 있는 다양한 사람들의 집으로 인도하여, 거기에서 우리가 진짜로 그리스도와 똑같이 되려면 어떻게 해야 하는지 가르쳐 준다는 의미이다. 우리에게 방법을 가르쳐주는 이는 바로 주님이다. 우리 문화의 모든 구석지고 갈라진 틈에 들어가 어떻게 구원의 복음을 그 현장에 성육신하게 하는지 그 방법을 일러준다. 아버지께서 예수님을 보내신 것 같이, 우리도 가게 한다(요 20:21). 우리는 예수님의 방법과 모범을 따르면 되는 자들이기 때문에, 선교적-성육신적 선교 방식에 완전히 헌신해야만 한다. 그리고 처음에는 이상하게 들릴 수도 있지만, 우리는 이렇게 말할 수 있다. 오직 예수님만이 성육신하신 참 하나님이시지만 우리 모두 예수님의 성육신이 될 수 있고, 참으로 그렇게 구현되어야만 한다. (그것은 쉬운 말로) 우리가 예수님을 닮는 것이다.

7

경계성과 커뮤니타스

기독교를 다시 새롭게 하는 주요한 자극은 그리스도인 세계의 바닥에서, 변방에서, 그 부분들에서 나오리라.

— W. C. 루프(W. C. Roof)

존재를 밝히기에는 우리가 너무 모른다. 끝없이 찾아보지만, 그 물음의 답은 아직이다. 그래서 새로이 질문한다. 우리는 궁금하다.

— 벤자민 시스코 소령, 〈스타 트렉 : 딥 스페이스 나인〉(Star Trek : Deep Space 9)

그 믿음이 참이냐 거짓이냐는 생사가 갈리는 일을 겪어 봐야 그 실체가 드러난다.

— C. S. 루이스(Clive Staples Lewis)

2004년 12월에 굉장히 무섭고 주목할 만한 사건이 터졌다. 거대한 쓰나미가 아시아 전역을 휩쓸어 버린 것이다. 사망자가 250,000명에 달했고, 지역 전체가 초토화되었다. 동일 수준의 주목할 만한 일은 의심할 것도 없이 그 재난이 최근의 역사에서, 온 세상이 나서서 가히 폭발적으로 후한 인심과 깊은 동정을 내보이는 엄청난 일을 불러일으켰다는 것이다. 그렇게 많은 국제적인 원조는 그 어떤 위기에서도 전례 없던 일이다. 쓰나미가 몰고 온 그 끔찍한 공포와 시련 속에서, 사람들은 저마다 한 사람의 인격체로서 자신의 모습을 자각하고 새롭고 놀라운 방법으로 서로를 바라보았다. 정확

2부 | '사도적 특성'의 중심부 여행하기

히 그와 똑같은 현상이 2001년 9월 11일 그 파멸의 날에 뉴욕에서도 나타났다. 동부 해안선을 따라 켜놓았던 모든 불이 꺼질 때까지 2년 동안 서로 돕기를 멈추지 않았다. 9/11 사건은 세상을 바꾸었다. 특히 뉴욕은 구석까지 완전히 탈바꿈했다. 그 무례하고 냉혹했던 가면을 벗고, 친절함과 후한 인심이 넘치는 도시가 되었다.

이들 사건에서 인간이 처한 상황을 표시하는 '경계성'(liminality)과 비계급적이고 비조직적인 '커뮤니타스'(communitas), 즉 '공동체성'을 정확히 엿볼 수 있다. 이는 이번 장에서 탐구할 내용이다. 우리가 알아볼 커뮤니타스에는 많은 유형이 있다. 그러나 어떤 유형이든지 그것은 이미 살펴본 그 주목할 만한 예수 운동들 가운데 있었고, 또한 그 안에 있던 단결심이나 동료애의 종류를 정확히 설명한다. 초기 기독교 운동과 중국에서 박해 속에 있던 제자들은 서로 같은 처지에서 시련을 함께 겪으면서, 우리같이 평범하게 지내는 사람들은 잘 모르는, 그야말로 똘똘 뭉쳐서 떨어지지 않는 매우 단단한 공동체를 이루었다. 이들 운동에서 이런 종류의 연대가 너무나도 명백하기에 커뮤니타스를 mDNA의 기본 요소로서 따로 떼어내어 자세히 살펴야 한다.

3장에서 '선교적 교회'라는 개념의 정의와 뜻을 피력했다.[201] 경계성-커뮤니타스를 이해하면 선교가 교회의 정체성, 목적, 그리고 기능의 중심을 차지하는 진정한 이유를 이해하는 데 도움을 준다. 그리고 이 요소가 왜 mDNA에 들어 있어야 비로소 비범한 선교적 재능이 발휘되는지를 이해하는 데도 도움을 준다. 이것 때문에 모험을 무척 좋아하는 나의 평생 동지인 마이클 프로스트(Michael Frost)와 내가 이 주제 하나만 놓고 심혈을 기울여 쓴 특별한 책이 바로《모험으로 나서는 믿음》(The Faith of Leap, SFC출판

---

201 기본 개념은 교회의 사명이 하나님의 선교에 밀접하게 연결되어 있다는 것이다. 하나님은 선교사이시고 교회는 세상 안에 있는 그 선교를 위한 기초적인 역사적 기구이다. 그러므로 하나님의 구속적인 목적이 모든 기독교 공동체를 통하여 전 세계 안으로 제대로 흘러 들어가야 한다.

부 역간)이다.[202]

'나를 위한 공동체'인가, 아니면 '공동체를 위한 나'인가?

이들 질문에 관한 연구를 해보기 위해, 비록 사적이기는 하지만, 1장에서 내가 함께 나눴던 사우스 멜번 회복공동체(South Melbourne Restoration Community)의 목회 경험을 예로 들어야겠다. 초기에 그 공동체가 역동적으로 활기차게 돌아가던 모습이 떠오른다. 특히 공동체는 계속 모양을 갖춰 나갔다. 우리는 선교적 교회로서 매우 순수하고 투명하며, 본연의 모습을 유지하면서 기능을 수행했다. 우리는 모든 노력을 기울여 철저하게 열린 공동체를 세워 사회의 변두리에 있는 모든 종류의 사람을 다 받아들였다. 사역이 흥왕했다. 재미도 있었다. 공동체는 본분에 따른 사명감으로 충만했고 모습을 제대로 갖췄다. 그 결과 낯설기도 하고 놀랍기도 한 방식으로 성장했다. 당시에는 이 부분에 대한 이론이 제대로 정립되지 않은 상태였지만, 어쨌든 우리는 선교적이었다. 그 덕분에 놀라운 형태의 공동체를 경험했다.

그런데 성장하게 되자 의식적으로 점점 더 최신 유행을 따르고, 스마트폰 족이 모이는 X-세대 교회가 되면서 무언가 변화가 생기는 것 같았다. 납득할만한 이유로, 멜번의 바이블 벨트에서 중상층의 그리스도인들이 하나님이 하시는 일에 동참하기 위해 대거 도심으로 이주해 왔다. 교회가 매우 뒤숭숭하던 시점에 그런 일이 생기자 느닷없이 안정을 맞았다. 그들은 경제적으로 부족함이 없는 기성 교인들이었다. 그것은 우리에게 놀라운 변화였다. 우리는 황당무계하게도 안정기에 푹 빠졌다. 그러나 안정되면 될수록

---

202 Hirsch와 Frost, 《The Faith of Leap》(모험으로 나서는 믿음). 또한 커뮤니타스 이론을 적용한 교차문화 선교에 관해서는 Hiebert, 《Anthropological Insights from Missionaries》와 Zahniser, 《Symbol and Ceremony》를 보라.

뭔가 달라졌다. 그 훌륭한 분들이 출석함으로 많은 것을 얻었지만, 교회의 문화가 변하고 중산층이 점점 많아지고 훨씬 더 안정되면서 뭔가 아주 중요한 것이 사라졌다.

틀림없이 복음의 진정한 가치를 떨어뜨리는 뭔가가 중산층 문화에 있을 것이라는 결론에 도달했다. 또한 아마도 중산층 문화에서 결국은 예수님을 따라 사는 삶(제자도)을 약화하는 행동적 요인들이 있을 것이라 여겼다. 달리 말해서, 내부의 적은 바로 우리 자신의 중산층 문화일 수 있다! 이것은 중산층 사람 그 자체를 가리켜 뭐라고 하는 소리가 아니다. 나 역시 중산층 가정 출신이다. 어떤 것의 가치와 의미를 그것의 한쪽 면만 보고 속단하는 일은 피해야 한다.[203] 눈에 '보이는 것'이 전부가 아니므로 특히 문화의 가치부터 잘 알아봐야 한다.

앞에서 잠깐 말했지만, 대개 '중산층'이라는 이름이 붙으면 그것은 무사하고 안전하다는 생각이 앞선다. 그리고 그런 형편에서는 자녀를 위해서라면 뭐든지 다 해 줄 수 있다는 느낌이 든다. 집착하지 않는 정도라면 이해할 수 있다. 그러나 중산층 문화의 이러한 특색이 소비주의와 융합하면, 가장 흔하게 나타나는 현상은 안락함과 편안함에 집착하는 삶의 모습이다. 이것은 예수님의 주 되심, 제자도, 복음전파, 그리고 선교적 운동과는 최소한의 조합도 이루지 못하는 안 좋은 현상이다.[204]

---

203 이런 말을 하는 나의 취지는 일반적으로 인정된 문화 안에, 우리의 삶에서 그리스도의 요구를 직접 방해하는 바울 서신에 나오는 '통치자들과 권세들'에 해당하는 부분이 있다는 것이다. 우리는 기본적으로 모든 문화가 가진 영적인 특성(긍정적 그리고/또는 부정적)이 중산층 문화에도 들어 있다는 것을 인정해야 한다.

204 Robert Inchausti는 Nikolai Berdyaev가 중산층을 가장 품위가 저하된 계급으로 보았다고 말한다. 즉, 영혼의 상태는 안정한 것만 잡으려는 천박함과 자기 자신보다 훨씬 더 넓은 세상을 생각할 능력이 없는 좀생이라는 것이다. (그에게 있어) 부르주아는 돈 자체를 숭배하지는 않지만, 그들은 개인의 성공, 안전, 그리고 행복에 중독되어 있다. 이런 것들을 위해서 그들은 기꺼이 자기의 명예를 저버리고, 불법을 개의치 않고, 그리고 진실을 배반하며, 이런 고고한 가치들을 흔해 빠진 도덕주의와 사람을 흐리멍텅한 바보로 만드는 싸구려 진정제와 맞바꿔 얼버무리면 되는 줄 알고 이기적인 행동들을 정당화한다. … 부르주아라는 단어는 천박한 부요, 편협한 기술적 비결, 그리고 성공 지상주의와 동의어가 되었다. 기사, 수도사, 철학자, 그리고 시인의 문화적 이상은 모두 파기했고, 대신에 사업가의 문화적 이상이 자리를 꿰찼다. 권력에 대한 의지는 '웰빙에 대한 의지'에 자리를 내주었다. … 부르주아는 거절하지 않았다. 그러나 실용적인 측면에서 그 가치를 재해석했다. 가난한 자에 대한 사람은 신앙의 변방으로 옮겼고, 그들 자신의 개인적인 경제적

중산층이 소프트웨어라면 그런 현상은 운영체제에 영향을 끼치는 일종의 '버그'(bugs)이다. 그래서 우리 교회는 종교라는 상품과 서비스를 신령한 고객님들의 수준 높은 식견에 비위를 맞추면서 아주 열심히 제공하는 공급책이 되었다. 눈에 띄게 교인 수가 증가했고 중산층을 위한 행사가 줄을 이으며, 생각할 겨를도 없이 우리는 '모이게 하라 그리고 즐겁게 하라'는 교회 성장 이론에 맹종하였다. 그래서 교세가 불어났다. 그러나 그렇게 할인 판매 행사만 하다가 근본적이고 필수적인 가장 중요한 것을 잃었다. 다른 여러 교회에 다니던 자들이 더 많이 몰려왔다. 그러나 회심의 물줄기는 찔끔찔끔 흐르다가 결국, 깡말라 버렸다. 모순처럼 들리겠지만, 우리는 어느 때보다 무척 바빴다. 그러나 실제 선교적 영향은 줄고 또 줄었다. 우리는 "나는 공동체를 위하고, 공동체는 세상을 위한다"라는 선교적 사상을 버리고, 그 망할 '나를 위한 공동체'로 옮겨 탔고, 결국 우리 자신을 완전히 망쳤다. 이랬던 우리가 회복되었는데, 그것은 단 하나, 아예 공동체의 밑바닥부터 선교적 기준점에 맞춰 재보정하는 데 성공했기 때문이다. 그 과정은 고통스러웠고, 교인은 줄었다. 그러나 그렇게 함으로써 또 다시 우리 자신을 '진정한 공동체', 즉 커뮤니타스의 일원으로 여기게 되었다. 더는 자유시장 경제와 문화에 공통으로 나타나는 극도의 개인주의적 형태의 공동체가 아니었다. 소위 자율적인 개인들이 자발적으로 자유롭게 연합한 공동체였다.

경계성과 커뮤니타스

우리 교회에서 발생한 일을 자세히 파악하여 얻은 자료와 사도적 운동들이 그 모든 역경에도 굴하지 않고 획기적인 성장을 이룬 비결을 모색한 결과, 내가 발견한 그 신비한 요소들 가운데 일부를 영국 출신의 사회학자 빅터

이익과 충돌하지 않는 것만 품에 안았다. (Inchausti, 《Subversive Orthodoxy》, 42–43).

터너(Victor Torner)의 이론에서 극히 중요한 비결로 등장하는 '경계성과 커뮤니타스'로 명명하기로 했다(이 번역서에서는 독자의 이해를 돕기 위해 종종 '커뮤니타스'를 '공동체성'으로 쓰기도 한다. 편집자 주).[205]

터너는 아프리카의 인구 집단 속에 존재하는 다양한 통과의례를 연구한 인류학자이다. 그는 국가 또는 사회적 형세의 근본적인 변화에 수반하는 변천 과정을 묘사하기 위해 우선 '경계성'(liminality)이라는 용어를 찾아냈다. 변천 과정이 일어나는 맥락 안에서 상황이 극단에 달할 수 있는데, 그 상태를 경계성이라고 한다. 참가자는 정상적인 생활 구조에서 쫓겨나 초라한 몰골을 한 채, 정신적 혼란에 빠져서 복잡한 통과 의례에 굴종해야 한다. 집단으로 모여서 그 참가자를 사회로 되돌려 보내 일원이 되게 할지, 또는 그 지배적인 사회 구조 안에서 다음 단계로 넘어가도록 허락해도 되는지 여부를 시험한다. 그러므로 경계성(또는 제한기)은 사람들이 이쪽과 저쪽 사이, 곧 그 중간에 있는 상태를 가리키는 용어이다. 경계선 너머에 있는 주변 사회와 마주한 상태를 의미하는 것이다. 그래서 그 장소는 상당히 위험하고 혼란스러울 수 있지만, 그렇다고 꼭 그런 것만도 아니다.[206]

예를 들어 어떤 부족에서 어린 소년들이 여성들의 돌봄 아래 있으면서 그 문화에서 성년에 해당하는 13살에 이르러 성년식을 치를 때가 된다. 적당한 시기에 성인 남성들이 마을의 여성들 숙소에 밤중에 몰래 들어가 사내아이들을 '납치'한다. 그 소년들에게 눈가리개를 하고 거칠게 대하며, 마을 밖으로 떼 지어 끌고 나가 밀림 속 깊은 데로 데려 간다 그런 다음 할례(!)를 행하고, 이어서 아프리카 밀림에서 6개월간 기간을 꽉 채워 그들 스스로 자력으로 생존하게 한다. 한 달에 한 번씩 부족의 원로들이 그들을 만나

205 참조 Turner, 《Ritual Process》, 그리고 Turner, 《Passages, Margins, and Poverty》.

206 우리가 생각하는 것과 반대로, 위험은 우리에게 좋을 수 있다. Corbin Carnell은 "위험은 역설적이게도 최소한 어떻게 우리가 그것을 경험하느냐에 따라, 그 성격이 선한 것도 되고 악한 것도 된다"라고 바르게 설명한다(Bright Shadow of Reality, 109).

러 와서 안부를 확인하고 그들에게 조언도 해준다. 그러나 전반적으로 그들은 안팎의 시련에 대처할 수 있는 자원들을 거의 전부 스스로 찾아내야 한다. (파리 대왕에서 본 그대로다!) 시련을 함께 겪는 동안, 초기에 정신적 혼란에 빠지고 개인주의적이었던 상태에서 벗어나, 그 극한의 시험 상황인 경계성에서 다져진 끈끈한 동지애와 공동체적 일치로 점차 한 덩어리가 된다. 이렇게 생긴 정신을 터너는 ('커뮤니티'와 구별하여) '커뮤니타스'라고 불렀다. 그가 보는 관점에서 커뮤니타스는 개개의 사람이 시련, 비하, 과도기, 그리고 사회에서 소외됨을 공동으로 경험하면서 서로를 찾게 되는 바로 그러한 상황에서 생긴다. 그것은 살아남기 위해서 서로를 의지해야만 하는 강렬한 사회적 연대감과 소속감을 수반한다. 여러 가지 방식으로, 커뮤니타스는 부족 문화를 창조하고 회복한다.[207]

커뮤니타스가 결과라면, 경계성은 그 결과의 산출을 촉진하는 환경이다. 실생활에서 경계성이 나타나는 환경은, 터너에 따르면, 한 무리의 사람들이 반드시 해결하거나 아니면 포기해야만 하는 감각이 혼란된 상태, 가장자리인 상태, 위험, 엄청난 시련, 체면 손상, 또는 도전이다. 경계성은 안전 구역 밖에 있어서 자신을 스스로 지켜야 할 상황, 온통 생소한 상황, 함께 있지만 목숨이 위태로운 상태, 도전에 응해야만 하는 상황, 일부러 모험을 감행해야 하는 상황을 가리킨다. 그리고 경계성은 학습, 제자훈련, 정신건강, 인성 개발, 자녀 양육, 그리고 온갖 종류의 혁신과 기업가 정신에 꼭 있어야 하는 커뮤니타스, 즉 공동체성의 형성을 위해서 절대적으로 중요하다. 기본적으로 위험을 감수해야 하는 경계성을 거부하면 오히려 심한 신경쇠약에 걸리고, 생명 시스템, 즉 유기적인 조직체, 개인, 혹 공동체가 쇠퇴한다.

시련을 함께 겪었던 아프리카 소년들의 사례에서 보듯이, 그들이 이런 경험을 하고 난 다음에는, 이제는 전과 달리 그 부족의 어엿한 사나이가 된

---

207 Seth Godin은 많은 지면을 할애하여 부족 문화로 기업 생활을 설명해놓았다. 그의 대중화된 책,《Tribes》을 보라.

다. 그래서 그들을 완전한 성년으로 대우한다. 더는 애들로 여기지 않는다.

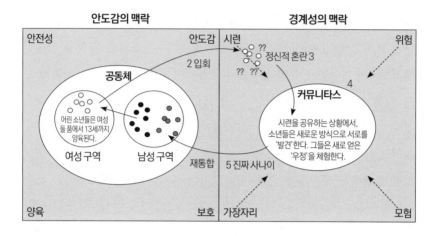

경계성과 커뮤니타스를 서로 이어놓은 이론은 그리스도인 공동체에 배어든 '자기들끼리 결속하려는' 그 습성을 박력 있게 벗어 버리도록 자극한다. 그래서 그들을 불러내어 맡긴 미지의 땅으로 위험한 여행을 떠나라는 공동의 사명을 이루기 위해 빙 둘러 모여야 한다. 교회에 위임한 사명은 그동안 누리던 안정감을 일절 뿌리치고 꿈틀거리는 세상 속으로 돌진하는 것이다. 그곳 세상에서 교인들은 정신이 혼미해지며 하찮은 존재 같은 기분이 들 수 있다. 그러나 낯선 방식으로 하나님도 만나고 서로를 보기도 한다. 따라서 항상 그렇듯이 커뮤니타스가 그런 경계의 현장에서 튀어나온다. 그것은 훨씬 더 나은 세상에 대한 비전을 마음에 품고 실제로 그것을 이루기 위해 애쓰는 한 무리의 사람 속에서만 사실상 생기는, 필적할 것이 없는 화기애애한 연대감으로써 도전하고 운동하게 한다. (쓰나미에 대한 사람들의 반응을 기억하라.) 이런 부분에서 안정세, 중산층, 소비주의에 잡힌 교회는 아주 문제가 많다. 21세기에 잘 적응하여 하나님이 교회에 부여하신 사명을 반드시 이루어야 하는 도전 앞에서 재발견해야 할 것이 바로 이 선교적 커뮤니타스이다.

일부 선교학자들은 이 이론을 가지고 서구 교회가 최근에 기존의 교회 형태(크리스텐덤) 또는 방식에서 다른 것(선교적)으로 바뀌는 모습을 보면서 격세지감을 느낀다고 한다.[208] 주시할 것은 마침내 새로운 교회 형태가 등장하기까지 일반적으로 그런 과정을 겪는다는 점이다. 이로 보건대 경계성과 커뮤니타스는 일시적인 경험이다. 내 관점에서, 사도적 특성에 내장된 이 중요한 요소인 경계성과 커뮤니타스는 하나님의 백성이 땅에서 순례자로 지내는 동안 반드시 따르고 지켜야 할 규범이 되는 상황이며 조건이다. 살펴보았듯이 사도적 운동의 사례에서 이것은 틀림없는 사실이다. 초대 기독교와 중국 교회, 두 가지 운동 현장 모두 오랜 기간 박해 가운데 있었고, 사회에서 소외되었고, 불법자로 분류되었다. 그 두 예수 운동이 오히려 번성했고 활기를 띠었던 데는 바로 시련을 함께 견뎌야 하는 상황에 부닥쳤기 때문이다. 초기 기독교 운동과 중국 지하 교회 모두 교인들은 불법자로 내몰리고 박해를 견뎌야 하는 경계성을 경험한 것이 자명하다.

이런 견지에서, 본이 되는 예수 운동들은 모두 '공동체성'이 있었던, (그리고 현재도) 있는 현장이다. '커뮤니타스'란 우리가 흔히 알고 있는 그런 공동체가 아니다. 여태껏 내가 알아낸 바, 경계성-커뮤니타스는 언제까지나 사도적 특성의 규범적 요소이다. 그것이 빠진 사도적 특성은 진품이 아니다. 그것까지 포함하여 mDNA의 여섯 가지 요소가 모두 있어야 불길이 치솟는다.

도약하는 믿음 : 성경 속 경계성-커뮤니타스

이 책을 집필할 무렵, 순회강연에서 경계성-커뮤니타스는 하나님의 백성을 위한 규범이라는 이런 주장이 약간의 소동을 일으켰다. 마이클 프로스

---

208 Roxburgh, 《Missionary Congregation》, 2장.

트와 내가 기독교 공동체를 이런 식으로 이해하자고 제안했을 때 청중 가운데 일부는 다소 격하게 반응했다. 이런 부정적인 반응으로 이 이론의 타당성에 대하여 깊이 심사숙고하게 되었지만, 이후 많은 연구 끝에 근본적으로 나의 의견을 바꿀 필요가 없다는 것을 깨달았다. 오히려, 교회의 목적과 관련한 이런 개념상의 충돌로 말미암아, 나는 결국 우리를 혹평했던 분들이 대체로 기독교 공동체를 일상에 치이고 소비생활에 지친 사람들을 회복시켜줄 수 있는, 좀 더 안정적이고 평온하며 (대안적 예배 모임 같이) 사색하는 영적 공간으로 여기거나, 아니면 (오순절 계통의) 시끌벅적한 은사집회를 하는 곳으로 생각한다는 것을 알게 되었다. 그러나 이것이 정말 교회가 의미하는 바인가? 일중독과 세상에 취해 사는 자들을 회복하는 것이 과연 우리의 고귀한 목적인가? 교회가 일종의 영적 병원이나 공연장에 불과한가? 거세게 반대하며 혹평하던 분들은 사실 선교적 교회에 관한 '메시지는 수납'하였지만, 그것을 좋아하지는 않았던 것으로 생각한다. 이유인즉슨 그대로 하면 그들은 경건한 장소에서 거룩한 시간을 갖는 기존의 안정된 (혹은 환대를 받기만 하면 되는) 신앙에서 벗어나 경계성 속으로 들어가 이리저리 부딪쳐야 하기 때문이다.

내가 생각을 바꾸지 않은 주된 이유는 단순히 하나님의 백성이 가지는 목적에 대하여 그들이 밝힌 의견에 반대해서가 아니다(나도 그랬으면 좋겠다). 그 대신에 경계성-커뮤니타스는 성경 전체에 걸쳐 면면히 흐르고 있으며, 그것 없이는 사도적 특성이 활성화할 수 없다는 믿음이 생겼기 때문이다. 경계성과 커뮤니타스를 염두에 두고 성경을 자세히 살펴보면, 신학적으로 대단히 중요한 대목마다 사람들이 안전지대에서 아주 멀리 떨어져 시기상 극한의 위험에 처한다는 걸 알 수 있다. 계시의 말씀인 성경의 주요 장면들은 사실 경계성(경계인)의 순간이다. (예를 들어 족장 시대, 출애굽 사건, 토라를 주실 때, 선지자 시대, 포로기, 예수님, 바울, 사도행전, 사도 요한). 성경에 등장하는 대부분의 기적도 경계성의 상황에서 쓰였다(예를 들어 출애굽, 포로기,

복음서, 사도행전). 모든 세대에 걸쳐 우리에게 감동을 주는 하나님 사람들의 일화를 들여다보면, 그 이야기마다 위험과 위협과 도전의 맥락 속에서 영적으로 모험하는 순간이 다 들어 있다. 사실상 그런 경계성 때문에 그들의 이야기에 감동이 있는 것이다. 히브리서 11장을 읽어보라.

예를 들어 본토 친척 아비 집에서 모두 모여 살던(약 70명 정도로 추산된다) 아브람을 하나님이 불러, 집과 가정과 잔뼈가 굵었던 그곳을 떠나 매우 위험천만한 여행을 떠나라고 요구하신다. 갈 땅조차도 눈에 보이지 않는 하나님이 장차 지시해 주겠다고 약속만 하신 상태이다. 아브람과 그의 가족이 행로에서 겪은 수많은 일을 읽어 보면 죄다 믿음이 결말인 이야기들뿐이다(예를 들어 이삭을 제물로 바친 일). 잠자기 전에 짧게 읽는 편안한 이야기가 아니다. 도리어, 그 이야기들은 우리의 믿음도 아브라함이 가졌던 그런 위험한 형태의 믿음이어야 한다고 메아리친다(갈 3:15-18; 히 11:9-13). 또한 출애굽 사건에서도 엄청난 극한의 상황이 등장한다. 잠시도 방심할 수 없는 이 여행에서 우리는 하나님이 불변의 자기 백성을 만드시는 과정을 목격하며, 오늘날도 그런 과정이 계속 진행된다는 것을 발견한다. 그것은 또한 하나님께서 계시를 통해 자기 백성과 중요한 언약을 맺으실 때 꼭 등장하는 맥락이다. 수 세기가 흐른 뒤, 바벨론 포로기 역시 마찬가지 이야기이다. 그 시기는 하나님과 이스라엘의 관계에서 요즘처럼 모든 것이 다 바뀌어야 하는 극한의 상황이었다. 선지서에서 하나님의 말씀이 그와 똑같은 극한의 맥락에서 선포된다. 그때 하나님의 백성들은 완전히 타락하여 주님을 깡그리 잊은 상태였다(신 4:23-31). 그 순간 선지자들이 등장하여 다시 한 번 그들을 영적으로 뒤흔들어 놓는다. 그 백성들의 잃어버린 소명을 일깨우기 위하여 선지자들은 과거에 두려웠던 일들을 떠올리며 산 정상에서 활활 타올랐던 불과 그들을 추격하던 군대와 사랑으로 자기 백성을 구원하여 성소에 들어가게 하고 그들과 영원한 언약을 맺으신 하나님을 생각나게 한다. 이것은 나에게 극한의 이야기로 들린다.

사무엘, 엘리야, 삼손, 그리고 다윗과 그의 군사의 삶과 행적을 보면서 그들이 마주하던 여건을 고려해보면 경계성과 커뮤니타스라는 일관된 주제가 연상된다. 그리고 신약으로 건너와서, 예수님의 생애를 눈여겨 집중해서 보면, 그분은 어디에도 쉴 곳도 머리 둘 곳도 없었다. 또한 자신을 따르는 자들을 영토를 빼앗긴 위험한 나라의 길 위에서 양육했고, 호전적이고 속임수를 잘 쓰는 종교 지도자들과 맞서게 했다.

바울의 삶을 보면 이런 주제로 완전히 뒤범벅되어 있다. 그는 우리를 위해 고린도후서에 그것을 아주 생생하게 적어 놓았다. 채찍질, 구타, 투옥, 그리고 파선을 가리켜 안전하다, 편안하다, 안락하다, 편리하다고 말할 자가 없다. 그러나 이런 경험을 통하여 그와 그의 사도적 동역자들은 예수 그리스도의 복음을 중심으로 역사가 흐르도록 완전히 뒤바꿔 놓았다. 사도행전은 커뮤니타스와 경계성이 차고 넘치기에, 그것을 읽다 보면 무슨 신나는 모험 이야기 같다.

여태껏 했던 모든 설명의 요지는 이 두 가지를 교회의 규범으로 삼자는 이야기이다. 즉, 경계성과 커뮤니타스는 성경과 역사상의 예수 운동들에서 찾아낸 하나님께 속한 순례자들의 규범이다. 어떻게 우리가 이런 시각을 잃었는지 설명하기 위해서 그동안 너무 깊숙이 '거기'에 몸담고 있다 보니, 어쩌다 우리가 이런 시각을 잃었는지 나로서는 지금도 도저히 설명할 길이 없다. 그나마 위에서 언급한 순회 사역에서 있었던 교회의 모습을 놓고 충돌했던 일로 인하여 우리가 얼마나 성경의 가르침과 교회가 현장에서 해야 할 역할에서 멀리 떨어져 있는지 결론적으로 분명히 알아서 다행이다.

어디나! 곳곳에!

이제 우리는 경계성-커뮤니타스가 무엇인지 알았다. 우리 삶의 여러 양상에서 이런 유형의 공동 사회 현장을 쉽게 알아차릴 수 있다. 이미 언급했듯이 엄청난 사회적 동란이나 재난이 발발하면 그 순간 우리가 각성하게 되고 새로운 방식으로 우리 자신을 본다. 그 비극적인 쓰나미가 우리에게서 실제로 선한 것을 불러일으켰다. 똑같은 현상이 전혀 위험하지 않은 지극히 평범한 상황에서도 나타난다. 스포츠 팀에 들어가서 한 무리의 일원이 되어 팀원들과 함께 공동의 목표를 이루려 할 때 그렇다. 공동의 도전을 중심으로 모두 한 팀이 된다. 사실 따지고 보면 사람들이 팀 스포츠에 참여하는 것은 주로 동료 관계를 맺기 위함이고 운동은 부차적인 이유이다.

경계성-커뮤니타스는 또한 사회에서 사람들이 집단으로 함께 모여 혼자서는 할 수 없는 일을 공동으로 하는 작업 현장에서 볼 수 있다. 이런 상황에서 마감 시간은 함께 일하는 사람들을 재촉하여 진정한 동료애를 발휘하게 하는 한계 조건이 된다. 사람들이 평소의 안정된 환경에서 나와서 낯설고 외딴곳에 모인 모험 캠프장이나 단기 수련회에서도 그같이 힘차게 협동하는 일이 벌어진다. 빈민가에 가서 자원봉사 하는 사람들은 대체로 그곳에서의 경험을 통하여 깊은 변화를 체험한다. 이처럼 인간이란 갈피를 못 잡게 하는 극한의 상황 속에서 비로소 진짜로 배우게 한다.

아내 데브라와 나는 네바다 사막의 한 가운데에서 해마다 열리는 예술 축제인 버닝맨(Burning Man)에 참가하기 위해 지금도 매년 '긴 여행길'에 오른다. 우리가 이렇게 하는 것은 비단 예술과 미술을 사랑하기 때문만은 아니다(너무 좋아서 아주 많이 쏘다니는 편이기는 하다). 또한 영적으로 갈급하여 마음이 열려 있는 자들에게 예수님을 증언하기 위해서만도 아니다(물론 우리는 항상 전도한다). 일단 버닝맨에 가면 모든 참가자는 의무적으로 본인 스스로 (때때로 문화적으로 그리고 지리적으로 두 가지 모두 너무나도 견디기 힘든) 경계성의 상황으로 들어가야 하기 때문에 간다. 참가자들이 함께 모여서 연대함으로 소위 세상 사람들이 '선물 경제'(gift economy)라고 부르는 그 신기한 '커뮤니타스'의 기쁨을 체험하기 위해서이다.[209] 비록 65,000명의 '버너'(burner)가 군집하여 사막 한군데 임시로 조성한 도시에서 고작 일곱 날을 함께 지내지만, 전 세계 곳곳에서 온 다양한 집단과 살 비비며 겪은 그 경험이 삶의 불꽃이 되어 나머지 한해를 사는 동안 내내 꺼지지 않고 타오른다. 버닝맨은 꼭 예술만이 아니라 삶의 모든 자리에서 사람들의 삶에 영향을 주는 문화 운동으로서 오래오래 활약할 것이 틀림없다. 흥미롭게도, 이 단체는 터너의 통찰에서 따온 바로 그 운동 DNA의 요소를 훨씬 앞서서 유유히 적용하고 있었다.[210]

우리는 나중에 특정 영화와 문학에 담긴 몇 가지 '커뮤니타스'의 신화적인 범주를 자세히 살필 것이지만 우선 여기에서 주목할 점은, 경계성과 커뮤니타스라는 용어는 대놓고 사용하지 않지만 상당수의 영화가 실제로 이 주제를 중심으로 제작된다는 사실이다. 우리는 모두 그 이야기가 어떻게 전개되는지 줄거리를 알고 있다. 그렇지 않은가? 사람들은 평온한 상태에 있다(정방향). 그것이 뒤집어지는 어떤 일이 터진다. 그러면 등장인물들은 미지의 상황으로 내몰린다(방향 상실). 마침내 사람들은 함께 모여 문제를 해결하고 다시 '새로운 평온'이 찾아온다(새로운 방향 설정). 매번 반복되는 그 똑같은 신화적 '줄거리' 하나 보려고 우리는 틈틈이 돈까지 써가면서 영화 감상을 하지 않는가? 한 남성이 CIA의 모함에 빠져 악당들로부터 도망한다. 절망의 상황에서 그는 어떤 행인의 도움을 받는다. 꼭 이럴 때마다

---

209 burningman.org/culture/philosophical-center

210 터너는 미국으로 돌아와서 뉴욕에서 예술가들의 역할에 관하여 연구했다. 그는 널리 퍼져 있는 언더그라운드 보헤미안 공동체들이 사회를 다시 만들고 강화하는 데 꼭 필요한, 틀림없는 경계성과 커뮤니타스의 모본이라고 결론을 내렸다. 그의 말이다. '예언자들과 예술가는 '가장자리 인간' 곧, 경향상 한계와 경계선에 있는 사람이다. 신분이니 사회적 역할이니 하는 그런 상투적인 수식어에서 스스로 벗어나서 순수한 열정을 가지고 노력하는 가운데 실제이든 상상이든 다른 사람들과 활기 넘치는 관계를 맺으려 한다. 아직 외부에 발표하거나 틀에 매이지 않은 그들의 작품에서 우리는 인류가 아직 접하지 못한 점진적인 잠재력을 엿볼 수 있다'(Ritual Process, 128). 마찬가지로, 우리는 기독교 신앙의 회복을 위한 주된 추진력은 바닥과 가장자리에서, 기독교계 변두리에서 나올 것이라는 역사가 W. C. Root의 말에 긍정할 수 있다(Roof, 《Religion in America Today》, 50).

등장하는 것은 아름다운 여성이다. 그녀는 그와 협조하다가 사건에 휘말려든다. 그들은 함께 도로를 질주한다. 총탄을 교묘히 피하며 추격자들보다 한발 빠르게 움직인다. 그 남성과 그 여성은 서로 의지하다가 '서로 상대에게' 몸과 마음을 다 준다. 그러다가 결국은 그 상황을 해결한다.

사실상 모든 모험 이야기에는 경계성-커뮤니타스가 포함되어 있다. 제이슨 본 시리즈(맷 데이먼 주연)에서 가슴이 찢어지게 아픈 라이언 일병 구하기까지, 러셀 크로의 뛰어난 연기가 돋보이는 '마스터 앤드 커맨더'에서 시온의 사람들이 기계와 맞서 싸우는 '매트릭스' 시리즈까지 다 그렇다. 경계성-커뮤니타스는 모든 모험 영화에 꼭 들어 있는 특징이다. 이런 이야기들은 우리에게 실제 힘으로 작용한다. 우리 내면 깊숙한 곳에 있는 뭔가를 일깨우기 때문이다. 인간은 속으로 모험, 여행, 동료의식을 동경한다. 이것이 우리에게 시사하는 바는 인간이란 공동의 악의 위협과 파멸의 가능성을 마주하면 그들의 인간성 심연으로부터 새로운 것이 올라오면서 뭔가를 해낸다는 것이다. 비단 영화에서만 그런 것이 아니다. 실제의 인생에서도 그와 다를 것이 없다. 경계성은 우리 안에서 가장 최선의 것을 끄집어낼 수 있게 한다. 극한의 위험은 '적어도 우리가 그것을 어떻게 경험하느냐에 따라서 좋은지 나쁜지가 정해지는 특성'이 있기 때문이다.[211] 좋은 쪽에 서서 건전한 태도를 지니면 그 자체만으로도 나쁜 것을 부정하는 셈이다. 또한 통찰력 있는 C. S. 루이스가 이렇게 말했다. '호수에 위험이 없었다면, 나는 숲이 그토록 산뜻했는지, 물이 그처럼 따사했는지, 사랑이 그렇게 달콤했는지 생각하지 못했을 뻔했다.'[212]

위험과 위기를 당하면 개인이나 집단은 멸망이나 실패 가능성에 필연적으로 노출되게 마련이다. 그러나 그것이 오히려 우리가 악을 정복하고 결

211 Carnell, 《Bright Shadow of Reality》, 109.

212 C. S. Lewis, ibid에서 인용.

과적으로 자신의 가치를 높이는 내면의 자산을 발견할 기회일 수 있다. 그러한 상황에서는 관계가 동료의식으로 발전한다. 노골적으로 '경계성'이라는 단어가 등장하지는 않지만, 데이비드 보쉬(David Bosch)는 정확하게 이렇게 요점 정리를 해놓았다.

> 정확히 말하면 교회는 항상 위기상태에 있으며, 교회가 이 사실을 가끔 알고만 있다는 점이 가장 큰 문제라는 걸 누군가 이야기해야 한다는 것이다. 물론 교회의 본질적 특성과 그것을 실현하는 현실 사이에는 지속적인 긴장이 있으므로 이런 일이 있을 수밖에 없다. … 수 세기에 걸쳐 교회에 위기가 하나도 없었던 시절이 있었기 때문에 교회가 비정상이 되었다. … 만약에 아직도 서구 여기저기에 위기 없는 곳이 남아 있다고 여긴다면, 이것이야말로 무시무시한 착각에서 비롯한 생각이다. 또한 우리가 알아야 할 것은, 위기에 봉착했다는 것이 참된 교회가 되기 위한 가능성과 만나게 될 것이라는 점이다.

언급했듯이, 경계성은 커뮤니타스의 가능성을 일깨우는 기폭제이다. 우리는 그것을 기꺼이 받아들이고 그것에서 배워야 한다. 다양한 방식으로 경계성과 커뮤니타스의 이런 관계가 저명한 체계적인 사상가이며 미래학자인 나심 탈레브(Nassim Taleb)의 저서에 적혀 있다. 그의 책《안티프래질(Antifragile) : 불확실성과 충격을 성장으로 이끄는 힘》에서, 그는 다음과 같은 개념을 소개한다.

> 어떤 것들은 충격이 이롭다. 그것들은 변하기 쉽고, 닥치는 대로 하고, 무질서하며, 스트레스의 요인이 있을 때 번창하고 성장하며, 모험, 위험, 그리고 불확실한 것을 선호한다. 그런데, 이렇듯 프래질(fragile, 깨지기 쉬운)과 정반대되는 현상이 존재하지만, 그 반대말이 없다. 우리는 그것을 안티프래질(antifragile)이라 부르자. 안티프래질은 단순히 회복력이나 기운찬 것을 뛰

어넘는다. 원기가 회복되었다가도 충격을 받으면 다시 원점이다. 하지만 충격 받으면 안티프래질은 훨씬 더 나아진다.[213]

안티프래질 인간이나 조직체는 스트레스나 손상이 있으면 거기에서 힘을 얻는다. 이런 힘은 단지 살기 위해 이전에 건강하던 수준으로 되돌아가는 회복력보다 훨씬 더 강력하다. 안티프래질 조직체나 사람은 스트레스를 활용한다. 그래서 위험과 스트레스로 얻은 적응할 줄 아는 식견을 통해 실제로 배운다. 그 경험은 위험한 역경에 직면했을 때 능히 번성할 수 있도록 기운을 북돋아 준다. 예를 들어 항생물질에 저항력이 있는 박테리아는 안티프래질 생물체이다. 이와 같은 관점에서 우려되는 것은 작금의 극단주의 이슬람 무장 세력인 지하디스트(jihadist) 운동이다. 그들에게 대응하는 다양한 전략과 전술에서 오히려 끊임없이 배우고 적응하는 것으로 보이기 때문이다. 탈레브의 이론에 따르면, 교회가 전반적으로 안고 있는 아주 커다란 문제는 생명의 유지에 필요한 스트레스 요인들을 용납하지 않는 체제라는 것이다. 이는 바람직한 현상이 아니며 사실 완전히 해로울 수 있다.[214] 이를 경청해야만 하는 이유가 있다. 서구 역사에서 보듯이 교회는 적응력을 키울 필요가 전혀 없었다(대부분 우리는 교회라는 것을 생각할 때 여전히 케케묵은 유럽식 교회론에 매여 있다). 그래서 우리는 위험은 회피하고 자신의 안전에는 집착한다.

그런데 경계성-커뮤니타스에 생명을 위협하는 위험과 위기만 있는 것이 아니다. 아주 완벽히 끝내주는 버전도 있다. 신앙공동체를 선교적으로 재구성하겠다고 실제로 약속한 일화이다. 그 이야기를 해보겠다. 마크 스캔드

---

213 Taleb, 《Antifragile》, 34.

214 Ibid., chap. 3. Taleb의 사상은 경제학을 지속적 기술혁신과 '창의적 파괴'의 점진적 과정으로 봄. 영향력이 큰 경제학자 Joseph Schumpeter의 사상과 비슷하다.

레트(Mark Scandrette)는 보헤미안의 도시 샌프란시스코에서 놀랍게 사역하는 도시 선교사이다. 그는 몇몇 미술인과 함께 조합을 구성하여 공동 작업으로 벽화 그리는 프로젝트를 시작했다. 시의회에서 벽화를 그린 공로로 상도 탔다. 이런 식으로 일이 진행되었다. 그들은 프로젝트에 대한 시의회의 승인을 받아낸다. 그다음 그들은 무슨 작품을 할지 정하기 위해 조합(대부분 비그리스도인)에 함께 모인다. 정치, 종교, 목적, 그리고 기타 사안을 놓고 충분히 토론한 후, 한 가지 주제를 결의한다. 그런 후 벽면을 분배하고 조합원이 각자 한 부분씩 맡는다. 각각 자신이 맡은 부분의 벽화를 디자인한다. 이어서 그것을 총주제와 다른 팀원의 작업에 맞춰 조정한다. 구상한 디자인을 작품화하기 위해 모두 토요일마다 일정을 비운다. 접이형 사다리와 물감을 채비해 둔다. 종일 사다리를 오르락내리락 하며 그리고, 서로 수다도 떨고, 점심도 함께 먹고 일을 마치고 맥주도 몇 잔 한다. 프로젝트를 마치려면 6개월 정도 걸릴 수 있지만, 그것을 다 마치기도 전에 그들은 서로의 삶에 푹 빠져들어 갔고, 인생, 하나님, 영성에 관련하여 많은 주제를 놓고 함께 고민했고, 그러다 친구가 됐다.

이런 노력의 다른 버전은 공동 채소밭, 정치 활동, (해비타트 운동 같은) 빈민을 위해 한 무리의 친구들과 협동하여 집짓기, 혹은 환경운동 단체에 소속하여 도시를 정화하는 활동일 수 있다. 하나도 어렵지 않다. 다른 사람들과 함께 어울려 체험 여행을 하면서 멋진 대화를 주야장천 하는 것도 우리가 얼마든지 할 수 있는 훌륭한 예이다. 이런 것이 바로 매일의 삶 속에 있는 경계성-커뮤니타스이다.

커뮤니타스의 신화

이 개념을 굳건히 하기 위해 잠깐 문학과 영화 쪽으로 시선을 돌려보자. 그래서 우리로 상상의 나래를 펴고 감동을 받게 하는 몇 가지 설득력 있는 이야기와 영화를 통해, 그 속에 담긴 신화적 묘사에 비추어 선교적 커뮤니타스의 잠재력을 철저히 조사하려 한다.[215]

R. R. 톨킨(Tolkien)의 3부작으로 된 걸작《반지의 제왕》에서, 그 안에 나오는 신화에 담긴 진리를 찾아보자. 반지 원정대(제목 자체에서 벌써 커뮤니타스가 느껴진다) 편에서 그 시작 부분에 프로도라고 불리는 한 젊은 호빗이 등장한다. 그는 우여곡절 끝에(그야말로 엄청난 별별 일을 다 겪었잖은가?) 절대 반지를 손에 넣는다. 이 마법의 절대 반지는 어둠의 군주 사우론이 제작했다. 그는 그것으로 다른 힘의 반지들을 다스리려 했다. 그는 그런 의도를 감추고 기만적으로 그 반지들을 중간계의 여러 인간 족에게 나눠주었다. 사우론은 가장 악한 세력 밑으로 모든 힘을 한데 모아서 그것을 자신이 완전히 장악하려고 절대 반지를 만든 것이다. 그 반지는 아주 매혹적이지만 부패시키는 힘을 가지고 있다. 아무도 반지에 지배받지 않고 그것을 가질 수 없다. 모든 중간계에서, 오직 호빗은 매우 천진난만하기에 그들만큼은 반지의 강압하는 힘이 아무리 유혹해와도 절대로 넘어가지 않을 것처럼 보인다. 그런데 그들조차도 반지의 힘 아래 들어가니 결국 그것에 의해 타락한다.

프로도에게 이 반지를 엘론드의 집으로 옮기는 임무가 떨어진다. 그렇다면 평온과 안전을 천성으로 지닌 호빗 족의 본능을 이겨내야만 한다. 그럼

---

215 어떤 이야기가 신화적이라고 말하는 것은 단지 공상이라는 뜻이 아니다. 정반대이다. 신화의 힘에 호소함으로써, 우리는 평범하고 일상적인 것들에 생명과 의미를 부여한다. 이것은 신화가 인간의 의식 가장 깊숙한 수준에 도달하기 때문이다. 그것의 보편성과 근본적인 진리로 인하여 우리에게 반향을 일으킨다. 이야기의 귀재, C. S. Lewis가 신화의 의미에 대하여 했던 말을 경청해보라.
신화의 가치는 우리가 알던 걸 몽땅 가져가고, '익숙함이라는 면사포'로 가려져 있던 풍부한 의미를 죄다 살려놓는다는 데 있다. 그 아이는 차갑게 식은 고기를 마치 자기가 활과 화살로 방금 사냥해온 버펄로인 것처럼 여기며 (그러지 않으면 그에게 그저 그럴 고기를) 맛있게 먹는다. 그러니 그 아이는 현명하다. 평범한 고기를 이야기에 재었다가 꺼낸 것이기에, 그에게는 더 맛나는 고기가 된 것이다. 당신이 그게 그냥 고기라고 말해 줘봤자 소용없다. 실제의 풍경이 싫증 나면 그걸 거울로 보라. 빵, 금, 말, 사과, 심지어 길까지 신화 속에 다 집어넣어도(루이스는 여기에서 톨킨의 '반지의 제왕'을 언급하고 있다), 우리는 현실에서 물러난 게 아니다. 그것을 재발견한 것이다. (톨킨의《반지의 제왕》, 525–526)

에도 그는 모험에 동의한다. 당신도 알듯이, 호빗들은 자기들 나라인 샤이어 밖으로 좀체 나가지 않는 족속이다. 그들은 예스럽고 아취가 있는 마을에서 하루 여섯 끼를 즐기고 굴 같은 집에서 산다. 그들은 모험이란 모르는 자들이다. 그런데 샘와이즈 갬지가 자기도 여행에 참여하겠다고 넌지시 말한다. 그 두 호빗이 길을 나선다. 얼마 안 있어서 프로도의 사촌인 사고뭉치 메리와 피핀도 합류한다. 길에서 그들은 사우론이 반지를 되찾기 위해 보낸 힘센 반지 악령 집단인 블랙 라이더스 등 무시무시하고 강력한 악과 마주친다.

그렇게 목숨을 잃을 뻔한 위험(과 다른 반지 악령들과 그 외 네 괴물의 진저리나는 출현들)을 지나, 결국, 그들이 가져온 반지를 놓고 요정의 왕 엘론드가 회의를 개최한다. 그 회의에서, 반지에는 타락시키는 무서운 힘이 담겨 있으므로 아예 손대지 말자고 결의한다. 반지 악령 나즈굴의 단검에 찔려 독에 감염되었다 회복된 지 얼마 안 된 프로도는 호빗 족 특유의 의무감에 따라 절대 반지를 운명의 산, 사우론의 왕국, 그 어둠의 땅 모르도르의 중심부로 가져가는 일에 동의한다. 이는 언뜻 보기에도 불가능한 임무이며, 성공할 가망은 매우 희박하다. 그러나 가능성은 뒤로한 채, 그것을 해내기로 그들은 결의를 다진다. 그 회의에서 반지 원정대를 구성한다. 그들은 호빗들, 아르곤(방랑하던 왕), 보로미르(훌륭했지만 반지의 힘에 깊이 흔들렸던 절명한 인간 왕자), 난쟁이 김리, 요정 레골라스, 마법사 간달프이다. 또한 난쟁이와 요정은 전통적으로 전혀 어울리는 법이 없었기에 이것은 가히 있을 법하지 않은 '조합'이라는 점이 중요하다. 인간 족은 왕국별로 나뉘고, 호빗 족은 아무리 상상의 나래를 펴 봤자 전사가 아니다. 그러나 예상과는 달리, 머지않아 이 이상한 조합이 각자 지닌 재주와 대단한 의지력으로 한데 뭉쳐 승리를 거둔다.

이 장대한 이야기를 이렇게 간략하게 개작한 요지는, 실제로 반지 원정대가 동료의식을 가진 환상적인 진짜 조합이 된 것은 대항할 수 없는 극한의 악에 마주하여 엄청난 투쟁과 고난을 겪었기 때문이란 사실을 강조하기 위함이다. 다 함께 이런 겉보기에 불가능한(그리고 한계에 달한) 임무를 수행하고 고난들과 마주하면서, 그 무리는 실제로 커뮤니타스가 된다. 그들은 다른 상황이었으면 엄두도 못 냈고 하지도 못했던 일을 해내면서 서로를 알게 된다. 이 신화적 이야기에서 엿볼 수 있는 것은 임무(세상에 있는 악을 물리치는 것에 불과했지만), 제자도(극한의 반대에 부딪혔을 때 계속해서 선한 것을 선택하기), 그리고 커뮤니타스(임무 수행을 위해 한 무리의 공동체를 이룸)이다. 요정과 난쟁이는 절친이 되었고, 호빗들은 평온한 마을에만 있었다면 결코 될 수 없었던 존재로 탈바꿈했다. 제 아무리 견디기 힘들어도 공동으로 임무를 수행해야 하는 맥락에서는 동료의식으로 모두 한데 뭉쳐서 진정 서로가 서로를 알아본다.

예수님은 나의 '비평형'(Disequilibrium)이시다

지금쯤 이런 생각을 가졌기를 바란다. 교회의 생활과 구조를 형성하는 데 있어서 경계성-커뮤니타스가 제 역할을 해야 한다는 것을 카오스 이론이 이 얼마나 명백히 강조하는가?[216] 생명 시스템(living-systems) 이론에 따르면 모든 살아있는 조직체는 그 처한 환경에 적절히 반응하지 못하면 평형(equilibrium)을 이루려는 경향이 있다(그래서 거의 죽음에 이른다). 사이버네틱스(cybernetics, 인공두뇌학)의 중요 법칙인 필수 다양성(requisite variety)의 법칙에 의하면, 어떤 살아있는 조직체의 생존은 그것의 내부 구조 안에 있는 능력, 곧 외부 환경의 다양성에 비하여 최소한 같거나 훨씬 더 큰 적응성(adaptability)과 다양성(diversity)을 배양(cultivate)할 수 있는(그저 견디

---

[216] 선교와 관련한 '혼돈의 이론'에 대한 전망을 개관하려면 부록 1을 보라.

는 것이 아니라) 그런 능력에 달렸다.[217] 평형 상태로 있는 조직체는 적응해야 할 도전이 발생했을 경우 그 내부에서 적절히 대응할 수 있는 해결 수단이나 목록을 절대 개발하지 못한다. 그러므로 그러한 조직체는 스스로 소멸에 처한다. 이 때문에, 살아있는 조직체는 자기의 생존을 위하여 높은 수준의 아드레날린 분비, 주의력, 그리고 시도를 좋아한다고 말할 수 있다.

예를 들어 "수족관에 사는 물고기는 최소한의 노력으로 노닐고, 번식하고, 먹이 활동을 하며, 포식자도 없어 안전하다. 그러나 수족관 주인이라면 다 알듯이, 그런 물고기는 어항의 극히 미세한 변동에도 몹시 민감하다." 주인은 규칙적으로 수조를 청소하고 온도를 측정하고 수소 이온 농도 지수(pH)를 확인하며 물고기 밥을 줘야 한다. 이것은 어항 속에 자연생태계가 없기 때문이다. 그것은 인공 환경(artificial environment)이다. 반대로, 야생에서 물고기는 자신을 유지하기 위해 좀 더 열심히 애써야 하고 훨씬 더 많은 위협의 대상이 된다. 그러나 더 센 변동(온도, 먹이 활동, 포식자 등)에 대처하는 법을 익혔기에 도전을 마주해도 까딱없다.[218]

빼어난 애니메이션 영화 '니모를 찾아서'를 즐기신 분들이 많은 줄로 안다. 어린 물고기 니모가 열대어 수집광에게 납치되자, 그의 천방지축 아빠인 말린이 자식을 구하러 찾아 나선다. 동행할 친구가 있어 신났지만, 도리라 이름하는 물고기는 건망증이 있다. 지극히 조심스러운 성격의 아빠가 위험도 마다치 않고 자식을 구해 무사히 집으로 데려오기 위해 몇 가지 대범한 계획을 세우고 용맹스러운 여행길에 나서다니, 이런 있을 법하지 않은 영웅이 또 없다. '니모를 찾아서'는 그 자체로도 경계성-커뮤니타스의 대단한 이야깃거리이다. 여러 생물이 합력하여 어린 물고기 구하기를 돕는다! 그러나 여기서 훨씬 더한 나의 초점은 니모가 잡혀 있던 인공 환경이다.

---

217 Pascale, 《Millemann》, 그리고 Gioja, 《Surfing the Edge of Chaos》, 20.

218 Ibid.

바다에서 온 니모가 소개되었을 때, 그 순간 수족관 안에 있던 다른 생물들이 보인 첫 번째 행동을 살펴보자. 그들을 모두 니모에게서 물러선다. 위험한 바다에서 병을 옮겨와 수족관을 감염시킬까 봐 두려워서다. 씻지 않은 그는 물통 속 물고기에게 위험한 존재이다. 물통이라는 안전한 환경에서 생활하였기에 그들은 본래 가지고 있던 변동과 위험에 적응할 능력을 다 잃었다. 바다에 사는 그들의 사촌들에게 병균쯤은 아무것도 아닌 것을 말이다. 그래서 화들짝 놀란 피에르가 은신처에 있는 새우 자크를 불러내어 니모를 말끔하게 소독시키게 한다. 그래야 다른 물고기가 당당히 가까이 다가와서 정신적 혼란에 빠진 어린 친구와 대화라도 하니까. 그 고약한 치과의사가 물통 청소나 먹이 주는 것을 까먹지만 않으면 수족관에서 사는 것은 안전하다, 그러나 그곳에서 지내는 내내 가끔 살균도 받으면서 지루하게 살아야 한다. 그런데, 몇 마리 물고기는 탈출을 꿈꾸며 다시 바다로 돌아가 그 위험천만한 자유를 만끽하고 싶어 한다.

'니모를 찾아서'에는 우리를 위한 몇 가지 교훈이 담겨 있다. '바깥세상'과 실제로 접하지 않는다면, 교회들은 이내 인공으로 조성한 수족관 같은 환경의 에클레시아가 된다. 그래서 주변 환경의 위험과 방해로부터 철저히 격리되어 안전할 뿐이다. 그들은 바깥세상과의 교류와 사회적, 문화적 협력을 될 수 있는 대로 최소한으로 줄여서 자신만의 독특한 문화를 가지는 폐쇄된 시스템이 된다. (그리고 우리는 이것을 거룩성이라고 부른다.) 들어오는 사람들은 세상의 각종 세균을 교회에 끌어들이는 정도로 인식한다. 그래서 서둘러 '그들을 깨끗이 소독'한다. 은유는 이쯤에서 멈추고, 이러한 폐쇄된 시스템은 스스로 속세와 철저하게 만남을 끊은 사람들에 의해 유지되는 것이 보통이다. 그들이 내부자들을 양육하며 안정되고, 좋고, 안전하고, 깨끗하고, 그리고 조금도 염려할 것이 없게 지킨다.

나는 여기서 무례히 굴거나 빈정대려는 의도가 전혀 없다. 그렇지만 보통 교회들이 대부분 그렇지 않은가? 내가 잘못 알고 있는가? 아직은 내가 경험한 바에 따르면 그렇다. 다시 반복하지만, 이것은 하나님이 그러한 곳에 안 계신다는 뜻이 아니다. 분명히 그분이 계신다. '잃어버린 자들'은 아직 그분께 나오는 방법도 모르는데, 아무렴 그런 '잃어버린 자'도 아니고 '구원받은 자'가 모이는 교회에 하나님이 안 계신다면 그것은 말이 안 된다.

관련한 자료가 있는가? 뉴질랜드와 캐나다에서 진행한 연구 보고에 따르면 대학교에 진학한 청년층에서 기독교 신앙 속에 자라난 자녀들 가운데 약 80%는 학기 중에 신앙을 잃는다고 한다! 미국에서 청소년 사역자들에게 이런 이야기를 하자, 별로 놀랍지도 않은지 대수롭지 않게 자기들 세계에서 그 정도 감소율은 이미 알고 있다는 식으로 이야기한다. 에드 스테처(Ed Stetzer)는 미국의 감소세를 약 70%로 특정하며 많은 청년이 사실상 노후에 다시 돌아올 것이란 전망을 하였지만, 그런데도 이는 놀라운 수치가 아닐 수 없다.[219] 통계가 나라마다 다르다 해도, 우리는 이것이 사실이란 것을 안다. 기독교 신앙과 교회의 처지에서 가장 안 좋은 결과는 청년층(young adult)에 관련한 것인데 퓨(Pew) 리서치의 최신 발표에 따르면 청년층의 특징은 소위 '넌스'(nones, 무종교인)의 등장이라고 지적한다.[220] 청년층을 놓고 볼 때, 그들은 어린 시절 우렁찬 음악과 놀이로 재미있게 지내며 '예수 사랑하심을 성경에서 배웠네'처럼 하나님 말씀을 열심히 배웠다. 그런데 어째서 고작 대학에서 뭐 좀 비꼬는 소리를 들었다 해서 그것에 잘 대처할 수 없다는 것이 그저 의아할 뿐이다. 인공 환경을 말하지 않을 수 없다.

문제는 어떤 시스템이 폐쇄되고 인위적이며 일반적으로 적응성과 내적 다양성을 배양하지 않으면, 그것은 궁극적으로 평형을 향해 퇴폐한다는 데 있다. 그리고 생명 시스템 안에서 완전 평형은 죽음을 의미한다. 만일 당신의 신체가 완전 평형이라면 공식적으로 사망을 선고한다.

---

219 Stetzer, 《Dropouts and Disciples》.

220 www.pewforum.org/2012/10/09/nones-on-the-rise

우리의 느낌과는 반대로, 고난과 위험은 필요에 따라서는 우리에게 좋을 수 있다. 경계성은 커뮤니타스를 창조할 수도 있고 우리를 망칠 수도 있다. 위험은 진정한 모험에 들어가는 비용이다. 모험하지 않는 문명은 완전히 몰락한다. 교회도 똑같다. 그래서 반복이지만, 세상과의 관계를 두절하고 고립된 공동체를 만들면 대체로 그렇게 된다. 안전지대를 벗어나서 세상이 주는 위험을 감당해야 하는 그런 선교적 구성요소를 자꾸 빼내 버리기 때문에 우리에게 경계성-커뮤니타스의 현장이 안 생기는 것이다. 일부 그리스도인에게, 그것은 길 건너 불구경일 수 있다.

훤히 트인 바다에서 번창하기

카오스 이론과 생명 시스템 이론에서 경계성-커뮤니타스에 대하여 많은 것을 배운다. 이런 연단을 통해 우리는 어항 밖에 있는 것이 실은 유기적 구조의 건강을 위해 극히 중요하다는 것을 깨닫기 때문이다. 생명 시스템 이론은 이런 내용이다.

1. 평형은 죽음의 전조이다. "생명 시스템이 평형의 상태가 되면, 그것 주변에서 일어나는 변화에 반응을 보이지 못한다. 이로써 그것은 최대치의 위험에 놓인다."[221] 이것은 조직의 생명주기 상황과 관련 있다. 어느 순간 조직은 정상 수준을 넘게 억제되고, 활력을 상실하며, 감응이 더딘 구조가 속에 생기고, 출력이 저하된다. 이런 상태가 되면 시스템이 평형 쪽으로 방향을 튼다. 크리스텐덤 방식의 교회는 극한의 경험은 아주 완벽히 멀리하고, 순전히 자기 지시적으로 되어 외부의 자극에 제대로 대처하지 못하니 결국 한물갈 수밖에 없다. 다른 말로 해서, 교회의 경계선 밖으로 나가고자 하는 선교적 초점을 잃었다. 수많은 교

---

221 Pascale, 《Millemann》, 그리고 Gioja, 《Surfing the Edge of Chaos》, 6.

회에서 교회의 선교는 실제로 체제 유지 그 이상이 아니다. 이는 예수께서 뜻하신 바가 결코 아니다. 한 백성으로 조직된 우리의 목표는 생명 주기 동안에 한 기관을 설립하고, 유지하며, 최대한 크게 키우는 데 있지 않다. 온 세상에 하나님의 선교를 확장하기 위한 것이다. 우리의 주된 목적은 기관으로서 교회를 영속화하는 것이 아니라, 예수님을 따라 세상에서 그분이 주신 선교적 사명을 이루는 데 있다. "기독교의 관심은 이 세계 안에 하나님의 나라를 넓게 펼치는 데 있지, 조직의 장수(長壽)에 있지 않다."[222] 선교를 염두에 두고 있어야, 아주 수월하게 기독교 신앙과 교회의 생명에 대하여 유기적으로 생각하게 된다. 교회를 기관으로 여기면 유기체가 아니라 마치 기계를 다루듯 대한다. 교회의 고유한 민감성(선교)이라는 기제가 그 공식에서 제외되기 때문이다. 선교는 교회의 조직 원리이고 반드시 그렇게 되어야 한다.

2. '위협을 받거나 갑자기 강제로 몰아내는 자극이 가해지면 생명체들은 혼란의 가장자리 쪽으로 이동한다.'[223] 즉, 그것들은 개방성과 창의성의 상태를 향해 이동하면서 안정과 평형에서 그만큼 멀어진다. 이런 상황은 훨씬 더 높은 수준의 기업가 정신과 창의성을 불러일으킨다. 그런 상태에서는 금세 새로운 해결책을 발견할 가능성이 훨씬 더 크다. 위협을 받으면 뭐라 할 것도 없이 아주 자연스럽게 앞으로 진행하여 어떻게든 살아남으려 들기 때문이다. 현재 우리는 크게 생존의 위협을 받고 있다. 지금 우리가 발견한 것은 우리가 혼란의 가장자리를 향하여 이동하기 시작했다는 것이고 새로운 방식의 교회를 시도할 시점이란 것이다. 이로써 선교적 교회의 패러다임에 왜 이런 점이 반드시 담

---

222 Easum, 《Unfreezing Moves》, 17.

223 Pascale, 《Millemann》, 그리고 Gioja, 《Surfing the Edge of Chaos》, 6.

겨야 하는지가 분명해지고, 더불어 이 책도 읽어야 할 이유가 확고해진다. 그것은 적응력을 배워야하는 학습 과정이며 시스템이 반응하기 시작할 때라는 것을 알려주는 아주 중요한 표시이다. 그런 이유로 우리가 선교적 사명을 들고 찾아 들어가야 하는 현장(상황)은 안정된 곳도, 편안한 지역도, 현상 유지가 되는 곳도, 신경 쓸 일이 없는 곳도 아니어야 한다. 그게 아니면 우리는 여전히 거룩한 것과 세속적인 것을 구별하여 거룩한 것에만 집중하고자 헛수고해야 할 판이다.[224] 우리는 진정으로 이런 선교적 맥락을 택하였기에 혼란의 가장자리로 이동했고, 그 결과 모든 종류의 시도를 하면서 혁신을 일으키고 있다. 따라서 우리는 오늘날 새로운 형태의 교회가 번성하는 것과 색다른 방식으로 사람들이 선교에 참여하는 것을 보고 있다. 신난다!

3. 일단 자극이 발생하고 그 상태에서 시스템이 외부 조건(위협 또는 기회)에 반응할 만큼 오래 유지되면 생명 시스템의 구성요소가 스스로 조직화한다. 결과적으로 새로운 모습과 목록이 그 혼란으로부터 발현한다.[225] 그것은 하나님이 생명체 내부에 넣어두신 특성이다. 곧, 조건이 맞으면 훨씬 더 높은 수준의 지식으로 조직할 수 있는 고유한 능력이다. 생명체는 그 안에서 불안정성이 경계성에 달할 때 자연스럽게 새로운 것이 발생하면서 창의력과 적응력을 표현한다. 전쟁이 한 좋은 예이다. 끔찍한 전쟁일수록, 일반적으로 도전에 적응하여 기술과 인간의 지식에 새로운 혁신을 일으킨다.

4. "생명 시스템은 직선 경로로 직행할 수 없다. 예기치 못한 결과가 불

---

224 Easum, 《Unfreezing Moves》, 21.

225 Pascale, 《Millemann》, and Gioja, 《Surfing the Edge of Chaos》, 6.

가피하다."[226] 떼 지어 다니는 고양이나 나비를 보라. 인간의 본성은 본래 전혀 예측불허이다. 인류 역사가 그러하기에 우리는 매일 밤 뉴스를 시청한다. 하루 동안에 무슨 일이 일어날지 우리는 전혀 모르기 때문이다. 도전은 생명 시스템에 길을 가르쳐주기는커녕 도리어 꼭 그렇게 해야 원하던 결과를 얻을 수 있냐는 식으로 시스템을 혼란케 한다. 그래서 의미와 비전으로 본뜻에 집중하게 하는 리더십이 필요하다. 시스템이 이렇게 혼란을 겪는 과정에서는 리더십의 역할이 매우 중요하다. 리더십을 발휘하여 변화, 적응, 그리고 혁신이 일어날 수 있는 여건을 만들어야 한다.

분명한 비전을 갖게 하는 것 외에, 선교적 리더십은 의사소통을 위한 관계망을 구축하고 돌봄으로써 새로움의 출현을 촉진시켜야 한다. 자유롭게 묻고 답할 수 있는 학습 풍토를 조성하여 혁신을 도모해야 한다. 상호 신뢰와 협조하는 분위기를 만들어야 한다. 그리고 설사 실수한다 해도 편하게 여기며 새로운 시도를 박진감 있게 맘껏 할 수 있도록 해야 한다. 이런 이유로 록스버러(Roxburgh)와 로마눅(Romanuk)은 교회에서 리더십의 역할은 성령께서 하나님의 백성들이 가진 선교적 창조력을 불러일으켜 타오르게 하는 그런 환경을 조성하는 것이라고 말한다.[227]

미래와 다가오는 것들의 모습

활기차고 변혁적인 비전을 품게 하는 것 역시 결과적으로 커뮤니타스가 생기게 하는 경계성을 조성할 수 있다. 하버드 비즈니스 스쿨의 전직 교수이

---

226 Ibid.

227 참조. Roxburgh and Romanuk, 《Missional Leader》, chap. 2.

며 조직행동 분야의 선구자인 선프리츠 뢰슬리스버거(Fritz Roethlisberger)는 관찰을 통해 "대다수 사람은 미래를 목적으로 현재를 수단으로 보는데, 사실상 현재가 목적이고 미래가 수단"이란 것을 알아냈다.[228] 뢰슬리스버거가 하는 말에 따르면, 우리의 목표를 잘 풀어놓으면 그것이 명확한 비전 의식(바람직한 미래)과 누구나 아는 임무가 되어 사람들의 현재 사고방식과 행동 양식을 바꾼다. 이렇게 보면, 미래는 행동을 바꾸기 위한 수단에 불과하다. 목표를 달성하기 위해 현재 새로운 행동을 하면 그다음 차례는 미래의 변화이다. 이렇게 계속 나선형으로 진행된다.

큰 꿈을 품고서 살금살금 기어가는 사람은 없다. 대신에 그 미래를 비전으로 담대히 선포하고 모든 사람이 그것을 따르도록 촉진한다. "케네디 대통령이 그의 유명한 달 착륙의 비전을 연설할 때, 그 문제를 풀어나갈 대책은 눈곱만큼도 없었다. 그 비전을 이루려면 의회의 승인, 자금 확보, 기술의 획기적 발전, 그리고 나사(NASA)가 활력을 되찾아야만 한다."[229] 케네디의 달 착륙 비전은 촉진제가 되었다. 감성과 열망, 욕구와 흥분, 호기심, 힘, 지식에 관한 탐구, 달에 최초로 발을 딛겠다는 경쟁의식을 총망라했고, 거기에 제국주의적인 욕망, 그리고 이들 별개의 저력이 일사불란하게 작용하도록 하는 데 집중했다.[230] 마틴 루터 킹 2세(Martin Luther King Jr.)의 '나는 꿈이 있다'라는 연설도 마찬가지이다. 그것도 그런 비전을 이루기 위해 강력한 흡인력으로 행동을 촉구하며 (흑인 자유 운동을) 출범시켰다.

우리는 그런 사건들을 돌이켜 보면서 어차피 일어날 수밖에 없었던 일이라며 애써 그 필연성을 이야기한다. 하지만 전혀 그렇지 않다. 우리는 이런 비전들을 떠올리게 하는 선교적 커뮤니타스에 대한 관점을 잃어가고 있

---

228 인용함. Pascale, 《Millemann》, 그리고 Gioja, 《Surfing the Edge of Chaos》, 72.

229 Ibid.

230 Ibid., 72-73.

는 것 같다. 《혼란의 가장자리 탐색하기》(Surfing the Edge of Chaos)의 공동 저자는 의미심장한 함의를 담아서 "강력한 목표를 위해 제정한 법령은 현실의 체계를 바꾼다"고 말한다.[231] 하나님의 백성인 우리는 우리의 선교적 사명을 제정해놓은 미래의 비전 때문에 앞을 향해 전진하는 것이다. 그 비전에 사로잡히고 그것을 추구할 때 우리는 변화하고, 또한 역사를 만들며 앞으로 계속 나아간다.

이것이 바로 리차드 파스칼(Richard Pascale), 마크 밀레만(Mark Millemann), 그리고 린다 자이오자(Linda Gioja)가 "우리는 미래에서 경영해야 한다"고 말했을 때의 의미이다.[232] 미래에서 경영하기(조직을 그것의 안전지대 밖으로 끌어내는 강력한 목표 설정하기)는 혼돈의 가장자리까지 우리를 이동시키는 데 꼭 필요한 일이며, 그렇게 해서 선교적 교회를 개발할 수 있으니 매우 중요하다. 그것은 우리 자신을 새로운 미래에 둔다는 의미이고 그런 다음 한 걸음씩 발을 내디디며 앞으로 나아가야 한다. 언젠가 거기에 도착하기 위해서가 아니다. 마치 지금 거기에 우리가 있는 것처럼, 아니면 이제 거의 다 도착한 것처럼 그렇게 전진해야 한다. 바로 이러한 것이 신약에 나오는 하나님 나라에 대한 관점이다. 미래적(종말론적) 하나님의 나라는 이미 우리 가운데 현재한다고 말한다. 이것은 우리에게 그 나라가 이미 이곳에 있지만, 아직 그때까지 완성 중이라는 것을 분명히 인식하고 행동할 것을 요구한다. 우리는 하나님의 미래에 서서 세상을 위해 사역하는 자이다. 그 나라에 대한 '지금'(now)과 '아직'(not yet) 사이의 긴장이 우리의 현실을 규정하고, 우리를 움직이게 하고 성장하게 하며 적응하게 한다. 생명 시스템의 용어로 하자면, 그것은 우리에게 늘 존재하는 '이상한 끌개'(strange attractor)이다. 이것은 신학자 위르겐 몰트만(Jurgen Moltmann)이

---

231 Ibid., 73.

232 Ibid., 240.

주장한 희망의 신학이 왜 세상을 변화시키는 메시야적 임무에 있어 우리의 참여와 협력을 끌어내는지 분명히 보여준다.

미래에서 이끈다는 이런 개념은 단지 어떤 모호한 신학적 원리가 아니라 우리의 삶과 조직에서 임무 수행을 촉진하는 아주 중요한 일이다. 이것에 직접 관여하여 일을 이루는 것이 선교적 리더십의 역할이다. 하나님 백성의 리더들은 교회 활동을 통해서 이것을 훈련하여 하나님의 백성들이 선교에 참여하도록 지도해야 한다. 조직을 어떻게 개발해야 하는지 한 가지 사례가 여기 있다.

> 1987년, 교회 예배 중에 깨달은 바가 있어, 부동산 전문 변호사인 빌리 페인(Billy Payne)은 상당히 거대한 목표를 달성하기로 마음먹는다. 1996년 올림픽을 자기 고향인 애틀랜타에 유치하고 싶었다. 이미 밝혀져서 다 아는 바이지만, 그는 시나 주 정부의 직접적인 재정 지원은 단 한 푼도 받지 않기로 했다. 게다가 애틀랜타는 올림픽 경기를 제대로 치를 적절한 시설이 거의 없는 상황이다. 개회식에 이르는 동안 여러 해에 걸쳐 의심의 소리가 여기저기 대중토론과 언론의 비난으로 합창하듯 이어졌다. 그러나 한 땀 한 땀, 페인은 누비이불을 깁듯이 애틀랜타 대회를 만들어갔다. 올림픽을 애틀랜타에 유치하려는 그의 목표가 실속이 있고 또한 남부사람 특유의 자부심과 후한 인심이 주는 이상한 끌개(strange attractor)까지 더해져 일부나마 성공하기 시작한다. … 1992년에 코카콜라가 후원을 약속하고, 페인에게 그의 첫 번째 종자돈으로 5억 4천만 달러를 지급한다. 그는 워싱턴 DC와 플로리다 올랜도까지 지역을 확대하여 경기 종목을 배정함으로써 턱없이 부족한 시설 문제를 해결한다. 그는 17억 달러를 들여 임시 조직위를 결성하고, 82,500명의 일꾼과 42,000명의 자원봉사자가 참여하는 프로젝트를 감독해야 했다.[233]

---

233 Ibid., 241.

그리고 그는 남은 자금은 시에 기부함으로 그 힘든 일을 다 해냈다. 자기 도시에 대한 비전이 탄생시킨 정말 놀라운 업적이다. 빌리 페인은 미래에서 경영하는 것의 의미를 이해했다. 그가 했던 말이다. "나는 인생을 살면서 생각 속에 항상 사업과 개인사에 절대로 성취할 수 없을 것 같은 터무니없는 높은 목표를 세우고 '너는 그것을 이룰 수 있다'는 확신을 갖고서 일한다. 그렇게 일한다면 목표의 절반 정도는 이룰 수 있다고 믿는다. 그리고 나머지는, 다른 방식을 취했을 때보다는 더 해낼 수 있을 것이다."[234]

모든 꿈 꿀 줄 아는 사람 안에는 그와 똑같은 역동성이 존재한다. 그들은 미래를 이야기한다. 선교단체인 '바운들리스'(Boundless, 매우 사도적인 다니엘 스트릭랜드가 이끈다)도 역시 마찬가지이다. 사회적으로 혜택을 받지 못한 사람들 속에서 환상적으로 선교적 사명을 감당한다. 또한 마틴 루터 킹 2세 못지않게 사람들을 예수께로 인도하려는 이상을 가지고 지역 교회를 개척한 분들도 마찬가지이다. 진짜 능력은 미래에 대한 강력한 비전, 이 하나의 방법으로 사람들이 서로 협력하여 사명감을 개발하는 가운데 진정한 커뮤니타스가 발생하게 하고, 그런 다음 미래를 '창조'하는 것이다.[235]

조직 원리로서의 선교적 사명

워싱턴 DC에 소재한 그 유명한 세이비어(Savior) 공동체 교회를 개척한 리더 고든 코스비(Gordon Cosby) 목사가 하는 말에 따르면, 그가 60년간 열심히 목회하면서 (예를 들어 기도, 예배, 성경공부 등) 비선교적 목적으로 모인 그룹이 선교적이 되는 경우를 결코 보지 못했다고 한다. 선교적이 되기 위

---

234 Billy Payne, ibid., 240-241에서 인용함.

235 Martin Buber가 "불가능한 일을 피하는 사람은 지극히 뻔한 일만 하는 자이다"라고 말한 적이 있다(Buber, 《On Judaism》, 35). 또한 Cesar Pavese는 이런 말을 했다. "세상을 알리는 자, 그것을 만들라."

해서(그 과정에서 기도, 예배, 성경공부 등도 한다) 시작한 그룹만이 실제로 사명을 감당하기 위해 힘쓴다는 것이다. 이런 관찰은 칼 조지(Carl George)가 다른 사람들과 공동으로 했던 모든 연구 결과에 부합한다.[236] 그 연구에서 밝혀진 바에 의하면 대부분의 교회 활동과 모임은, 심지어 건강한 교회 안에서도 자기 교인들을 대상으로 하고 있으며, 어떤 상황에서나 교회가 마땅히 감당해야 하는 선교적 사안들에 대해서는 거의 손 놓고 있다고 한다.

복음을 전하고 모든 민족을 제자로 삼는 것이 교회가 세상에 존재하는 목적의 핵심이 맞는다면 사역이 아니라 선교, 그것이 교회의 진정한 조직 원리이어야 한다. 좁은 의미에서 선교는 교회가 '외부자들'을 향하는 것이고, 목회 사역은 '내부자들'을 향하는 것이다. 사역에 목표를 둔 교회는 제아무리 애를 쓴다 해도 좀처럼 선교에 주력할 수 없다는 것을 경험이 우리에게 말한다. 선교에 목표를 둔 교회는 사역을 해야 할 것이다. 사역은 선교를 하기 위한 수단이기 때문이다. 우리의 섬김, 우리의 목회 사역이 활력을 유지하고 훨씬 더 의미 있게 폭을 넓혀 나가려면 반드시 거시적 차원의 동기가 있어야 한다. 이를테면 교회의 벽과 울타리 밖에 선교의 깃발을 꽂을 때, 거기에 집결함으로써 교회가 스스로를 발견한다. 따라서 이렇게 교회를 다시 새롭게 하려면 어떻게 해서든 그 중요한 선교적 사명을 고취하는 대화부터 시작해야 한다. 그 과정에서 우리 자신과 하나님을 새로운 방식으로 발견한다. 그래서 모든 민족이 그 복음을 '보고', 그리고 '들어' 구원을 받는다.

조직 원리란 어떤 조직이 생명력과 활동성을 가지도록 구성하게 하는 그 무엇이다. 만일 어떤 스포츠 팀이 연맹이 주최하는 경기에 참여하여 매번 승리해서 결국 결승전에서 승리한다는 그 본연의 임무를 망각하면 당연히

---

236 Carl George는 메타-처치 모델의 창안자이다. 그는 조용기 목사와 공동으로 한국인의 운동을 관찰한 것에 근거하여 이를 기안했다.

살아남기 힘들다. 팀이 우승컵, 메달, 또는 상금을 획득하면 집중력과 결속력이 강화된다. 여기에서는 이겨야 한다는 임무가 그 팀의 조직 원리이다. 임무를 완수하는 내내 동료의식을 발휘한다. 승리를 위하여 몸을 쓰며 지면 안 된다는 투지로 그 중심 과업을 이행하는 동안, 그 팀은 커뮤니타스를 경험한 것이다.

공동체
자신의 유익과 '내부자들'을 위해 존재하는
그룹 사람들의 고정된 경험. 그것의 모든
에너지는 주로 내부로 향한다.
———
'나를 위한 공동체'

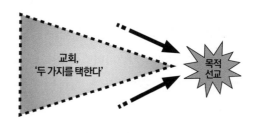

커뮤니타스
자신을 넘어서는 비전과 사명을 공동으로 추구하면서
서로를 발견하는 그룹 사람들의 여정. 그것의 에너지는 주로
외부와 앞으로 향한다.
———
'공동체를 위한 나 그리고 세상을 위한 공동체'

선교와 비전으로 공동체를 형성하는 방법

　　조직 원리의 또 다른 예는 국가의 헌법이다. 그것은 근본적으로 국가와 그에 관련한 국민과 정치 활동에 대한 조직 원리이다. 예를 들어 미국 헌법은 나라의 독특한 지표인 자유와 민주주의의 수호를 위한다. 마찬가지로 선교는 우리의 헌법이며, 아니면 적어도 그것의 핵심적인 부분이다. 하나님 백성의 운동 정신을 수호하기 위하여 교회는 근본적으로 그 정체성의 중앙에 선교를 두어야 한다. 선교 없이는 운동도 없다. 그리고 그런 공동체는 육체적 죽음을 당하기 오래전에 영혼의 죽음을 당한 상태이다. 선교를 잊는 것은 우리 자신을 잃는 것이다. 선교를 망각하면 우리의 존재 이유(raison d'etre)가 없어져 그저 멸망을 향해 돌진할 뿐이다. 우리의 사명감은 하나님의 선교와 선교적 교회를 제대로 이해한 데서 나온 것이어야 하며, 또한 그런 사명 의식에 따라 예수 그리스도의 교회가 나아갈 길을 분명히 정하고, 계속해서 앞과 바깥 방향으로 움직여야 한다.

교회의 이분법을 넘어서

살균한 수족관과 대학에 들어가서 신앙에서 떠난 그 터무니없는 통계를 잠깐 다시 떠올려 보라. 일부이긴 해도 실제로 교회에서 그런 식의 문제가 일어난다.[237] 4장에서 고찰해보았듯이, 플라톤식 이원론은 세상을 영계와 물질계, 신성한 것과 세속적인 범주로 분리한다. 히브리적 유일신 사상을 가진 자들에게는 상당히 이상한 이런 세계관은 4세기 후반에 이르러 대개 어거스틴과 기타 초기 교회 신학자들의 영향으로 교회에서 지배적인 사상이 된다. 여기에서 이원론을 안건으로 삼아 살피려는 이유는 비록 우리가 머릿속으로는 이러한 철학을 거부하지만, 실제에서는 이런 신념이 우리가 말하려는 삶을 긍정하는 메시지를 방해하는 방식으로 교회의 구조와 활동을 작동하는 경향이 있기 때문이다. 생활과 신앙을 따로 구분하는 이원론적 사고로 생기는 결과는 마치 어항이라는 인공 환경에서 벌어졌던 일과 유사하다. 기본적인 일상생활에서 따로 성경적인 가치관과 영성을 분리하여 떼어내기 때문이다. 하나님의 통치 아래 모든 삶이 들어 있어야 한다.

다음 페이지의 도식은 4장에 있는 것을 다시 작업하여 표시한 것이다. 교회의 이원론적인 구조(크리스텐덤 방식)를 실례로 명확히 표현하자면 다음의 그림과 같다.

---

237 이 부분에서 나는 예전에 쓴 나의 책 《새로운 교회가 온다》(the Shaping of Things to Come), 157-59를 빌렸는데, 하지만 그것을 다른 방식으로 사용했다.

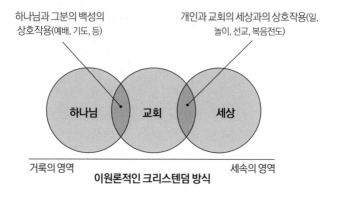

이원론적인 크리스텐덤 방식

이런 경우를 가상해보자. 제인은 평범한 교인이다. 그녀는 하나님을 사랑하고 그분 안에서 성장하고 싶어 한다. 그래서 그녀는 미진한 부분이 있지만 온몸과 마음과 정성을 다해 믿음 생활을 하려 한다. 그녀는 어떤 식으로 교회에 다닐까?

그녀는 대부분 시간을 세상이라는 '하나님 없는' 세속 공간에서 보낸다. 주일에 그녀는 교회에 간다(가운데 원). 교회에서 갖는 교제는 그녀에게 좋은 마음을 지닌 신자들로 가득한 일종의 중립의 무풍지대이다. 그 사람들 가운데 있을 때 그녀는 안정감을 느끼고 기력이 회복된다. '세상에서' 평소에 느끼는 긴장감이 일시적으로 다소 해결되기 때문이다. '교제'를 끝낸 후 예배 시간에 예배당 안으로 들어간다('하나님'과 '교회'라는 원이 교차하는 부분). 주악 소리에 맞춰 예배가 시작된다. 그녀는 마음을 모아 하나님께 예배하며 신령한 은혜를 구한다. 어느 순간에 이르러 마치 하나님이 '번지 점프'를 하신 듯 심령 속에 강하게 확 하고 들어온다. 예배에 감동을 하고, 제인은 자기가 실제로 하나님의 임재 안에 있음을 느끼기 시작한다. 찬양과 경배를 마치고, 제인은 설교를 통해서 하나님의 말씀에 빠져든다. 빌 목사는 대단한 설교가이다. 그녀는 설교가 자신을 '배불리 먹이는 것' 같다. 또한 주의 만찬을 통해 그녀 자신을 개인의 구주이신 예수께 재헌신한다. 그런 다음 온 회중이 영혼을 각성하는 찬송을 몇 곡 더 드린 다음 목사님의 축도로 예배를 마친다. 우와! 그러고는 마치 번지 줄을 타고 하나님이 다시 하늘로 올라가신 것 같다. 제인은 가운데 원으로 돌아와서 동료 그리스도인과 함께 커피나 음료를 마신다. 그런 다음 그녀는 거기서 나와 세상으로 들어간다('세상'을 상징하는 원). 이원론적인 세계관과 생활을 하는 그녀의 개념에서 노동하는 공간은 그리스도인들을 녹여버리는 맥락에 불과하다. 하나님이 '그 세상 안에도' 계시는 분이란 인식을 못 하기 때문이다. 그러니 버티며 살기가 힘들다. 그래서 그녀는 주중에 셀 모임에 어떻게 해서든 참석하여 그곳에서 주일날과 비슷한 경험을(규모면에서는 같지 않지만) 하며 지낸다. 이뿐 아니라 그녀는 하나님이 '등장하시는' 경건의 시간을 혼자 있을 때 자주 갖는다. 하지만 그것 아니면 영적으로 불안한 곳에서 늘 혼자라는 생각에 견디기 힘들다.

간단하게 풍자를 하려다 보니 지나치게 단순하게 묘사한 점은 양해를 구한다. 우리 중 대다수는 이 이야기에서 우리 자신을(그리고 우리 각자의 교회를) 떠올렸으리라 믿는다. 제인이 교회라는 가운데 부분에 모든 것을 설정해놓고 그것을 중심으로 생활하는 것이 바로 거룩한 것과 세속적인 것을 구분하는 비극적인 이원론적 사고의 근본적인 방식이다. 애초에 꼭 이렇게 해야만 한다고 아무도 의도한 바가 없다. 그것은 마치 시스템에 침투한 바이러스와 같다. 크리스텐덤이라는 소프트웨어의 기본 프로그램 속에 기생하며 오작동을 일으킨다. 아무리 '구도자에게 친밀한' 사람이 예배를 만들려고 해도, 그것은 교회를 괴롭혀온 성속 이원론을 여전히 '전달'하고 있다. 교회가 이런 식으로 해 온 결과 하나님은 교회를 포함한 모든 삶의 하나님이 아니라, 어느 한 교회의 하나님이 되어 버렸다.

교회 생활에 대한 개념과 구성 방식으로 인하여 그 공동체 가운데 진정한 선교적 강점은 존재하지 않는다. 오히려 세상을 향해 선교해야 할 사명과 단절한 상태이다. 교회의 제도적 메시지는 그 안의 공공연한 구두 메시지들을 항상 반대하고 그것을 결국 취소시킨다. 더욱이 교회 안에 내장한

2부 | '사도적 특성'의 중심부 여행하기

이원론적인 영성은 사람들이 그들의 일, 놀이, 공부 등등을 사역이나 선교로 여기지 못하게 설정한다. 사역은 전문가에 의해서 교회만이 하는 일로 여기게 한다.

도식으로 이들 세 가지 요소를 설정하는 또 다른 방식이 있다. 그것은 훨씬 더 세련되고 상당히 통합적이며 성경적이다. 이것은 단지 하나님, 세상, 그리고 교회의 관계를 재설정한 것이다. 이 책의 어법대로 한다면 이것은 선교적-성육신적이 되는 것이며, 그다음 차례로 커뮤니타스를 발생시킨다는 의미이다. 다음 도식을 살펴보라.

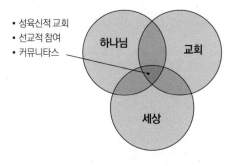

선교적 방식 (경계성-커뮤니타스)

세 개의 원의 위치를 바꾸니 그리스도인의 삶의 모습에 관한 생각이 완전히 달라진다. 세 개의 원이 모두 중앙에서 교차한다. 그곳이 교회가 진정으로 선교적 사역을 하는 지점이다. 그곳에서 깊이 있는 성육신적인 활동을 하며 세상에서 예수님의 사역을 확장하려는 방법을 실천한다. 이런 방식에서 우리가 하나님을 예배하는 그 맥락에 세상도 함께 들어 있다. 그러한 이유로 외부인들을 위한 문화적으로 유의미한 사역에도 집중해야 한다. 그것은 모두에게 열려 있기 때문에 명확한 선교적 강점을 가진다. 교회는 세상에서 멀리 떨어져서 무엇을 하는 그런 데가 아니다. 우리의 복음전도와 사회 활동은 함께 간다. 우리는 하나님께서 세상을 구속하시는 일에 동참한다(그분은 이미 거기 계신다). 그리고 우리의 영성은 삶의 모든 영역을 포함하는 다양성을 가진다.

이것이 바로 모든 성육신적 선교가 성취하고자 하는 것이다. 예를 들어 앞 장에서 설명한 제3의 장소가 바로 이 지점이다. 선교는 지역 전체를 변화시킬 수 있는 잠재력을 가진 유기적이고 성육신적인 방식으로 하나님, 그분의 백성, 선교, 영성, 그리고 더 넓은 지역사회를 통합하는 것에 집중한다. 예수님의 사람들은 하나님의 백성으로서 신성하고 고립된 공간에 모이는 것을 거부한다. 대신에, 그들은 사람들이 오래 머물며 여가를 보내는 곳인 '제3의 장소'에 성육신화하여 선교를 한다. 제3의 장소 선교를 위하여 펍, 스포츠클럽, 놀이모임, 동호회, 하위문화 소굴, 그 외의 장소에 함께 가서 그들이 하는 일을 살펴본다. 여가의 장소를 선택하여 일부러 함께 집단으로 가서 공공의 장소 안에서 '교회가 되는 것'이다. 그리고 계속해서 그 선교적 맥락을 위해 세심히 배려해야 한다. 따라서 예배와 교회의 삶 전체는 성육신적이어야 하고 문화에 민감해야 한다.

이런 접근방식의 선교적 효과는 쉽게 시험해볼 수 있다. 카페나 펍에서 환상적인 화음으로 찬송을 불러보라. 십중팔구, 손님들과 주인에게 즉각 따돌림을 당할 것이다. 손님이 있을 때 제발 참아 달라고 할는지도 모른다. 그런데 우리가 공공의 장소에서 예배를 드릴 수 있을까? 물론 그럴 수도 있다. 그러나 우리는 이방인 취급을 받는 것보다는 사람들의 관심을 끌고 그들의 호기심을 촉발하여 하나님과 연결할 방법들을 찾아내야만 한다. '제3의 장소' 선교의 본질은 교회의 문화적 삶과 표현을 상황화해야 한다. 교회 공동체가 할 수 있는 가장 선교적인 일은 단순히 교회 건물에서 나와서 사람들이 있는 곳으로 가는 것이다. 그곳에 가면 하나님의 구원이 필요한 사람들이 있다. 그들과 같은 위치에서 그들을 구원으로 초청해야 한다! 세 개의 원이 교차할 때, 사도적 특성의 요소들이 타오르기 시작한다.

이것은 '포지 선교훈련 네트워크'(Forge Mission Training Network)의 실

습 과정에서 불러일으키려고 노력하는 부분이다. 그들과 함께 훈련하면서 갖는 가장 큰 보람은 그 '교회'라는 이름의 원 아래에 실제로 그들 삶에 있는 모든 이질적인 요소들을 갖다놓을 수 있다는 사실이 분명해지면서 그들이 깨닫는 것을 보는 것이다. 교회는 주일 외에 나머지 삶에서 제외될 수 있는 것이 아니다. 교회가 정말로 그 존재하는 목적을 이루려면 느슨하게 풀린 모든 목표를 유일하신 하나님 아래에 모아 묶어야 한다. 우리가 4장에서 보았듯이, 이것이 바로 유일신 사상이 진정으로 의미하는 바이다. 진실로 하나님은 편재하신다. 그분은 이미 인류 역사 속에 깊이 개입했으며 또한 모든 인간의 삶에 관여한다. 이 모델로 전환하는 데 있어서 개념 형성의 지렛대는 '교회'라고 쓴 원 안에 있다. 교회는 하나님과 세상과의 관계에서 자기 위치를 조정해야 한다. 이렇게 하기 위해서 우리는 이원론의 속박을 깨뜨려야만 한다. 이것을 이루기 위한 가장 좋은 방법은 선교적이 되는 것, 즉 우리가 존재하는 다양한 상황에 직접 관여하는 것이다.

약속의 땅으로 가는 길을 따라가라

아브라함의 이야기, 스포츠 팀의 동료의식, 전쟁 영웅들의 필사적인 전우애, 그리고 반지의 제왕에 나오는 상호관계에서 우리가 배운 점은 여정 그 자체의 중요성이다. 성숙함과 자아실현은 운동과 위험을 요구한다. 그리고 그러한 모험은 실제로 영혼에 매우 유익하다. 우리는 그것들을 통해 공동의 임무를 완수하기 위해 함께 애쓸 때, 위험에 부딪혀 살아남기 위해 다 함께 분투하는 과정에서 서로를 알아 갈 때 연대감과 사랑이 더욱더 깊어진다는 것을 배웠다. 우리는 이 모든 요소를 예수님이 제자들을 만드시는 방식에서 발견한다. 그들은 자기 집, 가족, 그리고 안전한 곳(그들의 사회 또는 종교)에서 나오게 하는 여정을 떠났고 경계성, 위기, 행동 성찰 학습, 커뮤니타스, 그리고 영적 발견을 수반하는 모험을 시작했다. 여행하면서 부족함에서 나오는 두려움과 준비가 안 된 모습이 사라졌고, 세상을 영원히 변화시킬 수 있는 용감한 믿음이 대신 자리잡았을 뿐이다.

본이 되는 예수 운동들의 그 어마어마한 역동성은 실제로 운동을 구현하는 과정에서 발현했다. 이것은 체계적으로 조직화한 구조나 시스템이 아니라 진짜 동작이 있었다는 이야기이다. 이는 모든 그리스도인이 예수님을 따르기 위하여 실제로 집과 가족을 떠나야 한다는 말이 아니다. 이 기초적인 영적 실천이 예수님을 따르는 데 있어서 원칙으로 정해져서 이후 제자들에게 계속 전수되어온 것도 아니다. 이런 방식으로, 그들이 처음 그리스도인이 되었을 때 안전하고 편안한 곳을 떠나서 경계성 안으로 들어가는 확고부동한 결심을 했기 때문에 이후에는 그런 것은 고려할 필요가 전혀 없었다. 그들은 상황에 따라서 계속해서 적응하고, 점점 더 나아지는 유연한 사람이 될 수 있었다는 의미이다. 이것은 콘스탄틴이 우리에게 건물, 기관, 교회와 국가 사이의 유착 관계를 하사할 때까지 계속되었다. 그때부터 사도적 특성이 긴긴 시간 동안 잠에 빠졌다.

우리는 거리로 다시 나가야 한다. 우리는 그 길(예수)의 사람들이다. 우리가 밟아야 할 길이 우리 앞에 있다. 우리가 만들고 참여하는 새로운 미래를 향해 가자고 우리를 초청한다. 위대한 이야기들 속에 나오는 신화적 이미지를 떠올리고 예수님과 초대 교회가 어떻게 메시지를 전파했는지 상기시킴으로써, 진정한 기독교 공동체의 본질, 즉 불확실하지만 용감한 동료들의 모임을 시작하고 선교를 중심으로 형성된 커뮤니타스의 본질을 재조명하려고 한다면, 우리는 고대에 막강한 힘을 발휘하던 이른바 사도적 특성을 되찾기 위한 모험적인 여정에 기대를 가지고 기꺼이 나서지 않을 수 없다.

이 시점에서 "배는 항구에 있을 때 가장 안전하다"는 사실은 기억할 만한 가치가 있다. 그러나 그것이 배를 만든 목적은 아니다.

8

APEST 문화

교역자/평신도 이분법은 … 교회가 오늘날 하나님 나라의 효과적인 기구가 되는 데 주된 장애물이다. 그것은 오직 '성직자', 이른바 안수 받은 목회자만 리더십과 중요한 사역에 실질적인 자격을 갖추고 있고 책임이 있다는 틀린 사상을 만들기 때문이다.
– 하워드 스나이더(Howard Snyder)

이런 왕 같은 은사와 사역(APEST)의 안배는 메시야의 자리를 대신 하는 것이 아니라, 현재하시는 그분이 사용하는 방법이다.
– 마르쿠스 바스(Markus Barth)

리더의 첫 번째 의무는 현실 파악이다.
– 맥스 드 프리(Max De Pree)

몇 년 전, 나는 중국 지하 교회의 한 비범한 리더를 만나 대화하는 특권을 누렸다. 친근하게 '엘(L) 아저씨'[238]라 불렸던 그는 왜소하고, 허리가 굽었고, 나지막한 말씨를 가진 노인이었다. 그 당시에 그가 주도하던 지하 가정 교회 운동에 모이는 그리스도인 숫자는 어림수로도 자그마치 약 3백만 명이나 되었다! 학위는 없었지만, 연륜이 묻어나는 인생 지혜와 함께 놀라운 지성을 갖춘 분이었다. 무슨 '사무실'이나 직책도 없었지만, 리더십과 소명에

---

238 그의 이름을 중국의 상황 때문에 익명으로 했다.

맞춰 특출하게 은사를 활용하는 사역자였다. 총회 같은 중앙 기관이 없는데도 그는 수만 개의 가정 교회를 운영하고 관리한다. 이 운동을 하는 모든 교회에 그의 영향력과 가르침이 안 미치는 곳이 없다. 내가 보기에 그가 고용한 사람은 소수에 불과하다. 그런데도 그는 수백만 명을 이끈다. 그는 신앙 때문에 교도소에도 갇혔고 많은 고난도 겪었다. 지금은 노인이 되었는데도 국가는 그가 지하 운동에 참여하는 것을 여전히 금한다. 나는 이 놀라운 어르신과 만나는 내내 감동하면서, 마치 진짜 사도를 만나는 듯했다.

필립 얀시(Philip Yancey)는 중국 여행에서 시(Shi) 형제라고 불리는 44세의 밝고 열정적인 리더를 만났을 때 유사한 경험을 했다고 보고한다. 십대 시절, 시 형제는 그 지역의 공산주의 청년동맹을 이끌었고 후에 홍위병으로 지냈다. 그리스도인이 되자 자기 집에서 쫓겨났고 당국이 그를 추적했다. 얀시의 글이다. "시 형제는 가까스로 경찰을 피해가며 계속 이동해야 했다. 그의 리더십 기량을 인정하고 감독으로 추대하여 그의 지도를 받는 그리스도인들이 자기 지방에서만 무려 260,000명이다!"[239] 얀시는 경탄을 금치 못하면서, 미국에서라면 1,000명에서 20,000명이 모이는데도 교인 관리를 위해 치밀한 조직이 여러 개가 필요했을 것이라고 정확히 말한다.

나는 이미 내 친구 닐 콜을 언급했다. 그는 일만 개가 훨씬 넘는 교회를 세운 그 대단한 운동의 설립자이지만 그들을 '지도하는' 정식 조직이 없다.

이에 관한 연구를 시작하면서 나는 역사상 빼어난 사도적 운동들을 생생하게 보여줄 뭔가 '매력적인' 것들을 찾으려고 여러 질문을 했었는데, 그것을 다시 한 번 똑같이 하게 만드는 이런 괄목할만한 사도적 리더들을 이번 장의 출발점에서 소개하게 되어서 참 좋다. 그때나 지금이나 여전히 나를 고심하게 하는 질문은 이것이다. "어떻게 그들은 그것을 해냈을까?" 그중 한 가지 아주 분명한 것은, 현저한 리더십이 없었다면 그것을 해내지 못

---

239 Yancey, 《신중성과 역동성》.

했을 것이라는 답변이다. 그런데 그다음 질문이 당장 떠오른다. "어떤 종류의 리더십이 그것을 가능하게 했을까?" 서구에서 우리는 모든 종류의 리더십과 훈련 자원을 갖고 있지만, 그러나 우리 모임(교회)들은 심각하게 줄어들고 있다. 그렇다면 운동적인 리더십과 통제하고 관리하는 리더십 사이에 존재했던(존재하는) 차이점은 무엇인가? 그것은 좋은 질문이며 추적해볼 만한 가치가 있다. 이미 만들어 놓은 리더십의 표준 양식이 있지만 무슨 일인지 시스템이 계속 쇠퇴하는 실정이라, 이참에 그것을 재평가해볼 수 있기 때문이다.

이 책의 초판이 나온 이래 10년 동안, 나는 이 주제를 놓고 아주 깊이 파고들었다.[240] 신약 교회 곳곳에서 분명히 가르쳤을 뿐만 아니라 활발하게 일어났던 사실, 즉 이미 받아들여진 목사/목자, 교사와 함께 사도, 선지자, 전도자라는 에베소서 4장의 분류법(APEST)과 맥락을 같이 해서 사역과 리더십에 대한 전통적인 이해를 철저히 재구성해야 할 필요가 있다는 확신이 점점 더 커졌다. 나는 APEST 사역 없이는 기하급수적인 성장은 물론 폭넓은 영역에 걸쳐 변모시키는 영향력을 끼치는 그런 종류의 진정한 선교적 운동은 불가능하다고 굳게 확신한다. 나는 이것을 아주 단호하게 잘라 말할 수 있다. 적어도 이런 5중의 사역과 리더십 없이는 진정한 선교적 운동이 일어날 수 없다! 운동의 시작, 발전, 그리고 유지를 위해 최소한 다섯 가지 유형의 APEST가 필요하다. 달리 말해, 무엇인가 mDNA의 이 특별한 요소를 완전한 상태로 유지하는 걸 방해한다면, 그것이 바로 운동을 망치는 행위이다.

---

240 APEST의 신학과 역동성을 좀 더 충분하게 탐구하려는 독자에게 이 책을 강력하게 추천한다. Hirsch와 Catchim, 《Permanent Revolution》. 또한 연구와 실천 지침을 함께 묶어 놓은 책도 있다. 'The Permanent Revolution Playbook'. 이 책들을 참조하라. Cole, 《Primal Fire; Woodward, Creating a Missional Culture》; P. Jones, 《Church Zero》; Breen, 《Leading Kingdom Movements》. Sam Metcalf는 또한 사도적 사역과 구조에 대하여 빼어난 집필을 했다. 《Beyond the Local Church》.
근간 도서도 있다. 《5iveQ》(2017년 판). 이 책은 APEST 체제, 직능, 정체성, 그리고 교회와 사회의 문화를 살핀다. 이 책은 교회가 에베소서 4장의 유형에 기초하여 자기의 능력을 평가해보는 5iveQ 검사지와 짝을 이룬다.

운동에 활발한 다섯 가지 APEST의 기능적 사역들이 다 필요하다는 점을 분명히 해둘 필요가 있다. 이 사역들은 예수님이 위임하신 일에 계속해서 영향을 준다. 애석하게도 서구 교회에서 그중 하나(사도)는 몹시 배척하고 또한 불법적인 것으로 여긴다. 그러나 현재 서구가 직면한 상황에서 그것이 가장 중요하다. 여러 운동을 연구하면서 발견한 가장 크게 놓친 부분은, 그냥 이 책에서 사용하는 용어로 표현하자면, '사도적 사역'이다. ('아포스텔로'라는 단어에서 알 수 있듯이) 사도는 교회에서 '파송'을 기획하고 지도할 총책임과 권한을 가진 자이기 때문이다. 제일 먼저 나와야 할 사도를 빼놓고 나머지를 이야기하는 것은 선교라는 요소를 빼놓고 교회를 말하는 것과 진배없다. 그렇다면 교회가 설사 선교적 목적을 이루지 못한다 해도 전혀 이상할 것이 없다. 사도적 기능이 완전히 마비된 상황이니 어쩌겠는가! 선교와 사도적 기능, 이 두 가지는 서로 밀접하게 연결되어 있다.

달리 말해, 사도적 운동들과 사도적 사역 방식이 서로 직결된다는 것에 굳이 놀랄 것까지는 없다. 사도적인 사람과 그 기능이 다른 사역보다 훨씬 더 중요하다는 이야기가 아니다. 전혀 그런 것이 아니다. 사도적인 사람이 다른 것에 비해서 단연 우월한 권위가 있다는 취지도 아니다. (이런 위계적 권력 관계는 그 어느 경우라도 신약에서 명시적으로 금한다. 빌립보서 2장을 보라). 내가 말하려는 요지는, 만일 우리가 사도적 사역을 우선에서 배제해놓는다면, 그와 똑같은 행동으로 예수님이 교회의 기능으로 친히 정하고 위임하신 끊임없이 파송하는 일마저 빼놓게 된다는 것이다. 우리는 이 부분에서 아주 열심히 도끼로 자기 발등 찍기를 하고 있다. 선교적(파송하는) 운동을 얼마든지 교회가 해낼 수 있는데, 우리는 그 가능성을 아예 차단하고 있다. 이론상으로 사도적 역할을 빼내 버리면 선교를 가능하게 하는 사람과 기능이 삭제된 셈인데, 본질적으로 그것을 세우고 유지하고 발전시키는 일은 아예 생길 수조차 없다.

지금 서구 교회가 받고 있는 엄청난 도전은 다름 아닌 적응성의 문제라는 것을 상기할 필요가 있다 : 긍정적인 면으로는 느닷없이 찾아온 기회에 대한 적응이고, 부정적으로는 빠르고 돌발적이며, 파괴적인 변화에 대한 적응이다.[241] 그 무엇보다 융통성이 없고 경직된 크리스텐덤 형태의 교회가 이러한 도전을 받고 있으니 기독교 신앙에 닥친 심각한 위협이 아닐 수 없다. 캐나다의 선교학자 앨런 록스버러(Alan Roxburgh)는 크리스텐덤 방식에서 사도적 역할을 필수적으로 담은 새로운 형태로의 전환이 시급하다고 이 문제를 진단했다.[242] 붕괴를 초래하는 환경으로 변화하였기에 이에 필요한 것은 융통성과 적응성을 갖추고 그것을 주도할 여러 조직과 리더이다.[243] 사도적 사역의 역할은 책임을 지고 은사를 활용하여 기독교 신앙을 확장하는 것이다. 또한 선교적 상황은 교회가 스스로 발견한 새로운 영역으로 들어가는 것을 돕기 위해 선구적이고 혁신적인 방식의 리더십을 요구한다. 선교적 교회 운동은 그 특성상 혁신적인 개척 정신을 무척 많이 요구한다. 그래서 본질상 근본은 사도적일 수밖에 없다. 그런데 그것은 기존의 교회들도 근본적인 개혁을 이루어 하나님의 뜻에 훨씬 더 온전하게 자기들을 맞춰 다시 세우려 할 때도 똑같이 필요한 진리이다.

사도적인 사람이 받은 소명은 근본적으로 기독교 신앙의 확장으로서, 종종 새로운 미지의 땅까지 그 범위가 미친다. 그러하기에 그 또는 그녀는 교회에 호소하여 그 본질적인 부르심을 일깨우고 또한 함께 도와, 교회가 본래 맡은 바 임무인 세계를 변화시키는 메시지를 들고 선교적인 한 백성으

---

241 적응성 도전에 대한 개념을 기르려면 부록1을 보라. 현재 상황에 대한 분석은 1장과 2장을 보면 된다. 또한 Hirsch와 Ferguson, 《On the Verge》의 서론과 1장도 보라.

242 Roxburgh, 《Missionary Congregation》, 61.

243 이것은 작은 과업이 아니다. 그래서 그것은 특별한 방식의 리더십이 필요하다. 적응성 도전에는 적응하는 조직이 요구된다. 생명 시스템 안에서, 적응성이란 다양한 환경에서 행동을 바꿀 수 있는 유기체의 능력이다. 교회와 조직에 적용해보면, 그것은 교회의 기본적인 mDNA를 이해하는 사람을 필요로 한다. 그래야 역동성이 있는 복음과 결부하여 각기 다른 맥락에서 그것을 제대로 적용할 수 있다.

로서 세상을 향해 나갈 수 있도록 지도해야 한다. 교회의 다른 모든 기능은 하나님의 구속의 목적을 삶과 증언을 통해 확장하는 선교적 사명에 부합해야 한다. 따라서 사도적 리더는 선교적 공동체에 사도적 임무를 구현하고 각인시켜 또 다시 존재하게 해야 한다. 게다가 그 또는 그녀는 하나님의 모든 백성을 상대로 그들에게 주신 은사와 소명을 각성시키고 육성해야 한다. 사도적 사역이 없으면 교회는 그 고귀한 소명을 잊거나, 아니면 그것을 성공적으로 이행하지 못한다. 애석하게도 교단이라는 체제가 전반적으로 감소하고 있는 이러한 상황에서, 도리어 그런 인재들을 정체 상태의 체제의 평형을 깬다는 이유로 '축출'하거나 쫓아내는 일이 비일비재하다. 이런 사도적 영향력을 발휘하는 자를 놓치고 있는 것이 주류 교단이 감소하는 주된 원인이다. 우리가 진정으로 선교적 교회를 원한다면, 우리는 반드시 사도적 사역을 할 수 있는 선교적 리더십 체제를 구축해야 한다. 사실 단순한 일이다.

나는 이런 주제가 가져올 다양한 반응을 충분히 예상한다. 일부에서는 첫 사도들과 현대적인 사도적 사역의 독특한 역할과 소명을 구분하지 않아 혼란을 겪을 수 있다. 이는 은사에 따라 원래 사도들이 하던 일을 좀 더 확장하고 구체화하여 사역하자는 것이지 어떤 경우에도 첫 사도를 대신하려는 것이 아니다. 부정적인 반응을 보이는 또 다른 이유는 '사도직'을 주장하는 많은 사람들이 정의롭지 못했고, 결국 이 필수적인 역할을 신뢰하지 못하게 만들었다. 슬프게도 교회사는 거짓 사도들로 가득하다.[244] 사실, 거짓

---

244 이 건을 좀 더 분명하게 이해하려면 신약 시대에 사도들도 그와 똑같은 문제로 곤혹을 치렀던 사실을 회상하면 된다. 예수 운동이 처음 시작되었을 당시 있었던 사도들의 어려움은 거의 전부 소위 거짓 사도들에 대한 것이었다. 그렇다 해서 첫 사도들이 사도적 직능을 통째로 포기할 이유는 전혀 없었다. 바울이 자기의 사도성을 그런 거짓 사도들이 주변에 있다고 해서 단념한 것을 우리는 본 적이 없다. 그와는 정반대로, 그는 거짓 사도들의 주장에 대항하여 자신의 사도성의 타당성과 권위를 훨씬 더 많이 전력을 기울여 변호했다. 하나님의 섭리로, 이러한 바울 서신이 그 후에 나타나는 사도적 사역에 대한 모든 주장의 신빙성을 검증할 수 있는 권위 있는 근거가 되었다.
사역이 진행되는 곳이라면 어디든지 이런 원리가 진리임을 알아야 한다. 즉, 성경 전체에도 거짓 교사, 거짓 목자, 거짓 선지자가 나온다. 거짓된 자들에 대한 해결책은 진리뿐이다. 역할의 오용에 대한 바른 대응은 그 역할을 제대로 하는 것뿐이다. 그렇게 하지 않고서는 직능을 다 할 수 없다.

선지자, 거짓 교사, 가짜 목자, 전도자 역할을 한다고 주장하는 사기꾼들도 가득하다. 달리 말해 다섯 가지 소명 모두에서 성숙해야 하고, 예수님의 5중 사역의 기준을 모두 지켜야 한다.

이 책을 쓰게 한 연구의 유일한 결론은 mDNA의 구성 요소인 APEST 문화에서 사도적 사역이 대체 불가능한 촉진제 역할을 한다는 것이다. 그것 없이는 진정한 선교적 운동을 해낼 수 있는 길이 없다. 이래서 우리 시대에 그것을 바로잡아야 한다. 아주 간단하다. 선교적 교회에는 선교적 리더십이 필요하다. 그리고 이 일을 해내려면 선교적 리더십이 전통적인 목사-교사 방식의 리더십보다 훨씬 많아야 한다.[245]

구성원들에게 리더는 실질적인 영향을 주며 조직을 이끄는 자이기에, 전략적으로 변화와 새로움을 가져오는 선교적 사역을 하는 데 필요한 것이 바로 리더십이다. 리더십은 변화를 촉진한다. 그러기에 그것은 사도적 리더십, 더 정확히 말해서 사도적 운동을 완벽하게 촉진할 수 있는 완전한 APEST 체제의 본질적인 부분으로서의 사도다. mDNA의 요소는 모두 하나같이 서로 밀접하게 연결되어 상호관계를 한다는 사실을 잊지 말라. 이것을 실패하면(mDNA의 다른 요소도 마찬가지이다) 체제 내부에서 심각한 기능 장애를 겪게 되고, 조직 전체에 걸쳐 사도적 특성의 자연스러운 발현을 볼 수 없다. 조직에서 사도적인 사람들을 제외시킨다면 아예 초기 단계에서 운동을 사멸시키는 것이다. 거꾸로 여기에 있는 대로(이 책에서 말하는 대로) 바로잡는다면 매우 큰 변화를 볼 것이다.

우리가 선교적 운동의 성장과 성숙을 도모하기 위해서는 이 문제에 대한 역사적인 쟁점을 명료하게 해소해야 한다(엡 4:1-16). 역사를 통틀어 볼 때

---

245 Roxburgh는 실제 현장에서 주로 교회와 사역에 대한 목회적 개념이 교회를 선교적 기관으로서 재인식하는 데 있어서 가장 큰 방해요소라고 말한다. 그는 또한 말하기를, 제도상 목사 안수를 받아야 권위를 인정받아 직능을 수행하게 되는 것에 관련하여 "안수를 주는 기구를 없애야 한다. 이것은 우리를 경계성 속에 가두어 놓고 나가지 못하게 하는 하나의 사회적 구실이다"라고 했다(Missionary Congregation, 64–65).

서구의 모든 상황에서 사도적 리더십을 인정하지 않는 교파들이 대체로 장기간에 걸쳐 하나씩 하나씩 그 체제가 무너지고 있는 것은 결코 단순한 우연이 아니다. 그러므로 이번 장에서는 사도적 사역이 왜 필요한지와 어째서 mDNA 말고는 다른 대안이 없는지 중점적으로 살피려 한다. 다시 한 번 독자들께 강권하지만, 팀 캐침(Tim Catchim)과 내가 공저한 책《영구적 변혁》(The Permanent Revolution)을 붙잡고 씨름해보기 바란다. 이 건에 대하여 상당히 깊게 연구해놓은 책이다.

사도적 사역 직무 분석

사도적 사역은 근본적으로 기능이지 공식 직분이 아니다. 직분이란 우리가 일반적으로 알고 있듯이 기존의 중앙집권화된 기관에서의 지위이다. 그것은 기관 조직 내에서 그에 해당하는 '공식적'인 권한을 가진다. 신약은 물론 그 직후의 기독교계에서는 이런 수준의 '기관'이 하나도 등장하지 않는다. 신약 교회는 중앙 집권적 구조를 거의 혹은 전혀 볼 수 없고, '안수 받은' 목회자나 전문인 사역자 계층이 없고 공식적인 '교회' 건물이 없는데도 새로운 집단회심운동(people movement)의 특징들을 모두 가졌다. 게다가 박해라는 상황에서 교회가 가지고 있었을 법한 제도화하려는 의향조차 교회를 통제하려는 극심한 외부의 탄압으로 말미암아 아예 갖지 못했다. 초대 교회 안에서 대단히 활기를 띠던 사도적 사역은 하나님이 주신 은사이며 소명이라고 인식되었고, 메시지와 일치하는 삶을 사는 것으로 말미암아 입증되었으며, 운동과 그 상황에 대한 영향력, 즉 하나님의 선교의 확장과 교회의 지속가능성과 건강성으로 인해 인정받았다. 그리고 그것은 아주 분명하게 최초에 일어났던 운동의 생존과 성장에 결정적이었다. 이런 형태의 영향력과 리더십이 없었다면 기독교는 결코 살아있지 못했을 것이다.

왜 이 특정 사역이 그토록 극히 중요하며 언뜻 보기에도 대신할 수 없는 것처럼 보이는지는 사도가 누구인지 이해하면 금방 깨닫게 된다. 사도는 사도적 특성은 물론이고, 그 무엇보다 복음 그 자체의 관리인이다. 후대의 모든 사도적 사역은 첫 사도를 대신하는 것이 아니라 사도들이 권위를 가지고 애초에 행하던 그 전형적인 사역을 모범으로 삼아 그대로 답습하는 것이다. 그 또는 그녀는 mDNA를 이식하여 활성화하는 자라는 의미이다.[246] 일단 mDNA가 지역 공동체에 뿌리 내려 그 결과로 교회가 생기면, 사도적 사역이 하는 역할은 교회를 교회답게 유지하여 하나님의 뜻에 부합하지 않은 그 어떤 것도 틈타지 못하게 하는 일이다. 사도적 사역은 교회 개척뿐만 아니라 교회가 없는 곳에 발판을 마련하는 역할도 한다. 미국 서부개척시대에 활약하던 순회전도자들이 이것의 전형적인 본이다. 그들은 말을 타고 이듬해까지 순회하며 작은 마을과 부락을 찾아가서 복음을 전파하고, 사람들을 그리스도께 인도하여 교회를 세우고 나서 또 다른 마을로 이동했다. 중국 교회의 사도적 사역자들도 정확히 그와 똑같은 방식으로 활동하였다.[247]

사도적 사역의 중요성은 새로운 선교 운동에만 국한하지 않는다. 그것은 기존 교단들과도 계속 관련성이 있었다. 사도적 역할은 새로운 활기를 불어넣기 위한 과정에서 언제나 그랬듯 결정적인 작용을 한다. 선교와 교회 성장의 컨설턴트인 스티브 애디슨(Steve Addison)의 설명이다.

기존 교회와 교단은 맡은 바 선교적 사명을 오늘날에도 반드시 이루어야만

---

246 고린도전서 3장 9-11절은 사도적 사역의 이러한 양상을 위한 실마리를 제공한다. "우리는 하나님의 동역자들이요 너희는 하나님의 밭이요 하나님의 집이니라 내게 주신 하나님의 은혜를 따라 내가 지혜로운 건축자와 같이 터를 닦아 두매 다른 이가 그 위에 세우나 그러나 각각 어떻게 그 위에 세울까를 조심할지니라 이 닦아 둔 것 외에 능히 다른 터를 닦아 둘 자가 없으니 이 터는 곧 예수 그리스도라." 사도적 사역은 터를 닦는 것이다. 아니면 이 책의 용어로 하자면, 교회의 mDNA와 복음을 이식하는 것이다. 독자께서는 또한 그리스도론과 교회 사이의 영구불변한 연결을 주목해야 한다.

247 중국의 현상에 대하여 앞서가는 전문가로 알려진 Curtis Sergeant의 글을 연구해보라.

하는 그 시대적 요구에 부응하여 교단의 기본 가치를 재해석하려면 사도적 역할이 필요하다. 그러한 사도적 리더들이 있다면 교단은 단순 유지의 차원에서 벗어나 다시 선교를 그 궁극의 목표로 삼을 수 있다. 사도적인 교단 리더는 비전을 가진 자라야 한다. 그래야 교단 내부에서 나오는 심각한 반대도 겪어낼 수 있고 변화를 갈망하는 사람들을 하나로 규합할 수 있다. 더욱이 사도적 리더는 비전을 제시할 줄 알아, 사람들의 동의를 얻어 교단의 목표를 단순 유지에서 선교로 돌릴 수 있게 한다. 게다가 사도적 리더는 현존하는 구조들에 활기를 불어넣어 옛 세대로부터 새로운 세대의 리더들과 교회들을 발흥케 한다. 교단에 속한 사도적 리더는 변화를 거부하는 이들조차 품을 줄 알아 결코 새로운 세대가 소위 '쫓겨나는' 일이 생기지 않도록 한다. 끝으로, 그러한 리더는 선교적 목적에 진력하게 하기 위해 반드시 교단 기관들을 구조조정해야 한다.[248]

본질상 사도적 과업은 기독교 신앙을 확장하는 것이다. 이를 위하여 두 가지를 행한다. 하나는 물리적으로 선구적인 선교적 노력을 하며 교회 개척을 하는 형태이고, 또 하나는 신학적으로 사도적 직무에 관한 교리를 그리스도인 개인의 삶과 그들이 속한 공동체에 통합시키는 것이다. 그러나 그 이상으로 필요한 것은, 비범한 사도적 특성의 관리인으로서 사도적 사역에 참여하는 남성과 여성이 하나님의 백성의 다른 사역들을 위해 영적인 환경뿐만 아니라 개인적인 판단기준을 제공하는 일이다.

내가 제시하고자 하는 사도적 사역의 네 가지 주요 기능은 이러하다.[249]

---

248 Addison, 《Basis for the Continuing Ministry》, 190.

249 초판에서는 세 가지 기능으로 해놓았다. Hirsch와 Catchim, 《Permanent Revolution》, 5장에서는 그것을 네 가지로 확대했다. 그래서 여기서도 그렇게 했다.

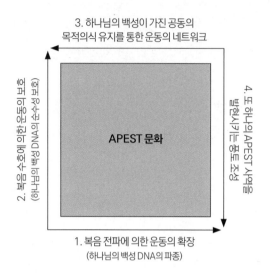

3. 하나님의 백성이 가진 공동의
목적의식 유지를 통한 운동의 네트워크

2. 복음 수용에의 한결같은 운동
(하나님의 백성의 DNA의 순수성 보호)

4. 또 하나의 APEST 사역을
발현시키는 풍토 조성

APEST 문화

1. 복음 전파에 의한 운동의 확장
(하나님의 백성 DNA의 파종)

1. 복음과 교회를 위하여 새로운 지역을 개척하여 mDNA 심기

예수 사람의 DNA의 관리인(청지기)으로서, 사도적 사역을 하는 자는 소식을 전하는 자이며 기독교 신앙의 mDNA의 배달꾼이다. '보내심을 받은 자'로서[250] 그 또는 그녀는 새로운 선교적 대상 안에 복음을 갖고 들어가 하나님 백성의 DNA를 그 지역에 탄생한 새 교회 안에 심는다. 진실로 사도적 사역을 하는 사람은 개척자이기에, 여타의 사역과 구별되는 사도적 사역 특유의 표상은 혁신을 일으키는 개척 정신이다. "리더십을 발휘하여, 지역을 초월하여 사도적으로 사역하는 일을 맡은 사람들이 개척자란 사실은 특별히 중요하다. 교회는 가만히 있기 위해서가 아니라, 역동적으로 움직이기 위해 부르심을 받은 기구이다. 그러한 이유로, 사도적 리더십을 가진 자가 교회 확장의 선두에서 사람들을 이끌어야 한다."[251]

---

250 '사도'라는 단어의 의미는 '보내심을 받은 자'이다.

251 Addison, 《Basis for the Continuing Ministry》, 80.

2. 사도적 신학의 적용과 통합을 통해 mDNA 보호하기

그리스도인 DNA의 관리인이 맡은 사도적 사역의 책무는 선구적인 선교 사역이 전부가 아니다. 또한 그 또는 그녀는 교회를 잘 지켜 복음과 그 정신에 어긋나는 일이 없도록 그 진실성 유지에 책임을 진다. 이런 사도적 사역의 양상은 합력하여 운동해야 하는 의미를 거미줄 같이 촘촘하게 엮어놓아 어느 때든 절대로 잊지 않게 한다. 사도적 사역은 사람들이 언제라도 복음에서 벗어나지 않게 늘 각성시키고 복음이 조직의 틀 속에 유의미한 방식으로 뿌리내리게 한다. 운동이 장기적으로 계속 유지될 수 있게 하는 것이 바로 그물망같이 작용하여 그 의미에서 벗어나지 않게 하는 사도적 사역이다. 또한 그것은 지역을 초월한 임무이기에 매우 중요하다.

성경 속 사도들이 했던 일을 기억하라. 선교적 사역에 참여했고 새로운 교회를 세웠다. 일단 교회가 세워지면, 그들은 새로운 선교 개척지를 향하여 이동했다. 그러나 그들은 또한 기본적으로 교회들을 서로 관계망으로 연결하여 그 제자들을 권면하는 일에도 신경 썼다. 그래서 교회들을 오가며 임무를 수행했고, 리더십을 육성했으며, 청취자들의 개인적이거나 공통적인 삶에서 복음 메시지에 대한 올바른 이해와 통합이 이루어지도록 안내해 주었다. 그들은 이단과 거짓 가르침을 즉각 제거하였다. 즉, mDNA안에 변이를 일으킬 수 있는 요인을 사전에 다 제거했다. 그것들은 모두 진정한 사도적 사역이 행하는 것이다. 사도적 사역을 하는 자들은 급하게 일만 하는 기업가가 아니다. 그들은 신학자의 역할도 하는 자이다. 아니면 적어도 사도적 사역에 대해서만큼은 진정성 있는 근거를 제시할 수 있어야 한다. 그러므로 신학적으로 흠이 없도록 노력하는 것은 사도적 사역에서 빼놓아서는 안 되는 아주 중요한 또 하나의 특징이다. 신학이 없으면 오늘날 우리가 하는 일은 허사가 된다. 왜냐하면, 사도적 사역이란 기독교 신앙의 기초를 형성하는 일이기 때문이다.

열두 사도의 권세 있는 가르침만이 유일한 기초이며 권위로서 교회의 신학적 토대이다. 이것을 인정하는 가운데 사도적 사역은 모든 시대에 걸쳐 이 두 가지 요소를 항상 포함하고 있었다. 패트릭(Patrick), 존 웨슬리(John Wesley), 로욜라의 이그나시우스(Ignatius of Loyola), 존 윔버(John Wimber), 윌리엄 부스(William Booth), 윌리엄 캐리(William Carey), 그리고 중국인 지하 교회의 수없이 많은 무명의 사도적 사역자들의 예가 바로 그 증거이다. 그들을 보면 개척하는 선교사와 사역하는 신학자, 이 이중 요소가 역력히 드러난다.

이러한 해설에 비추어 볼 때, 여러 형태의 기독교 환원주의가 오늘날 우리에게 얼마나 위험한지 알 수 있다. 포스트모던의 다원주의와 상대주의의 맥락에서 서구의 교회에게 치명적인 실제 위협은 소비주의가 혼합되어 희석된 믿음, 즉 자신이 '직접 만드는(DIY 또는 인위적인) 식' 기독교 신앙이다. 그것은 우리의 근본이 되는 그 생생한 원(original) 메시지의 활력을 느끼지 못하게 하기 때문이다.[252] 여러 할 일 가운데 사도적 사역의 주된 기능은 항상 복음이 오염되지 않도록 수호하여 미래 시대를 위해 복음이 구원하시는 하나님의 능력이 되도록 보존하는 일이다(롬 1:16). 이런 이유로 사도적 사역은 오늘날에도 매우 중요하다. 바울도 오늘날에 계셨다면 복음을 축소하는 이들(자유주의자와 전통주의자)을 반드시 처리했을 것이다. 그는 그러한 자들을 복음의 DNA, 곧 교회를 직접 공격하는 자로 여겼을 것이다.

3. 공동의 비전과 목표 유지를 통해 운동 네트워크하기

팀(Tim)과 내가 공저한 책 《영구적 변혁》(The Permanent Revolution)에

---

252 사실, 이런 신학적 유혹은 이머징(새로운 방식) 교회에 가장 잠재적인 위험이 되고 있기에 나를 화나게 한다. 21세기 후반과 21세기 초기 현상으로서, 이머징 교회가 종교 다원주의와 철학적 상대주의를 표방하는 포스트모던의 영향에 취약하다는 것이 입증되었다. 이것은 공공의 영역에서는 신앙 문제를 거론조차 못하게 만든다. 그래서 진리를 주장하는 것을 사적 영역으로 밀어낸다. 이것은 거세게 압박하며 그리스도의 유일성과 우리를 돕는 그분의 역사를 부인하게 만든다. 나는 많은 이머징 교회가 신학적 자유주의의 편협한 이론에 굴복하여 결국 죽어가는 것을 보고 있다. 적응성 도전은 우리를 원래의 메시지에서 더 멀리 벗어나는 것이 아니라, 그것에 더욱더 가까이 가게 한다. 이것은 내가 믿기로는 매우 중요하다.

서 밝혔듯이, "실제로 에클레시아의 유전정보를 파종하고 보호하는 기능은 넓은 문화권에 걸쳐 네트워크를 형성하고 빠르게 성장하는 다문화, 다차원 운동을 만든다."[253] 그렇다면 어떻게 리더십을 발휘하여 그렇게 많은 각각의 분야에 빠르게 번지고 있는 운동 안에 유의미한 일체감을 유지할 수 있는 가? "정체성과 결속력을 유지하는 데 있어서 성령님이 하시는 일을 제외하면, 질문에 대한 대답은 복음 자체에 내제된 공동의 통일된 의미를 관리하는 것뿐만 아니라 복음 코드(Gospel Code)의 본질로 되돌아가려고 노력하는 것이다."[254]

신학적인 정체성, 의미, 목적이 어우러져 독특한 목적의식과 소명의식을 가진 공통의 정체성을 만든다. 예수님 안에서 교회의 하나 됨은 사도적 사역의 위임받은 임무이다. 유일하신 하나님 안에서 교회가 하나가 되어야, 오직 그런 토양에서 다양한 사역을 맘껏 펼칠 수 있다. 바울은 이것의 중요성을 끊임없이 강조한다(예를 들어 엡 4:1-6). 우리는 서로에게 속해 있다. 우리는 뿌리가 같고, 본분과 사명도 같다. 예수님이 우리 안에서, 그리고 우리를 위해서 계속 일하시므로, 우리도 사명을 완수할 수 있다. 이것이 우리가 나누는 교제의 기초이며 운동의 기본 틀이다. 사도적 사역이란 이런 지식을 전하는 것이며, 그것에 기초하여 운동을 계속 이끄는 것이다.

이처럼 목적과 의미를 공동으로 의식하게 되어야 운동이 시작되고, 서로를 연결하는 관계망이 계속 생겨도 유지가 가능해진다. 초대 교회는 중앙에 무슨 기관이 있어서 명령을 하달하고 책임을 위임하지 않았다. 사도들의 연락망을 통한 억지가 아니라, DNA대로 성실하게 영향력이 전달되었다.

관계망으로 연결된 운동은 쉽게 불어날 수 있고 매우 빠르게 퍼진다는 이점이 있다. 그러나 그것을 이끌려면 우리에게 너무도 익숙한 (성직제도

253 Hirsch와 Catchim, 《Permanent Revolution》, 111-112.

254 Ibid., 111.

나 기업체의) 위계적 리더십에서 통하는 것과는 비교할 수 없는 매우 현저한 재능과 기술이 필요하다.

4. 다른 사역들이 일어나는 환경 조성하기

왜 5중 사역 목록의 제일 순위에 언제나 변함없이 사도가 들어가는지 궁금하지 않은가? 그리고 왜 영적 은사 가운데 가장 중요한 것으로 여기는 것인가(고전 12:28-29)? 또한 에베소서 2장 20절에서 왜 바울은 교회가 사도들과 선지자들의 터 위에 세우심을 입었다고 말하는가?[255] 리더십에 어떤 위계적 조직개념이 있어서 그런 것이 아님이 분명하다. 리더십의 그런 형태는 실제로 예수 운동에서 금했다(다음 페이지의 도표를 보라). 대신에 그것은 사도적 사역이 성경에 언급된 다른 사역들을 위한 환경과 판단기준을 제공하는 기초적인 은사이기 때문이다.

'뉴 커버넌트 미니스트리스 인터내셔널'(New Covenant Ministries International)은 사도적 사역의 근본적인 특성에 관한 이런 가르침을 그대로 사역의 근거로 삼아 서구 맥락에서 선교를 한다.[256] 그들은 교단이나 교회 연합이 아니라고 주장한다. 그들은 자신을 그저 선교와 네트워킹을 통해 하나님 나라의 확장을 위해 헌신한 사람들의 모임이라고 여긴다. 그들은 자신들을 공동의 목표와 친교로 말미암아 함께 뭉친, 지역을 초월한 사도적-선지자적 팀으로 본다. 그들의 사역 과정에서 수백 개의 교회가 개척되었고, 네트워크로 연결된 사람이 수백 명이 넘으며, 60개국 이상에서 현재 활동 중이다. 그들은 불과 80년대 초에 이것을 시작했다.

록스버러(Roxburgh)는 사도적 사역을 '다른 모든 기능들의 기초'라고 바

---

[255] 다시 한 번, 나는 사도적 교회를 설립한 첫 사도들의 그 유일했던 역할을 부인하고 싶지 않다. 그러나 나는 이러한 '설립'의 양상은 따로 가져다가 법이 허용하는 범위 안에서 그 형식을 깊이 생각하여 얼마든지 상세하게 고쳐 쓸 수 있다고 본다.

[256] www.ncmi.net

르게 말한다.[257] 즉, 그것이 다른 것들을 시작하게 하고, 그것들의 기초를 조성한다. mDNA는 사도적 사역에서 시작해서, 내가 APEST(사도, 선지자, 전도자, 목자, 그리고 교사/교훈가)라고 부르는 것, 즉 에베소서 4장에 나오는 5중 사역을 형성하는 나머지 다른 사역들 가운데 심기고 나누어졌다. 그러므로 APEST의 설립과 발전은 사도적 사역의 관리인적 특성에서 시작하여 자연스럽게 확장되는 방식이다. 이것을 그림으로 그리면, 사도적인 사역이 선지자적인 사역의 환경을 조성하고, 선지자적 사역이 전도자의 환경을 조성하는 식으로 연쇄적으로 진행된다. 에베소서 4장 7-11절에 나오는 사역의 구조를 좀 더 이해하기 쉽게 설명하자면 다음 페이지의 도표와 같다.

사도적 사역이 없다면 APEST의 나머지 사역은 실행에 참조할 사항이 없기에 타당성이 모자란 상태이다. 그래서 사도적 사역은 신약에 나타난 사역의 원판을 조성하고 선교적 교회를 재현하는 매우 중요한 직능이다.

만약에 이것이 맞다면, 사도적 특성을 이루는 mDNA의 6가지 핵심 요소 가운데 하나인 APEST 중에 하나도 빠짐없이 전체(그중 하나가 사도적 사역임)가 다 있어야 하는 이유가 분명해진다. 예수 운동 안에 완전한 사역을 시작하고 진척시키고 유지하려면 다섯 가지 5중 사역이 모두 필요하다. 사실상 서로 역동적으로 연결된 다섯 가지 모든 사역은 활발한 제자도, 건강한 교회, 그리고 성장하는 운동에서 보다시피 필수적이다.[258] 그런 APEST 사역

---

257 Roxburgh, 《Missionary Congregation》, 62, 심지어 사도 직후 그들이 하던 역할을 제도적으로 대신한 감독제에서도 마찬가지이다. 감독은 사도성(신약과 그 시대의 교회 안에만 있었다)의 관리인으로 그 직임을 수행했다. 그들은 '다른 모든 사역을 그 품에 안고 있는 것'으로 여겼다. 그 뒤를 이어서 그것을 안수를 통해 다른 사람들에게 수여한다. 참조, 《Macquarrie, Principles of Christian Theology》, 391. 감독제를 둠으로써, 크리스텐덤은 거기에서 개척자로서의 양상을 빼냈고, 사도성을 제도화하여 교회와 종교 기관 안에 두었고, 그것의 모양새를 고쳐서 뚜렷한 목회자 이미지로 만들어 교구에 묶어 놓았다. 그랬어도 그것에 유용한 사도적 역할의 진정한 일부 양상은 계속 유지됐다. 이렇게 설립하는 역할이 바로 그 일부이다. 그리고 그 안에 참된 사도적 사역의 직능이 여전히 자리할 수 있었다.

258 교회의 건강과 성숙은 에베소서 4장의 5중 사역과 직접 연결되어 있다. 바울은 APEST 사역이 필요하다는 분명한 의미를 가감 없이 이렇게 정확하게 설명한다. "그가 어떤 사람은 사도로, 어떤 사람은 선지자로, 어떤 사람은 복음 전하는 자로, 어떤 사람은 목사와 교사로 삼으셨으니 이는 성도를 온전하게 하여 봉사의 일을 하게 하며 그리스도의 몸을 세우려 하심이라 우리가 다 하나님의 아들을 믿는 것과 아는 일에 하나가 되어 온전한 사람을 이루어 그리스도의 장성한 분량이 충만한 데까지 이르리니 이는 우리가 이제부터 어린아이가 되지 아니하여 사람의 속임수와 간사한 유혹

들은 mDNA의 관리인 격인 사도적 임무의 결과다. 사도적 사역이 근원이다. 그래서 이런 강조를 해야만 한다. 강력한 리더십은 종으로서 섬기며 격려하는 리더십이지, '모든 자 위에 군림하는 주인'의 리더십이 아니다.

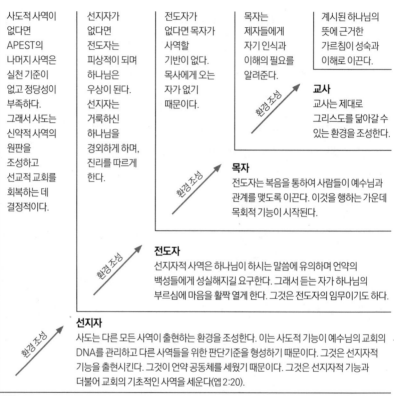

사도적 사역이 없다면 APEST의 나머지 사역은 실천 기준이 없고 정당성이 부족하다. 그래서 사도는 신약적 사역의 원판을 조성하고 선교적 교회를 회복하는 데 결정적이다.

선지자가 없다면 전도자는 피상적이 되며 하나님은 우상이 된다. 선지자는 거룩하신 하나님을 경외하게 하며, 진리를 따르게 한다.

전도자가 없다면 목자가 사역할 기반이 없다. 목사에게 오는 자가 없기 때문이다.

목자는 제자들에게 자기 인식과 이해의 필요를 알려준다.

계시된 하나님의 뜻에 근거한 가르침이 성숙과 이해로 이끈다.

교사
교사는 제대로 그리스도를 닮아갈 수 있는 환경을 조성한다.

환경 조성

목자
전도자는 복음을 통하여 사람들이 예수님과 관계를 맺도록 이끈다. 이것을 행하는 가운데 목회적 기능이 시작된다.

환경 조성

전도자
선지자적 사역은 하나님이 하시는 말씀에 유의하며 언약의 백성들에게 성실해지길 요구한다. 그래서 듣는 자가 하나님의 부르심에 마음을 활짝 열게 한다. 그것은 전도자의 임무이기도 하다.

환경 조성

선지자
사도는 다른 모든 사역이 출현하는 환경을 조성한다. 이는 사도적 기능이 예수님의 교회의 DNA를 관리하고 다른 사역들을 위한 판단기준을 형성하기 때문이다. 그것은 선지자적 기능을 출현시킨다. 그것이 언약 공동체를 세웠기 때문이다. 그것은 선지자적 기능과 더불어 교회의 기초적인 사역을 세운다(엡 2:20).

환경 조성

사도

에 빠져 온갖 교훈의 풍조에 밀려 요동하지 않게 하려 함이라 오직 사랑 안에서 참된 것을 하여 범사에 그에게까지 자랄지라 그는 머리니 곧 그리스도라 그에게서 온몸이 각 마디를 통하여 도움을 받음으로 연결되고 결합되어 각 지체의 분량대로 역사하여 그 몸을 자라게 하며 사랑 안에서 스스로 세우느니라"(엡 4:11-16). 《새로운 교회가 온다》(The Shaping of Things to Come)에서 마이클 프로스트와 나는 APEST의 완전한 직능을 일컬어 교회의 '성숙 짜임새'(매커니즘)라고 했는데, 그것 없이 우리는 성숙할 수 없기 때문이다.

사도적인 인물의 기능/역할을 제대로 정의함으로써, 이제 우리는 어떻게 진정한 사도적 사역이 그 영향력을 미치는지 고려해볼 수 있다. 우리 교계가 사도적 사역에 대하여 수용하기를 거부하는 데는 일견 사도인 체 하는 사람들이 독재적인 접근방식으로 교회에서 리더십을 행사하는 사례들이 있기 때문이다. 이런 일들은 거의 전부 '사도'가 가지는 그 위압적이고 극히 지엄한 가부장적인 권위를 이용하여, 아직 채 믿음이 자라지도 않아 성숙하지 못하며 순진하고 여린 하나님의 백성들을 얕잡아 봐서 생기는 결과이다. 이런 일이 너무나도 빈번하게 일어났을 수도 있지만, 그것은 APEST 사역들과 같이 진정한 사도적 사역을 속인 것과 왜곡한 것에 불과하다는 것을 인정해야 한다. 사도적 사역은 고난과 나타나는 능력으로 확증하는 것이지 직분이 주는 리더십, 개인적 명성, 그리고 카리스마적인 성격을 입으로 떠든다고 되는 것이 아니다.[259]

요사이 지배적이고 상명하달식인 CEO의 리더십 개념에서 사도적 리더십을 채택하는 추세이다. 그래서 사도라는 직책을 주장하는 많은 사람들이 CEO처럼 행동한다. 성경에서는 (최고 경영자로서가 아니라) 고난 받는 종, 예수님의 이미지를 사도가 하는 역할로 여기며 교훈한다. 사도적 사역에서 나타나는 권위와 능력은 주로 섬김과 부르심의 정신, 그리고 도덕적, 혹은 영적 영향력에서 나오는 것이지 직책이 주는 위세에서가 아니다. 아마도 사도적 권위의 본질을 탐구하는 유용한 방법은 관련된 리더십의 독특한 형

---

259 바울의 선교사 경력을 철저히 조사해보면, 그의 삶 전체가 온통 고난으로 점철되어 있었다는 실상을 부인할 수 없다. 다메섹 도상에서 그에 대한 사도로서의 부르심은 복음을 이방인과 이스라엘에 전하는 것이었고, 그와 동시에 고난도 함께 받아야 한다는 소명이었다. 누가는 이것을 이렇게 기록한다. "주께서 이르시되 가라 이 사람은 내 이름을 이방인과 임금들과 이스라엘 자손들에게 전하기 위하여 택한 나의 그릇이라 그가 내 이름을 위하여 얼마나 고난을 받아야 할 것을 내가 그에게 보이리라 하시니"(행 9:15-16). 바울은 선택함을 입은 도구였고 주께서 그분의 이름을 위하여 그가 얼마나 고난을 받아야 할 것인지 보여 주셨다. 그의 임무의 마지막 단계를 성령님이 계시로 알려 주시며, 감옥과 환난이 모든 도시에서 그를 기다리고 있다고 했다(행 20:23). 환난이 그의 삶의 대부분을 차지했고, 그는 그 환난을 그의 참 사도 된 증표로 여겼다. 애디슨은 그의 논문 '지속적인 사역을 위한 기초'(Basis for the Continuing Ministry)에서 이런 사도성의 양상에 대하여 탐구한 것을 자세히 적어 놓았다.

태를 찾아보고 이것이 어떻게 권위를 갖게 되었는지 살펴보는 것이다.

'영감'을 주거나 '도덕적인' 리더십에 기초한 관계에서는 서로 간에 가치, 소명, 그리고 정체성을 나누는 기반이 마련되기 때문에, 리더와 추종자 둘 다 높은 수준의 동기부여와 도덕성이 일어난다. 그들은 추종자들이 자기 힘으로 리더가 되도록 고무시키는 것을 목적으로, 공동의 목표를 추구하기 위해서 서로 영향을 미치는 관계 가운데 있다. 달리 말해, 양쪽이 모두 상대 방과 영향을 주고받는다. 영감을 주는 리더십은 궁극적으로 리더들과 그들의 지도를 받는 자들 양측에 인간 행동과 윤리적 목표의 수준을 높여 진실한 도덕성을 갖추게 하며, 그로 인해 그들이 모두 변모한다. 이렇게 놓고 보면 추종자들의 행동을 불러일으키는 것은 강압적인 분위기나 물질적인 보상이 아니라 그들의 가치를 알아주는 데 있다. 이는 예수께서 자기 제자들을 길러내시던 방식뿐만 아니라 바울이 디모데, 디도, 그리고 다른 사도적 동역자와 맺은 관계에서도 분명하게 볼 수 있다. 이것이 바울이 교회에 보낸 서신들의 기초를 이루고 있다.[260]

아마도 우리는 이런 유형의 영향력을 가리켜 '위대하다'라고 높여 부를 수 있다. 이런 의미에서 위대한 리더가 되기 위해서는 따르는 사람들이 정말로 위대하다고 느낄 만큼의 감동과 깨우침과 가르침을 주어야 한다. 위대한 리더는 자신의 일관된 삶을 통하여 자기를 따르는 사람들이 우리가 사는 세상에 대하여 자신도 더 높은 도덕적 이상을 가지고 인간을 긍휼히 여기며 삶을 산다면 장차 어떤 사람이 될 수 있는지 생각할 수 있게 한다. 우리는 요령이 좋거나 수완이 뛰어난 리더를 '위대하다'라고 칭하는 법이

---

260 비교하건대, 감동을 주는 리더십은 '업무적인 리더십'과는 쉽게 구분할 수 있다. 그것은 가치의 교환을 노골적으로 직접 제안한다. 가장 일반적인 형태로는 일의 가치를 돈으로 평가하는 것이다. 리더십에 대한 이러한 이해는 대부분의 비기독교식 리더십에 담겨 있다. 그래서 직원과 자원의 흐름이 하향식 접근방식이 필요하다. 이는 단연코 대다수 교회와 교단을 포함한 조직들 안에 총회와 담임목사 사이의 관계이든 아니면 담임목사와 그 또는 그녀의 부교역자 사이의 관계이든 간에 가장 흔한 형태의 리더십이다. 실질적 권위는 이런 관계 안에 위치한다. 그러나 그것은 권위의 출처 면에서 좀 더 성경적인 형태의 리더십에 뿌리를 박고 있는 감동을 주는 리더와는 상당히 다르다.

거의 없다. 우리는 관료들을 위대하다고 떠받들며 동상을 세우지 않는다. 그렇지 않은가? 이러한 이해를 염두에 두고 있는 우리가 진정한 사도적 유형의 리더십에 대하여 권위를 부여하는 기본 취지는 영적인 '위대함'을 확인할 수 있어서이다. 그것은 인간의 영혼을 알아보고, 그것을 소중히 여기며 그것을 꼭 붙들어 함께 의미를 공유하기 때문에 가장 강력한 형태의 리더십을 발휘할 수 있다. 엘(L) 아저씨와 시(Shi) 형제의 모습에서 보듯, 그것에는 큰 외부 구조 없이 엄청난 규모의 운동을 함께 지탱할 힘이 있다. 그것은 영화 '브레이브하트'(Braveheart)의 주인공인 윌리엄 월레스 역에 반영된 신화적인 종류의 리더십이다. 사람들이 그를 자발적으로 따른다. 마지못해서도 아니고, 그가 어떤 공적인 직위(그는 그것을 갖지 않았다)를 가져서도 아니었다. 그는 사람들에게 그들의 권리인 자유를 상기시켰고 그들을 도와 자유를 쟁취하려고 자기 생명을 바쳤다. 그것이 이유이다. 다시 한 번 언급하지만 우리 믿음의 주이신 예수님은 이런 희생하는 리더십의 최고의 모범이다. 우리는 그분의 방식(Way)을 따라야 한다.[261]

사람들을 움직이게 하는 일관된 사도적 사역은 영감을 주는 영적인 리더십에 기반을 두고 있으므로 그 영향권 안에 들어온 사람들에게 목적, 운동, 반응을 불러일으키는 유기적이고 관계적인 리더십의 영향력을 발휘한다. 이러한 행동의 바탕에는 사도적인 인물의 뚜렷한 소명감, 영적 은사, 그리고 영적 권위가 깔려 있다. 모든 위대한 리더십과 마찬가지로, 그것은 영향력이 발휘되는 장(場, field)을 창조하기 때문에 그 안에서 뭔가 확실한 행위들이 발생한다.

---

261 이 '위대하다'라는 개념은 Weber의 리더십에 대한 탐구와 맞아떨어진다. Weber의 사상에서 '카리스마'가 있는 리더는 대개 임무, 위기, 또는 발전의 시기를 주도하며, 항상 '문제의 근원'으로 가서 일을 실행하도록 철저하게 도전하는 자이다. 사람들이 그러한 리더를 따른 이유는 그 또는 그녀의 믿음직한 모습을 보면서 신뢰감이 생겼기 때문이다. 그런 상태에서 그들은 정해진 행동 방식에서 벗어나 그 리더가 선포하는 전례 없는 명령에 복종한다. 그러므로 이런 유형의 리더십은 기존의 다른 유형의 리더십에서는 유례를 찾아볼 수 없는 수준의 헌신이 그 제자들에게 나타나게 한다. [10] 참조. Bendix, Max Weber, 10장.

리더십 전문가 피터 드러커(Peter Drucker)는 "문화는 아침에도, 점심에도, 그리고 저녁에도 전략을 먹고 산다"라는 단평을 남겼다. 이 말을 새겨듣는 것이 현명한 처사이다. 왜 그래야 하는가 하면, 문화란 어떤 행위를 정당화하고, 책임을 공감하고, 사상과 의미가 통하는 풍토를 만들기 때문이다. 문화는 우리가 하는 모든 행동에 영향을 미치는 하나의 보이지 않는 힘의 영역이다. 우리는 주변에서 가해지는 문화의 힘을 잘 몰라본다. 하지만 그 힘은 우리의 모든 생각, 행동, 대화에 직접 작용하고 있다.

우리가 사는 우주에는 힘이 작용하는 장들로 가득하다. 보이지는 않아도, 이러한 장들에서는 그 영향권 안에 있는 대상에게 명확하게 힘이 작용한다. 중력장, 전자기장, 양자장 등이 있는데, 이는 현실의 구조 속에 한 부분으로 실재하는 영역이다. 이런 비가시적인 영향력이 원자, 사물, 그리고 인간의 동작에 영향을 준다. 그런데 장들이 자연계와 물리계에만 존재하지 않는다. 사회적 체제 속에도 역시 존재한다. 예를 들어 인간사에 존재하는 사상의 힘을 떠올려 보라. 강한 힘이 있는 사상은 물리적 실체는 없지만, 아무도 그 영향력을 의심할 수 없다.

지난 수십 년의 기간에 걸쳐 조직 행동 심리학자들이 밝혀낸 바에 따르면, 조직은 행동, 가치, 언어, 상징, 목표, 정신으로 구성된 비가시적 문화의 장들로 짜여 있다. "이런 각 개념들은 행동에서 관찰될 수 있는 조직생활의 질을 설명해 줄뿐만 아니라, 그런 행동들과 무관하게 존재하지 않는다."[262] 문화는 보이지 않는 힘으로 선한 행동과 악한 행동에 영향을 준다. 조직마다 그 특유의 분위기가 있다. 그렇지 않은가? 때로 어떤 한 무리의 사람 속에 섞여 있을 때, 우리에게 구체적으로 어떻게 행동해야 하는지 말하는 사람이 없어도, 거기에서 통하는 방식대로 행동해야 한다는 의무감을 느낀다.

---

262 Wheatley, 《Leadership and the New Science》, 54.

그런 장소들에서 어떻게 할는지는 따로 배울 필요 없이 사람들이 하는 것을 그냥 쳐다보기만 하면 된다. 그들은 이미 메시지를 자기 것으로 삼은 자들이고, 진정한 가치가 뭔지 다 알고 있고, 그것에 따라 행동하는 것이 몸에 밴 자들이다. 조직의 장들에 다른 메시지들이 가득 차거나 조직 문화에 반하는 모순들이 알려지면, 보이지 않던 부조화들이 문제 행동들을 통해 가시화된다.

놀라운 것은 참된 리더십이라는 입구를 통해 그러한 상황으로 들어간다는 점이다. 영감을 주는 리더십이 있으면 '분위기'가 싹 다 바뀐다. 일들이 훨씬 명료해지기 시작하고, 서로 으르렁대며 겨루는 일이 줄어들고, 사람들이 자유로움을 느끼며, 그들이 하는 일에 능률이 훨씬 더 오른다. 그러한 결과로 조직 안에는 집중력과 에너지가 생기며 건강해진다. 그 반대는 뻔하며 분명하다. 리더십의 부진은 조직의 건강을 해한다. 우리 자신의 경험만으로도 이 말은 진리이다. 비전과 가치를 품은 사람들에게 나오는 능력이란 그런 것이다. 그들은 자기 영향권에 있는 사람들에게 영감, 협동심, 그리고 방향감각과 목적의식을 갖게 한다. 리더십이란 영향력이다. 그것은 행동을 형성하는 장이다. 그것은 진정한 영적 능력과 권위의 기초이다. 넬슨 만델라는 위대한 리더이다. 그가 남아프리카의 대통령이었기 때문이 아니라 대통령이 되기 오래전부터 자신의 인격 속에 자유의 숭고한 가치를 담아, 도덕적 인간으로서 그의 인생을 살아왔기 때문이다. 그의 리더십이 실제로 발휘되어 영향을 끼쳤던 것은 다름 아니라 바로 그의 삶이 위대해서이다.

리더십을 영향력으로써 개념화하기 위하여 자석을 종이 위에 흩어진 쇳가루에 갖다 대었을 때 나타나는 현상을 연상해보라. 학창 시절에 해봐서 알겠지만, 자기장 안으로 쇳가루들이 모여들며 자력 특유의 모양새를 띤다. 리더십도 정확히 그와 같다. 그것은 장을 만들며, 이어서 마치 자기장이 쇳가루에 작용하듯 어떤 방식으로든 사람들에게 영향을 미친다. 한 그룹의 사람들 속에 위대한 리더가 있음으로 하여 그 그룹의 모습이 달라진다.

예를 들어 한 무리의 사람들 속에 만델라라는 걸출한 인물이 존재하자 사람들이 막대한 영향을 받았다. 그의 몸이 있는 곳이라면 어김없이 그곳의 사회적 풍토가 바뀌었다. (진정한 신약의 리더십의 특성에 대하여 '부록 2'를 보라).[263]

이번 장의 제목에 담긴 의미는 사도적 리더십이 있으면 사도적 문화가 형성되고, 같은 방식으로 선지자적 인물이 있으면 선지자적 문화가 만들어지며, 목자가 있으면 목양의 문화가 생긴다는 것이다. 문화마다 그 문화에 접촉하러 들어온 사람들에게 끼치는 영향이 다르다. 사도적 문화의 영향권에 있다면 누구든지 그것에 영향을 받아 보내심과 그 목적을 자각할 것이다. 진정한 사도적 리더십은 복음의 분명한 사도적 신학에 맞춰 관점을 재정립할 것이다. 교회의 선교적 목적에 맞춰 우선순위를 재배치할 것이다. 사도적 상상력과 일치하는 생각을 전달하기 위해서 새로운 언어를 개발할 것이다. 멀리 후방에 있는 상대적으로 안전한 본부가 아니라 최전선에서 이끌 것이다.

존 윔버(John Wimber)는 그의 주변에 있는 사람들에게 이러한 종류의 영향력을 발휘했던 자이다. 이십 년 만에 윔버는 역사의 흐름을 바꿔 놓은 방식으로 복음주의의 모습을 변화시켰고, 선교와 사역에서 성령님의 역할을 강조했다. 그리고 이것은 또한 왜 우리가 여전히 존 웨슬리의 깊은 사도적 영향력을 느끼고 있는지 알려준다. 우리 중 누구도 그를 만난 적도 없고 그에게서 월급을 받은 적도 없는데 말이다. 예수님처럼 사역하던 바울, 패트릭, 그리고 모든 위대한 사도적 리더는 지상에서 떠난 지 오래되었음에도 여전히 우리를 이끌고 있다. 위대한 리더십은 시간의 제약이 없다. 사람

---

263 부록2는 원판(이 책의 초판)에서 대지만 따로 추려서 편집한 내용이다. 일반적으로 그리스도를 닮아가는 리더십의 개념은 매우 중요하지만 그 장에서 따로 다루려는 목표가 있어서 중점적으로 살피지 못했다. 부록에 덧붙여서, 독자께서 진지하게 그리스도의 몸 안에서의 상향식(그 반대는 하향식) 리더십을 심사숙고해보기 바란다. 상향식이란 용어는 계통, 상호관계, 그리고 연관성을 함의한다. 또한 이 주제에 대해 다소 앞서 나간 책인 Lance Ford, 《Unleader》를 보라.

들의 마음에 대고 호소하기 때문이다. 그들의 역할은 사람들에게 하나님의 나라를 밝히 드러내어 전하는 것이라고 계속 일러준다.

문화적 의미와 관계망

엘(L) 아저씨와의 우연한 만남에서 알게 된 그가 하는 식의 사도적 사역은 걱정스러운 질문이 많으므로 사실 꽤 혼란스럽다. 예를 들어 주요한 중앙 기관도 없고 우리가 조직을 운영하는 데 필요한 것으로 여기는 그 일반적인 경영 자원도 없는 상태에서, 어떻게 그가 3백만 명이나 되는 운동을 이끌 수 있을까? 우리가 찾을 수 있는 결론은 리더십의 종류이다. 그가 가진 리더십은 개인적 영감, 영적인 능력, 은사, 소명감, 성품의 절묘한 조합과 그 운동에 참여하는 다양한 사람과 조직의 자발적인 사랑과 존경심에서 비롯된다. 그런데 정말로 중요한 요소는 엘 아저씨가 운동에 대한 아비의 심정/개척자의 마음을 실제로 가지고 있다는 점이다. 달리 말해, 리더십과 친밀감 덕분에 서로 영적으로 그리고 인격적으로 하나가 되었기 때문에 목표도 의미도 모두 함께 공유하며, 그 구조 안에 있는 수백만에 이르는 사람들 전부를 다 품을 수 있는 것이다.

그와 유사한 영향력이 서구의 모범적인 사도적 리더인 마이크 브린(Mike Breen) 같은 분들에 의해서 발휘되고 있다. 셰필드에 있는 성 토마스 교회의 교구 목사이며 팀 리더로서, 마이크는 이 성공회와 침례교가 연합한 교회를 이끌어 잉글랜드 북부에서 2,000명이 훨씬 넘고, 40세 이하가 80%인 가장 큰 교회로 성장시킨 바 있다. 그 이후에 마이크는 가족과 함께 2004년에 셰필드에서 피닉스로 이사하여, 선교하는 리더들의 전 세계적인 언약 공동체로 설립한 '더 오더 오브 미션'(The Order of Mission, TOM)의 대표가 된다. 4월에 세운 TOM은 "제도화한 기독교의 형태는 대다수 아직 교회에 나가지 않는 사람들의 삶의 실제 현안에 대하여 공허하고, 낡고, 부적절하며, 전혀 영향을 주지 못한다"라는 이해에서 출발했다.[264] 브린은 20대와 30대 연령층이 발견해야 하는 의미, 가치, 목적에 대한 욕구에 집중했다. 역사상 중요했던 영국식/로마식 수도원의 모델과 이동하며 복음을 전하는 켈트족의 모범을 가져다가, 브린은 일명 국제적 선교단체를 만들었다. 동참을 원하는 자들은 빈곤, 순결, 순종이라는 전통적인 수도원 정신을 재해석하여 검소하고 깨끗하며 책임지는 생활에 헌신하기로 하는 TOM의 규칙을 반드시 받아들여야 한다. 3년 뒤에는 평생 거기에 매이기로 하는 완전 서약을 한다. TOM의 구조는 정확하게 에베소서 4장의 5중 은사를 기반으로 하며, 각 사역은 '수호자'(guardian)가 대표한다. TOM 회원들은 클러스터(cluster, 소그룹보다 좀 더 큰 규모)로 모이고 신앙 공동체의 형성은 카페, 펍, 학교, 대학 캠퍼스, 가정 등 그들이 세울 수 있는 곳이면 어디든지 가능하다. TOM은 국제적인 운동으로 확산하여 미국, 영국, 유럽, 호주까지 퍼진 상태이다. 그런데 흥미로운 점은 그 모임의 회원권 취득은 순전히 자발적이며, 또한 브린 자신은 모든 개념의 하향식 리더십을 거부한다는 것이다. 그는 모든 회원의 자발적인 서약 준수와 더불어 영감있는 영향력을 끼치는 자리에서 이끌고 있다.

사도적 운동을 하는 또 하나의 훌륭한 사례는 텍사스 주 켈러에 있는 노스우드(NorthWood) 교회이다. 교세가 2000명이 넘는 노스우드는 거의 180개의 교회를 개척한 대형교회이다. 처음부터, 노스우드는 지역과 전 세계에 영향을 준다는 분명한 사명감을 가지고 외부 사역에 집중해 왔다. 그 결과 노스우드스 처치 멀티플리케이션 센터(NorthWood's Church Multiplication Center)를 통해서 800명 이상의 교회 개척 리더들이 훈련과 코치와 멘토를 받고 있다. 미국 전역의 19개 도시에 노스우드가 개척한 교회의 클러스터들이 있다. 2005년에 그 네트워크 안에서 62개의 교회가 개

---

264 stthomascrookes.org

척되었다. 이 운동의 아주 뛰어난 리더인 밥 로버츠(Bod Roberts)는 그 방식에 관하여 그의 책《T-라이프》(Transformation, GLPI)에 썼다. 진짜 사도적 인재다![265]

어떻게 사도적 사역이 중앙집중식 형태의 조직에 의존하지 않고도 광범위한 영향을 미치는지 살펴보는 또 다른 방법은 의미(meaning)의 경영이라는 측면에서 그것을 보는 것이다. 비범한 사도적 특성이 (유기적 시스템의 mDNA에서 볼 수 있는 것처럼) 기관(agencies), 교회, 개인의 네트워크로 구성된 운동의 형태로 나타난다면, 그것은 사도적 영향력과 환경에 의해서 만들어진 '의미의 관계망'을 통해 연결된다. 사도적 리더십은 이렇게 하기 위해서 네트워크 관계들을 복음의 의미와 함축성, 그리고 그것을 통해 만들어진 관계에 집중시킨다. 개인이나 교회나 기관은 그렇게 해야만 해서가 아니라, 오직 그렇게 하는 것이 의미 있기 때문에 사도적 리더와 관계를 맺는다. 복음이 심기고 성령님이 모든 기독교 공동체 안에 임재하시기 때문에 사도적 사역과 리더십은 네트워크를 연결시킬 수 있다. 그래서 그것은 이같이 보면 된다.

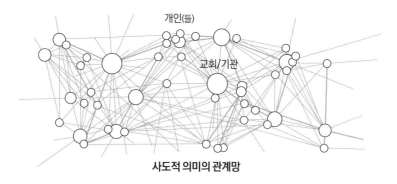

사도적 의미의 관계망

제자도와의 관계, 복음의 의미 설명, 정보의 공유에 기초함

---

265 www.northwoodchurch.org/v2/index.htm와 www.glocal.net 참조, Roberts,《Transformation》.

　　　　　　　　　　　　　　　　　　　2부 | '사도적 특성'의 중심부 여행하기

나는 사도적 리더십에 대한 이런 형태의 역동성에 대하여 시간을 내어 곰곰이 많이 생각했다. 이런 유형의 리더십이 참된 사도적 영향력과 가장 일치한다는 것을 강조하고 싶었기 때문이다. 그리고 바로 이런 유형의 리더십이 우리 시대에 진정한 선교적 운동을 촉진하는 데 필요하다. 그러나 거듭 강하게 강조하지만, 사도들은 혼자서 선교적 운동을 이끌 수 없다. 그들은 결코 외로운 특공대가 아니다. 도리어 그리스도의 몸을 함께 형성하는 한 무리의 사람들 중에 나누어질 수 없는 일부이다. 그들은 APEST 사역 복합체의 일부일 뿐이고, 다섯 기능 모두 애초에 예수님이 우리를 위해 작정하신 에클레시아의 모습을 이루는 데 꼭 필요하다.

APEST 문화 : 거의 유일한 해결책

문화는 매우 다양한 상징, 형태, 사상, 언어, 행동, 관례 등으로 구성된다. 내가 일부러 'APEST 문화'라는 용어를 사용하는 것은 개인적 소명과 부르심이라는 필수적 이슈뿐만 아니라 또한 APEST의 각 양상에 관련된 다양한 사회적 기능도 모두 포함하고, 아울러 교회의 사역과 선교에 관해서 유의미한 의사소통을 할 때 사용하는 말과 상징까지 담고 싶었기 때문이다. 달리 말해 APEST 문화는 많은 것을 포함하는 범주로서, 그것으로 교회의 전체 사역을 평가하고 이해하고 발전시킬 수 있다.

선교적 교회에는 운동을 시작하고, 활기를 띠게 하고, 발전시키고, 유지할 수 있는 선교적 사역과 리더십 시스템이 필요하다. 대부분 크리스텐덤 교회는 이미 성숙해진 선교적 리더십 시스템을 약화시킨다. 이는 유럽식 크리스텐덤 교회의 자기인식이 근본적으로 비선교적이었기 때문이다. 모든 시민은 기독교인이 될 운명을 가졌다고 여겼기에 나면서부터 세례를 받았다. 실제로 필요한 사역은 회중을 돌보고 교훈할 목자(목사)와 교사뿐이었다. 신약 자체의 분명한 증언과 가르침과는 달리 목사/성직자와 교사/설

	정의	초점/핵심 과업	다른 사역들과 협조할 때 효과	독점할 때 효과
사도적	• 본질적으로 교회의 DNA의 관리자 • '보내심을 받은 자들'로서 사도적 사역과 리더십은 기독교가 신실하게 이 맥락에서 저 맥락으로, 이 시대에서 저 시대로 전달되도록 보장한다.	• 기독교를 확장하기 • 신학적이고 선교적으로 교회의 DNA를 심고 보호하기 • 새로운 맥락들 안에 교회 세우기 • 다른 사역들의 '기초 놓기'(A→PEST) • 리더들과 리더십 체제를 개발하기 • 전략적인 선교적 관점 • 초지역적 네트워크 구축	• 사도적 특성의 건강한 재현 • 신앙의 확산 • 참된 기독교 • 교회의 선교적 분위기 조성 • 건강한 초지역적 네트워크 구축 • 교회와 운동의 성장 • 선구적인 선교 • 새로운 형태의(성육신적) 교회를 실험함 • APEST의 구현	• 독재자형 리더십이 되는 경향 • 사도의 과업과 미래 지향성 때문에 조직 내에서 상처받는 자들이 많아짐 • 도전과 변화가 많아서 건강한 전환을 충분히 이루지 못함 - 그래서 목자적 기능과 교사적 기능을 요구함
선지자적	• 본질적으로 하나님을 향한 귀를 가졌고, 하나님의 입처럼 행동하며, 흔히 우월의식을 가지고 긴장 가운데 하나님을 대변한다. • 신자들에게 진리를 말하는 자	• 하나님의 뜻을 분별하고 전달하기 • 언약 공동체의 순종 확보 • 현 상황에 의문을 가짐	• 하나님에 대한 교회의 순종과 신실성 • 하나님만 바라는 신앙('사람에 대한 두려움'이 없음) • 지배적 사고에 도전을 줌 • 대항문화적 행동 • 사회 정의	• 교회의 리더십 개념이 깊이가 없고 늘 '자기 자랑'하는 수준임 • 당쟁적임 • 배타적이고 심지어 공격적임 • 과도하게 활동적이고 강요하는 성향 • 때때로 도에 지나치도록 '영적으로'느낌
복음전도적	• 본질적으로 모집하는 사람, 배달꾼, 복음의 메시지 전달자. • 불신자에게 진리를 말하는 자 • 예수님 안에 있는 하나님의 구원에 개인이 응답하도록 요청하는 자	• 구원에 대하여 분명히 전함으로써 사람들이 듣고 믿음으로 반응함 • 주동자 모집	• 하나님의 개인적인 부르심에 응답함으로써 신앙이 확산됨 • 하나님의 백성의 유기적이고 수적인 증가	• 가장 중요한 비전과 건강한 공동체 의식의 상실 • 믿음의 편협한 관점. '간단한 복음'에 갇힘.
목자적	• 본질적으로 하나님의 백성들을 인도하고 양육하고 보호하고 훈련함으로써 그들을 돌보고 개발하는 목자	• 사랑하고 영적으로 성숙한 관계 네트워크와 공동체를 육성함 • 제자 만들기	• 믿음과 공동체로의 양육 • 사랑하는 관계 • 제자도 안에서의 성장 • 유대감 • 예배와 기도	• 폐쇄적이며, 비선교적인 공동체 • 교회와 목사 사이의 공동 동반 의존성(메시야 컴플렉스) • 조직에서 문제를 일으키지 말라는 식의 접근법 • 지나치게 수동적이며 내부자 중심적
교사적	• 본질적으로 계시된 하나님의 마음/뜻을 이해하기 쉽게 하여 하나님의 백성들이 지혜와 지식을 얻게 하는 자	• 분별하기 • 안내하기 • 신앙 공동체가 하나님의 마음을 이해하기 위해 탐구하고 살피도록 돕기	• 하나님과 믿음을 이해함 • 진리가 행동을 이끎 • 자기 인식 • 학습과 조화에 헌신	• 신학적 교조주의 • 기독교 영지주의(신학과 성경 지식으로 '구원받음' - 성경으로 성령님을 대신함) • 주지주의 • 사상으로 통제함: 바리새주의('그것이 율법에 맞는가?')

교자 모델을 교회의 유일한 합법적인 '사역계급'이라고 선언했다.[266] 그렇게 된 결과, 전체 시스템이 제 맘대로 정해졌고, 그래서 교리 유지와 목회적 돌봄에 치중했다.

사실상 우리가 물려받은 시스템은 거의 전적으로 목회적이고 교육적인 결과를 얻기 위해 최적화된 설계라고 말하는 것이 옳을 듯하다. 이것에 놀랄 필요가 없는 것이, 처음에 그것을 설계한 이들이 목자와 교사였다. 그러한 교역자들에게 그 이상의 것을 기대하는 것은 무리이다. 그러나 그들이 예수께서 본래 하셨던 사역 방식 가운데 다른 것들은 축출해버렸기 때문에, 우리는 결국 엄청나게 축소된 사역을 하는 것이다. 만일 예수께서 우리에게 분명하게 바라셨던 교회가 되려 한다면(엡 4:12-16), 우리는 특히 그분이 설계해놓은 대로 그것을 이행해야만 한다(4:7-11).[267] 이는 애즈베리 신학교의 저명한 선교학자 하워드 스나이더(Howard Snyder)도 동의한 바인데, 그는 기존 교회 안에서 리더십을 발휘하여 이뤄야 할 주요 과업은 에베소서 4장 11-12절에 기초하여 능력 충만한 사역공동체를 되찾는 것이라고 했다.[268]

현재 사도, 선지자, 그리고 전도자의 사역은 없어진 것 같지만, 이들 사역이 완전히 사라진 것은 아니다.[269] 오히려 그 반대이다. 현재와 역사상의 교회 생활 모두 많은 부분에서 딱히 '사도적'이거나 '선지자적'이라고 인지하지 못해서 그렇지 APE의 사역은 멈춘 적이 없다. 그러나 대체로, 그들은 좀 더 일반적인 사역 형태들에 부여하는 공식적인 승인이나 인정 없이 그 일

---

266 그 증거로, 이것은 유럽의 교회론에 뿌리를 둔 거의 모든 교단의 목회 사역에 법제화되어 있다.

267 왜 APE(사도, 선지자, 전도자)가 축출되었는지 내가 믿는 바를 일일이 여기에서 밝히기에는 지면이 모자란다. 이러한 축출로 말미암아 교회의 사역 성실성이 훼손되었다. 이런 문제들을 Hirsch와 Catchim, 《Permanent Revolution》의 제1부와 부록에서 깊이 있게 조사해놓았다.

268 Snyder, 《Decoding the Church》, 91.

269 참조, Hirsch와 Catchim, "Exiling of the APE's".

을 해오고 있다. 많은 사람이 자신의 소명을 감당하려면 지역 교회, 소속 교단, 그리고 신학교의 맥락에서 나오지 않을 수 없었다.[270] 또한 이러한 추방은 약간 세분화된 사역에 집중하는 파라처치 기관들과 선교단체들의 증가에(일부나마) 기여했다. 예를 들어 네비게이토는 교회가 사람들을 전도하고 제자화하는 데 효과적이지 못하자(혹은 무관심하자?) 교회 구조 바깥에서 그 일을 하려는 소명으로 생겨났다. '소저너스'(Sojourners)는 교회가 전반적으로 무시하는 사회 정의를 구현하기 위하여 출현했다. 긴급 구호 활동과 개발사업을 하는 단체인 '월드비전'(World Vision) 역시 또 다른 예이다. 이런 단체들은 사도적/선지자적/전도적(APE) 유형의 리더십 방식이 어떻게 시작하고 유지되는지 비교적 쉽게 보여준다. 교회 가족의 핵심에서 마치 이혼이 일어난 것처럼 ST기능에서 APE을 추방시킨 것은 지역 교회와 지방 조직에 재앙이었고 그리스도의 이상과 선교를 심각하게 손상시켰다.[271]

여기에서 절대적으로 분명히 해두고 싶다. 우리에게는 목자와 교사가 필요하다. 거기에 이론의 여지는 없다. 문제는 무엇이 현재 우리의 방식 중에 이미 들어 있느냐가 아니라, 도리어 무엇이 원래의 성경적 공식 사역에서 빠져 있느냐이다. 분명히 신약 전반에 걸쳐 뚜렷한 근거가 있고 좀 더 생식력이 있는 그 다른 사역의 방식(APE)은 어디에 있는가? APEST를 구조상 그리스도의 몸 안에 온전한 형태로 설치한 분은 예수님이며, 그것의 존재 이유는 능히 그리스도의 충만함에 이르도록 서로 함께 지어져 가고 성숙해지며 힘을 얻게 하려 함이 아닌가?(엡 4:11-16). 우리는 마치 실린더 두

---

270 Addison의 말이다. "만일 이런 신문 사설이 옳다면, 사도라는 은사는 별도의 승인 없이 모든 시대의 교회에서 활약하고 있어야 한다. 은사는 우리가 교회 리더들에게 붙이는 직분명과 무관하게 그리고 교단 정치나 구조에 상관없이 부활하신 주님이 주신다. 교회사는 직함이나 승인 없이 사도적 사역을 했던 사람들의 사례로 가득하다. 우리의 도전은 사도적 사역을 처음부터 다시 만드는 것이 아니라, 사도들처럼 이미 활약하는 사람들을 인식하고 자유롭게 사역하도록 하는 것이다." (《Basis for the Continuing Ministry》, 198) 모든 APEST 사역도 마찬가지이다.

271 나의 출간 예정 도서인 《5iveQ》는 자격을 제대로 갖춘 APEST 문화의 개발 이유와 방법을 포괄적으로 탐구하는 책이다. 관련된 검사를 위해서 제공할 매우 가치 있는 도구로는 리더들이 교회 생활 전체에 걸쳐서 APEST체제를 실질적으로 평가하고 계발할 수 있을 것이다.

개로만 자동차를 운행하려는 것과 같다. 그래 놓고 차가 얼마나 멀리 가겠는가! 좋은 소식은 예수님의 영향력과 사역을 확장하기 위해 있는 교회의 mDNA 정보에서 이러한 점만 바로 잡으면 우리의 잠재력에 획기적인 결과가 생겨서 우리 시대를 변모시키는 예수 운동을 할 수 있다는 것이다. 나의 의견으로는, APEST는 에클레시아가 온전한 운동 방식과 영향력을 가지게 만드는 시도들 가운데 거의 유일한 해결책에 가깝다.

이 사역들 각각의 고유한 특성을 이해하기 위해, 사역별 핵심 과업/직능, 다른 것들과 떨어져 나와서 그 하나만 독점하여 주도적으로 사역할 때 나타나는 결과, 그리고 그것이 다른 사역들과 융합하였을 때의 결과를 간략하게나마 검토해야 한다. 이를 아주 간편하게 하려고 비교표를 만들었다. (다음 페이지의 원형 도표를 보라.)

APEST의 몇 가지 중요한 양상들

일찍이 마이클 프로스트와 내가 공저한 《새로운 교회가 온다》(The Shaping of Things to Come, IVP)에서 수준과 기능에 있어서 사역은 리더십과 다르다는 점을 명심하는 것이 중요하다고 언급했다.[272] 에베소서 4장 7,11,12절은 APEST 사역을 리더십["우리 각 사람에게 ... 은혜를 주셨나니", 7절, "그(그리스도)가 어떤 사람은 사도로, 어떤 사람은 선지자로, 어떤 사람은 복음 전하는 자로, 어떤 사람은 목사와 교사로 삼으셨으니", 11절]뿐만 아니라 전체 교회에도 배정한다. 그러므로 모든 것은 APEST(사도적, 선지자적, 전도자적, 목자적, 교사적/교훈적)의 어딘가에서 발견된다. 나는 APEST가 교회 구조 안에서 사실상 모든 하나님의 백성의 DNA의 일부라는 점을 강력히 주장할 것이다. 다시 말해서 그것이 잠재해 있다는 뜻이다. 이것을 아는 것은

---

272 Ibid., 170 – 173.

바울의 가르침의 실제 능력을 풀어놓기 위해서 중요하고, 모든 하나님의 백성의 사역과 제사장직에 관한 신약의 가르침의 연장선상에 있다. 바울의 교회론에 포함된 일반적인 사역에 대해서는 그쯤 하기로 하고, 리더십에 관해서 살펴보는 것은 어떤가?

첫째, APEST에 비추어 볼 때 리더십은 '소명 속의 소명'이라고 생각할 수 있다. 그것은 단지 사역하는 것뿐만 아니라 그리스도의 몸을 이끄는 것과 거기에 영향력을 미친 것을 수반하는 분명히 다른 일이다. 모든 사역자가 리더는 아니다. 이는 매우 확실하다. 이와 같이 리더십은 신자들에게 주어진 특정한 APEST 사역을 구현할 뿐만 아니라, 리더십의 분명한 소명과 과업에 맞게 APEST 사역을 확장하고 재조정한다.

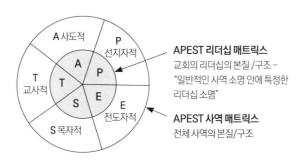

APEST 리더십 매트릭스
교회의 리더십의 본질/구조 –
"일반적인 사역 소명 안에 특정한 리더십 소명"

APEST 사역 매트릭스
전체 사역의 본질/구조

둘째, 내 경험상 이러한 사역들 가운데 오로지 하나만 하는 사람은 드물다. 도리어 우리의 사역 소명은 우리가 더 강한 사역에 의존하는 경향이 있을지라도 복수의 사역들로 표현되는 것이 낫다. 그리고 APEST를 그 소명/부르심의 측면에서 살펴보면 개인의 정체성 안에 깊이 자리하고 있기는 하지만, 개인의 APEST 프로파일은 어느 정도는 상황에 의존한다. 이런 식으로 보면 된다. 우리는 주된 사역, 부차적 사역, 세 번째 사역이 모두 역동적인 방식으로 활성화되게 할 수 있다. 두 번째와 세 번째 유형은 모두 주된 소명적 유형에 영향을 미치고 자격을 준다. 이것들이 함께 성격분류법과 다르지 않고 일정한 복합적인 사역들을 형성한다. 예를 들자면, 어떤 사람이 주로 선지자적일지라도 전도적이고 교사적인 능력도 가질 수 있다. 이것을 도해하여 표현하면 이렇다.

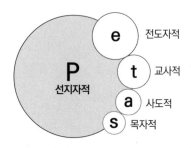

나는 자신의 소명적 정체성을 아는 것이 자신의 삶을 향한 하나님의 독특한 목적의 핵심으로 우리를 이끌어준다고 믿는다. 나는 초판을 낸 이래 수년에 걸쳐 통계적으로 검증된 APEST 검사 시스템을 개발했고, 이제 온라인상에 올릴 수 있었다(www.apest.org). 수천 명이 그 검사 시스템을 이용했고, 그 결과 많은 사람이 처음으로 소명적 본성을 알았다고 보고한다. 현재 집필 중이지만, 내가 APEST의 기능성이라고 부르는 것의 개발과 관련해서 또 하나의 실험을 하고 있다. 그것으로 인하여, 리더들은 APEST의 항목들을 사용하여 그들 조직의 강점과 약점을 적절하게 평가할 수 있다.[273]

셋째, 많은 분이 에베소서 본문에 나오는 것이 확정된 최종 사역 목록이냐고 묻는다. 나의 답은 그것이 확정적이기는 하지만 꼭 최종적이지는 않다는 것이다. 다른 것들이 있을 수도 있다. 그러나 그런 것들은 에베소서 4장에 기록한 기본 목록에 추가될 수 있을 뿐이지, 절대로 거기서 빼지 못한다.[274] 아마도 이 점에 대해 언급하는 가장 좋은 방식은 신약에서 사역의 본

---

273 이 역시 완벽한 검증용 검사이며 여기서 이용할 수 있다. www.apest.org, 나의 개인 홈페이지도 있다. alanhirsch.org

274 틀림없이 다른 목록들도 있다. 하지만 교회 사역의 기본적인 성격과 구조를 설명하는 본문에는 그러한 것들이 나와 있지 않다. 또한 나는 영적 은사와 사역을 구분한다. 내가 이해하는 은사는 상황에 따라 달리 주어진다. 사역은 훨씬 더 변동이 없는 것으로서 사명과 소명에 관련되어 있다. 그렇지만 사역은 그 직능을 완수하기 위해 은사를 사용한다.

질은 최소한 5중 사역이고, 반드시 에베소서 4장의 기초적인 항목들을 고려해야만 한다는 것이다.

넷째, 영적인 은사들은 이 사역들과 어떤 관계인가? 사역에 하나님의 은혜가 없으면 안 되는 것처럼 다양한 은사는 필요하다고 믿는다. 의심할 여지없이 사역마다 그에 맞는 여러 가지 영적 은사가 활용되어야 한다. 예를 들어 교사적 사역은 가르치는 은사, 지혜의 말씀, 그리고 다른 계시적 은사의 형태들에 의존한다. 선지자적 사역은 다른 복합적인 은사들에 의지하지만, 상황이 필요로 하고 성령님이 원하신다면 모든 것이 유용하다.

끝으로, APEST는 교회를 구성하는 생명 시스템 안에 있는 시스템이다. 에베소서 4장 본문 전체는 유기체적 이미지와 관점으로 풍성하다(몸, 인대, 머리, 성숙, 충만 등). 그리스도인의 사역은 결코 단독 또는 이중이 아니라 오중이라는 의미다. 그리고 각 리더십 유형은 개인의 부차적 은사들의 개별적 개발뿐만 아니라 다른 사람의 특별한 공헌에 의해서 강화되고 영향을 받는다. 이것을 조금 더 자세히 살펴보자.

1 더하기 1은 3 이상이다

이제 신학적인 관점에서 좀 많이 벗어나서, 교회를 일단 하나의 사회적 체제로 간주하고, 리더십의 유형별로 거기에 끼치는 영향에 대하여 자세히 살펴보도록 하자. 살펴보는 과정에서 우리는 기독교 운동을 위한 바울의 급진적 계획을 리더십과 경영이론 및 실천에 관한 한 현재 최고의 기법들이 주장하고 있다는 사실을 발견한다.

대부분의 인간 리더십 시스템과 심지어 조직 부서들 안에는 아래의 리더십 유형들 가운데 하나 이상이 있을 수 있다고 알려져 있다.

- 새로운 제품, 서비스, 조직 유형을 개시하는 창업가, 혁신가, 선구자, 창시자

- 기업의 의식을 조사하고, 설립 가치를 온전한 상태로 유지시키고, 권력자에게 진실을 말하고, 조직학습으로 이어지는 현재의 프로그래밍에 대한 의문을 조장하는 질문자, 질의자(선동가)
- 조직의 이상을 전달하기 위해 아이디어나 제품을 광고하고 브랜드에 대한 충성도와 신뢰도를 얻게 만드는 전달자, 모집가
- 건강한 관계를 조성하고 조직을 하나로 묶는 데 필요한 사회적 유대관계를 유지하는 인간주의자, 인간중심의 동기부여자
- 기업에 대한 이해를 증진시키는 것과 같은 방식으로 조직의 목적과 목표를 분명하게 설명할 수 있는 조직가, 철학자, 강사[275]

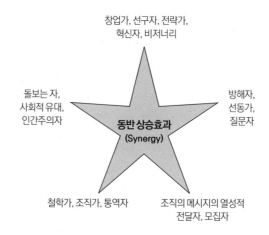

마이클 프로스트와 공저한《새로운 교회가 온다》에서 나는 이렇게 해설했다.

다양한 사회 과학자들은 위의 범주들에 대하여 다른 용어들을 사용하지만, 그것들이 다양한 유형의 리더들이 조직에 기여한 중요한 공헌을 나타낸다

---

275 Frost와 Hirsch, 《새로운 교회가 온다》(the Shaping of Things to Come), 173 - 174.

고 인정한다. 대다수의 리더십 관리 이론에 따르면, 위의 리더들의 상충되는 의제와 동기부여가 그들을 다른 방향으로 끌어당긴다고 본다. 그러나 창업가적 창시자와 전략가가 현 상황에 대한 방해자(질문자)와 역동적으로 상호작용하는 어떤 리더십 시스템(기업, 정부, 정치 등)을 상상해보라. 이들이 조직 경계 너머로 메시지를 가지고 가서 아이디어나 상품을 파는 사람, 즉 열정적인 전달자/모집가와 적극적으로 대화하고 관계를 맺는 것을 상상해보라. 이들은 차례로 인간주의자(HR), 돌보는 자, 사회적 유대, 그리고 전체를 잘 구성하고 조율하는 조직가와 지속적으로 관계를 맺는다. 이런 시스템에서 동반 상승효과는 어떤 맥락에서든 중요하다. 확실히 이러한 서로 다른 리더십 유형의 조합은 각 부분들의 합보다 더 크다.[276]

인간 신체에 있는 다양한 체계(예를 들어 순환계, 신경계, 소화계)가 함께 작동하여 생명을 유지하고 강화하는 것처럼, 모든 생명 시스템 안에도 그 시스템을 구성하는 여러 요소가 상호 관계를 맺으며 서로를 강화시키기 위해 진력한다. 기능 장애는 시스템 안에 있는 여러 가지 구성요소들이나 물질들 사이가 단절된 결과이다. 각 구성요소가 최고로 작동하고 다른 구성요소와 조화를 이루면 전체 시스템은 향상되고 동반 상승효과로 인해 이득을 본다. 즉, 결과가 각 부분들의 합보다 더 크다. 그런 것이 바로 APEST에서 나타난다. 모든 다섯 가지 사역이 효과적인 방식으로 존재하고 서로 관계를 맺으면 그리스도의 몸은 최고로 작동한다. 에베소서 4장에서 바울이 쓴 표현을 사용한다면, 그것은 '자라나고', '온전한 사람을 이루며', '스스로 세워서', '믿는 것에 하나가' 된다.

2000년 즈음에 사우스 멜번 회복 공동체(South Melbourne Restoration Community : SMRC)에서 우리는 리더십 팀을 이 원리에 따라 재구성했고, 그

---

276 Ibid., 174.

2부 | '사도적 특성'의 중심부 여행하기

것이 선교적 교회가 되는 중요한 운동으로 이끌었다. 우리는 리더십을 재편성하면서 다섯 가지 사역 전체가 팀을 대표하고, 그다음으로 각각의 APEST 사역과 관련된 팀을 각자 이끌게 했다. 사도적 팀이 집중했던 일은 교회가 당면한 초지역적, 선교적, 전략적, 그리고 실험적 사안들이다. 선지자적 팀이 초점을 맞췄던 일은 하나님의 음성을 경청하며 우리를 위한 그분의 뜻을 분별하고, 사회 정의 문제에 관심을 두고, 증가하는 중산층 교회의 현 상황에 대한 의문을 제기한다. 전도자 팀이 맡은 과업은 복음 전파와 아웃리치를 감독하고 발전시키는 것이었다. 목자(목양) 팀의 과업은 공동체, 셀 모임, 예배, 그리고 상담을 담당하여 개발하고 교회가 지닌 사랑의 능력을 강화하는 것이었다. 교사 팀의 과업은 배우는 환경을 조성하며, 성경 공부, 신학과 철학 토론 모임 등을 통하여 이해와 지혜를 좋아하도록 개발하는 것이었다. 모두 핵심 리더로서 리더십 팀을 대표했다. 가끔 교회가 직면한 주요 현안을 놓고 중요한 논쟁이 일어났을 때 무척이나 활기를 띠었다.

리더십 팀 수준에서 우리는 팀이 '어울리고 나뉘며', '논쟁하고 초월'할 수 있는 개방형 학습시스템 아이디어로 이 모델을 운영했다.[277] 어울린다 (fit)는 것은 조직이 서로 하나가 되는 것을 말한다(연합). 그것은 집단의 공동 정신과 목적이다. 나뉜다(split)는 것은 우리가 의도적으로 팀 내에 표현의 다양성을 허용할 때 발생한다. 논쟁한다(contend)는 것은 핵심 과제를 둘러싼 격려, 의견 차이, 논쟁 및 대화를 허용하는 리더십을 의미한다(이중성). 초월한다(transcend)는 것은 새로운 해결책을 찾기 위하여 의견 차이를 극복하는 데 모두가 동의하는 것을 의미한다(활력, '신앙으로 하나 됨').

---

277 참고, Pascale, 《Managing on the Edge》. 참고, Pascale, 《Managing on the Edge》.

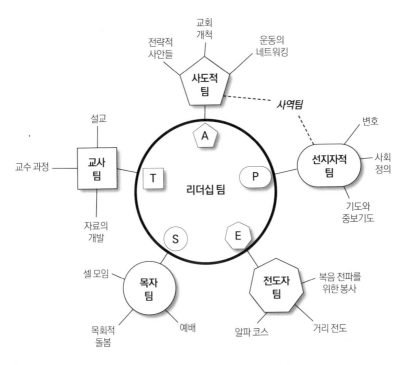

사우스 멜번 회복 공동체, APEST로 가다

어떤 사역의 안건이 되었든, 리더십 팀은 그 집단의 공동의 선교적 사명부터 먼저 고려하여 처리했다. 우리의 선교적 사명을 완수하기 위해서라면 '무엇이든지' 하겠다는 서약을 했다. 그리고 팀 내에서 건강한 관계 맺기를 하였다. 이것은 개개인의 견해 차이를 다툼 없이 인정했다는 의미이다. 우리는 함께 살았고 함께 분투했고 함께 문제와 맞닥뜨렸으니, 그분의 백성으로서 예수님에게 했던 우리의 맹세와 그 각별한 내용은 힘이 있었다. 구성원마다 자신의 사역적 편견에서 벗어나서 당면한 문제에 대한 자신의 관점을 제시할 수 있도록 만들어주는 어울림의 의식이 있었다. 사도적인 인물은 선교적 사명을 중심으로 공동체의 기운을 북돋는 데 필요한 제안과 비평을 하는 자이다. 선지자적 방식은 모든 일에 적합한 도전을 하고 우리의 원대한 계획이 과연 하나님의 뜻에 어울리는지 날카로운 질문을 한다.

전도자는 사람들을 믿음으로 인도하는 것이 필요하다는 것과 우리가 전한 복음이 어떻게 그것을 이루는지 항상 강조하려고 애쓴다. 목자적 방식은 공동체를 건강하게 유지하기 위해 어떠한 방안을 도입해야 하는지 고심하며, 또한 신학자는 그 방안의 타당성을 성경과 교회사에서 찾아내기 위해 애쓴다. 그리고 나뉨(split)의 정신으로 관심사의 현저한 차이를 인정하였고 그로 인해 많은 토론과 심지어 떠들썩한 언쟁까지 있었다. 그러나 우리는 논쟁과 의견 차이를 급히 서둘러 해결하려 들지 않았다(서두르면 목자적 방식에 신경 쓸 일이 생긴다). 우리는 모든 의견을 수렴하고, 대화와 토론을 다 들어주고, 최상의 해결책을 얻을 때까지 문제를 그대로 뒀다. 그러자 주어진 결과로 소명에 훨씬 더 진실할 수 있었고, 하나님을 좀 더 신뢰하게 되었으며, 아직 믿지 않는 자들의 필요를 알았고, 지속 가능했고 성숙했으며, 신학적인 좋은 근거도 얻었다.[278]

만일 잘 이끌고 지도한다면, APEST는 참으로 매우 활기차게 운영할 수 있다. 대다수 교회는 지휘계통이 있는 위계적 구조를 훨씬 더 많이 선호하는 것으로 보이며, 일반적으로 목자와 교사의 은사를 받은 분들이 앞에 서서 이끌고 있다. 그러한 사역 방식들은 갈등을 피하거나, 주로 행동이 아니라 사상에 집중하려는 경향이 있다. 그 결과로 나타나는 조직 문화에서 어울리고 나뉘고 논쟁하고 초월하는 것을 발견하려면 고군분투해도 모자란다. 운영 방식에 있어서 의사결정은 위에서 하고 풀뿌리로 서서히 내려간다. 핵심 과업과 사상과 관련한 진정한 상호작용과 참여는 거의 없다. 결과적으로 숱한 교단적 기구와 교회에서 그 체제의 '말단'에 있는 회원들은 침

---

278 독자들께 이 책과 관련한 웹사이트에서 제공하는 온라인 프로필을 만들어 그 또는 그녀 자신의 사역을 확인해보시기를 권한다 (www.theforgottenways.org). 이것은 간략하게 개인적인 질문표를 채워 넣거나, 혹은 되도록 360° 검사를 해보면 된다. 사역이란 틀에 맞춘 듯 우리의 바람대로 항상 똑같이 되지는 않는다. 하지만 우리가 주변 사람들에게 끼치는 영향을 통해서 사역이 어떠한지 알아차릴 수 있다. 따라서 동역자들과 친구들이 해주는 피드백이 필요하다. 독자께 온라인으로 하는 360° APEST 프로파일링 검사를 권한다. 이것은 그 또는 그녀 자신이 하고 있는 사역의 역동성을 확인하는 데 도움이 될 것이다.

묵과 분노를 느끼는 경향이 있다.

APEST의 상향식 접근법은 건강한 학습 시스템을 창조한다. 전체 매트릭스의 역동적인 특성을 놓고 볼 때 어떤 조직이 그러한 리더십 구조로 세워진 상태라면 당연히 거기에서 개방형 학습 시스템이 나올 수밖에 없다. 보다 외부 지향적이고 현 상황에 안주하지 않는 방식(이러한 경우는 A, P, E)은 시스템 외부에서 안으로 정보가 확실히 들어오게 하며, 조직 환경에 맞춘 역동적인 참여와 성장을 보장한다. (S와 T 같이) 좀 더 지탱하는 사역들은 교회가 지닌 능력 이상으로 과도하게 활동하지 않도록 지킨다. 대체로 보아 그것은 교회의 건강과 선교적 건강 사이에 적당한 균형을 이룰 수 있게 한다.

완전하게 제 직능을 수행하는 APEST 체제 안에는 놀라운 사역 '생태학'이 있다. 그것은 리더와 조직이 훨씬 더 선교적이고 활기를 띨 수 있도록 신학적으로 풍부하고 유기적으로 일관된 이해를 제공한다. 사실상 누군가가 한 지역이나 상당히 넓은 지역에서 하나님의 백성의 삶에 5중 시스템을 의도적으로 개발한다면, 그들이 선교적으로 바뀌지 않는 것이 이상할 것이다.

지금까지 내가 관여하여 APEST를 중심으로 조직을 복원한 사례가 아주 많다. 내가 깊게 개입하여 우리 교회 회중들을 재편성한 것은 물론이고 '미래 여행자들'(Future Travelers)에 소속한 그 많은 교회를 위시하여 호주에 있는 우리 교단과 또한 다른 여러 곳에서도 교단적 차원에서 APEST를 도입하게 했다. 이것은 국내에서뿐 아니라 국제적 수준에서 '인터내셔널 미셔널 팀'(International Missional Team)이라 불리는 우리의 핵심 리더들의 집단을 통해서도 이루어졌다. 그리고 아주 최근에 우리는 '복음언약장로회'(Evangelical Covenant Order of Presbyterians)에서 APEST의 유형을 교단적으로 채택하여 전체 조직에 적용하는 진기한 일을 보았다. APEST 유형체계를 의무화하여 현재 그들의 교단 헌법에 명시해놓았다. 새로이 캐나다와 미국 두 곳의 메노나이트 교회 또한 그들 교단의 사역 지침으로 APEST

를 채택하였다.[279] 나는 요즘 교단 전체 시스템에 걸쳐 APEST의 기능을 수행할 수 있도록 오순절 계통의 '포 스퀘어'(Four Square, 북미지역)와 협력하여 일하고 있다. 아프리카의 '화란 개혁교회'(Hervormde Kerk)는 요즘 회중사역검사 방법과 그 교단 신학교의 사역 훈련에 APEST를 사용한다. 텍사스 주 달라스의 '글로칼네트'(Glocalnet)과 '노스우드'(Northwood)교회의 멋진 사도적 리더인 밥 로버츠 주니어(Bob Roberts Jr.)는 APEST의 기능적 접근방식을 선구적으로 사용해 왔는데, 그것이 지난 수년간 그들이 했던 가장 중요한 전략적 결정 중 하나였다고 말한다. 그는 지역교회 뿐만 아니라 선교적 부문과 교회 개척 부문에서 어느 때보다 더 좋은 형편이라고 말한다. 그들은 이백 개가 넘는 교회를 개척했고 지금은 2세대, 3세대의 성장을 보기 시작했다. 그들은 현재 미국에서 진정한 사도적 운동을 하고 있다. 나는 독자들에게 다음의 내용들을 확신시키고자 이런 이야기를 하고 있다. 이런 생각들이 한 지역, 훨씬 더 넓은 지역, 전 세계 차원에서 실행될 수 있는지 실제 실험하고 있고, 아직 전체적인 영향력을 평가할 만한 시간을 가지지 못했지만 APEST 사고방식은 서구사회 전역의 지역교회, 파라처치, 교단기관에서 깊은 영향력을 끼치고 있다는 것은 의심할 나위가 없다.

결론으로 하는 말

이 장에서는 APEST의 기능과 소명이 비범한 사도적 특성의 주요 구성 요소인 이유를 힘써 설명하고자 했다. 솔직히, APEST 문화와 역동성 없이는, 활성화되고 유기적이고 선교적인 운동이 유지되는 것은 고사하고 존재하는 것을 상상하기도 힘들다. 역사상 뛰어났던 선교적 운동들을 연구해본 결과, 이런 mDNA의 존재와 활약 없이는 비범한 사도적 특성이 온전하게

---

279 참고 eco-pres.org/ and MennoMedia, Shared, 14, 27-28.

나타날 수 없다는 것이 분명하다.

　APEST 유형 체계에 내재하는 한 부분으로서 그 사도적 사역이 비범한 사도적 특성을 활성화하는 데 결정적인 역할을 한다는 것을 확인할 수 있다. 이는 사도적 사역이 예수님의 교회에 내장된 DNA 인자에 대한 관리인 역할을 하기 때문이다. 교회는 사도적 영향력으로 그 참된 소명과 정체성을 일깨우게 되므로, 다른 것으로 그 자리를 대체할 수 없다. 사도적 영향력이 없는 운동과 교회는 기껏해야 mDNA의 양상들이 있다는 것만 알 뿐이다. 그들은 응집력 있고 시너지 효과를 내면서 비범한 사도적 특성을 구성하는 mDNA에 연결될 수 없다. 교회의 기본적인 능력을 '사도적 특성'이라고 부르는 이유가 부분적으로 여기에 있다. 신약성경, 초대 교회, 그리고 중국 지하 교회에서 발견되는 변혁적인 예수운동의 출현에 있어서 결정적으로 중요한 사도의 사역에는 필수적이고 대체불가결한 무언가가 있다.

　운동에 대한 사고방식은 예수님이 교회에게 하나님의 백성의 뿌리에 놓여 잠들어 있는 mDNA의 모든 요소를 포함해서 과업을 수행하는 데 필요한 모든 것을 다 주셨다는 사실을 이해하게 한다. 자신들의 조직 속에 APEST를 활성화하기 원하는 분들에게 좋은 소식은 예수께서 이미 교회에 그것을 "주셨다"(에베소서 4장 7,11절에서 이 동사는 직설법 부정과거형)는 것이다. 역사를 통틀어 다양한 교회 지도자들이 최소한 바울을 따라서 그것을 공식화하려고 무척 애를 썼지만 예수님은 이미 그것을 그리스도의 몸, 즉 교회 사역의 DNA 속에 암호화하셨다. 교회의 어떤 고위직도 예수님이 넣어두신 것을 결코 꺼낼 수 없다. 우리는 예수님의 에클레시아에 APEST를 들여올 필요도 없다. 우리는 그것을 일깨우기만 하면 된다.

　　　　　　　　　　　　　2부 | '사도적 특성'의 중심부 여행하기

9

유기적 시스템

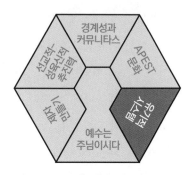

대부분 예상하듯이 현재 실무에서 쓰이는 사업 이론은 길어봐야 10년이면 그 효력이 끝난다…그런데도 사업을 전환하기 위해 지금의 사업 운영 방식을 근본적으로 바꿔야 한다는 필요성을 경영진들이 못 느낀다. 사업을 탈바꿈해야 한다.
– 피터 드러커(Peter Drucker), 《턴어라운드(Turnaround) 입문서》

그러니까 만사에 원인이 있으면 결과가 있고, 남에게 받으면 남에게 주기도 하며, 중재를 맡기거나 직접 하기도 한다. 그러니 무엇이든 자연스럽게 하나로 뭉쳐 있는 것 같아도 그것은 뭔지 모를 쇠사슬로 양극단에 있는 것들과 전혀 다른 것들을 꽁꽁 묶어 놓은 것에 불과하다. 그러므로 나는 전체를 알고 있지 못하니 부분들을 어찌 안다고 할 것이며, 그 부분들에 대해 자세히 아는 게 없으니 그 전체에 대하여 당연히 아는 바 없다.
– 블레즈 파스칼(Blaise Pascal)

우리는 체계화한 조직들의 시대를 떠나서 자율 형성 과정을 이해하고 촉진하며 장려하는 것이 핵심 역량이 된 시대로 이동하고 있다.
– 가레스 모건(Gareth Morgan), 《Imagineering》(아이디어의 구체화)

이제 약간 더 깊이 있게, 어떻게 기하급수적으로 팽창하는 운동들을 조직해야 하는지 살펴보려 한다 : 어떻게 해야 이 운동들의 핵심(DNA)을 유지하면서 규모 있게 운영할 수 있을까? 어떻게 해야 상당량의 시험과 혁신을 장려하면서 핵심 사상과 가치들을 유지할 수 있을까? 어떻게 이 사상들을 전달해야 하는가? 많은 사람들이 조직에 관한 이야기와 운동이 전혀 무관하다고 여길 테지만, 그러나 사실은 전혀 맞지 않는다. 구조(structure)와 조직(organization)은 매우 중요하며, 그것들은 시간과 거리에 구애받지 않고 성장을 유지하는 데 꼭 필요한 요소이다. 원래 구조와 조직은 임무를 지원하기 위해 고안한 것이지만, 시간이 지남에 따라 그 자체가 중요해졌다. 사실 그것들이 임무가 된다. 그래서 누구라도 구조를 바꾸려고 시도하면 변화에 대하여 저항하는 자가 생길 수 있다. 따라서 구조는 운동의 저격범도 되고 운동의 강화(強化)자도 된다. 그런데 운동의 목표를 막고 있거나 강화하는 것이 무엇인지 그 답을 얻으려면 그 체제의 부분이 아니라 전체를 봐야 한다. 그러므로 리더들은 조직 설계는 물론이고 그것의 유지에 관련한 생각도 가지고 있어야 하며, 또한 그 '체제'(system)에 대한 비판적 평가도 각오해야 한다.[280]

이번 장에서는 어떻게 교회를 가장 주목할 만한 형태로(사도적 특성이 진실로 분명하게 나타나도록) 조직할 것인지 그 방법에 대하여 구체적으로 살펴보려 한다. 이런 교회는 하나의 살아있는 유기체로서, 하나님이 설계하신 그대로 완벽하게 구성된 생명체이다. 그러나 우리가 또한 주의해야 할 것은 교회를 기계적 체계로 여기는 종류의 은유(metaphor)이다. 이것에 매이면 그리스도의 살아있는 몸이어야 하는 우리의 기능을 잊어버릴 수 있다. 오히려 조직을 유기체에 비유해야 풍성한 성경적 근거를 자신의 것으로 삼을 수 있다. 성경에는 교회와 하나님의 나라에 대한 유기적인 이미지들이 풍부하기 때문이다. 몸, 밭, 누룩, 씨앗, 나무, 살아있는 성전, 포도나무, 그리고 새와 같은 은유들로 제자도, 생명, 에클레시아의 영역을 실감나게 설명할 수 있다.[281] 그리고 대다수 교회에 적용되는 그 활동에 관한 은유들은

280　Robert Pirsig는 '체제'에 대한 우리의 무지를 강조하며 이렇게 지적했다. "공장이 파괴되어도 물건 생산의 합리성이 남아있으면, 그때 그 합리성으로 말미암아 그냥 또 하나의 공장을 만들게 된다. 만일 혁명으로 정부가 무너졌어도, 그래도 정부가 있어야 한다는 체제에 대한 사고방식이 남아 있으면, 그러한 방식이 다시 또 자신들의 정부를 세운다. … 체제에 대한 말들이 무성하다. 하지만 이해하는 자는 드물다"(《Zen》, 87–88).

281　사실, 에클레시아 그 자체도 매우 강력한 선교적 은유인데, 원로들로 구성된 공의회 같이, 그 도시의 이익을 위해서 선발한 한 무리의 사람을 의미한다. 참조, Hirsch와 Frost, 《ReJesus》, 31–33.

거룩한 건물은 물론이고 산업혁명 시대에나 나올 법한 것들이기에, 대개는 교회를 무생물적이고 비인격적인 기계로 착각하게 한다. 역사상 오랫동안 조직에 대한 우리의 이해를 독점적으로 지배하고 있는, 조직을 기계에 비유하는 이런 은유는 타파해야 마땅하다. 그래야 어느 곳으로든 자유롭게 이동하는 예수님의 교회를 위한 새로운 미래를 창출할 수 있다.

기념 건조물에서 운동으로 : 은유를 사용하여 말하기

은유나 상징은 사상을 실례로서 명확히 하는 데만 유용한 것이 아니라 사상 그 자체를 전달하는 데도 유용하게 쓰인다. 또한 그것은 논리적인 언어로 장황하게 늘어놓는 논증보다 훨씬 효과 있게 의사전달을 하는 수단이다. 은유와 이야기는 마음에 대고 이야기하는 것만이 아니다. 그것은 마음, 뜻, 그리고 의지를 한 번에 다 사로잡아 버린다. 한편, 잠겼던 사상을 풀어 버리기 위해서는 요령이나 상상력을 자극하여 사람을 사로잡는다. 우리 가운데 합리적으로 사고하는 방법을 익힌 사람들에게는 이것이 이상하게 보일 수 있겠지만, 성경의 논법에서 담론, 비유, 상징은 잘 요약된 진술들보다 진리에 있어 모자라지 않다. 또한 훨씬 더 큰 진리가 그 안에 담겨 있다. 그래서 성경의 많은 부분이 수많은 이야기와 시로 쓰인 것이다. 그것의 굉장한 호소력은 하나에만 매달리는 합리적 지성에 비할 바가 아니다. 예를 들어 성경이 일단 예수님은 하나님의 어린 양이라고 말하고 나면 상상력과 영혼에 여러 가지 이미지가 떠오르기 시작한다.

분명히 해 둘 것은, 예수님은 아이들에게 성경을 재미있게 들려주기 위해 비유법을 사용하신 것이 아니라는 것이다. 대신에 그분은 비유로 우리 자신과 과업 그리고 우리가 세상에 존재하는 목적을 재해석할 수 있게 하셨다. 그 은유마다 우리가 하나님을 신뢰할 수 있고, 믿어야만 하는 비전/

패러다임이 중심에 담겨 있다.[282] 한편, 상상력을 일깨우는 은유들은 운동에 대해 생각할 때 중요하다. 은유는 창의적인 생각을 하게 만드는 최고의 도구이다. 신선한 은유들은 비전과 혁신을 불러온다.

은유들에 담기는 기이한 표현으로 무엇을 할 수 있을까? 나 같은 경우에는 은유에 나오는 모든 것으로 리더십과 조직을 설명하려 한다. 가레스 모건(Gareth Morgan)이 하는 말이다. "함축된 의미가 담긴 이미지들이나 은유들로 조직에 관한 개념들을 이야기하면, 항상 우리가 그 형세들의 세세한 부분까지 보고 이해하며 다룰 수 있다. … (현대의) 리더들에게 시급한 것은 은유 사용법을 익혀서 그것으로 자신들이 하는 일들을 살피고 이해하여, 반듯하게 만들 수 있는 새로운 방법을 찾아내는 일이다."[283] 또한 은유가 우리에게 중요한 이유는 원래의 은유를 손보면 전혀 다른 각도에서 모든 것을 볼 수 있어서 새로운 것을 인식하게 되고, 그에 따라 행동에 변화를 가져올 수 있기 때문이다.

예를 들어 내가 한 도시와 인근 지역에 근 2천만 명이 거주하는 로스앤젤레스에 산다고 해보자. 이는 나의 고향인 호주 전체 인구에 맞먹는 숫자이다. 그러니 LA가 그저 한 도시라는 식의 은유를 사용하면 말이 안 된다. LA는 중심이나 둘레가 없다. 어떤 사람의 말처럼, "거기가 거기가 아니다." 이를테면 뉴욕과 같이 무슨 심미적인 통일성도 없고 그 지역만의 '품격'도 없다. 그러니 누구라도 LA에 실제로 '정착한' 것이 아니다. 만약에 LA를 한 도시로 보는 것 대신에 조그만 나라(45개의 각기 다른 '도시'를 가진)로 여긴다면, 그것은 말이 된다. 이제 나는 LA라는 나라에 살고 있다고 말하면 된다. 용어를 바꾸면 인식이 변하고 경험하는 것들이 달라진다.

---

282 성경 기자들은 (시편, 선지서, 복음서, 바울서신, 요한서신 등) 모두 이미지와 은유를 풍성하게 사용하는 자들이었다. 예를 들어 바울은 교회에 대한 은유로 그리스도의 몸을 반복해서 사용한다. 그 덕분에 우리는 그가 말하는 것이 무엇인지 피부에 직접 와 닿게 이해할 수 있다.

283 Morgan, 《Imaginization》, xxi.

은유들이 힘 있는 서술자인 이유는 간단한 방식으로 실체를 투과하여 그 윤곽을 뚜렷이 보이기 때문이다. (그 예로 '리차드는 한 마리 사자이다'라든지, 또는 '조직은 기계이다'). 아메바, 벌통, 철옹성, 쿠키 커터처럼 간단한 낱말로도 실마리가 되어 사람들이 조직의 패러다임이 어떤지 훤히 들여다보며 알게 된다. 예컨대 이러이러한 교회는 코끼리 같다고 말하면 마음에 어떤 이미지가 떠오르는가? 불가사리라고 하면 어떠한가? 은유마다 증식력, 기동성, 힘, 지혜, 인격, 용기 등 그 전달되는 의미가 다르다. 그래서 패러다임을 바꾸려 할 때 은유 하나만 잘 사용해도 어디에 역점을 두어 주력해야 하는지 중요한 실마리를 제공할 수 있다.[284]

이렇게 적용해보라. 만일 교회가 종교 기관이라고 하면 어떤 이미지가 마음에 떠오르는가? 보통 '기관'이라는 은유는 건물, 고정성, 딱딱한 고체성, 운영비, 프로그램, 정책, 직원과 봉사자, 위계 조직 등의 연관성 있는 이미지가 생각난다. 그런데 은유를 약간 바꿔서 교회가 운동이라고 하면, 보이는 실상은 같은데 전혀 새로운 방식으로 연상이 된다. 렌즈나 패러다임이 바뀐 것이다. 익숙한 듯 보였던 것이 이제는 새로운 시각에서 인식된다. '운동'이라는 단어가 붙자 교회가 훨씬 더 유기적이며, 주장하는 메시지가 있으며, 적응성이 있고, 활력이 넘치며, 생동감 등이 느껴지는 듯하다. 그 주어진 용어에 비추어 모든 것을 다시 생각하게 한다.[285] 그래서 내가 항상 교회를 개척하려는 이들에게 하는 이야기가 있다. 여러분이 정확히 알고 있다고 여기는 그런 교회를 개척하지 말고, 대신에 운동을 시작하라! 운동을

---

284 Hirsch와 Ferguson, 《On the Verge》, 89–90.

285 최근에 Seth Godin은 은유의 위력을 집적해서 약간 시적인 표현으로 게시판에 올렸다. "복합된 개념을 학습하는 가장 좋은 방법은 당신이 이미 알고 있는 다른 어떤 것 속에서 지내고 있는 것(이)에게 그것을 알아보는 것이다. '이것과 같은 것은 저것이다'라는 전개방식은 비전문가식 발상이다. 전문가라면 은유를 바란다. 그것은 소질이 아니다. 그것은 실습이다. 당신이 스토리, 예화, 호기심을 마주할 때, 짬을 내서 그 안에 들어 있는 은유부터 찾아라. 그것들을 찾던 장소에서 자주 배우게 된다."(bit.ly/1CMi3jP).

시작하라는 것은 교회를 개척하라는 것과는 완전히 다른 문제이다.

사도적 특성을 잠에서 깨워서 역사상 특출하게 변모를 가져왔던 그 운동들의 역동성을 회복하려면, 우리는 반드시 가장 우위에 있던 은유를 다른 것으로 바꿔야 한다. 즉, 우리의 교회를 신학적으로 정적인 기관에 비유하던 그 지배적인 은유를 날려버리고 훨씬 더 힘차게 움직이는 운동 유기체에 비유해야 한다. 유기적인 이미지와 운동으로 은유를 바꾸면 모든 것이 달라진다. 그런 은유를 살려서 패러다임을 구성해야 한다. 머릿속에 다른 이미지/은유를 담아두면 결국 당신은 전혀 다른 조직을 갖추게 된다. 당신 자신과 조직에 운동의 특성을 알려 운동에 관한 생각을 강화하면 전체적으로 운동의 은유들을 사용하기 시작할 것이고, 모든 것이 그에 따라 체계적으로 하나씩 조직된다.

다시 황홀한 교회론 : 창조주가 교회에 오시다

놀랄 것도 없이, 교회에 대한 유기체적인 이미지를 뒷받침하는 신학적 근거는 리더십과 조직 개발에 판에 박힌듯한 영향을 미친 여타의 분야보다 성경적 창조 교리(우주론)와, 그리고 어느 정도 생태학적이고 본질적인 영적 세계관에서 끌어와야 마땅하다. 우주론(창조주와 창조에 대한 교리)은 우리의 정체성, 우리의 본성, 그리고 세상에서의 우리의 역할을 훨씬 더 깊이 이해하도록 인도한다.

그리고 창조 그 자체만 봐도 하나님이 어떤 의도로 인간에게 생명과 공동체를 허락하셨는지 그 이유를 알 것 같지 않은가? 생명체마다 창조주 하나님의 손자국이 남아 있고, 그것의 모든 양상에는 그분이 가진 생명력과 총명으로 가득하다(시 19). 우주 자체는 완전히 지적인 방식으로 작동하는 것 같다. 우리가 그것을 과학, 곧 원자의 구조, 날씨의 유형, 새의 이동, 그리고 인간의 정신계를 통해서 많이 알면 알수록, 그 모든 정교함에 훨씬 더 엄청 놀라게 된다. 물질의 가장 작은 입자인 쿼크(quark)에서부터 엄청나게 밝은 별인 초신성(supernovas)에 이르기까지, 우주는 온전히 전지전능한 창조주 하나님에 대해 경이로움과 경외심으로 우리를 충만하게 하는 어떤 살아 있는 힘이 진동시키는 것 같다.[286]

더욱이, 성삼위일체의 창조주 하나님은 서로 나뉘지 않는다. 하나님의 임재는 우주 어느 곳에서든지 다 발견된다. J. V. 테일러(Taylor)는 그의 주목할 만한 책 《그리스도이신 하나님》(The Christlike God)에서 이렇게 언급한다.

> 하나님이 계신 곳에서는 그분이 전체로 존재한다. 무한한 그분이 우주를 주관한다. 그것을 구성하는 내부의 모든 원자까지 아신다. 하나님의 초월성과 하나님의 편재성의 진리, 그분의 신비와 오묘는 단 하나의 실체로 불가분하게 결합하여 있고, 혹 인간이 더듬어 찾아보면 알 수 있으나 극히 작은 부분일 뿐이다. 하나님은 만물 안에 편재하더라도 그것에 종속하거나 멀리 떠나 계시지 않는다. 그분은 측량 못할 광대무변한 분이지만, 우리를 개인적으로 대하실 때는 다른 모든 관계를 능가하는 친밀함으로 말씀한다.[287]

하나님의 초월성에 대한 교리는 우리에게 하나님이 그분의 피조물보다

---

286 이 우주의 창조자는 우리에게 전혀 낯설지 않다. 성경은 분명하게 성삼위께서 우주의 시작과 모든 생명체의 유지에 온전히 관여했다고 교훈한다. 성부 하나님께서 말씀으로 우주를 창조하셨다(창 1). 아버지 하나님은 모든 생명의 기원이며 근원이다. 성경은 그리스도를 창조의 매개자로 묘사한다("만물이 그에게서 창조되되" 골 1:16; "만물이 그로 말미암아 지은 바 되었으니 지은 것이 그가 없이는 된 것이 없느니라" 요 1:3). 그리고 그분은 만물을 조직하는 원리이다("만물이 그 안에 함께 섰느니라" 골 1:17; "그의 능력의 말씀으로 만물을 붙드시며" 히 1:3). 성령님을 생명/영혼의 본질로 설명한다. 그분은 미리 형성된 우주의 혼돈 위에 운행했고, 모습을 갖추게 했으며, 만물의 원자마다 목적과 원기로 채웠다. 원자들에서 별들까지, 피조물의 모든 양상에는 믿을 수 없을 정도의 지식과 절대 능력을 갖추신 존재가 암시되어 있으며 그것의 실체와 존재의 지속 여부는 그분에게 달렸다(신학자들은 계속 창조[continuing creation]라고 칭한다). 우주에는 하나님의 영광이 선포되고, 하나님의 지식과 그분에 대한 계시의 물줄기가 그치지 않고 이어진다(시 19:1–4).

287 Taylor, 《Christlike God》, 117.

뛰어나다는 것을 알려준다. 그분은 만물보다 훨씬 더 크기에, 만물이 다 그분 안에 존재한다. 그러나 그와 관련한 하나님의 편재에 대한 교리는 우리에게 그분이 심지어 가장 작은 원자 안에도 충만한 상태로 계신다는 것을 계시한다. 그분은 우주에 충만할 뿐 아니라 그것을 초월한다. 이것은 모든 우주와 생명 그 자체는 하나님과 직접 연결되어 있다는 의미이며, 그러기에 신적 생명의 신성한 신비가 충만한 것이다. 표도르 도스토옙스키 (Fyodor Dostoyevsky)는 이를 알아차렸다. "모든 것이 대양 같아서, 다 흘러들어 연결된다. 한곳에서 그것을 만지면 세상의 다른 끝에서 그것이 메아리친다."[288]

계시된 말씀으로 섭리에 따라 세상을 순서대로 창조하신 것을 보면서 우리는 어떻게 모든 삶을 영위해 가야 하는지 상당히 많은 것을 배운다. 하나님의 백성을 일종의 유기체로 이해할 수 있게 된 것은 바로 피조된 세상과 성경을 하나씩 살펴본 덕분이다. 그리고 하나님의 백성들이 살아가는 삶의 현장을 지켜본 결과, 선교적 사명을 완수하는 교회가 되는 과정에서 하나님의 영께서 쓰시는 통로가 사도적 특성이란 것을 알았다. 사도적 특성은 특질 그 자체가 매우 유기적이며 또한 체계적이다.

이러한 유기체라는 이미지와 은유로 교회와 선교를 이야기하는 것이 인간이 고안해낸, 때론 뭉툭하고 비인간적이고 기계론적인 개념들보다 훨씬 더 신학적으로 풍성하다. 자기가 지은 만물과 친밀하게 관계하며 긍휼을 베푸는 하나님을 모르면 사도적 특성이 무엇인지 이해할 수 없기 때문이다. 예수님을 따르는 자들의 모임인 교회라는 공동체를 유기체로 봐야 하는 근거로는 우선 성경을 들 수 있고, 아울러 세상 창조의 원리와 그것의 보존을 다루는 풍성한 신학적 자원을 꼽을 수 있다. 교회를 일종의 생명체로 보기 위해서는 하나님이 처음에 교회를 만든 의도가 무엇인지부터 자세히

288 M. Jones, 《Dostoevsky》, 129에서 인용함.

살펴봐야 한다. 예를 들어 크게 부풀게 하는 적은 누룩은 우리의 내면에서 활동하는 하나님의 나라를 우리에게 가르치려는 의도인 것처럼 말이다(마 13:33).

이 모든 웅대한 우주론이 과연 우리의 사역 현장인 지역 교회에서 얼마나 잘 통하고 있을까? SMRC에서 겪은 15년간의 경험에서(바로 이어서 여러 해 동안 교회 자문사업과 훈련에 종사함) 반성할 점이 하나 있다. 교회가 성장하면서 우리는 전통적인 교회-성장 방식으로 운영하기 시작했다. 그런데 '잘 되는 교회'가 되려다 보니 어쩔 수 없이 점진적으로 기계 같아지면서 점점 더 하나님을 알기가 힘들어졌다. 교인 수는 늘어나는 반면 자연스러운 삶의 리듬과 직접적인 사역에서 점점 더 멀어졌고, 우리의 역할은 처음과 달리 훨씬 더 경영자(그리고 상업적인 것)에 가까워지는 것 같았다. 사역의 기계화는 교회의 리더십에서만 느끼는 것이 아니었다. 교인들도 점차 삶보다는 프로그램에 치중하였고, 점차 신앙 공동체 외부에 있는 사람들과는 아예 관계조차 맺으려 하지 않았다. 상당히 폭넓은 사역과 현대 교회의 무수한 리더들과 사귐을 가지면서, 나는 이런 방식으로 운영하는 교회마다 이와 유사한 경험을 고질적으로 겪는다는 것을 알았다.

이런 모든 일로 인하여 개인적으로 의문을 품고 좀 더 삶에 초점을 둔 선교, 목회, 그리고 공동체가 되려면 어떻게 해야 하는지 탐구하다가, 마침내 이른바 '생명 시스템 이론 접근법'이라는 것을 찾아냈다.

운동 정신 : 생명 시스템 이론 접근법의 양상

이 접근법을 여기에서 전부 다 설명할 수 없어서, 다각적인 면에서 그 핵심을 추려서 이 책 뒤에 부록으로 붙였다. 특별히 독자들께 이러한 사고방식을 다루고 있는 부록1 '혼돈이 일어나는 과정'을 꼭 읽어보시라고 권한다. 본질에서 생명 시스템 이론 접근법으로 들여다 볼 수 있는 것은 (1) 생명 유기체로서의 에클레시아와 (2) 역동하는 체제로서의 교회이다.

이미 알아봤듯이, 다양한 유기적 은유들(예를 들어 그리스도의 몸, 씨앗, 빛/어둠, 하나님의 백성, 누룩 같은 것들)을 통하여 예수께서 시작하신 운동을 들여다보면 그것이 분명 본질에서 살아있어 적절하게 반응하고 적응도 하며, 들쑤셔놓기도 하고 번식도 하는 양상을 가진 매우 활발한 운동이란 것을 알 수 있다. 운동과 건축물은 상반된다. 운동은 움직이지만 건축물은 꿈쩍도 안 한다. 운동은 살았고 반응하고 적응성이 높고 성장하며 사회적인 현상이다.[289] 그리고 이런 활기는 예수님이 의도하신 사람이 되도록 우리를 인도하며 빚어 만드는 생명의 성령님으로만 가능한 양상이다.

그런데 가령 태도를 바꾸어 운동에 대한 바른 생각을 가지려면 선형적 사고를 하던 습관을 떨쳐내고 힘있게 동작하는 체제로 사고하는 법을 익혀야 한다.[290] 한 체제(시스템) 안에서는 모든 요소가 혹 종류가 달라도 역동적이고 변함없이 서로 관계하며 의존한다. 모든 일이 한꺼번에 일어난다. 체제 안에 들어 있는 것들은 단순히 요소별로 따로 떨어진 개별체로 볼 것이 아니라 서로 의존적 관계를 맺고 있어 상승작용 효과가 있는 전체로 보아야 한다. 체제에 대한 한 가지 경탄할 예(sample)인 당신 자신의 몸을 생각해보라. 학교에서 생물 시간에 그 복잡하게 얽힌 신체의 내부 장기들이 얼마나 경이적으로 상호작용을 하는지 보았을 것이다. 그래서 신체 중 일부를 함부로 손댔다가는 몸 전체가 망가진다는 정도는 당신도 잘 안다. 신경근육질 건강을 크게 향상하려고 심장과 순환계에 무리를 주는 것은 좋지 않다. 그것들은 양쪽 다 생존과 발육을 위해서 서로가 필요하다.

---

289 Tim Keller의 책《Serving a Movement》, 248-268에 내가 기고한 글을 보라. 거기에 운동에 대한 Keller의 탁월한 작품인 《센터처치》(Center Church)에 대하여 내가 공감한 내용을 담았다. Neil Cole의 운동에 대한 뛰어난 도서인 'Church 3.0'을 보라. 운동을 실제로 일으키는 것을 주제하여 실감나게 쓴 작품들이 거의 없다. Steve Addison의 책 《Movements That Change the World》 또한 유익하다.

290 Senge, 《The Fifth Discipline Fieldbook》, part 1.

체제의 작동방식을 이해하는 것이 중요하다. 힘을 가했을 때 실제로 동작의 변화가 일어나는 생명 시스템의 특성과 역동성을 이해하지 못하면 사도적 특성으로 힘있게 변모시키는 운동을 일으킬 수 없다. 사도적 특성을 구성하는 mDNA의 여섯 가지 요소 전부는 체제가 역동하는 데에서 하나도 빠져서는 안 된다. 각 요소는 역동적으로 서로 관계하고 상호의존한다. 여섯 요소가 하나로 뭉치면 자연스럽게 팽창하기 시작한다.

그것을 이런 식으로 생각해보라. 정녕 진정한 사도적 운동은

- 믿음의 주이신 예수님의 길(Way, 에토스)에 대한 기본적이고 확고한 헌신이 그 모든 것의 정중앙에 자리한다.
- 제자도의 비전이 뚜렷하고 분명한 과정을 두어 조직 전반에 걸쳐 제자 만들기를 진행한다.
- 헌신적으로 밖으로 나가서 다양한 문화권으로 깊이 들어가 그 정황 속에서 복음을 알기 쉽게 풀어서 설명해 주는 운동이다.
- 운동을 시작하고, 발전시키고, 유지하는 선교적(그리고 더 나아가, 리더십을 발휘하는) 사역이다.
- 내장된 운동 DNA대로 작동하는 체제로서, 사전에 체제 전체의 재생산과 확장에 헌신하겠다고 굳게 결심하고, 체제 안에서 활동하는 모든 자에게 최대한의 권한과 직능을 부여하여 힘을 실어주는 데 전념한다.
- 운동을 위해서라면 어떤 위협이 와도 굴하지 않고, 도리어 당연시하며 흔쾌히 맞서는 문화이다.

이 요소들 하나하나는 그 자체로도 매우 중요하다. 의심의 여지가 없다. 그러나 사도적 운동이 일어나려면 여섯 가지 모두 체제 안에서 활약해야 한다. 각 mDNA는 다른 하나에 의존도 하고 지원도 한다. 사실, 각 mDNA는 다른 mDNA 요소들과 언제라도 상호작용할 가능성이 열려 있다. 따라서 제자도 하나만 보더라도 거기에 사람들에게 종자 심기 운동, 5중 부르

심, 잠재한 커뮤니타스 형성하기, 기타 등등이 포함된다. 이처럼 각 mDNA는 상대하는 요소들의 영향을 받는다. 예를 들어 APEST의 사역에는 활동할 수 있는 조직이 실제로 필요하며, 동시에 그리스도와 생생한 관계를 맺어야 한다. 그러다 결국 이루어지는 것이 바로 그리스도의 몸이다. 각 mDNA는 다른 모든 요소와 역동적인 관계를 맺으며 존재한다.

따라서 예를 들어 예수님의 주 되심 없이, 선교적 사명 없이, 그리고 위험과 모험 없이, 제자도는 아예 불가능하다. 또한 APEST의 사역 등 그런 것들 없이 유기적 체제를 이루려 한다는 것은 언감생심이다. 우리는 각 부분만이 아니라 체제에 집중해야 하는데, 그렇게 부분만 보는 것을 회피해야하는 이유는 그 각각이 그보다 더 큰 체제에 연결되어 있기 때문이다. 모든 것을 합산해야 한다.[291] 운동에 대한 바른 개념을 가지려면 운동의 역동적인 면을 고려하여 비선형적으로 사고하는 훈련을 당신 스스로 해야 한다. 우리가 여기에서 이것을 알아야 하는 이유는 모든 것이 서로 긴밀하게 연결된 이 세상에서 체제에 대한 지식이 없다면 항상 대가를 치러야 하기 때문이다. 체제라는 것을 생각하라!

공붓벌레가 하는 말 같겠지만, 이 짧막한 말을 잊지 말라 : 역동하는 체제에서는 모든 부분이 마치 하나처럼 움직인다는 이런 매우 '영적인' 개념은 조직화에 관한 이론에서 가장 바람직한 생각이며, 그것을 다양하게 학습 구조, 사이버네틱스, 생명 시스템, 복합성 이론, 네트워크 지식, 혹은 홀로그램식 편성이라고 칭한다.[292] 사실상 그것은 대개 자연계와 사회 체제, 유전학, 인간의 지성, 그리고 학습을 연구한 결과이다.

---

291 Hirsch와 Ferguson, 《On the Verge》, 11820. 또한 Alan Roxburgh의 훌륭한 도서인 《Structured for Mission》도 보라.

292 Morgan, 《Images of Organization》, 특히 4장에 이에 관하여 매우 유용한 내용이 있다. 본서 《잊혀진 교회의 길》은 실용서가 아니고 운동의 활성화에 관한 개념서이기에, 나는 독자들께 나와 대이브 퍼거슨(Dave Ferguson)이 공저한 실용서인 《가장자리에서》(On the Verge)를 당신의 리더십 팀과 함께 공부하여 이런 접근법이 어떻게 우리가 하는 방식을 바꿀 수 있는지 알아보기 바란다.

여러 번 말했듯이, 운동의 사상(나는 이것을 특별히 사도적 특성이라고 부른다)이 우리 시대에 예수님을 위한 일을 하는 데 있어서 진보를 가져올 수 있는 열쇠라고 믿는다. 그것이 비책이라고 여기지 않지만(그것은 사상이지 믿음은 아니다), 교회를 역동하는 운동체로 실감나게 볼 수 있게 하는 데는 그만한 설명이 따로 필요없는 비상한 개념이다. 그리고 운동의 이론은 당신이 마음을 열고 에클레시아(교회)에 대하여 그것의 중심 메시지, 조직, 관계, 능력, 자발성을 전혀 새로운 방식으로 보게 하고 경험도 하게 한다. 그것은 예수님의 백성들 속에 항상 존재하는 잠재력을 확인하여 발현시킬 수 있는 길을 열어주는 패러다임이다.

그것이 무엇을 의미하는지 더욱더 깊이 파고 들어가서 운동이 되게 해야 한다. 이것을 하기 위한 한 가지 방법은 교회의 현 체제에서 역동하는 운동과 상반되거나 진행을 방해하는 양상들을 찾아내는 것이다. 이것을 나는 '운동 저격범'이라고 부른다. 또한 그것들은 예수께서 자기 백성에게 넣어주신 세상을 변화시킬 수 있는 잠재능력을 실제로 계속 봉쇄하고 있다. 사도적 운동의 측면에서 고려할 때, 우리는 확신 있게 예수께서 자신의 살아있는 몸이 움직이도록 작정하셨고, 모든 제자와 무리는 이미 그 안에 움직일 수 있는 완벽한 잠재력을 지니고 있다고 말할 수 있다. 교회마다 예수님의 영인 성령님이 계시고, mDNA와 또한 자유롭게 선택할 수 있는 인간의 권리가 있다. 만일 사람들이 늘지 않거나 성장하지 않는다면 거기에는 틀림없이 잠재력을 봉쇄하는 요소들이 있는 것이다. 그 본유적인 가능성을 다시 불타오르게 하고 운동을 추진하기 위해 봉쇄 상태를 확인하고 해결하는 데 리더십이 필요하다.

장애물 치우기 : 제도주의에 물든 '운동 저격범' 처리하기

유기적인 체제의 이러한 양상을 회복하는 처방을 내리기 전에 먼저 할 말이 있다. 나는 그것을 위해 무정부주의나 제도의 붕괴를 시도하지 않는다. 사실상 대부분 나의 책은 예를 들어《영구적 변혁》(The Permanent Revolution)과《가장자리에서》(On the Verge)만 봐도 조직의 역동성을 철저하게 다루는 편이다.[293] 더구나 나는 조직이 있어야만 유지 가능성과 수명이 보장된다는 식의 말을 신봉할 정도로 순진하지는 않다. 운동이 시작된 이상 그것을 처음부터 잘 유지해 나가려면 문화를 창조하고 조직 활동을 위해 가치와 행동을 규칙화해야 한다는 점은 인정한다.[294] 게다가, 나는 또한 서구적 상황에 있는 대다수의 교회는 순전히 무슨 틀에 맞춰 운동하는 대신에, 적응성과 운용성을 혼용하는 방식으로 운동하는 것이 바르다고 믿는다. 달리 말해, 미국에서 중국의 지하 교회와 똑같은 방식의 본격적 사도적 운동을 굳이 보려고 할 필요까지는 없다는 뜻이다. 물론 사도적 특성의 적용 사례가 점차 늘어남에 따라 그와 유사한 형태의 운동들이 현재 계속해서 나타나고는 있다.

모든 생명 시스템은 그 존재를 유지하고 영속하기 위해 어떤 형태로든 구조가 필요하다. 구조 자체가 생명을 창조하지 않는 것이 전적인 사실이라도(마치 기계처럼), 구조 없이는 생명이 오랫동안 살아있을 수 없다. 생명 시스템이 복잡하면 복잡할수록, 그것을 유지하기 위한 수단이 훨씬 더 많이 필요하다. 예를 들어 우리 신체는 약 35조 개의 세포로 구성되어 있다! 각 세포가 내부의 유전 인자를 참조하여 다양한 체계를 조직한다(신경계, 소화계, 순환계 등). 인간의 생명을 보전하고 가능하게 하려는 공동의 목적으로 모든 것이 상호 연계하여 서로 작용한다. 또한 다른 세포에 행동을 명령하

---

293 무정부주의란 '정부는 해롭고 불필요하다'는 신념을 합쳐놓은 교리와 태도의 묶음이다. 그것은 '법이 없다'라는 헬라어 어근에서 파생하였다. 오늘날 신학적 무정부주의에 관련하여 프랑스 철학자 자크 엘륄(Jacques Ellul)를 위시해 여러 사람의 도서가 있다.

294 J. Hunter,《To Change the World》. 하향식 정예주의 외에, 이 책의 나머지 부분은 자극이 된다. 나는 그렇게 하는 것이 인간 사회에 지속해서 영향을 끼치는 데에 탁월한 이바지를 한다고 생각한다.

는 '대장 세포'는 없다. 세포는 DNA에 기반하여 <u>스스로</u> 조직화한다. 모든 세포는 각각 부호화한 유전정보를 지닌다. 완벽하게 조직된 당신의 몸이야 말로 진짜 기적이다. 이것을 생각하면 그리스도의 몸이라는 이 은유가 이 얼마나 중요한 것인가!

구조는 필요하다. 그러나 그것은 단순하고 재생산이 가능하고, 껍데기보다는 내부를 위한 것이어야 한다. 모든 생물은 구조와 체계로 구성되어 있다. 당신의 몸은 신경계, 순환계, 그리고 심지어 골격계가 있어 그것으로 전체 구조를 이룬다. 우주와 자연계는 우리에게 하나님 한 분 외에 그 어떤 통제가 없어도 질서가 가능하다는 것을 가르쳐준다.[295]

처음 여러 시대와 중국에서 일어났던 사람들의 운동에는 시작부터 무엇인가 '구조상'의 특이점이 있다는 것이 분명하다. 그것은 하향식, 제도적/종속적 교회 형태가 아니고, 서구 교회에 널리 퍼진 구조적 방식과는 아주 거리가 멀다.[296]

여전히 내면에서 깊이 잠들어 있는 사도적 운동을 복원하여 훨씬 더 힘차게 역동하는 형태의 운동으로 승화하려면 (현재 완전히 신성시된) 크리스텐덤(제도화한 기독교)의 상자 밖에서 생각해보는 것이 매우 중요하다. 중요한 문제는 제도권에 머물 것이냐 아니면 운동을 일으킬 것이냐는 마음

---

295 Cole, 《통제 없는 질서》(Out-of-Control Order). 그래서 심지어 닫힌 방에 있는 촛불에서 타오르는 불꽃조차 일정한 테두리가 있는 완벽한 경계와 예측 가능한 모양을 유지하면서 유기 연료와 산소의 결합으로 연소를 지속하고, 이산화탄소와 물을 생성한다. 비전문가의 눈에도 생명이란 정적인 형상과 역동적인 기능 사이에 서로 복잡한 작용이 일어나는 고도로 조직화한 경이로운 현상이다.

296 나의 숙제는 사도적 교회의 메시지에 적합한 바른 종류의 살아 있는 구조, 또는 매체를 찾는 일이다. 더욱이, 리더십의 기능은 구조를 성장시키는 것이지 끼어들어 간섭하는 것이 아니다. 그 과정은 유기적이고, 정원사가 하는 일이어야지, 기계를 만지는 것이 아니다. 혹시 신약시대와 초기 교회에 기관들의 흔적이 발견된다 해도, 박해와 무법한 자로 몰렸던 시기였기 때문에, 그것들은 지금 우리가 알고 있는 모든 특성을 갖춘 기관의 형태로는 발전할 수 없었을 것이다. 도리어 우리가 할 수 있는 말은, 구조에 대한 이러한 표현의 대상은 제도화하기 이전이지 완성된 제도가 아니라는 것이다.

의 태도이다. 만일 우리가 마음으로 크리스텐덤의 합리성을 계속 품고 있다면, 운동을 일으키겠다는 심경의 변화는 불가능하지는 않더라도 매우 어렵다. 나는《가장자리에서》(On the Verge)를 집필하면서 아주 오랜 시간 왜 패러다임과 패러다임의 변경이 중요한지 그 이유를 설명하는 데 공을 들였다. 하지만 우리는 여기에서 다시 한 번 패러다임의 전환이 필요하다는 것을 인식해야 한다. 빌 이섬(Bill Easum)은 '유기적 운동으로서의 기독교' (Christianity as an Organic Movement)라는 제목의 장에서 우리에게 이러한 점을 경고한다.

> 회중들의 생활에 관한 대부분 이론은 시작부터 삐걱거린다. 그 이론들은 제도권적이고 기계적인 세계관에 기반하기 때문이다. … 그러한 견해는 성경적이지 않다. 대신에, 그것은 그 기관의 수명을 가능한 한 길게 가져가려는 데 목표를 고정해놓고 유지하는 데만 급급하기에 치명적이고 자기만 위한다. 그러한 세계관은 대위임령을 완수하려는 목적을 위해 선교의 장에서 예수님을 따르려 하기 보다는, 단지 조직과 기구의 생존에 매달리게 한다. 그러나 구약과 신약에는 유기적인 세계관이 바탕에 깔려 있다. 성경은 제도의 생존력보다, 도리어 '구원의 역사'를 위한 경향을 선명하게 보여준다.[297]

그는 계속해서 제언하기를 "선교의 장에서 예수님과 함께 하는 교회가 되도록 만드는 비결은 우리의 교회들과 교단들을 조직의 생존을 훨씬 뛰어넘어 '유기적인 운동'을 하는 뿌리들과 줄기들로 보는 것이다"라고 말한다.[298] 다시 말해 교회가 좀 더 운동을 활성화하려면 크리스텐덤을 당연시하던 우리의 생각도 버리고 조직의 규격화를 강화하여 강력한 지배력으로 통

297 Easum, 《Unfreezing Moves》, 17.

298 Ibid., 18.

제해야 한다는 상식에서도 벗어나야 한다.[299]

경고 : 구조가 곧 당신이 된다

어떻게 기관이 그토록 쉽사리 운동의 저격범이 될 수 있는지 이해하려면 이즈음에서 아마도 제도주의가 의미하는 바를 좀 더 자세히 들여다보는 것이 필요할 듯하다. 기관이란 다들 처음에는 사회, 종교, 과학, 교육, 혹 정치에서 그것의 필수 기능을 갖추며, 그 기능 수행을 체계적으로 지원할 목적으로 설정한 조직이다. 기관은 사람들이 무언가를 반복해서 실천하는 데 있어 잘 이해되는 형식과 제례와 구조를 제공해준다. 이것은 기관의 좋은 측면이다. 모든 운동은 유지를 위해서 어떤 형태로든 구조가 필요하다. 그러나 오로지 염두에 둬야 할 중요한 점은, 구조란 한없이 확장하는 운동의 다양한 기능을 지원하기 위해서만 설계되어야 한다는 것이다. 의도가 아무리 좋았다 해도, 리더들이 아주 조심하여 초기에 운동의 저격범들을 추려내서 처리하지 않으면 위험해진다. 안 그러면 종교기관은 서서히 종교적 이데올로기나 사조(isms)에 잠식되면서 다른 일이 발생하기 시작한다. 중앙 기구는 보나 마나 점점 현재 상황에서 기득권이 생기면서 권력의 자리가 된다. 이제 선교에 매진하는 대신, 기관은 자기 살 궁리를 하기 시작한다. 그리고는 어느덧 '축복하는 자'가 아니라 '차단하는 자'가 된다. 같은 일, 관례, 그리고 양식 발급과 정책이 하루의 일정이 된다. 기관은 관료적인 제도주의에 길을 내주고, 이제 거의 단독으로 순응하는 자들은 합법화하며 상을 주고, 이탈하여 국교를 신봉하지 않는 자들은 엄히 견책한다. 반대자와 비국교도는 이제 제재를 하거나 파문한다. 그렇게 함으로써 기관은 비

---

299 운동의 이론에서 결정적인 원칙은 조직의 절차와 통제는 최소화하고, 훨씬 더 많은 관계와 윤리적 책임을 공동 비전과 가치의 기반 위에 세우는 것이다.

참하게도 정작 생존에 꼭 필요한 혁신과 창조성은 거부한다.[300]

　기관들이 요구하는 순응주의의 가장 비극적인 사례는 664년 휘트비(Whitby) 수도원에서 열렸던 결정적으로 중대한 회의에서 완전한 중앙 집권적 체제인 로마 가톨릭교회가 현저히 유기적인 체제로 선교를 하던 켈트족 교회를 실제로 제재한 일이고, 그 결과로 켈트족은 다시는 똑같은 운동을 할 수 없게 되었다.[301] 중앙 집권식 강제력과 국교 신봉은 종교재판 시대(1231년에 시작함)에 그 절정에 달한다. 종교법의 준수와 교리적 통제라는 핑계로 수만 명의 사람이 고문과 화형을 당했다.

　인간이라는 존재의 비극적 운명의 한 장면은, 자신의 복리를 위해 그것을 지원하고 활기를 띠게 하려는 목적으로 만든 구조가 어느새 자기 삶의 이유가 되어 버린다는 것이다. 아무도 의도하지 않았다. 어떤 일이 일어난다. 점차 시간이 흐른다. 그것이 결국 의도하지 않았던 법칙이 된다. 가난하고 상한 사람들에게 하나님의 사랑이 역동적으로 새롭게 부어지기 시작했다가, 점차 조심하고 제한을 두다가 거절하더니, 인간의 행동을 정책으로 통제하기 시작한다. 그러다 어느 순간에 운동이 꽉 막힌다. 당신이 소속한 교단의 역사를 여기에서 생각해보라. 보나 마나 당신의 교단은 처음에 대단히 혁신적인 운동으로 시작했을 것이다. 그러나 이제는 완전히 다른 맥락에서 나름의 확정된 사상과 형식으로 정형화되었을 테고, 오직 과거, 선배들이 했던 전통적인 방법을 그대로 준행해야 신앙적으로 희망찬 미래를 맞이할 수 있다고 주장할는지도 모른다. 이러한 여러 예가 강조하는 비극은 종교 기관 안에 권력이 뿌리를 깊이 내리면 위험한 제재의 문화가 만들

300　나는 《The Permanent Revolution》(팀 캐침 공저)에서 두 개의 장을 할애해 교회와 관련한 혁신과 기업가정신에 대해 집필했다. 데이브 퍼거슨과 나는 이것을 주제로 역시 두 장에 걸쳐 《가장자리에서》(On the Verge) 7–8장을 썼다.

301　교회 회의의 주된 안건은 표면상 부활절의 정확한 날짜 계산을 하자는 것과 수도사의 머리 모양(소위 둥근 삭발 자리)을 정하자는 것이었다. 로마 측은 켈트족의 계산법이 자기들의 날짜와 며칠 차이가 난다며 트집 잡았고, 둥근 삭발 자리의 모양이 다르다는 이유로 이단과 다를 바 없다고 몰아붙였다. 이런 하찮은 문제 때문에 로마 측은 서구 역사에서 가장 빼어났던 선교사들의 운동을 무력화시켰다. 예를 들어 Cahill, 《How the Irish Saved Civilization》을 참조하라.

어진다는 것이다. 아무도 그런 것을 의도하지 않는다. 그것은 우리의 타락한 상태의 일부가 드러난 것뿐이다. 그런데 조직이 이런 제재의 문화를 소중히 여기면, 그것을 바꾸는 것은 극히 어렵다.

하버드의 데이빗 K. 허스트(David K. Hurst)는 변화에 관하여 은유를 사용하여 강조하기를 제도권 내부에서 현재의 사냥꾼이 목동이 되려는 방향으로 이동해야 한다고 말했다.[302] 그가 한 분석에서, 사냥꾼에서 목동으로의 전환을 확인하는 표지는 이러하다.

- 임무(Mission)가 전략(Strategy)이 된다.
- 역할(Roles)이 과업(Tasks)이 된다.
- 팀(Teams)이 구조(Structure)가 된다.
- 망(Networks)이 조직(Organization)이 된다.
- 인정(Recognition)이 보상(Compensation)이 된다.

제도주의에 관련한 예를 하나 들자면, 교회가 신학교육을 반드시 교단에 속한 신학교인지 확인부터 하고 보내는 경우를 꼽을 수 있다. 초기에 신학교는 단지 성도들을 섬기는 일에 전념할 수 있도록 훈련하기 위해 만든 기구였다. 그러나 세월이 흐름에 따라 신학교들의 권위가 커지고 외부의 인가를 받으면서, 믿는 자들에게 예수께서 원래 모든 신자에게 남기신 일을 하도록 인허하는 목사 안수를 받기 위한 기관이 되었다. 그 기관에서 안수를 받아야 주님이 임명하신 대리인이요 목회자가 된다! 이제 주류 교단에서 안수를 받기 위하여(혹은 자격을 얻기 위하여) - 어쩌면 제1급의 운동 저격범이 되는 것일 수도 있지만 - 거쳐야 할 단계가 최소한 하나는 필수이

302   Hurst, 《Crisis and Renewal》.

고, 대개는 둘이나 그 이상도 거쳐야 한다![303] 신약 성경을 통해서 이러한 점을 어떻게 이해해야 하는가? 본이 되는 사도적 운동들이 일어났던 사역 현장에서 과연 그것과 일치하는 모습이 얼마나 있을까?[304]

사실이지, 만약에 당신이 체제(시스템)와 사랑에 빠져버리면, 그 체제가 어떤 것이든, 당신은 그것을 변화시킬 능력을 잃는다. 물론 답은, 통상 그렇지만, 체제 그 자체 안에 있다. 그런데도 문제가 쉽게 안 보이는 것은 그 문제들이 체제의 일부이기 때문이다. 당신에게 필요한 것은 선지자의 시각으로 사도적 기준에 맞춰서 체제에 관하여 묻고 분석하여 해결책을 찾아내는 일이다. 그런데 여기서 잠깐 멈춰 생각해보자. 제도권의 체제는 그렇게 남의 애를 태우더니 요즘 몇 해째 잠잠하다! 덕분에 우리는 현재 본래 구상했던 일들을 하나씩 이루어가고 있다. 믿어도 된다!

분산시킨 힘과 기능

좋은 소식은 운동의 성과들에 맞춰 이 체제를 재구성할 수 있다는 것이다. 그렇지만 총력을 기울여야 할 약간의 전략적 분야가 있다. 그 한 가지가 바로 네트워크의 힘이다. 네트워크 구조 안에서, 힘과 책임은 조직을 통해서 두루 미치게 되고 중앙에 집중하지 않는다. 따라서 네트워크 조직은 힘과 기능의 중앙집중화에 의한 종교적 제도주의의 침해로부터 우리를 보호

---

303 학위를 수여하는 신학교들은 교회의 선교와 목회에서 발생하는 변화무쌍한 요구에 부응하기보다는 그들을 인가한 정부 기관들의 늘어나는 요구를 책임지기 바쁘다.

304 운동의 저격범이 될 수 있는 또 다른 가능성을 신학교라는 특별한 제도권과 관련하여 생각해보라. 신학교에 신학 교육을 위탁하여 '전문가'를 양성함으로써, 지역 교회는 은연중에 점차 힘이 없고 세상과 만남을 끊은 기관에 의존하게 되면서 하나씩 자체적으로 제자가 될 수 있는 능력과 그 지역의 모든 삶의 정황 속에 거하는 교우들을 교육할 기회를 잃어간다. 마침내 학습하고, 제자가 되고, 스스로 알아서 신학도 하는 공동체로서의 지역 교회는 심각한 손상을 입는다. 내가 여기에서 교단 신학교에 대하여 혹평을 늘어놓는 것은 제자도의 mDNA를 억압하고, 권능을 넓게 펼치기 보다는 중앙으로 집중하게 하고, 거짓 의존성을 조성하여 외부 기구에 의지하게 하기 때문이다. 그것은 실제로 보통 사람들 속에 사도적 특성이 발현하는 것을 방해하여 운동이 일어나지 못하게 한다. 모든 사도적 운동은 제자도를 채택하여 그들 자신의 리더들을 가장 진지한 태도로 훈련한다. 그렇게 하지 않으면, 그들은 결코 성숙할 수 없고 또한 예수께서 임명하신 바로 그러한 사람들이 될 수 없다!

한다. 권력은 부패하게 마련이므로, 힘이 중앙으로 집중하는 것은 극히 조심할 일이다. 또한 힘이 있으면 타락하기 쉽다. 놀랄 것도 없이, 참된 예수 운동들은 기본적으로 네트워크 조직이지 중앙 집권식 기관 조직이 아니다. 중국인 지하 교회의 전문가인 커티스 써전트(Curtis Sergeant)의 지적이다.

교회 개척의 경향을 살피건대, 새신자와 교회에 대한 외부인의 통제는 성숙도와 규모 면에서 잠재한 성장 가능성과 실제 성장률이 서로 반비례한다. 교회를 개척시키는 자나 기관이나 교단 혹은 다른 단체가 큰 권한을 행사하고자 한다면, 신생 교회와 그 교우들은 그들 자신의 성장이나 다른 사람들에게 직접 가서 전도하는 것에서 타인에게 의존하거나 책임지지 않는 경향이 있다. 남에서 손 벌리고 싶은 마음이 간절해질 때마다 이런 원리를 기억하라.[305]

교회 개척 운동 연구가 데이비드 개리슨(David Garrison)도 비슷한 말을 한다. 진정 활기에 넘치는 예수 운동들에서는 리더십의 권위가 분산되어 있다는 것이다.

계층화된 권위 구조를 따르거나 관료적인 의사결정을 요구하는 교단과 교회조직은 교회 개척 운동을 활력 있게 이끌기에 부적합하다. 모든 셀 교회 또는 가정 교회 리더가 계층 구조 속에 있는 교회의 승인을 따로 구하지 않고도 얼마든지 재량껏 모든 권위를 발휘하여 복음전도와 사역, 그리고 새로운 교회 개척을 할 수 있어야 한다.[306]

---

305 교회 개척 운동에 관한 연구를 하는 과정에서 내가 정리해놓은 내용 중 일부이다. 써전트의 글이 각별한 이유는 그가 성인으로 오랜 세월 중국에서 실제로 생활했고 또한 중국인들의 내부 사정을 그 누구보다 많이 알고 있기 때문이다.

306 Garrison, 《Church Planting Movements》, chap. 4. 또한 온라인상에 있는 교회 개척 운동에 대한 소책자 형식의 이 자료도 참조하라. www.imb.org/CPM/Chapter4.htm

이를 설명하기 위해 생활 속 아이러니 한 편을 소개한다. 2005년 즈음에 나의 동역자인 마이클 프로스트가 중국에서 밀입국한 세 명의 지하 교회 중국인 리더들과 비밀리에 회동한 적이 있다. 마침 거기에 선교 여행 중인 한 무리의 젊은 신학생도 동석했다. 강습을 마친 후에, 그들이 리더들에게 기도 제목을 물었다. 세 가지 기도 요청을 했다. 중국 정부가 상당히 관대해지긴 했으나 20명 이상 집단으로 모이는 것을 여전히 불허하고 있는 상황에서, 몰려드는 사람을 주체할 수 없어 그들을 갈라 새로운 교회를 시작해야 할 처지라는 것이다. 서구인들이 과연 그것을 놓고 제대로 기도할 수 있을까? 그들이 말한 두 번째 기도제목은 정부가 교회 건물을 못 갖게 하니 어쩔 수 없이 가정, 카페, 가라오케 주점, 세상 클럽에서 모이고 있으니 문제라는 것이다. 서구인들이 기도할 때 역시 그들에게도 교회 건물이 있게 해 달라고 기도해야 할까? 세 번째는 당국이 별도의 조직을 갖춰 단체로 모여서 리더 훈련을 하지 못하게 금하고 있으니, 울며 겨자 먹기 식으로 지역교회에서 리더들을 훈련하고 있는데, 그것이 문제라는 것이다. 한 신학교의 부총장이기도 한 프로스트는 해결해야 할 문제가 아닌 이런 기도제목으로는 도무지 양심에 걸려서 기도할 수 없었다. 공산주의 국가가 교회의 탄압을 위해 쓰는 여러 정책이 진실로 교회가 훨씬 더 강력하게 사도적 운동을 전개하도록 한다는 것을 잘 알고 있는 그였기 때문이다.

필립 얀시도 삶에 전환을 가져왔던 중국 여행 후일담에서 똑같은 보고를 한다. 그의 말이다. "중국에 가기 전에 나는 1950년에 추방된 선교사님 한 분을 만났다. '두고 온 교회에 너무나도 죄송했다'라고 그가 말했다. '그들을 가르칠 사람도 없었고, 책을 낼 수도 없었고, 신학교도 없고, 진료소와 보육원을 운영할 사람도 없었다. 성령님 외에는 정말이지 자원이 없었다." 얀시는 눈을 찡긋하면서 "딱 봐도 성령께서 하신 일인 줄 알겠더라"고 마무

리한다.[307]

앞서 언급했듯이, 증가하는 제도주의의 위험한 독소를 확실히 해독하는 것이 바로 운동 정신을 유지하게 하는 방법이다. 잠자고 있는 운동 정신 각성을 나의 기본 사역 목표로 삼고 소속 교단에서 일했던 적이 있다. 그 덕분에 지금까지도 나는 어떻게 해서든 우리가 잃었던 운동의 역동성을 회복해야 불가피한 쇠퇴를 막을 수 있고, 그 결과 종국으로 치닫지 않게 된다고 믿는다. 대부분 교단과 마찬가지로 내가 소속한 교단에서도 운동이라는 용어 사용을 선호하지만(예, 성경복귀운동, Stone-Campbell Movement), 정작 운동 문화는 본 적이 없다. 만약에 우리가 다시 운동이 되려면, 먼저 운동이란 실제로 무엇이며 어떻게 느낄 수 있는지 알아야 한다.

분명한 것은 그런 운동은 교단에 속한 기관들이 하는 것과 그 성격과 느낌이 아주 다르다. 그런 차이는 다름 아닌 바로 패러다임에서 난다. H. R. 니버(Niebuhr)는 이렇게 서술한다.

> 기관과 운동은 근본적으로 다르다. 전자는 보수적이고 후자는 진보적이다.
> 전자는 외부의 영향을 많든 적든 소극적으로 수용하고, 후자는 영향을 받기
> 보다 적극적으로 영향을 준다. 전자는 과거를 지향하고 후자는 미래를 지향
> 한다. 게다가 전자는 염려부터 하고 후자는 위험에 대비한다. 전자는 경계를
> 지키고 후자는 그것을 가로지른다.[308]

---

307 Yancey, 《조심성과 역동성》(Discreet and Dynamic).

308 Bosch, 《Transforming Mission》, 51에서 인용함

수년간에 걸쳐 연구를 하면 할수록 이러한 차이들이 더욱 분명하게 드러났고, 그러는 과정에서 우리가 원래의 뿌리에서 실제로 얼마나 멀리 떨어져 나왔는지 알았다.

데브라와 나는 유럽 내 교회 개척 운동을 하는 기독교국제연합(Christian Associates International, CAI)에서 리더십 팀원으로 수년간 봉사했었다.[309] 1999년에 CAI(지금은 국제 커뮤니타스, Communitas International라고 부른다)는 이러한 장기 목표를 세웠다 : 2010년까지 유럽의 50개 주요 도시마다 하나 이상의 선교적 교회를 세우기 위하여 500명의 선교사를 선발하고 육성하여 파송한다. 현재 이 목표를 거의 다 달성한 상태이다. 선교적 운동 정신을 명시적으로 채택함으로써, 교회 개척과 새로운 선교적 공동체가 연쇄반응으로 생기기 시작하면서 CAI의 핵심 과업이 이행되었다. 이 일을 이루기 위해, 사도적 특성이라는 잠자고 있는 잠재력에 기초한, 이 책에 있는 접근방식을 도구로 사용했다. 교회 개척 운동을 본능적이고, 습관적이며, 성육신적인 선교적 사명이라고 여기고 행동하기 시작했다.[310] CAI가 턴어라운드(turnaround, 반복하는 전체과정)에서 할 수 있었던 결정적 이유는 항상 그 운동이 중심에 두었던 바로 사도적 특성 때문이었다. 오늘날 CAI는 진정한 운동이 되려는 정신을 가지고 10년간의 변화하는 과정을 통하여 새로운 모습을 선보이고 있다. 마찬가지로 운동하는 방식도 훨씬 더 거세게 저항하는 세속적인 유럽의 정황에 맞추어 조정하였다.

1970년대 초기에 예수의 사람으로 살 수 있는 믿음을 갖게 하려는 목적으로 청년들에게 성경을 가르치던 것이 결국, 일명 'DOVE 크리스천 펠로

---

309 www.christianassociates.org

310 이런 정신을 심어주기 위해 CAI는 이러한 방식을 채택하고 있다. 시작하기(새로운 교회 공동체를 시작하는 과정을 수월하게 함), 설립하기(공동체 개발의 과정을 수월하게 함), 성숙하기(공동체의 성숙 과정을 수월하게 함), 재생산하기(교회 공동체가 교회를 개척하는 과정을 수월하게 함).

우십 인터내셔널'(DCFI)이 되었다.[311] 그 단체의 리더인 래리 크라이더(Larry Kreider)는 기성교회가 문화와 어울리지 못하고 사람들과 거리를 두는 현상에 점점 좌절감을 느껴 자칭 '언더그라운드(underground) 교회 모델'을 개발하기 시작했다. 사도행전에 등장하는 가정 교회에서 영감을 얻었고, 세계 각처에 자체적인 모임을 조직하여 도시별로 정규적인 셀(소그룹 가정 교회)로 모이는 운동을 벌였다. 그래서 본격적으로 DCFI의 이야기가 시작되었다. 공식화한 새로운 운동의 시작 연도는 1980년이다. 그때 한 집에 25명이 모여 가정 교회를 시작했다. 그 운동은 사도적 특성에 따라 구성한 네트워크 조직으로, 1992년이 되자 중남부 펜실베니아 전역에서 125개 이상의 셀 모임에 참석하는 신자 수가 약 2,500명 정도나 되었다. 이 기간에 그들은 또한 스코틀랜드, 브라질, 케냐, 그리고 뉴질랜드에 교회를 개척했다.

이러한 큰 성장에도 불구하고, DCFI의 회원들은 성장의 한계에 도달했다고 느꼈다. 그 성장을 관리하려면 다소라도 중앙집중식 조직을 가질 수밖에 없다고 여겼기 때문이다. 그들은 "정치가 필요한 교회가 되느니 '차라리 그 교회를 포기하자'"라는 결의를 했다. 그들은 하나님이 자기들에게 주신 비전은 '예수님과 관계를 맺으며, 서로 함께, 집에서 집으로, 도시에서 도시로, 나라에서 나라로 세상을 향해 나아가는 것'이라고 여겼고, 이것은 그 당시의 일반 교회 구조에서는 절대로 성취할 수 없다고 느꼈다. 그래서 그들은 자진해서 '사도적 운동'이라고 부르며, 그것에 맞춰 자신들의 의식을 바꾸기 시작했다. 그들은 중앙집권화된 구조를 통해서 교회 리더들에게 안수를 주어 개교회를 총찰할 권한을 부여하는 교단이나 교회 연합이 아니라, '사도적 운동'을 마음에 품었다. 그것은 공통된 초점을 가진 교회들을 망으로 연결하여 한 가족으로 만드는 운동이다. 교단의 통제를 받는 기관들은 다 제외했다.

---

311 DCFI에 관련한 이 내용과 아래의 정보는 이 사이트에서 가져왔다. www.dcfi.org/about-us

그들은 "사도적 사역이란 실제로 관리하는 것이 아니라 (새로운 방식으로 성장을 강화하는 공간을 만드는 것이기 때문에) 그 대신에 관계와 영향력으로 이끌게 됨으로써 DCFI에 소속한 각 교회와 동역자에게 스스로 번식하고 번성할 수 있는 안전한 환경을 제공한다"라는 것을 빠르게 발견했다. 셀에 기반한 교회 개척 운동인 DCFI는 곧 전략상 교회 개척자들과 리더들을 선교적 마음과 정신으로 훈련해야 할 필요성을 인식했다. 그들은 이러한 소명감을 느꼈다. "그분의 목적을 이루기 위하여 평범한 수준의 하나님의 백성들(개인, 가족, 셀, 그리고 회중)을 동원하여야 한다. 모든 셀 모임은 새로운 셀을 개척하는 이상을 가져야 한다. 모든 교회는 새로운 교회를 개척하는 하나님이 주신 비전을 품어야 한다." 사도적 운동 정신과 리더십을 결합하여 새롭게 망을 구축한 DCFI는 8개의 교회에서 시작하여 전 세계 15개국에서 기하급수적으로 참여자들이 늘어나 100개에 달하는 네트워크로 성장하였다.

휘몰아쳐 보기 : 운동의 주요 특성

"두말할 것도 없이 지역, 국가, 국제적 차원에서 영향을 끼치는 대다수 단체는 거의 항상 사회학자들이 '운동'이라 부르는 그런 형태에서 시작한다. 즉, 역동적인 사회 운동들의 초기 단계에서 드러나는 어떤 공통된 특성이 있다. 이후 거기에서 파생한 기관들의 사회적 구조와는 구별된다."[312] 이는 기업체, 지역 사회 사업단, 정당, 그리고 다른 많은 세속 조직들에서처럼 에클레시아, 파라 처치, 그리고 선교 기관에서도 마찬가지이다. 종교 단체이든 아니든 대부분 변화를 가져오는 조직들은 감화를 주는 비전/이상을 필두로 확실한 정신과 에너지를 가지고서 출범하여, 마치 물결치는 파도처럼

---

[312] Frost와 Hirsch, 《새로운 교회가 온다》(the Shaping of Things to Come), 202, 운동에 대한 다음의 설명은 내가 마이클과 그 책에서 함께 공들여 작업한 내용이다.

주변 사회에 영향을 미친다. 국제적으로 영향력을 끼친 역동적인 운동들의 사례로는 켈트족 기독교인들, 모라비안 교도들, 초기 오순절주의자들, 그리고 현대의 빈야드 운동을 꼽을 수 있다.

운동의 형태 속에는 그것의 유동성, 비전, 혼돈, 그리고 활력과 함께 세상을 변모시킬 수 있는 가장 중요한 단서가 담겨 있으므로 운동들의 역동적 특성을 연구하는 것이 대단히 중요하다. 우리의 목표를 위하여, 운동에 대하여 이렇게 정의해볼 수 있다.

> 어떤 형태로 개인이나 사회를 변화시키려는 목적을 놓고, 이념적으로 그것을 할 의욕이 있는 한 무리의 사람이 단체를 결성하고 그 일에 헌신하여, 적극적으로 타인을 끌어들여 참여시키고, 운동의 원인이 된 기존의 질서에 반대하도록 영향력을 확산하는 것이다.[313]

좀 딱딱하게 들릴 수도 있겠지만, 이 정의는 사회에 영향을 주는 모든 운동뿐 아니라 신약에서 하나님의 백성들이 했던 운동에 대한 정확한 묘사이다. 사도행전에 나오는 교회에 대하여 당신이 아는 것에 따라 그 초기 공동체들 속에 이 정의의 구성 요소들이 있는지 판별해보라. 당신은 그것이 꼭 들어맞는다는 것을 발견할 것이다. 그것은 비단 초기 기독교 운동에만 해당하는 것이 아니다. 이 정의는 또한 사도적 특성이 나타나는 상황들과 일치한다. 이 정의를 당신이 알고 있는 중국이나, 아니면 남아메리카와 아프리카 등지에 있는 교회에 대입해보라.

---

313 Ibid. 마지막 문구에 간략한 해설이 필요하다. 기존 질서에 대한 이런 반대는 운동의 보편적인 특징으로 보면 된다. 분명한 것은, 진정한 기독교는 그것이 있는 곳이라면 어디서든지 항상 주변 문화와 중대한 측면에서 팽팽한 긴장감을 느낀다. 기독교는 항상 그것을 변모시키려고 애쓰기 때문이다. 운동들은 특성상 변모를 꾀하므로, 그것들은 현상을 수용하지 않는다. 그러나 신학적으로 자유로운 기독교는, 솔직히 말해서, 이런 긴장감을 최소화하려고 노력한다. 그러기에 자유주의는 종종 문화적 기독교라고 불리기도 한다. 또한 그런 이유로 인하여 세상에 그 어떤 중대한 선교적 영향을 끼치는 자유주의 운동을 찾는 것은 거의 불가능하다. 신학적 자유주의는 어떤 운동이 막바지에 등장하기에 대개는 그것을 쇠퇴의 신호로 본다(운동의 생명 주기에 대한 도식에서 이념적 의심의 자리를 참조하라).

조직의 생명 주기 이론에 운동의 역동성을 그대로 대입하여 성장 곡선 (아래)의 양쪽 측면을 비교해보면 운동의 실제 모습과 상태를 판별할 수 있다. 상향 곡선이 뜻하는 바는 선교적 운동에 담겨 있는 가치와 정신이다. 사람들이 자기들의 메시지를 실제로 믿고 있고, 그것을 전하기 위해 어느 정도 책임감을 느끼며, 때로 죽음도 불사하고 운동에 참여한다는 것을 알 수 있다. 운동을 그 정도 수준으로 믿는 것이다! 조직의 초기 성장 단계(설립기와 성장기)에서 역동성을 따져보라. 여기에 무슨 일이 시작된 것인가? 어떤 종류의 리더십이 필요한가? 조직의 초점은 무엇인가? 무엇이 그것을 성장하게 하는가?[314] 이것은 다양한 맥락에서 특정 형태의 운동을 처음으로 시작하려는 선교사와 교회 개척자가 기본적으로 물어야 하는 중요한 질문들이다. 이런 질문을 스스로 해보라. 당신이 훌륭하다고 생각하는 역사상의 운동들이나 당신의 영웅들에 대해서도 같은 질문을 해보라. 그러면 과연 무엇이 힘있게 작용하여 선교적 영향을 끼치게 했는지 알 수 있을 것이다.

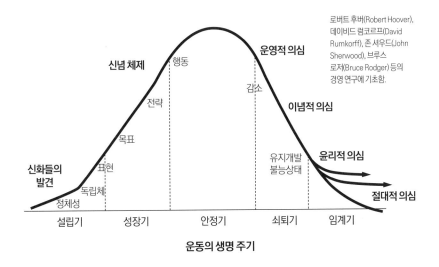

운동의 생명 주기

---

314 Ibid.

상향 곡선이 운동에 대한 믿음을 보여준다면, 감소하는 하향 곡선은 의심의 시작을 보여준다. 앞의 종 모양의 곡선이 보여주는 논리에 따라 감소 단계에 대하여 유사한 질문을 해볼 수 있다. 운동의 초기 단계에는 비전과 사명이 운전석에 있던 반면, 이제 프로그램과 경영기법이 운전석을 가로채고, 비전과 사명은 옆으로 밀어 앉힌 모양새이다. 여기에서 쇠퇴는 운동의 제도화와 직접적인 관련이 있다. 이 단계에 무슨 일이 있어나고 있는가? 어떤 모드의 리더십이 발휘되는가? 조직의 초점은 무엇인가? 무엇이 빠져나가고 있는가? 어떤 종류의 신학이 그것을 뒷받침하는가? 이것은 교회와 교단의 재활성화와 관련하여 뜻 깊은 질문이기도 하지만, 또한 리더십과 조직을 적절히 잘 융합하여 변모를 가져오는, 강력한 운동을 주도하는 새로운 선교 사업을 위해서도 중요하다.[315]

사도적 특성과 관련한 운동의 정신에 대하여 훨씬 더 분명한 이해를 다지기 위하여 운동이 지니는 고유한 특성들을 확인하는 것이 중요하다. 이를 위해 우리가 살펴야 할, 하워드 스나이더(Howard Snyder)가 작업해놓은 운동의 특성들은 이러하다.

- 회복에 대한 갈망 : 현 상태에 대한 거룩한 불만이 초대 교회의 활력과 원형을 되찾고자 하는 생각을 촉발한다.
- 성령의 역사하심에 대한 새로운 강조 : 성령의 역사는 과거뿐만 아니라 현재의 삶의 현장에도 나타난다.
- 제도 대 카리스마의 긴장 상태 : 회복을 필요로 하는 거의 모든 경우에서 기존 조직 안에 긴장 상태가 벌어진다('새 포도주는 새 부대에'라는 문제의 발생).
- 대항 문화 공동체에 관한 관심 : 운동을 통해 교회가 세상에 좀 더 가까

315 Ibid.

이 다가가서 사역하고, 팽팽한 장력을 더욱 적극적으로 강화한다.

- 비전통적 또는 무임명적 리더십 : 회복을 위한 운동은 때로 교회에서 받은 공식 직분이 없는 자들이 주도하기도 한다. 영적인 권위가 관건이다. 더구나 여성들과 소외 계층의 적극적인 운동의 참여가 단연 돋보인다.

- 빈민을 위한 사역 : 운동은 거의 항상 민중의 눈높이에 맞춰 일어난다. 큰 무리(교육을 못 받은 자들 또는 사회에서 버림받은 자들)를 대상으로 운동이 펼쳐진다. 종종 운동은 위기에 처한 자들이나 가난한 자들을 위한 선교로 시작한다(성 프랜시스, 웨슬리 형제, 구세군 등).[316]

- 에너지와 역동성 : 새로운 운동들에는 힘이 있어 리더들과 관계자들의 흥미를 자극하며, 또한 그 밖의 사람들을 참여시킨다.[317]

이제 스나이더가 명시한 감리교적인 관점을 사회학자인 루터 게를라흐(Luther Gerlach)와 버지니아 하인(Virginia Hine)이 연구해낸 다음과 같은 운동의 특성들과 비교해보자.[318]

- 집단별로 그것을 구성하는 개개의 세포 조직을 다양한 개인적, 구조적, 이념적 끈으로 결합한다. 달리 말해, 한 무리의 작은 믿음 공동체가 (가정 교회나 셀 모임 같은) 예수님과 그분의 선교를 중심으로 모인다.

- 헌신된 개개인이 자신이 가진 기존의 끈끈한 사회적 관계를 이용하여 얼굴과 얼굴을 맞대고 사람들을 모집한다. 우정과 유기적 관계는 사람

---

316 회복의 운동들을 살펴보니 강렬한 회복은 종종 교회의 변두리, 또는 가장자리에서 시작한다(Snyder, 《Decoding the Church》, 81).

317 Snyder, 《Signs of the Spirit and New Wineskins》.

318 Gerlach와 Hine, 《People, Power, Change》. 이것을 Frost와 Hirsch, 《the Shaping of Things to Come》, 204~205에 재차 언급해놓았다. 스나이더의 신학적 접근방식과 게를라흐와 바인의 사회학적인 접근방식의 유사성을 확인할 수 있다. 표현하는 용어만 다를 뿐이다. 그들은 모든 인간의 운동과 사회적 세력에 공통된 비슷한 현상을 이야기하고 있다.

들을 운동에 끌어들이는 주요 수단이다.

- 행동과 경험으로 어떤 식으로든 기성 체제에서 회심자를 떼어내어 새로운 가치에 그 또는 그녀가 일체감을 가지고, 바뀐 행동 양식을 그 또는 그녀가 그대로 따르겠다는 개인적 헌신을 자아낸다. 이래서 항상 삶과 그 생활방식을 철저히 새롭게 방향 설정을 한 신자를 가리켜 회심자라고 칭하는 것이다.

- 삶에 대한 개념적 틀을 제공하고, 변화를 위한 근본적 이유를 제시하며, 반대편을 알려주고, 그 운동에 참여하는 분할된 집단들과 망을 통해 하나로 연합하는 기반을 조성하여 이념적으로 분명한 가치와 목표를 가지게 한다.

- 운동이 일어나면 내부의 기성 질서로부터 크게 혹은 작게 사회적 저항이 실제로 일어나거나 감지된다.[319] 이것은 우리가 살펴본 바, 운동이 출현했던 거의 모든 사례에서 다 발생했다. 웨슬리도 부스와 마찬가지로 영국 국교회에 의해 외면당했다. 마틴 루터 킹 2세도 당시에 패권을 쥔 기독교에 의해 거절당했다. 역동적인 운동은 항상 사회를 변모시키려는 비전을 갖고 있으며, 그것으로 인해 사회와 긴장 상태에 들어간다.

위의 목록에서 추가해야 할 가치 있는 양상은, 새로운 선교적 운동들은 거의 항상 사회/문화의 언저리와 보통 사람 안에서 시작한다는 것이다. 일반인이 하는 운동이지 엘리트가 하는 운동이 아닌 것이다. 그런 운동은 리더와 관련자를 능히 흥분시키게 되며 그 밖의 사람들을 끌어들인다.[320]

---

319 "'역사상 이것과 관련하여 절대적으로 분명한 사실이 있다. 대부분의 기성 기관은 운동 정신에 저항한다. 그것은 기관들이 처리하기에는 너무 혼란스럽고 통제 불가이다. 그래서 대다수 운동이 주류 조직에서 나오는 것이다. 굳이 사례를 만들 필요는 없지만, 운동이 일어나지 않게 하려면 교단이나 기성조직에서 높은 지위에 있는 리더십 가진 자들이 나서서 중요 권한을 내려놓아야 한다." (Frost and Hirsch, 《Shaping of Things to Come》, 206).

320 교회사 학자인 W. C. Roof는 비슷한 이야기를 했다. "기독교의 회복을 위한 주된 자극은 아래에서 그리고 언저리에서, 기독교계가 하찮게 여기는 구석에서 나온다."(《Religion in America Today》, 50).

분명히 운동의 정신들은 거의 모든 기성 교단이나 교회의 분위기와는 약간씩 차이가 날 것인데, 이것은 지금 많은 것이 생명 주기의 감소 쪽에 있다는 것을 보여준다. 진실로 선교적인 상태를 유지하려면 기성 조직들은 반드시 종교적 제도주의 안에 원래부터 내려오는 위험들을 경계해야 한다. 이래야 하는 이유는, 어떤 기관이든 과거의 관행을 따르며 그것을 규정화하려는, 본래부터 내려오는 고유의 보수적인 태도로 인해 부분적이나마 운동을 억압하려는 경향이 있기 때문이다. 과거의 생각과 관습으로 현재의 모든 행동을 묶으려고 시도하는 맹목적인 전통주의는 막대한 운동 억제물일 수 있으므로, 그것이 제거된다면 혁신을 위한 강력한 힘이 발휘될 수 있을 것이다. 만일 당신이 의심 부분에 들어서 있다면 이것을 깊이 숙고하라. 왜 중국 지하 교회는 그 흔하던 교회 기관들이 모두 강제로 해체되고, 모든 예배당, 성직자, 신학교, 교단 임원 등을 빼앗기고 공식 리더들이 살해되거나 투옥되었을 때 오히려 진실로 활성화되었는가? 하나님의 백성이 다시 한 번 하나님의 사람다운 운동을 하게 되었던 것은 바로 실제의 극단적인 경계성의 상황에서였다. 운동의 가능성은 항상 에클레시아 안에 있었지만, 역사적 전통을 끄집어들여 강요하면서 억제되어 있었다. 그 운동의 씨앗이 기성 교회의 모태에서 잠들어 있다가, 그 흔한 제도적 형태가 제거되자 생기를 되찾았다(요 12:24).

이런 잠재해 있다는 개념은 활발하게 운동하는 형태의 에클레시아를 추구하는 모든 자에게 실제로 좋은 소식이다. 무슨 새로운 개념을 교회에 따로 또 '도입'할 필요가 없기 때문이다. 해답은 이미 거기에 있고 태어날 날만 기다리고 있다. mDNA의 여섯 가지 구성요소를 전부 갖추도록 수고하고, 사도적 특성이 발현되기 시작하는 시점이 될 때까지 그것들을 전개하라. 그런데 이것을 하려면 반드시 에클레시아의 신학과 조직의 문화와 관습에 퍼져 있는 운동의 저격범들을 제거하는 수고 또한 아끼지 말아야 한다. 그리고 우리가 교회에 운동하자고 요청하는 것을 추호도 '하나님과 겨루자'라는 이야기로 들어서는 안 된다. 우리가 겨룰 대상은 성경이 우리에게 분부한 대로 선지자적인 시선에서 끊임없이 비평해야 할, 인간이 만든 우리의 다양한 제도들이다. 성경에서 선지자들이 감당했던 사명은 종교와 정치의 중심 권력을 향해 사실을 말하는 것이었다. 길이신 예수님은 그 당시 제도들에 맞서는 급진적 행보를 마다하지 않았다. 권세와 권력 기관들에 대한 신약의 교훈도, 요한계시록에서 요한이 사용했던 박진감 넘치는 선지자적인 은유들도, 성경은 제도주의에 대하여 매우 강력하게 비판하는 기조를 유지한다. 이런 선지자적인 양상은 하나님의 백성을 이끄는 모든 사람의 자의식 일부가 되어야 한다. 그렇지 않으면 너무도 쉽게 조직으로서의 체제와 사랑에 빠져버릴 수 있기 때문이다. 그런 일이 발생하면 그것을 바꾸는 것은 불가능해진다.

초대 교회의 선교적 활력을 되찾기 위해, 그 많은 우리의 조직들 속에 강력한 운동의 정신을 다시 불러일으켜야만 한다. 그러기 위해서 우리는 '사소한 것에 목숨 걸지 말고' 어지럽게 흩어져 있지 않은 예수님의 길로 돌아가야 한다. 독자들 가운데 개척하는 선교적 활동을 시작하려거나 다시 선교적으로 돌아가려 할 때, 이러한 요소들을 진지하게 고려해보는 것이 현명할 것이다.

이제 다음 페이지의 비교표를 사용하여, 제도화된 종교와 운동의 정신들 사이의 차이를 걸러내고 분류하고 대조할 수 있다.

여기까지 읽은 것을 정확히 이해하기 위해 독자가 실천할 것이 있다. 운동 대(vs) 제도에 관하여 본인이 알고 있는 것과 이 표의 내용을 검토해보는 일이다. 당신 생각의 호불호에 따라 항목을 추가하거나 빼기 바란다. 당신 교회의 상황을 이 표에 대입하여 점검해보라.

유기적인 선교적 운동	제도적 종교
중심에 개척하는 선교적(APEST)인 리더십이 있음.	인격에 기초한 리더십을 피하고 대개 충성을 바탕으로 한 리더십을 상속한 '특권계층'이 주도함
믿음의 주께서 사신 삶의 방식을 구현하려 하고, 끊임없이 닮아감.	성문화된 신앙체계를 믿고 고백해야 한다고 설교함.
내부의 운영 원리에 기초함(내재한 mDNA).	외부의 법적 정책과 통치에 더 한층 기초함
근거가 있음	그 자체가 '근거'임
미래를 바꾸는 선교	과거를 보존하는 수단인 선교
민첩하고 기동적인 경향	상당히 정적이고 고정적인 경향
교제를 위해 구축한 분산된 망(힘과 기능이 가장자리까지 밖으로 골고루 분포됨)	주로 충성도와 합의된 신념 위에 세워진 중앙 집권적 조직(힘과 기능이 중앙에 집중됨)
사람들의 심령에 복음을 전하라고 공동체의 모든 사람에게 호소함	한층 더 복잡한 학문과 예전으로 점점 더 많이 정예화하고 독점화하는 경향
감동을 주는/변모시키는 리더십이 우세함, 주로 영적 권위에 기초하여 영향을 끼침.	직무상의 리더십이 우세함, 주로 제도가 주는 권위에 기초하여 영향을 끼침.
그 길(Way)의 사람	그 책(Book)의 사람
중앙에 자리한 역동성	닫힌 상태의 역동성*

이 도표를 다듬어서 만들 때 주로 참조한 책, 이섬(Easum),《Unfreezing Moves》, 18.

* 닫히고 열린 상태에 대한 설명을 위한 책, Frost와 Hirsch,《새로운 교회가 온다》(the Shaping of Things to Come), 206-210.

네트워크 구조들

만일에 사도적 특성을 운동의 정신에 따라 그 형태를 표시한다면, 그것은 네트워크 구조에 가까울 것이다. 다시 한 번 언급하지만, 이것은 조직에 대한 통상적인 개념과는 다르다. '교회'라고 했을 때 우리 마음에 떠오르는 이미지는 실제적인 건물 외에는 없다. 그러나 사도적 운동에서는 교회를 이해하는 방식이 전혀 다르다. 이는 부분적으로 초대 교회에는 그런 식의 건물이 없었다는 사실에 기인한다. 또한 중국에서도 모든 예배당이 몰수되었기에 예전에 우세했던 교회에 대한 이해와 경험은 소용없어졌고, 건물과 프로그램이 없는 '교회를 발견'할 수밖에 없었다.[321] 이는 우리와 상황이 완전히 다르다. 너무나도 단순하다.

네트워크 구조에 대하여 자세히 살펴보면 볼수록 신약에서 하나님의 백성들이 가졌던 조직을 훨씬 더 잘 알 수 있고, 또한 사도적 특성의 역동성을 좀 더 잘 정리할 수 있다. 그러므로 네트워크의 특성과 형태를 탐구하는 것은 매우 중요하다. 그 과정에서, 물론 처음에는 그것이 낯 설기도 하겠지만, 이러한 네트워크 구조가 우리의 에클레시아를 가장 순전하게 표현한다는 것을 알아차릴 수 있을 것이다. 또한 여기에서 탐구하는 내용을 통해 선교적 교회를 다시 활성화하는 방안을 마련할 뿐만 아니라 하나님의 세계를 상당히 많이 경험할 수 있다. 네트워크 이론의 권위자인 알베르트-라슬로 버러바시(Albert-Laszlo Barabasi)는 그것을 이런 식으로 설명한다.

네트워크 사고(network thinking)란 인간 활동의 모든 영역과 사람들이 정보를 구하는 대부분의 분야로 밀고 들어가려는 태세를 가리킨다. 그것은 다른 유용한 견해나 도구 그 이상이다. 네트워크들은 그 특성상 가장 복잡한 체제들의 조직이다. 노드(nodes, 접속점)와 링크(links, 연결)를 통해 전략적으로 그것에 맞물려 있는 대상체의 영역 속으로 깊숙하게 침투한다.[322]

---

321 성경에서 교회는 다양한 신학적 은유 가운데 건물에 빗댄 것이지 어떤 성경 번역본도 그것을 단순히 종교적 건물로 여기지 않는다. 건물에 가장 가까운 용어가 가정집을 뜻하는 오이코스(oikos)인데, 이는 대개 살아있는 성전을 의미하는 은유이다. 콘스탄틴 이후, 오이코스라는 단어 속에 모든 것을 섞어 놓은 것으로 보인다. 비교해보면, 중국인 교회는 신약이 의도하는 교회에 훨씬 더 가깝고, 또한 신약 교회의 모습과 상당히 일치한다. 신약의 '교회'에 대한 모든 은유를 열거하고 조목조목 설명해놓은 이 책을 참조하라. Minear, 《Images of the Church》.

322 Barabasi, Linked, 222.

그렇다면 네트워크란 무엇이며, 어떻게 그것들이 우리가 이룰 과업에 도움이 되는가? 네트워크와 네트워킹을 설명하고 분석하는 문헌에서 네트워크는 기본적으로 세 가지 유형으로 구분된다.[323]

- 사슬형 또는 선형 네크워크는 인력, 상품, 또는 정보가 구별된 각 상대와 한 개의 선을 따라 이동한다. 한쪽 끝과 다른 한쪽 끝을 잇는 통신에서 중간마다 여러 접속점을 거쳐야 한다.
- 허브형, 별형, 또는 바퀴형 네트워크는 프랜차이즈나 카르텔처럼 여러 에이전트(agent)가 중앙의(그러나 계층이 아닌) 접속점이나 액터(actor, 관계자)에 매여 있다. 접속점을 통해서만 에이전트 간에 서로 통신과 협력이 이루어진다.
- 올(all)-채널형 또는 풀(full)-매트릭스형 네트워크는 친환경 단체들과 활동가들의 공동 네트워크처럼 각각 독립적이지만 다른 모든 상대와 연결되어 있다.

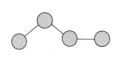

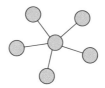

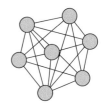

| 사슬형 네트워크 | 별형, 혹 허브형 네크워크 | 올(all)-채널형 네트워크 |

도형들에서 각 접속점은 개인, 그룹, 조직, 그룹이나 조직의 일부, 혹은 국가가 될 수 있다. 접속점은 크거나 작을 수 있고, 단단하거나 느슨하게 한 쌍을 이룰 수 있으며, 그 멤버십이 포괄적이거나 배타적일 수 있다. … 그것

---

323 다음을 간략하게 개작했다. John Arquilla와 David Ronfeldt, 《Networks and Netwars : The Future of Terror, Crime, and Militancy》(내려받기 가능한 온라인 자료, www.rand.org/publications/MR/MR1382), 720.

들은 균일하게 동종의 활동을 하기도 하고, 또는 분야별로 각기 전문적인 것을 할 수도 있다. 네트워크의 경계, 혹은 그 안에 포함된 접속점의 경계는 그 윤곽이 뚜렷하게 드러나 보이기도 하고 외부 환경과 접하는 부분에서는 경계가 흐릿하거나 허점투성이일 수도 있지만 다양한 변형이 가능하다.[324]

세 가지 네트워크 유형에서 올-채널형의 조직이 유지하기가 가장 어렵다. 통신의 양이 엄청나기 때문이다. 그러나 이런 유형의 네트워크는 중앙 집중식 조직이 없으므로 협력할 수 있는 잠재력이 최고 수준에 달한다.[325] 또한 이 올-채널형은 예를 들어 오픈-소스 프로그래밍과 온라인 비즈니스 및 네트워킹에서 빠르게 소통되는 정보에서 새로운 능력과 분별력을 얻는다. 이런 종류의 네트워크 안에 있는 조직화한 체제는 대체로 계층적 구조와 다르다.[326] 또한 그것의 훨씬 더 순수한 형태에서는 단 하나의 중앙 리더십, 명령, 또는 본부도 없다. 쉽게 확인할 수 있는 중심부나 수뇌부가 없다.[327] 조직이 있다 해도 작게 유닛(units, 단위)이나 셀(cells)로 구성되는 정도이다. 그러나, 여러 개의 '셀'이 있다 해서 단지 그것만으로 네트워크가 존재한다고 볼 수 없다. 셀 모임을 실제로 하는 대다수 교회에서 볼 수 있듯이, 셀을 계층 구조로 구성할 수도 있다. 셀을 네트워크로 만들려면 각 셀이 서로 연결되는 방식으로 조직해야 한다.[328]

생명 시스템의 논리를 그대로 따다가, 리더십과 조직 상담사인 마가렛 J. 휘틀리(Margaret J. Wheatley)와 데보라 프리즈(Deborah Frieze)는 운동 네

---

324 Ibid., 8.

325 Ibid., 9.

326 "네트워크 전체에(그러나 각 접속점까지는 아님) 계층이 거의 없다. 다양한 종류의 리더는 있을 수 있다. 의사 결정과 운영은 분권화되어 있어, 지역별로 주도권과 자율권을 갖는다. 그래서 그 짜임새는 때로 머리(통치자)가 없어 보이고, 그리고 그 밖의 때에는 머리가 많아 (히드라의 머리처럼) 보인다." Ibid.

327 Ibid.

328 Ibid.

트워크의 관계적인 측면을 다음과 같이 강조한다.

현재의 널려 있는 광고와 선전 문구로 한 번에 한 사람씩 바뀌는 세상이었으면 정말 좋겠다. 그런데 그런 변화는 관계형 네트워크에 들어 있는 사람들 사이에서 그들이 발견한 실현 가능한 공통의 이유와 비전을 공유하면서 일어난다. 이것은 세상을 바꾸어 긍정적인 미래를 창출하려는 우리 같은 사람들에게 좋은 소식이다. 임계질량에 달한 상황을 두려워할 것이 아니라, 최대치까지 연결의 폭을 넓히는 것이 우리가 할 일이다. 그 많은 사람을 설득하여 변화시킬 필요는 없다. 우리에게 필요한 것은 가족같이 친근한 마음으로 사람들과 연결하는 것이다. 이러한 관계를 통하여 폭넓은 변화를 가져오는 새로운 지식, 실천, 용기, 그리고 헌신을 육성할 수 있다.[329]

그러나 그들의 계속되는 이야기는 네트워크 자체만으로 전부가 아니라는 것을 보여준다. 네트워크는 단지 다양한 관계자들(actors), 필요한 관계, 그리고 혁신적 아이디어를 모아 놓은 것에 불과하다. 우선 그런 것들이 모여 분명히 인식할 수 있는 실행 공동체를 이루고 나면 거기서부터 규모(scale)가 생긴다.

네트워크들이 커지고 실제로 활동하는 실행 공동체로 변모하면, 거기에서 발현(emergence)이라는 수단을 통하여 생명(Life)이 실제로 변화를 일으키는 방식이 눈에 보인다. 내부에 별개로 있던 것들이 네트워크들 상에 있는 다른 것들과 연결되면 실행 공동체가 강화되고, 놀랍게도 갑자기 훨씬 더 큰 규모의 새로운 체제가 발현한다. 이런 영향을 주는 체제는 개체로 있을 때는 알려지지 않았던 자질(qualities)과 능력(capacities)을 갖춘다. 그것들이 숨

---

329 Wheatley와 Frieze, 《Using Emergence》.

어 있지 않고 드러난다. 그것들은 체제가 발현하기까지 없었던 것이 아니다. 그것들은 개체가 아닌 체제의 소유이지만, 일단 거기에 나타나면 이제 개체들이 그것들을 소유한다. 그리고 발현한 체제는 계획했던 점진적인 변화의 가능성보다 훨씬 더 큰 힘과 영향력을 항상 지닌다. 발현이라는 수단으로 생명이 급진적인 방식으로 변화를 창조하며 그것들이 규모를 갖추게 된다.[330]

이 책(잊혀진 교회의 길)의 용어로 바꾸면, mDNA를 구성하는 각기 다른 요소들, 즉 핵심 개념과 영성, 형성된 운동의 정신, 문화들을 가로질러 확장하는 적절한 수단, 활동적인 리더십 문화와 역동성, 높은 수준의 동기부여와 네트워크로 구성된 조직, 공통의 도전으로 하나로 뭉친 실행하는 공동체가 모두 함께 모이면 반드시 사도적 특성이 발현한다.

운동을 발전시키기 위해서 네트워크들의 결합방식을 이해하는 것은 크게 유익하다. 본래 유기체들은 DNA에 담겨 있는 유전 정보대로 움직인다. 마찬가지이다. 운동의 이념 속에는 식별할 수 있고 이전할 수 있는 언어, 정신들, 그리고 습관들이 부호화하여 담겨 있다. 네트워크를 효과적으로 사용하면 시간과 거리를 초월하여 최대한도로 폭넓게 신념들, 원칙들, 흥미들, 그리고 목표들을 배양하여, 대개 모든 것을 포함하는 관념 형태로 서로 관련 짓게 한다. 신념들과 원칙들의 이런 조합은 문화적 결속력(cultural glue), 또는 참조점(reference point)을 형성하여 각 접속점이 연합하고 회원들이 충심으로 지지한다. "그처럼 원칙들로 하나가 되고 서로 협의를 통해 합의에 이르면, 회원들이 비록 사방에 흩어져 있고 각기 다른 과업에 전념하더라도 '모두가 한마음'이 될 수 있다."[331] 정확히 네트워크 방식에 기반하여 수조 달러의 비자카드 회사(Visa Corporation)를 설립한 탁월한 철학

330 Ibid.

331 Ibid.

자이며 실업가인 디 혹(Dee Hock)이 이런 점을 잘 설명해놓았다.

> 목적과 원칙, 분명한 이해와 설명, 그리고 일반적인 공유는 모든 건강한 조직에 들어 있는 유전부호이다. 당신이 가진 공동의 목적과 원칙이 어느 정도인지 그 수준만큼 명령과 통제에서 벗어날 수 있다. 사람들은 그것들에 맞춰 행동하게 되며, 생각도 못 했던 창조적인 방법으로 수천 가지의 일을 해낸다. 생기가 넘치고 살아있는 믿음직한 조직이 된다.[332]

APEST 문화를 다룬 장에서 '어울림과 배분'에 대한 언급을 기억하는가? 이런 모든 것을 포함하는 신념은 핵심 이념과 운영상의 일관성(어울림, fit)을 제공하여 광폭의 적절한 분권화를 이룬다(배분, split). 이런 문화 또는 이념은 '또한 경계를 설정하고 결정과 행동을 위한 지침을 제공하여 회원들이 계층 구조에 의지하지 않아도 된다. 이는 '그들이 해야 할 일을 알고 있기' 때문이다.'[333] 이것은 최고로 훌륭한 군사 작전으로 꼽히는 '지휘관 의도' 및 '교전 규칙'과 닮았다. 이는 개인의 의사결정 범위를 정한 지침이다. 그 지침에 따라, 군인들은 해야 할 임무와 한계를 알고, 또한 그것을 수행하는 방법은 자신들에게 달렸다는 것을 인식한다.

혹(Hock)이 밝힌, 네트워크로 구성된 조직을 발전시키기 위한 비법들의 가치를 여기에서 곰곰이 생각해보자.[334]

---

332 en.wikipedia.org/wiki/Command_and_control에서 가져와 인용함. Hock의 책 《The Birth of the Chaordic Age》에서 이런 다른 말도 했다. "모든 조직은 아주 오래된 매우 기본적인 이념, 곧 공동체라는 이념을 개념적으로 구현한 것에 불과하다. 조직은 거기에 들어온 사람들의 신념을 합쳐놓은 것 그 이상도 그 이하도 아니다. 그래서 그들의 성격, 판단, 행동, 노력이 모여 있다. 어떤 조직의 성공은 사람들이 중요하다고 여기는 자산, 전문적 기술, 운영 능력, 또는 관리 역량보다 공유한 목적, 공동의 원칙과 그에 대한 믿음의 크기에 훨씬 더 막대하고 분명하게 연관되어 있다."(Waldrop, 《Dee Hock on Organizations》, 84).

333 Arquilla와 Ronfeldt, 《Networks and Netwars》, 9.

334 Waldrop, 《Dee Hock on Organizations》.

- 조직은 전반적으로 목적에 대한 결속력과 통일을 유지하면서 변화하는 조건들에 꼭 적용하고 대응해야 한다.
- 요령 있게 섬세한 균형을 이룩하여 체제 내에서 한편에서는 영역권 다툼과 뒤통수 때리기를, 다른 한편에서는 권위주의적인 세세한 관리를 모두 피하게 해야 한다.
- 조직에서 반드시 키워야 할 것은 공정성, 자율성, 그리고 개인의 기회이다.
- 조직의 통치 구조는 권력과 기능을 가능한 한 최소치만 남기고 다 분배해야 한다.[335]
- 통치 구조는 명령 계통이 아니라 동등한 위치에서의 대화, 협의, 그리고 조정을 위한 체계여야 한다.[336]

이런 매우 중요한 요소들의 목록은 네트워크에 대한 대중적 작가인 마누엘 카스텔스(Manuel Castells)[337]가 네트워크의 역동성이라고 묘사한 것과 정확히 맥락을 같이 한다. 그의 관점에서는, 노드(node, 접속점)뿐만 아니라 허브(hub, 중심)도 예외가 아니다. 허브는 통신 회선이 연결되는 장소이다. 한 개의 노드에 해당하는 것으로는 하나의 미디어 아웃렛(인터넷 서비스 제공자), 한 개의 웹사이트, 하나의 조직, 또는 한 개인이다. 시간이 지남에 따라 네트워크에서 지리적, 정치적, 역사적, 또는 개인적 상황에 따라서 다른

---

335 기능을 중앙에 집중하는 제도주의에 내재한 문제점에 비추어 이 점을 자세히 설명할 가치가 있다. Hock이 계속하는 이야기이다. '합리적으로 일을 잘한다고 말단 부서에 전체를 맡아야 하는 과한 업무를 맡겨서는 안 되며, 그냥 둬도 별 탈 없이 돌아가는 부서에 별도의 힘을 더 부여해서도 안 된다'(Waldrop, 《Dee Hock on Organizations》).

336 그런데 이 모든 유기적인 네트워킹에는 전체를 하나로 묶을 수 있는 의미심장하거나 '농후한' 소통이 이루어져야 한다. Ariguilla와 Ronfeldt의 말이다.
"네트워크는 정보 통신에 집중할 수 있는 기반이 잘 마련되도록 설계해야 한다. 그러나 이것이 모든 접속점이 지속해서 통신해야 한다는 의미는 아니다. 하지만 소통이 필요할 때, 그 네트워크에 속한 회원들은 원하는 즉시 네트워크 내에서와 또한 외부의 지지자들에게 광범위하게 능히 정보들을 유포할 수 있어야 한다."

337 참조, Castells, 《Rise of the Network Society》.

것들보다 훨씬 더 중요한 몇몇 접속점이 출현한다. 예를 들어 특별한 서비스나 제품을 공급하는 회사에 다양한 새로운 판매상들과 고객들이 자신들의 유익을 위하여 접속해 들어올 수 있다. 그것은 본인들이 원해서 그 서비스망에 연결한 것이다. 네트워크 안에서 중요성이 커지면, 특정 사이트는 그 밖의 접속점들이 연결하거나 교차하는 주요 접속점이나 허브가 된다. 이것을 도해하면 이렇다.

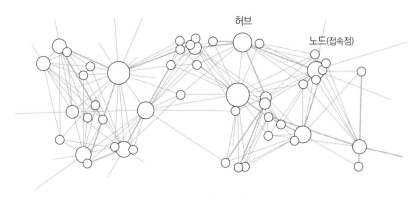

네트워크들의 역동적 구조

네트워크에 대한 이러한 모든 특성을 다 설명했으니, 초대 교회와 중국인 교회가 정확히 어떻게 운영되었는지 어렵지 않게 알아볼 수 있다. 도식을 다시 한 번 보라. 허브들이 위치한 곳을 안디옥, 예루살렘, 또는 로마, 아니면 바울 같은 분들로 보면 된다. 접속점들은 가정 교회들이나 다양한 차원의 삶을 사는 사람들의 집합으로 보면 된다. 네트워크상에서 관계의 중요도에 따라 노드들이 허브들이 될 수도 있다. 안디옥과 예루살렘은 이런 관점에서 허브들이 확실하다. 신약성경의 기자들은 에클레시아의 기본 교리를 명확하게 설명하였다. 곧 교회는 건물이나 제도가 아니라 삶의 모든 영역에서 활력 있고 유연하게 활동하는 그리스도의 몸이다.[338] 사도적 특성이 가장 완전하게 그 모습을 드러낼 수 있는 곳은 바로 이러한 구조 안에서이다. 우리 시대가 직면한 선교적 상황이 긴요하니, 이제 건물에 갇혀 있는 제도로서가 아니라 삶의 모든 경기장과 창조의 영역에서 활력 있게 활동하는 네트워크로서 교회를 다시 발견할 때가 왔다.

'스테이디어'(Stadia)는 미국에서 시작하여 최근에는 세계화하고 있는 교회 배가 운동이다. 정확히 네트워크 방식에 기반하여 활동하며, 그 사명은 교회를 개척할 리더들의 발굴, 훈련, 배치, 그리고 네트워크에 있다. 순서에 따라, 이 리더들은 지역별로 개척자들의 네트워크를 구축하고, 교회 수를 늘리며, 그 각각을 지원하면서, 서로 합력하여 유지와 재생산을 할 수 있도록 하는 교회 배가 운동을 펼치고 있다. 그들의 목표는 미국을 위시하여 전 세계에 5,500개의 새로운 교회를 세우는 것이다.[339]

운동의 역동성, 다중문화의 네트워킹, 그리고 유기적인 재생산을 근간으로 하여 'CMA'(Church Multiplication Associates, 교회배가협회)를 명확하게 입안한 닐 콜의 연구 내용을 이미 살펴보았다. 이런 수고로, 유기적인 방법론으로 다양한 맥락에 있는 리더들을 코칭하는, '그린하우스'(GreenHouse)라고 불리는 리더십 훈련 시스템이 생겼다.[340] 이 운동으로 성육신적인 사역을 하는 새로운 교회가 기하급수적으로 늘어나면서 주차장, 카페, 가정집, 클럽 등 그 외의 비슷한 여러 장소에서 사람들이 모인다. 조용기 목사와 협력하는 한국인의 운동도 유사한 원리에 기초한다. 조 목사의 일관된 주장은 참된 교회는 셀 안에만 존재하며 그 밖에 있는 것은 허울뿐이라는 것이다. 그는 설령 스타디움에서 드리는 초대형 예배가 날아가

---

338 에클레시아의 성경적 사상에 대한 흥미로운 분명한 설명을 위한 참고 서적, Thwaites, 《Church beyond the Congregation》.

339 www.stadia.cc

340 www.cmaresources.org에 접속하면 운동의 다양한 양상을 점검해볼 수 있다.

버린다 해도, 교회는 네트워크로 연결된 수천 개의 공동체(교회) 안에 여전히 온전한 상태로 남아서 다 같이 힘을 모아 활발하게 잘 돌아갈 것이라고 말한다.

'소마 패밀리 오브 처치스'(Soma Family of Churches, 교회들로 구성한 소마 가족)는 그와 똑같은 원리로 운영되고 있으며, 위의 네트워크 도형과 점점 더 비슷한 모습을 띠기 시작했다. 과하게 애쓰지 않으면서도, 운동은 사람들의 요구에 부응하여 성장세를 꾸준히 유지하면서, 지금 규모 있게 자연스런 재생산과 폭넓은 영향력을 발휘한다. 그것은 마치 자연 생식이 일어나듯이 교회들로 구성한 진정한 국제적인 가족이 되고 있다. 잠재한 능력의 회복을 보여주는 이런 모든 새로운 선교는 서구 교회의 미래를 위해 좋은 징조이다. 우리에게는 정말 감사한 일이다.

네트워크(Networks)와 네트워즈(Netwars) : 알 카에다에게서 배울 수 있는 우리 자신

처음에는 충격을 받을 수도 있겠지만, 알 카에다와 같은 국제 테러 조직의 네트워크가 사실 초대 교회나 중국인 교회에 해당하는 것과 두드러질 정도로 유사하다는 것을 쉽게 알아차릴 수 있다.[341] 각각 사안은 명백히 달라도 부분적이나마 두 경우 모두 효과적인 구조를 갖추고 있고, 거기에서 '벗어나는 것'은 불가능하다. 어떻게 그 많은 서구의 정부가 협력하여 수조 달러를 써가며 그들과 관련한 작은 운동 하나라도 근절하려고 애쓰는데도 털끝만큼도 이루지 못하고 그토록 무참하게 실패하고 있는 것일까? 사실상 지하드에 참여하는 자들은 그것을 박해로 정의하고 그 메시지를 널리 보급하며 ISIS와 같은 여타의 운동들을 새롭게 일으키고 있다. 그것의 정치적

---

[341] 네트워크들의 위력과 또한 그것들의 성장을 방해하는 것을 설명하기 위한 은유로서, 불가사리와 거미 같은 알 카에다의 사례를 그것들 대신 사용하는 것뿐이다. 우리 시대의 최악인 지하디스트 운동이 무슨 대단히 좋은 네트워크의 완전한 모범이라도 되는 듯 떠벌릴 생각은 추호도 없다. 불가사리의 은유를 어떻게 적용했는지 보려면 이 책들을 참조하라. Hirsch와 Ferguson, 《On the Verge》, 42, 91-95, 118-19; 그리고 Hirsch와 Catchim, 《Permanent Revolution》, 213-215.

의제는 제쳐두고, 도대체 무엇이 이 몹시 나쁜 운동을 완전히 끝내지 못하게 하는 것일까?

알 카에다는 이번 장에서 명시한 운동의 모든 요소를 다 가지고 있다. 그것은 또한 올-채널 네트워크의 모든 특성을 다 내보인다. 즉, 분산된 접속점들과 다방면에 걸쳐 각각 힘을 발휘하는 중심점들을 보유하고 있다. 그것은 소규모, 자급자족의 단위, 혹 세포로 구성되어 쉽게 모집도 하고 번식도 한다. 게다가 모든 테러리스트 세포 조직 안에 이식되어 발육한 DNA는 메시지와 이념에 관련하여 단순히 '재채기' 한 번이면 메시지가 쉽게 퍼져 어떤 주어진 맥락에서도 재생할 수 있게 한다. 지정학적인 여건들은 그것의 메시지에 알맞게 무르익어 있다. 또한 그 메시지는 흘깃 보기만 해도 퍼지기가 쉽기 때문에 임무를 가장 쉽게 수행하여 최대의 효과를 낼 수 있는 장소나 사건 주변으로 소식을 전해들은 사람들이 떼 지어 몰려든다. 그러니 겉으로 보기에 공중으로 사라진 듯해도, 그것은 아무리 시도해도 파괴하는 것이 불가능하다.

내가 이런 비교를 하는 것은 불필요한 자극을 하기 위함이 아니다(나는 알 카에다가 무엇을 내세우든 무조건 반대한다). 그러나 그것에서 mDNA의 특성에 대하여 상당히 많은 것을 배울 수 있다. 최소한 구조에 관련해서라도 들여다볼 점이 있다. 가장 뛰어난 형태의(초대 교회와 중국인 교회를 위시한) 교회는 우리가 일반적으로 알고 있는 교회보다는 알 카에다의 모습과 너무도 흡사하다. 대부분 우리는(주류 교회의 리더들을 포함하여) 원래 교회의 모습이 이렇게 활약하는 것인데도 불구하고 막상 눈앞에서 운동이 일어나고 있어도 알아채지 못하고, 단지 우리가 규준으로 정한 '교회'에 맞지 않는다는 이유로 도리어 망설이는 것이 비일비재하다. 대개 우리가 규정하는 교회라는 건물에, 전문적인 성직자에, 제도화한 구조 등등, 그와 같은 것들이다.

그런데 살펴봐야 할 것이 아직도 많이 남아있다. 언급했듯이, 알 카에다의 각 세포 안에는 운동 전체에 관한 완전한 DNA가 들어 있다. 운동으로

치면 큰 동작을 작은 동작으로 보여주는 것이라 할 수 있다. 전체가 이미 가장 작은 부분 안에 잠재해 있다. 그러하기에 원형을 그대로 복제할 수 있고 여전히 그 모습을 고스란히 유지할 수 있다. 우리가 사도적 특성과 교회를 고려할 때 이것이 정확히 들어맞는다. 씨앗이나 마름질같이, 각 예수의 공동체는 그 안에 이식된 충분하고 완전한 몫의 mDNA가 들어 있다. 만일 그 공동체가 자신의 부르심에 올바르게 응답하고 또한 조건만 제대로 맞으면, 온전한 형태의 새로운 사도적 운동이 시작된다.[342] 씨앗 안에 나무가 잠재해 있다. 나무 안에 숲이 담겨 있다. 그런데 그것은 모두 가장 작은 부분 안에 들어 있다.[343]

바이러스 같은 성장

복제에 대한 이런 개념은 성장의 모범을 주제로 놓고 생각할 거리를 준다. 유기체의 가장 강력한 요소는 그것의 자발적이고 과대하게 복제할 수 있는 능력이다. 앞에서 선교적–성육신적 추진력을 그토록 매우 강력하게 주장했던 것은 바로 이러한 놀라운 비율로 증식하는 유기적 양상 때문이다. 그래서 지금 이 대목이 흥미로울 수밖에 없다.

---

342 다시 한 번, Easum이 말했던 것처럼, 우리는 개교회를 새로운 운동의 뿌리와 순으로 보아야만 한다(Unfreezing Moves, 18).

343 자연계에서 유기체가 동종의 개체를 원형 그대로 퍼트리는 것을 자세히 관찰하면 흥미롭다. 어떤 종은 생존 기회를 극대화하기 위하여 대량으로 종자를 퍼트린다(예를 들어 박테리아나 개미같이). 세포들을 결집하여 한 개의 집단을 이루어 생존하려는 것들도 있는데, 그렇게 행동하는 것들은 멸종할 위험이 상당히 크다. 예를 들어 변종 박테리아의 경우, 대량으로 퍼지기에 전멸시키는 것이 불가능하다. 박테리아마다 제 각각의 복제와 발달을 할 수 있는 그 망할 DNA를 가지고 있기 때문이다. 식물도 마찬가지이다. 그것의 체제가 생존의 위협을 감지하면, 모든 에너지를 쏟아 최대한으로 씨앗을 많이 생산하여 생존하려 든다. 이것은 우리가 농작물이나 나무의 가지치기를 할 때 흔히 볼 수 있다. 꽃을 더 많이 피우고, 훨씬 더 많은 씨앗을 가진 열매를 맺는다. 중대한 적응성을 요구하는 이 도전의 시기에 내가 내리는 결론은 교회 역시 생존 가능성을 극대화하기 위해 분권화, 확산, 그리고 증식해야 한다는 것이다. 이것은 정확히 초대 교회와 중국 교회에서 일어났던 일이다. 그리고 그것은 확실히 지금 서구 상황에서 (다시) 일어나기 시작했다.

아름다운 세상을 위하여 : 성장과 유기체 쌍곡선

'아름다운 세상을 위하여'(Pay It Forward)라는 한편의 놀라운 영화가 사회 체제에 완벽하게 들어 있는 성장 쌍곡선의 힘을 여실히 보여준다. 엄마는 알코올 중독자이고, 학대하던 아버지는 집을 나가 고충을 겪고 있던, 어린 트레버 맥키니(배역에 헤일리 조엘 오스먼트)가 새로운 사회 과목 교사인 시모넷 선생님(케핀 스페이시)이 내준 호기심을 돋우는 숙제에 마음이 사로잡힌다. 숙제는 세상을 바꿀 수 있는 것을 생각해내서 그것을 실천해보는 것이다.

트레버가 불러낸 생각은 도움을 받으면 돌려주지 말고 다른 사람에게 갚아야 한다는 것이다. 선행을 갚되 돌려 갚는 것이 아니라, 낯선 두 사람에게 새로운 선행으로 '먼저 베풀기'(paid forward)를 해야 한다. 결국 이것은 '공짜예요'(pay-it-forward, 앞에서 냈어요)라고 알려진 도움 주기 현상이 되어 미국 전역에 걸친 운동이 된다. 그 나라의 건너편에 있는 주에서 한 기자가 교통사고 현장에서 재규어 자동차를 무료로 타게 되면서 그가 들었던 말(공짜예요, pay-it-forward)의 진원지를 찾아 나선다. 대단히 흥미로웠던 것은, 그 기자가 이 모든 운동이 처음 일어났던 곳을 파악하기 시작하여 마침내 트레버에게까지 이른다는 점이다. 자기의 아이디어대로 선을 행하려는 트레버의 노력은 그 자신, 엄마, 그리고 몸과 마음에 상처투성이인 그의 선생님의 삶뿐 아니라, 날이 갈수록 점점 더 넓게 퍼져 나가 그를 전혀 알지 못하는 사람들의 삶까지 큰 변혁을 일으키게 하였다. 그야말로 그림 같은 이야기이다.

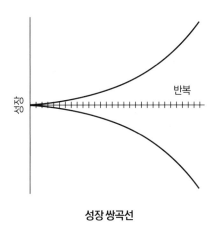

성장 쌍곡선

당신의 공동체에 참가하는 모든 사람이 선교적 사명을 위해 '공짜예요 접근방식'을 따르기로 했다고 상상해보라. 이런 일이 벌어질 수도 있다. 우리가 각자 사는 날 동안에 두 사람을 주님께 인도하기로 서약을 한다. 그들을 제자로 삼은 다음, 그들도 똑같이 그렇게 하도록 도전한다. 그런데 훨씬 더한 결과를 예측할 수 있다. 만일 모든 교회가 두 사람을 정하여 공짜로 도움을 주기로 서약하여 그들에게 그대로 실천하고, 이어서 그들도 그 외의 두 사람을 정하여 공짜로 도움을 주는 식으로 계속하다 보면 어떻게 될까? 이것을 (1) 복음전도, (2) 제자훈련, 그리고 (3) 교회 개척에 적용한다면 우리도 당장 못 해낼 것이 없다. 우리에게 필요한 모든 행동은 성장 쌍곡선의 방법과 원리에 바짝 붙어서 그것이 진행하는 방향만 지켜보면 된다. 이것이 바로 초대 교회가 200년 만에 25,000명에서 2천만 명으로 성장했고, 또한 중국인 교회가 40년 만에 2백만 명에서 1억 2천만 명으로 성장했던 비결이다. 그것처럼 단순한 것이 없고, 또한 그것만큼 복잡한 것이 없다.

여전히 확신이 안 생기면, 이것을 고려해보라. 체스 게임을 고안해 낸 사람의 이야기를 혹 알고 있을지 모르겠다. 그 고안자에게 상으로, 인도 왕이 한 가지 소원을 들어주기로 했다. 그것은 세상에서 가장 '작디작은' 상으로, 그는 체스판의 첫 번째 네모 칸 위에 쌀 한 톨을 얹혀 놓은 다음 체스판 전체 칸에 이르기까지 차례로 제곱을 하여(자체 수를 한 번 더 곱하는 것) 그만큼의 쌀을 달라고 했다. (체스판은 총 64칸으로 되어 있다.) 그것이 의미하는 바는 두 번째 칸에는 쌀 두 톨을, 세 번째 칸에는 쌀 네 톨을, 네 번째 칸에는 쌀 열여섯 톨, 이런 식으로 하자는 것이다. 왕은 처음에 그 소원을 듣고 웃었다. 가볍게 끝날 줄 알았다. 하지만 도저히 그 소원을 들어줄 수 없었다. 왕은 '2의 63승'의 쌀알을 생산해야만 한다. 이는 쌀 2,223,372,036,000,000,000톨이며, 1,530억 톤으로, 향후 2천년 동안 전 세계가 수확할 수 있는 양보다 훨씬 더 많다. 이런 것이 바로 성장 쌍곡선이 가지는 의미이다. 단순히 공짜로 도움을 주라.

아이디어 바이러스와 밈스

월터 헨릭슨(Walter Henrichsen)이 한 지적이다. "예수 그리스도의 교회가 지상 대위임의 이행을 힘들어하는 이유는 세상 인구는 곱하기를 하는데 교회는 더하기를 하고 있기 때문이다. 덧셈은 결코 곱셈과 보조를 맞출 수 없다."[344] 선교적 교회의 대리자요 대변인으로서, 나는 종종 운동에 참여하는 교회들의 숫자와 비교적 작은 규모에 초조해질 때가 있다. 그럴 때마다 나의 반응은 그것이 교회-성장 광신자의 레이더 아래에서(2장의 그림들을 보라) 일을 벌이고 날아다닐 때나 그러는 것이지, 여건이 마련되고 사도적 특성이 회복되어 제대로 작용만 하면 순식간에 일이 달라질 것이라며 스스로 다독거린다. 서구에서 선교적 운동이 사도적 특성을 진실로 활성화할 수 있다면, 우리가 현재 사용하는 모든 측정 기술로는 제대로 가늠이 안 될 것이다. 교회-성장의 덧셈 방식으로는 그 끼치는 영향력 면에 있어서 사도적 특성이 나타나는 참된 선교적-성육신적 운동의 상대가 결코 될 수 없을 것이다. 언감생심이다!

---

[344] Walter Henrichsen가 인용한 책, Cole, 《Cultivating a Life for God》, 22.

또한 유기체의 성장능력이 믿기지 않는다면, 우리 각자가 한 개의 정자와 난자가 융합하여 시작되었다는 점을 기억하라. 그리고 지금 여기에 아주 오랜 세월이 지난 시점에도 35조 개가 넘는 모든 세포가 서로 정밀하게 잘 작동하고 있다. 처음에는 작게 시작하지만, 그 안에 든 DNA만 바르다면 결국 크게 성장한다. 유기체의 곱셈은 덧셈보다 훨씬 더 느린 속도로 시작한다. 그러나 끝에 가서는 그 결과는 무한대가 된다. 전염병 학자들은 이 것을 모두 아주 잘 이해한다. 수년 전 사스(SARS)와 돼지 독감 바이러스가 처음 발발했을 때, 전 세계에 보고된 건수는 약 1,000건에 불과했다. 그런 데도 왜 세계 경제가 곤궁에 빠졌고 많은 국제 항공사들이 거의 파산에 이르렀는가? 접촉 전염병은 적절한 조건을 주면 그 바이러스가 세계 인구의 20%를 사망에 이르게 할 수 있기 때문이다. 우리는 그것을 두려워했다. 이 념은 이러한 바이러스처럼 똑같이 이동한다. 그것은 작게 시작하고, 적당한 조건이 주어지면 미친 듯이 퍼진다.

이것은 이 정도 깊이에서 마무리하고, 밈스(memes)라는 사이버네틱스 개념을 살펴보도록 하자. 이것은 이념의 발생, 재현, 그리고 개발에 대한 극히 유용한 이론이다.[345] 본질에서, 생물학 세계에 유전인자가 있다면 이념의 세계에는 밈(meme)이 있다. 밈은 쉽게 재현할 수 있는 형태를 부호화한 이념이다. 이 이론에 따르면 밈들(memes, 이념들)의 복합인 밈플렉스(memeplex)는 그 내부가 이데올로기나 신념 체제로 구성되어 있다. DNA와 같이, 그것들은 이념의 형태를 그냥 두지 않고 상황에 따라 계속해서 밈들을 추가하거나, 키우거나, 나누어 변형한 다음에 자신을 복제하려 든다. [346]이런 이념은 매우 가치가 있다. 밈플렉스가 수신자의 뇌 속에 자리를 잡

345 밈스에 대한 사상을 처음으로 갖게 했던 생물학자 리처드 도킨스(Richard Dawkins)의 자극적인 책. The Selfish Gene, 11장.

346 이 개념을 좀 더 자세히 탐구하려는 독자께서는 검색어 'mems'로 웹에서 자료를 얻어 읽어보시기 바란다. 이 사이트에서 시작하면 좋을 것이다. pespmc.vub.ac.be에서 Principia Cybernetica.

아 스스로 복제할 능력을 갖추고 있기 때문이다. 그것이 다른 사람과 의사 소통을 하는 중에 상대방의 뇌로 들어간다. 처음이라 이상하게 들리는가? 그런데 실제로 우리는 이것을 매일 경험한다. 우리는 모두 '어떤 이념에 사로잡힌다'라는 것이 어떤 느낌인지 안다. 안 그런가? 우리는 그것의 기운에 휘말려 버린다. 그것이 우리를 꽉 붙들어 버린 셈이다. 그러면 그다음은 만일 그것이 특별히 저항하기 어려운 이념이라면, 우리는 그것을 다른 사람들에게 전한다. 어떤 점에서는 그것이 바로 우리가 모두 어떻게 복음에 사로잡힌 자가 되었으며, 그로 인하여 성경적 세계관/밈플렉스를 채택하게 된 것인지 정확히 보여준다.

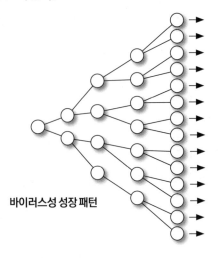

바이러스성 성장 패턴

복음 그 자체는 매우 강력한 일종의 밈플렉스로 볼 수 있다. 그래서 합당한 여건을 주면 유행성 바이러스처럼 사방으로 퍼져 나간다. 여기에서 특별히 중요한 것은 사도적 특성, 곧 사도적 운동의 밈플렉스가 실제로 복음과 교회 그 자체 안에 잠재해 있다는 점이다. 그러하므로, 우리가 그리스도인으로서 사도적 특성을 지닌 자라는 사상과 마주쳤을 때, 이미 그것을 '알고 있었던 것'같이 느꼈다. 독자들께 바라는 바는, 이 책에서 제시한 것이 다만 현상에 지나지 않는다는 것을 유의하라는 것이다. 자문했을 때 이미

'아는 것'이 아니라는 생각이 든다면, 그것은 필자의 표현력이 부족하기 때문이다. 사도적 특성에 관하여 이야기할 때마다, 많은 사람이 '이미 이것을 알고 있었는데 잊고 있었네요'라고 말한다. 정확히 이래서, 실질적으로 사도적 특성을 다시 발견하기 위해서는 중국 공산주의 체제 속에 있던 교회처럼 극도의 적응력을 갖도록 재촉하는 도전이 교회들에 필요하다고 내가 믿는 것이다. 복음의 일부로서, 그리고 성령께서 역사하심으로 그것이 이미 '사람들 안에' 들어 있다.

시장 관리의 전문가인 세스 고딘(Seth Godin)은 밈스 이론에 기초하여, 전반적으로 마케팅과 아이디어와 관련한 성장 쌍곡선을 분명히 설명하기 위해 아이디어 바이러스(ideaviruses)라는 용어를 만들었다.[347] 고딘의 관념에 따르면, "아이디어 바이러스는 대상 청중을 가로질러 미친 듯이 날뛰는 큰 이념이다."[348] 그것은 인구 집단의 한 부분이 가진 생각과 상상력을 점유하고 있는 최신식의 이념으로서, 그것을 접한 모든 사람을 가르치고 영향을 주고 변화시킨다. 고딘은 우리의 신속하게/순간적으로 변하는 세상에서 차기 첨단 분야는 아이디어 바이러스에서 나오는 것으로 세우고, 착수하고, 이익을 보는 예술과 과학이라고 주장한다. 그는 묻는다. "지메일(구글의 이메일)에 대해 들어 보았는가? 그것을 사용해봤는가? 만일 그렇다면, 그것은 지메일이 텔레비전 광고를 많이 해서가 아니다(구글은 광고한 적이 없다). 그것은 무료 이메일에 대한 선언문을 당신이 알았기 때문이다. 아이디어 바이러스에 걸린 것이다. 당신이 아는 누군가에게 아마도 당신이 그것을 전염시켰을 공산이 크다."[349] 컴퓨터 바이러스 하나가 인터넷을 타고 급속히 퍼지면서 한 주에 전 세계 컴퓨터를 얼마나 많이 먹통으로 만드는지 보고

---

347 Seth Godin의 무료 배포 자료가 있는 곳, www.ideavirus.com.

348 Godin, 《Unleashing the Ideavirus》, 14.

349 Ibid.

있지 않은가? 따라서 아이디어 바이러스란 바이러스가 하는 것과 똑같은 방식으로 이념 하나가 전염될 수 있다는 개념이다.[350]

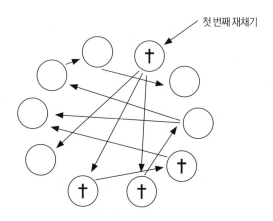

'재채기하기 식'복음

이런 의미에서 복음은 바이러스와 똑같이 옮아간다. '감기에 걸린 사람' 이 재채기를 하면 그 감기가 이 사람에게서 저 사람에게로 계속 재채기를 통해 옮아간다. 이렇게 되는 데는 '기침'을 유발하는 그에 해당하는 환경과 타인과의 접촉이 있기 때문이다. 이러한 환경은 우리가 유의미한 관계를 통해 문화에 잘 어울리는 사상을 가지고 서로 소통하고 새로운 미디어를 사용하며, 복음을 원하는 인간의 갈급함을 이해하고 계속되는 실존적 궁금 증을 용납하고 적응할 것을 요구하는 21세기의 도전에 맞서는 등, 여러 요인이 연관성을 가지고 복잡하게 얽히고설키는 가운데 조성된다.

이 모든 것에 전 세계가 완전하게 서로 연결되어 있다는 이론을 덧붙여서 생각한다면, 당신은 아이디어 바이러스의 순수한 힘을 알아차릴 수 있

---

350 한꺼번에 바꿀 수 있는 메시지의 능력은 주로 혼합된 사람의 정확한 종류, 우리 메시지의 보급, 그것의 의미에 대한 청중들의 이해력, 그리고 올바른 사회적 조건에 달려 있다. 머지않아 우리는 정점, 곧 임계 질량에 도달하여 모든 것이 사라질 수 있다. Malcolm Gladwell이 사회적 전염에 관하여 연구한 탁월한 책이 있다.《The Tipping Point》.

다. 6단계 분리 법칙은 지구상에서 어떤 사람이든 연줄을 통하여 다섯 사람만 거치면 다 아는 사람이라는 이론이다.

> 미국인 사회학자 스탠리 밀그램(Stanley Milgram)은 그 이론을 시험할 방법을 고안해냈다. … 그는 무작위로 중서부에서 사람들을 선택하여 매사추세츠 주에 있는 낯선 사람에게 소포를 보내게 했다. 발송인들에게 수령인의 이름, 직업, 그리고 대략적 위치는 알려주고 정확한 주소는 모르게 했다. 그들에게 이르기를 본인 생각에 자기 친구들 가운데 혹시라도 상대방을 개인적으로 알고 있을 법한 이름을 가진 사람에게 소포를 보내라고 했다. 소포가 수령인에게 개인적으로 정확히 배달될 때까지 사람들이 똑같이 반복해서 그렇게 했다. 비록 참가자들이 소포 하나가 배달되기까지 최소한 중간에 백 명 정도는 거칠 것으로 예상했지만 … (평균 오직 여섯 명이었다).[351]

이 때문에 대중들에게 '6단계 분리 법칙'이라고 알려지게 되었다.

변종 바이러스의 경우에서 보았듯이, 우리에게 자질이 있으므로 못할 게 없다. 결정적인 요소들은 바른 DNA의 보유와 그것을 내내 시종일관하여 고수하는 것이다. 아이디어 바이러스 같은 이 복음, 또는 이 선교는 행동에 있어서 성장 쌍곡선이기에, 선교적 리더들은 그것을 잠시도 소홀히 할 틈이 없다. 사실상 복음을 소홀히 하면 우리 시대를 진정으로 복음화할 기회를 완전히 놓칠 수 있다. 단순한 숫자 불리기만으로는 과업을 온전히 이루는 것이 불가능하기 때문이다. 네트워크의 여명이 밝았고 신기술과 미디어의 시대이기에 이를 우리에게 주신 엄청난 기회로 여기고 삶의 리듬, 밈스, 그리고 관계에 대하여 섭렵하여 유기적으로 어떻게 선교적 사명을 이룰지 다시 배워야 한다.

---

351 Stephens, 《Knowledge》. 또한 이념의 수용과 관련하여 이 개념을 크게 살피려면 ibid., 47–55도 참조하라.

이 장을 마무리하기 전에 한 가지 더 주목해볼 것이 있다. 그것은 바로 복제와 번식-능력이다. 모든 유기적인 생명체는 복제를 통해 스스로 번식하고 영존하려고 애쓴다. 생물학적인 생명체의 경우, 클로닝(cloning, 무성생식)이나 자기 복제가 아닌, 구체적으로 말하면 유성생식을 한다. 이런 구분이 중요한 이유는 일반적으로 교회와 교단이 교회-개척 전략과 프로그램을 다룰 때, 그들의 접근법은 유성생식보다는 클로닝 방식에 훨씬 더 가깝기 때문이다. 그 결과 원래의 모델이나 시스템의 단순 복제와 복사에 그친다. '자녀' 교회는 사실상 '엄마(모)' 교회의 정확한 복제품이 되려고 시도할 뿐이다. 이런 습성은 새로운 교회 공동체 속에 콘스탄틴 DNA(크리스텐덤의 유전자)를 씨 뿌린 것일 뿐만 아니라, 또한 각기 다른 선교적 환경에서 최고도의 영향력을 발휘하는 데 필요한 선교적 변이의 가능성을 최소화한 것이다.

그런데 왜 클로닝이 아니라 유성생식인가? 그것이 바람직한 이유는 유성생식이 훨씬 더 큰 만족을 줄 수 있을 뿐만 아니라, 또한 "복잡한 적응 체계(complex adaptive systems)는 균질해지면 질수록 더욱더 취약해지기" 때문이기도 하다. 균질성을 뛰어넘기 위해, 자연은 유성생식으로 말미암아 유발하는 풍부한 구조의 재조합이 필요하다. … 유성생식은 다양성을 극대화한다."[352] 염색체 조합들은 변종 접합(variant pairings) 안에서 무작위로 쌍을 이루므로 훨씬 더 많은 순열(permutations)과 다양한 종류의 자손을 생성한다. 또한 이런 순열은 종을 유지하는 동안에 적들(예를 들어 해로운 질병 및 기생균)에 대항하여 유기체의 영양가를 높이고 강화하며 또한 새로운 종류의 DNA조합으로 자손을 무장시킨다. 우리는 모두 닫힌 유전자 풀(pool)에서 어떤 일이 일어나는지 안다. 심각한 기형과 결함은 동종교배의 결과이다. 그러므로 건강한 복제는 훨씬 더 넓은 폭의 유전인자 풀에 의지하고,

---

352 Pascale, 《Millemann》, 그리고 Gioja, 《Surfing the Edge of Chaos》, 28–29.

그것에 의해 유전자 구성에서 좀 더 많은 가능성을 상승 제공함으로써 생명 시스템을 활기 나게 한다. 그것은 또한 우리를 독특한 존재로 만든다. 클로닝으로는 이것을 할 수 없다.

우리가 여기에서 고려해야 할 또 다른 요소가 있다. 그것은 바로 번식-능력에 대한 사안이다. 그것은 간단하고 복제 가능한 구조를 통해 자신을 영속화할 수 있는 생명 시스템의 능력이다. 생명 시스템, 운동, 그리고 네트워크와 깊이 관련된 복제 가능성(reproducibility)은 유성생식과 유사한 과정을 통해 조직이 계속해서 발달하도록 지켜주는, 이런 간단한 안내 체계(guiding system)를 장착한 그 처음 모델(initiating model)에 꼭 들어 있어야 한다. 그래야 같은 종을 그대로 유지하는 가운데 새로운 유전 정보를 공유할 수 있다. 거듭 말하지만, 그러한 것이 바로 mDNA에 대한 개념이다. 이것은 간단하고, 복제할 수 있고, 모든 새로운 행동에 대하여 안내자 역할을 하며, 교회가 건강하게 활동하는 데 필요한 것 일체를 부호화하여 내장하고 있다. 데이비드 개리슨(David Garrison)이 말한 대로, 우리는 다른 것은 볼 것도 없이 그저 이루어야 할 것을 이루기만 하면 된다. "교회 개척이 우리가 이루어야 할 일이면 교회를 개척하면 된다." 그와 똑같은 원리로 한 발짝 더 나아가서 이렇게 말할 수 있다. "개척한 교회를 계속 복제하는 것이 우리가 할 일이면 교회 복제하는 일에 전념하면 된다."[353] 이는 초기 DNA 안에 내장된 복제 가능성에 대한 그의 통찰력 있는 설명이다.

새로운 교회는 본래의 카리스마 또는 주신 은사를 유지하는 동안에, 다른 체제(다른 운동들과 사회 세력들)의 유전인자 풀이 가하는 많은 자극에 스스로 충분히 적응할 수 있어야 한다. 결국에는 이것으로 인하여 복제가 된다. 복제로 얻은 우리의 자식들은 각각 유일하지만, 우리 각자의 고유한 특질들과 우리를 인간으로 만들어 주는 모든 특성을 보유한다. 다양한 조건에서 생존 가능성을 극대화하기 위하여 독창성, 발전성, 그리고 다양성을 지켜주는 것이 바로 복제이다. 커티스 써전트(Curtis Sergeant)는 중국인 지하 교회가 새로 믿기 시작한 자들을 삼자교회로 보내거나 가게 하지 않았기에 내부의 (유전 인자) 다양성을 극대화할 수 있었다고 설명한다. 대신에 그들은 새로운 교회의 기틀을 마련하고 다양한 유전적 복제를 일으키는 그런 형태의 에클레시아가 되었다.

이 부분에서 우리가 살펴야 할 것들이 아주 많다. 초대 교회와 중국의 그 두드러진 운동을 다시 돌아보면, 그들을 한결같이 이끌었던 것은 이념이나 실천에 있어서 단순함이었다. 스탈린 체제에서 한 러시아인 침례교 목사의 경우, 그들의 건물들이 몰수되고 신앙이 불법화된 이후에 중요하지 않은 것은 모두 자진해서 없앴다고 한다. 그들은 철저히 다 털어버리고 단출해진 가운데 신앙을 다시 발견하게 되었다. 그런데 이것이 러시아인 교회를 위한 큰 선물이었다. 그 좋았던 교회 기관들이 사라지고 건물도 예배당도 빼앗겨서 없는데, 이런 상황에서 교회는 스스로 새롭게 되기 위한 길을 모색해야 했다. 놀랍게도 이 작은 침례교회는 지하로 들어간 후 60년이 지난 뒤에 모습을 드러냈는데, 약 2만 명의 교우들이 활동하고 있었다. 다시 말하지만, 이는 그 안에 뿌리내리고 잠재해 있었으나 다만 몰랐던, 그 사도

Garrison, 《Church Planting Movements》, 181.

적 특성이 되살아나서 사도적 권능과 활기가 충만해짐으로써 나타난 결과이다.

서구에서 잠재한 사도적 특성을 되찾기 위해서, 러시아인 침례교회가 했던 것과 마찬가지로 자기 분석을 위한 질문을 스스로 해야 한다. 더는 양보할 수 없는 최소한의 믿음은 무엇인가? 없애도 그만인 것은 무엇인가? 새로운 선교적 상황과 적응을 요구하는 도전에 응하기 어렵게 하는 너무도 복잡하고 무거운 짐은 무엇인가? 우리도 중요하지 않은 것들은 치워내야 한다. 왜 그래야 하는가? 믿음을 표방하는 많은 기구는 스스로 복제하는 것도 불가능할뿐더러 오히려 우리를 짓누르고 있기 때문이다. 3장의 내용을 회상해보면, 박해가 교회에 주는 한 가지 '선물'은 복음의 본질을 쉽게 흐려놓는 신학적 혼란의 최소화이다. 적응력이 꼭 필요한 맥락에서 발생하는 이런 신학적 증류 현상은 어떤 운동이든지 그 기본 메시지에 몰입하게 하고 그로 인하여 그저 '재채기'하는 정도만으로도 얼마든지 복제가 일어난다. 이것은 복음 그 자체뿐 아니라 또한 교회에 대한 모든 사상에도 적용된다. 뭐든 '간단'(simple)이 답이다.

교회-성장 모드의 대표적인 이론인 '끌어 모으는 식' 교회를 예로 들어보자. 만약에 당신이 지역에 초대형 교회를 세우려는 뜻을 가지고 교회 개척을 한다고 해보자. 그러려면 전력을 다하여 탁월한 프로의식, 대규모 예배 밴드팀, 탁월한 수준의 의사소통, 아동과 청소년을 위한 전임 사역자, 효율적인 셀 프로그램, 그리고 다방면에 걸친 흥미 있는 매력을 구축해야 하는데, 그것은 대부분 재현 불가능하다고 보는 것이 맞다. 최소한 대다수 평범한 신앙인에게는 어림없는 일이다. 우리의 의도와는 상관없이, 이런 매체에 담긴 무언의 메시지는 만일 당신이 교회를 개척하고자 한다면 시작부터 이런 모든 것을 갖추고 있어도 될까 말까 하다는 것이다. 세상에, 시작부터 그 모든 것을 갖추어 개척할 수 있는 사람은 없다.

지금까지 족히 30년이 넘는 세월을 우리는 교회 성장학과 메가 처치에 집착하고 있다. 그런데 미국 내 350,000개가 넘는 대다수 교회는 각각 교세가 80명 이하이다. 그리고 대단히 많이 수고하고 있으면서도 목회자들이 초대형 교회처럼 하지 못하고 있다는 실패에 대한 죄책감에 시달린다. 이런 현실을 직시하자. 분명히 대단한 교회인 것은 맞지만, 그렇다고 그토록 힘들어 하면서까지 새들백이나 윌로우크릭을 재현할 필요는 없다. 전문 부서들, 카리스마 있는 리더들, 대규모 직원들, 그리고 재정적 자원을 두루 갖춘, 그러한 교회들은 정말이지 그리 쉽게 재현할 수 없다. 만일 우리가 이것을 높이 사서 바람직한 교회의 유일한 모델로 삼는다면 그 효과라는 것이 목회와 교회 개척에 전념하는 상당수의 사람을 하찮은 존재 같은 기분이 들게 하는 것이고, 교회의 복제 가능성 구조를 망가뜨려 불임 상태로 만드는 것이다. 대량의 건물과 자원을 가지고 하는 사역에는 전문적인 시야가 필요하기에, 순수한 마음으로 운동을 하기에는 걸리는 것이 한둘이 아니다.

거듭 밝히지만, 나는 교회 성장을 비판하거나 빛의 사명을 성실하게 잘 감당하는 분들에게 의문을 제기하려는 사람이 절대로 아니다. 나는 개념만 확실하다면 두 가지 모드로 교회를 얼마든지 운영할 수 있다고 강하게 확신하는 사람이다. 나도 역시 잘 돌아가는 기존 체제는 그대로 유지하고 '양자택일/둘 다'의 접근방식을 채택하고 있다.[354] 여기서 강조하고자 하는 것은 단지 한 가지 방법만 있는 것이 아니란 이야기이다. 한 가지만 너무 오랫동안 붙들고 있었다가, 그래서 거의 동종 교배한 것과 같은 결과가 나타났다. 심지어 서구에서 몇몇 초대형 교회가 개척한 지교회를 보면 죄다 끌어모으는 식으로, 모 교회의 클론(clone, 복사본) 같아 보일 뿐 대응력을 갖춘 다양한 유전인자를 보유한 것 같지 않다. 그들 대다수가 망한 작품이다. 너무도 이상하지만, 대형교회가 성공적으로 교회 개척 운동을 시작한 사례는

---

354 운동의 리더 Dave Ferguson과 공저한 'On The Verge'을 보라. 책 전체에 '양자택일/둘 다'에 대한 근거를 기술해놓았다.

드물다. 건강한 복제에 필요한 것은 다양성이다. 도전하건대, 기계적인 교회-성장론 하나에만 치중하던 우리의 사고를 바꿔야 21세기의 선교적 여건에 제대로 적응할 수 있다. 당신이 가진 유일한 공구가 망치라면, 모든 것이 못으로 보이기 시작한다고 이미 말했다. 우리에게는 다른 공구들이 필요하다. 또한 이 대목에서 내가 특히 강조하여 말하고 있는 바는, 성공적인 교회 성장 모델은 대체로 복제 가능성이 거의 없다는 것이다. 이런 이유로, 미국의 맥락에서는 약간 다르기는 하지만, 서구 맥락에서 성공적인 초대형 교회 몇 군데를 빼놓고는 압도적인 영향력을 발휘하는 교회가 거의 없다.

다른 학자들이 "그게 아니라고 했잖아"라고 말하기 전에, 내가 먼저 앞장서서 신학교에 통렬한 비평 한 마디를 남기고 싶다. 신학교들은 현재 위와 똑같은 여러 이유로 복제 불능 상태에 빠져 있다. 역사상 사도적 특성이 나타나는 풀뿌리 같은 보통 사람들의 운동을 위해서 존재하던 것이 리더십이고 신학적 발전이었다. 신학 연구와 지식의 겸비, 그리고 리더십의 계발은 하나님의 소명과 은사로 시작한 운동에 필요한 제자도를 위해서 꼭 있어야 하는 필수요소이다. 우리가 관행대로 사람들을 선발하고 전문 교육 기관에 의탁하여 매우 비싼 학비를 지급하는 것은, 이후 머지않아 그들을 의지하려 한 까닭이다. 그런데 작금의 현실은 그들이 적응성과 대응성이 필요한 상황에서 쉽게 복제를 일으키지 못하는 형세이다. 그들은 일반적으로 너무 대하기 어렵고 심하게 제도화되어 있다. 이는 우리가 그들을 배제하겠다는 뜻이 아니다. 도리어, 내 이야기의 취지는 섬김을 위해 존재하는 그 직능들을 본래대로 회복하여 지역 교회나 풀뿌리 운동에 단순하고, 본질적이며, 복제가 가능한 기능으로 만들어 달라는 것이다.

분명히, 처음 몇 세기 동안 사람들이 했던 최초의 운동들에는 우리가 아는 신학교도, 우리가 지금 다니는 매력적인 대형교회도 없었다. 역사상 저들이 했던 그 뜻 깊은 운동들에는 더 줄이거나 덜어낼 부분조차 없었다(이것이 너무 충격적으로 들린다면 중국 교회를 생각하라). 그런데도 이 운동들은 현재의 맥락에서 우리가 가진 자원도, 기구도, 건물도 없었지만, 우리가 얻고자 꿈꾸는 것보다 훨씬 더 큰 효과가 있었다. 이러한 사실은 21세기 선교적 복잡성을 놓고 절충하려고 시도하는 우리에게 분명한 경종을 울린다. 내가 지적한 바와 같이 교회의 줄기세포 단계에서, 즉 출발에서부터 바르게 가야 한다. 또한 조직 설계가인 빌 브로서드(Bill Broussard)가 한 말처럼 "재활성화는 처음에 설정할 항목이다."[355] 그것은 나중에 정정하기가 힘들다. mDNA 명료성은 맨 처음에 가장 생기가 넘친다. 그리고 그것이 생명 순환주기를 통해 일관성 있게 유지되어야 한다. 그렇지 않으면 그 활력이 점진적으로 사라진다.

최종적으로 더하는 말

진정한 운동 정신을 가진 유기적/생명 시스템이 네트워크상에서 조직을 갖추고 활동할 때, 복제와 기하급수적인 성장에 적합한 조건을 주면 새로운 역사가 창조된다. 이것은 괄목할만한 mDNA의 다른 다섯 가지 요소는 배제해도 된다는 이야기가 아니다. 모든 요소의 중요성이 다 똑같은 가운데, 그 하나만 놓고 보더라도 그 자체가 대단히 강력한 위력을 지녔다는 의미이다. 만일 사도적 특성의 다른 요소들에 의해 유도되지 않으면, 그것은 선하거나 악하게 사용될 수 있다(알 카에다와 다단계 금융 사기단에서와 같이). 하나님과 복음을 위한 그 놀라운 운동들에서 자신을 드러내는 사도적 특성은 생명 시스템과 똑같은 방식으로 동작한다. 그래서 예수 그리스도가 세우신 교회의 중심에 뿌리박혀 있는 mDNA의 기본 요소 가운데 한 부분으로 유기적 체제를 힘주어 강조하여 말한 것이다. 우리가 꼭 기억해야 할 것이 있다. 그것에 대항하는 음부의 권세는 결코 이기지 못한다(마 16:18).

---

[355] 인용 도서 Pascale, 《Millemann》, 그리고 Gioja, 《Surfing the Edge of Chaos》, 209.

Conclusion

결론

새로운 조짐이 보이는데도 이에 유의하지 않고, 조금 지나면 철거해야 하는 천막이나 치는 교회는 그 부르심에 맞지 않는 행동을 하는 것이다…. (우리는 반드시) 우리가 바라던 것을 확실히 내려놓고, 위험한 것을 받아들여, 즉각적인 조치를 하며 살아야 한다.
– 한스 큉, '하나님의 백성으로서의 교회'(The Church as the People of God)

우리는 탐험을 멈추지 않으리
그리하여 끝자락에 이르는 우리의 탐사는
우리가 출발했던 곳이라네
처음부터 알던 그 장소라네
– T. S. 엘리엇, '리틀 기딩'(Little Gidding)

그동안 사도적 특성에 대하여 여러 방면에서 탐구했던 이 작업을 마무리하면서, 탐험 여행의 본질을 언급한 엘리엇의 시적인 통찰력을 고려해보면 좋을 듯하다. 기독교의 선교와 교회에 대한 원뿌리로 돌아감으로써, 우리는 오랫동안 잊었던 것을 발굴하였다. 그것은 우리의 일차적인 통념 속에, 순교자들의 일화 속에, 그리고 가끔 들어보는 성인들과 영웅들의 삶 속에 어렴풋이 나타나 기억이 날 듯 말 듯했다. 어딘가에 묻혀 있던 아주 소중한 보물이 마치 발부리에 걸려 채인 듯하다. 에클레시아의 보관 창고 여기저기에 아무렇게나 켜켜이 쌓아 놓은 어둑하고 후미진 어느 곳에 숨어 있었던 듯하다. 그리고 이 보물을 되찾게 됨으로써, 실은 우리 자신을 새롭고 활기

찬 방식으로 다시 발견하게 되었다.[356]

사도적 특성(또는 그것의 구성요소인 mDNA)은 우리 자신의 습관과 교회에 대한 개념을 효과적으로 반추해볼 수 있게 하며, 그러는 과정에서 역사 속의 모범적인 예수 운동들과 우리 자신을 비교해봄으로써 우리가 너무 안이했음을 심각하게 뉘우치게 한다. 이것은 위험하기도 한데, 그 이유는 우리의 가장 깊은 본능까지 자극하여 잠들어 있던 잠재력을 깨울 뿐 아니라 여러 가지 의무를 깨닫게 하고, 우리 삶의 전체 체계와 패러다임을 철두철미하게 바꾸라고 요구하기 때문이다. 또한 파괴적이기도 하다. 우리의 인생과 공동체를 통째로 재보정할 것을 요구하기 때문이다. 그래서 모든 것을 원점으로 돌려놓아야 한다. 거칠고 혁명적인 메시야와 사람들이 했던 그 놀라운 운동들로 돌아가서 그분의 삶과 가르침으로 모든 시대 모든 사람을 감동시켜야 한다.

그것은 우리 중 많은 분에게 그동안 우리가 연구했던 예수 운동들이 가졌던 활력과 거의 비슷한 수준에 도달하기까지 현재 서 있는 곳에서 도약하라는 불가능한 요구로 비칠 수 있다. mDNA의 다양한 요소를 가지고 교회의 패러다임 전체의 내용과 본질에 대하여 너무도 상세하게 건드려 놓았기 때문이다. 교회에 간절히 바라기는, 마치 듣도 보도 못한 무슨 외계인 같이 그 사도적 특성을 교회가 억지로 받아들여야 한다는 것이 아니라, 이미 우리 안에 그것이 존재한다는 것을 알았으면 한다. 그것은 우리 것이다! 진

---

356 이것 때문에 나는 이 책에 실린 이념들을 당신과 당신의 공동체에 적용하는 데 도움이 되는 실용적인 도구들을 개발하려고 애썼다. APEST의 사역들 가운데 당신에게 해당하는 것을 확인해볼 수 있는 것도 있다. 당신이 하는 사역의 분야에서 다른 사람들이 올려놓은 피드백과 당신이 베푸는 그 소중한 섬김에 대하여 사람들이 어떻게 생각하는지 개인적으로 검사도 할 수 있고, 또는 준비된 360도 프로필을 만들 수도 있다. 이런 실습은 개인적으로나 사역 팀 모두에게 유용할 것이다.
이 책 개정판의 출간 시점에 맞춰 그리스도의 몸에 주어진 5중 기능의 측면에서 교회나 조직의 기능성을 판단할 수 있는 APEST 평가지를 내놓으려고 한다. 사도적 특성에 관련한 다른 도구로는 내가 mPULSE라고 부르는 검사도 있다. 이 검사는 당신의 공동체에 나타나는 사도적 특성의 정도를 평가하도록 설계했다. 그래서 공동체 안에 mDNA의 각 요소가 어느 정도 발현되고 있는지 상세하게 측정할 수 있다. www.theforgottenways.org에 접속하면 그것을 해볼 수 있다.

실로 미래라는 씨앗이 현재라는 모태에 들어 있다. 또한 이것이 그러하므로, 우리는 단순히 그것을 잠에서 깨워 잘 키우기만 하면 된다. 사도적 특성이 초기 감리교도에게도 그랬고, 그리고 지금도 여전히 우리의 놀라운 중국인 형제자매에게도 그러는 것처럼, 오늘날 우리에게도 유효하다고 온전히 확신한다. 그것은 하나님의 모든 백성의 공동 유산이며, 21세기의 이 위협적인 도전에 기필코 맞서야만 하는 우리 자신의 본분과 직결된다.

애초에 예수께서 구상하신 교회의 모습을 성실하게 갖추려면 기본적으로 선교적 노선을 따라가며 계속해서 적응하고 변모해야 마땅하다. 이는 낯선 작업이 아니다. 도리어 그것은 우리가 사는 세상 속에서 복음의 참된 증인이 되려는 수고이다. 이것을 온전히 인식하였던 그 유명한 신학자 칼 바르트(Karl Barth)는 마르크스주의 체제가 된 동독에서 공동체의 신앙을 유지하기 위하여 지하로 숨어 들어가 있는 동안, 그들이 물려받은 전통적인 형태의 믿음 생활을 어떻게 해야 하는지 고심하며 번뇌하던 어느 목사에게 지침을 마련해준 적이 있다. 우리가 처한 상황과도 무관하지 않기에 그의 말을 여기에 상세히 인용한다.

지금 나는 이 질문과 관련하여 당신에게 어떤 새로운 것을 말하려는 것이 아니다. 실로 가장 명성이 자자하고 유능한 콧부스의 권터 제이콥 총회장이 얼마 전에 '콘스탄틴 시대(크리스텐덤)의 종식'을 선언한 바가 있다. 나는 역사 철학의 모든 공식화한 이론을 매우 신중하게 다루는 자이기에, 나 자신이 이런 표현을 하는 것이 흔쾌하지는 않다. 하지만, 곧 맞게 될 결과와 비슷한 일이, 당신이 있는 곳은 특히 더 심할 테지만, 어쨌든 솔직히 말해서 모든 곳에서 일어나기 시작한 것이 분명하다. 우리는 모두 이유가 있어 스스로 물어본 이러한 각 질문을 사례별로 하나도 빼놓지 말고 즉시 분명하게 대답해야 한다.

아니다. 교회의 모습이 굳이 미래에도 지금과 똑같은 형태여야 할 이유가 없다. 과거에는 그런 모양이 대세였기에 그런 모습을 했던 것뿐이다.

아니다. 하나님에게 속한 일의 지속과 승리를 위하여 그분의 증인으로서 교회가 하는 봉사는 지금까지 가지고 있던 존재의 형태와 아무런 관련이 없다.

맞다. 그때가 닥칠 수 있고, 어쩌면 이미 그랬을 수도 있겠지만, 때가 되면 하나님께서 우리가 쩔쩔매기 때문에, 그렇지만 그분의 영광을 위하여, 또한 인류의 구원을 위하여 성실성이 모자란 이런 형태의 존재를 종식해버리실 것이다.

맞다. 그 존재의 형태가 비록 여전히 지속되고 있다 해도, 내심 그것에 의존하는 우리 자신을 거기에서 해방하는 것이 우리의 의무일 수 있다. 참으로, 어느 날 그것이 완전히 사라질 것이라는 전제를 깔고, 우리는 명확하게 새로운 각 방향으로 새로운 모험을 모색해야 한다.

맞다. 하나님의 교회인 우리가 주의를 기울인다면 지금은 우리가 기대하기 힘든 새로운 길을 우리에게 보여주실 것이다. 우리는 하나님께 매인 바 된 자이기에 그분으로 인하여 무적의 안전을 주장할 수 있다. 그분의 이름은 모든 이름보다 뛰어나기 때문이다.[357]

예수님의 사람들은 그 속에 지구의 측량 못할 미래, 즉 하나님의 나라에 대한 가능성을 항상 품고 있다. 우리는 지식과 사랑을 끊임없이 증가시킴으로써 이러한 잠재 가능성을 훨씬 더 많이 알아차릴 수 있고 또 그래야만 한다. 그런데 위대한 진리를 발견하면 그것의 빛에 따라 살아야 할 분명한 책임이 생긴다. 이 책은 너무도 오랫동안 하나님에게 속한 백성의 심령 속에 숨어 있던 그 잃었던 잠재력을 환하게 밝히기 위해 쓰였다. 그렇다, 그 잠재력은 변화를 목적하고, 극한의 위험이 도사린 곳으로 모험을 떠나라고 부추긴다. 그러나 거기에 권능으로 우리의 세상을 구원하고 변모시키는 영

---

357 Barth, 《Letter to a Pastor》, 64–65.

원한 능력의 복음이 머물러 있기에 우리에게 소망이 있다. 그것은 우리의 심연에 자리한 유산이며, 또한 복음의 길을 따르는 우리가 행동으로써 그 잠재한 놀랄만한 위력을 발현시켜야 하는 의무를 부여한다. 그것을 바울도, 초대 교회도, 그리고 지나온 모든 세대도 다 가지고 있었다. 이제 그것이 우리에게도 있다. 이런 희망찬 일이 구원하시는 분을 믿는 신앙을 가진 자를 기다린다.

이것이야말로 잊고 있던 길의 정수이다.

Afterword

후기

: 제프 밴더스텔트 Jeff Vanderstelt

앨런 허쉬를 처음 만났을 때가 떠오른다. 무슨 컨퍼런스나 사역자 훈련 기간도 아니었다. 교회 모임이나 회식 자리에서도 아니었다. 그렇다, 내가 앨런을 처음 만났던 것은《새로운 교회가 온다》라는 책을 통해서였다. 그 책을 읽는 내내, 내가 아내 제인과 함께 교회를 개척하면서 가졌던 생각과 비전을 어쩜 그리도 비슷하게 적어 놓았던지, 마치 새로운 친구가 생긴 듯했다. 나의 새로운 친구가 깜짝 등장하기까지, 내게 앨런 허쉬와 마이클 프로스트가 공저한 그 책은 생면부지였다. 그때가 2003년이었다.

그 이후 앨런과 진짜로 좋은 친구가 되었다. 나는 그를 유대인, 남아프리카 사람 '요다'라고 즐겨 이야기한다. 그가 실제로 유대인이며, 남아프리카 태생이기 때문이다. 그런데 또한 요다(Yoda, 다재다능하고 현명한 사람, 영화 스타워즈 캐릭터)도 맞다. 엄청 많이 알고, 못하는 게 없다. 앨런은 쓸데없는 말을 길게 늘어놓는 자도 아니다. 그가 하는 말은 한마디도 버릴 것이 없다. 깊이 생각하게 하고 또한 마음이 뜨거워져 그대로 하고 싶어 안달이 나게 한다. 때때로, 앨런의 사상은 나같이 무척 아둔한 사람도 훨씬 더 크게 생각하고 반성할 수 있게 한다.

앨런과 만나고 나면 항상 신나는 일이 생긴다. 12년도 넘는 세월 동안 이

따금 함께 만나, 철 지난 것들과 예전에 했던 방식들을 놓고서 새로운 것을 얻고 싶어 대화할 때마다 완전히 새로운 것들을 엄청 많이 얻고 헤어진다.

나는 10년 전 《The Forgotten Ways》 초판이 나왔던 이래 이 책을 여러 번 읽었다. 이는 앨런의 저서들이 항상 속이 두둑이 채워진 추수감사절 칠면조 같기 때문이다(그리고 마치 배 터지게 음식을 먹고 맘껏 재충전의 시간을 가진 다음, 엄청나게 많이 남은 음식들은 냉장고에 쟁여 넣는 여느 명절 같다). 또한 내가 교회를 개척할 때 가졌던 초심으로 돌아가야 할 필요가 있을 때마다 이 책을 꺼내서 읽는다. 나는 자주 잊는다. 그래서 그 편안했고, 당연했고, 안정된 데서 벗어나서, 비록 서툴러도 '교회답게 되려고' 개척에 뛰어들었던 그 이유를 기억하고 싶었다. '예수님은 삶의 모든 것의 주인이다'라는 이 신앙이 교회에서 필요할 때마다 이 책을 들춰 보았다.

많은 세월을 겪고 보면서, 나는 교회는 건물도, 기관도, 행사도 아니라는 것을 확신하게 되었다. 나는 교회가 삶의 모든 부분에서 하나님의 선교를 하는 하나님의 백성이라고 가르치기도 하고 설교도 한다. 내가 믿는 것은 그러한데, 눈을 들어 주변을 둘러보면 전혀 다른 소리만 난무했다. 앨런의 책은 내가 외톨이가 아니라는 것을 상기시켜주며 격려가 되었다. 과거로부터 우리의 뿌리로 돌아와서, 옛사람들처럼 개척자로 파송을 받으라는 부르심을 똑같이 듣고 반향을 일으키는 사람들이 상당히 많다는 것을 알았다. 우리는 혼자가 아니다. 시간이 지남에 따라 잊고 지내던 것을 기억해내고 다시 그 길로 가자는 부르심에 점점 더 많이 유의하게 된다.

앨런이 《The Forgotten Ways》를 재출간한다는 소식을 듣고 얼마나 감사했는지 모른다. 앨런은 끊임없이 공부하는 사람이라서 나는 더욱 그가 좋다. 그는 잘못이 있다면 주저 않고 인정하며, 의사소통에 문제가 생기면 기꺼이 바로잡는다.

앨런은 신실하게 예수님을 사랑하며, 예수님의 신부인 그분의 몸 된 교회도 깊이 사랑한다. 그는 멈추지 않고 지칠 줄 모르는 열정으로 온 힘을 다

잊혀진 교회의 길

하여 교회를 세우는 일로 예수님을 섬긴다. 또한 앨런은 하나님이 그를 청지기로 불러서서 하나님의 영광을 위하여 이 책을 집필하게 했다고 굳게 믿는다.

이 개정판은 하나님의 백성들이 그들 스스로가 누구인지, 예수님이 무엇을 하고 계시는지, 그리고 그들이 누구를 찾아 나서야 하는지 보여주기 위해서 애쓴 앨런의 꾸준한 성장과 헌신을 입증한다. 그의 배움은 끝이 없다. 우리도 배우게 된다. 이 개정판에 담긴 이야기들은 얼마나 많은 사람이 앞을 향해 나아가고 있고 또한 복음으로 말미암아 그들의 인생과 공동체가 변모했는지 보여준다.

우리가 누구인지 잊는다. 하나님이 무엇을 하시는지 망각한다. 그리고 그 옛날 우리의 교회가 한때 어떻게 지냈는지 잊고 있다. 그렇다고 해서, 이런 진리가 바뀌지 않는다. 그것은 여전히 복음의 씨앗 속에 생생하게 살아 있고 뿌리 깊게 박혀 있다. 진리는 이것이다. 예수께서 세상 속에 그분을 위한 사람들을 만들기 위해 살았고, 죽었고, 부활했다. 그래서 성령으로 거듭나게 하고, 그 안에 하나님의 영원한 DNA를 인 쳐 놓았다.

하나님의 사람 속에 무엇을 따로 집어넣을 필요가 없다. 도리어 우리는 이미 그 안에 자리잡은 것을 밖으로 끄집어낼 수 있도록 도와야 한다. 예수님의 제자라면 남들도 예수님의 제자로 만들어야 한다. 이를 위해 우리가 할 일은 우리부터 먼저 성령님이 원하시는 사람이 되는 것이다. 그렇게 거듭난 사람이 하나님이 뜻하신 바대로 하나님의 선교의 현장인 세상으로 들어가서 다른 사람들도 우리와 똑같이 하도록 도와야 한다.

감사하게도 앨런은 이 책《잊혀진 교회의 길》에서 우리를 돌이켜 하나님의 백성 본연의 모습으로 돌아가게 하고, 제 모습을 되찾은 우리가 과연 어떤 삶을 살아야 하는지 선지자적인 자세로 촉구하여 바른 비전을 보도록 한다.

앨런이 말했듯이, 교회의 mDNA는 실제로는 전혀 새로운 것이 아니다.

그것은 고대부터 있었던 것인데, 대다수가 거들떠보지 않았다. 그리스도 안에 있는 우리 본연의 모습을 다시 떠올리고 새롭게 각성해야 한다.

앨런을 사용하여서 우리를 주께로 되돌려 주님의 방법을 따르게 하신 예수님에게 감사한다. 우리의 기억이 되살아나서, 두근거리는 심장으로, 그동안 잊고 지내던 우리 구세주, 우리 주님, 우리 왕이신 예수 그리스도의 방법으로 삶을 살기 바란다!

Appendix 1

혼돈이 일어나는 과정

: 부록 1

생명 시스템(living systems)에서 나오는, 좀 이상하지만 좋은 생각을 떠올리게 하는 용어로 표현하자면, 현재 서구의 교회는 일종의 적응성 도전 (adaptive challenge)이라고 불리는 것에 직면해 있다. 그 이론에 따르면, 적응성 도전이란 유기체(또는 조직)에 그것의 생존 기회를 높이기 위해 변화하고 적응해야 하는 도전이 가해지는 상황들을 뜻한다. 적응성 도전은 두 가지 원인에 의해 생길 수 있다. (1) 중대한 위협이 발생한 상황, 또는 (2) 거스를 수 없는 기회가 주어진 상황 – 혹 둘 다. 유기체나 조직에 위협이 가해지면 '적응 아니면 사망'의 상황이 전개된다. 거스를 수 없는 기회가 찾아오면 다음번의 낮은 점에서는 훨씬 나은 영양소가 있다는 아주 좋은 조짐이 나타난 것이기에, 유기체나 조직의 운동 및 동작에 기운이 넘친다. 교회의 경우 적응성 도전의 두 가지 형태 모두 오늘날 우리에게 나타난 실질적인 현안이다. 제도적 교회의 존재에 대한 위협은 변화를 가늠할 수 없는 급격한 형태로 찾아왔다. 그리고 거스를 수 없는 기회는 하나님, 영성, 공동체, 그리고 삶의 의미와 관련하여 큰 규모로, 거의 전례 없던 개방성의 형태로 찾아왔다. 두 가지 모두 변화를 위한 좋은 이유이며, 우리더러 얼른 반응하기 시작하라고 신호를 보낸다.

위협이란 측면에서, 서구에서 받는 도전의 특성은 초기 기독교 시대나 중국에서 일어난 놀라운 예수 운동에서처럼 국가적 차원에서 공공연하게 가해지는 박해가 아니다. 사실상 이런 박해의 결여가 아마도 우리를 초조하게 만드는 원인일 수 있다. 우리는 모든 것이 안정되어 있고 주류에 순응하며 어서 속히 풍족한 중산층이 되려 한다. 2장에서 언급한 대로, 우리에 대한 위협은 상당수 정치 사회문화적 세력에서 기인하며, 변화를 가늠할 수 없는 급격한 형태로(사회 정치적, 환경적, 생물학적, 기술적, 종교적, 철학적, 그리고 문화적 위협 등 기타 여러 가지) 발생한다.

불과 50년 전까지만 해도, 과거로부터 알았던 것과 현재 상황을 철저하게 평가한 것에 기초하여, 높은 수준의 예측 가능성으로 미래에 대한 계획을 미리 세울 수 있었다. 그래서 전략적으로 짠 기획안으로 이정표를 삼아 갈 길을 정하고, 모든 일이 기대했던 대로 같이 진행되어 우리는 바라던 결과를 성취할 수 있었다. 그것을 전략적 기획안(strategic planning)이라고 불렀다. 그것은 변화는 느리고 지속해서 일어나야 한다는 이론에 기초하였다. 미래를 위해 과거의 기안을 약간만 바로잡으면 되었다. 이제는 기술의 끊임없는 혁신으로 그 결과 전체 산업에 남은 인원이 생기고, 지구촌 전역에 걸쳐 아주 사소한 동요만 일어도 민감하게 반응하는 국제 시장과 테러, 지정학적 군사력의 변동 등, 우리는 지금 이런 시대를 살면서 20년은 고사하고 고작 3년 안에 일어날 일조차 예측하는 것이 불가능하다. 바꾸어 말하면, 우리를 위한 변화는 연속성이 없고 점점 더 빠른 속도로 진행된다. 또한 그것은 심지어 느리고, 지속해서 일어나는 변화조차 제대로 대응하지 못하는 제도적 교회에 대한 실질적인 위협이다.

선교 및 선교적 조직 분야에서 조예가 깊은 두 사상가의 말에 귀 기울여 보자.

북미의 문화는 거의 폭발 직전이며 앞뒤를 가늠할 수 없는 변화의 시기를 지나고 있다. 이런 종류의 변화는 역사상 어느 시점에서도 경험하지 못했던 변화의 패러다임이다. 그런데 그것이 우리의 전형이 되었다. 역사에 길이 남을 만한 사회와 문화를 영원히 변모시키는 일들이 우리가 사는 이 시대에 일어날 뿐 아니라 골고루 퍼지기까지 한다. 그러한 사건들이 일어나는 시기로는 우선 출애굽을 꼽을 수 있다. 그때 하나님은 이스라엘을 자기 백성으로 만드셨다. 또는 인쇄술의 발명도 마찬가지이다. 그로 인해 보통 사람들도 손에 성경을 들고 읽을 수 있었다. 그래서 교회뿐만 아니라 유럽인들 마음의 생각까지 변모시켰다. 그리고 이제는 컴퓨터와 인터넷과 같은 신기술의 영향력과 마이크로칩을 접목한 생물학이 출현한 시대이다.[358]

미래와의 조우 : 경험적 측면

추세에 초점을 둔 이러한 웹사이트 몇 개를 확인해보라. 이 목록은 포지(Forge)의 동역자이며 내 친구인 재능 있는 젊은 미래학자 웨인 페더릭(Wayne Petherick)이 제공했다.

몇 마디의 충고다. 이 사이트들의 내용을 '여과'해서 읽기 바란다. 예를 들어, 나의 관점은 무엇인가? 또 다른 관점이 있는가? 최신의 사안/사건에 대하여 아는 것과 그것에 대해 행동하는 것은 별개의 것이다. 거기에 담긴 의미(선할 수도 있고 악할 수도 있는)를 스스로 파악해야 한다. 당신이 내린 결론이 과연 행동으로 옮길 가치가 있는지 자신에게 물어보라. 또한 이런 맥

락들에서 교회가 취해야 하는 행동과 자세를 질문하라.

유렉알러트(EurekAlert, www.eurekalert.org). 과학적 진보에 관한 포괄적인 요약, 연구 보도 자료.

뉴 사이언티스트(New Scientist, www.newscientist.com). 사례가 발생할 때마다 최신의 정보 요약.

와이어드(Wired, www.wired.com). 팝-테크 스모가스보드(pop-tech smorgasbord, 최신 기종 관련 뷔페식 정보 제공)

패스트 컴퍼니 매거진(Fast Company Magazine, www.fastcompany.com/homepage). '차기 대박'(Next big thing)형 비즈니스 잡지.

살롱 닷컴(salon.com, www.salon.com). 사회와 문화의 교차점에서 정치, 기술, 비즈니스를 다룸

디스인포메이션(Disinformation, www.disinfo.com). 기업 소유의 미디어 집단에서 흘러나온 것으로 보이는 시사, 정치, 신과학, '숨겨진 정보'에 관련한 소위 찌라시 정보를 제공함

파이낸셜 타임즈(Financial Times, news.ft.com/home/asia). 비록 때때로 약간 단정적이긴 해도, 경제적 사건에 대하여 꽤 충실히 개관함.

싸인스 앤 원더스(Signs and Wonders, www.wnrf.org/news/blogger.html). 종교의 미래에 영향을 미치는 최근 동향 및 사건 감시, 세계 종교 미래학자 네트워크(World Network of Religious Futurists)와 제휴함(www.wnrf.org/cms/index.shtml)

아트 앤 레터스 데일리(Arts & Letters Daily, www.aldaily.com). 철학, 미학, 문학, 언어, 유행, 역사, 음악, 미술, 문화, 평론, 논쟁, 촌평 모음.

이런 상황에서 우리에게 요구되는 것은 패러다임의 재조정이다. 21세기에 거하는 우리는 의심할 것도 없이 혼돈의 벼랑 끝에서 떨며 서 있다. 이것이 좋은 일임을 알아야 한다. 혼돈의 벼랑 끝은 제대로 처리하면 혁신이 일어나는 최적의 지점이기 때문이다.

쓰던 안경을 신형으로 바꾸다

조직과 리더십을 개념화할 때 사용하는 수많은 방법은 뉴턴의 관점에서 나왔다. 주로 과학에 따라서 생성된 관점을 기본 틀로 삼는 근대 세계관의 후

예들로서, 우리가 가진 세상에 대한 개념은 죄다 기계론적인 관점이라고 해도 틀린 말이 아니다. 특히 조직과 리더십의 경우에서도 마찬가지이다. 뉴턴(Newton)의 영향력이 지대했던 시대에 중요한 패러다임의 진보가 있었다. 그래서 사물을 대할 때 원인과 결과로 보는 경향이 생겼다. 우주 역시 매우 복잡한 인과관계가 있는 커다란 기계로 본다. 간략하게 말해서, 우리가 행동 X를 하면 꼭 결과 Y가 생긴다는 추론이다. 이런 가정은 확실히 예측할 수 있다. 그것은 과학의 근본적인 과제를 모든 원인과 그에 부합하는 결과를 찾는 일로 만들었다. 실로 엄청난 도전이다. 그로 말미암아 세상과 그것의 운용에 대한 지식이 대량으로 증가했다.

그 유명한 아인슈타인의 상대성 이론과 원자보다 작은 아원자 입자(subatom)의 특질을 철저히 조사하는 양자역학(quantum physics)이라는 후속 연구가 출현하기 전까지 모든 것이 순조로웠다. 그것을 처음 발견한 연구원들은 대경실색할 노릇이었다. 뉴턴의 예측 가능성의 가설에 기초한 당대의 물리학적 표준과 그 발견이 판이하게 모순되었기 때문이다. 그들은 물질의 기본 구조인 원자가 기대와는 완전히 다른 방식으로 동작하는 것을 발견했다. 원자의 동작은 뉴턴의 물리학이 예상했던 예측 가능성을 완전 무효로 했다. 널리 보급된 과학적 패러다임에 위기가 닥쳤다. 그것이 밀려나면서 비선형의 역학으로 무장한 양자의 시대가 열렸다. 이것은 과학의 방법론에 강력한 혁명을 일으켰다. 그것이 오늘날까지 펼쳐지고 있다. 이런 패러다임의 변화로 생명 시스템(living systems)의 연구에 힘이 실렸다. 생명 시스템도 역시 어떤 실제적인 면에서 원인과 결과의 결정론이 소용없고 예측할 수 없는 방식으로 활동하는 경향이 있다. 이런 과학 분야로는 그중에서도 사이버네틱에 대한 연구, 혼돈과 복잡성에 관한 연구, 그리고 창발성(emergent properties)에 대한 과학이 있다.[359] 우리에게 가해지는 21세기

---

[359] 이 단계에서 나는 독자께 내가 10년간 붙들고 있었던 책 한 권을 소개하려 한다. 그것은 Margaret Wheatley가 쓴

의 그 모든 도전이 계속되는 동안 이것은 우리에게 엄청난 의미가 있다.

달라진 이야기

현대 사회의 특징은 삶의 모든 방면에 골고루 스며들어 있는 점점 더 복잡해지는 체제이다. 신기술의 경이로움을 눈여겨볼 때 느끼는 감탄은, 오히려 노골적인 불편함은 아니더라도, 사용하기가 쉽지 않아 늘어나는 답답함으로 옅어진다. 이런 식으로 복잡한 체제들이 앞다투어 점점 더 정교해지기까지 하는 추세이다. 또한 그것들은 사회적, 상업적, 그리고 조직적 환경 안에 도입되고 있는 것이 현실이다. 그런데도 일반적으로 교회는 리더십의 이론과 실제에 있어서 그러한 것을 거의 인식조차 못 하고 있는 듯하다.[360]

종종 기존 교회들이 새로운 활력을 얻기 위해 시도해서 성공을 거두었다는 소식을 듣곤 하지만, 그 내력을 기록을 통해 구체적으로 들여다보면 소문과 달리 형편없다. 사역자들이 거듭 반복해서 전하는 보고에 따르면, 조직을 바꿔보려고 아무리 애를 써 봐도 예상했던 결과에 훨씬 못 미친다고 한다. 그들은 새롭고 활성화한 조직을 관리하는 것은 고사하고, 자신들의 수고에서 비롯한 원치 않는 부작용들을 관리하느라 혼쭐이 났다고 한다. 언뜻 보기에 이런 상황은 기이해보일 수 있다. 자연의 환경을 관찰하면, 그것은 계속해서 변하고, 적응하고, 창조한다. 그런데 이상하게도 우리의 교회 조직들은 대체로 변화를 제대로 다룰 능력이 없는 것처럼 보인다.

영화 '어댑테이션'(Adaptation)이 이 사안을 정확히 놀랍게 잘 다루어 놓았다. 찰리 카프만(니콜라스 케이지)은 혼란에 빠진 영화각본가로서 LA에 산다.

《Leadership and the New Science》이라는 제목의 책이다. 또한 이것에 관하여 대단히 의미 있는 책은 Fritjof Capra의 《The Hidden Connections》과 그의 초기작인 《The Web of Life》이다. 그 책들은 정말 읽을 가치가 있다. 나는 그 개념들을 익혀가는 과정에서 하나님을 더욱 경배하게 되었다. 혼돈의 이론을 교회의 역동성에 적용하려고 노고를 아끼지 않는 그리스도인들의 작품도 있다. Easum,《Unfreezing Moves》, 그리고 Snyder,《Decoding the Church》. 둘 다 아주 좋은 책이다. Easum의 책은 대중의 눈높이에 맞춰 교회 조직에 혼돈이론을 적용해놓아서 매우 이해하기 쉽다.

360 교회가 직면한 변화에 대한 요청을 분석한 Roxburgh,《Crossing the Bridge》를 보라.

그는 열등감, 성적 욕구 불만, 자기혐오로 정신이 억눌린 상태이다. 얹혀 사는 쌍둥이 동생 도널드도 영화 각본가를 꿈꾼다. 찰리는 수잔 올리언(메릴 스트립)이 화초에 관하여 쓴 '난초도둑'이란 책을 영화 대본으로 각색하는 일을 맡는다. 이 마음을 사로잡는 책에는 자연이 보여줄 수 있는 놀라운 적응력이 상세히 기술되어 있다. 그러나 이 책은 그를 더욱 크게, 온통 좌절케한다. 찰리는 책에서 자신의 삶을 보는 듯했고, 이것을 각색하려면 그 자신의 억압된 심리와 자기 혐오감을 그대로 받아 적어야 할 것 같아 덫에 빠진 느낌이 들었기 때문이다. 사정이 이렇다 보니, 그는 책의 내용을 영화 대본으로 각색하는 것이 불가능하다고 여겼다. 해결 가능성은 하나뿐이다. 우울함으로 가득한 그 자신의 본성을 개조해야 한다. 그러다 동생이 죽는 등 몇 가지 비극적인 일을 겪는다. 결국, 그가 달라진다. 그러나 그 영화의 파토스(pathos, 주관적 감정적 요소)는 융통성 있고 민감하게 반응하는 성향이 어떻게 인격, 성격, 그리고 그 사람의 상태가 이미 정해져 있다는 결정론과 비교되는지 분명히 밝히고자 하는 데 있다. 이 영화를 분석하면서 많은 교회가 그들의 상태를 볼 때 무엇을 어떻게 느끼는지 눈으로 직접 보는 듯했다.

인간이 복잡한 생명 시스템으로 구성된 유기적 조직체라는 것을 잘 이해하고 있으면 '적응성의 특징'에서 실로 새로운 통찰을 얻을 수 있다. 그것은 시나리오를 완전히 각색해야 하는 이런 중차대한 시점에서 우리가 교회와 선교의 복잡성을 다루는 데 도움이 된다. 더욱이, 그것은 지속 가능성의 근거인 생태계의 조직 원리가 모든 생명 시스템의 조직 원리와 같기 때문에, 지속 가능한 조직들을 만드는 데 도움이 된다.

리더십과 교회에 대한 우리의 접근방식에 확고한 우위를 점하고 있는 기계론적인 패러다임의 올무에서 탈피하려면 다른 시각에서 조직과 리더십을 들여다보아야 한다. 지금 우리는 실제로 존재하는 패러다임을 다루는 중이다. 있으나 마나 한 그런 것이 아니다. 이것은 전에 크리스텐덤의 패러다임에 관하여 거론했던 것과 직접 관련이 있지만, 여기서 우리는 조직과 리더십의 특성 그 자체만 살펴보려 한다.

패러다임, 곧 체제 이야기(systems story)는 '다양한 대화에서 생산되며 문화의 일관성을 유지하는 신념들의 모음이다.'[361] 이 도형의 '꽃잎들'은 '패러다임의 영향에서 나온 문화의 발현들'이다.[362] 대부분의 변화 프로그램은 각 꽃잎에 집결한다. 즉 그것들은 구조, 체제, 그리고 과정을 자세히 살피면서 변화를 시도한다. 이러한 시도들은 보통 제한적으로만 성공한다는 것을 우리는 경험하고 있다. 교회 상담사인 빌 이섬(Bill Easum)이 하는 이런 말이 맞다. "선교의 장에서 예수님을 따르는 것이 서구 세상에 있는 다수의 교회에 불가능하고 극히 힘든 이유는 딱 하나이다. 그들이 가진 체제 이야기 때문이다. 그들은 기관 없이는 선교의 장에서 단 한 걸음도 떼서는 안 되는 것으로 알고 있다. 심지어 교회 문만 열면 코앞이 바로 선교의 장이라도 그렇다."[363]

그는 이어서 모든 조직은 그가 일컫는 바 '잠재한 체제 이야기'에 기초하여 세워진다고 지적한다. 그의 말이다.

이것은 무슨 신념 체계가 아니다. 그것은 끊임없이 반복하는 삶의 이야기로서 한 조직의 생각과 그 행동 방식을 결정한다. 이 체제 이야기는 조직 명세표에 적어 놓은 것과는 무관하게 조직의 활동 방법을 정해준다. 조직을 재구성했어도 거기에 존재하는 체제 이야기와 동떨어져 있으면 조직 안에 아무런 변화도 일어나지 않는다. 가장 우선하여 체제를 바꾸지 않는 한, 교회든 교단이든, 활성화를 위해 애써봤자 허사이다.[364]

---

361 Seel, 《Culture and Complexity》, 2.

361 Seel, 《Culture and Complexity》, 2.

362 Ibid.

363 Easum, 《Unfreezing Moves》, 31.

364 Ibid.

잊혀진 교회의 길

이런 체제 이야기, 패러다임, 혹 교회의 모드를 심층적으로 분석하는 것이 변화와 지속적인 혁신의 비결이라고 그는 제시한다.

우리는 변화의 프로그램을 위해 일상의 의사소통 훈련, 세미나, 워크샵 등을 하면서 많은 힘(그리고 금전)을 쏟아 붓는다. 처음 몇 달 동안은 만사가 바뀌는 듯 보인다. 그러다 점차 참신함과 기세가 사라지고 조직의 상황은 이전으로 다시 돌아간다. 이러는 이유는 단순한데, 대체로 그렇듯 문화의 중심에 자리한 패러다임이 바뀌지 않는 한 지속적인 변화는 없다는 점이다.

나는 교단에서 일하는 동안 이런 순간을 거듭 경험했다. 나는 대세를 거슬러 가며 내가 세운 목표인 교단의 주요 패러다임에 선교적 마음가짐과 운동의 정신을 정착시켜 보려고 애를 쓰기도 했다. 돌이켜 보면 선교적 사역을 중심으로 끌어들여 놓기는 했지만, 조직의 핵심에 깊게 뿌리내린 19세기의 제도적 패러다임 때문에 운동의 정신을 정착시키는 데는 실패했다. 문제는 대다수 사람이, 심지어 성경에 교회와 그 나라에 관한 유기적인 은유들이 풍부하지만(몸, 들판, 소금, 포도나무, 토지, 산돌 등), 교회를 유기적인 운동체(생명 시스템)가 아니라 기관으로 본다는 데 있다. 그러한 상황에서 다른 것들을 바꾸려고 제아무리 노력해도 결국 실패할 수밖에 없다. 변화의 압박이 느슨해지면 구조는 다시 제자리로 돌아가게 마련이다. 바로 이러한 이유로 역사상 상당히 많은 기독교 기관이 결코 다시 새로워지거나 변화하지 못한 것이다. 제도적 체제 이야기는 우리가 하는 일에 대하여 상당히 많은 것을 알려준다. 마키아벨리의 말이 옳았다. "만사에 새로운 질서를 세우는 것보다 훨씬 더 실행하기 곤란하고 성공이 의심되고 다루기에 위험한 것은 없다."[365]

---

365 인용도서 Pascale, 《Millemann》, 그리고 Gioja, 《Surfing the Edge of Chaos》, 156.

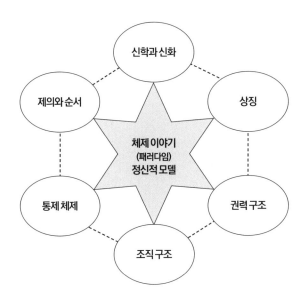

신학과 신화

상징

제의와 순서

체제 이야기
(패러다임)
정신적 모델

권력 구조

통제 체제

조직 구조

 앞에서 여러 장에 걸쳐 교회의 모드별로 그 안에 기본적으로 내장된 것들을 다루었다. 이섬(Easum)이 바르게 말한 내용에 따르면, 교회 생활에 관한 대부분 이론은 시작부터 결함이 있다. 그 이유는 그 이론들이 제도적이고 기계론적인 세계관에 기초하고 있거나, 그렇지 않으면 이섬이 통칭하는 바, '명령과 통제, 숨 막히는 듯한 이야기'이기 때문이다.[366] 교회의 주된 형태가 사도적 모드와 얼마나 차이가 나는지 당신이 깨닫게 된다면 이것이 얼마나 타당한 말인지 이해가 될 것이다. 초대 교회는 유기체와 같이 선교적으로 움직였을 뿐, 무슨 종교 기관이 아니었다. 2장에 나오는 비교표에서 각 모드별로 그것이 어떻게 다른지 설명해놓은 내용을 비교해봄으로써 생각을 꼭 정리해두기 바란다. 위의 도형의 중앙에 교회를 유기체로 여기는 이미지를 위치시키고 그런 관점에서 모든 것을 재해석해야 한다. 우리가 하는 모든 일을 새롭게 다시 구성하는 체제 이야기를 만들어나가야 한다. 이렇게 해보라. 위의 도형 중앙에 '크리스텐덤 제도'라고 기재하고 그 '꽃잎

---

366 Easum, 《Unfreezing Moves》, 17.

들'에 어떤 영향을 주는지 깊이 생각해보라. 이제 '유기적인 예수 운동'이라고 중앙에 기재하라. '꽃잎들'에게 무슨 일이 생기겠는가?

한번은 누군가 이반 일리치(Ivan Illich)에게 사회를 변화시키는 가장 근본적인 방법이 무엇인지 물었다. 폭력 혁명인가, 아니면 점진적 개혁인가? 그가 신중하게 답변한다.

> 혁명도 개혁도 궁극적으로 사회를 바꿀 수 없다. 도리어 당신은 활력 있는 새로운 이야기를 해야 한다. 그것이 설득력이 있으면, 그 케케묵은 신화를 밀어내고 그 재밌는 이야기가 자리를 차지한다. 그것이 일체를 포함하는 내용이면, 과거의 파편들이 모두 집합하여 서로 밀착한 가운데 하나가 되어 현재를 이룬다. 심지어 그것은 미래까지 빛을 비춰주니 우리가 다음 단계로 나아갈 수 있다. … 만일 당신이 사회의 변화를 원한다면. 당신은 전통에 얽매이지 않는 이야기를 해야만 한다.[367]

얼마나 맞는 말인지! 진정한 선교적 교회로 발전하려면, 우리는 유기체의 생명 시스템 이론에 비추어 교회와 선교의 이야기를 다른 형식으로 말해야 한다. 확언하건대, 그것은 놀랄만한 운동들과 사도적 운동들에 대한 위험스러운 이야기가 펼쳐지는 남다른 상상력(다른 이야기)으로 가득한 교회에 대한 이야기여야 한다. 우리 시대에 발현한 조직에 대한 새로운 이해는 양자물리학, 혼돈이론, 유기적인 조직으로 환원한 성경적인 원리에서 태어났다. "새로운 지식은 공인된 혁신적 이야기(Permission-giving, Innovative Story)라고 묘사하는 것이 제일 좋을 수 있다."[368]

혼돈, 복잡성, 그리고 발현의 이론에 관한 내용은 이 책을 쓸 때 필요했

367 인용도서 Nelson, 《Mission》, 39.

368 Ibid., 32.

던 내가 가진 전문 지식과 과업과는 관련이 없으므로, 이 대목은 나보다 훨씬 더 능력이 있는 자들의 덕을 보려 한다. 하지만 패러다임에 관한 중요 안건에 대해서는 내가 직접 나서서 몇 가지 통찰을 끄집어낼 것이고, 그렇게 함으로써 선교적 교회와 리더십에 대한 바른 방향을 제시할 것이다. 또한 이를 함에 있어 나는 정말로 탁월한 책 한 권을 많이 의지할 것인데 - 사실상 요약에 치중할 테지만(교회와 관련하여 여타의 관련 참고문헌들과 함께 상당히 많은 재해석을 하면서) - 그 책은 패러다임의 핵심을 아주 잘 짚어주며 우리가 앞을 향해 나아갈 수 있는 여러 방법을 제시한다. 그 책은 리차드 T. 파스케일(Richard T. Pascale), 마크 밀레만(Mark Millemann), 린다 자이오자(Linda Gioja)가 공저한 《Surfing the Edge of Chaos : The Laws of Nature and the New Laws of Business》(혼돈의 가장자리 서핑 : 자연법칙과 비즈니스의 새로운 법칙)이다. 만일 당신이 생명 시스템의 패러다임을 진정으로 확실하게 알고자 한다면, 내가 아는 한 이 책을 능가할 책은 아직 없다. 내가 여기서 논할 부분은 그 책에서 다루고 있는 내용을 통한 교회가 당면한 현안들에 대한 해석이다. 이 부록의 끝에서는 이제 막 설명할 과정을 예증하는 사례 한 가지를 제시할 것이다.

생존이 다가 아니다

그 저자들은 리더십의 두 가지 유형을 비교하는 것으로 시작한다. 운영적 리더십과 적응적 리더십을 비교하는 것이다. 본질에서 운영적 리더십은 현 프로그래밍의 유지와 발전이 리더십의 주요 과업인 비교적 안정된 환경에 있는 조직에 적합하다. 이런 유형의 리더십은 저자들의 설명에 따르면 사회공학(social engineering)을 기본 전제로 하고 있기에 기계론적인 세계관이 그 저변에 확고하게 자리잡고 있다. 그것은 효과가 있고, 일부 조직에는 그것이 적합하다. 그런데 적응적 리더십의 경우, 그것은 학습 조직을 발전시키고 관리하여 조직을 민첩성, 대응력, 혁신 및 기업가 정신이 필요한 다른 형태의 장으로 전환하도록 돕는 유형의 리더에게 드러난다. 적응성 있는 리더들은 중대한 위협이나 적지 않은 새로운 기회, 또는 두 가지 모두가 발생한 시기에 필요하다. 이는 21세기라는 여명기에 우리가 처한 상황과 직접적인 관련이 있다.

적응 대 운영의 리더십

처음으로 '기술적(즉, 운영적) 리더십'과 '적응적 리더십'으로 구분한 사람은 하버드의 로날드 헤이페츠(Ronald Heifetz)였다. 그는 이렇게 기록한다.

전자는 권위를 행사해야 하며, 관계에 있어서 평형(equilibrium)을 필요로 하는 조건에 가장 잘 맞는다. 운영적 리더십이 최대의 효과를 발휘하는 순간은 당면한 문제를 미리 준비한 순서에 따라 하나씩 처리할 수 있을 때이다. 운영적 리더십은 사회공학의 신념과 제휴하여 진행된다. 해결책은 위에서 고안하고 계통을 따라 굴러 내려간다. 만일 조직이 위기에 처할 경우, 혹은 규모를 축소하거나 조직을 개편하거나 혹은 비용을 절감해야 할 경우, 또는 공격적 실행이 성공의 관건일 경우, 운영적 리더십이 필시 제일 나은 선택이다.[369]

운영적 리더십은 교회의 리더십에서 꽤 바람직한 것으로 거론하는 우위를 점한 접근방식이다. 그것으로 목회적 돌봄과 신앙 양육 그리고 교회 성장을 강조하며, 또한 관리, 기법, 프로그램에서 힘주어 주장한다. 많은 사례에서 그것은 효과적이다. 그러나 파스케일과 그의 동료는 이렇게 인식한다.

---

369 Ronald Heifetz가 인용한 도서. Pascale, 《Millemann》, 그리고 Gioja, 《Surfing the Edge of Chaos》, 39.

생명 시스템 내부에 문제가 발생할 때가 있는데 … 적응성의 문제가 생겼을 때 전통적인 해결 방식을 어느 한 종(혹은 조직)이 오용했을 때이다. 이런 상황에서 현재의 해결 순서는 부적합하거나 명백히 틀린 것이 된다. 자연에서 알파 수컷 우두머리 산 고릴라는 단단한 원형 대형으로 무리를 모아서 적수인 수컷이나 다른 자연의 위협을 향하여 공격적인 행동을 한다. 이런 전통적 해결책은 엽총, 마취총, 포획용 그물로 무장한 밀렵꾼과 마주하지 않는 한 효과적이다.[370]

세상에서 날아오는 총알은 그 유인원같이 으름장을 놓는다고 해서 막히는 것이 아니다. 이제 고릴라가 직면한 것은 진정한 적응성의 도전이다. 그들은 새로운 위협에 적응하는 법을 몰랐고, 새로운 방식으로 대응하지 못해서 멸종의 위기를 맞았다. 21세기의 도전 앞에서 우리가 고릴라보다 더 나은 점은 없어 보인다.

이 책의 2장에서 우리가 오기를 기다리는(come-to-us) 크리스텐덤 모드는 모든 사람을 기독교인으로 간주하고 교회 출석이 실질적으로 의무화된 사회에서는 매우 효과적이지만, 사람들에게 찾아가야 하는(go-to-them) 선교적 접근방식이 필요한 상황에서는 아예 효과가 없다는 것을 알았다. 또한 교회의 패러다임의 차이에 따라 요구되는 리더십의 종류도 다르다는 것도 알아봤다. 이것은 적응 대 운영의 리더십과 조직의 전형적이 사례이다.

《Surfing the Edge of Chaos》의 저자들에 따르면, 운영적 리더십의 주요 전제는 이러하다.

Ibid.

- 리더들은 머리이고, 조직은 그 몸이다.[371] 이런 시각에서, 기업의 지능 (corporate intelligence)은 조직적 구조의 최상부에 집중되어 있다. [대조적으로, 생명 시스템의 접근방식은 모든 생명 시스템이 조직 전체에 걸쳐 소위 '분산된 지능'을 갖는 것으로 확인된다.] 새로운 패러다임에서 리더십의 목표는 분산된 지능을 확인하고, 배양하고, 발휘하는 데 있다. 이것이 바로 우리의 과업은 에클레시아 속 '이미 거기에' 있는 사도적 특성을 발휘하는 것이라는 나의 제안의 정확한 의미이다.
- 예측 가능한 변화의 약속. "이행 계획을 합리적인 수준의 예측 가능성과 변화를 위해 수고해야 하는 기간을 전제하고 작성한다."[372] 반대로, 유기적인 접근방식은 생명체는 예측할 수 없다고 단언한다(원자나 꿀벌 떼의 동작을 보라). 끽해봐야, 당신이 끼어들어 간섭하거나 일반적인 지시는 할 수 있어도 생명 시스템의 결과를 완전히 예측할 수는 없다.
- 폭포식 책임 떠맡기. "이것은 단순히 일단 이행 과정이 리더십에 의해 결정되면, 위에서 아래로 흐르기 시작하는 것을 의미한다. 프로그램이 확정되면 그것은 계층을 통해 전달되면서 밀려 내려간다. 종종 이것은 승인을 득하기 위하여 허위로 참여하는 일도 발생한다."[373] 반대로, 유기적인 접근방식에서는 진정한 변화, 특히 지속적인 변화가 아래에서 일어나서 위로 올라간다. 리더십의 과업은 상상력, 새로운 중요 기획, 창의성이 발휘되는 여건을 만드는 일이다.

조직의 활동에 대한 이러한 전제들이 교회나 그 관계 기관을 이끌고 관리하는 방식에서 쉽게 목격된다. 이러한 전제들이 생명 시스템의 일반적인

---

371 Ibid., 13.

372 Ibid.

373 Ibid.

활동 방식과는 어울리지 않는다. 이는 우리가 하나님이 생명체 자체를 구조화하였던 방식에 대하여 알아보려고 노력하면 할수록 더욱더 자명해진다. 이것은 기계론적이고 운영적인 형태의 리더십이 더 많이 사라져야 한다는 말이 아니다. 대신에 대체로 이런 유형의 리더십과 어울리는 도구들과 방법들은 '오직 해결책이 사전에 알려지고 그것의 이행을 위해 채택한 순서가 존재할 때' 효과적이라는 것을 인식해야 한다는 것이다.[374] 그것들은 예측할 수 없는 상황에서는 적합하지 않다. 혁신적인 사고와 적응력 있는 리더십이 필요하다.

　기성 교회를 이끄는 사람들에게는 일종의 경고이다. 이 순간에 서구 기독교에 절실히 필요한 것은 적응적 리더십이다. 그 사람들이 우리를 도와 변화를 주도하여 교회를 훨씬 더 활기 있는 모드로 바꿀 수 있다. 그러한 리더들은 굳이 높은 수준의 창조적 혁신가일 필요가 없다. 단지 그들은 교회를 적응적 모드로 돌려놓을 수 있으면 된다. 즉, 숨 막히게 하는 평형을 깨고 변화와 혁신의 조건을 창출할 수 있는 사람이면 된다. 대개 교회를 조직한 많은 리더가, 특히 돌봄과 가르치는 은사가 강한 분들이 갈등을 피하려하고 너무 쉽게 긴장을 완화하려는 경향이 있다. 이를 점검하지 않고 버려두면 치명적일 수 있다. 평형에 응하다 보면 결국 궁극에 가서는 사망에 이르기 때문이다.

　역사의 교훈 : 로날드 하이페츠(Ronald Heifetz)의 경고에 따르면, 추종자들이 나쁜 소식을 접하고 싶어 하지 않을 때 적응력 있는 리더들을 몰아낼

---

374 Ibid. 이러한 조건들은 많은 상황에 적용된다. 나는 그것을 최소화할 의사가 없다. 많은 교회의 상황은 비교적 안정적이다. 예를 들어, 미국 중서부와 남부는 여전히 보수적 사회의 보루이며, 운영 방식은 여전히 박진감이 있다. 그러나 심지어 그런 상황에서도 어떤 주도권을 소유하는 것이 성공을 위한 전제조건이다. 각 개인을 생명 시스템 속의 지능형 '접속점(노드)'으로 간주하고, 그 또는 그녀를 거기에 대입하면 변화 프로그램의 실행을 향상한다. Pascale, 《Millemann》, 그리고 Gioja는 사회 공학의 모든 방법을 함부로 거부하지 않지만 21세기의 맥락에서 조직의 기본 패러다임으로서는 그것의 해체를 지지한다. 통제 도구는 사회 공학과 동일하지 않다. 통제 도구가 옹호하는 것은 새로운 경영 레퍼토리에 오래된 패러다임의 도구를 합병하여 적절히 사용하자는 것이다. 패러다임/체제 이야기로서의 사회 공학은 시대적으로 한물갔다.

　　　　　　　　　　　　　　　　　　　　　　　　　　　　잊혀진 교회의 길

수 있다고 한다. 그는 일례로 세계 2차 대전이 발발하기 전에 처칠이 히틀러에 대하여 영국 국민에게 경고했던 일을 인용한다. 당시 영국인들은 만일 히틀러의 부상을 미리 막기 위한 그 어떤 조치도 취하지 않으면 임박한 투쟁이나 심지어 전쟁까지 일어날 수 있다는 처칠의 오싹한 예언보다, 파멸을 초래했던 네일 체임벌린의 '우리 시대의 평화' 정책에 귀 기울였다. 하이페츠의 지적이다. "추종자들은 대개 관련된 불확실성과 위험에 대항하는 울타리로 권력에 의지한다. 적응적 리더십의 기본적인 일은 호소에 저항하는 것이다. 대신에 그들은 반드시

- 발등에 불이 떨어져야 하며,
- 정기적으로 압박을 가하여 체제를 안전지대에서 몰아내야 하고(기능장애가 생기지 않는 범주 안에서 스트레스를 유지한다),
- 방지책으로 불가피하게 표면화해야 한다(희생양 삼기, 권위가 느껴지는 답변 등)."[375]

이것은 APEST 문화 mDNA가 가진 중요한 일면이다. 왜냐하면, 사도적 지도력의 본분은 기독교의 생존뿐 아니라 확장을 보장하기 위해 적응력과 대응력을 육성하는 것이기 때문이다. 그런 의미에서 사도적 직무의 핵심 기능은 새로운 맥락으로 교회가 들어가서 적응하고 성육신적으로 복음을 전하는 일이다.

적응 대 운영의 리더십의 특성을 탐구한 다음,《Surfing the Edge of Chaos》(혼돈의 가장자리 서핑)는 그 기본 구성으로 생명체 이론의 네 가지 행동 원리를 제시한다.

원리 #1 : 평형은 죽음이다

대부분 교회는 복음전파와 교회 개척이라는 박진감 넘치고 신나는 모험

---

375 Pascale, 《Millemann》, 그리고 Gioja, 《Surfing the Edge of Chaos》, 40에서 Ronald Heifetz가 인용.

으로 출발한다. 그러나 그들의 조직적 순환 구조상 그 끝은 대개 형편없고 정적인 제도가 된다.[376] 주요 요인으로는 그 과정상 초창기에 나타나는 훨씬 안정성이 없는 비평형에서 결국 평형이라는 안정된 환경에로의 이동을 들 수 있다. 거의 모든 교회나 파라 처치가 처음에는 예측할 수 없고 다루기 힘든 일들을 겪게 마련인데, 오히려 그 시기에는 영적인 능력으로 충만해져 있음을 본다. 왜 이런 경우가 생기는가? 비평형 상태가 무엇이기에 도리어 생명력과 활력이 넘치는 것인가? 그리고 안전성이 무엇이기에 그것을 억제하는 것으로 보이는가? (사우스 멜번 회복 공동체의 이야기를 상기하라). 삶 자체는 예측할 수 없고 무질서한 것이기 때문에, 우리가 그런 삶의 위험을 통제하고 최소화하기 위해 조직을 갖추게 되면, 이들 조직이 결국 그것을 억제한다는 이야기인가? 선교의 역사는 이것을 명확히 밝힌다. 기독교는 극한의 혼란스러운 가장자리에 있을 때 가장 상태가 좋다. 교회가 자리가 잡혀 혼돈의 변방에서 멀어질수록 만사가 엉망이 된다.

"평형은 죽음이다"라는 단언은 필수 다양성의 법칙(Law of Requisite Variety)이라는 사이버네틱스의 모호하지만 중요한 법칙에서 파생되었다. 이 법칙은 이런 것이다. "어떤 유기체의 생존은 그것의 내부 구조 안에 다양성을 기를 수 있는(수용하는 것이 아니라) 그것의 능력에 달렸다. 그렇게 하지 못하면 그 결과로 외부의 원인으로부터 '다양성'이 등장하면 그것에 성공적으로 대처할 능력이 없게 된다."[377] 저자들은 이 법칙이 실제로 어떻게 작용하는지 훌륭한 예를 제시한다. 그들이 설명하는 예를 보면, 수조 안에 있는 물고기는 포식자가 없는 안전한 상태에서 최소한의 노력만으로도 유영하고 번식하고 먹이 활동을 한다. 그러나 수족관 주인들은 다 알고 있듯이, 그런 물고기들은 어항 안에 아주 사소한 이상만 생겨도 극도로 민감하

---

376 이 부분의 자료 출처. Pascale, 《Millemann》, 그리고 Gioja, 《Surfing the Edge of Chaos》, 2장.

377 Ibid., 20.

잊혀진 교회의 길

다. 그러나, 야생에서 물고기는 자신을 유지하기 위해 훨씬 더 많이 활동해야 하고 수많은 위협의 대상이 된다. 하지만 그보다 더한 숱한 다양성에 대처한 바 있기에, 그것들은 심각한 도전과 마주했을 때 더욱더 굳세진다.[378]

우리는 자연을 통해서 "생존하려 들 때, 아드레날린 수치와 신중성이 높아지고 뭔가를 시도한다"라는 것을 알고 있다.[379] 정말이지 "역사는 용감한 자를 선호한다"라는 속설에 공감이 간다.

이 모든 것에서 리더십의 역할은 무엇인가? "리더는 제대로 된 시각으로 사회 체제를 볼 수 있게 하는 자이다."[380] 리더는 싫든 좋든 조직이 가지고 있는 가능성에 초점을 두고 일을 수행해야 한다. 만일 적응력과 수용력을 키울 요량이라면 강렬하고 끈질긴 자세로 조직을 뒤흔들어서라도 우위를 점하고 있는 그 답답한 평형을 깨버려야 한다. 이것은 사람들에게 동기 부여를 해야 하고 공동체가 새로 찾은 해답대로 준행할 수 있을 때까지 급히 서둘러서도 안 되며 지혜 없이 밀어붙여서도 안 된다. 적응력 있는 리더는 너무 급히 하도록 다그치거나 순식간에 결과를 내려 하거나, 당장에 해결 보따리를 풀어놓으려 해서는 안 된다. 대신에, 모두 함께 힘을 합칠 수 있도록 장려하여 조직 내부의 깊숙한 곳에서부터 앞으로 나아갈 방책을 찾도록 해야 한다. 이렇듯 적응하기 위한 행동을 달성하려면 이렇게 해야 한다.

1. 적응성 도전의 긴급성 전달하기(즉, 죽음의 위협 또는 기회의 약속).
2. 전통적 해결책의 무효성을 명확하게 하기 위하여, 문제가 발생한 환경에 대하여 폭넓은 이해를 갖게 하기
3. '게릴라' 리더들이 혁신적 해결책을 내놓을 때까지 놀면서 스트레스

---

378 Ibid.

379 Ibid., 21. 또는 Alfred North Whitehead가 평한 바와 같이, "모험이 없다면(여기서 명시하는 것은 관행을 깸으로써 우리가 불안정해질 수 있다는 것임), 문명은 완전히 부패한다."(Adventure in Ideas, 279).

380 Pascale, 《Millemann》, and Gioja, 《Surfing the Edge of Chaos》, 40.

풀기.[381]

이 일련의 행동은 분명히 조직 내에 심각한 불안과 긴장감을 조성하겠지만, 21세기의 급속히 변화하는 환경에 적응하려는 데 있어서 그보다 더 유용한 것은 없다. 교회의 적응적 리더십은 스트레스를 유발하는 것이며, 그것으로 교회와 선교에 혁신을 자극하는 것이다. 기독교 교회는 선교적 맥락들에 대하여 극히 민감해져야 한다. 나는 이것을 가리켜 선교적 적합성(missional fitness)이라고 한다.[382] 선교를 교회 조직의 원리로 삼아야 하는 이유는 교회가 선교를 해야 이런 적합성, 즉 그 고유한 적응성을 지속해서 유지할 수 있기 때문이다. 우리가 진정으로 선교적으로 될 때, 전 교회가 그처한 환경을 매우 민감하게 잘 감지하여, 자연스럽게, 본유적인 능력으로, 신학적으로도 탄탄하게 적응성을 발휘하면서 잘 대응할 수 있는 메커니즘(체제)을 갖추게 된다. 그러므로 진정한 선교적 교회는 성실하게 배우는 조직이다. 사도 시대와 속사도 시대(그리고 중국)의 교회가 생존뿐 아니라 번창할 수 있었던 것은 바로 선교적 적합성을 지녔기 때문이다. 교회는 그 메시지대로 살기 위해 외부로부터 가해지는 강압에 시달려야 했고, 돌발하는 갖은 위협에 적응해야 했다. 이런 상황은 이들 그리스도인을 좀 더 안정된 시대에서 마냥 편안하게 지내는 형제자매보다 훨씬 더 원기왕성하게 만들었다. 그들은 인공 환경인 교회라는 어항에서 살지 않고 온통 위험으로 점철된 삶을 살아야 하는 에클레시아였다. 우리 자신의 면역체계와 마찬가지로, 죽어 없어진 것이 아니라 도리어 그들은 더욱더 강해졌다.

미국에서 일명 이머징 교회를 대변하는 브라이언 맥라렌(Brian McLaren)

---

381 Ibid.

382 나는 mDNA의 여섯 가지 요소에 기초하여 공동체 안에 있는 선교적 적합성을 평가할 수 있게 설계한 한 가지 검사(mPULSE)를 개발하였다.(참고 www.theforgottenways.org).

은 교회의 핵심 가치로 유효한 적응성 자체를 채택하라고 권한다. 그는 "교회가 변화를 원하여 그 태도부터 바꾸면 나머지는 원한만큼 바뀐다"고 말한다.[383] 톰 피터스(Tom Peters)는 이에 동의한다. 그의 책《Thriving on Chaos》(혼돈에 의한 번성)에서, 그는 유효한 변화 그 자체는 '혼돈의 상황에서 성공한 기업의 필수요소'라고 주장한다. 그는 모든 단계의 실제 비즈니스에서 '변화에 대한 사랑'을 발현시킬 수 있는 유용한 모델을 제공한다.[384] 한편, 필자는 본서에서 이것을 '선교적 적합성'이라고 부른다. 선교적 적합성이란 교회가 하는 일에 이미 뿌리내려 있는, 자원하는 마음으로 매우 기민하게 선교적으로 반응하는 능력이다.

원리 #2 : 혼돈의 가장자리를 서핑하라

놀랍게도, 성경에서 신학적으로 가장 풍성한 내용은 한결같이(all-yes), 어느 때나(all-set) 하나님의 백성들이 직면한 심각한 위험과 혼돈의 맥락 속에 담겨 있다. mDNA에서는 이러한 강력한 특성을 커뮤니타스(communitas)라고 한다. 아브라함에게 집을 떠나 여행하라고 부르셨을 때, 출애굽 및 포로기의 그 험난한 시절을 지내야 했을 때, 다윗의 모험, 예레미야의 발버둥, 예수님의 공생애, 사도들의 행전이 그러하다. 안정된 상황은 아예 없었다. 모두 역동적이었고 심지어 생명이 위협당했다.

그런데 커뮤니타스, 또는 적어도 그 안에 포함된 탐사 모험은 성경이나 인간의 상황에만 국한되지 않는다. 그것은 생명체 조직이라면 다 해당된다.[385] 생명체제의 연구에서 우리가 배운 것은 이러하다.

---

383   McLaren, 《Church on the Other Side》.

384   Peters, 《Thriving on Chaos》, section 5, 388–440.

385   상당히 많은 부분을 따온 책. Pascale, 《Millemann》, 그리고 Gioja, 《Surfing the Edge of Chaos》, 4장.

자연계에서 혁신이 가장 잘 일어나는 곳은 혼돈의 가장자리 근처이다. 혼돈의 가장자리는 조건이지 장소가 아니다. 그것은 삼투할 수 있는 중간 생성물의 상태이다. 질서와 무질서가 흐르는 곳, 선으로 구획을 특정하여 나눌 수 없는 곳이다. 혼돈의 가장자리로 이동하면서 격변이 일어나지만 해체되지는 않는다. 그래서 가장자리에 있는 것이 그토록 중요한 이유이다. 가장자리는 깊은 구멍이 아니다. 그것은 생산적인 변화를 위한 스위트 스폿(sweet spot, 공을 치기에 가장 효율적인 곳)이다. 또한 생산을 위한 흔들림이 최고조에 달할 때, 대체로 활발하게 혁신이 일어나며 깜짝 놀랄만한 획기적인 발전이 발생기도 한다. 이런 모호하면서도 절정에 달하는 스위트 스폿은 때로 '불타는 갑판'(burning platform)이라고도 한다. 생명과학에서는 그것을 '혼란의 가장자리'(edge of chaos)라고 부른다.[386]

이러한 경우에서 리더들의 역할은 무엇인가? 자, 여기에서 다시 한 번 적응적 리더십의 특성에 대한 하이페츠의 이론으로 돌아가 보자. 적응적 리더십은 체제를 혼돈의 가장자리로 이동시킨다. 그것 너머가 아니라 그것의 가장자리로 이동시킨다. 앞에서 지적했듯이, 리더의 역할은 체제가 당면한 문제, 곧 그냥 버려두면 결국 체제가 무너지게 되는 그런 사안들을 직접 마주하게 하는 데 있다. 만일 조직 안에 있는 사람들이 결코 문제를 진지하게 대면하지 않거나 그것을 놓고 심각하게 장고(長考)하지 않으면, 그들은 절대로 진정성 있고 상당히 오래 지속하는 해결책을 발견하기 위해 움직일 필요를 못 느낀다. 즉, 아무도 불타는 갑판에서 뛰어내릴 생각을 안 한다. 우리는 '포지'(Forge)의 인턴들에게 이런 단순한 공식을 가르친다. 변모시키는 리더십의 역할은 '해결책을 찾으려 애쓰기 전에 문제부터 다루게 하는' 것이다. 이런 '혼돈의 가장자리'에서 실제로 혁신이 일어나기 때문이다.

---

386 Ibid., 61.

SMRC(사우스 멜번 회복 공동체)에서 초기에 겪은 일을 회상하면 이번 장에서 제안하는 생명 시스템의 모든 징후가 떠오른다. 그 당시 하루하루가 혼돈이었고 유동적이었고 역동성이 있었고 선교적이었다. 거기에서 지내던 기간에, 1장에서 기술한 대로, 교회는 적응을 위해서 최소한 세 번의 도약을 했다. 중요한 점은 가장자리에 있을 때가 최고로 좋았던 순간이라는 것이다. 우리가 안정세에 접어들면서 혼돈의 가장자리에서 멀리 떨어져 나오자 만사가 꼬였다.

대체로, 교회들은 매우 보수적인 조직체이다. 그래서 불과 몇 년도 안 걸려서 교회들이 금세 대단히 일사불란한 조직들이 된다. 이는 주로 크리스텐덤의 패러다임과 그것의 교회론적인 전제들에서 기인한 것이며, 또한 쉽게 변하지 않는 리더십 유형과 영향력 때문이기도 하다. 업튼 싱클레어(Upton Sinclair)의 풍자처럼, "그것을 몰라도 월급이 제때 잘 나오는데 누가 굳이 그것을 알려 하겠는가?"[387] 체제에 속해 있다 보면 문제를 보고서도 자기가 나서서 그것을 해결하려 들지 않는다.

소속이 어디든 교회들은 과거를 보존하고 싶어 하는데, 특히 유서 깊은 교단들이 그러하다(예를 들어 성공회와 장로회). 그들의 기본 방향은 대체로 미래를 향한 새로운 비전으로의 전진보다는 이념적으로 과거를 향한 후진이다. 이처럼 그들은 유전한 전통을 소중히 하는 규범적이고, 때로 완고한 기관들이다. 따라서 역사적인 교회들은 서구에서 우선 쇠퇴 일로에 있다. 예를 들어 일부이기는 하나, 호주의 연합교회(Uniting church)는 해마다 기하급수적으로 20%씩 교인이 줄고 있다! 많은 자유주의 진영의 주류 교단도 비슷한 추세이다. 이렇게 된 거의 전적인 이유는, 그들 교단이 자유주의 신학에 기초해서 제도적 체제 이야기를 써나가는 닫힌 시스템, 곧 전형적인 제도주의의 표상이기 때문이다(9장 '유기적 시스템' 참조).

---

387 Sinclair, I, 《Candidate for Governor》, 109.

신학적 자유주의는 제도의 쇠퇴를 가늠하는 표시기(標示器)이다. 그것은 문화적으로 거슬리는 부분을 제거하여 복음과 문화 사이에 필요한 팽팽한 장력을 최소화하려고 애쓸 뿐 아니라 그것이 가진 기본 이데올로기가 마치 기생충 같은 작용을 하기 때문이다.

내 뜻은 자유주의에 속한 형제와 자매를 공격하자는 것이 아니다. 단지 내가 강조하고 싶은 것은, 신학적 자유주의로는 새로운 형태의 교회를 창조하거나 기독교 신앙을 어떤 의미심장한 사상으로 확산하기가 어렵다는 것이다. 도리어 매우 건강하고 바르게 선교적 운동을 펼치는 곳에 기생하여 그 양분을 '뽑아 먹고' 살 수 있다. 신학적 자유주의는 역사상 항상 운동 말기에 등장하며, 그것은 보통 그것의 쇠퇴와 관련되어 있다. 그러므로 그것은 크리스텐덤의 커다란 제도적 징후이다. 그러하기에 그것은 사도적 사역을 하는 선교적 운동과는 서로 죽이는 관계일 수밖에 없다. 그런데 대부분의 기성 교단과 그보다 훨씬 더 많은 복음주의적 단체도 그 바탕에 교회에 대한 크리스텐덤의 전제들이 깔려 있다. 그러므로 모든 기관과 마찬가지로 그들 또한 심각한 위협에 직면하고 있는 것이며, 혼돈의 가장자리로 가야 할 필요가 있다. 그곳에 가야 긴장하고 살면서, 하나님의 백성 된 자로서 좀 더 순전하고 선교적인 방법을 찾을 수 있다. 그래야 리더들이 열심을 내어 그것을 해낸다.

원리 #3 : 자주적 조직 결성과 발현

자연의 세 번째 원리인 자주적 조직 결성과 발현은 삶에 있어서 동전의 양면같이 두 가지 측면을 가진다.[388]

---

388 이 대목의 자료 출처. Pascale, 《Millemann》, 그리고 Gioja, 《Surfing the Edge of Chaos》, 7–8장.
한편, 이 주제에 대하여 Steven Johnson이 쓴 매혹적인 책이 있다. 《발현 : 개미, 두뇌, 도시, 그리고 소프트웨어의 연관된 삶들》(Emergence : The Connected Lives of Ants, Brains, Cities, and Software). 이 토론에서 좀 더 만족한 지식을 얻으려면, 이것보다 읽기 쉬운 책은 없다.

자주적 조직 결성은 특정(전부는 아님) 체제들이 혼돈의 가장자리에서 자기들의 구성 요소들이 의심스러운 조합을 생성할 때 새로운 상태로 바뀌려고 동작하는 성향이다. 체제들이 충분히 채워지고 적절히 상호연결되면 스스로 상호작용을 하며 새로운 순서로 조합한다. 단백질은 세포들 속으로, 세포들은 기관들 속으로, 기관들은 유기체들 속으로, 유기체들은 사회 속으로 들어간다. 네트워크로 함께 연결된 사소한 부분들은 모습이 완전한 바뀔 수 있다.[389]

불개미 한 마리는 공격하는 말벌 한 마리를 물리칠 수 없지만, 불개미 집 전체는 그것들보다 훨씬 더 큰 생물들에게 치명적이다. 이것은 당신의 모자 바로 아래에서도 시연할 수 있다. 뇌세포 하나는 그 자체로는 무용지물이다. 그러나 1,000억 개가 모이면 우리가 가히 짐작하지 못하는 분석적인(analytic) 기적을 나타낸다.[390]

복잡계(complex systems)에서 가장 큰 변화는 발현이다. 그것은 말하자면, 체제 내부의 다양한 '매개물'(agents) 사이에 자유로운(그리고 종종 규정이 없는) 상호작용의 결과로 발생한다. 조직에서 매개물은 사람들이고, 그들 자신이 바로 복잡계이다. 복잡성 이론은 매개물 사이에 충분한 연결이 이루어지면 복잡성이 경계성에 도달하고, 발현이 자발적으로 일어날 가능성이 크다.[391] 이 개념을 확실히 못 박기 위하여 록스버러(Roxburgh)와 로마눅(Romanuk)을 다시 인용하고자 한다.

389 Pascale, 《Millemann》, 그리고 Gioja, 《Surfing the Edge of Chaos》, 113.

390 Ibid.

391 이것은 발현의 원리이며, 복잡한 체제의 가장 괄목할만한 속성이다. 그것은 신기하기도 하고 진부하기도 하며, 또한 매우 정의하기 힘들기도 하다. Kevin Mihata 또한 그런 식으로, 발현이란 미립자 단계에서 쌍방향의 여러 과정을 통해 일어나는 조직의 경향들이나 혹은 상위 단계에 있는 것들이 겪고 있는 프로세스라고 말한다. 그는 결과로서 생기는 조직의 구조나 경향은 구성 요소들의 행동이나 속성만 가지고서는 이해할 수도 없고 예보할 수도 없다고 설명한다. 참조. Mihata, Persistence of 'Emergence'.

발현의 원리는 유기체가 각기 다른 환경에서 어떻게 발전하고 적응하는지를 설명하기 위해 개발되었다. 하향식이며, 미리 결정하고, 잘 기획된 전략을 통해서 발전한다는 일반인의 개념과는 달리, 발현의 이론에서는 복잡계가 상향식으로 발전하는 것으로 본다. 간단히 비교해서 말하자면, 군집한 세포 또는 각 개인들이 무리를 이룬 그룹에서 혼자서는 복잡한 도전에 어떻게 응해야 할지 모른다. 그러나 모두가 하나로 뭉쳐서 서로 쉽게 상호작용을 하는 데서는 그 여러 도전을 상대할 수 있는 고도로 복잡한 조직 문화를 형성한다. 달리 말해, 변화하는 환경에서 유기체와 조직에 가해진 도전에 대한 해답은 위에서부터 아래로 미리 계획한 데서 얻는 대신에, 아래에서부터 위로 발현하는 경향이 있다. 이것이 바로 선교적 리더십이란 하나님의 백성에게서 선교적 상상력이 발현할 수 있는 환경을 조성하는 것이라고 설명하는 이유이다.[392]

내 의견으로는, 조성해야만 하는 것은 단지 '선교적 상상력'이 아니라 하나님의 백성 내부에 잠재해 있는 사도적 특성이다. 이것을 염두에 꼭 두어야 한다. 그것이 바로 8장의 APEST 문화에서 탐구한 바 있는 생기가 넘치는 리더십의 개념이기 때문이다.

발현은 이 모든 것의 결과로서 새로운 상태 또는 조건이다. 이 부록의 끝부분에서, 나는 어떻게 선교적 운동이 발현했는지 그 역사적 사례를 제시할 것이다. 그런데 이런 현상은 그 체제가 자유롭게 정보와 관계가 물 흐르듯 흐르고 아래에서 위로 배우는 여건만 마련되면 어디서든지 나타난다. 우리 시대의 그 전형적인 예는 바로 인터넷이다. 몇 백 대, 혹은 심지어 수천 대의 컴퓨터가 그냥 서로 연결되어 있다고 해서 창발적인 현상이 만들어지지 않는다. 그러나 수백만 대의 컴퓨터가 정보를 공유하며 서로 연락

---

392 Roxburgh와 Romanuk, 《Christendom Thinking》, 28.

잊혀진 교회의 길

을 주고받으면, 마치 인간의 뇌의 구조와 같이 다양한 방식으로, 그 자체만의 독특한 활기를 가진 창발적인 실체를 창출한다. 불개미 떼는 매우 효과적인 창발적 능력을 갖추고 있어서 약 20kg의 무게와 2천만 개의 입과 쏘는 기능을 가진 하나의 유기체를 구성한다. 또한 무리 지어 이동하는 그것들을 감히 막을 수 없다. 재즈 앙상블은 개별 악기로는 누구도 상상할 수 없는 창발적인 소리를 창출한다. 2백 년 전, 아담 스미스(Adam Smith)는 이런 통찰들을 앞서 직감했다. 새로운 경제학 분야의 선구자인 그는 시장 경제의 '보이지 않는 손'(invisible hand)과 그것의 상업적 위력으로서의 총체적인 효과를 환기했다. 스미스는 개인의 선택으로는 모든 것을 설명하지 못한다는 것을 인식했다. 공동체 일원으로서의 개인은 지속해서 거기에 적합한 관계를 맺고 의존하기 때문이다. 그의 말에 따르면, 이러한 모든 것에서 '경제'라고 부르는 아주 복잡한 현상이 발현한 것이다. 그것은 강력한 '사회적 위력' 또는 '발현한 구조'로서, 그 자체가 마치 생명체처럼 보인다. 누구도 일상의 생활에서 경제의 영향력을 의심치 못한다.

원리 #4 : 어지럽히는 복잡성

조직을 생명체로 봤을 때, 그 생명 시스템의 네 번째 원리에서 기존 조직의 효과를 단순히 향상하는 것으로는 거의 근본적인 혁신을 일으킬 수 없다는 것을 배울 수 있다. 기껏해야 그것은 기존 조직을 최대한 활용할 뿐이다.[393] 이것은 교회 성장 이론이 1960년대와 그 이후의 제도적 교회를 위해 여러 가지 방법으로 시도해 본 바이다. 그것은 그 방식을 널리 유행시키는 데는 성공했지만 근본적인 변화는 일으키지 못했다. 그것은 여전히 우위를 점하고 있는 패러다임이나 체제 이야기 안에 덫을 쳐놓고 있다.

그러므로 "일반적인 목표를 무시한 채 생명 시스템을 억지로 통제하려

---

[393] 이 대목의 자료의 기초. Pascale, 《Millemann》, 그리고 Gioja, 《Surfing the Edge of Chaos》, 9,10장.

하다가 역효과가 나기 때문에 최적화는 실패한다. 흔한 말로 나비 떼처럼 날아다니는 생물들을 합리적인 진행 과정을 수립하여 그것으로 어떻게 해 보려 했겠으나, 그것들은 자기 맘대로 한다. 이것은 마음먹은 대로 선 따라 그대로 진행되는 법이 거의 없다."[394] SMRC에서 20대의 공동체를 이끌어 보려고 노력하면서 깨달은 바가 있다. 그들은 길고양이 떼와 같이 몰려다녔다. 지도하기도 통제하기도 예측하기도 어려웠다. 그래서 그들에게 다가 가기 위해 조직과 리더십을 조정해야 했다. 이렇게 조정한 덕분에 혼돈의 가장자리를 서핑하면서 약간의 놀라운 창의적으로 혁신적인 일을 할 수 있었다.

"생물학의 적합성 풍경(fitness landscape) 이론에 나오는 용어로 하자면,[395] 원거리에 있는 높은 적합성 정상(끝내주는 돌파구 발견)은 이미 오른 정상을 계속 오른다(최적화) 해도 닿을 수 없다."[396] 또는《새로운 교회가 온다》에서 말한 대로, 다른 곳에 구멍을 파려는 사람이, 내내 파던 같은 구멍을 깊고 좋게 파고들어 가는 것은 헛수고이다.[397] 차라리, 우리가 섬기고 있는 조직에 진정한 혁신이 일어나기를 원한다면 "미지의 세계로 내려가서, 검증된 원인과 결과 공식을 무시하고, 역경에 맞서야 한다. 우리는 미리 정해진 길을 따라 발맞춰서 앞으로 가는 행진이 아니라, 연속해서 일어나는 방해와 조정의 여행을 떠나야 한다. 전조등을 켜도 보일까 말까 한 길이지만, 이런 방식으로 나아가다 보면 어느덧 목적지에 도착할 수 있다."[398]

---

394 Ibid., 154.

395 적합성 풍경의 개념은 1930년대 이래로 마치 적합한 장소에서 경치를 구경하듯 종의 발달 과정을 나타내려고 생물학자들이 사용하고 있다. 적응성은 일반적으로 '등산'과 비슷한 과정으로 여긴다. 적합성의 풍경에서 종의 작은 변형(한 세대에서 다음으로)은 높은 적합성의 정상으로 이동한 결과이다. 생존과 발전을 위한 선천적인 충동이 한 부류의 종을 그것의 정상으로 밀어붙인다. 참조. en.wikipedia.org/wiki/Fitness_landscape

396 Pascale,《Millemann》, 그리고 Gioja,《Surfing the Edge of Chaos》, 155.

397 Frost와 Hirsch,《Shaping of Things to Come》, 196.

398 Pascale,《Millemann》, 그리고 Gioja,《Surfing the Edge of Chaos》, 229.

생명 시스템 접근방식의 네 가지 원리를 정의한 후에, 저자들은 적응적 학습 조직을 유지하는 방법, 즉 적합성과 민첩성으로 구성된 적응력을 어떻게 유지하는지 조언한다.

민첩성 훈련

"조직에 새 생명을 불어 넣고 나서 그것을 어떻게 유지해야 하는가? 모순처럼 생각될 수도 있겠지만, 정답은 '훈련'에 있다."[399] 이것을 SMRC에서는 '실습'이라고 불렀다. "훈련은 조직이 비평형을 유지하고, 혼돈과 유사한 상태에서 번성하며, 자주적 조직 결성을 촉진하는 데 도움이 된다. 마음이 잡히면, 사람들은 또한 개인적 차원에서 변화된다. 훈련의 폭을 넓혀 그 유익을 온전히 실감하려면 반드시 사람들이 자기 것으로 삼을 때까지 훈련해야 한다."[400]

파스케일, 밀레만, 그리고 자이오자에 따르면, 일곱 가지 중요한 훈련이 있다.

1. 난제를 주어 조직을 성공으로 이끄는 묘안을 찾기.
2. 타협하지 않고 직설적으로 자기의 주장을 말하기.
3. 미래로부터 관리하기.
4. 창의성이 넘치는 책무를 보상하기.
5. 이전의 실수에서 배운 것을 역경에 활용하기.
6. 수그러들 줄 모르는 불편함을 조장하기.
7. 개인과 조직 간의 상호관계를 육성하기.[401]

---

399 Ibid. 저자들은 이러한 개념을 11,12장에서 충분히 다룬다.

400 Ibid.

401 Ibid. 나는 여기에서 요약하지는 않았다. 기본적으로 내가 맡은 과업이 아니기 때문이다. 다시 한 번 독자께 그 책을 권해드린다. 그것은 지식 뷔페와 같다.

일곱 가지 훈련 가운데 하나만 훈련해도 된다. 그러나 그것들을 서로 연관지어 놓으면 엄청난 힘이 발생한다.

그렇다면 우리는 어떻게 살아야 하는가?

이제까지 독자 여러분께 골치도 아프게 했고, 또한 충분히 명료하게 설명하지 못해 많이 헷갈리셨을 줄 안다. 유기적인 리더십과 생명 시스템을 통해 새로운 패러다임을 너무 자세히 설명하려다 보니 다소나마 전문적인 용어를 사용한 점 깊이 사과드린다. 그러나 독자께서 언제라도 필자에게 동의해 주셨으면 하는 부분은, 이 모든 것이 그 옛날 위임받은 과업들을 탐색하고 연구하고 새로운 방법을 찾기 위해 애쓴 결과물이라는 점이다. 이 자료들을 깊이 탐구하는 과정에서 필자는 마치 금광맥을 발견한 것 같았다. 완전히 다른 차원의 조명 아래에서 리더십의 역할을 볼 수 있었기 때문이다. 수년간에 걸쳐 추적하던 끝에 확신을 가질 수 있어서 이제 조금 해방감을 느낀다. 교회가 상당히 기계와 같다는 생각이 들었다. 그것의 프로그램도 또한 사람을 관리하는 일도 마찬가지였다. 그래서 신약 교회에 좀 더 가까이 다가가서 정신없이 들여다보았다. 원조 운동의 정신이 있었다. 이것은 나 혼자만의 생각이 아니다. 2장에서 본 데이비드 바렛의 통계를 떠올려 보라. 또한 깨달음이 생겼다. 하나님의 의도는 결코 그분의 리더들을 모든 해답과 모든 이상을 가진 자로 삼는 것이 아니었다. 도리어 우리의 역할은 하나님의 사람들이 리더들의 활약으로 그들의 상상력이 되살아나고 탐구의 열정을 가져서 스스로 답을 찾도록 돕는 일이었다. 우리의 과업은 통제하는 것이 아니라, 성령님의 인도하심 아래 흘러가도록 방향을 잡아주고 힘을 더해 주는 것이다. 우리는 경영인의 자리에서 종의 자리로 옮겨가야 한다. 또는 훨씬 더 구체적으로 말해서, 활동하거나 행동할 수 있는 장과 환경을 조성하는 자여야 한다(8장 'APEST 문화'를 보라).

독자, 필자, 그리고 서구 기독교와 관련된 이런 개념에 부합하는 한 가지 사례를 소개하려 한다.

드디어 개봉! 발현 구조에 대한 사례 연구

태초에 혼돈의 상황 위를 운행하던 하나님의 영께서 우주를 형성하였다는 것이 매우 중요하다(창 1). '…있으라'라는 창조의 선언으로 혼돈에서 생명과 존재를 밖으로 불러내고, 무(無)에서 무엇인가를 구성한다. 그런데 어떤 면에서, 우리가 아는 생명의 창조 이전에 하나님께서 기본적인 생명의 요소들을 만든 것이 틀림없다. 생명체는 좀 더 낮은 형태의 복잡성에서 좀 더 높은 형태의 지능과 복잡성으로 발현한다. 가장 높은 생명체의 형태는 인간으로서 하나님의 형상을 지닌 존재이다. 진정한 의미에서, 창조는 발현에 관한 원형적인 이야기(archetypal story)이다.

이머징 선교적 교회의 일종으로서 현재 번창하고 있는 새로운 형태의 기독교 공동체에 대해서 이미 살펴보았다. 역사적 감각을 지닌 자라면 누구나 물어볼 수 있는 질문이 있다. 이것은 앞으로도 계속 출현하여 진행되어야 할 또 하나의 대세인가? 나는 그렇게 생각하지 않는다. 그것은 대세가 아니다. 사실상 새로운 형태(상상력)의 교회일 뿐이다. 이런 단언은 앞에서 설명했던 발현에 관한 개념에 근거한 것이다. 이제 우선 배경 하나를 살펴보자.

평형에서 밖으로 이동하기 : 적응성 도전

이전에 언급했듯이, 사회의 중심에서 문화적, 종교적, 정치적 권력을 행사하던 크리스텐덤은 근대기에 들어 제거되었지만, 그런데도 교회에 대한 우리의 현재 통념 속에는 근본적으로 버젓이 자리를 차지하고 있다. 20세기 후반과 21세기 초에 최고의 선교적 사상가들과 전략가들은 게임이 끝났다는 것을 인식하기 시작했다. 이러한 인식은 부분적으로 기독교가 큰 규모로 서구에서 감소하는 추세이며 역설적으로 개발도상국에서는 증가하고 있다는 사실에 기인한다. 여하튼 현재 우위를 점하고 있는 교회의 모드라면 크리스텐덤을 따로 떼어내지 않을 것이라는 두려움이 앞선다. 결국, 지난 수십 년간 새로운 해결책을 찾기 위해 다각적인 차원에서 정신적으로 불안감에 시달려야 했고, 방황도 여러 차례 해봤다.

생명 시스템의 측면에서 우리는 적응이냐 죽음이냐는 아주 중요한 상황에 부닥쳐 있다. 우리는 난해한 적응성 도전에 직면해 있고, 교회 일각에서 움직임이 시작되었다는 신호들이 있다. 운동은 아직 근소하며 마음에나 있고, 그것은 대다수 교회의 언저리에 위치한다. 그러나 그곳은 바로 정확하게 모든 선교적 운동이 시작되는 장소이다.

그것은 위험이나 위협이 일절 아니다. 우리 주변에서 일어날 만한 일은 거의 전부 큰 기회이다. 이것이 바로 조직적인 적응이 필요한 이유이다. 그렇지 않은가? 우리 시대에 엄청난 영적 요구가 코앞에서 펼쳐지고 있다. 사람들은 하나님, 믿음, 의미, 영성, 뉴에이지 종교 등 이와 관련한 일들에 마음이 넓게 열려 있다. 이러한 종류의 영적으로 열린 마음은 지난 수백 년 동안 모든 사회와 문화 속에 존재했던 적이 없다. 문제는 이것이다. 대다수 교회가 이러한 면을 제대로 읽지 못하고 있다는 것이다. 사람들은 우리 문 앞에 길게 줄 서 있지 않다. 그렇지 않은가? 설상가상으로 우리에게 있는 기회의 창마저 극히 제한되고 있는 것 같아 보인다. 서구 문화의 소비주의적인 특성 때문에, 유행처럼 왔다가 지나가는 영성들로 사회에 피로감이 누적되어 그 창이 아예 닫혀 버릴 수도 있다.

그러나 잘못 생각해서는 안 된다. 이는 또한 선교를 위한 심오하고 새로운 기회들이 찾아온 것이다. 다수의 교회가 안고 있는 너무도 현실적인 도전은 이러한 문제들이 몰려오는 상황에서 과연 실제로 살아남을 수 있느냐는 것이다. 이는 우리가 자라난 보통의 교회들은 거의 전부 경건한 형태의 기독교라서 공공의 영역을 피하는 경향이 있으며 '거기에서 나와야 하는' 문제들에 제대로 대응하지 못하기 때문이다. 당신이 그것을 하이퍼모더니즘(hypermodernism)으로 부르든 포스트모더니즘(postmodernism)이라고 부르든 간에, 내가 지금 우리 시대에 일고 있는 거대한 문화적 변동과 함께 거론하고 있는 이 가상의 각본에 공감한다면, 우리가 지금 아주 낯선 땅에 있다는 것을 감지했을 것이다. 그런데도 문화의 지도(cultural maps)는 모든 것이 훨씬 더 안정되어 있던 이전 시대에 그려 놓은 것이라 지금은 어디에도 써먹을 데가 없다. 산적한 과제들로 밀려드는 중압감이 엄청나다. 이런 것이 현재 우리가 똑똑히 봐야만 하는 혼돈의 가장자리이다. 그러나 이런 현실을 외면만 한다면 그것은 좋은 일이 아니다. 이것은 우리의 선교의 장이다. 우리가 교회를 재보정하는 일을 시작하지 않는다면, 앞에서 설명한 여러 요소로 인하여 많은 교회와 신자가 씻겨 떠내려갈 것이다.

　이런 조처를 해야 한다. 교회의 기본적인 크리스텐덤 모드로는 대응할 능력이 더는 없다. 이런 종류의 유동하는 시대에 만든 것이 아니기 때문이다. 대다수 교회가 물려받은 교회의 형태는 너무나도 제도적인 것이라서 이런 선교적 환경에 적절히 적응하고 대응하는 것이 마냥 낯설고 어설프기만 할 터이다. 초대형 유조선과 고속 모터보트를 서로 비교해보는 것이 유용할 듯하다. 유조선은 멈추거나 방향을 바꾸려면 한참을 더 가야 한다. 그러나 고속 모터보트는 그야말로 대응력이 끝내준다. 우리의 상황에는 견고함과 정착성이 아니라 기민함과 적응성이 필요하다. 지금은 고속 모터보트형 교회 시대이다. 그리고 그것이 실제로 일어나고 있다. 새로운 종류의 기독교 공동체가 연속해서 태어난다. 이를 그간 살폈던 전문적인 용어로 표현하자면, 그것은 발현이며 또한 적응성이다. 흥미롭게도, 똑같은 과정이 비즈니스 세계에서도 현저하게 나타난다. 톰 피터스(Tom Peters)는 급속하게 변화하는 지구 환경에서 터무니없고 거추장스러운 구조는 '경영진의 시한폭탄'이라고 지적한다. 완전 작고 훨씬 더 반응을 잘하는 조직은 새천년

에 크게 번창할 것이다.[402]

혼돈의 가장자리로 이동하기

이런 징조가 보이면 실제로 운동을 시작해야 한다. 가장 확실한 징조는 모든 나이와 계층의 그리스도인들 사이에 거룩한 갈급함이 감지되는 것이다. 그것은 젊고 어린 층에서 궁금해 하며 이것저것 묻는 것만 의미하지 않는다. 심지어 중장년층에서 "이토록 모든 것이 허무해지는 이유가 뭔가요? 교회에서 예배도 드리고, 찬양도 하고, 셀 모임에 참석하는데도 웬일인가요? 이런 게 진짜로 기독교 신앙의 전부인가요?"라고 묻는다. 그러나 훨씬 더 애태우는 일은 아마도 다수의 교인이 교회에서 이탈하는 현상이다. 오늘날 서구의 지역 교회에서 이탈 교인 수가 111,000,000명이라고 밝힌 데이비드 바렛, 조지 쿠리언, 그리고 토드 존슨의 연구가 떠오른다. 이들은 예수님을 진정으로 영접했다고 주장하면서도 요즘 교회에 가면 낯선 이방인이 된 듯하다고 한다. 우리 주변에도 그런 자들이 있지 않던가? 순전히 내 개인의 경험이지만, 언제부터인가 예수님을 믿는 20대 그리스도인들 가운데 교회 안에 있는 자보다 그 밖에 있는 자들이 더 많아졌다. 통계와 그 전망을 놓고 꼼꼼하게 따져보면, 결코 침울해질 필요가 없다. 그것을 통해 알 수 있는 것은 다만 현재의 진행상태에 대한 겉핥기일 뿐이다. 체제에 반영하기 위해 이렇게 대안을 찾고 있는 것 자체가 징조이다. 그 대안대로 유의미한 실험을 할 것이고, 결국, 어떤 진정한 혁신이 일어날 것이다.[403]

그런데 더 많은 것이 있다. 언급했듯이, 그리스도인들이 함께 모여 성경을 연구하고 어떤 낯선 장소에서 예수님을 따르기 시작한다. 그들 가운

---

402 Peters, 《Thriving on Chaos》, 355.

403 마이클 프로스트와 내가 공저한 책을 보라. 《Shaping of Things to Come》, 1부. 이런 유행들을 전반적으로 개관해놓았다. 또한 이 분야에서 중요한 책이 있다. Gibbs와 Coffey, 《Church Next》.

잊혀진 교회의 길

데 많은 이가 자신들이 교회 자체란 것을 인식하지 못한다. 그럴지라도 그들은 성경이 말하는 참된 그리스도인 공동체의 표지를 다 가지고 있다. 새로운 에클레시아의 실험들이 교회의 언저리들에서 번성하고 있다는 것을 기성 교회가 하나씩 알아차리며 그 이유에 주목하고 있다. 전혀 새로운 공개된 담론이 블로그 상에서 전개된다.[404] 이머징 교회에 관련한 전혀 새로운 장르의 책들도 나온다.[405] 신학교들도 소위 이머징 교회를 집중해서 다루는 과정을 개설하기 시작했다. 가장 눈여겨봐야 할 것들은 전에 언급했던 데이비드 바렛, 조지 쿠리언, 그리고 토드 존슨이 세계 기독교 백과사전(World Christian Encyclopedia)에 게재한 통계와 조지 바나의 충격적인 책인《Revolution》(혁명)이다.

의심할 나위 없이 우리 시대에도 근본이 되고 기초가 되는 것은 여전히 존속한다. 그러나 앞에서도 지적했지만, '그것을 볼 수 있는 눈'을 가져야 한다. 그렇지 않으면 모든 것을 간과하게 된다.

발현과 자주적 조직 결성

시스템이 충분히 알려지고 적절한 상호관계에 이뤄지면 발현이 발생하고, 그런 다음 모든 것이 한데 모여 새로운 순서로 상호작용을 한다는 점을 기억하라. 복잡성 이론에 따르면 체제 속의 각기 다른 양상들이 서로 충분히 연결되었을 때, 자연스럽게 발현이 발생할 가능성이 있다고 한다. 이러한 것이 정확하게 선교적 운동 안에서 일어나는 일이다. 결국 이전과는 구성이 완전히 다른 새로운 유형의 조직이 된다.

다음 도형에 주목하라.

---

404 참고할 예들, tallskinnykiwi.com, www.livingroom.org.au/blog, backyardmissionary.typepad.com 또는 jonnybaker. blogs.com/jonnybaker. 이 사이트들의 링크를 따라 들어가면 이머징 교회에 대한 새로운 차원의 대화를 볼 수 있다.

405 참고도서 목록에 Brian McLaren, Eddie Gibbs, 그리고 Gerard Kellyin의 책을 적어 놓았다.

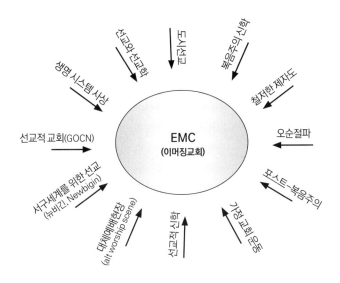

이머징 교회의 출현은 바로 사람들의 '숫자의 증가와 그 연관성'을 골똘히 생각하는 이런 과정에서 비롯하였다. 이제부터 논의할 것들은 교회 내에서 일고 있는 운동들에 관한 것으로서 그것들의 주안점을 서로 비교하여 이해의 폭을 넓히는 일이다.

- 선교적 신학(예를 들어 데이비드 보쉬)을 통해서, 우리는 다른 그 무엇보다도 선교의 시각에서 교회를 볼 수 있게 되었다.
- 선교와 선교이론이 가진 그 최상의 현장감을 통해, 우리는 주류 문화의 자연스러운 구조를 해치지 않는 선에서 동시대의 다중 문화에 대한 선교 방법을 익혔다.
- 빈민들 속에 진행하는 도시 선교를 통해(그리고 일부 해방신학도 포함하여) 우리는 성육신적인 복음에 대하여 배웠고, 그것은 어떤 맥락에서도 성육신적인 사역이 가지는 능력을 잊지 않게 해 주었다.
- 복음주의 신학을 통해 우리는 신학 체계의 가장 중요한 원리인 복음전도의 가치를 배웠다.

잊혀진 교회의 길

- 오순절주의와 은사주의 운동에서 사도적, 복음전도적, 그리고 선지자적 사역의 참된 가치와 하나님의 성령을 철저하게 의지하는 법을 배웠다.
- 포스트-복음주의 시대의 논쟁적인 이머징 운동을 통해 우리는 영성과 예배를 상황화하는 데 있어서 대중문화를 따라 하지 않는 것이 복음 전파에 훨씬 더 유리하다는 중요한 교훈을 얻었다.
- 대안 예배 운동을 통해서, 포스트모던의 사람들을 감화하기 위해 어떠한 상징을 사용하여 복음을 제시하고 상황화해야 하는지 배웠다.
- 레슬리 뉴비긴(Lesslie Newbigin)과 그의 책들을 통해서 서구 세계를 향해 다시 진지하게 선교를 해야 된다는 기준을 세울 수 있었다.
- 다소 이론적이기는 해도, 주로 북미를 기반으로 한 '복음과 우리 문화의 네트워크'(GOCN, Gospel and Our Culture Network)의 수고로, 이런 일이 활발하게 확장되었다.
- 그리고 생명체제 이론을 통해(이번 장에서 다룬), 우리는 신앙과 공동체의 그 본연의 특성과, 우리가 세상을 구원하기 위한 하나님의 선교에 참여할 수 있도록 우리 내면에 환경에 대한 적응력과 대응력이 내장되어 있다는 것을 다시 새롭게 발견했다.
- 유기적인 교회 운동과 더 나아가 선교적 공동체의 운동들을 통해서, 우리는 비교적 작은 규모의 교회라도 여럿이 한데 뭉치면 선교적으로 매우 효과적이라는 것을 배우고 있다. 새롭게 부상하는 사도적 사역의 현장을 많이 목격하고 있다.

이것들은 각각 그 자체로 발현한 것이 아니다. 우리가 직면한 무슨 총체적인 적응적 도전(adaptive challenge) 같은 것도 아니다. 각각 그림의 일부일 뿐이다. 그러나 크리스텐덤이 소멸하여 혼돈의 가장자리가 되어버린 상황에서 하나씩 등장해 서로 알아가기 시작했다. 선교적 운동이 출생한 것이다. 그리고 이 신생아는 혈통이 좋다. 그것은 새로운 현상이지만, 어떤 면에서는 하나님이 크게 사용하시던, 역사의 흐름을 바꾸고 수백만의 사람을 예수님을 믿는 신앙으로 이끈, 아주 먼 고대에 있었던 매우 단순하고 강력한 사도적 모드(mode 방식)의 교회를 반사하고 있다.

이 책의 초판을 낼 당시, 나는 현존하는 오순절파는 열정이 있고 불같이 뜨겁지만, 여전히 계속해서 이런 발현한 현상에서는 빠져 있고 자세히 언급하지 않는다는 점을 거론했다. 그 이유는 아마도 물불 안 가리고 교회-성장론에 따른 성공 일변도로 줄곧 독주해왔기 때문이 아닌가 생각한다.[406] 그런데 이것이 최근 몇 년 사이에 달라졌다. 북미에서 오순절 운동의 '포 스퀘어'(Four Square)의 교회들은 체제 자체를 바닥에서부터 모조리 선교적 체제로 재구성했다. 하나님의 성회는 교단 신학교의 정식 학과에 선교적 개념을 소개하는 개론 과목을 신설했다. 게리 타이라(Gary Tyra), 아모스 용(Amos Yong), 그리고 사이먼 찬(Simon Chan) 같은 신인 작가는 신학학회에서 목소리를 높이고 있다. 나름 '오순절적 임무'를 띠고 있다고 자부하는 나는 이런 것에 흥분이 된다. 나는 이것이 이 운동을 서구에서 진정한 현상이 되도록 촉진할 수 있는 마지막 남은 잃어버린 고리일 가능성이 크다고 믿는다.

이제 이쯤에서 전문적인 지식을 담은 부록(addendum)을 끝내려 한다. 복잡성과 조직의 변화에 대하여 다룰 때 떠올랐던 유익한 격언이 있다.

"어둠을 증오하는 것보다 촛불 하나를 밝히는 것이 더 낫다."

하나님의 사람들이 써내려온 역사 속에서, 활활 불타오르던 하나님을 위한 운동들은 당신과 나 같은 작은 불꽃에서 시작했다. 성령이여, 임하소서!

---

406 사실상, 논쟁할 여지는 있지만, 오순절파가 강조하는 사도적인 것과 복음전도적, 그리고 선지자적인 사역만큼은 생명 순환 주기를 통해서 계속 성장하는 것을 잘 설명한다. 비록 오순절파 교회론에도 콘스탄틴식 개념이 그 바탕에 제법 많이 깔려 있지만, 그나마 활기차게 사도적 리더십의 비전을 유지하면서 계속하고 성장하고 있고 그 흔한 조직의 쇠퇴도 잘 막아내고 있다.

잊혀진 교회의 길

Appendix 2

사도는 CEO인가, 종인가?

: 부록 2

우리 시대에 사도적 인물의 역할과 기능을 되찾고 재배치하기 위해 노력할때, 항상 강력한 반대에 부딪히는 사안은 카리스마적인 권위와 개인이 가지는 권한이다. 사도적인 것을 주장하는 많은 사람이 그 리더십을 (그리고 교회 조직 자체도) 위계 구조에 넣고 이해하는 경향이 짙다. 그래서 그리스도의 몸에 속한 다른 체제들보다 상위에 있는 능력(dynamis)과 권세(exousia)를 주장한다. 이것은 매우 위험하며 성경적으로 맞지 않는다.

진실로 이런 일이 거의 매번 발생한다(그리고 오순절 은사주의 계열에서는 흔히 있는 일이다). 그것은 결국 에클레시아 버스가 박살난 꼴이다! 이러는 이유는 부분적으로 특히 사도에 대해 해석할 때 일반적인 의미에서의 APEST가 아닌, 고린도전서 12-14장에 기록한 나타남의 은사에 뿌리를 두고 보기 때문이다. 이는 잘못된 것이라고 나는 믿는다. APEST는 고린도서가 아니라 에베소서 4장에 등장하는 예표들에 기초하여 에클레시아 중심부에 있는 원래의 주요 사역 체계로 해석하는 것이 타당하다. 고린도서에서 '프뉴마티코이'(영적인 것들)는 '성령께서 나타내시는 것들'이란 의미이다. 이에 반해, 에베소서 4장은 예수께서 APEST 사역의 출발이시며 교회의 기본 사역으로 APEST를 세웠다고 본다. 우리가 보는 APEST는 기독론적인 관점이다. 이것은 APEST가 이행하여야 하는 사역은 반드시 그것을 세우신 분에게 맞춰야 한다는 것을 의미한다. 우리가 맞춰야 할 모본인 그분은 섬기는 종으로서의 왕(Servant King)이며 모든 것을 십자가로 말씀한다. 우리는 예수님의 마음을 가져야 한다. 그분은 하나님과 동등하지만, 자신을 비워 모든 자의 종이 되셨고, 이런 자기비하를 통해 가장 높이 오르셨다(눅 22:25-27; 빌 2:1-11).

서구 교회는 깊은 애착을 갖고 그 지도 하에 신앙을 가진 관료들과, 또는 우위에 있는 카리스마적인 인물들과, 또는 유명 종교인들을 두고 있다. 하지만 다름아닌 사도적 인물들을 포함하여 모든 진정한 사역과 리더십을 특징짓는 것은 분명히 그리스도를 닮고, 아래에서 위로 향하며, 높은 수준의 관계 중심의 리더십을 발휘할 수 있는 자질이다. 우리는 감독, 총회장, 목사, 혹은 CEO적 리더와 같은 위계적이고 하향적인 리더십 개념에 크게 매여 있다. 그래서 은연중에 하나님의 백성 내면에 잠재해 있는 능력을 막아 두고 있다. 호주에 모르톤 베이(Morton Bay) 무화과라는 우람하고 넓게 퍼진 놀랍게 생긴 나무가 있다. 아름답고 매우 으리으리한 나무이다. 문제는 그 크기만큼의 넓은 그림자를 드리우기 때문에 그 아래에선 아무것도 자라나지 않는다. 하향식의 좀 더 독재적인 리더십 유형은 모르톤 베이 무화과와 같다고 할 수 있다. 그것은 당당해보일 수는 있겠지만, 그러는 만큼 그림자가 생기게 마련이므로, 그 그늘에서는 다른 리더십이 키워지지 않는다.

CEO 유형의 리더십이 가지는 문제점은 다른 사람의 영향력을 빼앗는 경향이 있으며, 여러 가지 이유로 리더가 그 무리를 떠나게 되면 조직이 약해지고 와해할 수 있다는 데 있다. 사도적 영향력이 나타나는 곳에서는 비록 어려움이 있어도 그렇게 되지 않는다. 도리어 사도적 사역은 하나님의 모든 백성이 가진 은사와 소명을 일깨우고 육성한다. 그것은 의존성을 키우는 것이 아니라, 하나님의 백성이라면 누구나 기본적으로 가지고 있는 복음을 위해 역동할 수 있는 능력을 길러낸다. 한마디로 그것은 권한을 부여한다. 짐 콜린스(Jim Collins)는 조직에 대한 그의 탁월한 연구에서 권위적인 카리스마를 가진 리더들은 좋은 조직이 위대한 조직으로 이동하는 데 가장 큰 방해꾼이라고 실제적인 조언을 한다.[407]

콜린스의 시선으로 바울을 보면 그는 전혀 카리스마적인 리더가 아니다. 그는 권위적인 리더도 아니다. 그는 오히려 아비의 심정으로 (그는 부모의 이미지를 사용한다) 사역을 했다(살전 2:7-8; 갈 4:19). 사실상 고린도후서 10장 1절[408]을 위시하여 여러 군데에서 실질적으로 카리스마적 '존재감'이 부족했던 것으로 보인다. 그의 리더십은 다른 방식으로 끊임없이 확인해야만 한다.[409] 로버트 파스케일, 마크 밀레만, 그리고 린다 자이오자가 관찰한 리더십의 역동성에서 보면, 추진력 있게 적응성을 촉진하는 리더십은 성격, 카리스마, 또는 스타일과 거의 상관이 없다. 또한 거대 조직을 가진 몇몇 리더를 지목하면서, 저들은 카리스마와 거리가 아주 멀고, 조직을 관리하여 학습과 유효성을 최고 단계로 끌어올리기 위해 해야 할 임무를 잘 설명해주는 자들이라고 말한다. 오히려 적응성 있는 리더는 조직 안에 잠재한 욕구를 잘 다루는 자라고 제시한다. 즉, 조직 안에 이미 존재해 있는 것을 알아듣기 쉽게 말해준다는 뜻이다.

리더는 잠자고 있는 에너지를 감지하여 그것을 촉발하는 자이다. 마치 인공강우를 할 때 구름 속에 뿌려 비를 내리게 하는 아이오딘 결정(iodine crystals)과 같은 자이다. 적합하게 적응하는 변화가 일어난다. 이것은 리더

---

407 참고. Collins, 《Good to Great》.

408 "너희를 대면하면 유순하고 떠나 있으면 너희에 대하여 담대한 나 바울은 이제 그리스도의 온유와 관용으로 친히 너희를 권하고."

409 일부 고린도인들은 바울의 고난과 외적인 연약함을 이유로 삼아 그의 사도성을 의심했다. 그들은 언변에 능하고 기적을 행하며 영적 능력을 표적으로 보여주는 자들에게 훨씬 더 감화를 받는 자들이다. 바울은 자신을 표적과 기사와 이적을 행하는 기적의 일꾼이란 점을 고지한다(고후 12:11-12). 그러나 그는 사도로서 그가 겪은 고난을 사도성을 입증하는 더욱더 중요한 요인으로 간주한다. 그는 더 많은 지면을 할애하여 자신이 행한 여타의 기적보다 고난을 기술함으로써 자신의 사도성을 나타낸다.

가 모든 답을 가지고서 조직을 통해 사람들에게 체계를 따라 전달했기 때문이 아니다. 도리어 움직임과 적응이 발생한 것은 그 환경 내부에서 호의적인 정서가 상호 작용을 하고, 조직의 구성원들이 서로 논의하는 시간을 갖고, '자신이 추려고 안무한 춤을 타인도 불러 함께 춤추게 하는 방식으로 도전하는 리더'가 있었기 때문이다.[410] 이에 적합한 예로, 존 웨슬리가 자신을 따르는 자들과 교회, 그리고 그의 주변으로 좀 더 광범위한 사회에 이르기까지 영향을 끼쳤던 일이 생각난다. 그는 전형적인 적응적 리더였다. 엄청난 일을 그가 이루었다. 이것은 그가 이끌고 영향을 주었던 사람들 속에 이미 내재한 꿈과 충동을 일깨웠기 때문이다.

마찬가지로, 사도적 특성의 모든 요소는 교회의 mDNA에 부호화하여 내장된 채, 이미 그곳에 있다. 모든 리더십이 해야 할 일은 성령님의 능력으로 그것을 일깨우는 것이다. 사도적 리더는 이것을 추진하는 자이다. 그 또는 그녀는 그것을 만드는 자가 아니다. 다시 한번 강조한다. 이 안에 실제 힘과 리더십이 들어 있다. 그것은 세상 왕들이 사람들을 지배하는 것과는 다른 종류이다.[411]

내친김에 한마디 더 하는 말이지만, 위계질서에 따른 하향식 리더십에 자꾸 토를 다는 중요한 이유는 역사에서 그리고 인간의 본성에서 보았듯이, 그러한 제도적 체제는 사회적 권력을 조성하고 그것을 최상위층에 집중시키기 때문이다. 인간 손에 들려 있는 그러한 권력을 심히 경계해야만

---

410 Pascale, 《Millemann》, 그리고 Gioja, 《Surfing the Edge of Chaos》, 75. 그들은 계속하여 요약하여 진술한다. 적응성을 갖춘 리더십의 야릇한 매력은 사람들을 병합하는 데 있다. 야릇한 매력은 조직과 그것의 환경 안에 있는 많은 요소를 수렴할 때 생긴다. 그것은 이미 존재한 것을 구현하고 본질화하는 데서 표출된다. 그것은 적응성의 도전이 있는 환경에서 더욱 커지며 수행해야 할 과업 및 기대를 억지로 무겁게 가할 때 쇠퇴하는 경향이 있다. 그것은 뜻밖에 상상치도 못했던 진전과 결과를 촉진한다.(Ibid.)

411 "예수께서 제자들을 불리다가 이르시되 이방인의 집권자들이 그들을 임의로 주관하고 그 고관들이 그들에게 권세를 부리는 줄을 너희가 알거니와 너희 중에는 그렇지 않아야 하나니 너희 중에 누구든지 크고자 하는 자는 너희를 섬기는 자가 되고 너희 중에 누구든지 으뜸이 되고자 하는 자는 너희의 종이 되어야 하리라 인자가 온 것은 섬김을 받으려 함이 아니라 도리어 섬기려 하고 자기 목숨을 많은 사람의 대속물로 주려 함이니라"(마 20:25-28).

잊혀진 교회의 길

하는 것은 정확히 말해서 인간의 본성 때문이다. 그것은 거의 언제나 교회를 구성하는 관련된 기구들을 부패시키고 해를 입힌다. 소수의 사람만이 그것을 처리하기도 하고 기각하기도 한다. 정말로 대단한 일이다. 역사는 그것에 대하여 아주 분명히 한다. 최소한 우리는 3부작 영화 '반지의 제왕'에서 이것을 배워야 한다. 힘의 반지가 있는 곳에는 강력한 유혹이 작용하고, 그것을 낀 사람을 타락시킨다. 그 외에, 리더십의 종/노예 이미지(업신여김)는 모든 형태의 하향식 리더십을 손질하여 상향식 종의 접근방식이 되게 한다(롬 1:1; 딛 1:1 등). 예수께서 제자들에게 더는 자세하게 설명할 필요가 없는 말씀을 하셨다.

> "이방인의 임금들은 그들을 주관하며 그 집권자들은 은인이라 칭함을 받으나 너희는 그렇지 않을지니 너희 중에 큰 자는 젊은 자와 같고 다스리는 자는 섬기는 자와 같을지니라 앉아서 먹는 자가 크냐 섬기는 자가 크냐 앉아서 먹는 자가 아니냐 그러나 나는 섬기는 자로 너희 중에 있노라"(눅 22:25-27).

하워드 스나이더(Howard Snyder)의 말이다. "신약은 교회의 권위나 조직의 원리로서 위계적 계층구조를 가르친 적이 없다." 그리고 "예수님은 권력의 남용과 (그런) 권력에 기초한 위계적 구조 모두를 반대하신 것으로 보인다."[412]

고압적인 자세를 가지고 하향식으로 힘을 행사하려는 유혹을 뿌리치게 하고, 우리의 과업은 선교적 교회를 시작할 수 있는 풍토 조성에 있다는 것을 알려주는 강력한 은유들이 있다. 포지(Forge) 선교 훈련 네트워크에서, 우리는 자신을 새로운 꿈을 출산하는 산파로 여긴다. 우리의 사명문에는 "호주와 그 외의 지역에서 선교적 교회의 출산과 양육을 돕는다"라고 적혀

---

[412] Snyder, 《Decoding the Church》, 108.

있다. 이 진술은 우리 자신의 특별한 소명이기는 하지만, 산파라는 개념은 성경적이면서도 인간미 있는 리더십의 이미지이며, 또한 여기에서 독자께도 그것을 모든 진정한 사도적 영향력을 알려주는 실제적인 리더십의 모드로 사용해보실 것을 추천한다. 산파는 아기를 출산할 때 곁에서 거들며 도움을 주는 사람이다. 그 또는 그녀가 책임지고 하는 일은 건강한 출산에 적합한 모든 여건을 마련하는 것이다. 출산 그 자체는 일체 산파의 통제 밖의 일이다. 흥미롭게도, 소크라테스도 자신을 산파라고 불렀는데, 이는 그가 자기의 역할을 사람들이 스스로 진리를 발견하도록 돕는 것으로 여겼기 때문이다. 그는 끊임없이 질문함으로써 학습자가 스스로 통찰하고 인지하게 했다. 예수께서 사용하신 질문하기, 이야기하기, 비유하기는 따지고 보면 '산파술'의 일종이다.

그런데 이런 개념을 우리 마음에 확고하게 다져 넣기 위해 리더십의 속성에 대한 이미지를 하나 더 이야기하자면, 그것은 바로 농부의 이미지이다. 선한 농부는 밭 갈기, 비료 주기, 잡초 제거하기, 씨 뿌리기, 물주기를 통해 작물의 건강한 성장을 위한 조건을 만든다. 그 또는 그녀는 인간이 통제할 수 없는 자연의 생태 리듬을 잘 알고 있는 농부로서 태양과 비를 주관하시는 하나님을 의지한다. 씨앗 자체는 조건만 맞으면 이런 유형의 환경에서 번성하며 좋은 열매를 생산한다. 농부가 하는 모든 일은 이러한 신비로운 생명의 과정이 일어날 수 있는 적합한 환경을 조성하는 것이다.

사도적 사역은 정확히 그와 똑같은 방식으로 행하는 것이다. 심지어 바울은 고린도전서 3장 5-9절에서 유기체의 발달 과정을 언급한다.

"그런즉 아볼로는 무엇이며 바울은 무엇이냐 그들은 주께서 각각 주신 대로 너희로 하여금 믿게 한 사역자들이니라 나는 심었고 아볼로는 물을 주었으되 오직 하나님께서 자라나게 하셨나니 그런즉 심는 이나 물 주는 이는 아무 것도 아니로되 오직 자라게 하시는 이는 하나님뿐이니라 심는 이와 물 주는 이는 한 가지이나 각각 자기가 일한 대로 자기의 상을 받으리라 우리는 하나님의 동역자들이요 너희는 하나님의 밭이요 하나님의 집이니라."

사실상 성경은 교회와 리더십에 대하여 '생태계적 관점'을 불러일으키는 유기적인 이미지(씨, 밭, 누룩, 양 떼, 나무 등)로 얽혀 있다. 이러한 유기적 은유들에 유념하여 우리의 리더십과 교회를 개선한다면, 우리는 공동체 생활을 훨씬 더 윤택하게 발전시킬 수 있다. 교회에 대한 유기적인 관점은 생명체의 내부 구조와 우주론 그 자체에 훨씬 더 많이 부합하고 일치하기 때문에 매우 풍성할 수밖에 없다.[413]

---

413 이런 접근방식을 위한 참조. Capra, Hidden Connections, 그리고 Wheatley, Leadership and the New Science.

Appendix 3
성육신적인 교회의 생생한 사례
: 부록 3

선교적-성육신적 추진력에 대한 개념을 확고히 다지려면, 모든 가능한 사회 상황 속에서 스스로 그 사역을 왕성하게 일으키고 있는 한 사례를 보는게 낫다. 제3의 장소에 설립한 성육신적인 예수 공동체인 '제3의 장소 공동체'(TPC, Third Place Communities)에 관한 이야기이다.[414] 이 공동체에서는 그들이 있는 곳이 곧 '교회'이다. 이런 접근방식을 통하여 TPC는 여러 공공의 장소에서 기독교인이 아닌 사람들에 대하여 철저하게 열린 자세로 하나님의 백성으로서 그저 많은 시간을 보내게 하면서, 호주의 호바트(Hobart)에 현저한 영향을 끼치고 있다. 사실 그들과 오랜 시간을 함께 보낸 상당수의 사람은, 이 놀라운 친구들의 증언으로 자극을 받아 영적인 호기심이 생겨, 알고 싶은 것이 무척 많아진 비그리스도인들이다.

TPC가 개척된 때는 2002년이다.[415] 그 구성원들은 긴 세월이 지나고 나

---

414 이미 언급했듯이, 제1의 장소는 가정이고, 제2의 장소는 일터/학교이며, 그리고 제3의 장소는 우리가 일과를 마치고 우리의 시간을 가장 많이 보내는 곳이다. 사교적인 이유로 사람들이 모이는 곳이라면 어디든지 선교적 사회참여를 위한 훌륭한 장소가 된다. 제3의 장소는 펍, 카페, 취미 동아리, 스포츠 센터 등이다.

415 TPC는 여전히 호바트에 하나의 실체로 존재한다. 그러나 내가 그들과 관련했던 이래 10년이 넘는 세월 동안 상당히 여러 방식으로 변했다. 이 이야기는 내가 직접 경험했던 TPC에서의 일이다.

서야 원래 받은 소명대로 이제야 좀 자리가 잡혀가는 것을 느낀다고 한다. 중간에 포기하지 않고 그것을 끝까지 부여잡고 있던 결과이다. 성육신적으로 어딘가에 참여한다는 것은 공동체의 구성원들이 긴 과정에서 그들의 도시에 파송된 진정한 선교사로 변신해가는 것을 의미한다.

창립한 이래, 그들은 여러 부류의 사람들과 친밀한 관계의 폭을 꾸준히 넓혀가면서 (비그리스도인까지) 공동체의 규모를 키우고 있다. 이들이 사람들과 맺는 관계는 대부분 긴 세월에 걸쳐 밀도 있고 친밀하게 지내는 사귐이다. 약혼, 결혼, 출생, 생일 등 각종 기념일과 일상의 삶을 서로 함께하며 친하게 지낸다. 그들은 삶의 맥락에서 선교적 활동을 반복한다. 그래서 매주말마다 식탁에 둘러앉아 식사를 함께 하고, 모두 모여 사회봉사를 하고, 돈을 모아 구제하고, 지역의 예술과 음악을 즐기거나 후원하고, 유가족을 찾아가 위로하고, 사는 이야기를 함께 나누고, 합심하여 기도하고, 예수님의 말씀을 함께 연구한다. 예수님을 실제로 믿는 사람들이 생기고, 그 외 다수의 사람은 복음에 관심을 둔다. 물론 어떤 이들은 탐색 중이고, 다른 이들은 함께 모이는 것이 좋아서 그냥 공동체에 참석한다. 깊이 빠진 자들도 있고, 더는 알려 하지 않고 현재의 수준에 만족하려는 자들도 있다. 그러나 이 모든 사람은 본인이 깨닫든 않든, 이들 사역으로 인해 이제 그들의 세상에 예수님이 유의미하게 자리하셔서 손만 내밀면 닿을 수 있게 되었다. 그들은 이제 자기 자신과 자기를 둘러싸고 있는 세상과 또는 자기의 일과 놀이를 생각할 때, 전에는 그 자리에 안 계셨던 예수님을 일부나마 의식한다.

그러나 그것은 무슨 파티나 흥청거리는 사교 모임이 아니다. TPC는 분야별로 고르게 조직을 나눈다. 그들이 하는 사역 가운데 일부를 소개하면 이렇다.

'다시 하는' 선교 공동체 [(Re)verb Mission Community] : 이는 TPC의 노골적인 예수 공동체(교회)이다. 뚜렷한 선교적-성육신적 접근방식을 채택함으로써, 교회라는 특유의 현장에서 선교가 발현하는 것이 아니라, TPC가 하는 선교를 통해서 교회가 발현한 것이다. 즉, 선교의 맥락이 신앙 공동체의 모임 방식을 정한다. 지역 문화의 맥락 안에서, 자신이 가진 기독교 신앙의 영성을 증언하는 사람들이 결집하는 다양한 종류의 그리스도 중심의 모임을 세우는 것이 목표이다. 따라서 그들은 사람들을 교회로 데려오는 것이 아니라, 사람들이 모이는 곳에서 그들을 중심으로 교회를 세우려고 시도한다. 그러므로 '다시 하는' 선교 공동체의 구성원들은 사회인들이 모여서 많은 시간을 보내는 지역 내 제3의 장소에 가서 시간적 여유를 갖고 그곳에 있는 자들과 사귀는 사역을 한다. 한편 그들은 또한 소수로 함께 모여, 기도, 예배, 제자훈련, 성도의 교제를 한다.

일터(Marketplace) : TPC는 비그리스도인들(그 지역의 60%에 육박하는 사람들)의 삶에 깊이 관여하는 것을 목적으로 하기에, 펍에 간단히 한잔하러 온 사람들과 다정하게 함께 앉아서 그들의 관심사를 중심으로 건전한 대화를 한다. 그렇게 시간이 흐르고 나면, 그들은 하나님이 주관하셔서 인생의 중요한 주제들을 놓고 그 장소에서 여러 가지 대화를 주고받을 수 있게 했다는 것을 감지한다. 일터가 결론이다. 또한 중간지대이며, 자유롭게 거침없이 이야기할 수 있는 공개토론의 장이다. 그곳에서 사람들은 인생, 의미, 문화, 정체성, 그리고 영성에 관한 이념과 철학을 궁리한다. 선교적 사역이 본분인 무리에게 중간지대, 곧 자유롭게 거침없이 이야기할 수 있는 구역이 생겼다니 이보다 놀라운 일은 없다. 이는 그들이 치밀하게 의도했던 일이다. 그들은 기독교를 향한 의혹과 불신을 유산으로 물려받은 자들이 인생과 삶의 의미에 관련한 사상을 마음 터놓고 편안하게 고민할 수 있는 환경의 조성을 의도했다. 저녁 8시경이면 배경 음악이 연주되는 곳으로 사람들이 도착하여, 바에서 받은 음료를 손에 들고, 서로 두런두런 이야기를 나눈다. 반시간 후에, 그들은 공식적으로 모두를 환영하며, '일터 예절'(이곳에서의 상대의 신앙과 의견 존중)을 알린 후, 그 밤의 발표자를 소개한다. 그 초청 강사(그리스도인일 필요는 없다)는 선택 주제에 대한 이념과 사상을 제시하고 질문과 의견을 받는다. 발표를 마치면 대다수 사람은 여기저기 옮겨 다니면서 약간의 음료와 함께 일상의 대화를 주고받는다. 그 밤에 놀라운 이야기들도 나온다. 이것은 실제로 호바트의 문화 행사가 되었다.

결혼식, 파티, 기타(통과 의례 행사) : 시간이 지남에 따라 유의미한 관계들을 통해, 사람들이 TPC에게 펍, 가정, 또는 대학교에서 열리는 이러한 행사들을 주관하도록 요청하고 있다. 사역의 대상자들이 먼저 나서서 자기들의 세계 속으로 TPC를 초청하고 있으니 엄청 대단한 일이다. 그 단체는 통과 의례 행사가 영적인 문제에 대하여 마음이 열린 사람들과 유의미한 관계를 맺는 데 가장 좋은 방법이란 것을 터득했다. 또한 그들은 이런 심히 깊은 의미가 있는 통과 의례 행사를 사람들과 함께 진행하는 것이 선교적으로 매우 중요한 경험이라는 것도 알았다. 이것 또한 TPC가 하는 선교의 중요 사역이 되었다. 구성원들이 그 일을 참 잘한다.

이매진 태즈메이니아(Imagine Tasmania) : 이런 활동들 외에, 대런(Darryn, 당시 TPC의 리더)과 몇몇 사업가들이 '이매진 태즈메이니아'(태즈메이니아를 생각하라)라는 프로젝트를 시작했다.[416] 이 단체의 목표는 태즈메이니아를 모두가 살기 좋은, 좀 더 나은 곳으로 만들기 위한 계획을 세우고 실행하는 것이다. 그 단체의 구성원은 주로 비그리스도인이다. 그런데 이 프로젝트 발기인의 일원인 대런은 자기들 세상을 더 나은 곳으로 만들고자 하는 많은 사람과 흉금을 터놓고 지내는 아주 가까운 사이가 되었다. 만

---

[416] 태즈메이니아는 TPC가 자리한 주(州)의 명칭이다. 이런 유형의 접근법은 시카고가 원조이다. 그것을 이매진 시카고라고 불렀다. 도시에 거주하는 다양한 무리의 사람이 참여하여 시카고의 문화가 다시 새롭게 됨으로써 그것의 실제적인 효과가 입증되었다.

약에 대런이 그들 안에 성육신적인 자세로 들어가지 않았다면 그 사람들과 결코 그토록 친하게 지낼 수 없었을 것이다. 이매진 태즈메이니아는 마이클 프로스트와 내가 《새로운 교회가 온다》[417]에서 우리가 임무를 진행하는 문화 속에서, 선교적인 사회참여를 할 수 있는 강력한 수단으로서 '공공의 프로젝트'(shared projects)라고 언급한 바로 그런 종류의 사회참여이다.

---

417 Frost와 Hirsch, 《Shaping of Things to Come》, 24.

Appendix 4

생명 시스템 속의 리더십

:부록 4

생명 시스템 접근법(living-systems approach)이란 체계를 갖춘 공동체 조직을 나름의 리듬과 구조를 가지고 활동하는 생명체로 간주하여, 그에 맞춰 제대로 구성하려는 것이다. 이러한 접근법은 생명의 특성을 살펴보고, 생물이 어떤 경향으로 자주적 조직 결성을 하는지 관찰하여 조직을 훨씬 더 높은 수준으로 발달시키고, 각기 다른 조건에 적응하며, 필요할 때 잠재한 지능을 활성화(발현)할 수 있는 생명 시스템 고유의 능력을 될 수 있는 그대로 모방하는 것이다. 생명이 훨씬 더 오래갈 수 있는 방법에 대한 이런 연구는 교회에만 필요한 것이 아니다. 이런 견해를 지지하는 자들은 생명에 관한 연구와 생명존중의 기치 아래 명시적으로 '생명 유지의 학문'을 발의했다(프리초프 카프라, 마가렛 휘틀리, 또한 리차드 파스케일, 마크 밀레만 및 린다 자이오자).[418] 나는 그들의 책을 읽으면서 깊은 감동을 하며 새로운 은유와 관점을 찾았다. 그것을 나의 탐구에 반영하여, 실용적인 접근방식은 배제하고 훨씬 더 생명력 있고 유기적인 접근방식을 도입하여 집필에 임했다. 내가 인지했던 몇 가지 내용을 적어본다.

---

418 그들과 관련한 저술들은 참고도서 목록을 보라.

- 모든 생물은 선천적인 지능을 가지고 있는 것으로 보인다 : 생명 시스템, 즉 형태(예를 들어 바이러스, 인간)나 체계적인 조직(예를 들어 주식 시장, 벌통, 도시, 영리 기업, 심지어 결정체의 형상)으로 된 유기체는 그 자체의 생명 현상이 있으며, 선천적인 지능을 사용하여 생존, 적응, 그리고 복제하는 습성이 있다. 고차원의 생명 형태로, 이것은 발전될 가능성이 있는 현장의 이론가들이 말하는 '분산된 지능'과 연결되어 나타난다. 조직 이론에 적용해보면, 리더의 과업은 분산된 지능이 분명히 나타날 수 있는 환경을 조성하여 그것을 발굴하고 동력화하고 관리하는 것이다.

- 생명체는 서로 완전하게 연결된 것으로 보인다 : 가장 중요한 기본 개념은 동적인 네트워크에 자리한 관계들을 유추해보면 된다. 그것은 생명 현상과 그 의미가 거미줄같이 연결되어 있다. 생명 시스템 이론에 따르면, 우리는 항상 좀 더 거대한 체제의 일부이다. 우리는 내부와 외부 체제로 구성된 생태 환경에 속하여 그것들과 끊임없이 관계한다. 체제 일부에서 장애가 발생하면 연쇄반응이 일어나서 체제 내 모든 요소에 영향을 준다. 카프라는 이것을 '생명체의 거미줄 망'(the web of life)이라고 부른다. 그것에 함축된 의미는 이렇다. (1) 사소한 일들이 결국 체제 전체에 영향을 미친다. 흔히 '나비효과'라고 한다[아마존에서 한 마리 나비가 펄럭인 날갯짓이 별개의 대륙에 일어난 허리케인의 원인이 될 수 있다는 이론이다]. 우리는 심지어 처음에는 관련이 없어 보이더라도, 그것이 결국 체제에까지 영향을 끼치는 겉보기에 하찮은 일들의 힘을 절대로 과소평가하지 말아야 한다. (2) 체제는 그 모든 구성 요소가 이상 없이 서로 관계하며 유기적으로 작동하더라도 그 범주 안에는 순기능과 역기능이 존재한다. (3) 건강한 학습/적응성 체제를 발달시키는 방법은 이질적인 요소들을 서로 유의미하게 소통하도록 만드는 것이다.

- 정보가 변화를 가져온다 : 모든 생명 시스템은 정보에 반응한다. 사실상 생명 시스템은 자기에게 유의미하거나 유용한 정보를 처리할 능력이 있다. 그러므로 정보는 지능, 적응성, 그리고 성장에 매우 중요하다. 체제 내부에서 정보의 자유로운 흐름은 성장과 적응을 위한 활력소이다.
- 적응적 도전들과 발현 : 주어진 환경과 지속해서 교류함으로써, 생명 시스템은 그 안에 내장된 적응 능력을 발휘하여 변화하는 환경에 대처한다. 그렇게 하지 못하면 쇠퇴하거나 사망한다. 생명 시스템이 적응성(과 그 결과 학습) 모드에 들어가고, 체제 내의 모든 요소가 각각 맡은 자기 기능을 수행하며, 분산된 지능을 정보를 통하여 도야하고 집중을 이루면 빌현(새로운 형대의 조직)이 일어난다.

이 모든 것이 약간 난해하고 개념적인 듯해도, 잠시 멈추고 그것이 기독교 공동체와 관련한 생명 시스템 접근법이란 점을 고려하라. 이러한 접근법을 따르기 위해서는 첫째, 하나님의 백성으로 구성된 모임은 종류를 불문하고, 만일 그들이 진정한 하나님의 사람인 것이 맞는다면, 그 개개인 안에는 주어진 환경 안에서 적용하고 번창할 수 있는 모든 것(잠재한 사도적 특성)이 다 들어 있다는 사실을 확신해야 한다. 합당한 조건을 주면 공동체는 자기가 갖고 있으리라고는 꿈에도 생각하지 못했던, 잠재해 있던 자원들과 능력들을 여지없이 발견한다. 여기에서 선교적 리더십의 과업은 단순히 체제 안에 잠들어 있는 mDNA를 일깨워 주고, 그것에 담긴 하나님이 의도하신 목적이 이루어지도록 돕는 것이다.

둘째, 여기에서 선교적 리더십의 과업은 체제 안에 있는 다양한 요소를 서로 유의미하게 연관성을 갖게 하는 것이다. 리더는 교회를 제도적인 구조가 아니라 관계 중심의 네트워크로 반드시 구성해야 한다. 우리의 교회를 '그리스도의 몸'이 효과적으로 활동하는 현장으로 만들어야 한다(고전 12:12-27을 단지 은유로만 보면 안 된다. - 그것은 그 머리(Head)와 연결된 각

지체를 설명하는 교회에 대한 설명이다). 그 현장에서는 서로 정보와 아이디어를 공유하고 공동의 과업을 중심으로, 받은 은사와 소명에 따라 서로 열매를 맺도록 북돋아 주는 것이 매우 중요하다(엡 4:1-16). 선교적 사명을 완수하기 위해 완벽한 기능을 수행하는 한 몸이 되려면 그 몸의 각 지체가 하나도 빠짐없이 동등한 위치에서 서로 협력해야 한다. 이것이 의미하는 바를 세상에서 쓰는 표현으로 하자면, 각 부서와 전문가들이 유의미하게 협력하여 공동 과업을 중심으로 직무 수행에 필요한 정보를 공유하면 그로 인하여 이견이 사라지고 업무의 집중도를 높일 수 있다. 생명 시스템 내부를 관찰하면 진정한 답은 항상 좀 더 큰 관점을 가질 때 발견된다. 그래서 다양한 은사와 지식을 서로 접속해야 관점이 커져서 새로운 형태의 지식과 가능성이 나타난다.

셋째, 우리는 체제를 그 자체의 가장자리로 이동시켜야만 한다. 즉, 환경에 대단히 민감하게 반응하도록 만들어야 한다. 이런 가정이 성립한다. 직면하고 있는 실질적인 문제들을 처리하지 않는다면 그 체제는 적응하려 들지 않을 것이고, 그래서 중대한 적응적 도전의 맥락에서 소멸할 것이다. 흔히 자기 영역 안에 포식자가 나타났을 때 타조는 머리를 모래 속에 처박고 안심한다고 한다. 우리는 체제가 배우는 여행과 선교적 모드를 활성화하도록 그것이 평형에 있지 못하게 뒤흔들어놓아야 한다. 공동체는 반드시 민감하게 반응해야 하며, 또한 응답할 수 있어야 한다. 체제 안에 들어 있는 요소들을 정렬하여 건강한 네트워크를 구축하려 할 때, 언제부터인가 필연적으로 체제 내부에 기생하면서 모든 일을 그르치게 만드는 기능 장애를 꼭 처리해야 한다. 기능 장애를 처리하는 데 실패하면 처음부터 끝까지 조직이나 공동체의 건강을 약화한다. 이때 다툼이 일어날 수 있다. (내가 겪어봐서 잘 안다). 이런 상황에서 좋은 리더십의 과업은 그것을 관리하여 오히려 그것을 기회로 창의성을 발휘하여 중요한 학습의 경험으로 전환하는 것이다.

넷째, 체제에는 덩어리진 무질서한 정보가 존재하기 때문에, 여기에서 리더십의 과업은 정보의 흐름을 구현하고 그것을 중심으로 공동체가 결집하도록 돕는 일이다. 앞에 나서서 결과를 강요하거나 미리 결정하는 것이 아니다. 대신에 정확하고 유의미한 정보를 체제에 제공하여 스스로 그것에 반응할 만반의 태세를 갖추게 해야 한다. 이런 양상을 때로 '의미의 경영' (the management of meaning)이라고 부르기도 한다. 의미 있는 정보를 사용하여 체제가 응답하고 변화하고 번영할 수 있게 만드는 것이기 때문이다. 선교적 리더가 한 무리의 사람에게 동기를 부여하여 뒤집기 위해서는 반드시 의미를 다루는 법을 알아야 한다. 정보의 흐름을 구현하기 위해서는 좋은 신학과 철학에 사회학까지 겸비해야 한다. 그래야 그것으로 교회의 본래 담론(성경, 특히 복음)과 교회의 핵심 과업에 대한 지식, 그리고 우리의 문화와 사회 맥락에 관한 본질적인 데이터 등에 기초한 정보를 제대로 전할 수 있다. 우리가 이러한 모든 요소를 바르게 확보한다면, 교회 전체는 활기가 넘치고 동기 부여가 되고 민감성을 가지며 박식해져서, 모든 것이 융화한 가운데 전체적으로 하나님의 선교가 자연스럽게 물 흐르듯 흘러간다.

이러한 접근방식에서 가장 흥미로운 점은 만사가 어려움 없이 돌아간다는 것이다. 자연의 이치를 거스르지 않기 때문이다. 결과적으로 예수 운동의 분위기는 흐르는 느낌이 자연스럽고 생명 현상의 실제적인 리듬에 훨씬 더 가깝다. 사실상 그 바탕에 정확히 이러한 리듬과 친밀감이 깔려 있다. 이러한 터전에서 출발했으니 그런 분위기가 뒤이어 계속해서 나타나는 것이다. 유기적 구조체의 기본적인 양상인 네트워크를 들여다보면 신자들의 삶에도 자연스러운 쇠퇴와 유입이 있다는 것을 알 수 있다. 그러니 교회를 그것에 맞추어 구성해야 한다. 그래서 교회의 조직을 구성할 때 믿는 자와 안 믿는 자 모두를 위한 관계 설정을 고려해야 한다. 그것을 굳이 무리하게 인위적으로 할 필요는 없다. 이런 접근법으로 교회를 개척하거나, 또는 기존의 교회를 선교적 교회로 다시 재구성하려 할 때, 주력할 것은 건물, 공 예배, 교인 수, 목회적 돌봄이 아니라, 대신에 공동체 전체가 순조롭게 우정을 느낄 수 있는 자연스러운 제자훈련, 삶의 방식과 일치하는 예배, 그리고 일상의 맥락에서 할 수 있는 선교로 향하게 하는 것이다. '그리스도 안에서' 살아있는 네트워크가 되면, 그것은 어디에서나 어느 때나 박진감 있는 교회로 모일 수 있다. 이것이야말로 교회를 세우거나 교회에 활력을 불어넣는 유기적인 방법이다.[419]

---

419 네트워크 교회의 신학과 구조를 크게 자극하는 책. Ward, 《Liquid Church》.

Appendix 5

액체 교회와 고체 교회

: 부록 5

피터 워드(Peter Ward)는 신학적, 교회론적, 사회학적 차원에서 네트워크를 탐구한 대단한 책을 썼다. '고체와 액체 현대성'이라는 용어로 문화를 분석한 지그문트 바우만(Zygmunt Bauman)을 따라서, 그는 '액체 교회'(liquid church)라는 용어를 사용한다. 이는 교회가 진정으로 네트워크를 구축하면 띠게 되는 본질적인 모습이다. 이런 교회는 바우만이 '액체 현대성'(liquid modernity)이라고 불렀던, 점점 증가하는 우리 문화의 유동적인 측면에 잘 대처한다.[420] 그는 고체 교회와 액체 교회를 대조한다. 이러한 개념을 간단히 줄여서 말하자면, 고체 교회는 어림잡아 내가 제도적 교회라고 말하는 것과 대동소이하다. 워드는 고체 현대성은 계속해서 존재하는 것이라서 고체 교회를 완전히 포기하라고는 권하지 못하겠지만, 유효성을 서서히 줄이는 것은 가능하다고 말한다. 고체 교회는 고체 현대성과 관련이 있다. 그리고 일반적으로 고체 교회는 원래의 제 모습이 아니고 변이한 것이다. 즉, 정통 보수의 공동체(유전한 전통을 고수함), 도피의 공동체(세상에서 안전한 장

---

420 Bauman은 우리는 현재 현대와 포스트모던이 혼합된 상황에 있다고 주장한다. 그래서 전자나 후자를 양자택일할 것이 아니라, 우리 자신을 그가 칭하는 '액체 현대성'(liquid modernity), 즉 액체 상태로 볼 수 있어야 한다고 여긴다.

소), 그리고 향수의 공동체(과거의 성공 속에서 삶)이다. 그는 고체 교회에서 나타나는 모든 모습은 이러한 범주들에 하나 이상 속한다고 제시한다.

워드가 주창한 의견에 따르면 "정통 보수, 도피, 그리고 향수의 공동체로 변이한 고체 교회로 인하여 액체 현대성에서 현저하게 감소하고 있는 것은 진정한 선교를 이룰 수 있는 교회의 능력이다."[421] 주변의 문화는 계속 바뀌는데 그런 교회로는 점점 더 오도 가도 못하게 될 뿐이다. 그는 이로 인하여 가장 심각하게 손상을 입는 것은 교회의 유전 부호인 복음이라고 지적한다. 그러한 상황에서 교회는 제 모습을 유지할 수 없고 원형대로 될 수도 없다. 고체 교회는 복음의 부호에 돌연변이를 일으킨다. 대체로 문화의 변화를 무시하면, 뜻한 것도 아닌데, 아무리 순수해지려 해도 그것이 어느새 뒤틀려 있는 것을 보게 된다. 일부 사람들(주로 교인들)의 신앙적 갈급함을 채워주는 데 주력하다 보니, 결과적으로 아직 그리스도인이 되지 않은 사람들의 좀 더 광범위한 영적인 굶주림에 제대로 대응하지 못한다. 더구나 "이런 유형의 교회에서 유전 부호가 변이한다는 사실은, 우리의 사회에 흐르는 영적인 갈급함에 응하기 위하여 새롭게 시작하려는 교회들이 꼭 명심해야 할 좋지 않은 사례이다."[422] 이는 액체 현대성에서 채택해야 할 유형이 바로 액체 교회란 것을 강조한다. 현재의 문화를 하찮게 여겨 외면하지 않고, 그 문화 속을 기독교의 복음으로 충만하게 채우기 위해서는 반드시 액체 교회가 있어야만 한다. 액체 교회를 결성하는 요소는 다름 아닌 살았고 적응성이 있는 네트워크이다. 네트워크를 구축하면 주변 사회에 남아 있는 깊은 영적인 갈급함과 굶주림에 대단히 민감하게 적응할 수 있다.

꼭 명심해야 할 것이 있다. 워드가 정의하는 액체 교회는 신학적으로 신약의 가르침에 가장 잘 부합하는 교회의 개념이다. 주변 맥락에 대하여 그

Ward, 《Liquid Church》, 29.

Ibid., 30.

것이 선교적이고 민감하기 때문만이 아니다. 구조적으로 성경적 교회론과 상당히 일치하기 때문이며, 또한 '그리스도 안에서'와 '그리스도의 몸'이라는 이 쌍둥이 교리의 의미를 그대로 가져다가 선교적 상황에 맞추어 매우 진지한 태도로 재가공한 것이기 때문이다. 고린도교회는 예루살렘교회와 그 구조와 정신에 있어서 뚜렷한 차이가 있었다. 그랬어도 두 교회 모두 합법한 그리스도의 몸이라고 표현하고 있다. 신약 교회에는 무슨 획일화한 구조가 거의 없었다.

교회의 실재는 오직 '그리스도 안'에서만 발견된다. "그리스도는 우리의 기원이며 우리의 진리이다. 그리스도인이 된다는 것은 그리스도와 연합한다는 것이고, 그리스도와 연합한다는 것은 그분의 교회와 연합한다는 것이다."[423] 이것이 그리스도의 몸을 구성하고 있는 전부이다. 그리스도인이 된다는 것과 그분의 교회 안에 존재한다는 의미는 그 자체이신 예수님과 그냥 연결되어 있기만 하면 된다. 선교적 맥락에 따라서 다만 그 표현이 달라질 뿐이다. 워드가 액체 문화에서 필요하다고 말하는 액체 상태의 교회도 역시 '그리스도 안에' 있다는 것의 의미가 무엇인지 드러내는 교회가 되라는 이야기이다.

그리스도와 연합한다는 것은 그리스도의 몸의 일부가 된다는 뜻이다. 그리스도와의 이런 연합과 신체적 연결은 모든 교회론의 기초이다. 그리스도의 몸이라는 표현은 매우 깊이 있게 생각해야 하는 개념이다. 왜 이런 식으로 진리를 표현했는지 깊이 숙고해봐야 한다. 그리스도의 몸이 교회인 것이지, 교회가 그리스도의 몸은 아니다. 이러한 바울 신학에 담긴 의미를 제대로 해석하려면 우선순위를 생각해보면 된다. 우리와 그리스도의 연결이 우선이다. 몸의 일부가 되는 것은 그다음이다. 그 반대순서는 논리상 성립할 수 없

423 Ibid., 33.

다.[424]

　군이 문제로 삼자면 우리는 너무도 쉽게 역사상 실재하는 교회들이 당연히 그리스도의 몸인 줄로 착각한다. 또한 그리스도의 몸이 교회라는 훨씬 더 큰 진리를 몰라보고, 교회가 그리스도의 몸이라는 소리가 맞는 줄 안다. "교회는 그리스도의 몸이다"라는 표현은, 마치 교회가 자신만이 가진 무슨 대단한 권위를 주장하는 것처럼 들린다. 그러나 "그리스도의 몸은 교회이다"라는 표현은 그것을 신체적인 측면에서 그리고 조직적인 측면에서 여러 가지로 풀이할 가능성이 활짝 열린다. 교회라는 용어 하나만 놓고 그것에 색깔을 입히면 안 된다.[425] 몸이라고 해놓으면 그 자체만으로도 가지각색의 방식과 형태로 표현하는 것이 가능해진다.

　패러다임을 바꾸어야 한다. 이러한 표현부터 고쳐 말해야 우리의 신학적 사고를 독점적으로 움켜쥐고서 장악하고 있는 교회에 대한 제도적인 이미지에서 벗어날 수 있다. 그래야 우리 자신의 시대에 우리 자신의 상황에서 하나님의 백성이 된다는 의미를 재구성하는 여행을 떠날 수 있다.

　따라서 액체 교회를 어떻게 이해하는 것이 좋은가? 워드는 모든 액체의 특성은 흐름이라고 강조한다.[426] 반대로, 고체는 제자리에서 꼼짝하지 않는다. 틀이나 고체성은, 다시 바우만의 말을 빌리자면, '고착 공간'(fixing space)과 '묶여진 시간'(binding time)이다. 그래서 거기에는 변화나 운동이 필요 없다. 그러나 우리가 액체 교회를 마음에 그려보면, 스르르 흐르면서 어딘가로 움직이며 꼬불꼬불 바뀌는 유동체의 특성이 기본적으로 떠오른다. "우리는 주로 회중, 프로그램, 그리고 건물에 기반한 교회에 대한 정적

424　Ibid., 37.

425　Ibid., 38.

426　Ibid., 40–41.

　잊혀진 교회의 길

인 방식을 멀리 보내야 한다. 그 자리에서 우리는 기독교 공동체, 예배, 선교, 그리고 신약의 에클레시아같이, 변화에 대하여 훨씬 더 유동적이고 융통성 있고 민감하게 대응하는 조직에 대한 개념을 육성해야 한다." 이후의 교회에서 중앙 집권적이고 아주 딱딱한 '고체'의 계층적 구조 대신에, 훨씬 더 액체같이 흐르는 신약 교회의 네트워크를 보았으면 좋겠다.

Glossary of Terms

용어 해설

독자의 이해를 돕기 위해 몇 가지 전문 용어와 문구를 여기에 수록해놓았다. 용어에 대한 정의는 기본적으로 책을 이해하는 데 매우 중요하다.

적응적 도전(Adaptive Challenge)

카오스 이론에서 파생한 개념이다. 적응적 도전이란 한 생명체가 새로운 현실을 찾기 위해 도전해야 하는 상황을 뜻한다. 적응적 도전은 대략 두 가지 요인에서 비롯한다. (1) 심각한 위협이 있는 상황 또는 (2) 불가항력적 기회나 위협은 유기체 혹은 생체조직을 '적응 또는 사망'이라는 상황으로 내몬다. 불가항력적 기회는 그저 "다음 계곡에서 밥 먹는다. 계속 움직여!"라는 식의 상황에서 생긴다. 적응적 도전은 혁신과 적응을 위한 토대를 마련한다.

적응적 리더십(Adaptive Leadership)

변화 적응적 리더는 학습 조직을 발전시키고 급변하는 경영 환경 속에서 조직이 민첩성, 민감성, 혁신, 그리고 기업가 정신이 필요한 곳으로 전환하도록 돕는 사람이다. 변화 적응적 리더는 심각한 위협이나 적지 않은 새로운 기회, 혹은 둘 다 한꺼번에 등장했을 때 필요하다. 이것은 우리가 사는 21세기의 상황과 직접 관련이 있다. 다음의 '운영적 리더십'(Operational Leadership)과 비교하라.

운영적 리더십(Operational Leadership)

본래 이런 유형의 리더십은 비교적 안정된 환경에서 현재 편성된 대로 현상을 그대로 유지하고 발전시키는 것이 리더십의 핵심 과제인 조직에 알맞다. 이런 형태의 리더십은 사회는 기계적으로 그리고 자동으로 움직인다는 사회 공학에서 나온 가정으로서, 이는 곧 기계론적 세계관에 기초한다. 이런 리더십이 잘 통하는 일부 조직이 있다. 바로 부동의 안정성이 보장되는 사업장이 그러하다. 운영적 리더십은 문제가 생겼을 때 사전에 짜놓은 순서대로 처리하면 되기에 속도가 크게 향상되고, 질적인 면에서 또는 규모 면에서 최고의 성과를 낸다. 이것을 보통 상의하달식(top-down) 리더십이라고 한다. 위에서 해결책을 내면 그것이 계층을 따라 밀려 내려가는 방식이다. 만일 조직을 축소하거나, 구조 조정, 또는 비용 절감이 필요한 경우, 혹은 신속한 일 처리가 성공의 관건일 경우, 운영적 리더십이 그 최상의 방법이다.

APEST

에베소서 4장에 나오는 5중 사역 공식을 설명하기 위해 내가 쓰는 용어이다. APEST는 사도(apostle), 선지자(prophet), 복음 전하는 자(evangelist), 목자(shepherd), 교사(teacher)의 첫머리 글자이다.

사도적(Apostolic)

나는 교회론적 견지에서 볼 때, 신약 교회에만 존재한 중요한 직임이었던 사도에게서 찾은 그 리더십의 위력과 추진력과 비범함을 매우 구체적으로 설명하기 위해 이 용어를 사용한다.

사도적 특성(Apostolic Genius)

이 용어는 인류 역사를 장식한 경이로운 예수 운동들에 촉촉이 배어있는 그 특유의 능력과 권세를 개념화하고 명료하게 설명하기 위해 내가 만든 신조어이다. 내가 얻은 결론에 따르면 비범한 사도적 본능은 여섯 가지 구성요소를 가진다(더하면 더했지, 덜하지는 않다). 이 요소들은 이렇다. 예수는 주님이시다, 선교적 성육신적 추진력, APEST 문화, 제자 만들기, 유기적인 체계, 그리고 커뮤니타스(communitas)이다. 그러므로 '사도적 특성'이란 용어 안에는 이른바 자체 발광을 하는 별들이 한데 모여 별자리를 이루듯 mDNA의 모든 요소가 완전체로 결합하여 들어 있다. 나는 또한 복음으로 말미암아 하나님의 백성이 된 자들의 본성 안에 그것이 잠재해 있거나 깊이 박혀 있다고 믿는다. mDNA를 구성하는 모든 요소가 존재하고 그 각 요소가 역동적으로 상호작용을 할 때, 적응적 도전이 촉매 역할을 하면, 그 결과 비범한 사도적 본능이 활성화한다고 본다.

그것을 도표로 나타내면 이렇다.

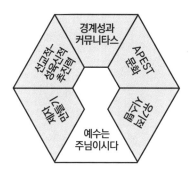

이 책은 고대의 방법에서 21세기에도 구현 가능한 새로운 것을 찾기 위하여 비범한 사도적 본능을 탐색하고 거기서 되찾은 것을 서구교회가 실행에 옮기도록 돕기 위한 시도라 여긴다. 자세한 설명은 3장을 보라.

끌어 모으는 식 교회(Attractional Church)

본래 끌어 모으는 식 교회란 사람들을 예수께로 인도하려면 먼저 그들을 교회로 끌어들여야 한다는 전제를 바탕으로 한다. 이는 또한 교회사에서 국교시대 동안에 생긴 일종의 상호 계약 같은 유형이나 양식으로 설명하기도 하는데, 그 때에는 교회가 사회의 중추 기관 역할을 했기에 '그들에게 가서'가 아니라 '이리 와서 복음을 들으라'라는 접근방식이 통했던 시절이다. 문화적으로 사람을 끄는 매력이 있는 것과는 다른 이야기이다.

성경적 히브리 사상(Biblical Hebraic)

성경 계시가 임하여 그것을 기록하고 보존하는 과정에서 생긴 세계관을 뜻한다. 따라서 히브리 사상이라 할 때, 그것은 성경에 나타난 것으로만 한정하여 말한다. '히브리'라는 어감 때문에 후대에 등장한 유대주의 사상까지 포괄할 수 있기 때문이다.

카오스(Chaos) 또는 혼돈이론(Chaos Theory)

혼돈이론은 살아있는 각 시스템(系, system)의 특성을 조사하여 제각각 그 처한 환경에 어떻게 반응하는지 연구하는 새로운 과학 분야이다. 따라서 그것은 단순히 유기체뿐 아니라, 살아있는 시스템에 속하여 여느 생물과 똑같은 방식으로 작동하는 인간 조직에도 적용할 수 있다. 각각의 시스템이 살아있다는 점을 고려하면, 카오스(혼돈)는 반드시 부정적인 것만은 아니다. 도리어 얼마든지 엄청난 혁신이 일어날 수 있는 정황일 수 있다. 그러나 그것은 혼란스러운 상황에 적절하게 대응하지 못하는 살아있는 시스템에는 위협이 된다. 자세한 내용은 9장과 부록 1을 참조하라.

크리스텐덤(Christendom)

콘스탄틴 이후 시대(AD 312부터 현재까지)에 제도화된 교회와 선교의 형태와 모습을 뜻한다. 그것은 원래 교회의 모습과는 현격히 다르다는 점을 유의해야 한다. 국교화된 교회는 신약 교회와는 근본적으로 다르다. 신약 교회는 풀뿌리처럼 서로 망으로 연결된 선교적 공동체라서 예수 운동이 가능했다. 크리스텐덤의 특징은 이러하다.

1. 선교적인 것 / 파송하는 것과는 반대로 의무적으로 교회에 나오는 방식. 교회가 중심부에 있고, 관련한 나머지 문화가 그 주위로 둘러서는 형태이다. (선교적 교회는 일종의 '가는/보내는 교회'이며 성육신하는 방식으로 사역

한다.)

2. 예배드리는 것에 대한 초점이 봉헌된 거룩한 건물/장소로 바뀜. 교회에 대한 인식 자체가 기본적으로 달라져서 예배당을 교회로 여기게 되었다. [초대 교회 시절에는 지금처럼 주택이나 상가 등과 구별하여 따로 봉헌한 건물이 없었다.]

3. 제도화한 교단의 공인을 받아 목자-교사 형태의 사역에만 주력하는 전문 성직자 계급의 출현. [신약 교회에서는 지역 교회나 사도가 지도자를 임명했다. 이것은 흔히 크리스텐덤에서 교단이나 기관을 통해 안수로 직분을 임명받는 것과는 근본적으로 다르다. 그로 인해 하나님의 백성인 그리스도인을 성직자와 평신도로 구분하는 일이 벌어졌다. 사건이기는 하지만, 성직자 계급을 따로 두는 것은 신약 교회와는 맞지 않는 낯선 생각이다. 이는 예수 운동이 일어난 초대 교회와 중국에서도 마찬가지였다.]

4. 은혜의 방편인 성례전을 교단에서 안수 받은 성직자가 집례하도록 제도화함. [신약 교회에서 행한 성만찬 방식은 일상생활이 이뤄지는 가정에서 예수님과 함께 (매일) 나누는 실제 식사였다.]

콘스탄틴주의(Constantinianism)

이는 다른 말로 크리스텐덤(Christendom)이라고도 하는데, 콘스탄티누스 황제가 기독교를 공인하여 국교화한데서 유래한 용어이다. 콘스탄틴주의 또는 기독교화로 말미암아 모든 형태의 교회에서 정교일치 방식을 당연시하였고, 그런 사상이 17세기 후반까지 사람들의 마음을 장악했다.

그리스도 중심(Christocentric)

말 그대로 그리스도가 중심이란 뜻이다. 어떤 것을 가리켜 그리스도 중심이라고 했을 때, 이는 그것을 구성하고 있는 원리가 그리스도의 인격과 사역이란 의미이다.

기독론 / 기독론적(Christology / Christological)

본래, 그리스도론(기독론)은 메시야인 예수님이 하신 일, 곧 그분에 관한 내용과 성경의 교훈을 총칭한다. 예를 들어, 내가 교회 생활과 사역은 (그 모든 방면에) 반드시 기독론이 들어 있어야 한다고 말한다면, 그것은 예수님이 그분의 교회이며 제자인 우리의 삶에서 반드시 제1순위와 최고의 자리를 차지해야 한다는 의미이다. 기독론적이란 어구는 주로 어떤 요소를 이야기하면서 그 안에 메시야 예수님에 대한 우리의 이해와 경험을 대입하고자 할 때 사용하는 표현이다.

교회 개척(Church Planting)

어떤 지역에 유기적인 선교적-성육신적 신앙 공동체를 새로 시작하여 발전시키는 것을 뜻한다. 나는 모든 참된 선교는 신앙 공동체를 세워나가는 데 그 목표를 두어야 한다고 확신한다. 그러므로 교회 개척이야말로 진정한 선교적 전략의 주요 부분이다.

커뮤니타스(Communitas)

이것은 인류학자 빅터 터너(Victor Turner)가 어린 아프리카 소년들의 입회의식에서 겪은 경험을 설명할 때 사용한 용어이다(경계성과 커뮤니타스 참조). mDNA의 핵심 요소 중 하나로서, 커뮤니타스는 경계성(liminality, 제한기)과 함께 짝을 이루는 연관 개념이다. 이는 기독교 공동체가 가진 역동성이 무엇인지 영감을 얻게 한다. 곧 우리끼리 '옹기종기 모여서 서로 꼭 껴안고 있으려는' 성향을 극복하고, 대신에 위험을 무릅쓰고 미지의 땅으로 가라는 공동의 임무를 소명으로 알아 한데 뭉쳐서, 그간 서로 함께하여 안락하기만 했던 상황을 분연히 떨쳐내고, 격동하는 세상 속으로 뛰어들어 교회에 부여하신 선교적 사명을 완수해야 한다. 그 와중에 방향을 상실하고 사회에서 소외되는 일도 겪을 터이지만, 동시에 하나님과 서로를 전혀 새로운 방식으로 만날 수 있다. 그러므로 커뮤니타스는 항상 경계성(또는 제한기)이라는 경험을 동반한다. 그것은 모험과 활동이 병행하며, 좀 더 나은 세상을 만들려는 이상을 가지고 함께 실천하는 사람들 속에 있어야만 실제로 경험할 수 있는 그 독특한 연대감(togetherness)을 뜻한다.

복잡성(Complexity)

복잡성은 카오스(혼돈) 상태와 관련이 있다. 본질적으로 생명 시스템 이론(living-systems theory)에 따르면 생명체는 조직 내부의 분화 정도가 복잡하면 복잡할수록 자체적으로 조직화하려는 경향이 있다고 한다. 또한 복잡성에 의하면 우리가 생명 있는 조직체계를 다룰 때, 그 내부에 이미 복잡한 분화가 있다는 것을 인지해야 한다. 복잡성으로 말미암아 이해관계 속에서 일어나는 사소한 행동이 조직 내부에 매우 중요한 결과를 초래할 수 있다.

문화적 간격(Cultural Distance)

복음과 유의미한 관계를 맺고 있는 상태와 한 인간 집단과의 거리를 평가할 때 도움이 되는 개념이다. 이런 평가를 하기 위해, 이와 같은 연속체를 구성하면 된다.

접두사 m에 붙은 각 숫자는 복음과 유의미한 소통을 가로막는 문화적 장벽의 수위를 표시한다. 한 가지 분명한 예로, 언어 장벽과 같은 것을 들 수 있다. 넘어야 할 언어 장벽이 클 경우에 문제가 발생한다. 다른 장벽으로는 인종, 역사, 종교/세계관, 문화, 기타 등등이 있다. 예를 들어 이슬람적 맥락 속으로 기독교가 들어가서 복음과 유의미한 관계를 형성하기 위해 너무도 다른 종교, 인종, 역사로 인해 실제로 악전고투하는 중이다. 십자군 운동 때문에 전 세계 기독교 교회는 회교도들에게 그리스도를 전파하는 데 치명타를 입어 힘이 빠진 상태이다. 따라서 이슬람 사람들을 위한 선교는 m3에서 m4의 상황(종교, 역사,

언어, 인종, 문화)에 해당한다. 서방 유대인들도 마찬가지이다. 이 두 맥락 모두 그 안에서는 '유의미한 전파'가 매우 어렵다.

이원론(Dualism, 특히 플라톤식 이원론)

영은 선하고 무엇이든 영을 저항하는 것은 필연적으로 악하다는 견해이다. 물질은 영의 반대이므로 그것은 악하다. 교회에 깊은 영향을 끼친 이 사상은 플라톤에게서 나왔다. 플라톤은 실제 세상이 사실상 영원한 이데아의 세계라서 본질은 보이지 않는 영적인 실재 안에 위치한다고 믿었다. 그래서 물질 또는 물체의 세계는 실체의 그림자에 불과하기에 본질에서 실재가 아니라고 여겼다. 그림자란 진짜가 비친 모습일 뿐 진짜 그 자체는 아니다. 진짜는 대상체의 본질인 그것의 이데아 속에 들어 있기에 우리가 보고 있는 현실 안에는 없다. 이런 이론을 이원론이라 한다. 이는 AD 15세기까지 서구 교회에서 지배적인 세계관이었다. 요즘도 기능(function)을 배제하고 본질(essence)을 거론하면서 이원론을 들먹인다. 그래서 어떤 일의 실재는 그 정신이나 본질 안에 머물러 있는 것이지 그 외형이나 하는 일에 있는 것이 아니라고 한다. 이런 견해의 전체적인 효과로 세상을 양분하여 거룩하거나 본질적인 것과, 세속적이거나 기능적/육적인 것으로 갈라놓았다. 이것이 우리가 하는 교회 사역과 영성을 체계화하는 데 끼치는 파급 효과는 엄청나다.

초대 교회(Early Church)

교회사에서 신약 교회의 형성기로부터 콘스탄틴 대제가 기독교를 공인한 AD 312년까지의 기간을 가리킨다. 나는 이 용어를 특정 교회가 지닌 어떤 유형이나 방식을 설명할 때 사용한다. 초대 교회는 극심한 박해가 만연한 상황에 부닥쳐 있었으나 기본에 충실했고, 교회와 사람이 서로 풀뿌리같이 밀접하게 망으로 이어져 있어 힘차고 활발하게 활동하는 조직이었다.

에클레시아(Ecclesia)
이는 '교회'(church)라고 번역하는 주요 성경 용어이다. 하나님이 바라시는 순전한 교회를 강조하고자 할 때 나는 본서에서 이 용어를 사용했다.

교회론(Ecclesiology)
관행대로 이 용어는 교회에 관한 성경의 가르침을 뜻한다.

발현(Emergence)
발현 또는 돌연변이 법칙은 다양한 환경에 놓인 유기체의 발달과 적응 방식을 밝히는 과정에서 확립되었다. 일반적으로 유기체는 미리 정해진 잘 짜인 계획을 따라서 하향식으로 발달하는 것이 상식이나, 이와는 대조적으로, 발현 이론(emergence theory)은 복잡계가 상향식으로 발달하는 것을 보여준다. 그저 단순 세포의 군집이거나 또는 소수 개인의 집단인 데다, 각 개체가 복잡한 도전을 어떻게 처리해야 하는지 그 방법도 모르는 상태에서 일단 그들을 합쳐 놓으면, 비교적 단순한 상호작용만 하는 데도 최고조에 달한 복잡한 도전도 거뜬히 처리할 수 있는 조직 문화를 형성한다. 달리 말해서, 변화하는 환경에서 유기체와 조직이 도전에 직면하면 그 해결책이 위에서 미리 계획한 대로가 아니라 맨 아래 깔려 있던 데서 튀어나오는 경향이 있다. 그러하기에 선교적 리더십이란 하나님의 사람들의 머릿속에 잠복해 있는 선교적 창의력이 발현하도록 환경을 배양하는 것이라고 평한다.

환경 / 장(Environments / Fields)
우리가 사는 우주에는 눈에 보이지 않는 장(場)이 가득하다. 비록 불가시적이지만, 각 장은 궤도를 도는 대상에게 영향을 끼친다. 중력장(重力場), 전자기장(電磁氣場), 양자장(量子場) 등이 있으며, 실제 구조물을 구성하는 요소이다. 이들 보이지 않는 장이 원자, 물체, 그리고 사람 등 그 각각의 동작에 영향을 준다. 장은 자연과 물리뿐 아니라 사회 체계에도 존재한다. 예를 들어 인간사에서 사상의 힘에 대하여 생각해보라. 영향력 있는 생각은 실체는 없지만, 그 영향력을 의심하는 사람은 하나도 없다. 인간과 사회에 미치는 선과 악의 힘이란 것도 있다. 나는 이런 개념을 이용하여, 리더십도 일종의 보이지 않는 장으로 내부에 작용하여 특정 행동을 유발한다는 사실을 알리고자 했다. 리더십이 끼치는 영향력은 마치 종이 위에 흩어져 있는 쇳가루에 자석을 갖다 대면 벌어지는 현상과 같다고 여기면 된다. 쇳가루가 자기장에 닿으면 어떤 식으로 반응하는지 대개 학창 시절에 많이 겪어 봤을 것이다. 나는 리더십도 그와 아주 똑같이 작용한다고 여긴다. 리더십은 장을 만든다. 그리고 연이어서 어떤 식으로든 사람들에게 영향을 미친다. 이는 마치 자석이 쇳가루에 '영향을 끼치는' 것과 같다.

적합성 풍경(Fitness Landscape)
본래, 한 유기체나 조직이 과연 생명 시스템을 제대로 유지할 수 있는지 그 적합성을 따져야 하는 상황을 의미한다.

히브리 세계관(Hebraic)
성경적 히브리 사상을 뜻한다. 본질상, 이 사상은 원래 성경으로 말미암아 양성되었다. 좀 더 넓은 의미에서는 '히브리 사상' 안에 유대주의에 깊이 뿌리내린 인종 집단인 유대인의 세계관까지 포함한다.

헬레니즘(Hellenism)
본서에서는 히브리 사상과 대조해서 사용했다. 헬레니즘은 그리스인의 세계관을 집대성하여 형성한 관념론이다. 로마인의 사상과 더불어 로마제국의 기반이 되었던 세계관이다. 교회가 그 뿌리였던 히브리 사상에서 멀어지면서 헬레니즘은 기독교화한 지역에 있는 교회에서 주요한 세계관으로 자리잡았다.

성육신적(Incarnational)
성육신이란 하나님이 그 창조하신 세상 속으로 나사렛 예수라는 인간의 몸을 입고 실제로 들어오신 것을 의미한다. 선교와 관련하여 성육신적이라는 표현을 한 것은 자기들만의 고유한 방식의 문화를 형성한 인간 집단에 들어가 유의미한 관계를 맺기 위하여, 그 상대 집단의 문화와 생활에 구체적으로 우리의 눈높이를 맞추어야 한다는 취지이다. 나는 또한 이 용어를 대상 집단에 속한 사람들을 우리 문화권으로 초청하여 복음을 듣게 하는 방식과는 반대로, 우리가 그들에게 찾아가는 행동을 언급할 때 사용한다.

제도와 제도주의(Institution and Institutionalism)

제도란 본래 종교나 사회가 제 기능을 수행하는 데 필요해서 세운 조직이다. 그래서 기능 수행에 필요한 것이라면 무엇이든지 구조적 차원에서 지원할 수 있다. 만일 공동의 목적 달성을 위하여 집단적인 행동이 필요할 때 조직이 있어야 하듯, 방법이야 어떻든 이것의 가장 큰 목적은 구조를 갖추는 것이다. 예를 들어, 교단을 만드는 원래 목적이 그러하다. 제도가 도를 넘어 단순한 구조적 지원이 아니라 일종의 통치 기구가 되면 그때 문제가 발생한다. 내가 정의하는 제도화란 본질에 해당하는 기초적/자체적 기능을 중앙 집중식 구조/조직에 위탁하는 것이다. 시간이 지나면 중앙 집중식 구조는 보편화 쪽으로 기울고 규정에서 벗어난 행동이나 자유를 제한하려 든다. 달리 말해서, 편익을 도모한다는 명분을 앞세워 제도권 안에 든 타인에게 우리 자신이 맡아야 할 의무까지 떠넘기는 상황이 발생한다. 이런 체제에서는 책임과 권한/권력을 치리회가 가진다. 이런 상황에서는 여지없이 중앙 권력이 조직을 따르지 않은 회원들의 행동에 대하여 직권으로 엄히 견책하기도 한다. 기관 자체가 권력이 되고 방침에 따르지 않는 자들에게 모종의 제한권 행사를 주장하기 시작한다. 세월이 흘러 권력이 그 조직에 견고하게 자리를 잡고 규제 문화가 만들어지면 문제는 악화한다. 처음에는 아무도 이런 일을 의도하지 않았다. 그러나 타락한 인간의 본성이 권력을 만나면 이런 결과가 생긴다. 제도가 이 시점에 이르면 바꾸는 것이 극히 어렵다. 우리는 종종 텔레비전과 영화에서 로마 가톨릭교회 조직에 대한 작품을 접하면서 제도주의에 빠진 종교가 얼마나 강압적인지 감을 잡을 수 있다. 화면 속 장면은 대개 희화화한 것이지만, 놓쳐서는 안 되는 것이 있다. 그 작품들의 소재가 실제 역사적 사건이었다는 점이다. 서구에서 상당수의 비그리스도

잊혀진 교회의 길

인은 대부분 교회를 정의감에 불타는 무슨 억압하는 기구처럼 여긴다. 이러한 점을 바르게 깨달은 모든 위대한 혁신적인 인물과 사상가는 제도주의에 반기를 든다.

예수 운동들(Jesus Movements)

내가 언급하는 예수 운동들(대체어 '경이로운 그리스도인 및 사도적 운동들')은 주로 내가 선택한 두 가지 시범 사례를 지칭한다. 이른바, 초대 교회와 중국의 지하 교회이다. 이 용어는 그 외의 여러 운동, 예를 들어, 웨슬리 부흥이나 오늘날의 제3세계 오순절주의같이 기하급수적인 성장과 충격을 일으킨 운동을 언급할 때도 쓴다.

리더십 행렬(Leadership Matrix)

이는 '사역적 행렬'에서 따온 용어로서, 사도적, 선지자적, 전도자적, 목자와 가르치는 자(교사)적 리더십을 말한다(APEST를 보라). 이렇게 줄지어 이어지는 것처럼, 이 리더십은 부르심을 받는 한 사람 속에서 줄줄이 하나씩, 각 부르심이 이어져 나타나기도 한다.

사역 행렬(Ministry Matrix)

이는 에베소서 4장 7절과 4장 11절 말씀에 나오는 교회의 일을 위해 부르신 사역을 뜻한다. 이른바, 사도, 선지자, 전도자, 목양하는 자, 교육하는 자(교사)의 역할을 하는 자로 구성된 교회 전체 인원을 가리킨다. 에베소서 4장 7절에서는 "각 사람에게 … 주셨나니"라고 지적하면서, 4장 11절에서는 그리스도께서 "어떤 사람은 사도로, 어떤 사람은 선지자로, 어떤 사람은 복음 전하는 자로, 어떤 사람은 목사와 교사로 삼으셨으니"라고 한다. 따라서 '사역 행렬'이란 용어는 고유한 리더십을 갖는 직분을 의미하는 것이 아니라, 훨씬 더 보편적인 뜻에서 교회 전체에 APEST 모델이 적용되는 것을 말한다. (위의 '리더십 행렬' 참조).

경계성(Liminality)

이는 분계선이나 문턱에 닿아 있는(또는 살짝 넘어간) 상황을 뜻하는 '경계'(liminal)라는 단어에서 나왔다. 이 책에서 경계성이란 공동체성(커뮤니타스)이 출현할 수 있는 맥락이나 조건을 뜻한다. 경계성이란 맨 끝자락(가장자리)에 도달한 상태이다. (또는 제한적 상황에 일정 기간 도달해 있어서 '제한기'로도 번역하는데, 이 책에서는 '경계성'으로 쓴다. 편집자 주.) 그런 한계점에 달한 자는 문자 그대로 그 삶이 그간 평범하게 지내던 구조에서 이탈하게 되므로, 비천에 처하며, 혼란스러우며, 통과 의례를 겪는다. 통제 사회에서는 경계에 서 있는 개인을 여럿이 시험하여 다시 동급의 사회로 들일지 아니면 다음 단계로 넘길지를 정한다. 아무튼, 경계성이라는 용어는 사람들이 자기 주변 사회를 둘러보고 자신이 서 있는 위치가 온통 위험하고 혼란스럽다는 것을 발견한 상태를 표시할 때 사용한다.

mDNA

생물학적 용어와 단지 구별하기 위해 DNA에 m을 첨부했다. 단순히 DNA 운동(movement)이란 의미이다. 생물학적 체계에서 DNA가 하는 역할처럼 교회 조직에서 mDNA가 작용한다. 생물학적 생명 속에 들어 있는 DNA는

- 모든 살아있는 세포에서 발견된다.
- 형성되는 유기적 조직체에 전달할 선천적 특성에 관한 유전 정보가 집대성돼 있다.
- 자기 복제를 하며,
- 원활한 생식에 필요한 생명 정보가 담겨 있다.

mDNA도 하나님이 설계하신 교회에 똑같은 작용을 한다. 나는 이 개념(은유)을 가지고 간단명료하며, 이미 내재하고 복제 가능하며, 핵심을 놓치지 않는 운영체계(mechanism)가 왜 참된 선교적 운동의 재생산(reproduction)과 지속성(sustainability)에 필요한지 설명한다. 유기적 조직체를 구성하는 세포마다 DNA에서 전달받은 각자의 기능을 이해하고 있듯이, 교회는 주어진 상황에

서 mDNA에 내장된 것 가운데 자기에게 맞는 참조할 점이 무엇인지 알아야 한다.

mDNA의 구성요소는 '예수는 주님이시다', '제자도와 제자 만들기', '경계성과 커뮤니타스', '선교적-성육신적 추진력', 'APEST 문화', 그리고 '유기적 시스템'이다.

밈과 밈플렉스(Memes and Memeplex)

예컨대, 생물학의 세계에서는 유전자라면, 사상의 세계에서는 밈(meme)이 그것이다. 밈은 아이디어를 쉽게 퍼 나를 수 있게 부호화한 것이다. 애써 풀자면, 밈플렉스는 어떤 이데올로기나 신념 체계 내부를 구성하는 여러 가지 밈(아이디어)의 집합이다. DNA와 비슷하게 자체 증식을 추구한다. 상황에 따라 여러 밈을 추가하거나 개발하거나, 혹 깎아내면서 아이디어가 진화하며 변이를 일으킨다. 이상한 소리 같은가? 밈플렉스가 가진 자체 증식의 능력은 어마어마한 가치가 있다. 일단 밈이 수신자의 뇌리에 끼어 들어가면, 그것이 자발적으로 인간 소통 매체를 통해 다른 사람들의 뇌로 전달된다. 우리는 모두 사상에 사로잡히는 것이 어떤 느낌인지 알고 있지 않은가? 우리는 자기가 생각한 대로 거기에 잡혀 살게 마련이다. 따라서 어떻게 해서든 우리는 모두 복음을 확실히 붙잡고 성경적 세계관으로 중무장해야 한다.

선교적(Missional)

이는 어떤 형태나 방식, 또는 특정 교회, 리더십, 기독교 교리 등을 설명할 때 내가 선호하는 용어이다. 예를 들어, 전도를 하나님의 백성이 받은 소명으로 여기고 그 일에 주력하는 교회를 가리켜 말할 때 선교적 교회라고 한다. 하나님의 백성이 받은 소명 가운데 선교를 제1순위에 두는 리더십 유형을 가리켜 선교적 리더십이라고 한다.

선교적 교회(Missional Church)

이는 하나님의 선교를 위하여 세상에 주재한 공식 기관으로 스스로를 정의하고 그 실제 목적을 위하여 활동을 조직화한 교회를 뜻한다. 달리 말해, 교회가 채택한 실제 조직 원리는 선교이다. 선교하는 교회라야 참된 교회이다. 교회 자체는 그런 선교의 산물이며, 또한 가능한 모든 수단을 동원하여 더 많이 선교해야 할 의무와 사명을 지닌다. 하나님의 선교는 예수님을 따르는 모든 믿는 자와 신앙 공동체를 통하여 거침없이 흐른다. 이런 흐름을 막으려 한다면, 그것은 자기 백성을 위하시는 하나님의 뜻을 여러모로 가로막는 행위이다.

선교적 교회 운동(Missional Church Movement) 혹은 선교적 운동(Missional Movement)

본래 이것은 에클레시아를 우리 시대에 맞게 새로운 모습으로 단장하여 잘 설명하기 위해 내가 만든 용어이다. 이 책에서 그것은 우리 시대에 맞는 새로운 형태의 에클레시아로서 일종의 신생 체계로 보았다. 흔한 말로 그것은 단지 새롭거나 선교적이라기보다, 이 두 가지 요소가 결합하여 새로운 형태의 교회를 만들었다고 보면 된다. 나는 또한 그것을 우리 시대에 진행중인 경이로운 운동을 묘사할 때도 사용한다. 이것은 모든 세대에 걸쳐서 하나님의 백성이 행하는 선교적 운동의 연속성을 부인하는 것이 아니라, 다만 그 방식에 차이가 있다는 것이다.

선교적 교회론(Missional Ecclesiology)

선교학과 유사하다(다음의 '선교학'을 참조하라). 이는 기독교 운동들의 특성을 탐구하며, 또한 예수님과 그분의 선교로 세워진 교회를 연구하는 학문이다. 선교에 초점을 맞춘 경우, 그 교회를 어떻게 조직했고, 어떤 일이 있었는지 주의해서 살핀다.

선교학(Missiology) / 선교학적(Missiological)

선교학은 선교에 관한 연구이다. 이 학문은 하나님의 백성이 세상에서 무엇을 해야 하는지 그 성경적 원리를 탐구한다. 예를 들어 그러한 원리로는 미시오 데이, 성육신화, 하나님의 왕국 등이 있다. 또한 참된 교회가 위임받은 일로는 사회 정의, 관계의 공정성, 복음전도가 있다. 흔한 말로 선교학이란 하나님의 뜻에 비추어 교회가 세상에서 달성해야 할 목표들을 찾아내는 학문이다. 또한 그 목표들에 대한 성취 방안을 모색하기 위하여 성경과 인류 역사 이 두 가지를 탐구한다. '선교학적'이란 용어는 단순히 이들 의미에 대한 형용사적 표현이다.

선교적–성육신적(Missional–Incarnational)

역사 속에 일어난 중요한 예수 운동에 작용했던 추진력을 설명하기 위해 내가 만든 용어이다. 두 단어를 합성했다. 본질에 있어서 한 가지 형태이고 같은 행동이어서, 두 가지 동작을 하나로 연결하고 싶어서 그랬다. 즉, 다시 말해 예수 운동들의 외형적 추진력인 선교적(missional)이란 씨를 뿌리거나, 혹은 재채기하는 순간에 박테리아가 퍼지는 현상 같은 것이다. 그것은 기독교 사상이 가지는 수용력이라는 본질적인 양상으로 인하여, 문화의 장벽을 넘어 이리저리 얼마든지 널리 퍼진다. 그것은 하나님이 자기 아들을 보내신(sends) 곳으로 우리 자신도 보내심을 받게 된다(sent)는 미시오 데이(missio Dei, 하나님의 선교)의 신학으로 이어진다. 성육신적이라는 측면은 주류 문화들 속에 복음과 교회를 심어 깊이 뿌리내리게 하는 것과 관련이 있다. 성육신적 선교란 주류 집단과 관계를 맺고 영향을 끼치는 것을 말한다. 그래서 전도자는 꼭 그 문화 맥락에 걸맞은 방식과 언어로 그 안에 들어가 유의미하게 복음을 전해야 한다. 이것이 바로 하나님께서 예수님 안에 성육신하신 것과 같은 방식이다. 6장을 참조하라.

모드(Mode)

내가 즐겨 쓰는 또 다른 낱말이다. 단순히 이것은 어떤 것을 언급할 때 거기에 대입된 방법, 형식, 또는 태도란 뜻이다. 온라인의 엔카르타 사전은 '모드' (mode)를 '방법, 입장, 형식, 예를 들어 어떤 것을 행하는 방식, 혹은 어떤 것이 존재하는 형태'라고 정의한다. 따라서 '초대 교회의 모드'라고 했을 때는 그것 (초대 교회)의 방법, 그것의 입장, 그것의 세상에 대한 접근 방식 등을 의미한다.

운동(Movement)

이 책에서는 조직화하여 체계를 갖춘 선교적 교회의 특질을 사회학적으로 표현할 때 이 용어를 사용했다. 나는 신약 교회는 그 자체가 운동이었지 어떤 기관이 아니었다고 믿는다('제도와 제도주의' 설명 참조). 진정한 선교적 교회는 운동을 그 형식과 특질로 유지하기 위해 항상 부단한 노력을 하는 교회라야 한다.

이상한 끌개(Strange Attractors)

이는 생명 시스템 이론에 나오는 한 가지 현상이다. 근본적으로 이상한 끌개는 나침반이나 동물 속에 깊이 내재한 본능과 유사한 힘인데, 생명 시스템을 한 특별한 방향 쪽으로 끌어들인다. 그래서 유기체가 그 익숙한 궤적에서 벗어나도록 추진력을 가한다. 그것은 인간 조직체를 포함한 모든 생명 시스템에서 발견된다. 부록 1의 혼돈의 이론에서 논의한 바 있듯이, 평형상태에 있는 체제는 필연적으로 쇠퇴하여 적응이 필요한 상태가 된다. 그래서 혼돈의 가장자리로 이동하여 잠재한 적응력을 발휘하여 결국 생존한다. 생물학적 체계에서와 마찬가지로, 생명 시스템의 하나인 조직이 적응력을 발휘하여 도전 속에서 살아남으려면, 그 내부에서 이런 이상한 끌개의 역할이 대단히 중요하다.

Bibliography

http://missionalchurchnetwork.com/reading-list

Absalom, Alex, and Bobby Harrington. Discipleship That Fits. Grand Rapids: Zondervan, 2016.

Addison, Steven B. "A Basis for the Continuing Ministry of the Apostle in the Church's Mission." DMin diss., Fuller Theological Seminary, 1995.

———. "Movement Dynamics, Keys to the Expansion and Renewal of the Church in Mission." Manuscript, 2003.

———. Movements That Change the World: Five Keys to Spreading the Gospel. Downers Grove, IL: InterVarsity, 2011.

Adeney, D. H. China: The Church's Long March. Ventura, CA: Regal, 1985.

"Anglican Research on Fresh Expressions." Fresh Expressions. http://bit.ly/1hwp3HX.

Arquilla, John, and David Ronfeldt. Networks and Netwars: The Future of Terror, Crime, and Militancy. http://www.rand.org/publications/MR/MR1382.

Barabasi, Albert-Laszlo. Linked: The New Science of Networks. Cambridge, MA: Perseus, 2002.

Barker, Ashley, and John Hayes. Sub-Merge: Living Deep in a Shallow World. Springvale, VIC, Australia: GO Alliance, 2002.

Barna, George. Revolution. Carol Stream, IL: Tyndale House, 2005.

———. The State of the Church, 2005. Ventura, CA: Barna Group, 2005.

Barna, George, and David Kinnaman. Churchless: Understanding Today's Unchurched and How to Connect with Them. Austin: Tyndale Momentum, 2014.

Barrett, C. K. The Signs of an Apostle. Carlisle, UK: Paternoster, 1996.

Barrett, David B., George T. Kurian, and Todd M. Johnson. World Christian Encyclopedia. 2nd ed. Oxford: Oxford University Press, 2001.

Barth, Karl. "Letter to a Pastor in the German Democratic Republic." In How to Serve God in a Marxist Land, 45–80. New York: Association Press, 1959.

Bendix, Reinhard. Max Weber: An Intellectual Portrait. Berkeley: University of California Press, 1977.

Bosch, David. Transforming Mission: Paradigm Shifts in the Theology of Mission. Maryknoll, NY: Orbis, 1991.

Breen, Mike. Leading Kingdom Movements. Pawleys Island, SC: 3DM, 2015.

Brisco, Brad, and Lance Ford. The Missional Quest. Downers Grove, IL: InterVarsity, 2013.

Brueggemann, Walter. Prophetic Imagination. 2nd edition. Minneapolis: Augsburg Fortress, 2001.

Buber, Martin. On Judaism. New York: Schocken Books, 1967.

Cahill, Thomas. How the Irish Saved Civilization: The Untold Story of Ireland's Heroic Role from the Fall of Rome to the Rise of Medieval Europe. New York: Anchor, 1995.

Camp, Lee C. Mere Discipleship: Radical Christianity in a Rebellious World. Grand Rapids: Brazos, 2003.

Capra, Fritjof. The Hidden Connections: A Science for Sustainable Living. London: HarperCollins, 2002.

———. The Turning Point: Science, Society, and the Rising Culture. London: Flamingo, 1982.

———. The Web of Life. New York: Anchor, 1996.

Carnell, Corbin. Bright Shadow of Reality. Grand Rapids: Eerdmans, 1974.

Castells, Manuel. The Rise of the Network Society. 2nd ed. Oxford: Blackwell, 2000.

Chan, Simon. Grassroots Asian Theology: Thinking the Faith from the Ground Up. Downers Grove, IL: IVP Academic, 2014.

Charlton, Noel G. Understanding Gregory Bateson: Mind, Beauty, and the Sacred Earth. Albany: State University of New York Press, 2008.

Cole, Neil. "Are There Church Planting Movements in North America?" Mission Frontiers, March–April 2011. https://www.missionfrontiers.org/pdfs/33-2-na-cpm.pdf.

———. Church 3.0: Upgrades for the Future of the Church. San Francisco: Jossey-Bass, 2010.

———. Cultivating a Life for God: Multiplying Disciples through Life Transformation Groups. Elgin, IL: Brethren Press, 1999.

———. Organic Church: Growing Faith Where Life Happens. San Francisco: Jossey-Bass, 2005.

———. "Out-of-Control Order: Simple Structures for a Decentralized Multiplication Movement." CMA Resources. http://www.organicchurchplanting.org/articles/simple_structures.asp.

———. The Primal Fire. Carol Stream, IL: Tyndale, 2014.

Collins, Jim. Good to Great: Why Some Companies Make the Leap, and Others Don't. New York: HarperBusiness, 2001.

Cray, Graham, ed. Mission-Shaped Church: Church Planting and Fresh Expressions of Church in a Changing Context. Brookvale, NSW, Australia: Willow, 2005.

Dawkins, Richard. The Selfish Gene. Oxford: Oxford University Press, 1976.

De Bono, Edward. New Thinking for a New Millennium. St. Ives, NSW, Australia: Viking, 1999.

De Pree, Max. Leadership Is an Art. New York: Doubleday, 2004.

Dickerson, John S. The Great Evangelical Recession: 6 Factors That Will Crash the American Church . . . and How to Prepare. Grand Rapids: Baker Books, 2013.

Drucker, Peter F. Peter Drucker's Five Most Important Questions: Enduring Wisdom for Today's Leaders. San Francisco: Jossey-Bass, 2015.

Easum, William B. Unfreezing Moves: Following Jesus into the Mission Field. Nashville: Abingdon, 2001.

Ferguson, Jon, and Dave Ferguson. Discover Your Mission Now. Exponential eBook, 2014. https://www.exponential.org/resource-ebooks/discover-your-mission-now.

Fitch, David, and Geoff Holsclaw. Prodigal Christianity: 10 Signposts into the Missional Frontier. San Francisco: Jossey-Bass, 2013.

Ford, Lance. Unleader: Reimagining Leadership . . . and Why We Must. Kansas City, MO: Beacon Hill Press, 2012.

Friedman, Maurice. Martin Buber: The Life of Dialogue. New York: Harper & Row, 1960.

Frost, Michael. The Five Habits of Highly Missional People. Exponential eBooks, 2014. https://goo.gl/i2iVbH.

———. Incarnate: The Body of Christ in an Age of Disengagement.

Downers Grove, IL: InterVarsity, 2014.

———. The Road to Missional. Grand Rapids: Baker Books, 2011.

———. Surprise the World: The Five Habits of Highly Missional People. Colorado Springs: NavPress, 2016.

Frost, Michael, and Alan Hirsch. The Shaping of Things to Come: Innovation and Mission for the 21st-Century Church. Peabody, MA: Hendrickson, 2003.

Galli, Mark. "Do I Have a Witness? Why Jesus Didn't Say, 'You Shall Be My Marketers to the Ends of the Earth.'" Christianity Today, October 4, 2007.

http://bit.ly/1Ly0KFQ. Garrison, David. Church Planting Movements: How God Is Redeeming a Lost World. Midlothian, VA: WIGTake Resources, 2004.

Gehring, R. W. House Church and Mission: The Importance of Household Structures in Early Christianity. Peabody, MA: Hendrickson, 2004.

Gibbs, Eddie, and Ryan K. Bolger. Emerging Churches: Creating Christian Communities in Postmodern Cultures. Grand Rapids: Baker Academic, 2006.

Gibbs, Eddie, and Ian Coffey. Church Next: Quantum Changes in Christian Ministry. Downers Grove, IL: InterVarsity, 2000.

Gievett, R. D., and H. Pivec. A New Apostolic Reformation? A Biblical Response to a Worldwide Movement. Wooster, OH: Weaver, 2014.

Gladwell, Malcolm. The Tipping Point: How Little Things Can Make a Big Difference. New York: Back Bay Books, 2002.

Godin, Seth. Survival Is Not Enough: Zooming, Evolution, and the Future of Your Company. New York: Free Press, 2002.

———. Tribes: We Need You to Lead Us. New York: Portfolio, 2008.

———. Unleashing the Ideavirus. Dobbs Ferry, NY: Do You Zoom, 2000. http://www.sethgodin.com/ideavirus/01-getit.html.

Gorman, Rich. Just Step In: Joining God as He Heals Your City. Exponential ebooks, 2013. https://www.exponential.org/resource-ebooks/just-step-in.

Grenz, Stanley. A Primer on Postmodernism. Grand Rapids: Eerdmans, 1996.

Guardini, Romano. The Lord. London: Longmans, 1956.

Guder, Darrell. The Incarnation and the Church's Witness. Harrisburg, PA: Trinity Press International, 1999.

———, ed. Missional Church: A Vision for the Sending of the Church in North America. Grand Rapids: Eerdmans, 1998.

Hall, Douglas J. The End of Christendom and the Future of Christianity. Harrisburg, PA: Trinity Press International, 1997.

Halter, Hugh. BiVo: A Modern-Day Guide for Bi-vocational Saints. Littleton, CO: Missio, 2014.

———. Flesh: Bringing the Incarnation Down to Earth. Colorado Springs: David C. Cook, 2014.

Hamilton, Clive, and Richard Denniss. Affluenza: When Too Much Is Never Enough. Crows Nest, NSW, Australia: Allen & Unwin, 2005.

Hammond, Kim, and Darren Cronshaw. Sentness: Six Postures of Missional Christians. Downers Grove, IL: InterVarsity, 2014.

Hattaway, Paul. "How Many Christians Are in China?" http://asiaharvest.org /how-many-christians-are-in-china-introduction.

Hiebert, Paul. Anthropological Insights from Missionaries. Grand Rapids: Baker Academic, 1986.

Hirsch, Alan. Disciplism: Reimagining Evangelism through the Lens of Discipleship. Exponential e-Book series. http://www.alanhirsch.org/ebooks.

Hirsch, Alan, with Darren Altclass. The Forgotten Ways Handbook: A Practical Guide for Developing Missional Churches. Grand Rapids: Brazos, 2009.

Hirsch, Alan, and Tim Catchim. "The Exiling of the APE's." http://bit.ly/1DTWA9d.

———. The Permanent Revolution: Apostolic Imagination and Practice in the 21st Century Church. San Francisco: Wiley, 2014.

———. The Permanent Revolution Playbook: APEST for the People of God. Denver: Missio, 2015.

Hirsch, Alan, and Dave Ferguson. On the Verge: A Journey into the Apostolic Future of the Church. Grand Rapids: Zondervan, 2011.

Hirsch, Alan, and Michael Frost. The Faith of Leap: Embracing Risk, Adventure, and Courage. Grand Rapids: Baker Books, 2011.

———. ReJesus: A Wild Messiah for a Missional Church. Grand Rapids: Baker Books, 2008.

Hirsch, Alan, and Debra Hirsch. Untamed: Reactivating a Missional Form of Discipleship. Grand Rapids: Baker Books, 2010.

Hjalmarson, Len. "Toward a Theology of Public Presence." http:// www.allelon .org/ articles/ article.cfm? id = 143& page = 1.

Hock, Dee. The Birth of the Chaordic Age. San Francisco: Berrett-Koehler, 1999.

Hollenwager, Walter J. "From Azusa Street to the Toronto Phenomena: Historical Roots of the Pentecostal Movement." In Pentecostal Movements as an Ecumenical Challenge, edited by Jürgen Moltmann and Karl-Josef Kuschel, Concilium 3, 3 – 13. Maryknoll, NY: Orbis Books, 1996.

Hunsberger, George. The Story That Chooses Us: A Tapestry of Missional Vision. Grand Rapids: Eerdmans, 2015.

Hunter, George G., III. To Spread the Power: Church Growth in the Wesleyan Spirit. Nashville: Abingdon, 1987.

Hunter, James Davidson. To Change the World: The Irony, Tragedy, and Possibility of Christianity in the Late Modern World. Oxford: Oxford University Press, 2010.

Hurst, David K. Crisis and Renewal. Cambridge, MA: Harvard Business School Press, 2002.

Inchausti, Robert. Subversive Orthodoxy: Rebels, Revolutionaries, and Other Christians in Disguise. Grand Rapids: Brazos, 2005.

Jameson, Alan. A Churchless Faith. Auckland: Philip Garside, 2001.

Johnson, Steven. Emergence: The Connected Lives of Ants, Brains, Cities, and Software. London: Penguin, 2001.

Jones, Malcolm. Dostoevsky and the Dynamics of Religious Experience. London: Anthem Press, 2005.

Jones, Peyton. Church Zero. Colorado Springs: David C. Cook, 2013.

Kärkkäinen, Veli-Matti. "Pentecostal Missiology in Ecumenical Perspective: Contributions, Challenges, Controversies." International Review of Mission 88, no. 350 (July 1999): 207 – 25.

Keller, Tim. Serving a Movement: Doing Balanced, Gospel-Centered Ministry in Your City. Grand Rapids: Zondervan, 2016.

Kelly, Gerard. RetroFuture: Rediscovering Our Roots, Recharting Our Routes. Downers Grove, IL: InterVarsity, 1999.

Kelly, Julie. Consumerism. Cambridge: Grove Books, 2003.

Keynes, John Maynard. The General Theory of Employment, Interest and Money. Amherst, NY: Prometheus Books, 1997.

Kim, W. Chan, and Renée Mauborgne. Blue Ocean Strategy: How to Create Uncontested Market Space and Make the Competition Irrelevant. Boston: Harvard Business Review Press, 2005.

Kreider, Alan. The Change of Conversion and the Origin of Christendom. Harrisburg, PA: Trinity Press International, 1999.

Kuhn, Thomas. The Structure of Scientific Revolutions. 3rd ed. Chicago: University of Chicago Press, 1996.

Kuyper, Abraham. "Sphere Sovereignty." In Abraham Kuyper: A Centennial Reader, edited by James D. Bratt, 461 – 90. Grand Rapids: Eerdmans, 1998.

Lambert, Tony. China's Christian Missions: The Costly Revival. London: Monarch, 1999.

———. The Resurrection of the Chinese Church. London: Hodder & Stoughton, 1991.

Langmead, Ross. The Word Made Flesh: Towards an Incarnational Missiology. Lanham, MD: University Press of America, 2004.

Lewis, C. S. "Tolkien's Lord of the Rings." In Essay Collection and Other Short Pieces, 525 – 26. London: HarperCollins, 2000.

Lyall, Leslie. The Phoenix Rises: The Phenomenal Growth of Eight Chinese Churches. Singapore: OMF Books, 1992.

Macquarrie, J. Principles of Christian Theology. London: SCM Press, 1966.

Martin, Roger. The Design of Business: Why Design Thinking Is the Next Competitive Advantage. Boston: Harvard Business Review Press, 2009.

Maxwell, John. Thinking for a Change. New York: Hatchett, 2003.

McClung, Grant. "Pentecostals: The Sequel." Christianity Today, April 2006. http:// www.christianitytoday.com/ ct/ 2006/ 004/ 7.30. html.

McGavran, Donald. The Bridges of God: A Study in the Strategy of Missions. London: World Dominion Press, 1955.

McLaren, Brian. The Church on the Other Side: Doing Ministry in the Postmodern Matrix. Grand Rapids: Zondervan, 2000.

McNeal, Reggie. Missional Renaissance. San Francisco: Jossey-Bass, 2009.

Mead, Loren. The Once and Future Church: Reinventing the Congregation for a New Mission Frontier. Washington, DC: Alban Institute, 1991.

MennoMedia. A Shared Understanding of Church Leadership: Polity Manual for Mennonite Church Canada and Mennonite Church USA. Harrisonburg, VA: MennoMedia, 2014.

Metcalf, Sam. Beyond the Local Church: How Apostolic Movements Can Change the World. Downers Grove, IL: InterVarsity, 2015.

Mihata, Kevin. "The Persistence of 'Emergence.'" In Chaos, Complexity, and Sociology: Myths, Models, and Theories, edited by Raymond A. Eve, Sara Horsfall, and Mary E. Lee, 30 – 38. Thousand Oaks, CA: Sage, 1997.

Miller, Vincent J. Consuming Religion: Christian Faith and Practice in a Consumer Culture. New York: Continuum, 2004.

Minear, Paul S. Eyes of Faith. St. Louis: Bethany Press, 1966.

————. Images of the Church in the New Testament. Louisville: John Knox, 2004.

Morgan, Gareth. Images of Organization. Executive ed. San Francisco: Berrett-Koehler, 1998.

————. Imaginization: New Mindsets for Seeing, Organizing, and Managing. San Francisco: Barret-Koehler, 1993.

Morgenthaler, Sally. "Windows in Caves and Other Things We Do with Perfectly Good Prisms." Fuller Theological Seminary Theology News and Notes (Spring 2005). http://www.easumbandy.com/ resources/ index.php? action = details& record = 1386.

Moynagh, Michael. Church for Every Context: An Introduction to Theology and Practice. London: SCM, 2012.

Murray, Stuart. Post-Christendom: Church and Mission in a Strange New World. Carlisle, UK: Paternoster, 2004.

Neill, Stephen. Creative Tension. London: Edinburgh House Press, 1959.

Nelson, Scott. Mission: Living for the Purposes of God. Downers Grove, IL: InterVarsity, 2013.

Niebuhr, H. Richard. Radical Monotheism and Western Culture. E-text available at http:// www.religion-online. org.

O'Dea, Thomas F. "Five Dilemmas of the Institutionalisation of Religion." Journal for the Scientific Study of Religion 1, no. 1 (October 1961): 30 – 41.

Oldenburg, Ray. The Great Good Place: Cafes, Coffee Shops, Bookstores, Bars, Hair Salons, and Other Hangouts at the Heart of a Community. New York: Marlowe, 1999.

Pascale, Richard T. Managing on the Edge: How Successful Companies Use Conflict to Stay Ahead. London: Viking, 1990.

Pascale, Richard T., Mark Millemann, and Linda Gioja. Surfing the Edge of Chaos: The Laws of Nature and the New Laws of Business. New York: Three Rivers Press, 2000.

Patzia, Arthur G. The Emergence of the Church: Context, Growth, Leadership & Worship. Downers Grove, IL: InterVarsity, 2001.

Peters, Tom. Thriving on Chaos: Handbook for a Management Revolution. London: Pan, 1987.

Petersen, Jim. Church without Walls: Moving beyond Traditional Boundaries. Colorado Springs: NavPress, 1992.

Petersen, Jim, and Mike Shamy. The Insider: Bringing the Kingdom of God into Your Everyday World. Colorado Springs: Navpress, 2003.

Pirsig, Robert. Zen and the Art of Motorcycle Maintenance: An Inquiry into Values. New York: Bantam, 1984.

Roberts, Bob. Transformation: How Global Churches Transform Lives and the World. Grand Rapids: Zondervan, 2006.

Robinson, Martin, and Dwight Smith. Invading Secular Space: Strategies for Tomorrow's Church. Grand Rapids: Kregel, 2003.

Romer, Paul D. "Economic Growth." In The Concise Encyclopedia of Economics. http:// www.econlib.org/ library/ Enc1/ EconomicGrowth.html. Roof, W. C. Religion in America Today. Thousand Oaks, CA: Sage, 1985.

Roxburgh, Alan J. Crossing the Bridge: Church Leadership in a Time of Change. Costa Mesa, CA: Percept Group, 2000.

————. Introducing the Missional Church. Grand Rapids: Baker Books, 2009.

————. Joining God, Remaking Church, Changing the World: The New Shape of the Church in Our Time. New York: Morhouse Publishing, 2015.

————. The Missionary Congregation, Leadership, & Liminality. Harrisburg, PA: Trinity Press International, 1997.

————. Structured for Mission: Renewing the Culture of the Church. Downers Grove, IL: InterVarsity, 2015.

Roxburgh, Alan J., and Fred Romanuk. "Christendom Thinking to Missional Imagination: Leading the Cultivation of Missional Congregations." Manuscript, 2004.

————. The Missional Leader: Equipping Your Church to Reach a Changing World. San Francisco: Jossey-Bass, 2006.

Rutba House. Schools for Conversion: 12 Marks of a New Monasticism. Eugene, OR: Cascade, 2005.

Seel, Richard. "Culture and Complexity: New Insights on Organisational Change." Culture & Complexity— Organisations & People 7, no. 2 (2002): 2 – 9.

Senge, Peter M. The Fifth Discipline Handbook: Strategies and Tools for Building a Learning Organization. New York: Doubleday, 1994.

Sinclair, Upton. I, Candidate for Governor: And How I Got Licked. 1935; reprint, Berkeley: University of California Press, 1994.

Smith, James K. A. Desiring the Kingdom. Grand Rapids: Baker Academic, 2009.

Snyder, Howard A. The Community of the King. Downers Grove, IL: InterVarsity, 1977.

————. Decoding the Church: Mapping the DNA of Christ's Body. Grand Rapids: Baker Books, 2002.

————. New Wineskins: Changing the Man-Made Structures of the Church. London: Marshall, Morgan & Scott, 1978.

————. The Radical Wesley: The Patterns and Practices of a Movement Maker. Franklin, TN: Seedbed, 2014.

————. Signs of the Spirit: How God Reshapes the Church. Grand Rapids: Zondervan, 1989.

Spectator. "2067: The End of British Christianity; Projections Aren't Predictions, but There's No Denying That Churches Are in Deep Trouble." June 30, 2015. http:// bit.ly/ 1JjE7Ve.

Stark, Rodney. For the Glory of God. Princeton: Princeton

University Press, 2003.

—————. The Rise of Christianity: How the Obscure, Marginal Jesus Movement Became the Dominant Religious Force in the Western World in a Few Centuries. San Francisco: HarperCollins, 1996.

Stark, Rodney, and Roger Finke. The Churching of America, 1776 – 2005: Winners and Losers in Our Religious Economy. New Brunswick, NJ: Rutgers University Press, 2005.

Stephens, R. Todd. "Knowledge: The Essence of Meta Data: Six Degrees of Separation of Our Assets." DM Review Online, September 2004. http:// www .dmreview. com/ editorial/ dmreview/ print_action.cfm? articleId = 1010448.

Stetzer, Ed. "Dropouts and Disciples: How Many Students Are Really Leaving the Church?" http:// www. christianitytoday.com/ edstetzer/ 2014/ may/ dropouts-and-disciples-how-many-students-are-really-leaving. html.

Strom, Andrew. The Out-of-Church Christians. http:// homepages.ihug.co.nz/ ~ revival/ 00-Out-Of-Church. html.

Taleb, Nassim. Antifragile: Things That Gain from Disorder. New York: Random House, 2013.

Taylor, John V. The Christlike God. London: SCM Press, 1992.

Thumma, Scott, and Dave Travis. Beyond Megachurch Myths: What We Can Learn from America's Largest Churches. San Francisco: Jossey-Bass, 2007.

Thwaites, James. The Church beyond the Congregation: The Strategic Role of the Church in the Postmodern Era. Milton Keynes, UK: Paternoster, 2002.

Toffler, Alvin. Third Wave. New York: Bantam, 1980.

Turner, Victor. "Passages, Margins, and Poverty: Religious Symbols of Communitas," part 1. Worship 46 (1972): 390 – 412.

—————. The Ritual Process. Ithaca, NY: Cornell University Press, 1969.

Tyra, Gary. The Holy Spirit in Mission: Prophetic Speech and Action in Christian Witness. Downers Grove, IL: IVP Academic, 2011.

—————. Missional Orthodoxy: Theology and Ministry for a Post-Christian Context. Downers Grove, IL: IVP Academic, 2013.

Van Gelder, Craig, and Dwight Zscheile. The Missional Church in Perspective. Grand Rapids: Baker Academic, 2011.

Vaus, Will. Mere Theology: A Guide to the Thought of C. S. Lewis. Downers Grove, IL: InterVarsity, 2004.

Waldrop, M. Mitchell. "Dee Hock on Organizations." Fast Company 5 (October/ November 1996): 84. http:// www. fastcompany.com/ online/ 05/ dee3. html.

Wallis, Arthur. The Radical Christian. Columbia, MO: Cityhill, 1987.

Wallis, Jim. Call to Conversion. New York: Harper & Row, 1981.

Ward, Peter. Liquid Church. Peabody, MA: Hendrickson, 2002.

Webber, Robert E. Journey to Jesus: The Worship, Evangelism, and Nurture Mission of the Church. Nashville: Abingdon, 2001.

—————. The Younger Evangelicals: Facing the Challenges of the New World. Grand Rapids: Baker Books, 2002.

Wheatley, Margaret. Leadership and the New Science: Discovering Order in a Chaotic World. San Francisco: Berrett-Koehler, 1999.

Wheatley, Margaret, and Deborah Frieze. "Taking Social Innovation to Scale." Oxford Leadership Journal 1, no. 1 (December 2009). http:// bit.ly/ 1DHFTOg.

—————. "Using Emergence to Take Social Innovations to Scale." 2006. http:// bit.ly/ 1Vc684L.

Whitehead, Alfred North. Adventures in Ideas. London: The Free Press, 1933.

Winter, Ralph D. "The Highest Priority: Cross-Cultural Evangelism." In Let the Earth Hear His Voice, edited by J. D. Douglas, 213 – 25. Minneapolis: World-Wide Publications, 1975.

Winter, Ralph D., and Steven C. Hawthorne, eds. Perspectives on the World Christian Movement: A Reader. Pasadena, CA: William Carey Library, 1999.

Winter, Ralph D., and Bruce Koch. "Finishing the Task: The Unreached Peoples Challenge." In Winter and Hawthorne, Perspectives on the World Christian Movement, 509 – 24.

Woodward, JR. Creating a Missional Culture. Downers Grove, IL: InterVarsity, 2014.

Woodward, JR, and Dan White Jr. The Church as Movement: Starting and Sustaining Missional Communities. Downers Grove, IL: InterVarsity Press, 2016.

Wright, N. T. Paul: Fresh Perspectives. London: SPCK, 2005.

Yancey, Philip. "Discreet and Dynamic: Why, with No Apparent Resources, Chinese Churches Thrive." Christianity Today, July 2004, 72.

Yong, Amos. Beyond the Impasse: Toward a Pneumatological Theology of Religions. Grand Rapids: Baker Academic, 2003.

—————. Discerning the Spirit(s): A Pentecostal-Charismatic Contribution to Christian Theology of Religions. Sheffield: Sheffield Academic Press, 2000.

—————. "On Divine Presence and Divine Agency: Toward a Foundational Pneumatology." Asian Journal of Pentecostal Studies 3, no. 2 (July 2000): 167 – 88.

Zahniser, A. H. Mathias. Symbol and Ceremony: Making Disciples across Cultures. Monrovia, CA: MARC, 1997.

Index

잊혀진 교회의 길

잊혀진 교회의 길